サヴィニー
現代ローマ法体系

第四巻

小橋一郎訳

Tokyo
2001

成 文 堂

System

des

heutigen Römischen Rechts

von

Friedrich Carl von Savigny.

Vierter Band.

Mit K. Bairischen und K. Würtembergischen Privilegien.

Berlin.
Bei Veit und Comp.
1841.

##　本　書　目　次

第四巻訳文
　　第四巻の内容 …………………………………………………………… 3
　　本文 …………………………………………………………………… 7
　　付録 ………………………………………………………………… 491
訳註 …………………………………………………………………… 539
あとがき ……………………………………………………………… 543

##　凡　　例

(1) ラテン語は，原語を記し，[　　]内に訳を付した。なお，初出の主要なものには，カナ表示も付した。
(2) ドイツ語は，訳語を記し，必要な場合には[　　]内に原語を付した。
(3) 隔字体やイタリックにより強調されている部分は，訳語に下線を付した。
(4) 引用文献は，原語のままとした。
(5) 原著頁は，欄外に付した。
(6) 訳註は，当該個所に（訳註1），（訳註2）…の番号を付し，巻末に一括した。

第四巻の内容
[Inhalt des vierten Bandes]

第二編　法律関係
第三章　法律関係の発生と消滅について

　　　　　　　　　　　　　　　　　　　　　　　　　原著頁　訳書頁

§142	V. 贈与。序説。	1	7
§143	V. 贈与。序説。（つづき）	9	14
§144	V. 贈与――概念　1. 生前法律行為	18	23
§145	V. 贈与――概念　2. 譲渡	23	27
§146	V. 贈与――概念　2. 譲渡（つづき）	32	35
§147	V. 贈与――概念　2. 譲渡（つづき）	41	43
§148	V. 贈与――概念　2. 譲渡（つづき）	48	49
§149	V. 贈与――概念　3. 利得	52	52
§150	V. 贈与――概念　3. 利得（つづき）	60	59
§151	V. 贈与――概念　3. 利得（つづき）	69	68
§152	V. 贈与――概念　4. 意図的利得	77	75
§153	V. 贈与――概念　4. 意図的利得（つづき）返報的贈与	86	82
§154	V. 贈与――概念　4. 意図的利得（つづき）Negotium mixtum	99	93
§155	V. 贈与――個々の法律行為　1. Dare	104	98
§156	V. 贈与――個々の法律行為　1. Dare（つづき）	110	104
§157	V. 贈与――個々の法律行為　2. Obligare	118	112
§158	V. 贈与――個々の法律行為　3. Liberare	126	120
§159	V. 贈与――個々の法律行為　4. 財産全体	134	127
§160	V. 贈与――契約性	145	136
§161	V. 贈与――契約性（つづき）	156	145
§162	V. 贈与――制限　1. 夫婦間の禁止	165	153

	§ 163	V. 贈与——制限	1. 夫婦間の禁止（つづき）	………… *172*……*159*
	§ 164	V. 贈与——制限	1. 夫婦間の禁止（つづき）	………… *180*……*167*
	§ 165	V. 贈与——制限	2. 加重的形式	……………… *194*……*179*
	§ 166	V. 贈与——制限	2. 加重的形式（つづき）	………… *209*……*192*
	§ 167	V. 贈与——制限	2. 加重的形式（つづき）	………… *217*……*199*
V	§ 168	V. 贈与——制限	3. 撤回	…………………… *224*……*205*
	§ 169	V. 贈与——制限	3. 撤回（つづき）	……………… *230*……*210*
	§ 170	V. 贈与——特別の種類	1. 死因贈与	……………… *239*……*218*
	§ 171	V. 贈与——特別の種類	1. 死因贈与（つづき）	…… *253*……*230*
	§ 172	V. 贈与——特別の種類	1. 死因贈与（つづき）	…… *261*……*238*
	§ 173	V. 贈与——特別の種類	1. 死因贈与（つづき）	…… *267*……*244*
	§ 174	V. 贈与——特別の種類	1. 死因贈与（つづき）	…… *276*……*252*
	§ 175	V. 贈与——特別の種類	2. Donatio sub modo	……… *280*……*255*
	§ 176	V. 贈与——近時の諸立法		………………… *288*……*262*
	§ 177	VI 期間——序説		……………………………… *297*……*269*
	§ 178	VI 期間——序説（つづき）		………………… *309*……*278*
	§ 179	VI 期間——1. 暦		………………………… *318*……*285*
	§ 180	VI 期間——1. 暦（つづき）		……………… *325*……*290*
	§ 181	VI 期間——2. 正規の換算		………………… *335*……*297*
	§ 182	VI 期間——3. 法定期間計算		……………… *347*……*307*
	§ 183	VI 期間——3. 法定期間計算（つづき）		…… *364*……*321*
	§ 184	VI 期間——3. 法定期間計算（つづき）		…… *376*……*332*
	§ 185	VI 期間——3. 法定期間計算（つづき）		…… *387*……*342*
	§ 186	VI 期間——3. 法定期間計算（つづき）		…… *399*……*353*
	§ 187	VI 期間——3. 法定期間計算（つづき）		…… *405*……*358*
VI	§ 188	VI 期間——3. 法定期間計算（つづき）		…… *408*……*361*
	§ 189	VI 期間——4. Utile tempus		…………… *421*……*370*
	§ 190	VI 期間——4. Utile tempus（つづき）		…… *433*……*382*

§191	VI 期間──4. Utile tempus（つづき）	……………………*444*……*392*
§192	VI 期間──5. 閏日	………………………………………*453*……*400*
§193	VI 期間──5. 閏日（つづき）	……………………………*463*……*409*
§194	VI 期間──5. 閏日（つづき）	……………………………*472*……*416*
§195	VI 期間──6. いつからとも知れぬ期間。序説。	…………*480*……*422*
§196	VI 期間──6. いつからとも知れぬ期間。ローマ法。	…*485*……*426*
§197	VI 期間──6. いつからとも知れぬ期間。ローマ法。（つづき）	………………………………………………………*491*……*433*
§198	VI 期間──6. いつからとも知れぬ期間。近時の法。	…*505*……*446*
§199	VI 期間──6. いつからとも知れぬ期間。適用。	…………*513*……*452*
§200	VI 期間──6. いつからとも知れぬ期間。適用。（つづき）	………………………………………………………*519*……*458*
§201	VI 期間──6. いつからとも知れぬ期間。適用。（つづき）	………………………………………………………*527*……*464*
§202	法律事実の無効	………………………………………*536*……*470*
§203	法律事実の無効（つづき）	…………………………*549*……*481*

付録　IX. 単なる不作為による贈与 ……………………………*563*……*491*
付録　X. 贈与の第三者への影響 ………………………………*587*……*510*
付録　XI. 時期の表示における序数 ……………………………*602*……*524*

第三章
法律関係の発生と消滅について

[Drittes Kapitel]
[Von der Entstehung und dem Untergang der Rechtsverhältnisse]

§142
V．贈与。序説。
[Schenkung. Einleitung.]

典拠：

PAULUS V. 11.

FRAGM. VATICANA §248-316. [ヴァティカンの断片第248−316節。]

COD. THEOD. VIII. 12-15. [テオドシウス帝の勅法彙纂第8巻第12―15章。]

INST. II. 7. [法学提要第2巻第7章。]

DIG. XXXIX. 5, XXIV. 1. [学説彙纂第39巻第5章，第24巻第1章。]

COD. JUST. VIII. 54-56, V. 16. [ユスティーニアーヌス帝の勅法彙纂第8巻第54−56章，第5巻第16章。]

著述家：

DONELLUS Lib. 5 C. 2 §10（概念と登録 [Insinuation]）. Lib. 14 C. 26-32（撤回）. Lib. 13 C. 22 §7. 8（贈与の約束）.

MÜHLENBRUCH §440-445.

F. W. L. v o n M e y e r f e l d die Lehre von den Schenkungen B. 1 Marburg 1835. B. 2 Abth. 1. 1837.

2 贈与は，最初の一目で，売買または交換と同様，完全に一つの法律行為

と思われる。それゆえに，贈与がここで法律行為一般の共通的考察の中に加えられることは，不快な感じを起こさせるに違いない。われわれは，まず第一に，別の場所でそれに割り当てられた位置づけを考察しよう。

　ユスティーニアーヌス帝の法学提要は，贈与を所有権の取得方法の中に置く[a]。それは，明らかにかたよった恣意的なやり方である。というのは，第一に，贈与は，それだけで所有権を与えるのではなくて，引渡と結合して所有権を与えるからである。確かに，贈与は，引渡に justa causa［ユースタ・カウサ。正当な原因］として役立ちうるが，しかしそれは，売買とちょうど同じである。したがって，その理由で贈与が所有権論の一部とみられるべきであるとすれば，どうして売買および多くの他の契約も同様でないのか。第二に，また，所有権が，贈与を生じさせる唯一の手段ではない。用益権，永小作権，契約による単なる約束，債務の免除——すべてのこれらの行為は，所有権と同様に贈与に役立ちうるのであり，したがって，これらの法律制度のどれにおいても，所有権におけると同じだけ，贈与をそれの構成部分として取り扱うべき理由が存する。——たいていの近時の人たちは，贈与を債権契約の中に置く[b]。これも明らかにかたよったやり方である。なぜならば，所有権，用益権などが，そのような契約と同様に，贈与を含有しうるからである。——ドネルルスは，この説を彼の体系のいくつかの個所で一つ一つ持ち出すが，最も詳しく持ち出すのは，忘恩を理由とする撤回のところにおいてであり，したがってまさに，それについて見つけだされる最も大したことのない関係においてである。

　さて，以上の種々の位置づけは，すべて等しく根拠がなく不十分である点においてのみ一致するが，こういう種々の位置づけは，どこから来るのか。それらの位置づけは，贈与が一つの法律行為であるという誤った前提

　(a)　Inst. II. 7.［法学提要第 2 巻第 7 章「贈与について」。］同じ位置を贈与に与えるのは，Hofacker §987.

　(b)　Thibaut §559. Heise B. 3 §207. Mühlenbruch §440. Mackeldey §421.

が至る所で出発点とされることから来る。そうではなくて，贈与は，実際には極めて種々の法律行為が身につけうる一般的な性格である。私が贈与をここへ，すなわち総論の中へ，贈与がその性質の一般性とその適用の多様性によって同質である契約[c]と並んで置いた理由は，そこにある。

4 すなわち，どの法律行為も，以下の諸特性をあわせもつとき，贈与である。それは，生前行為でなければならない。それは，他の一人がなにかを失うことによって，ある人を富ますのでなければならない。最後に，その他人の意思が，自己の損失によるそういう利得に向けられていなければならない。このようにさしあたって立てた概念からすでに，どの贈与にも二人の人が必要であることが，明らかになる。近時の法律家たちは，これについて，Donator［ドーナートル。贈与者］という真正な表現と，Donatarius［ドーナーターリウス。受贈者］という真正でない表現を用いる。この後者の代わりに，ローマ人は，常に言い換えを用いる（is cui donatum est［与

（c）相違は，契約がすべての種類の法律関係において現われうるが，贈与は財産法の諸関係においてのみ現われうるということだけである。したがって，本当に緻密なやり方をしようとするならば，贈与を私法全体の総論の中にではなくて，財産法だけについて形成されるべき総論の中に置かなければならないであろう。私は，ここで選んだ位置づけの方が簡単であると思うし，そこから誤解は生じえない。——嬉しいことに，私は，この位置づけについてすでに一人の先人を挙げることもできる。すなわち，Puchta System des gemeinen Civilrechts München 1832 §35, および Lehrbuch der Pandekten Leipzig 1838 §53. である。しかしながら，多くの人が，上述のところで出した理由を承認するとしても，それでもなお私が選んだ配置を，主としてそれにより外部的均整が壊されるという理由で不快に思うであろうことを，私は疑わない。もしこの場所で贈与論の概略が示されたとすれば，その人たちは，おそらくこれに対してなんら文句をつけることはできないであろう。一方，その人たちには，体系の各論においてのみ期待されたような詳細な叙述は，けしからぬと思われるであろう。しかし，私は，この人たちに，このような概略が詳細な叙述の中でのみその正当づけをみいだしうることを考慮に入れるようにお願いする。そしてこの正当づけをあまりに長く待ちたくないとすれば，それは，本巻の付録にゆだねられなければならなかったであろう。しかし，いったんこの処理をどうしても必要なものとして許す人は，付録がもっと簡単な仕方で体系自体の中へとり入れられることにも，それにより均整が少し害されるとしても，反対しないであろう。

10── 第二編　法律関係　第三章　発生と消滅

えられるところの者] など)。私は，その者たちを，与える者 [Geber] と受領者 [Empfänger] (あるいはまた受贈者 [der Beschenkte]) と称するであろう。

　それをもって今，さしあたって一つの恣意的な概念が立てられているにすぎないが，この概念を一つの法律制度の基礎にする必要は，証明されていない。われわれは，諸法律行為の他の可能な特性のどれをも際立たせて，それについてある術語を考案し，一つの特別の法律制度をそれに基づかせることができるようにみえる。そういうことで，たとえば，われわれは，贈与と正反対の行為 (これは，負担になる [oneröse] 行為と呼ばれる) を同じ仕方で取り扱うことができるようにみえる。なぜ，このことが行われず，一方，贈与は一つの特別の法律制度とみなされるべきなのか。その理由は，贈与 (それの概念がさしあたり確定されているような) には，ローマ法のいくつかのまったく実定的な規則が結び付けられており，そういう規則のために，贈与の概念を最大の厳密さをもって定め，限界づけることが重要であることにある。これらの法規とは，つぎのとおりである：

　1) 贈与は，古い時代から，いろいろな仕方で制限されており，とくに意思表示の実定的形式によって加重されている。さて，これらの制限および形式は非常に入れ代わったが，それでも贈与の一般的性質および目的は，常に不変であったし，こういう仕方で影響されるべきものは，常に，同じ贈与であった(d)。

───────
　(d) 法律行為の評価においては，個別的意思の完全な自由が規準とみられるべきである。ローマ法は，そういう自由の濫用の特別な危険が存すると思われた僅かの場合にのみ，それの例外を作った。これに属するのは，貧しい債務者がしいたげられるおそれを理由として不当高利取締法であり，女性の自然的な従属を理由として Sc. Vellejanum [ウェルレヤーヌス元老院議決] であり，子の浪費癖が高利貸によって助長されないように Sc. Macedonianum [マケドー元老院議決] であり，最後に，まさに贈与においては，お人好しで疑うことを知らない軽はずみが，考え深い私利追求によって，他の種類の行為におけるより以上に，特別の不利益に至ることがありうるがゆえに，贈与一

2) 贈与は，夫婦間では不可能である。一方，すべての他の法律行為は，夫婦間で許される。

3) 贈与は，若干の場合に特別の理由から撤回されうる。一方，他の法律行為は，同じ場合に撤回できないままである。

今度は，実際的側面から，その概念は，こう規定される：贈与と称せられるのは，上掲の三つの法規が適用されるあらゆる法律行為である。というのは，まさにこれらの法規のために，またこれらの法規のためにのみ，われわれが上述のところで贈与として述べたものを一つの独特の制度として把握し，それの限界をはっきり定めることが，必要であるからである(e)。──贈与のこれら三つの実際的関係の中で，とくに第二のものが，

般の制限であり，また夫婦間の贈与の全面的な禁止である。

（e） 通常なお，贈与のこれとは別の実際的関係が想定されるが，不当である。すなわち，贈与は，通常の財産管理の限界の外にあるが，しかしいくつかの他のものも同じであって，それゆえにここでは贈与の特性だけが問題になるわけではない。そういうことで，filiusfamilias ［家の息子］は，特有財産を自由に管理してよいものとして与えられていても，それでもなお贈与してはならないとされている（*L. 7 pr. de don*. 39. 5. ［学説彙纂第39巻第5章「贈与について」第7法文前文（ウルピアーヌス）］）。しかしながら，その者は，解放することもできず（*L*. 13 *de j. patron*. 37. 14. ［学説彙纂第37巻第14章「保護権について」第13法文（モデスティーヌス）］），不法行為によって父に義務を負わせることもできず（*L*.3 § 12 *de pecul*. 15. 1. ［学説彙纂第15巻第1章「特有財産について」第3法文第12節（ウルピアーヌス）］），それにもかかわらずこれらの行為は贈与ではない。逆に，ここでは，贈与の禁止は絶対的ではなく，父はこれを許すこともできる（*L*.7 § 2. 3 *de don*. 39. 5. ［学説彙纂第39巻第5章「贈与について」第7法文第2，3節（ウルピアーヌス）］）。したがって，それは，漠然と与えられた自由な管理には，贈与することの許可は未だいっしょに含まれていないというだけのことを意味するにすぎず，それゆえにそれは，解釈規則にすぎない。──同様に，未成年の土地所有者には，決して土地の贈与は判定によって許されるべきではなく，その者が成年と宣言されていてもそうである。*L*.3 *C. si major*. (5. 74.) ［勅法彙纂第5巻第74章「年長に達した者が判定なしになされた譲渡を追認したならば」第3法文］。──さらに L. Cincia ［キンキウス法］は，弁護士に，自己の職務遂行につきなんらかの贈り物を受け取ることを禁止していた。このことは，もっと新しい法において廃止され，これも純粋の贈与にすぎないと思われる。──in potestate ［父権の中にいる］子への父の贈与のいわゆる禁止は，実際には，そもそもすべて

7 古い法律家たちに贈与の概念の精確な形成へのきっかけを与えた。というのは，制限および形式（したがって第一の関係）に関しては，Lex Cincia［レークス・キンキア。キンキウス法］の古い法が非常に実定的な仕方で定められていたので，それに加えての贈与概念の入念な学問的展開は，必要性がかなり少ないと思われたからであり^(f)，最後に，撤回は，決して大き

の譲渡に及ぶ。L. 2 pr. de contr. emt. (18. 1.) ［学説彙纂第18巻第1章「締結されるべき売買について，および買主と売主の間で決めた約束について，およびどの物が売られえないか」第2法文前文（ウルピアーヌス）］，L. 14 § 3 de in diem addict. (18. 2.) ［学説彙纂第18巻第2章「上回る付け値の留保について」第14法文第3節（パウルス）］．──L. Julia repetund. ［不当徴収に関するユーリウス法］は，政務官への贈り物を禁止していた。(L. 8 de L. Jul. repet. 48. 11. ［学説彙纂第48巻第11章「不当徴収に関するユーリウス法について」第8法文（パウルス）］)．このことは，現代法においては廃止されており，すでにローマ人においてもさまざまな仕方で変更され，どんどん拡大されていた。L. un. § 1. 2 C. de contract. judicum (1. 53.) ［勅法彙纂第1巻第53章「裁判する者またはその周囲にいる者の契約について，およびそれらの者に対してなされるべき贈与の禁止について，およびそれらの者が在職期間中に勅諚なしに自己の家を建ててはならないこと」単一法文第1，2節］．──そういう実際的関係は，Meyerfeld Abschnitt V. および VI. にとくに拡大されて存する。

（f）Lex Cincia ［キンキウス法］およびそれの諸発展によれば，握取行為または引渡が，またあらゆる場合になお，特示命令の保護を受けうる占有［Interdictenbesitz］の譲渡も要求された。それによって，すでにおのずから，真の贈与の存在が疑われえ，それゆえにその概念の緻密な定めが必要と認められうるたいていの場合は，阻止されていた。もっと新しい法については，事情は別であって，これは，（大きな贈与においては）登録［Insinuation］を，そしてこれだけを要求する。その場合には，夫婦間の贈与におけると同じ疑問と必要が現われうる。しかし，この目的のために贈与の概念に関する新しい定めは必要と認められなかった。なぜならば，そのことには，夫婦間の贈与に関する古い法律家たちの緻密な研究によってすでに配慮されていたからである。そのうえ，そういう法律家たちは，Lex Cincia ［キンキウス法］の折にも時には，夫婦間の贈与におけると類似の研究をしたかもしれない。しかし，そのような個所は，ほとんど一度も学説彙纂の中にとり入れられえなかった。なぜならば，それらは，全体としては古くさくなった法律制度と不可分に結び付けられていたからである。それでもなお，たとえば L. 11 L. 23 pr. de don. (39. 5.) ［学説彙纂第39巻第5章「贈与について」第11法文（ガーイウス），第23法文前文（モデスティーヌス）］のように，そういうもののうちのいくつかがみいだされる。

§142 贈与。序説。——*13*

8 な重要性を有しなかったし，とくにまた，古い法律家たちの時代の後にはじめて勅法によって形成されたからである。そこから，古い法律家たちによって極めて慎重に厳密な限界を通して定められた贈与の概念は夫婦間の禁止のところでのみ適用されるかのような，人を欺くみせかけが生じた。なぜならば，その概念は，やはり実際には一般的であり，登録［Insinuation］や撤回の適用のところでも同じように基礎に置かれなければならないからである(g)。

　だが，ここで贈与の消極的側面（それの制限）を先頭に置くことによって，贈与の積極的側面を，その存在についても重要性についても否認しようとするものではない。この積極的側面は，贈与が，引渡の justa causa ［正当な原因］としてただちに所有権を与えることができ，あるいは権原として使用取得を理由づけることができることにある。さらに，それは，贈与が causa ［原因］としてあらゆる債権的利得を有効で取り消しえない法
9 律行為にすることができ，一方，真の causa ［原因］がないと，この種の変更は，その場合しかるべき形式が守られていても，不当利得返還請求訴権によりあとで無効にされうることにある。以上すべてのことは，真実であり重要である。しかし，それは，一度も，贈与の詳細な理論を，とくに贈与の概念の緻密な限界づけを，贈与であるものとそうでないものとの厳密な区別に必要なものとしなかったのであろう。この必要は，贈与の消極

　（g）　夫婦間の贈与の理論は，大部分，同時に一人の方が pauperior ［より貧しい］に，もう一人の方が locupletior ［より裕福な］になるときにのみ，その禁止が適用されるという点を中心とする。それを，やはり，近時の人たちは，それが贈与自体の概念の外にあって，単にそういう禁止の特別の条件に属するにすぎないかのようにとる。WESTENBERG XXIV. 1 §10. MÜHLENBRUCH §545. しかし，そうではなくて，むしろ，そういうメルクマールはそもそも真の本来の贈与の完全な定めに属するのであり，したがって，疑いなく登録および撤回においても顧慮されるべきである。上掲の見解は，ローマ法のいくつかの個所の表現の中にみせかけの確認を有する。しかし，この表現は，ローマ人自身において現われる二とおりの用語から説明がつくのであって，このことは §143 において問題になるであろう。

的側面によってのみ，すなわち特別の法規に基づくそれの制限によってのみ，引き起こされた。

§143
V．贈与。序説。（つづき）
[Schenkung. Einleitung. (Fortsetzung)]

　しかし，そういう法的概念の諸要素を一つ一つ吟味する前に，用語をもっと厳密に確定することが必要である。その概念の基礎は，与える者の側では，個々の行為の基礎にある，私欲のない好意［Wohlwollen］であって[(a)]，それを一般的に言い表わすのに，beneficium［ベネフィキウム。好意］，liberalitas［リーベラーリタース。気前よさ，施し］という表現が，時にはofficium［オフィキウム。好意］という表現も用いられる[(b)]。これらの行為の共通点は，行為者が相手方のutilitas［ウーティリタース。利益］またはcommodum［コモドゥム。便利］のみを目的とし，決して自己のそれを目的としないことにある[(c)]。したがって，どの贈与も，このような好意的な行

　（a）　私は，個々の行為（の基礎に），という。というのは，たとえわれわれの目下の気前よさ［Freygebigkeit］によって相手方に気に入られ，続いてそこからもっと大きな利益を引き出そうという利己的な意図が背後にあっても，やはりそれによって，個々の，それだけで考察される行為の性質は，変更されないからである。

　（b）　多くの個所が，Ｍｅｙｅｒｆｅｌｄ §1および§7に集められている。――officium［好意］は，*L.* 1 §4 *mand.* (17. 1.)［学説彙纂第17巻第1章「委任訴権または反対訴権」第1法文第4節（パウルス）］，*L.* 17 §3 *comm.* (13. 6.)［学説彙纂第13巻第6章「使用貸借訴権または反対訴権」第17法文第3節（パウルス）］においてこの意味を有する。そのほかでは，それは，法源においては，用事［Geschäft］あるいはまた義務と同じだけを意味する。

　（c）　これらの表現は，*L.* 5 §2 *commod.* (13. 6.)［学説彙纂第13巻第6章「委任訴権または反対訴権」第5法文第2節（ウルピアーヌス）］，*L.* 108 §12 *de leg.* 1 (30. un.)［学説彙纂第30巻単章「遺贈と信託遺贈について　1」第108法文第12節（アフリカーヌス）］に，しかも債務者により果たされるべき過失の程度に直接適用して，存する。

為［Liberalität］であるが，しかし逆は真ではない。むしろ，こういうもっと一般的な表現は，どの好意［Gefälligkeit］またはサービス［Dienstleistung］においても，たとえばある物の無償の保管においても用いられ，子の父権免除においても同様である。しかし，すべてのこのような場合において，贈与は問題にならない。なぜならば，行為者は自己の財産からなにも手放さず，通常は相手方もなにも取得しないからである。それでもやはり，そういうもっと包括的な概念は，法的影響をもたないわけではない。というのは，過失の理論において，bonae fidei［ボナエ・フィデイー。誠実の］である債務では，こういう私欲のない関係にある債務者はどの通常の過失についても責任を負うのではなくて，悪意およびこれと同じに評価されるものについてのみ責任を負うという重要な結果が，その概念に結び付くからである（註c）。この理由から，とくに保管者［Depositar］は，通常の過失について責任がない。ただ贈与の実定法とは，そういう包括的な概念は，詳細な定めなしには結び付けられてはならない。

　受領者の側では，贈与の基礎にその者の利得がある。所有権であれ債権であれ権利の取得であって，その取得が無償で，したがって自己の犠牲的行為なしに行われ，それゆえに恩を受けた者［Schuldner］がこの取得の性質によってすでに(d)より豊かになるものは，どれも lucrativa causa［ルクラーティーヴァ・カウサ。利得的な原因］と呼ばれる(e)。近時の人たちは，それ

　（d）　すなわち，安い買入によっても，確かに買主は，より豊かになるが，しかし，それは，その行為の一般的性質にではなくて，個々の場合の偶然の事情にあるのだから，有利な買入は，決して lucrativa causa［利得的な原因］と称せられない。

　（e）　取得された所有権においてそうであるのは：L. 13 § 5 de act. emti (19. 1.)［学説彙纂第19巻第1章「売買訴権について」第13法文第5節（ウルピアーヌス）］，L. 4 § 29. 31 de doli exc. (44. 4.)［学説彙纂第44巻第4章「悪意のおよび強迫の抗弁について」第4法文第29，31節（ウルピアーヌス）］，L. 7 § 3 de public. (6. 2.)［学説彙纂第6巻第2章「物に対するプーブリキウスの訴権について」第7法文第3節（ウルピアーヌス）］。――債権においてそうであるのは：L. 17. 19 de O. et A. (44. 7.)［学説彙纂第44巻第7章「債務と訴権について」第17，19法文（ユーリアーヌス）］，L. 108 § 4 de leg, 1 (30. un.)［学説彙纂第30巻単章「遺贈と信託遺贈について　1」第108法文第4節（アフリカーヌス）］。――それは，lucrativa ad-

と対照的に，無償でなされるのでない取得を onerosa causa［オネローサ・カウサ。負担的な原因］と称するのが常であるが，正当でない。なぜならば，onerosum［オネロースム。負担になるもの］は，ローマの著述家たちにおいては，厄介な，不便なことを示すにすぎず，その概念は，上掲の概念と非常に異なっているからである[f]。――それゆえに，やはりどの贈与にも同時に lucrativa causa［利得的な原因］が含まれているが，しかし逆は真でない。なぜならば，こういう原因がある場合に，贈与する人が，したがってまた贈与する意図がまったく欠けていることは，極めてたびたびあるからである。わが法源においては，贈与のほかに，遺贈，信託遺贈も，同じく遺言相続および法定相続も，lucrativa causa［利得的な原因］と呼ばれる[g]。遺贈は比喩的にしか donatio［ドーナーティオー。贈与］と称せられ

quisitio［利得的な取得］とも，それどころか lucrativa res［利得的な物］とさえ称せられる。L. 4 § 31 de doli exc. (44. 4.)［学説彙纂第44巻第4章「悪意のおよび強迫の抗弁について」第4法文第31節（ウルピアーヌス）］, PAULUS V. 11 § 5. ――lucrativa causa［利得的な原因］あるいは lucrifaciendi causa possidere［利益を得ることのために占有すること］などの，ここに属しない副次的な意味は，不誠実な利欲という意味である。窃盗においてそうである。L. 1 § 3 L. 54 § 1 de furtis (47. 2.)［学説彙纂第47巻第2章「窃盗について」第1法文第3節（パウルス），第54法文第1節。古い pro herede usucapio［相続人としての使用取得］においても同様である。GAJUS II. § 56. 57. L. 2 § 1 pro her. (41. 5.)［学説彙纂第41巻第5章「相続人としてまたは占有者として」第2法文第1節（ユーリアーヌス）］, L. 5 L. 33 § 1 de usurp. (41. 3.)［学説彙纂第41巻第3章「中断的使用と使用取得について」第5法文（ガーイウス），第33法文第1節（ユーリアーヌス）］.

（f） BRISSONIUS v. Onerosus. 自分に役に立たない物を高く売る者は，それを非常に喜ぶであろうし，ローマ人はだれもその者の行為を onerosum negotium［負担的な行為］とは呼ばないであろう。近時の人たちの用語に従えば，それはもちろんこのような行為である。なぜならば，その者はやはりその物の所有権を手放すからである。

（g） L. un. C. de impon. lucrat. descr. (10. 35.)［勅法彙纂第10巻第35章「定められるべき利得的な税査定について」単一法文］, L. 108 § 6 de leg. 1 (30. un.)［学説彙纂第30巻単章「遺贈と信託遺贈について 1」第108 法文第6節（アフリカーヌス）］, L. 83 § 6 de V. O. (45. 1.)［学説彙纂第45巻第1章「言葉による債務関係について」第83法文第6節（パウルス）］. （この最後の箇所においては，sed〔et〕si heres exstitero［しかし〔そして〕もし私が相続人になったならば］という言葉は，lucrativa causa［利得的な原因］の反対と理解され

ず，相続は決して donatio［贈与］と称せられないのではあるが。同様に，ローマの法律家はだれも，狩猟による，鹵獲による，埋蔵物または無主物の発見による取得を，lucrativa causa［利得的な原因］と呼ぶことに疑念を抱かなかったであろう。しかも，そこでは，donatio［贈与］が考えられないこと確実である。——lucrativa causa［利得的な原因］が実際に donatio［贈与］に基づく各場合において，それに対立するものが言い表わされるべきときは，そのためには，negotium［ネゴーティウム。法律行為］，contrahere［コントラヘレ。取引を締結すること］，obligare［オブリガーレ。債務を負わせること］という各表現が用いられる(h)。

したがって，ここでは，諸法律行為の二つの異なった可能な特性が挙げられた。すなわち，一方では気前よさ［Liberalität］，他方では無償の取得である。そのそれぞれは，贈与に親近であるが，しかし，どちらも，それだけでは贈与よりはるかに一般的である。さらに，両方の特性が一つの同

————————
てはならないのであって，適用の一つの場合への移行と理解されうるのであり，sed［しかし］は，その意味でしばしば現われる。）——相続においては，このことは，相続人を実際に富ませるのが常であるという，相続の通常の正規の性質に関する。個々の場合において相続財産が債務により吸収されているとき，あるいは相続人が，以前の資格者を，ある金額により相続放棄させたとき，その取得は，利得的とはいえない。L. 2 § 1 *si quis omissa* (29. 4.).„... Mihi videtur humanior esse haec sententia, ut possessor hereditatis prior excutiatur, *maxime si lucrativam habet possessionem*."［学説彙纂第29巻第4章「もしだれかが遺言の原因を無視して無遺言でまたは別の方法で相続財産を占有するならば」第2法文第1節（ウルピアーヌス）：「... 相続財産の占有者がまず第一に調べられるべきであり，とくにその者が利得的な占有を有するときはそうであるというこの見解の方が適切であると，私には思われる。」したがって，相続人の占有は，やはり，利得的でない性格をもつこともありうる。

　（h）　*L.* 18 *de don.* (39. 5.)［学説彙纂第39巻第5章「贈与について」第18法文（ウルピアーヌス）］，*L.* 3 §1 *de O. et A.* (44. 7.)［学説彙纂第44巻第7章「債務と訴権について」第3法文第1節（パウルス）］，*L.* 9 *pr. de cond. causa data* (12. 4.)［学説彙纂第12巻第4章「原因が与えられたが原因が達成されなかったことを理由とする不当利得返還請求訴権について」第9法文前文（パウルス）］，*L.* 24 §4 *sol. matr.* (24. 3.)［学説彙纂第24巻第3章「どのようにして婚姻解消後に嫁資が請求されるか」第24法文第4節（ウルピアーヌス）］.——Meyerfeld §3.

じ行為において同時に起こるとき，その合一は，おおよそ [ungefähr]，われわれが上述のところで贈与と称したものであって，贈与に関するまったく実定的な三つの法規の適用の条件として挙げたものを形成する。私は，おおよそ，という。というのは，もちろん，そういう規則が適用できるときは，なおいくつかのことが，詳細な定めとして付け加わらなければならないからであって，このことを，まさに贈与の概念の以下の展開によって，完全に述べよう。だが，それに対して，donatio [贈与] というローマの表現は，どういう関係にあるか。この表現は，法的な目的のためにはじめて考案されていたのではなくて，日常生活からとってこられていて，それが日常生活で用いられたあいまいさは，法律家たちの用語の中にも移った。そういうことで，たいていの個所において，datio [贈与] という語は，上述の法規の適用可能性を厳密に顧慮することなしに用いられ，それからただ，上述の規則が適用されるべき datio [贈与] がどんな性質でなければならないかだけが，付け加えられる(i)。この狭義の donatio [贈与]，法的にはこれだけが重要だが，これは，そのとき，上述の規則を現実に適用する場合には，もっと特殊な術語がないので，donatio jure civili *impedita* [ドーナーティオー・ユーレ・キーウィーリー・インペディータ。市民法により阻止された贈与]，あるいは *non concessa* donatio [ノーン・コンケッサ・ドーナーティオー。許されない贈与] と呼ばれる(k)。これに反し，他の個所は，

　（i）　ウルピアーヌスが *L.* 5 § 8-18 *de don. int. vir.* (24. 1.) [学説彙纂第24巻第1章「夫と妻の間の贈与について」第5法文第8-18節（ウルピアーヌス）] において，ポンポーニウスが *L.* 18 *L.* 31 § 1 *eod.* [同所第18法文，第31法文第1節（ポンポーニウス）]，*L.* 3 *pro don.* (41. 6.) [学説彙纂第41巻第6章「贈与されたものとして」第3法文（ポンポーニウス）] において，テレンティウス・クレーメンスが *L.* 25 *de don. int. vir.* (24. 1.) [学説彙纂第24巻第1章「夫と妻の間の贈与について」第25法文（テレンティウス・クレーメンス）] において，そしてモデスティーヌスが *L.* 23 *pr. de don.* (39. 5.) [学説彙纂第39巻第5章「贈与について」第23法文前文（モデスティーヌス）] において，そうである。なお多くの他の人たちが同様であるが，その人たちの個所は折に触れ挙げよう。

　（k）　ウルピアーヌスからの *L.* 5 § 18 *de don. int. vir.* (24. 1.) [学説彙纂第24巻第1章「夫と妻の間の贈与について」第5法文第18節（ウルピアーヌス）]，およびガーイウスか

§143　贈与。序説。(つづき)——*19*

datio［贈与］という表現をさえ，上述の実定規則が適用できる場合に限定し，それゆえに，そういう個所は，すべての他の場合においてそもそもdonatio［贈与］の存在を否定する[1]。これらの疑う余地のない事実によれ

らの *L. 6 eod.*［同所第6法文（ガーイウス）］。

（1）　ウルピアーヌスが *L. 21 pr. de don. int. vir.* (24. 1.)［学説彙纂第24巻第1章「夫と妻の間の贈与について」第21法文前文（ウルピアーヌス）］において（non locupletior［より富むことがない］, *nulla donatio*［贈与はない］, non interdictum［禁じられていない］は，ここでは同義である）。——ポンポーニウスが *L.* 31 § 6. 7 *eod.*［同所第31法文第6，7節（ポンポーニウス）］において。"Quod vir uxori in diem debet, *sine metu donationis* praesens solvere potest,"［［夫は，妻に期限付で債務として負っているものを，贈与の恐れなしに，即時に支払うことができる。］］すなわち，その夫は，それが donatio［贈与］とみられるかもしれないことを恐れることを要しない。そしてそれに続いて："Quod legaturus mihi .. es, potes rogatus a me uxori meae relinquere, *et non videtur ea esse donatio ;*"［［汝が..私に遺贈しようと..しているものを，汝は，私から頼まれて，私の妻に遺すことができる。そして，これが贈与であると思われない。］］贈与する意図が，ここではやはり存在していた。また，*L.* 5 § 13. 14 *eod.*［同所第5法文第13，14節（ウルピアーヌス）］において，まったく同じ場合がウルピアーヌスにより実際に donatio［贈与］と呼ばれ，ただ，禁じられていないと明言される。（ポンポーニウスとウルピアーヌスが，あるいはこの厳格な方の用語を有し，あるいはもっと自由な用語，註 i，を有するということは，反論ではない。なぜならば，その人たちは，適用の種々の場合に前者と後者を守り，したがってもちろん必ずしも厳格な一貫性はないからである）。——ここでポンポーニウスがいうのと同じように，ガーイウスは *L.* 11 *de don.* (39. 5.)［学説彙纂第39巻第5章「贈与について」第11法文（ガーイウス）］においていう。"Cum de modo donationis quaeritur, *neque* partus nomine, *neque* fructuum, *neque* pensionum, *neque* mercedum *ulla donatio facta esse videtur.*"［［贈与の大きさについて問題とされるとき，動物の子のためにも，果実のためにも，賃料のためにも，地代のためにも，いかなる贈与もなされていないと思われる。］］利得は，果実にも及び，与える者のはっきりした意図さえ，果実にいっしょに向けられていることがありうる。それにもかかわらず，果実は，大きな贈与の禁止（L. Cincia［キンキウス法］によれば，modus donationis［贈与の大きさ］）にいっしょに含まれていない。つまり，この一般的に認められている命題を，ガーイウスは，こう表現する：neque ulla donatio facta esse videtur［いかなる贈与もなされていないと思われる］。一方，まったく同じ場合において，ウルピアーヌス（*L.* 17 *de don. int. vir.*［学説彙纂第24巻第1章「夫と妻の間の贈与について」第17法文（ウルピアーヌス）］）は，こういう："fructus quoque, ut usuras, *licitam habere donationem.*"［［許された贈与は，利息のように果実をも含む。］］したがって，ガーイウスは，それは贈与でないといい，ウ

ば，われわれは，ローマ人がdonatio［贈与］という語をあるいは（そして最もしばしば）広義に，あるいは狭義にとったことによって，ローマ人自身において二通りの用語を認めざるをえない。前者の広義は，どの気前よさをもdonatio［贈与］と称するのが常である日常生活の用語にまず第一に結び付いたのであって，法的な境界決定に手を出すことはなかった。しかし，それは，また時には，贈与の積極的側面を際立たせることが問題であったところで，法的に適用された（§142）。これに反し，狭義は，贈与に独特の制限的法規に，すなわち，それだけがそれの概念およびそれの限界の緻密な定めを必要ならしめる，それの消極的側面に関した。

われわれは，このようにその語意を十分確定した（このことは，法源の理解のために必要であった）後に，今後はこれをそのままにしておくことができる。われわれが，Ｓｃｈｅｎｋｕｎｇ［贈与］というドイツの表現に，われわれの学問的目的に最もふさわしい範囲を割り当てることに，すなわちそれを上述の狭い固有の意味で用いることに，なんの妨げもない。なぜならば，その表現は，贈与について実定法規をもっぱら適用できることを言い表わすからである。重要で不可欠なのは，そういう諸法規に共通に，登録と撤回においてならびに夫婦間の贈与において適用できる（§142. g）この狭義の概念自体を承認することだけである。用語においては，わ

ルピアーヌスは，それは贈与であるが，禁止されていないものであるという。――同様にパーピニアーヌスが *L.* 18 *quae in fraud.* (42. 8.)［学説彙纂第42巻第8章「債権者を欺くためになされたことが回復されるように」第18法文（パーピニアーヌス）］において。„Si pignus vir uxori, vel uxor viro remiserit: verior sententia est *nullam fieri donationem* existimantium."［「もし，夫が妻に，あるいは妻が夫に質物を返還したならば，贈与にならないと判断する人の見解の方が正しい。］与える者の気前よさと受領者の利益は，ここではたいてい存在するであろうが，法的な意味においてのみ，それにもかかわらずpauperior［より貧しい］とlocupletior［より裕福な］を欠く。それは，ウルピアーヌス（註 i）がdonatio［贈与］という表現を用いる場合におけるのとちょうど同じである。――ケルスス（ウルピアーヌスのところでの）も同様。*L.* 5 § 15 *de don. int. vir.* (24. 1.)［学説彙纂第24法文第1章「夫と妻の間の贈与について」第5法文第15節（ウルピアーヌス）］。――すべてのこれらの個所における用語の多様性は，明白である。

れわれは，多様性をまだいっそのことがまんできる。

　ここで贈与の一般的性質についておよびそれの名称についていわれたことは，非常に似ている占有理論との対比によって，最もよく直観され確信される。占有も，一つの法律関係たる所有権に相応するところの，したがって所有権の内容を成すところの事実関係たる，一つの自然的関係を有する。しかし，この自然的関係は，占有理論を形成すべき必要には決して立ち至らなかったであろう。このような必要は，占有の存在に，まったくそういう自然的関係の外にある実定的効果すなわち使用取得と特示命令が結び付けられたときに，生じた。今や，だれが特示命令および使用取得への請求権を有しうるかを知るために，占有の概念，取得，喪失を厳密に定めることが，必要となった。占有にとって特示命令および使用取得であるものが，贈与にとっては，登録，夫婦における禁止，および撤回である。占有においては，それに加えて，実際にはこの固有の法律制度の限界の外にあるいくつかの外見上のみの法律効果が存在した(m)。贈与においても，未成年者の特有財産および土地については許されないことが，同じである（§142. e）。占有は，それの自然的な関係と広がりにおいて Possessio［ポッセッシオー。占有］と称せられる。上述の実定的法律制度の基礎として，それは，同じく Possessio［占有］と称せられるが，今度は狭義においてであり，その結果，他の諸場合は対照的にずばり non possidere［ノーン・ポッシデーレ。占有しないこと］と言い表わされる。この狭義をはっきり言い表わそうとすれば，それは，おそらく，possessio quae locum habet in interdicto uti possidetis vel utrubi［uti possidetis という文言で始まる特示命令（不動産占有保持特示命令）または utrubi という文言で始まる特示命令（動産占有保持特示命令）の中に位置する占有］あるいは ad usucapionem possidere［使用取得に関して占有すること］とも称せられる(n)。したがって，占有においては，

　(m)　不真正の beatitudines possessionis［占有の条件］. S a v i g n y　Recht des Besitzes §3参照。

　(n)　S a v i g n y　a. a. O. §7.

私が贈与について主張する二とおりの用語が，完全に疑いをいれないのであって，相違は，その用語が占有のところでは古い法律家たちによってもっと発達させられて，もっと厳密な表示（naturalis［ナートゥーラーリス。自然的］，civilis［キーウィーリス。市民法上の］）によって，もっとはっきり定められたことにのみ存する。しかし，占有においても贈与においても，最も重要なことは，正しい用語をしっかり持っていることではなくて，その法律制度の概念と真の限界に関するすべての研究において，それと結び付けられた実定法規との実際的関係を決して見失わないことである。なぜならば，そうでなければ，そういう研究は内容のないものまたは虚構のものになってしまうからである。

今はじめて，贈与に関する最近の著述家がこの理論に与えようと試みた(o)位置づけについて，明確な報告がなされる。彼は，財産法における変動を，つぎのように分類する。それは，donandi animo［ドーナンディー・アニモー。贈与することの意思をもって］か ob causam［オブ・カウサム。原因のために］なされ，この後者である原因は，過去のものであるか（solutio［ソルーティオー。支払］），現在のものであるか（permutatio［ペルムーターティオー。交換］），将来のもの（creditum［クレーディトゥム。債権］）である。一般的考察としては，これは価値を有するかもしれないが，それが体系的叙述の基礎にされようとするやいなや，それは，実りの乏しい惑わすものとなる。贈与のこういう否定できない一般的関係は，私が上述のところでそれの積極的側面と言い表わしたものだが（§142），これは，占有について所有権に対する占有の一般的自然的関係と同様，それについての特別の理論を必要としなかったであろう。両方の理論は，今や占有および贈与の実際的本質を成す実定法規によって必要となったにすぎない。マイヤーフェルトにおいては，この実定的規則は，偶然的で下位的な関係という誤った外観を呈するが，こういう関係はまったくないものと考えてよいだろう

(o) Meyerfeld I. S. 26 fg. S. 89-92. S. 425. 426.

し，そうしても贈与の理論が本質的に変更されることはないであろう。

§144
V．贈与——概念　1．生前法律行為

[Schenkung——Begriff　1. Rechtsgeschäft unter Lebenden]

　贈与の第一の必要な要件として，それが生前法律行為でなければならないことが挙げられた。ここには，二とおりのことが存する。第一に，法律行為が，したがって積極的行為が必要とされ，その結果，単なる不作為は，その中に隠れた行為が含まれているのでなければ，本当の贈与とはみられえない（付録Ⅸ）。——第二に，生前行為が必要とされる。したがって，そのことによって，それの概念からは，死亡についての承継はどれも除外される。この後者の定めの一般的で決定的な理由は，贈与についてのすべての実定法規を考察すべき観点と関連している（§142. d）。贈与の中に含まれていて危険とみられる恣意は，贈られる人の（ひょっとすると軽率な）選抜に存するのみならず，贈与自体への決心に，つまり，与える者が，みずから支配し自己の目的のために用いるべきものとされていた財産の一部を恣意的に自分自身から奪い取ることに存する。贈与のこの危険な構成部分がまさに，死亡による承継においては完全に消え去る。死亡の場合には，だれも，同じように恣意的に保持することもできるようなものを，恣意的に手放さない。ここでは，単に，その者の後にその財産を有すべき人が問題になるだけであって，その者がこの人を最も自由な仕方で選抜することは，正規のこと，自然なこと，危険のないこととみられる。それゆえに，遺言において現われるすべての形式と制限は，贈与について規定されたのとはまったく別の理由と目的を有する。それゆえに，Lex Cincia [キンキウス法]，登録，夫婦間の禁止は，そのものとしては（起こりうる子供のない状態は別として），遺言においては決して問題にならなかった。同様に，贈与においては特別の理由から例外的に許された撤回は，遺

言では完全に姿を消す。なぜならば，遺言においては，撤回は，一般的規則として，なんの理由もなしにでさえ許されているからである。

　今度は，承継の個々の種類へのこの原理の適用が，なされるべきである。法定相続においては，贈与が考えられることが最も少ない。というのは，これも，故人が別の相続人を遺言により指名できたであろう限りにおいて，故人の好意に基づくのではあるが，それでもやはり，この承継の原因とみられうるようなどんな積極的活動をも欠くからである。——このような活動は，遺言による相続においては，確かに存在するが，それにもかかわらず，これも決して donatio［贈与］とは称せられない(a)。その理由は，おそらく，つぎの二つの事情にある。第一に，どの贈与にも，一方の財産の，もう一方の財産の減少による増大が必要である。ところが，相続においては，故人の財産は，なんら減らされないで，変わらずに持続し，ただもう一人の人において持続するだけである。第二に，どの贈与にも，受領者が豊かにされることに向けられた与える者の意識が必要である。ところが，相続人指定においては，遺言者は，相続人を豊かにするかどうかを決してはっきり知ることができない。なぜならば，災難または浪費によって，その財産が完全になくなることがありうるし，それどころかマイナスの値になることさえありうるからである(b)。

　(a)　ひょっとすると贈与としての相続人指定に関係させて解釈されるかもしれない唯一の個所は，*L*. 30 *pr. ad L. Falc*. (35. 2.). „... ut stipulationes, rerum traditiones, legata, hereditatesve his (servis) datae, *ceterae donationes*, item servitutes ...“［学説彙纂第35巻第2章「ファルキディウス法註解」第30法文前文（マエキアーヌス）：「問答契約，物の引渡，遺贈，この者に（奴隷に）与えられた相続財産，および*その他の贈与*，同じく地役権...のような...」］である。しかしながら，この個所においては，*ceterae* donationes［その他の贈与］を，すぐ前にある hereditates［相続財産］にも関係させることは，決して必要ではなく，むしろ，それは，その前に挙げられた traditiones［引渡］と legata［遺贈］によって十分正当づけられている。

　(b)　相続による取得が通例 lucrativa causa［利得的な原因］と呼ばれる（§143. g）ことは，それと矛盾していない。というのは，この取得がすでに生じた時には，相続財産の額はおそらく見当がつけられ，遺言が作成される時にはそうでないからである。

§144 贈与。概念。1．生前法律行為――**25**

　ユスティーニアーヌス帝の法において個別的な信託遺贈と同一となった遺贈については，両方の考慮において，事情が異なる。というのは，ここでは，実際になにかが一方の財産から取り去られて，他方の財産に付け加えられたからであるし，また，遺贈においては，受遺者がそれにより豊かにされるであろうことが，通例はまったく確実に知られているからである(c)。それゆえに，実際また，遺贈は，古い法律家たちによってずばりdonatio［贈与］と称せられる(d)。それでもやはり，この表現は，比喩的な表現にすぎず，遺贈は，真の贈与ではなく，その場合，ローマの法律家は一人として，贈与について立てられた実定法規の適用を考えたことがない。ここでは，真の贈与の存在を排除する理由は，単に，上述のところで死亡による承継について一般的に立てられた原理にある。

　単なるmortis causa capio［モルティス・カウサー・カピオー。死因取得］は，時には，遺贈と同様に，本来的でない贈与とみられうる。たとえば，ガーイウスに1000の遺贈が与えられるが，その者がセーユスに300を与えるという条件付であるとき，遺言者の意図に従えば，最後の結果は，相続財産からガーイウスが700を，セーユスが300を受け取ったかのようである。別の場合には，こういう外観すら起こらないであろう。たとえば，ある奴隷が，ガーイウスに100を支払うという条件で解放されたとき，そうである。というのは，今は，ガーイウスは，遺言者の財産からまったくなにももら

　（c）　私は，通例は，という。というのは，もちろん，受遺者をなんら豊かにしない遺贈も存在するからである。たとえば，遺贈によって，相続人が，ある家をそれの真の価値で受遺者に売ることを義務づけられるとき，そうである。*L.* 66 *L.* 49 §8 *de leg.* 1 (30. un.).［学説彙纂第30巻単章「遺贈と信託遺贈について　1」第66法文（ガーイウス），第49法文第8節（ウルピアーヌス）］．これも，信託遺贈が負担させられえず，またファルキディウス法において問題にならないのではあるが，真の遺贈である。

　（d）　*L.* 36 *de leg.* 2 (31. un.). „Legatum est donatio testamento relicta"［学説彙纂第31巻単章「遺贈と信託遺贈について　2」第36法文（モデスティーヌス）：「遺贈は，遺言により遺された贈与である」］（モデスティーヌスによる）．§1 *J. de leg.* (2. 20.). „Legatum itaque est donatio quaedam a defuncto relicta."［法学提要第2巻第20章「遺贈について」第1節：「それで，遺贈は，死者によって遺されたある種の贈与である。」］

わなかったからである⁽ᵉ⁾。mortis causa capio［死因取得］は，決して真の贈与ではない。

遺言による解放は，被解放奴隷が故人からその財産に属する，したがって金銭価値で評価されうる権利をなんらもらわなかったという理由だけからも，贈与でなかった。それにもかかわらず，ここでも，donatio［贈与］という名称が比喩的な意味において現われる。そのことは，なおもっと後に（§148），生前解放と関連して問題になるであろう。

これに反し，もちろん mortis causa donatio［モルティス・カウサー・ドーナーティオー。死因贈与］は，それにつき一般に行われている術語がすでに示すように⁽ᶠ⁾，真の贈与である。それどころか，それは，もともと贈与そ

　（e）これが，やや難しいつぎの個所の真の意味である。L. 38 de mortis causa don. (39. 6.) „mortis causa capitur et quod non cadit in speciem donationis."［学説彙纂第39巻第6章「死因贈与と死因取得について」第38法文（マルケルルス）：「贈与の外見に陥らないものも，死因取得される。」］マルケルルスは，こういおうとする：mortis c. capio［死因取得］は，それ自体で donatio［贈与］の外観をもちえ，本来的でない贈与でありうる（本文で挙げた例のうち第一のものにおけるように）。しかし，この外観すらそれ自体でもたないものも，mortis c. capio［死因取得］でありうる（et quod non cadit in speciem donationis［贈与の外見に陥らないものも］）といい，これについて，彼は，今度は自分自身で解説的な例を挙げる。――ここから，フィレンツェ写本の et［も］はなくてはならないことが，明らかである。流布本は，それを抜かした。その理由は，思考のそういうつながりが，もちろんそれは隠れているのだが，それが認識されなかったからである。

　（f）真の贈与が存在しなかったとすれば，この術語は，古き良き時代において発生しなかったであろう。最近の立法において，実際には贈与でないものが donatio propter nuptias［婚姻のための贈与］と称せられることは，それに反対の証明とはならない。すでにずっと以前に現われている donatio ante nuptias［婚姻前の贈与］は，真の贈与であって，他のどの贈与ともなんら異ならなかったのであり，ただ，それが事実上非常に近くにある禁止された donatio inter virum et uxorem［夫と妻の間の贈与］と混同されないように，とくに際立たされたにすぎない。かなり古い donatio ante nuptias［婚姻前の贈与］からの新しい donatio propter nuptias［婚姻のための贈与］の歴史的発展は，ある程度，donatio propter nuptias［婚姻のための贈与］という名称における厳密でない用語を説明し，正当づける。

のものでさえあった。それが後にどのようにして，半ば贈与として，半ば遺言による承継として，もっとあいまいな性格を身につけたかは，もっと後に（§172）示されるであろう。

§145
贈与――概念　2．譲渡
[Schenkung――Begriff　2. Veräußerung]

真の贈与の第二の要件（§142）は，一方において利得［Bereicherung］，他方において損失［Verlust］であった。しかし，もっと厳密に考察すると，贈与のこの要素は，また，二つの互いに異なる要素に分かれる。すなわち，第一に，なにかあるものが一方の財産から離れて，もう一方の財産の中へ渡って行かなければなければならず，第二に，この変化の最後の結果が，一方の財産の総価値が減らされてもう一方の財産の総価値が増加させられるということに存しなければならない。第一のことが第二のことなしに起こりうるということは，ある物の真の価値での売買によって明らかになる。その場合には，それぞれの財産からなにかが相手の財産へ移転し，それにもかかわらず，だれも，より豊かにまたはより貧しくならない(a)。――このように異なるこれら両要素のうちの第一のものを，私は，譲渡［Veräußerung］と呼ぶのであり(b)，それに従って，とりわけ，どの贈

（a）　ローマ人は，両方の要件を区別しないで，一方の人がpauperior［より貧しい］に，もう一方の人がlocupletior［より豊かな］にならなければならないという共通の表現の下でまとめるのが常である。L. 5 §8. 16 *de don. int. vir.* (24. 1.)［学説彙纂第24巻第1章「夫と妻の間の贈与について」第5法文第8，16節（ウルピアーヌス）］参照。はっきり理解するためには，その区別が確かに有益である。

（b）　通常われわれは，譲渡という表現を，ローマ人がalienatio［譲渡］という表現を用いるのと同じ比較的限定された範囲において，すなわちなにかある物権の譲渡について用いる。L. 7 C. *de reb. alienis* (4. 51.)［勅法彙纂第4巻第51章「譲渡されるべきでない他人の物について，および禁止された物の譲渡または抵当について」第7法文］。

与も譲渡を含まなければならないということが、詳しく述べられるべきである。それどころか、このことは、実際に、すべての贈与の基礎である。

ところで、この構成部分において、贈与は、若干の他の法律制度と親近である。それだから、われわれは、こういう法律制度の諸原則をここで主張して差し支えない。そのうちの第一のものは、Pauliana actio［パウリアーナ・アークティオー。パウルスの訴権］、すなわち、支払能力のない債務者が不誠実な仕方で債権者の不利益になるようになにかを譲渡した者に対する債権者の訴権である。この訴権は、贈与とは、譲渡という要件において（それゆえに私はここでそれに言及するのだが）完全に一致しているが(c)、受領者の利得がそれに絶対に必要であるというのではなくて、受領者の利得か、譲渡する債務者の不誠実を関知していることかが、それに必要であるにすぎない(d)。——第二の親近の法律制度は、Fabiana actio［ファビアーナ・アークティオー。ファビウスの訴権］と Calvisiana actio［カルウィシアーナ・アークティオー。カルウィシウスの訴権］であった。保護者は、被解放奴隷の遺産への大きな請求権を有していた。今、被解放奴隷が譲渡によってそういう請求権を不誠実な仕方で失効させようとしたとき、保護者は、譲渡がなされた第三者に対し、上掲の訴権を得た(e)。ここでも、贈与

　（c）　*L.* 3 § 2 *L.* 6 *pr. quae in fraud.* (42. 8.)［学説彙纂第42巻第8章「債権者を欺くためになされたことが回復されるように」第3法文第2節、第6法文前文（ウルピアーヌス）］．

　（d）　*L.* 6 § 11, *L.* 25 *pr. quae in fraud.* (42. 8.)［学説彙纂第42巻第8章「債権者を欺くためになされたことが回復されるように」第6法文第11節（ウルピアーヌス）、第25法文前文（ウェヌレイウス）］．——*L.* 7. 8. 9 *eod.*［同所第7法文（パウルス）、第8法文（ウェヌレイウス）、第9法文（パウルス）］．——*L.* 5 *C. de revoc. his quae in fr.* (7. 75.)［勅法彙纂第7巻第75章「債権者を欺くために譲渡されたものの取戻について」第5法文］．

　（e）　*L.* 1 *pr.* § 3. 4 *L.* 3 § 2. 3 *si quid in fraud.* (38. 5.)［学説彙纂第38巻第5章「あることが保護者を欺くためになされた場合」第1法文前文、第3、4節、第3法文第2、3節（ウルピアーヌス）］．——これらの訴権が現代法において現われないことは、自明である。しかし、それの諸原則は、その点では、つぎの新たな適用により維持されてきている。未熟者が自権者養子となるとき、その者は、養父の死亡の場合に少なくともその財産の四分の一をもらわなければならない。養父が譲渡によりその者にこの法定請求権を失効

およびPauliana actio［パウルスの訴権］におけると同じ譲渡の概念が基礎にあり(f)，それゆえに上掲の訴権がここで言及される。受領者に関しては，それらの訴権は，Pauliana［パウルスの（訴権）］よりもなおもっと広がっていたのであって，受領者は，関知していることも譲渡により豊かにされることも要しないで，これらの訴権によって，受領したものの返還を強制されえた(g)。──ある程度，condictio indebiti［コンディクティオー・インデービティー。非債の不当利得返還請求訴権］も，同じくいわゆるbeneficium competentiae［ベネフィキウム・コンペテンティアエ。生活必需品差押控除の利益］も，贈与において必然的に含まれる譲渡を決定するのに類推して利用できる法律制度の中に入る。その不当利得返還請求訴権は，それも贈与と同様に，やってしまうことまたは譲渡することを前提とする限りにおいて（前者ではsolvendi animo［ソルウェンディー・アニモー。履行することの意思をもって］，後者ではdonandi animo［ドーナンディー・アニモー。贈与することの意思をもって］）そうであり，beneficium competentiae［生活必需品差押控除の利益］は，債務者が意図的な譲渡によってのみまったくどうにもならない状態に至ったときは，これが脱落する限りにおいて，そうである。

さて，真の譲渡というこの要件が欠けているところではどこでも，贈与

させようとしたとき，その者は，actio quasi Fabiana^(訳註5)またはCalvisiana［ファビウスのまたはカルウィシウスの訴権に準ずるもの］により，譲渡された物の返還請求をすることができる。L. 13 eod.［同所第13法文（パウルス）］。

（f） L. 1 §6. 7 si quid in fr.（38. 5.）［学説彙纂第38巻第5章「あることが保護者を欺くためになされた場合」第1法文第6，7節（ウルピアーヌス）］。

（g） L. 1 §4. 12. 13. 16. 17. 24 si quid in fraud.（38. 5.）［学説彙纂第38巻第5章「あることが保護者を欺くためになされた場合」第1法文第4，12，13，16，17，24節（ウルピアーヌス）］。──Pauliana［パウルスの（訴権）］と対比して，被告に対する厳格さがもっと大きいことは，被解放奴隷の特性が支払能力のない債務者の特性よりも容易に認識できるということから，十分説明がつく。それで，両者に対して，ある買主が同じように不知でありしたがって善意であるとき，この買主が軽率であるという非難は，Pauliana［パウルスの（訴権）］におけるよりもFabiana^(訳註6)［ファビウスの（訴権）］における方が多くなされる。

の他の諸要素とくに動機としての私心のない好意が存在するようなときでさえ，贈与が認められてはならない。単にこの理由から贈与が排除されている諸場合は，以下の部類に帰せられる：

1) 好意が，そもそも財産の範囲に触れないような行動によって示されるとき。

2) 単に，財産の可能な増加がなされず，取得された権利は犠牲にされないとき。

3) 確かに一方において，ある財産権は犠牲にされるが，しかし他方において，その財産の外にある権利が取得されるとき。

―――――

真の贈与のない場合の第一の部類は，好意的な行動が財産の範囲に触れないことにある。

それゆえに，委任すなわち他人の事務の無償の処理の中にも，同じく寄託すなわち他人の物の無償の保管の中にも，これら両者の行為により相手方が大きな金銭支出をしないですむようにされうるにせよ，贈与は存しない[h]。使用取得，すなわち，われわれがある物の無償の使用を相手方に許す場合においても同様であり，それと親近の容仮占有[Precarium]（訳註7）においても同様である[i]。すべてこれらの場合には，行為者は自己の財産の大き

―――――

(h) *L.* 9 § 3 *de j. dot.* (23.3.) [学説彙纂第23巻第3章「嫁資の法について」第9法文第3節（ウルピアーヌス）]，*L.* 58 § 2 *de don. int. vir.* (24. 1.) [学説彙纂第24巻第1章「夫と妻の間の贈与について」第58法文第2節（スカエウォラ）]。ここでは，夫と妻の間の寄託は，夫（またはその息子）と妻の間の委任と同様，有効と認められる。したがって，そこには，これらの行為が贈与の性質をもたないということが存する。

(i) 反証として，つぎの各個所が主張されるかもしれない。*L.* 14 *de prec.* (43. 26). „... magis enim ad donationes et beneficii causam, quam ad negotii contracti, spectat precarii condicio." [学説彙纂第43巻第26章「容仮占有について」第14法文（パウルス）：「... というのは，容仮占有の状態は，取引契約によりはむしろ贈与および好意の原因に属するからである。」] *L.* 14 § 11 *de furtis* (47. 2.). „.. quia simile donato precarium est." [学説彙纂第47巻第2章「窃盗について」第14法文第11節（ウルピアーヌス）：「.. なぜならば，容仮占有は贈与物に似ているからである。」] しかし，ここでは明らかに，donatio [贈与]

§145 贈与。概念。2．譲渡 ——*31*

28　さを変更しないから，贈与は存在しない。行為者が同じ行動により別の場所で金銭を取得できたであろうのに，今それの取得を他人の利益になるように自発的に断った場合には，疑問が生じるかもしれない。しかし，この問題は，つぎの部類の考察に属する。

　なおもっと重要なのは，真の贈与のない場合の第二の部類であって，これは，単に財産の可能な増加がなされず，取得された権利は犠牲にされないことに基づく。すべてのこのような場合には，そもそも譲渡は存在せず[k]，そしてこの理由から，Pauliana［パウルスの（訴権）］およびFabiana　(訳註8)
［ファビウスの（訴権）］の適用も[l]，いわゆるbeneficium competentiae［生活必需品差押控除の利益］における擬制された財産の適用も[m]，ずばり否定される。同じ理由から，また，一方の者の好意的動機がどんなに純粋であり，もう一方の者の利益がどんなに大きくても，贈与は認められえない。しかも，このことは，Lex Cincia［キンキウス法］および登録に関しても，

は，漠然とした事実的な意味において考えられており，それどころか，その表現さえ，donatio［贈与］との単なる類似に向けられているのであって，贈与の概念の中への本当の包摂に向けられているのではない。

　（k）　*L.* 28 *pr. de V. S.* (50. 16.).「... Qui occasione adquirendi non utitur, non intelligitur alienare..."［学説彙纂第50巻第16章「言葉の意義について」第28法文前文（パウルス）：「... 取得する機会を利用しない者は，譲渡するとみられない...。」］

　（l）　*L.* 6 *pr. quae in fraud.* (42. 8.)［学説彙纂第42巻第8章「債権者を欺くためになされたことが回復されるように」第6法文前文（ウルピアーヌス）］，*L.* 134 *pr. de R. J.* (50. 17.)［学説彙纂第50巻第17章「古い法の種々の規則について」第134法文前文（ウルピアーヌス）］．——*L.* 1 § 6 *si quid in fraud.* (38. 5.)［学説彙纂第38巻第5章「あることが保護者を欺くためになされた場合」第1法文第6節（ウルピアーヌス）］．

　（m）　*L.* 68 § 1 *pro socio* (17. 2.).「Illud quaeritur, utrum is demum facere videtur quo minus facere possit, qui erogat bona sua in fraudem futurae actionis, an et qui occasione adquirendi non utitur ? Sed verius est de eo sentire Proconsulem, qui erogat bona sua ..."［学説彙纂第17巻第2章「組合員のための訴権」第68法文第1節（ガーイウス）：「一層少なく支払いうるために今支払うとみられうるのは，将来の訴訟を欺くために自己の財産を投ずる者か，取得する機会を利用しない者もそうかが，問題とされる。しかし，前執政官は自己の財産を投ずる者を考えるという方が正しい ...。」］

婚姻における贈与（たいていの個所は，これだけを論じる）および撤回に関しても，徹底した原理とみられるべきである(n)。

29　この部類の個々の場合は，つぎのとおりである。

相続財産または遺贈を手に入れた者が，これを放棄して，自分の後に資格がある者に利益を得させるとき，それは贈与ではない。それゆえに，この寵遇は，夫婦間で許されており(o)，またここでは，Pauliana ［パウルスの（訴権）］およびFabiana ［ファビウスの（訴権）］の適用は，排除されている(p)。だれかが，自分に好意をもつ遺言者を，自分にではなくて別の人に相続財産または遺贈を与える気にならせるときも，同じことがあてはま

(訳註9)

（n）これらの主張の確認は，つぎの個所にある。そこでは，表面的にみれば一つの反論が捜し求められるかもしれない。*L*. 45 *pr. de j. fisci* (49. 14). „In fraudem fisci non solum per donationem, sed quocunque modo res alienatae revocantur : *idemque juris est si non quaeratur :* aeque enim in omnibus fraus punitur." ［学説彙纂第49巻第14章「国庫の法について」第45法文前文（パウルス）：「国庫を欺くために，贈与によってのみならず，どんな方法ででも譲渡された物は，撤回される。また，同じことは，それが取得されなくても，正しい。というのは，あらゆる点で等しく，詐害行為は罰せられるからである。」］ここでは，なされなかった取得は贈与とも，そもそも譲渡ともみられるべきでないことが，明らかに承認されている。ただ，国庫の訴権は，これらの場合すべてを一様に包括すべきである。

（o）*L*. 5 § 13. 14 *de don. int. vir.* (24. 1.) ［学説彙纂第24巻第1章「夫と妻の間の贈与について」第5法文第13, 14節（ウルピアーヌス）］．同じ場合において，*L. Cincia*［キンキウス法］も登録も問題になりえないことは，まったく確実である。ここに含まれた形式が相続財産または遺贈の放棄に全然適合しないのみならず，この制限は，資格がある相続人または受遺者の自由な任意というローマ法の基本的な見方と矛盾している。相続財産においては，そのうえ，放棄の不確実な結果が付け加わる。なぜならば，利益を与えようと考えられている，後の資格者の取得は，なお，いろいろな仕方で，すなわち，その者の放棄または死亡によって，承認期間の懈怠によって，妨げられることがありうるからである。

（p）*L*. 6 § 2-5 *quae in fraud.* (42. 8.) ［学説彙纂第42巻第8章「債権者を欺くためになされたことが回復されるように」第6法文第2-5節（ウルピアーヌス）］．——*L*. 1 § 6 *si quid in fraud.* (38. 5.) ［学説彙纂第38巻第5章「あることが保護者を欺くためになされた場合」第1法文第6節（ウルピアーヌス）］．

§145 贈与。概念。2. 譲渡——**33**

る(q)。資格のある受遺者（または相続人）が取得を，指定された条件を故意に不成就のままにすることによって妨げるときも，同様である(r)。——
30 こういう主張全体には，妻が，手に入れた遺贈あるいはまた相続財産を夫の利益になるように放棄することによって，夫に嫁資を設定することができるという定め(s)が，矛盾するようにみえる。それでもやはり，ここには

(q) *L.* 31 §7 *de don. int. v.* (24. 1.) ［学説彙纂第24巻第1章「夫と妻の間の贈与について」第31法文第7節（ポンポーニウス）］，これは夫婦の関係について。

(r) *L.* 1 §6 *si quid in fraud.* (38. 5.) ［学説彙纂第38巻第5章「あることが保護者を欺くためになされた場合」第1法文第6節（ウルピアーヌス）］。——同様に，*L.* 67 §3 *ad Sc. Treb.* (36. 1.) ［学説彙纂第36巻第1章「トレベルリウス元老院議決註解」第67法文第3節（ウァレンス）］において挙げられた場合も，それに属する。そこでは，指定された相続人が相続財産を，単にそれを今信託遺贈受託者に全部，控除なしに与えるために，疑わしいと言明する。それはここでは donationis causa［贈与のために］といわれるが，しかしこれまた比喩的な意味においてにすぎず，それは真の贈与ではない。後述 §152. g 参照。

(s) *L.* 14 §3 *de fundo dot.* (23. 5.). „Si fundum legatum sibi dotis causa mulier repudiaverit, vel etiam substituto viro omiserit hereditatem, vel legatum : erit fundus dotalis." [学説彙纂第23巻第5章「嫁資不動産について」第14法文第3節（パウルス）：「もし妻が自分に遺贈された土地を嫁資のために拒み，あるいはまた代わりの夫のために相続財産または遺贈を放棄したならば，その土地は，嫁資に関するものである。」] ——それと再び調和しないようにみえるのは，つぎの個所である。*L.* 5 §5 *de j. dot.* (23. 3.). „ Si pater repudiaverit hereditatem dotis constituendae causa ... dotem profectitiam non esse, Julianus ait. Sed et si legatum in hoc repudiaverit pater ... non esse profectum id de bonis : quia nihil erogavit de suo pater, sed non adquisivit." ［学説彙纂第23巻第3章「嫁資の法について」第5法文第5節（ウルピアーヌス）：「ユーリアーヌスはいう。もし父が設定されるべき嫁資のために相続財産を拒んだならば..嫁資は内来の（父方の設定した）ものではない。しかし，これにおいて父が遺贈を拒んだとしても，それは財産から由来していない。なぜならば，父はなにも自身の資力で支出せず，取得しなかったからである。」］確かに，この放棄された相続財産は，profecta a patre［父から由来するもの］ではなく，それゆえに，その場合，非常に実定的な，profectitia dos［内来嫁資］の法は，適用されない。父は，これが適用されることを欲するならば，まず相続財産を取得し，それからそれの内容を娘むこに嫁資として与えなければならない。しかしながら，この回り道なしにでも，常に嫁資が存し，ただ profectitia［内来のもの］でないだけであろう。——しかし，夫がその全経過を了解していたということは，至る所で，そして *L.* 14 *cit.* ［前掲第

なんら矛盾は存しない。妻がこれについて夫と意見が一致するとき，たった今挙げた定めの中には，まったく余計な形式墨守の免除，すなわち一種の brevi manu facta traditio ［ブレウィー・マヌー・ファクタ・トラーディティオー。短手によりなされた引渡，簡易引渡］が存する。なぜならば，どっちみち，妻は，遺贈または相続財産を取得して，それから夫に嫁資として引き渡すことができたであろうからである。したがって，それは，多くの疑う余地のない類似のものによって支えられる仕方での，まったく有効な法律行為の自然な簡易化にすぎない。これに反し，donandi animo ［贈与することの意思をもって］放棄された相続財産を真の贈与として取り扱おうとするならば，上述の場合のように適法な意思を簡易化された形式によって支えるのではなくて，意思を制限するまったく実定的な贈与規則を，その性質上そういう規則に全然服せしめられていない場合に作為的に適用することになるだろうし，したがってそこから，自由な意思のまったく理由のない制限が結果として出てくるであろう。

　ある条件でなにかある物を約束されている債権者が，この条件の成就を，したがって債権の発生を，故意に妨げるときにも，譲渡は（したがって贈与も）存在しない(t)。

　さらに，querela inofficiosi ［クェレーラ・インオフィキオーシー。義務違反のことの訴え］または名誉毀損の訴え［Injurienklage］の権利のある者がこれらの訴権を故意に消滅させるときである(u)。他の訴えの場合には，訴権自

14法文］においても，暗黙のうちに前提される。この意図における，しかし夫との合意がない父または妻の一方的放棄だけを考えるとき，夫は，無制限に相続人または受遺者となり，なんら嫁資に関する義務を負わない。

　（t）　*L.* 6 § 1 *quae in fraud.* (42. 8.) ［学説彙纂第42巻第8章「債権者を欺くためになされたことが回復されるように」第6法文第1節（ウルピアーヌス）］，これは Pauliana ［パウルスの（訴権）］について。——*L.* 1 § 6 *si quid in fraud.* (38. 5.) ［あることが保護者を欺くためになされた場合」第1法文第6節（ウルピアーヌス）］，これは Fabiana ［ファビウスの（訴権）］について。

　（u）　*L.* 1 § 7. 8 *si quid in fraud.* (38. 5.) ［学説彙纂第38巻第5章「あることが保護者を

体がすでに財産の一部であったであろうから，譲渡が，したがって時には贈与もあったであろう。上述の訴えの場合には，さしあたってはまだまったく財産権は存在しないで，訴えようという被侵害者の自由な決心によってはじめてそのようなものが生じうるにすぎない（§ 73. f. x ［本書第二巻114頁119頁］）。それゆえに，債権者が引き起こした上述の訴権の消滅は，財産権の取得が故意になされなかったとしかみることができず，譲渡とはみることができない。

§ 146
V．贈与——概念　2．譲渡（つづき）
［Schenkung——Begriff　2. Veräußerung　(Fortsetzung)］

真の贈与のない場合の，同じ第二の部類に，なおつぎの各場合が属するが，これらの場合の性質は，これまで取り扱った場合の性質ほどには明白でない。

使用貸借は通例贈与を含まないと上述したし（§ 145），通常の場合については，このことはまたなんら疑いえない。友人に旅行のために馬または馬車を無償で貸与する者は，それによってもっと貧しくなるわけではなく，ただ一時，貸与した物を自分で使用すれば与えられえた便利さに不自由するだけである。けれども，等しく必要不可欠な生活必需品にとりわけ属する種類の物が存する。人間だれでも住居を必要とし，世帯の従属的な一員でない限り，この必要を通例，土地所有権または賃貸借契約によってのみ満たすことができる。また逆に，家屋の所有者は，これにみずから住むか，これを賃貸するかであろうし，空けたままにしておくことは，希な例外に属する。それゆえに，住宅においては，他の物におけるより以上に，単なる使用が金銭価値で評価され，そのためにたいていの場所で，住

欺くためになされた場合」第1法文第7, 8節（ウルピアーヌス）］，これはFabiana［ファビウスの（訴権）］について。(訳註11)

居の大きさと快適さに応じてある程度規準に従った価格が形成されるであろう。住居の使用貸借(a)が真の贈与とみられうること，すなわちその使用貸借がなければ居住者が賃料として支出しなければならなかったであろう金額の贈与とみられうることは，そのことの当然の結果である(b)。たいていの場合において，住居を無償で貸与する所有者は，相手方が賃料を節約するのとちょうど同じだけ，賃料を犠牲にするであろう。そうでないときは，もっと安い額だけが贈与の対象とみなされうる。なぜならば，この額においてのみ，どの贈与の本質にも必要な与えることと受けることが同時に起こるからである。たとえば，いつも800で賃貸されていた住居が，収入に応じて500を超える賃料を一度も支払ったことがない者に無償で貸与されるとき，この者には500しか贈与されていない。なぜならば，この者はこれしか賃料として節約しないからである。所有者が同じように犠牲にする残りの300は，居住者がむしろ，それによりもっと富むことなしに，ぜいたくと便利を享受できることに帰してしまう(c)。逆に，500の住居が，

(a) それが真の使用貸借であることをはっきりいうのは，*L.* 1 §1 *comm.* (13. 6.) [学説彙纂第13巻第6章「使用貸借訴権または反対訴権」第1法文第1節（ウルピアーヌス）]，*L.* 17 *pr. de praescr. verbis* (19. 5.)[学説彙纂第19巻第5章「前置文による訴権および事実訴権について」第17法文前文（ウルピアーヌス）].

(b) *L.* 9 *pr. de don.* (39. 5.). „ In aedibus alienis habitare gratis, *donatio videtur*: id enim ipsum capere videtur qui habitat, *quod mercedem pro habitatione non solvit.* " [学説彙纂第39巻第5章「贈与について」第9法文前文（ポンポーニウス）：「他人に属する住宅に無償で居住することは，贈与とみられる。というのは，居住する者は，居住に対する賃借料を支払わないので，それ自体を取得するとみられるからである。]] ──そういうことで，*L.* 6 *de alimentis* (34. 1.) [学説彙纂第34巻第1章「生活必需品のまたは食物の遺贈について」第6法文（ヤーウォレーヌス）] においては，厳密な生活必需品の中に，cibaria et vestitus [食糧および衣服] と並んで habitatio [居住] がある，„ quia sine his ali corpus non potest." [「なぜならば，これらのものなしには身体が養われえないからである。]]

(c) まったく類似の法律関係において，この形の場合に向けられているのは，*L.* 65 §7 *de cond. ind.* (12.6.). „ Sic habitatione data, pecuniam condicam : *non quidem quanti locare potui, sed quanti tu conducturus fuisses.*" [学説彙纂第12巻第6章「非債の不当利得返還請求訴権について」第65法文第7節（パウルス）：「このように，与えられた居住

いつも800の賃料を支払っていた居住者に無償で貸与されるとき，これもまた500しか贈与されていない。なぜならば，所有者はこれだけを犠牲にするからである。残りの300を，居住者は，確かにまた節約するが，しかしそれは，所有者の気前よさによってではなくて，自分が生活を切り詰めていることによってである。——ところで，この種の贈与は，多くの場合において，決して実定的規則の適用の誘因とはならないであろう。その場合，登録は，契約により一定の将来の時を期限として住居が貸与されるときにのみ，問題になるであろう。なぜならば，そのときには，贈与はただちに一定の金額に還元されるからである。そのような契約を欠くときは，全体が多くの個々の贈与に分解し，登録は適用できない (§166)。——夫婦間では，妻の家に夫が住むことは，共同生活の当然の結果であるから，贈与とみなされえない (§152)。夫婦の一方がもう一方に，この者により営業の経営のために (自己の居住のためではなく) 用いられる建物を無償で貸与するときは，異なる。——特別の理由に基づく撤回は，この贈与においては常に生じうるであろう。

　ここで使用貸借が例外的に贈与を含むのと同様に，寄託 (§145) もそ

から，私は金銭を返還請求するだろう。それは，確かに私が賃貸できただけの多さではないが，しかし汝が賃借したであろうだけの多さである。」] (すなわちこの後者が前者より額が少ないとき)。solvendi animus [弁済することの意思] によって，錯誤の場合に condictio [不当利得返還請求訴権] の適用が理由づけられるのと同様に，donandi animus [贈与することの意思] によって，贈与の実定的規則の適用が理由づけられる。両者の適用は，譲渡によって，すなわち合意による与えることと受け取ることによって条件づけられており，それゆえにここでも，上掲の個所が証明する。——*L.* 25 §16 *de her. pet.* (5. 3.) [学説彙纂第5巻第3章「相続財産返還請求訴訟について」第25法文第16節 (ウルピアーヌス)] も，すっかり，同じ見方に基づく。相続財産の善意占有者は，自分がもうけたものだけを返すべきである。相続財産のたくわえが使い果されたときは，その者は，そうでなければ自己の財産から買ったであろうもの，したがって今節約したものだけを補う。„Et verius est, ut ex suo patrimonio decedant ea, quae, etsi non heres fuisset, erogasset." [「彼が相続人でなかったとしても彼が支出したものが，彼の (相続) 財産から減るということの方が正しい。」]

ういう状態になりうる。すなわち，倉庫の所有者が，倉庫の中に正規には商品を料金支払と引替えに受け入れるが，この場所の利用をある人に無償で許すとき，寄託は真の贈与を含む。なぜならば，一方は金銭収受を気前よさから犠牲にし，もう一方は支出を節約するからである。

　さらに，同じ場合は，同じく通例は贈与とみなされえない委任（§145）において起こる。すなわち，通常は金銭と引替えに供される営業的労務（operae fabriles［オペラエ・ファブリーレース。手細工職人の仕事］）が問題であるとき，これは，家屋の使用とまったく同様に，一定の金額に還元されうる(d)。さてこのような労務が気前よさから無償で果たされ，それによって相手方が，そうでなければそれに対して支出しなければならなかったであろう金銭を節約したとき，そこには真の贈与がある。そういう労務が，義務を負担しているという誤った前提で供されるときに，condictio indebiti［非債の不当利得返還請求権］が理由づけられているのと，ちょうど同じである(e)。贈与は，このような場合には，ローマ人においては，ある

　（d）　*L*. 6 *de operis libert*. (38. 1.). „ Fabriles operae ceteraeque, *quae quasi in pecuniae praestatione consistunt*..."［学説彙纂第38巻第1章「被解放奴隷の労務について」第6法文（ウルピアーヌス）:「金銭の給付にあるのと同じ，手細工職人の仕事や他の労務…。」］

　（e）　*L*. 26 §12 *de cond. ind*. (12. 6.)., .. Sed si operas patrono exhibuit, non officiales, sed fabriles, veluti pictorias vel alias, dum putat se debere, videndum an possit condicere ? ... in proposito, ait, posse condici, *quanti operas esset conducturus* ..."［学説彙纂第12巻第6章「非債の不当利得返還請求権について」第26法文第12節（ウルピアーヌス）:「..しかし，（被解放奴隷が）保護者に義務上の労務ではなくて，絵画の労務またはその他の労務のような手細工職人の仕事を，みずから義務を負っていると信じる限りにおいて提供したとき，不当利得返還請求ができるかどうかが検討されるべきである。...目下の場合においては，労務に報酬を与えようとしていた限りで，不当利得返還請求がなされうる...と，彼はいう。」］（esset［esseの接続法不完了過去三人称単数］は，patronus［保護者が］である。流布本は正しくそう読む。フィレンツェの写本は„essem［esseの接続法不完了過去一人称単数］"と読む)。──外見上のみこの個所に矛盾するのは，*L*. 25 *de praescr. verb*. (19. 5.)［学説彙纂第19巻第5章「前置文による訴権および事実訴権について」第25法文（マルキアーヌス）］である。これは単に，不当利得返還請求権は今や双務的に賠償として給付されるべき労務には向けられえないというだけであって，それが，労務の受領者が節約した，したがって現金で

§146 贈与。概念。2．譲渡（つづき）——**39**

いは，職人が自由人であったときには職人自身から出ることができたし，あるいは，労務に服する奴隷の所有者から出ることができた。わが国では，第一の場合だけが考えられる。

　農地の使用が相手方に無償で任されるときは，家屋の使用貸借におけるよりもなおもっと明白に，贈与が認められるべきである(f)。というのは，この使用は，主として果実取得にあり，したがってここで贈与されるのは，将来の果実の所有権である。この贈与は，実質的結果に眼を向けると，贈与された用益権と大きな類似性を有しており，受領者がなんら物権を手に入れないことによってのみ，一般的に用益権から区別される。そのうえ，この贈与は，極めてさまざまな期間と結合されていることがありうる。すなわち，それは，任意に撤回できるものとして与えられることがありうるし，あるいは一定の年数，あるいはまた（用益権と同じく）受領者の終身与えられることがありうる(g)。この原則の一つの純然たる適用と承認が，つぎの定めの中に含まれている。夫が土地を嫁資として手に入れて，それからその土地の天然果実または用益賃貸料収入を妻に任せると

────────

受け取ったのも同然である金銭に向けられることは，排除されていない。

　（f）　L. 9 §1 *de don.* (39. 5.).　„Ex rebus donatis fructus perceptus in rationem donationis non computatur. （この命題は，すぐに利用されるであろう。）*Si vero non fundum, sed fructus perceptionem tibi donem : fructus percepti venient in computationem donationis.*"［学説彙纂第39巻第5章「贈与について」第9法文第1節（ポンポーニウス）：「贈与された物から収取された果実は，贈与に合算されない。(...)しかし，もし私が地所をではなくて，果実の収取を汝に贈るならば，収取された果実は，贈与に合算されるであろう。」］その computatio［計算］は，作者（ポンポーニウス）の考えでは L. Cincia［キンキウス法］の規定に向けられており，ユスティーニアーヌス帝の考えでは登録に向けられている。――同じ法律行為が，*L.* 35 §1 *C. de don.* (8. 54.)［勅法彙纂第8巻第54章「贈与について」第35法文第1節］において規定の基礎にある。さらに，用益者が第三者に贈与の仕方で任せる果実収取の基礎にある（§156）。

　（g）　この任された果実収取が将来についても法律行為により固定されうることは，*L.* 66 *de j. dot.* (23. 3.)［学説彙纂第23巻第3章「嫁資の法について」第66法文（ポンポーニウス）］および *L.* 57 *sol. matr.* (24. 3.)［学説彙纂第24巻第3章「どのようにして婚姻解消後に嫁資が請求されるか」第57法文（マルケルルス）］において述べられる。

き，そこには無効な贈与が存する[h]。同じことが，夫が自己の（嫁資に属しない）土地を同じ仕方で妻に任せるとき，それだけいっそう認められなければならないことは，確実である。

　一目見て，ある金額の使用を得させることは，この金額が利子を生む能力を有するから，家屋または農地の使用と同様に贈与とみなされなければならないと思われるかもしれないが，そうではない。債権者が，これまで利息の付く貸付を，将来の利息の免除により無利息の貸付に変えるとき，このことは真の贈与とみなされず，したがって，贈与の実定的制限は，このような場合には適用できない[i]。したがって，今はじめて無利息の貸付として交付される金額においては，贈与の存在はそれだけいっそう否定されなければならない。──数年後にはじめて支払えばよかった債務を即座に支払う者は，それによって確かに債権者にもっと早期の利息収取の利益を与えるが，それでもなお，それは贈与とみなされえない。というのは，それは，夫婦間でまったく許されているからである[k]。それゆえに，in

---

（h）　*L.* 22 *L.* 28 *de pactis dot.* (23. 4.) ［学説彙纂第23巻第4章「嫁資の約束について」第22法文（ユーリアーヌス），第28法文（パウルス）］，*L.* 8 *C. de don. int. vir.* (5. 16.) ［勅法彙纂第5巻第16章「夫と妻の間の，および親から子への贈与について，および追認について」第8法文］，*L.* 20 *C. de j. dot.* (5. 12.) ［勅法彙纂第5巻第12章「嫁資の法について」第20法文］．

（i）　*L.* 23 *pr. de don.* (39. 5.)．„Modestinus respondit, creditorem futuri temporis usuras et remittere et minuere pacto posse: *nec in ea donatione, ex summa quantitatis aliquid vitii incurrere.*" ［学説彙纂第39巻第5章「贈与について」第23法文前文（モデスティーヌス）：「モデスティーヌスは解答する，債権者は将来の利息を合意により免除することも軽減することもでき，<u>この贈与においてはある金額のために欠陥が生ずることもない</u>，と。」］ vitium ex summa quantitatis ［金額のための欠陥］は，*L.* 9 § 1 *eod.* ［同所第9法文第1節］（註f）におけると同様，これまた L. Cincia ［キンキウス法］および登録に向けられている。それなのにその行為が donatio ［贈与］と称せられることは，比喩的な用語に属する（§ 143. i）．

（k）　*L.* 31 § 6 *de don. int. vir.* (24. 1.)．„Quod vir uxori in diem debet, *sine metu donationis praesens solvere potest*; quamvis commodum temporis retenta pecunia sentire potuerit." ［学説彙纂第24巻第1章「夫と妻の間の贈与について」第31法文第6節

§146 贈与。概念。2. 譲渡（つづき）――*41*

diem［イン・ディエム。期限付で］契約された債務が契約により praesens obligatio［プラエセーンス・オブリガーティオー。即時の債務］に変えられるときにも，それは贈与とみなされえない。なぜならば，これは，即時の支払よりもなおもっと少ない変更であるからである。――同様にまた逆に，praesens obligatio［即時の債務］が契約により in diem［期限付］にされるときも，贈与とみなされてはならない(1)。なぜならば，それによっても，

（ポンポーニウス）：「夫が妻に期限付で債務として負うものを，夫は，贈与の恐れなしに即座に支払うことができる。たとえ金銭を確保したことにより期間の利益を得ることができたとしても。」」それゆえに，支払がなされるのが錯誤から早すぎるという同じ場合にも，condictio indebiti［非債の不当利得返還請求権］はまったく認められない。*L.* 10. 17. 56 *de cond. ind.* (12. 6.)［学説彙纂第12巻第6章「非債の不当利得返還請求権について」第10法文（パウルス），第17法文（ウルピアーヌス），第56法文（パーピニアーヌス）］，*L.* 88 § 5 *de leg.* 2 (31. un.)［学説彙纂第31巻単章「信託と信託遺贈について 2」第88法文第5節（スカエウォラ）］。

(1) *L.* 56 *de cond. ind.* (12. 6.).「... pactum, quod in tempus certum collatum est, non magis inducit condictionem, quam si ex die debitor solvit ...,"［学説彙纂第12巻第6章「非債の不当利得返還請求権について」第56法文（パーピニアーヌス）：「... 確定の時に延期される約束は，債務者が期限から支払うときと同じ程度に，不当利得返還請求権を生じさせない... ,」］明らかに，それにより債権者はなにも手放しまたは譲渡しないからである。同じ理由から，それはまた，贈与とみなされえない。――この点で今，つぎの個所が矛盾するようにみえる。*L.* 9 *pr. de don.* (39. 5.).「... Potest enim et citra corporis donationem *valere donatio* : veluti si donationis causa cum debitore meo paciscar, ne ante certum tempus ab eo petam."［学説彙纂第39巻第5章「贈与について」第9法文前文（ポンポーニウス）：「.. というのは，有体物の贈与なしにでも，贈与は有効でありうる。あたかも，私が贈与のために私の債務者と，一定の時以前に債務者に対して請求しないと約定するかのように。」］しかしながら，非常に多くの個所が，ある金額の使用を得させることは可能な利息の譲渡とみなされえないことにおいて一致するから（註 h, i, およびたった今挙げた *L.* 56 *de cond. ind.*［学説彙纂第12巻第6章「非債の不当利得返還請求権について」第56法文（パーピニアーヌス）］），ここでも，valere donatio［贈与が有効であること］は，真の贈与の承認として，したがって実定的贈与規則の適用可能性として理解されてはならないのであって，本来的でない贈与であるところの法的に有効な気前よさとしてのみ理解されてよい。ひょっとすると，この個所の現在の誤った外見は，L. Cincia［キンキウス法］のことを考えて省略により生じたにすぎない。

39 債務者は，その債務が無利息であることを前提として，せいぜい中間期の利息収取を得るからである。——さて，ある土地の使用が，あるいはまたある金額の使用が，相手方に無償で得させられるとき，その相違の理由はどこにあるか。それが以下の極めて自然な考察にあることは，疑いない。だれかある人がある土地をまったく利用しないままにしておく，つまり自己の使用によっても賃貸によってもその土地から利益を得ないということは，完全に異常であり，それにもかかわらずそういうことが起こるかもしれないたいていの場合においては，ともかく不適切な土地経営としてのみ説明できる。現金においては異なる。現金を，所有者は，さまざまな理由から自分の手元にしまっておくことがありうるし，そこでは現金は所有者になんら果実を生じない。所有者は，現金を家具，美術品などに出すこともでき，これらも同じようになんら果実をもたらさない。ある範囲では，

40 だれについても両方のことさえ生じ，ここでは多い少ないの境界などどこにあろうか。したがって，わが実定法が，現金を利息付で利用する可能性が常にあること（遅延利息の原則はもっぱらこのことに基づく）を承認するとしても，やはり，この可能性の使用はまったく任意である。それゆえに，無償で任されたある土地の使用を，所有者によって捧げられた金銭犠牲すなわち譲渡とみることは，まったく筋が通っており，一方，同じ行為が，現金においてはそうだとみることができない。（上述したように）金銭を場合によっては利用しないで自分の金庫の中にしまっておくかもしれない所有者は，ひょっとすると，このような保管を，裕福で信頼できる債務者への無利息の貸付という形で生じさせる方が，なおもっと確実で便宜であると思うことがありうる。——しかし，同じ理由から，債権者がすでに利息付である元本を第三者の利用に任せるときは，明らかに別の決定をしなければならない。というのは，債権者はこの第三者にまさに利息額を贈与しているのであって，債権者がその贈り物を，利息を支払う債務者を通じて納めさせることは，まったく偶然であるからである。同様に，妻が夫に嫁資を金銭で払わないで，約束だけして，さしあたって利息を付ける

が，それから夫がこの利息を将来についても免除する，すなわちこうして利息付の債務を無利息の債務に変えるときも，異なる。そこには禁止された贈与がある[m]。その理由は，ここでは嫁資自体がさしあたりこの利息支払にのみ存するが，夫は，嫁資の受領を妻の利益になるように放棄すれば，必ず無効な贈与をすることになるということにある[n]。

§147
V. 贈与——概念　2．譲渡（つづき）
[Schenkung——Begriff　2. Veräußerung （Fortsetzung）]

以上の諸場合は，われわれがこれまでしてきたように使用または果実収取をではなくて，果実を生ずる物自体を贈与の対象とみて，それから今度は，贈与された物から後に生じた果実への贈与規則の影響を吟味するとき，やや異なった姿をとる。この点について，まず第一に，贈与された農地を考察しよう[a]。（登録における）贈与の大きさの問題においては，単に，土地自体の物的価値だけが考慮される。これが法定の額を下回っているときは，贈与は，後の果実から次第に加わる利得を顧慮することなし

---

[m] *L.* 21 §1 *L.* 54 *de don. int. vir.* (24. 1.) ［学説彙纂第24巻第1章「夫と妻の間の贈与について」第21法文第1節（ウルピアーヌス），第54法文（ポンポーニウス）］．

[n] なおやや異なって説明されるべきは，§33 *J. de act.* (4. 6.) ［法学提要第4巻第6章「訴権について」第33節］における tempore plus petere［時間的に過多請求すること］であって，これは確かに利息喪失をも考慮に入れる。しかしながら，plus petere［過多請求すること］は，債務者にどんな状態悪化が負わされることによっても，それが一定の金銭犠牲にまったく還元されなくても，理由づけられる。利息を考慮に入れなくてさえ，債務者がひょっとすると今，その債務が弁済期に至る時よりも金員を調達できるのが困難であるがゆえにすでに，plus［過多］がありうるであろう。

(a) 私は，これを，ここに入れられるべき対象の中で最も重要で最も明瞭なものとして挙げる。しかし，農作物におけると同じことが，すべての他の天然果実においても，たとえば贈られた動物の子や毛においてもあてはまらなければならないことは，自明である。

に，まったく有効である(b)。その物的価値が法定の額を超えるとき，たとえば登録がない場合で額が500ドゥカーテン［Dukaten］ではなく1000ドゥカーテンであるときも，確かに農地の半分は，贈与が無効であり，返還請求されうるが，しかし果実については，返還請求は認められない。なぜならば，果実の取得は，多くの個々の小さな贈与に還元され，これらは登録を要しないからである（§166）。──夫婦間で贈与された農地が返還請求されるとき，さらにいっしょに，受贈者が得ていて，それだけ受贈者が今なお利得している果実が，贈与とみられ，返還請求されうるかどうかという問題は，非常に不確かである。ウルピアーヌスに従えば，この問題は一般的に否定されるであろう(c)。ポンポーニウスは，この問題を，耕作により生じた果実についてのみ否定し，自然に生じた果実については肯定する(d)。両方の個所は，第二の個所を単に第一の個所のもっと詳細な定めと

（b） *L.* 9 §1 *de don.* (39. 5.) ［学説彙纂第39巻第5章「贈与について」第9法文第1節（ポンポーニウス）］，その第1文において（§146. f）。*L.* 11 *eod.* „Cum *de modo donationis* quaeritur, neque partus nomine, neque fructuum, neque pensionum, neque mercedum ulla donatio facta esse videtur." ［同所第11法文（ガーイウス）：「贈与の大きさについて問題にされるとき，動物の子のためにも，果実のためにも，賃料のためにも，賃貸料のためにも，いかなる贈与もなされていないと思われる。」］（§143.1参照）。──両方とも，その作者の考えでは Lex Cincia ［キンキウス法］についていい，ユスティーニアーヌス帝の考えでは登録についていう。

（c） *L.* 17 *pr. de don. int. vir.* (24. 1.). „De fructibus quoque videamus, si ex fructibus praediorum, quae donata sunt, locupletata sit, an in causam donationis cadant ? Et Julianus significat, fructus quoque, ut usuras, licitam habere donationem." ［学説彙纂第24巻第1章「夫と妻の間の贈与について」第17法文前文（ウルピアーヌス）：「果実に関しても，贈与された農地の果実によって富まされたとき，贈与の関係に陥るかどうかを吟味しよう。そして，ユーリアーヌスは，果実も利息のように許された贈与を生ずると表示する。」］

（d） *L.* 45 *de usuris* (22. 1.). „Fructus percipiendo uxor vel vir ex re donata suos facit：（すなわち，その者は，それによって適法に利得できる）illos tamen, quos suis operis adquisierit, veluti serendo：nam si pomum decerpserit, vel ex silva caedit, non fit ejus：(sicuti nec cujuslibet bonae fidei possessoris) quia non ex facto ejus is

§147 贈与。概念。2. 譲渡（つづき）——**45**

43 みて，それによりすべての決定力が第二の個所に置かれることによって，ほぼ一つにされるであろう。しかしながら，それでも，困難は，外見上排除されるにすぎない。というのは，第一に，そういう二種類の果実の区別は，一部では不安定で不確かであり，一部では理由がない。なぜならば，耕作により生産された果実においてやはり常に，耕作費用の控除後，純利益が計算確定されうるからである。とくに，まさにこういう純利益であって，賃貸人の手中にまったくその者の労働なしに入る用益賃貸料は，どこに算入されるべきなのか。第二に，それは，単なる果実収取を任せることが純粋の贈与とみなされ，それゆえに夫婦間では無効であるという上述のところで（§146. f. h）立てた規則と矛盾している。つまり，この規則を，今や，貪欲な夫は，土地自体を贈与されることによって容易にくぐることができるであろう。なぜならば，その土地が後に返還請求されるとき，やはり中間期の果実収取はその夫から取り上げられえないであろうからである。第三に，夫が婚姻中に嫁資を妻に返すとき，これは無効な贈与とみられるべきであり，嫁資全体が，したがってその中に含まれた土地も，中間

44 期のすべての果実といっしょに，夫に返されるべきことが，まったくはっきり定められている(e)。だが，このことが嫁資の土地についてあてはまるとき，夫の自己の土地についてはそれだけいっそうあてはまらなければならない。最後に，なおもっと重要なのは，マルケルルスの一つの個所であって，これは，夫に贈与された農地の所有において，果実もいっしょに贈与の中に入り，主要物と同じように無効に見舞われることを，ずばり認め

---

fructus nascitur." ［学説彙纂第22巻第1章「利息と果実と付属物とすべての付加物と遅滞について」第45法文（ポンポーニウス）：「妻または夫は，贈与された物から果実を収取することによって，それを自分のものとする (...)。少なくとも，自己の労働によって，たとえば種をまくことによって得た果実を自分のものとする。これに対して，果樹をもぎ，または森から伐り出したとき，自分のものにならない（だれか善意占有者のものにもならないように）。というのは，この種の果実はその者の行為によって生ずるのではないからである。」］

(e) *L. un. C. si dos* (5. 19.) ［勅法彙纂第5巻第19章「婚姻継続中に嫁資が返されたならば」単一法文］，すなわち *L. 3 C. Th. de j. dot.* (3. 13.) ［テオドシウス帝の勅法彙纂第3巻第13章「嫁資の法について」第3法文］．*Nov.* 22. *C.* 39 ［新勅法第22号第39法文］．

る(f)。ここから，実際にローマの法律家たちがこの問題について種々の意見を有していたことも，明らかである。マルケルスは，最も徹底した意見を有していた。ユーリアーヌスを引合いに出すウルピアーヌスは，すべての果実を贈与から除外する。ポンポーニウスは，二種類の果実を区別することによって，折衷する。それゆえに，上掲したようにウルピアーヌスとポンポーニウスを一つにすることは，実際ユスティーニアーヌス帝の考えでは，矛盾の解決として，ひょっとすると試みられるかもしれない。ウルピアーヌスの真の意見は，その点ではなんら高く評価されない。

　以上の諸理由の重要さを考慮に入れると，おそらく，ウルピアーヌスとポンポーニウスが上掲の個所において，果実と利息（これはすぐになお問題になるであろう）の見間違えるような酷似によって惑わされたということが，ありそうなことと認められうる(g)。そのときにはしかし，マルケルスの見解に全面的に従って，すべての果実は区別なしに贈与が無効とみなされて返されなければならないことが，認められるべきであろう。けれども，ウルピアーヌスとポンポーニウスの個所の存在を否定できないから，このやり方をあまりにも大胆だと思う人には，もちろん，ポンポーニウスが立てた区別する規則を承認するが，それと並んで，夫から妻に贈与された嫁資の土地については例外を認めることだけが残っている。そのと

　（f）　*L.* 49 *de don. int. vir.* (24. 1.) ［学説彙纂第24巻第1章「夫と妻の間の贈与について」第49法文（マルケルルス）］．妻が夫に農地の所有を，これが夫の死亡の場合にはこの夫婦の息子に帰属すべきであるというように，贈与する。„.. si color vel titulus, ut sic dixerim, donationi quaesitus est, *nihil valebit traditio : id est si hoc exigit uxor, ut aliquid ex ea re interim commodi sentiret maritus.*" ［「..私はつぎのようにいったのだが，贈与に外見または口実が求められたとき，<u>引渡は決して有効でない。つまり，夫がその間にその物からいくらかの利益を得るであろうことを，妻が考慮するときである</u>。」］したがって，マルケルルスは，ここでも，そうでなければこの種の贈与によって，単なる果実収取の贈与さえ，それにふりかかる無効に対して保護されるであろうが，このことは阻止されるべきであるということから出発する。

　（g）　こういう思考の結合を弁護するのは，註cにおける „fructus quoque, *ut usuras*［利息のように...ところの果実］" という言葉である。

§147 贈与。概念。2. 譲渡（つづき）——*47*

きには，前者の規則も後者の例外も首尾一貫しないことに平気であることになるし，また同時に，マルケルルスが提起された問題についての自分の決定を切り離してそれだけで述べるのではなくて，ある法律事件全体のつながりにおいて述べるという理由でだけ，マルケルルスの異議に平気であることになる。——ところで，農作物の運命についてどの意見を受け入れようとも，夫婦間で贈られた家屋の賃料がまったく同じ運命を共にしなければならないということまでは，確実である(h)。——婚姻中の贈与の場合ほどには不確かでないのは，贈与された農地の果実が，特別の理由からの，たとえば忘恩を理由とする撤回の場合に，どのように取り扱われるべきかという問題である。ここでは，おそらく，撤回が，農地自体にと同様，得られた果実に関係づけられなければならないことに，疑念はない。

さらにまた，ある金額の所有が贈与されているとき，それの将来の利息について同じ問題が生じる。登録においては，500ドゥカーテン未満が贈与されるとき，その贈与は，贈与された額が将来の利息の算入により500ドゥカーテンを超えることがありうるという理由で大きな贈与とみなされてはならないことが，これまた自明である。しかし，800ドゥカーテンが登録なしに贈与されるが，法定限度を超える300ドゥカーテンが後に返還請求されるときにも，この額につき利息を請求すべき法的理由を欠く。——夫婦間で現金が贈与され，後に返還請求されるとき，利息は請求されえない(i)。そのことは，上述したとおり家賃および農作物に比して利息が

（h） 完全に同様の性質を理由としてのみならず，*L*. 11 *de don*. (39. 5.) „neque *pensionum,* neque mercedum" ［学説彙纂第39巻第5章「贈与について」第11法文（ガーイウス）：「賃料のためにも，賃貸料のためにも…ない」］（註b）を理由としても，そうである。pensio［賃料］は，おもに建物の賃料について用いられるが，ここではそれは，さらにもっと一般的な mercedum［賃貸料の］がそれと並んでいるから，それだけいっそうこの意味を有しなければならない。したがってここでは，使用賃貸料または用益賃貸料がいわれている。

（i） *L.* 7 §3 *in f*., *L*. 15 §1, *L*. 16, *L*. 17 *pr. de don. int. vir*. (24. 1.)［学説彙纂第24巻第1章「夫と妻の間の贈与について」第7法文第3節末尾，第15法文第1節（ウルピアー

もっと任意的な性質を有することから，当然の帰結として出てくることである。それにもかかわらず，この規則は，一つの例外によって制限されなければならないようである。すなわち，夫に嫁資が現金で与えられており，夫があとで妻にある金額を贈与するとき，そこには実際には，そう名付けられていようといまいと，嫁資の全部または一部の返還が存する。しかし，この返還は常に，無効な贈与として，すべてのそれの結果といっしょに取り消され，無効にされえ（註e)，それゆえに，この場合には，その金利はまるごと，別の果実の性質を帯びる。というのは，金銭に存する嫁資は，常に利息収益の目的のために与えられるが，その目的が，夫の妻への贈与によって間違いなく無に帰せられるであろうからである。——最後に，贈与された金銭が特別の理由から，たとえば忘恩を理由として返還請求されるとき，利息の支払についての法的理由を欠く。

　贈与された土地の場合に果実が，贈与された金銭の場合に利息が，主要物の譲渡においていっしょに含まれているかどうかという，ここで贈与について検討した問題は，若干の他の法律制度の場合にも現われるのであって，それらの対比は，ためになる。まず第一に，Pauliana〔パウルスの（訴権)〕においてそうである。支払不能の債務者が不誠実な譲渡を行い，受領者がこの不誠実に関与するとき，受領者は，最も厳格に取り扱われる。この者は，取得した土地の果実のみならず，支払期日前に受け取った債務支払の利息をも返還しなければならない[k]。すべて悪意の当然の罰としてである。これに反し，受領者に悪意がないときは，この者は果実すら（こ

ヌス)，第16法文（トリュボニーヌス)，第17法文前文（ウルピアーヌス)]．この問題のない規則は，まさに今，外見上の類似のために，土地の果実についてのふさわしくない規則の誘因となった（註g)．

　(k)　*L*. 10 § 12 § 19-22 *quae in fraud*. (42. 8.)〔学説彙纂第42巻第8章「債権者を欺くためになされたことが回復されるように」第10法文第12節，第19-22節（ウルピアーヌス)]；§ 5〔第5節〕においては，はっきり関与の場合が挙げられていたし，それからその中に，続いての一連の§§がいっしょに含まれている．*L*. 17 § 2 *eod*.〔同所第17法文第2節（ユーリアーヌス)].

れが譲渡後にはじめて生じたとき）渡すべきでない。なぜならば，これはまだ債務者の財産の中になかったからである[1]。──相手方に，第三者に対し不当な訴えをさせるために（calumnia［カルムニア。濫訴］）無利息の貸付がなされるとき，この不誠実な受領者は，得た利息利益の四倍の価値を罰として支払わなければならない[m]。

§ 148
Ⅴ．贈与──概念　2．譲渡（つづき）

[Schenkung──Begriff　2. Veräußerung　(Fortsetzung)]

　取得した権利が手放されるのではなくて，ただ取得がなされないがゆえに，贈与が否定される第二の部類（§145）のすべてのこれらの場合を，共通の観点の下にまとめよう。この否定的規則が最も純粋にまた最も明白に現われるのは，われわれが手に入った相続財産または遺贈を他のある人の利益のために放棄する場合である（§145）。というのは，そういう相続財産や遺贈の発生は完全に偶然的であり，だれもこのような取得をあてにすることはできず，われわれが財産をこのような仕方で拡大しようと思うかどうかは，われわれの純粋の任意に基づくのであって，その対象自体がこのような拡大に行き着くことは，決してないからである。これに反し，生産的性質をそれ自体でもっており，それゆえにいわば内在する力から所

　（1）　*L.* 25 § 4. 5. 6 *quae in fraud.* (42. 8.)［学説彙纂第42巻第8章「債権者を欺くためになされたことが回復されるように」（ウェヌレイウス）］（ウェヌレイウスから）．ここでは，今度は紛れもなく，ウルピアーヌスとポンポーニウスが夫婦間の贈与において基礎に置く（註 c. d）のと同じ，果実の譲渡についての見解が，根底にある．しかもこの見解は，ここでは，*L.* 45 *de usuris*［学説彙纂第22巻第1章「利息と果実と付属物とすべての付加物と遅滞について」第45法文（ポンポーニウス）］においてポンポーニウスによりなされた区別を考慮に入れることなしに，無条件に用いられる．

　（m）　*L.* 2 *de calumniatoribus* (3. 6.)［学説彙纂第3巻第6章「濫訴者について」第2法文（パウルス）］．

有者に，この者の側の特別の決心を要せずして新たな取得をもたらし，そ
れどころか，このような取得が起こってほしくないときには，むしろそれ
が異例の恣意に基づくというような，財産部分が存する。また，その取得
は，偶然的な性質のものではないので，生計が規則的にそれに基づくのが
常である。家屋の使用賃貸収益，農地の農作物収益または用益賃貸収益が
これに属する（§146）。この種の生産の規則正しい性質は，それによっ
て，未だわれわれの財産に属しないものも，真の譲渡の，かくしてまた真
の贈与の対象とみられうることを伴う。いわばこれら両種の取得の中間に
入るのが，金利である。それは，相続財産および遺贈よりもずっと偶然的
任意的でないが，しかしまた，土地の農作物収益のような規則正しくて一
様の性質を有しない。それゆえに，それは，通常は，贈与の関係の中にい
っしょに引き入れられず，そういうことがなされるところでは，単なる譲
渡の概念では十分でなくて，事情から読み取れる特別の贈与の意図が判断
の中にいっしょに引き入れられなければならない（§146. 147）。

　しかし，ここで取り扱われた否定的規則全体に対する反対として，つぎ
の場合を主張するのは，不当であろう。ある人が私に，売買契約の結果，
あるいはまたその人がそれを私に贈与しようと欲するがゆえに，なにかを
引き渡そうとし，そして私がその人に，これを第三者に贈るために，それ
をもって第三者の処へ行くよう指示するとき，これは，実際に，私から出
る真の贈与とみなされる[a]。確かに今，私は，厳密にいえば，取得した権
利を譲渡したのではなくて，その第三者の利益のために，可能な取得をし
なかった。それにもかかわらず，この場合は，これまで取り扱われた場合
となんら真の類似性を有しない。むしろここには単に，その行為の，至る
所で現われる簡易化と短縮があるにすぎない。それは，引渡が実際に私に
なされ，その後さらに私からその第三者になされたかのようにみられる。

———

　（a）　*L.* 3 §12. 13, *L.* 4, *L.* 56 *de don. int. vir.* (24. 1.)［学説彙纂第24巻第1章「夫と
妻の間の贈与について」第3法文第12，13節（ウルピアーヌス），第4法文（ユーリアーヌス），

§148 贈与。概念。2．譲渡（つづき）——*51*

さらになお残っているのは，譲渡が欠けているために贈与が否定されなければならない場合の第三の部類（§145）を述べることである。すなわち，確かにある人がなにかをある他人の利益のために自分の財産から手放すが，しかし，この他人は，それによって，その財産の外にある権利を獲得する場合である。

ローマ法によれば，奴隷の解放がそれに属する。これによって，主人は，好意的な意図で真の所有権を放棄したのであり，したがって，主人の側では，贈与に必要なことはすべてなされた。また，それによって，その奴隷は，一人の人間がもう一人の人間に示しえた最大の恵み，すなわち自由を与えられた。しかしながら，これは財産権ではなかったのであって(b)，それを，主人がその奴隷に関して有していた所有権を奴隷自身に譲渡したかのようにみようとするならば，それはまったく誤りであろう。むしろ，この所有権は，完全に無効にされて，一人の自由な人間，権利能力のある存在者が，新たに創り出されたのである。それゆえに，やはり，遺言による奴隷解放も生前の奴隷解放も，まったく贈与ではなかったし，だれも，それに Lex Cincia［キンキウス法］あるいは後になって登録を適用することを考えなかった。それにもかかわらず，それが donatio［贈与］と呼ばれるのが稀でないとき(c)，このことは，上述のところで説明した比

第56法文（スカエウォラ）］．

　(b)　*L*. 106 *de R. J*. (50. 17.). „Libertas inaestimabilis res est." ［学説彙纂第50巻第17章「古い法の種々の規則について」第106法文（パウルス）：「自由は金銭に評価しえないものである。」］それは，決して非常に高い価値の比喩的な表現ではなくて，文字どおりにあらゆる金銭価値の否定である。金銭と自由は，同一尺度では測れない［incommensurabel］。ULPIAN. II. 11. „ .. nec pretii computatio pro libertate fieri potest." ［「金銭勘定は，自由のためにはなされえない。」］つぎの個所を参照，GAJUS II. §265, §7 *J. qui et quib. ex causis* (1. 6.) ［法学提要第1巻第6章「だれが，どういう理由から，解放できないか」第7節］，*L*. 176 §1 *de R. J*. (50. 17.) ［学説彙纂第50巻第17章「古い法の種々の規則について」第176法文第1節（パウルス）］．

　(c)　いくつかの個所が，Meyerfeld I. S. 48. 49に集められている。

喩的な用語に属する。

　子の父権免除は，奴隷解放と，子が同じように財産の外にある権利（独立権）を受け取るという類似性を有する。しかし，それは，父の側ではなんら財産権放棄に基づかず，それゆえに，贈与と類似性をもつことは，奴隷解放よりもなおはるかに少ない(d)。

　なおもっと明白なのは，外人に市民身分を与えるローマ国民の決議，後には皇帝の裁決が，真の贈与とみられえなかったことである。それにもかかわらず，これを，ガーイウスさえ donare［ドーナーレ。贈与すること］と称する(e)。私がこのことを述べるのは，このような場合にはどっちみち恐れる必要のない混同を戒めるためではなくて，古い法律家たちでさえそういう表現の使用においてどんなに細心でないかに注意を喚起するためである。

§149
V．贈与──概念　3．利得
[Schenkung──Begriff　3. Bereicherung]

　真の贈与の第三の要素として，上述のところで（§145）受贈者の利得を挙げた。そこで今度は，どんなふうにこれが単なる譲渡からなお区別されるかが，定められるべきである。利得は，受贈者の財産が，最後の結果からみて，その全体価値において増やされることにある。

　三種の理由が，譲渡の中に存する財産権取得が同時に利得を含むことを妨げうる。すなわち，

　（d）　それにもかかわらず *L.*6 §3 *C. de bonis quae lib.* (6. 61.)［勅法彙纂第6巻第61章「父権の中にいる子に結婚その他により取得される財産について，およびそれの管理について」第6法文第3節］において „majores qui emancipationem *donant*"［［父権免除を贈与する尊属］］といわれるとき，それは，上述した比喩的な用語に属する。

　（e）　G<small>AJUS</small> I. §94, III. §20.

§149 贈与。概念。3．利得——**53**

53　1)　その法律行為が，財産の大きさを拡大するのではなくて，既存の権利の行使および追行を確実にするにすぎないような性質のものでありうる。

2)　利益が，取得者の側の対立する犠牲的行為によって埋め合わされていることがありうる。

3)　初めに存する利得が，その後に再び消滅することがありうる。

これら三つの理由が，今からひとつひとつ考察されるべきである。

第一の理由は，財産の大きさを拡大するのではなくて，財産の享受を確実にするにすぎないような法律行為の性質にあった。そういう法律行為においては，一方が好意的意図から行為し，もう一方がその行為から現実の利益を得ることがありうるのではあるが，初めから贈与の存在はまったく排除されている。

naturaliter［ナートゥーラーリテル。自然的に］のみ債務として負っている金額を現金で支払いまたは債務引受をする［expromittiren］者は，訴えにより債権者に与えるようにさせられることがありえなかったものを自由意思で債権者に与えるのであるにせよ，それによって贈与するのではないのであって，財産の大きさは，それによって拡大されていない[(a)]。すでにそこに，妻の側の嫁資の設定が贈与でありえないことの決定的な理由があ

54　る[(b)]。というのは，妻は，naturaliter［自然的に］それにつき義務を負うて

（a）　*L.* 19 §4 *de don.* (39. 5.). „Si quis servo pecuniam crediderit, deinde is liber factus eam expromiserit: *non erit donatio, sed debiti exsolutio.*" ［学説彙纂第39巻第5章「贈与について」第19法文第4節（ウルピアーヌス）:「だれかが奴隷に金を貸し，この者が自由になった後にそれを約束したとき，それは，贈与ではなくて，債務の支払であろう。」］この場合における naturalis obligatio ［自然債務］については，上述§65.i ［本書第二巻35頁］参照。——同じ場合において，支払が錯誤からなされたときでも，condictio indebiti ［非債の不当利得返還請求訴権］は認められない。*L.* 64 *de cond. ind.* (12. 6.). „... naturale agnovit debitum." ［学説彙纂第12巻第6章「非債の不当利得返還請求訴権について」第64法文（トリュポニーヌス）:「…（主人は）自然債務を承認した。」］

（b）　*L.* 9 *pr.* §1 *de cond. causa data* (12. 4.) ［学説彙纂第12巻第4章「原因が与えられたが原因が達成されなかったことを理由とする不当利得返還請求訴権について」第9法文前文，

54── 第二編　法律関係　第三章　発生と消滅

いるからである(c)。

　他人の物の占有者がこの物を，あるいはなんら証拠を有しなかったかもしれない所有者に，訴えなしに渡すとき，そこには贈与は存しないのであって，財産の大きさは変更されない。──しかし，このことは，なおもっと一般的な仕方で，つぎの規則に発展させられなければならない：占有はそもそも決して真の贈与の対象ではない。というのは，占有は，その本質上，権利ではなくて，事実であって，占有は所有権の行使にすぎず，その結果，所有者は，法的な意味においては，占有を有しているときに，より富んでいるのではなく，占有を有していないときに，より貧しいのではないからである。したがって，占有の法的承継は存在せず，占有を取得する者はだれでも，自分のところで新たに占有を始める。この理由から，夫婦間の贈与禁止も，単なる占有の移転を妨げない。ここでは，受領者は，真の占有を取得するが，ただ所有権を取得しないし，civilis possessio［キーウィーリス・ポッセッシオー。市民法上の占有］をも取得しない。なぜならば，civilis possessio［市民法上の占有］には justa causa［正当な原因］が必要であるが，その贈与にはこれが含まれていないからである(c1)。

　保証の引受は，債務者が支払不能であるときでさえ，決して債権者に対する贈与ではない。というのは，債権者には，それによって，どっちみち存在する権利の追求が確実にされるにすぎないからである(d)。

第1節（パウルス）］，*L.* 21 §1 *de don. int. vir.* (24. 1.)［学説彙纂第24巻第1章「夫と妻の間の贈与について」第21法文第1節（ウルピアーヌス）］，*L.* 19 *de O. et A.* (44. 7.)［学説彙纂第44巻第7章「債務と債権について」第19法文（ユーリアーヌス）］。──同じ命題は，なお別の理由をも有するが，これは後に問題になるであろう。

　（c）　*L.* 32 §2 *de cond. ind.* (12. 6.)［学説彙纂第12巻第6章「非債の不当利得返還請求訴権について」第32法文第2節（ユーリアーヌス）］。

　（c1）　占有に関するこれらの命題の証明およびそれ以上の詳論は，つぎのところにある：Ｓａｖｉｇｎｙ　Recht des Besitzes §5 und 7, S. 26 S. 71-75 der 6ten Ausgabe.

　（d）　*L.* 1 §19 *si quid in fraud.* (38. 5.)［学説彙纂第38巻第5章「あることが保護者を欺くためになされた場合」第1法文第19節（ウルピアーヌス）］。──それが，債務者に代わって支払った金銭を actio mandati または negotiorum gestorum［委任訴権または事務

§149 贈与。概念。3．利得——**55**

　自己の債務のための質権の設定は，その債務者が支払不能であるときでさえ，贈与ではない。なぜならば，それによって，債権者は，すでに請求できるものを，より確実に手に入れるにすぎないからである[e]。——また，他人の債務のためのある物の質入も，保証の引受とまったく同様に，債権者に対する贈与ではない[f]。——質権の免除も，債務者に対する債権者の贈与を含まない。なぜならば，債務の継続によってその財産は減少しないままだからである[g]。それゆえに，この免除は，夫婦の間においてさ

管理訴権］をもって再び請求することをしないという意図でなされるとき，そこには債務者に対する贈与が存しうる（§158. s）。

　（e）　債務者の現在の，または将来ありうる支払不能は，現金による支払と同様，質入を贈与にしない。——もちろん，この場合に Pauliana［パウルスの（訴権）］が理由づけられていることはありうる（*L*. 22 *L*. 6 § 6 *quae in fraud*. 42.8.［学説彙纂第42巻第8章「債権者を欺くためになされたことが回復されるように」第22法文（スカエウォラ），第6法文第6節（ウルピアーヌス）］）。なぜならば，これは必ずしも利得を前提としないからである。§ 145. d.

　（f）　*L*. 1 § 19 *si quid in fraud*. (38. 5.)［学説彙纂第38巻第5章「あることが保護者を欺くためになされた場合」第1法文第19節（ウルピアーヌス）］．——保証と同様（註d），質入も債務者に対する贈与でありうる。

　（g）　*L*. 1 § 1 *quib. modis pign*. (20. 6.)［学説彙纂第20巻第6章「どのような方法で質または抵当が解消されるか」第1法文第1節（パーピニアーヌス）］．その個所は，疑いなく L. Cincia［キンキウス法］に向けられていたもので，改変されている（Zeitschrift für geschichtl. Rechtswissensch. IV. 44）。債権者は，債務を贈与により免除したし，したがって質権をも放棄した。その贈与は L. Cincia［キンキウス法］により無効であったが，そのことは，質権の免除を害しなかった：„ .. quoniam inutilem pecuniae donationem lex facit, *cui non est locus in pignore liberando*［..法律が金銭の贈与を無効とするが，質（訳註13）から解放することにおいては，それには関係がない］；"すなわち，質の免除は贈与ではない。*L*. 8 § 5 *eod*.［同所第8法文第5節（マルキアーヌス）］は，この命題に矛盾するのではなくて，むしろそれを確認する。なぜならば，それは，donare［贈与すること］を質の免除に対立させ，どちらも特有財産の管理人に禁止するにすぎないからである。——Pauliana［パウルスの（訴権）］は，質の免除によっても理由づけられていることがありうる（註e参照）。*L*. 2 *L*. 18 *quae in fraud*. (42. 8.)［学説彙纂第42巻第8章「債権者を欺くためになされたことが回復されるように」第2法文（パウルス），第18法文（パーピニアーヌス）］．——遺贈によって質が免除されるとき，そのことは許されているのだが（*L*. 1

え完全に有効である(h)。

いずれにせよ抗弁によって無効にされる債務の要式免除契約は，贈与ではない。なぜなならば，それは，すでにあらかじめ存在していた法的状態を形式的に確認するにすぎないからである（§158. d）。

利得の欠如の第二の可能な理由は，取得によって生じうる利益を帳消しにするような，取得者の側の双務的犠牲にある。したがって，この種の場合には常に，すべての贈与の基礎たる lucrativa causa［利得的な原因］を排除する性質を有する複合的行為が問題である（§143）。この理由は，つぎの種々の形で生じうる。

反対給付は，すっかり過去に属しうる。そういうことで，債務の支払においてはたいてい，現在の受領者は通常すでに以前になにかを渡しているであろうし，それに対して今報償を受け取るにすぎないという理由だけでもう，贈与は存しない。

反対給付は，取得と同時でもありうる。売買と交換は，契約に即座に双方の履行が結び付けられるとき，これに属する。しかし，すでに述べた支払の受領も同じようにこれに属する。なぜならば，受領者は常に（また以

---

§1 *de lib. leg.* 34. 3.［学説彙纂第34巻第3章「遺贈された免除について」第1法文第1節（ウルピアーヌス）］，そのときにも，そこには利得は存せず，それゆえに，それに信託遺贈を課することはできない。*L.* 3 §4 *de leg.* 3 (32. un.)［学説彙纂第32巻単章「遺贈と信託遺贈について 3」第3法文第4節（ウルピアーヌス）］。

（h） *L.* 18 *quae in fraud.* (42. 8.)［学説彙纂第42巻第8章「債権者を欺くためになされたことが回復されるように」第18法文（パーピニアーヌス）］, *L.* 11 *C. ad Sc. Vell.* (4. 29.)［勅法彙纂第4巻第29章「ウェルレヤーヌス元老院議決註解」第11法文］, *L.* 11 *quib. mod. pign.* (20. 6.)［学説彙纂第20巻第6章「どのような方法で質または抵当が解消されるか」第11法文（パウルス）］．――もちろん，嫁資債権のための法定質権を，妻は放棄することができない。(*L. un.* § 15 *C. de r. u. a.* 5. 13.［勅法彙纂第5巻第13章「問答契約に基づく訴権に移された嫁資返還請求訴権について，および給付された嫁資の本質について」単一法文第15節］)．しかし，それは，贈与禁止の結果ではなくて，嫁資権に関して契約により deterior fieri conditio mulieris［妻のもっと低い状態が生じさせられること］はできないというまったく別の規則の結果である。

前の引渡のことを考えずに)、これまで自己の財産の一部であった債権をこの取得と交換するからである。それゆえに、有効な贈与約束の履行は、断じて贈与ではなくて、通常の債務支払にすぎない。したがって、大きな額の贈与約束が登録により法的に有効となったとき、その支払は、新たな登録を要しない。贈与約束が婚姻前に契約として与えられているとき、婚姻中に給付された約束額の支払は、有効な行為である。——ここから実際また、naturalis obligatio［ナートゥーラーリス・オブリガーティオー。自然債務］の支払または免除は贈与ではないという、すでに上述のところで（註a）立てた命題が、なおもっと完全に説明される。というのは、この支払の受領と、これまで存するnaturalis obligatio［自然債務］が交換されるからであって、この債務関係は、訴権を欠くにもかかわらず、それでもなお、法的な心情をもった債務者が、たまたま相殺などにより引き起こされうる間接的強制手段はなお別として、裁判官による強制なしにでもそれを履行するであろうことによって、現実の財産部分である。しかしまた、indebitum［インデービトゥム。非債］のそれと知っての支払が常に贈与とみられること[1]も、筋が通っている。なぜならば、indebitum［非債］は実際には財産部分ではなくて、せいぜいこういうものであると欺く外見をもつにすぎないからである。

　最後にまた、反対給付は、すっかり将来に属しうる。貸付金の受領は、金銭所有権を今取得することが将来の返済についての義務負担を伴うことによって、それに入る。

　反対給付が、現在の取得と比較して、同じかまたはもっと高い金銭価値を有するときは、この取得の中に贈与が存することは、まったく不可能である。反対給付がもっと少ない価値を有するときは、場合によっては、その取得は贈与の性質を帯びうる。その取得が本当にその性質を有するかどうかは、そのとき、与える者の意図にかかっており、そこから一つの混合

　(i)　付録 VIII 第 XXXVI 号註 e［本書第三巻403頁］参照。

的行為（negotium mixtum cum donatione［ネゴーティウム・ミークストゥム・クム・ドーナーティオーネ。贈与と混合した行為］）が生ずるが，これの独特の性質は，後に詳細に定められるであろう。

　最後に，利得の存在を，したがってまた贈与の存在を否定する第三の理由は，最初取得された権利がその後再びなくなり，こうして，初めに存した利得が消滅することにある。この場合が前述の各場合と異なるのは，前述の各場合には一度も贈与が存在しないのに，最後に述べた場合には，たいてい，その行為がさしあたり真の贈与であるが，しばらくしてそうであることをやめるという点においてである。したがって，この第三の理由は，それが有効として承認されなければならないところでは，贈与の効果が後にやむといういう意味を，すなわち，実定法規によれば贈与が無効である物の返還請求が，初めは可能であったが，利得が消滅するやいなや脱落するという意味を有する。

　さて，すべてのうちで最もやっかいなこの理由は，ローマ人によって，夫婦間の贈与に関し，最も慎重に，また最も独特に発達させられた。それゆえに，ここで，この関係をまず述べよう。そのとき，それの規則の，登録への，および特別の事由に基づく撤回への適用可能性を調べることは，むつかしくないであろう。

　しかしながら，贈与によって取得された権利の消滅のどれもが，実定的に規定された贈与の効果を消してしまうのに適しているわけではない。むしろそこでは，つぎの各場合が区別されなければならない。消滅が純粋にそれだけで生じたということがありえ，あるいは，取得された権利が他の権利に変わったにすぎない，つまり取得された権利が消滅した権利の代わりになったということがありうる。——さらに，純粋の消滅が出てくるのは，贈与自体と結び付けられた，与える者の意思からか，または単なる偶然からか，または受領者の恣意からでありうる。——今，すべてのこれらの場合を順番に，しかもさしあたり夫婦間の贈与に関してのみ検討しよう。したがって，ここでは，研究の実際的意味は，贈与として譲渡された

権利が，贈与された配偶者にとって消滅した後に，返還請求がどの程度までなされうるかに置かれるべきである。

§150
Ⅴ．贈与──概念　3．利得（つづき）

[Schenkung──Begriff　3. Bereicherung　(Fortsetzung)]

　贈与された権利のまったくの消滅が与える者の意思から出ているとき，この者は，決して，贈与を受けた配偶者に対する返還請求についての権利を有しえない。このことは，受領者が受領するとすぐに，その物を第三者に渡す義務を負っていたというように考えられる。ここでは，せいぜい中間期の果実受領に贈与が存しうるが（§147），主たる物を考えると，上述の義務の履行とともに贈与は跡形もなく姿を消す[a]。この取り決めが後になってはじめてなされるが，それからまた現実に履行されるときも，同様である[b]。──そういうことは，しかしさらに，受領者に義務が課せられることはなく，贈与された物が受領者の財産から姿を消さざるをえないような仕方で使われることを，与える者がはっきり意図することだけによって，生じうる。夫が妻にある土地を贈与するが，妻が死者をそこに埋葬すること，あるいはその他その土地を取引から奪うことを目的とするとき，そうである。この贈与は有効であって，贈与禁止のどんな回避をも防止するために，その場合にだけ，所有権の移転はその使用が行われるまで延期されたままであるということが，定められる[c]。──奴隷の譲渡であっ

　　(a)　*L. 49 de don. int. vir.* (24. 1.)［学説彙纂第24巻第１章「夫と妻の間の贈与について」第49法文（マルケルルス）］，*L. 5 §9 de J. dot.* (23. 3.)［学説彙纂第23巻第３章「嫁資の法について」第５法文第９節（ウルピアーヌス）］．

　　(b)　*L. 34 de don. int. vir.* (24. 1.)［学説彙纂第24巻第１章「夫と妻の間の贈与について」第34法文（ウルピアーヌス）］，F<small>RAGM.</small> V<small>AT.</small> § 269［ヴァティカンの断片第269節］．

　　(c)　*L. 5 §8-12 de don. int. vir.* (24. 1.)［学説彙纂第24巻第１章「夫と妻の間の贈与について」第５法文第8-12節（ウルピアーヌス）］．贈与された妻は，そうでなければ自分の

て，受領者がその奴隷を解放することを目的とするものは，ちょうどそれに属する。これは，一般には贈与とみられるべきではなかったのであって，取得から解放に至るまでのその奴隷の役務がまさに，とくに顧慮されていたということによってのみ，部分的に贈与となりえた[d]。夫婦間で，この行為はずばり有効であったが[e]，所有権は解放の瞬間にはじめて移転すべきであって[f]，夫婦の一方が他方の奴隷についてする使用は，そもそも贈与とはみなされなかった（§152）。確かに，受領者は重要な保護者権を取得したが，しかし，これは金銭価値を有しなかったし，与える者の財産から出たものでもない[g]。受領者が解放に対し代価の支払を受けまたは役務を約束されたときでさえ，それにもかかわらずそれは贈与ではなかった。なぜならば，この利益も，金銭価値を有していたにせよ，それでもや

金でこの目的のために土地を買ったであろうが，今はその金銭を節約しているときでさえ，それにもかかわらず，その行為は贈与とみなされない。そうでなくて住宅の場合は，節約された賃料が贈与を理由づけるのではあるけれども。この外見上の矛盾については，§151. g 参照。

(d) *L.* 18 §1. 2 *de don.* (39. 5.) ［学説彙纂第39巻第5章「贈与について」第18法文第1, 2節（ウルピアーヌス）］．Meyerfeld I. 413. 参照．

(e) ULPIAN. VII. §1, PAULUS II. 23 §2, *L.* 109 *pr. de leg.* 1 (30. un.) ［学説彙纂第30巻単章「遺贈と信託遺贈について1」第109法文前文（アフリカーヌス）］，*L.* 22 *C. de don. int. vir.* (5. 16.) ［勅法彙纂第5巻第16章「夫と妻の間の，および親から子への贈与について，および追認について」第22法文］．――パウルスは，ここでは，いくつかの他の場合におけるように，必要もないのに理由の挙示においてぐらついている：„.. donatio favore libertatis recepta est, vel certe quod nemo ex hac fiat locupletior." ［「贈与が解放の好意から受領される。あるいは確かに，だれもそれからもっと富むことがないから。」］明らかに，後者の理由は徹底しているが，これは前者の理由をまったく排除する．

(f) *L.* 7 §8. 9, *L.* 8, *L.* 9 *pr. de don. int. vir.* (24. 1.) ［学説彙纂第24巻第1章「夫と妻の間の贈与について」第7法文第8，9節（ウルピアーヌス），第8法文（ガーイウス），第9法文前文（ウルピアーヌス）］．

(g) *L.* 5 §5 *de praescr. verbis* (19. 5.). „ ... An deducendum erit, quod libertum habeo? *Sed hoc non potest aestimari.*" ［学説彙纂第19巻第5章「前置文による訴権および事実訴権について」第5法文第5節（パウルス）：「... 私が被解放奴隷を有することは，控除されるだろうか。<u>しかし，これは評価されえない。</u>」］

はり与える者の財産から出たものではなかったからである[h]。──ここで述べた種類の諸場合においては，つまり，たいてい初めから真の贈与は存在しないし，存在したときでさえ，消滅の時から姿を消している。

贈与された権利の消滅が単に偶然の原因，たとえば火災，地震，強奪などから生じるとき，受贈者に対する後からの請求についてのどんな法的理由もない。ここでは，贈与は，それの考えられるすべての効果とともに，跡形もなく消え失せている[i]。しかし，消滅の瞬間までは，真の贈与が明白に存在していた。──ここで全部的消滅についていわれていることは，一部的消滅についても妥当しなければならない。それに属するのは，とりわけ，贈与された物がもっと一般的な理由から値下がりした場合である。

まだ残っているのは，贈与された権利が受贈者の自由意思による行為によって消滅するという第三の場合である。これは，すべての中で最もしばしばあり，同時に最もやっかいな場合である。まず第一に，それがより一般的な法規に従えばどのように取り扱われなければならないだろうかを問題にしよう。──贈与された夫は，無効な贈与によって所有権が自分に移転しえなかったことを知っているから，故意で他人の物の占有者である[k]。したがって，その者が，贈与された物を故意に破壊し，贈与された

（h） *L.* 9 §1 *de don. int. vir.* (24. 1.) [学説彙纂第24巻第1章「夫と妻の間の贈与について」第9法文第1節（ウルピアーヌス）]，*L.* 62 *sol. matr.* (24. 3.) [学説彙纂第24巻第3章「どのようにして婚姻解消後に嫁資が請求されるか」第62法文（ウルピアーヌス）]。

（i） *L.* 28 pr. *de don. int. vir.* (24. 1.). „Si id, quod donatum sit, *perierit*, vel consumtum sit, ejus qui dedit est detrimentum: merito, *quia manet res ejus qui dedit, suamque rem perdit.*" [学説彙纂第24巻第1章「夫と妻の間の贈与について」第28法文前文（パウルス）：「もし，贈られたものが消え失せ，または消費されたならば，それは，与えた者の損である。なぜならば，それは与えた者の物のままであり，そしてその者が自分自身の物を失ったから，正当にそうである。」］その個所は二つのまったく異なる場合，すなわちperire［消えること］とconsumi［消費されること］を含む。ここに属するのはやっとperire［消えること］のみであって，これにだけ後に続く理由も適合する。consumi［消費されること］は，さらにすぐに問題になるであろう（註p）。

（k） *L.* 19 pr. *de don. int. vir.* (24. 1.). „ ... hoc enim bonae fidei possessoribus

62―― 第二編　法律関係　第三章　発生と消滅

金銭をさらに贈与してしまい，または勝負事ですったときは，現存する物に通常の所有物返還請求訴権が向けられているのとちょうど同じように，その者に対して価値に向けての condictio sine causa または ex injusta causa［コンディクティオー・シネ・カウサー，エクス・インユースター・カウサー。無原因のまたは不法な原因に基づく不当利得返還請求訴権］が認められなければならない(l)。その場合書き留められるべきことは，そもそも不当利得返還請求訴権が，それの一般的性質からみて，物が消滅するとき，悪意の場合にのみ行われえ，過失の場合にも行われうるのではなく(m)，その結果，贈与

---

concessum est : *virum autem scientem alienum possidere.*"［学説彙纂第24巻第1章「夫と妻の間の贈与について」第19法文前文（ウルピアーヌス）：「... なぜならば，これは善意の占有者に許されているが，しかし夫は知っている他人のものを占有する。」］したがって，その者は，この点で不誠実な占有者に類似している。それにもかかわらず，その者を本当にそうだと称することはできない。なぜならば，その者は所有者の意思で占有しており，そのことによって権利侵害の存在が排除されるからである。

　（1）　*L.* 6 *de don. int. vir.* (24. 1.). „Quia quod ex non concessa donatione retinetur, id aut sine causa, aut ex injusta causa retineri intelligitur : ex quibus causis condictio nasci solet."［学説彙纂第24巻第1章「夫と妻の間の贈与について」第6法文（ガーイウス）：「なぜならば，許されない贈与から固持されるものは，あるいは無原因で，あるいは不法な原因に基づいて固持されるとみなされ，それらの理由から不当利得返還請求訴権が生じるのが常であるからである。」］

　(m)　*L.* 65 § 8 *de cond. ind.* (12. 6.). „Si servum indebitum tibi dedi, eumque manumisisti, *si sciens hoc fecisti, teneberis ad pretium ejus,* si nesciens, non teneberis .."［学説彙纂第12巻第6章「非債の不当利得返還請求訴権について」第65法文第8節（パウルス）：「債務として負われない奴隷が君に与えられて，君がこの者を解放したとき，君が故意にこれを引き起こしたのならば，君はこの者の価値につき義務を負うであろうし，故意でないならば，義務を負わないであろう...。」］*L.* 26 § 12 *eod.* „ ... ut puta.. dedi.. hominem indebitum, et hunc *sine fraude modico distraxisti* : nempe hoc solum refundere debes, quod ex pretio habes ; "［同所第26法文第12節（ウルピアーヌス）：「... たとえば... 債務として負われない奴隷が... 与えられて，この者を君が故意なしに適正な価格で売却した，すなわち君はただ，代価から有するものだけを返還することを要するとしても。」］したがって廉価での売却における不注意については，不当利得返還請求訴権をもって賠償は請求されえない。――*L.* 65 § 6 *eod.* „si consumsit frumentum, pretium repetet,"［同所第65法文第6

§150 贈与。概念。3．利得（つづき）——**63**

64 された夫は，贈与された金銭を盗まれたとすれば，この喪失は単なる過失によって引き起こされているであろうから，不当利得返還請求訴権をもって訴えられえないであろうということである。この不当利得返還請求訴権と，事情によっては，なおつぎの訴権が競合しえた。まず第一に，故意の破壊の場合に，あるいは（常に故意である）譲渡の場合に，qui dolo fecit, quo minus exhiberet または quo minus possideret ［提示しなかったことまたは占有しなかったことを悪意で引き起こしたところの］者に対するものとして，actio ad exhibendum ［アークティオー・アド・エクスヒベンドゥム。提示訴権］または rei vindicatio ［レイー・ウィンディカーティオー。所有物返還請求訴訟］である。さらに，もともとは贈与された物（これはまだ与える者の所有にあった）が破壊または毀損されたときに，actio L. Aquiliae ［アークティオー・レーギス・アクィーリアエ。アクィーリウス法の訴権］であるが，これは悪意を理由としてのみならず過失を理由としても存する。——厳格な諸原則に従えばそうであるが，それの適用に対してはやはりつぎのような異議が唱えられえた。与える者が撤回をしていなかった限り，受領者はその者の意思をもって占有したのであり，したがって，受領者がその物を破壊または譲渡したとき，これは所有者の意思をもってなされたのであり，少なくともこのことはありそうなこととして前提されえたのであって，それによって，とりわけ悪意が，それからまたここで挙げたすべての訴権の適用可能性も，完全に排除されていた，というものである。この疑問がローマ人において顧みられないままではなかったことは，もっと後に示されるであろう（註 u）。

65 その事柄は，206年の元老院議決によって，もう一つ別の形をもつようになった。この議決は，婚姻が継続している場合には，贈与の取消を，相

節（パウルス）：「もし（相手が）穀物を消費したならば，（与えた者は）価格を返還請求するであろう，」」においては異なる。つまりここでは，無条件に，悪意を顧慮せずに請求されうる。なぜならば，その者は，そうでなければ買わなければならなかった消費されたパン用穀物の価格だけ，現在なお富んでいるからである（§ 151. g）。

続人によって行使されてはならないような、与える者の一身専属権にした。それゆえに、与える者の死亡までに撤回されなかった贈与は、取り消しえないものであるべきであった[n]。この元老院議決は、また、はっきりと消費の場合に言及したが[o]、それは、疑いなく、贈与された物の消費によって、受領者に対するどの請求権も、与える者自身の側からのそれも止むべきであるという意味においてである。このような付加は、極めて徹底したものであった。というのは、相続人に返還請求が拒まれたことによって、消費する受領者の、将来の返還請求を免れるためという不誠実な意図で贈り物を破壊または譲渡したのではないという弁解が、はるかに大きな重要性を獲得したからである。——少なくとも実際上の結果は、明々白々である。そういう新たな立法に従って書いた法律家たちは、今、つぎの理論を立てた。「確かに、真の donatio［贈与］の概念には、受領者がそれにより locupletior ［ロクプレーティオル。もっと富んだ］になったのでなければならないということが必要であるが、しかし、夫婦間では、それは、今は、それ以上の意義を有する。すなわち、受領者が locupletior ［もっと富んだ］ままであったのでなければならず、しかも、贈り物の返還を請求

(n) *L.* 32 *pr.* §1. 2 *de don. int. vir.* (24. 1.)［学説彙纂第24巻第1「夫と妻の間の贈与について」第32法文前文、第1、2節（ウルピアーヌス）］.

(o) *L.* 32 §9 *de don. int. vir.* (24. 1.). „Quod ait oratio, *consumpsisse,* sic accipere debemus, ne is qui donationem accepit, locupletior factus sit : ceterum, si factus est, orationis beneficium locum habebit."［学説彙纂第24巻第1章「夫と妻の間の贈与について」第32法文第9節（ウルピアーヌス）：「宣示が消費したということを、われわれは、贈与を受け取る者がもっと富まされていないというように理解しなければならない。しかし、もしもっと富まされているならば、宣示の恩恵が存するであろう。」］すなわち：受領者が贈与された金銭を消費する、つまりその代わりになるなにかを得ることなしにやってしまうとき、それは（元老院議決の）oratio［宣示］の意味における consumtio［消費］であり、その場合には、与える者の死亡による確認をまったく必要とすらしない。受領者がそれを、その代わりになにかを取得することによってやってしまうとき、取得された財物は、贈与されたものとして取り扱われ、それゆえに今度はこれが返還請求されうるけれども、その返還請求は与える者の死亡により止むというようにである (orationis beneficium［宣示の恩恵］)。

§150 贈与。概念。3．利得（つづき）——**65**

すべき所有物返還請求訴訟または不当利得返還請求訴権における争点決定の時になおそうでなければならないという意義である。したがって，贈り物がこの時点よりも前にすでに破壊されまたは消費されているときは，どの訴権も廃止される」(p)。この原則は，今や，とくに，贈与された金銭がさらに贈られ(q)，または支払能力のない債務者に貸される(r)場合に適用される。これは，元老院議決に由来する，より新しくより寛大な法であった(s)。疑いなく，それ以前の法律家たちは，不当利得返還請求訴権の適用についてもっと厳格な原則を持ち出していたのであって，編纂者たちがこのような個所を学説彙纂の中にとり入れなかったのは，まったく筋が通っていた。しかし，その場合，法律関係自体の軽減が狙われていたから，訴権の性質は問題になりえなかった。それゆえに，上掲の場合に不当利得返還請求訴権と競合しえた，いやそれどころかこれよりも進みさえできた

（p） *L. 28 pr. de don. int. vir.* (24. 1.) „vel consumtum sit" ［学説彙纂第24巻第1章「夫と妻の間の贈与について」第28法文前文（パウルス）：「または消費された」］（註 i），*L. 32 §9 eod.*［同所第32法文第9節（ウルピアーヌス）］（註 o），*L. 5 §18 L. 7 pr. eod.*［同所第5法文第18節，第7法文前文（ウルピアーヌス）］。（これらの個所はすべてウルピアーヌスまたはパウルスからのものである）。*L. 8. 17 C. eod.* (5. 16.)［勅法彙纂第5巻第16章「同」第8，17法文］も同様。

（q） *L. 5 §17 de don. int. vir.* (24. 1.). „.. si mulier acceptam a marito pecuniam in sportulas pro cognato suo ordini erogaverit..."［学説彙纂第24巻第1章「夫と妻の間の贈与について」第5法文第17節（ウルピアーヌス）：「..もし妻が，夫から受け取った金銭を血族のための贈り物として自身の身分団体に支出したならば..。」］第一の贈り物なしに，受領者が，第二の贈り物をするために貸付金を借り入れ，その結果その者が自己の財産からの支出を免れた場合でさえ，なにも変わるべきでない。というのは，これもやはり完全に任意であったからである。§151. g 参照。

（r） *L. 16 de don. int. vir.* (24. 1.)［学説彙纂第24巻第1章「夫と妻の間の贈与について」第16法文（トリュボニーヌス）］。

（s） *L. 32 pr. de don. int. vir.* (24. 1.). „.. Imp. noster Antoninus ... auctor fuit Senatui censendi ... ut aliquid laxaret ex juris rigore."［学説彙纂第24巻第1章「夫と妻の間の贈与について」第32法文前文（ウルピアーヌス）：「..わが皇帝アントニーヌスは... 元老院により... 法の硬直からいくらかを和らげるよう... 決議することの提案者であった。」］

actio ad exhibendum［提示訴権］および Legis Aquiliae［アクィーリウス法の（訴権）］は，不当利得返還請求訴権と同じように，どの consumutio［コンスームティオー。消費］によっても排除されなければならなかった。それなのに，学説彙纂には，以前の時代の厳格な原則がはっきり見える，もっと古い法律家たちの若干の個所が保存されている。夫が贈与された金銭を支出するとき，ポンポーニウスは，夫に対する，dolus quo minus possideret［占有しなかったことについての悪意］を理由とする actio ad exhibendum［提示訴権］を与える[t]。夫が贈与された物を故意に破壊したとき，ユーリアーヌスは，夫に対する actio ad exhibendum［提示訴権］と actio Legis Aquiliae［アクィーリウス法の訴権］を与える[u]。ここで展開された理由から

（t）*L. 14 ad exhib.* (10. 4.). „Si vir numos ab uxore sibi donatos sciens suos factos non esse pro re emta dederit, dolo malo fecit quo minus possideat : et ideo ad exhibendum actione tenetur."［学説彙纂第10巻第4章「提示訴権」第14法文（ポンポーニウス）：「もし夫が，妻から自分に贈られた金銭を，自分のものにならなかったことを知りながら，買った物のために渡したならば，夫は，占有しなかったことを悪意で引き起こしたのであり，それゆえに提示訴権によって拘束される。」］買った物に今もなお不当利得返還請求訴権が向けられる。というのは，それだけ受贈者は富んでいるからである。したがって，ポンポーニウスは，その物に支払われていたのが高すぎたので，与える者が金銭につき訴える方を選ぶ場合を前提とする。同じ原理に従い，その金銭を勝負事ですってしまいまたはやってしまった場合にも，その訴権が認められなければならなかった。——sciens suos factos non esse［自分のものにならなかったことを知りながら］という言葉は，その者が ignorans［知らずに］でもありうるかのような制限的意味を有するのではない。そうではなくて，それは，なぜ決定が常にそういう結果にならなければならないかの理由を含む。

（u）*L. 37 de don. int. vir.* (24. 1.). „Si mulier dolo fecerit, ne res exstaret sibi a marito donata : vel ad exhibendum, vel damni injuriarum cum ea agi poterit; *maxime si post divortium id commiserit.*"［学説彙纂第24巻第1章「夫と妻の間の贈与について」第37法文（ユーリアーヌス）：「もし妻が，自分に夫から贈られた物が存在しないようなことを引き起こしたならば，あるいは提示を求めて，あるいはそれとともに違法の損害へ，訴えられうる。<u>主として離婚の後にそれを引き起こしたときである。</u>」］ユーリアーヌスは，悪意を要求する。なぜならば，それを前提としてのみ，ここで挙げられた両方の訴権が同時に理由づけられているからである。彼は，L. Aquiliae［アクィーリウス法］の訴権だ

は，これら両者のもっと古い個所の採用は，間違いとしかみられえない。なぜならば，それらは，元老院議決と明らかに矛盾しているからである。この矛盾は，おそらく，それらの個所が，ここで最もしばしばある訴権である不当利得返還請求訴権にではなくて，他の，この適用においては現われることがもっと希な訴権に言及するから，見落とされた。

　贈与された権利のまったくの消滅について与えられたこれらの定めの中で，なにがそもそも贈与の一般的性質に属し，なにが夫婦の特別の関係に属するかは，容易に分かる。与える者の意思による消滅が，まったく偶然の消滅と同様，贈与のすべての効果を消してしまうということは，贈与の一般的性質から出てくる。しかし，受贈者の側の自由意思による譲渡または破壊も同じ影響を及ぼすということは，元老院議決の実定的規定によってはじめて生じさせられた。だからといって，この規定が完全に恣意的なものであるのではない。それは，この関係の特性への公正な配慮に拠り所を有する。けれども，そういう特性は，すでにもっと以前の法律家によっても必ずしも顧慮されないままではなかった（註u）にしても，実定法なしには確実で一般的な承認にはほとんど至らなかったであろう。

けを，確実に単なる過失の場合にも許したであろう。たとえば妻が贈与された奴隷に命にかかわる指図をして，その奴隷がその際命を失ったときである。――とくに注目すべきは，その結語であって，すでにもっと以前の法律家たちも，所有者（贈与する夫）の意思がどの訴権をも，それどころか真の悪意の存在さえ排除することがないかどうかという，本文で述べた疑問を顧慮したことを，明らかに示す。それについて彼はいう：このことは離婚後はまったく疑う余地がない（*maxime* post divortium [主として離婚の後に]）。なぜならば，今や，与える者の継続する好意的な意思を受領者が引合いに出すことが，離婚の事実によって打ち破られているからである。

§151
V．贈与──概念　3．利得（つづき）
[Schenkung──Begriff　3. Bereicherung　(Fortsetzung)]

　今なお残っているのは，贈与された権利の消滅であって，新たな権利の取得と結び付けられており，その結果一つの権利のもう一つの権利への単なる変化に存するもの（§149）について述べることである。この場合には，実際には，利得が続いており[a]，贈与の特性は，それにつきこれまで立てられたすべての規則とともに，新たに取得された権利に移行する。以下の諸適用は，この命題を，一部は解説し，一部は確証する。

　夫が贈与された金銭をある債務の支払に用いるとき，利得が続いている，それどころか破壊できないことは，疑う余地がない。なぜならば，どの債務支払も，債務者の財産をその債務の額だけ必然的に増加させるからである[b]。

　その者がその金銭を貸付金として支出するとき，その者は，債権を新たに取得したことによって，以前に富んだままである。しかし，贈与のこの新たな内容は，債務者の支払不能によって消え去りうる。なぜならば，受贈者は，やはりもはやなにも返還しなくてよいからである。このような結果は，初めに贈与された物の偶然の（せいぜい過失による）消滅と同等である。

　夫が贈与された物を売るときは，売買価格が初めの贈り物に代わる。夫が贈与された金銭をある物の買入に使うときも同様に，この物において利得が継続する。この後者の場合のもっと詳細な定め，これは今述べようと

　(a) *L.* 32 §9 *de don. int. vir.* (24. 1.) ［学説彙纂第24巻第1章「夫と妻の間の贈与について」第32法文第9節（ウルピアーヌス）］．§150註 o 参照。

　(b) *L.* 7 §7 *L.* 50 *pr. de don. int. vir.* (24. 1.) ［学説彙纂第24巻第1章「夫と妻の間の贈与について」第7法文第7節（ウルピアーヌス）、第50法文前文（ヤーウォレーヌス）］．

思うが，その定めは容易にまた確実に前者の場合にも適用される。——つまり，200が金銭で贈与されており，これで300の価値の物が買われたとき，200だけが贈り物として返還請求されうる。というのは，200だけが与える者の財産から出ており，残りの100は，成功した投機の成果だからである。——300が贈与されていて，これで買われた物が200の価値しかないとき，200だけが贈り物として請求されうる。というのは，残りの100は，贈与された金銭の部分的浪費で消滅したのであって，あらゆる返還を免れているからである(c)。

さて，買った物が再びなくなるとき，これにも，§150で立てられた諸原則が適用されるべきである。すなわち，偶然によってなくなったのであれ，受贈者の意思によってなくなったのであれ，どの返還も廃止される(d)。買い入れた物を再び売り，その代わりに別の物を買ったとき，同じことが認められるべきである。ここで，若干の法律家は，このように交換を反復した後には，偶然になくなったことでさえもはや返還に対して保護しないと信じていたけれども，この意見はしりぞけられた(e)。上掲の元老院議決からは読み取れなかったのではあるが，そこには再び婚姻中の贈与

(c) *L*. 7 §3 *L*. 28 §3. 4 *de don. int. vir.* (24. 1.)［学説彙纂第24巻第1章「夫と妻の間の贈与について」第7法文第3節（ウルピアーヌス）、第28巻第3，4節（パウルス）］, *L*. 9 *C. eod*. (5. 16.)［勅法彙纂第5巻第16章「同」第9法文］.

(d) *L*. 28 §3 *de don. int. vir.* (24. 1.). „quemadmodum, si mortuus est, nihil peteretur."［学説彙纂第24巻第1章「夫と妻の間の贈与について」第28法文第3節（パウルス）：「（買った奴隷が）死んだとき，なにも請求されないであろうように。」］*L*. 50 §1 *eod*.［同所第50法文第1節（ヤーウォレーヌス）］. この後者の個所は，ヤーウォレーヌスからのものであって，したがって元老院議決より古い。また，それは，consumtio［消費］についてではなくて，偶然の消滅について述べる。しかし，元老院議決以来，買った物のconsumtio［消費］も，初めの贈り物のそれと同じように，返還に対して保護するということは，疑うことができない。

(e) *L*. 29 pr. *de don. int. vir*. (24. 1.)［学説彙纂第24巻第1章「夫と妻の間の贈与について」第29法文前文（ポンポーニウス）］, これはポンポーニウスから。したがって，この優遇は，ポンポーニウスの時代のせいで，元老院議決の結果と考えることはできないが，これと類似の見解に基づく。

の優遇があった。というのは，他の法律関係においては，最初の買取によってすでに利得は最終的に決定されており，買った物の偶然の消滅によってさえ再び消されることはありえないと認められるからである[f]。

けれども，一つの場合に，買った物の消滅によって利得は消されない。すなわち，買ったのがどうしても必要な物なので，買主は，贈与された金銭がない場合には自分の金を使わなければならなかったであろうし，したがって今自分の金を節約したときである[g]。

（f） actio quod metus causa［強迫のためになされたことについての訴権］は，in id quod pervenit［帰属するものに対して］のみ，強迫者の相続人に向けられる。しかし，この者が強迫によって獲得された物を一度占有したときは，この者のconsumtio［消費］はこの者を免れさせない（L. 17 quod metus 4. 2.［学説彙纂第4巻第2章「畏怖によりなされたこと」第17法文（パウルス）]）。偶然の消滅は，確かに，この者を免れさせるが，しかし，それが初めに獲得された物に関した場合にだけであって，それと交換して手に入れた物については，そうでない（L. 18 eod.［同所第18法文（ユーリアーヌス）]）。同じことは，同じく利得についてのみ責任を負う，相続財産の善意占有者において，しかもたった今決定された意味において，あてはまる。L. 18 cit.［前掲第18法文］. —— Meyerfeld I. S. 11. 参照。

（g） L. 47 §1 de solut. (46. 3.)［学説彙纂第46巻第3章「支払と免責について」第47法文第1節（マルキアーヌス）]。ここでは，確かに，金銭の支払を受け取って買入に使った被後見男児が問題になっており，これは，その者がそれによりlocupletior［もっと富んだ］である限りにおいてのみ有効であるべきである。しかし，まさにlocupletior［もっと富んだ］という概念が，そこここでぴったり同じであり，それゆえに，その個所は贈与にも適用できる。necessaria res［必要な物］の概念について参照されるべきは，L. 6 de alimentis (34. 1.). „cibaria et vestitus et habitatio .. quia sine his ali corpus non potest,"［学説彙纂第34巻第1章「生活必需品のまたは食物の遺贈について」第6法文（ヤーウォレーヌス）:「食糧と衣服と住居... というのは，これらなしには体が養われえないからである,]］およびL. 65 §6 de cond. ind. (12. 6.). „ .. si consumsit frumentum, pretium repetet,"［学説彙纂第12巻第6章「非債の不当利得返還請求訴権について」第65法文第6節（パウルス):「..もし（相手方が）穀物を消費したならば，（与えた者は）価格を返還請求するであろう,]］であって，しかも，その他の場合には必要な悪意（L. 65 §8 eod.［同所第65法文第8節（パウルス)]，上述§150. m 参照）を顧慮することなしにである。なぜならば，パン用穀物はなくてはならないからである。対照を成すのは，L. 31 §9 de don. int. vir. (24. 1.)［学説彙纂第24巻第1章「夫と妻の間の贈与について」第31法文第9節（ポンポー

§151 贈与。概念。3．利得（つづき） ——*71*

ここで立てられたすべての規則の適用は，贈与された物が消滅した物または交換により変化した物と同一であることを前提とする。この同一性は，個別的に定められる物（家屋，馬，美術品）においては，確かめるのが容易であるが，種類物とくに現金においては，それがもっと厄介である。贈与された硬貨自体が盗まれ，または浪費されたとき，その同一性はなんら疑いがない。しかし，このことは，通常，喪失が贈与後すぐに起こったときにのみ，確かめられうるであろう(h)。そうでなければ，同一性がとくに理由づけられなければならないであろう。そういうことで，たとえば，夫が妻に，それで香油を買うように金銭を贈与するが，しかし妻はこの金銭で債務を支払い，その代わりにその後すぐ同額の自分の金銭で香油を買うとき，妻は，それにもかかわらず，もっと富んだとはみなされない。なぜならば，夫の意図は，最後の結果とつき合わすと，その同一性を理由づけるからである(i)。しかしながら，妻が，漠然とした目的のために

―――
ニウス)］におけるopsonia［ごちそう］とunguenta［香油］，すなわちぜいたく品であるが，これらはまた，妻においては利得とみなされない。なぜならば，夫は，厳密な必要かぜいたくかを顧慮することなく，そもそも妻本人の扶養を世話しなければならないからである。cibaria familiae et jumentorum［僕婢および役畜の食糧］においては，つぎのように区別される。すなわち，これらのものが共同の世帯に属するときは，夫はそれらを扶養しなければならず，それに使われた妻への贈与金は，妻をもっと富むようにしない。奴隷または動物が妻の農場または営業に属するときは異なる，*L.* 31 §9. 10 *L.* 58 §1 *eod*. ［同所第31法文第9，10節（ポンポーニウス），第58法文第1節（スカエウォラ）］。——ひと目見ると，いくつかの場合には，節約された支出が継続的利得とみなされ，別の場合にはそうでないことは，首尾一貫していないようである。しかし，実際には，どこでも，つぎのような思想が基礎にある。住居やどうしても必要な食料品におけるように支出が絶対に欠くべからざるものであるところでは，その支出の節約は，利得とみなされる。墓標の設置や親族のために払われたsportulae［贈り物］におけるように，支出が任意であり，それゆえにまたまったくせずにすまされることもありうるようなときは，異なる。§146. b, §150. c. q. 参照。

（h）このような場合がしばしばわが法源において前提される。たとえば，*L.* 5 §17 *L.* 7 §3 *de don. int. vir.* (24. 1.) ［学説彙纂第24巻第1章「夫と妻の間の贈与について」第5法文第17節，第7法文第3節（ウルピアーヌス）］において。

（i）*L.* 7 §1 *de don. int. vir.* (24. 1.) ［学説彙纂第24巻第1章「夫と妻の間の贈与に

贈与された金銭を受け取って自分の金庫に入れ，後で同額をやってしまいまたは浪費するとき，そのようにして失われた金銭は，贈与された金銭と同一ではない。むしろ，これは，妻の自分の金銭との混和によって，妻の財産の永久的増加を生じさせたのであって，夫は，いつでもその返還を請求することができる。

―――――

これまで，贈り物の消滅の効果が，婚姻中の贈与に関してのみ考察された。なぜならば，わが法源においては，それだけが直接に問題になるからである。今から，登録および特別の理由（たとえば忘恩）からの撤回へのこの効果の適用可能性が研究されるべきである。

贈り物の消滅が，与える者の自分の意思により，あるいはまた偶然により引き起こされているときは，消滅したものについてなんら代償は請求されえない。したがって，800ドゥカーテンが登録なしに贈与されているが，受贈者がこれを旅で強盗に奪われたとき，その者はなにも返還することを要しない。

消費の場合には，区別しなければならない。800ドゥカーテンが金銭で登録なしに贈与されていて，受贈者がこれをさらにやってしまいまたは浪費したとき，厳格な原則に従えば，与えた者は，この者に300ドゥカーテンの返還を請求できるであろうし，それについて不当利得返還請求訴権，actio ad exhibendum［提示訴権］および所有物返還請求訴訟のうちのどれかを選べるであろう。というのは，受贈者は，他人の物（300ドゥカーテン）の不誠実な占有者であったし，したがって今でもまだみせかけの占有者であるからである[k]。登録なしで，2000ドゥカーテンの価値のある家屋が贈与されていて，受贈者が不注意によって大火事を出し，その結果200ドゥカーテンの価値の焼け跡しか残っていないとき，同じ厳格さに従え

―――――

ついて」第7法文第1節（ウルピアーヌス）］.
　（k）　上述§150 註 l. m. t. u. 参照。

ば，与えた者は，1500ドゥカーテンを actio Legis Aquiliae［アクィーリウス法の訴権］をもってその者に請求できなければならないであろう[1]。これらの場合に，婚姻に基づく無効のときは，元老院議決の規定が受贈者を保護したが，この元老院議決は，もちろん婚姻についてのみ出され，登録については出されていなかった（§150）。それにもかかわらず，この公正な保護が登録にも適用されなければならないと，私は思う。その理由は，まず第一に，ユスティーニアーヌス帝の法において，贈与の概念は，夫婦間の禁止に関して極めて発達させられ，登録に関してはまったくそうでなかったようであるが，それは，疑いなく，その概念が，完璧な学問的発達をしているので，登録にも適用されるであろうという暗黙の前提においてである，ということにある。しかし，それになお，その元老院議決から独立している，いや本当はこれの基礎にあるかもしれない重要な配慮が加わる。すなわち，撤回までは，受領者の浪費は与える者の継続的意思により正当づけられていて，そのために浪費者の悪意が，したがって不当利得返還請求訴権も，排除されるという配慮である（§150）。ところが，この内的理由は，婚姻中の禁止にと完全に同様に，登録の懈怠に適合する。

こういう公正な保護が，贈り物を浪費した受贈者に，忘恩を理由とする撤回に対抗して，助けにならなければならないことは，なおもっと確実である。忘恩行為前には，受贈者は，善意占有者であったのみならず，贈り物の所有者でもあった。したがって，その者がこの時期にそれを手放しまたは破壊したことによって，賠償義務を負うことはありえなかった。その者が贈り物を，忘恩行為を犯した後に手放したときは，この行為は不誠実とみなされなければならず，その価値に対する不当利得返還請求訴権がその者に対して理由づけられている。その他の訴権はそうでない。なぜなら

---

(1) §150. u. 参照。——すなわち贈与によって，所有権の分割が生じていて，四分の三が与えた者の財産の中に残っていた。しかし，共有物の破壊も，他人の持分を考慮して actio L. Aquiliae［アクィーリウス法の訴権］を理由づける。L. 19. 20 ad L. Aquil. (9. 2.)［学説彙纂第9巻第2章「アクィーリウス法註解」第19，20法文（ウルピアーヌス）］。

ば，これらの訴権は他人の所有権を前提とするが，これは忘恩行為後も存しないからである。

　贈り物が交換により変化させられているとき，受贈者は，登録を怠る場合に，贈り物の無効の部分のうち利得として自分に残っているものを返還しなければならないが，自分の任意の行為によって失われたものをも返還しなければならないわけではない。したがって，その者が2000ドゥカーテンの価値のある家屋を1000ドゥカーテンで売ったとき，その者は，500ドゥカーテンのみを返還することを要する。なぜならば，初めの贈り物の中に含まれていた別の1000ドゥカーテンは，その者の財産の中に利得としてもはや存しないからである。――同様に，忘恩者は，交換をしたのが忘恩行為の前であれ後であれ，存在する利得を返還しなければならない[m]。その者が不利な売却によって失ったものは，このことが忘恩行為後になされたときにのみ，返還しなければならない。なぜならば，その者は，そのときはじめて不誠実な行為をしたからである。

　交換の場合に，登録および忘恩行為において，そもそも利得が残っているかどうかという問題が生じるとき，すでに立てられた観点に従えば，贈与された夫においてこの点で生じる特別の優遇が，同じように適用されるべきである（註f）。なぜならば，この優遇も，真の贈与の概念の学問的発達にいっしょに属するからである。

　　(m)　少しばかりの疑問を起こさせるかもしれないのは，*L. 7 C. de revoc. don.* (8. 55.)［勅法彙纂第8巻第55章「負担付でまたは条件付でまたは確定期限付でなされる贈与について」第7法文］であって，これは，受贈者が訴えの提起前にやってしまいまたは売るとき，今や返還請求は認められるべきでないという。すなわち，それは，受け取った売買価格に関係させようとされるかもしれない。しかし，それは，明らかに，第三取得者に対する，その物自体に関する請求権にのみ関係づけられているのであって，そのことは，一部は贈与といっしょに並べられていることから，一部は挙げられた時点（忘恩行為自体の時点ではなくて，訴えの時点）から，結果として出てくる。訴えによって，その物は litigiosa［係争中のもの］に，したがって譲渡できないものになった。受贈者は，それにより，売買価格の払戻しを，どんな場合にも免れるべきではなかった。

§152
Ⅴ．贈与——概念　4．意図的利得
[Schenkung——Begriff　4. Absichtliche　Bereicherung]

　譲渡と，これにより生じさせられた利得は，それだけでは贈与を認めるのに十分ではない。なお，その利得に向けられた意図が加わらなければならず，その点に贈与の概念全体の最後の要素がある。この意図は，ローマ人が donandi causa［ドーナンディー・カウサー。贈与することのために］または donationis causa［ドーナーティオーニス・カウサー。贈与のために］, donandi animo［贈与することの意思をもって］などの表現によって言い表わすものである。それは，与える者本人において欠くことができない。また，それは，ほとんど常に，受領者本人に存するであろう。けれども，受領者本人にはどうしても必要というわけではないことは，もっと後にはじめて示されうる（§160）。

　したがって，この最後の要件の意義は，贈与の概念のこれまで述べた構成要素が全部存することがあっても，単にそういう意図が欠けているという理由だけで，贈与自体は認められえないということにある。このことを完全に分かりやすくするためには，確かに利得自体は存在しているが，それにもかかわらず意図が欠けている諸場合をまとめて述べることが必要である。このことは，二とおりの仕方で考えられる。すなわち，第一に，譲渡または利得の意識さえ欠けているときであり，第二に，意識は存在しつつ，利得を排除するもう一つの意図が存在しているときである。

　意識が譲渡についてさえ欠けていることがありうる。この場合は，ほとんどの使用取得または訴権消滅時効においても生じる。一方の者がもっと貧しくなり，もう一方の者がもっと富むが，それを知らない。そのとき，前者も，相手方を富ませる意図を有していることがありえず，それゆえに，財産におけるこの変化は贈与ではない。この点で時には異なること

もありうるということは，後に示されるであろう（§155）。

もっとしばしば生じるのは，確かに譲渡は意識されているが，しかし利得は意識されていないということである。ある権利を移転する者が，思い違いでその義務があると信じるとき，その者は，相手方が今もっと富むことを知らない。ここでは，通例は condictio indebiti［非債の不当利得返還請求訴権］が理由づけられているであろう。ある者が，債務として負うていないものを，知っていながら支払うときにのみ，贈与がある（§149）。——だれかが，ある物を，真の価値を知らないので，高すぎる値段で買い，または安すぎる値段で売るならば，その者が知ることなしに，したがってまたその者の意図なしに，相手方がもっと富み，それゆえに贈与は存しない。相手方が同じように思い違いをしているか，真の価値を知っているかは，その場合どうでもよい[a]。

第二の主要な場合は，ある者がわざともっと貧しくなって相手方を富ますが，しかしある特定の意図をもってするのであり，これによって，相手方の利得に向けられた意図が必然的に排除されるということに存する。けれども，この排除は，両方の意図が互いに矛盾していなければならないというように考えられるべきではない。むしろ，たいていの場合には，現実に存在する意図が非常に優勢であるので，これと比べて利得がすっかり影が薄くなるだけである。利得は，そのとき不可分の結果として認められるにすぎず，その法律行為への決心をさせることさえないのであって，その結果この法律行為は，そこからなんら利得が生じなかったとしても，同じ

（a）たとえば，ある者が，3000の価値のある家屋に，知りながら5000を支払って，売主に2000の純益を得させるときは，異なる。これは2000の真の贈与であり，この negotium mixtum cum donatione［贈与と混合した行為］は，後に（§154）問題になるであろう。通常は，ここでは売主もそのことを知っているであろうが，だからといってこれが必ずしも必要であるわけではない。売主が価値について思い違いをしており，あるいは買主をだまして得をすると思っており，一方，買主は売主に贈り物を気付かれずに与えようとするが，このことを売主は高慢または風変わりからまったく想像もしないということが，可能である。これも真の贈与である（§160）。

§152 贈与。概念。4．意図 —— **77**

ように行われているであろう。この種のすべての場合に贈与が存しないことを、ローマの法律家たちは一般的原理において承認する。確かに婚姻中の贈与の折りにだけであるけれども、これに限定されていないで、贈与をその一般的性質において決定するのに役立つというようにである[b]。この部類に属するのは、つぎの重要な諸場合である。

　ある者がある物について、それが自分になくてはならないから、わざとそれの価値を越えて支払い、あるいは、今金銭が要るが、別の仕方では手に入れることができないから、わざとそれの価値未満で売るとき、その者は、相手方を富ませることを知っているが、しかしこのことがその者の意図の中にあるどころか、その者は、できるなら喜んでこのことを避けるであろう。その者は、必要悪としてのその損失をこうむるのであって、その者が追求する目的は、自分自身にのみ関し、相手方には関しない。それゆえに、このような行為は贈与ではない。

　和解において、自己の権利の一部を放棄することを十分に意識してなにかを免除する者は、それにもかかわらず贈与していない。なぜならば、その者は、訴訟の費用と不確実さを避けようとするのであって、相手方に気前よさを表明しようとするのではないからである（§158. e）。——債権者と支払不能の債務者との和議においては、通例は、事情はまったく同じである。もっとも、ここでは、事情によっては真の贈与意図が現われること

　（b）　*L*. 5 § 2 *de don. int. vir*. (24. 1.). „ ... quod si aliarum extrinsecus rerum personarumve causa commixta sit, si separari non potest, nec donationem impediri : si separari possit, cetera valere, id quod donatum sit non valere." ［学説彙纂第24巻第1章「夫と妻の間の贈与について」第5法文第2節（ウルピアーヌス）:「... さてもし他の外部の物的または人的関係が混合されているならば、それが分離できないときは、贈与も妨げられず、分離できるときは、別のことが効力を有しえ、贈与されたものは効力を有しえない。」］impediri ［妨げられること］，valere ［効力を有すること］，non valere ［効力を有しないこと］は、婚姻中の贈与の禁止に関係づけられている。しかし、その場合基礎にあるのは、意図が不可分であればその行為全体が贈与でなく、意図が可分であれば一部が贈与とみなされるという原理である（註a）。本文において続く一連の場合によって、この原理が同時に解説され確認される。

もありえ，それゆえに，贈与の存在は事実問題をふまえているのではあるが。

別の場合には，利得は，親族関係の偶然ではあるが確かな結果にすぎない。今こういう親族関係が法律行為によって新たに定められるとき，親族関係が主たるものとみなされ，利得は副次的なものとして後退するのであって，そのとき，利得には意図は関係させられるべきではなく，現実に存在する利得は贈与とみられえない。

それゆえに，夫婦の一方がもう一方に，家屋または他の物の無償の共同使用をさせるとき，それは，他人間では贈与であるかもしれないが（§146），ここでは贈与ではない。なぜならば，それは，共同の家庭生活から結果として出てくるのであり，たとえ相手方にとって金銭的利益がそれと結び付けられていないとしても，それからの結果として出てくるであろうからである(c)。

82　妻が夫のところに持参する嫁資は，決して贈与ではない。通常，それは，夫が収益から妻を養い，したがってそれによりもっと富むのでないという理由だけでもう贈与ではなく（§149），さらに，妻が naturaliter ［自然的に］それにつき義務を負っているという理由で贈与ではない（§149. b. c）。しかしこれらの理由を別としてさえ，ここで立てられた原理は，その命題を正当づけるであろう。貧しい夫婦が喜捨で生活しており，妻に豊かな相続財産が入り，妻がこれを嫁資にすると仮定しよう。ここでは，確かに，夫は，自分自身がその後は自分の財産で豊かに生活することによっ

（ｃ）　*L.* 18, *L.*28 § 2, *L.* 31 § 1 *de don. int. vir.* (24. 1.)［学説彙纂第24巻第1章「夫と妻の間の贈与について」第18法文（ポンポーニウス），第28法文第2節（パウルス）、第31法文第1節（ポンポーニウス）］．夫が妻を自分の家屋に住まわせることは，贈与の外見すらも有しない。なぜならば，夫は，どっちみち妻のすべての必要なものについて配慮しなければならないからである。逆の場合においては異なる。なぜならば，夫は，確かに賃借料を節約しただけもっと富むからである。しかしながら，家屋の最も自然な使用は，やはり，所有者が住むことに存する。すると，そのときには，同じ家屋での夫の居住は，夫婦の共同生活の単なる結果である。

て，もっと富む。それにもかかわらず，そこには，禁止された婚姻中の贈与は存しない。なぜならば，この利益は，婚姻の本質に属する共同の家庭生活の分離できない結果にすぎないからである。

夫が妻の出費について，本当の必要を越えてぜいたくな仕方で配慮するとき，それにもかかわらず，そこには，後になって取り消されうるような禁止された贈与は存しない[(d)]。というのは，夫による妻の扶養は，婚姻の本質に属し[(e)]，この出費の範囲は，世帯主である夫の制限されていない好き勝手に任されているからである。

父が息子を父権免除するとき，父がそれまで息子の財産に対して有していた用益権の半分が，息子に移転する[(f)]。したがって，息子は，この半分だけ富むが，それにもかかわらずそれは贈与ではない。なぜならば，主な意図は人的関係の新たな形成に向けられていて，そこから結果として出てくる利得に向けられているのではないからである。

最後に，利得者に対するまたは第三者に対する個人的な尊崇 [Pietät] が，ある行為についての本当の動機である場合も存する。これに対して

(d) *L.* 21 *pr., L.* 15 *pr., L.* 31 §8. 9. 10 *de don. int. vir.* (24. 1.) [学説彙纂第24巻第1章「夫と妻の間の贈与について」第21法文前文，第15法文前文（ウルピアーヌス），第31法文第8，9，10節（ポンポーニウス）]．206年の元老院議決以来（§150），consumtio [消費] がすでにあらゆる返還請求を排除するであろうが，ここで挙げた理由は，それ以前の時代にもすでに承認されなければならなかった。夫が妻に現金を与える，たとえば年間給与を与えるときにのみ，これは許されない贈与とみなされ，それゆえに，返還請求は消費によってのみ排除されうる。*L.* 33 *pr., L.* 15 *pr. de don. int. vir.* (24. 1.) [学説彙纂第24巻第1章「夫と妻の間の贈与について」第33法文前文，第15法文前文（ウルピアーヌス）], *L.* 22 *in f. de pactis dot.* (23. 4.) [学説彙纂第23巻第4章「嫁資の約束について」第22法文末尾（ユーリアーヌス）].

(e) *L.* 56 §2 *de j. dot.* (23. 3.) [学説彙纂第23巻第3章「嫁資の法について」第6法文第2節（パウルス）].

(f) *L.* 6 §3 *C. de bon. quae lib.* (6. 61.) [勅法彙纂第6巻第61章「父権の中にいる子に結婚その他により取得される財産について，およびそれの管理について」第6法文第3節], §2 *J. per quas pers.* (2. 9.) [法学提要第2巻第9章「どのような人によってわれわれに取得されるか」第2節].

も，そのとき利得は副次的な結果として退き，それゆえに，その行為は，贈与と判断されえない。

　遺言による相続人が，ファルキディウス法の四分の一またはそれに代わってすでに遺言がその者に留保したものを控除できたであろうのに，遺贈または信託遺贈を全部支払ってしまうとき，この自由な決心により，受遺者または信託受遺者は富まされる。けれども，それが，この利得の目的のためにではなくて，被相続人に対する尊崇からなされるとき，その行為は贈与とみなされず，それゆえに夫婦間で許されている。それどころか，この別の意図が通例は存在するとさえ認められるべきである(g)。同じ行為が支払不能の債務者によりなされるとき，それによってPauliana［パウルスの（訴権）］は理由づけられていない。なぜならば，不誠実さだけがその訴権を理由づけうるが，上述のような推定された誉められるべき意図は，そ

　　(g) *L.* 5 § 15 *de don. int. vir.* (24. 1.)［学説彙纂第24巻第1章「夫と妻の間の贈与について」第5法文第15節（ウルピアーヌス）］. この個所を絶対的な規定とみようとされるかもしれないが，実際には，それは，*magis videri*［むしろ思われること］および habet rationem *magis* in eo［むしろ...者に理由を有する］という表現が示すように，推定を基礎とする意思の解釈を含むにすぎない。したがって，たとえば，相続人が，特別に親しい一人の受遺者に控除を免除し，その他の受遺者にはそうしないとき，前者に対する免除は，それでもなお贈与であり，故人に対する尊崇ではないことを示す。——上掲の個所に対する矛盾を，*L.* 67 § 3 *ad Sc. Trebell.* (36. 1.)［学説彙纂第36巻第1章「トレベルリウス元老院議決註解」第67法文第3節（ウァレンス）］にみいだそうとされるかもしれない。この個所では，信託受遺者を優遇するために相続財産を疑わしいと言明する（それから控除なしに返還する）相続人について，その者は *donationis causa*［贈与のために］そうするといわれる。しかしながら，これも真の贈与ではなく，その表現は，ここでは，よくあるように，比喩的な意味においてとらえられているにすぎず，ここでは，それは，相続財産をまじめに疑わしいと考え，したがって優遇する意図をまったく有しない相続人に対する反対のものを言い表わすべきである。それどころか，*L.* 67 *cit.*［前掲第67法文］においては，真の贈与が認められうることは，*L.* 5 *cit.*［前掲第5法文］におけるよりもさらになおもっと少ない。なぜならば，この後者の個所の場合には，やはり現実に取得された権利が任意に手放されるが，*L.* 67 *cit.*［前掲第67法文］の場合には，申し出られた取得が放棄されるにすぎないからである。上述§145. r 参照。

の者を不誠実の非難から守るからである(h)。

　他人の子を扶養と教育のために引き取る者は，それにより，この扶養の義務がある父を，あるいはその子に父親がなく財産があるときはその子自身を富ませる。しかし，このことが単にその子への人情的な思いやりから，とくに親戚の者の方からなされるときは，それは贈与とみなされない。それは，登録が必要でなく，その行為が母方の祖父によっても有効になされえ(i)，父の忘恩であれ子の忘恩であれ忘恩を理由とする返還請求がなされない(k)という結果を伴う。ところで，この意図が基礎にあったか別の意図が基礎にあったかは，事実問題である。すなわち，ここでは三つの異なった意図が考えられる。第一に，たった今述べた純粋に人情的な思いやり (pietas［ピエタース。情愛］) である。第二に，negotiorum gestio［ネゴーティオールム・ゲスティオー。事務管理］であって，ここからは，教育の支出の義務を負っていたが，さしあたってこれを免れた者に対し，訴権が生じる。第三に，贈与であって，ここからは，確かに訴権は生じないが，しかし実定的贈与規則の適用可能性が生じる。これらの場合全部に言及するローマ法の個所は，最初の二つの意図 (pietas［情愛］と negotiorum gestio［事務管理］) の間がはっきりしないことにのみ触れ(l)，これについて事情の

　(h) *L.* 19. 20 *quae in fraud.* (42. 8.) ［学説彙纂第42巻第8章「債権者を欺くためになされたことが回復されるように」第19法文（パーピニアーヌス）、第20法文（カルリストラトゥス）］.

　(i) すなわち，母がその権力の中にいる母方の祖父は，子の父には贈与できない。なぜならば，妻が夫に贈与したのも同然であろうからである。*L.* 3 § 6 *L.* 32 § 16 *de don. int. vir.* (24. 1.) ［学説彙纂第24巻第1章「夫と妻の間の贈与について」第3法文第6節, 第32法文第16節（ウルピアーヌス）］.

　(k) 教育はやはり常に大きな慈善行為であるから，このことは奇妙なようである。しかしながら，自由意思による教育者がその賞賛に値する行為の際に贈与される金銭的価値のことを考えなかったとき，その者は，あとでこういうものを罰請求の対象にしようとすることもできない。

　(1) *L.* 34, *L.* 27 § 1 *de neg. gestis* (3. 5.) ［学説彙纂第3巻第5章「事務管理について」第34法文（パウルス）、第27法文第1節（モデスティーヌス）］, *L.* 15. 11. 13 *C. eod.* (2. 19.)

86 事実的吟味を要求する。しかしながら，pietatis respectus［ピエターティス・レスペクトゥス。情愛の顧慮］は，それが事情から出てくるとき，本当の贈与をも negotiorum gestio［事務管理］をも排除するが，しかし，上掲の個所（註1）においては贈与の場合はたまたま触れられないのではあるけれども，事情から真の贈与の意図も明白に出てくることがありうる⁽ᵐ⁾ことは，理解できる。

§153
V．贈与——概念　4．意図的利得（つづき）
返報的贈与

[Schenkung——Begriff　4. Absichtliche Bereicherung　(Fortsetzung)]
[Remuneratorische Schenkung]

　これまで，受領者の利得に向けられるのとは別の意図が贈与の存在を排除することを，詳しく述べた。今から，この命題を，なお，ありうる誤解から守らなければならない。すなわち，その事柄は，純粋の好意が贈与の本質に属しており，その結果あらゆる別の動機の，とくに利己的な動機の混入によって贈与が排除されるかのように考えられるかもしれない。この
87 ように思うのは，間違いであろう。行為者のいくつもの目的の中に相手方の利得が存することだけが必要であって，その背後にどんなもっと遠い目的が考えられるかは，どうでもよい。たいてい，その行為は，利己的でない好意から出るであろうし，この好意は，それからまた，あるいは同情の形を，あるいは気前のよさまたは感謝の形をとりうる。しかし，利己的な目的も，同じように背後に存しうるし，そのことにより真の贈与が廃され

[勅法彙纂第2巻第19章「同」第15，11，13法文]．

　（m）　たとえば，ある金持ちがある貧乏な大家族から幾人かの子を，自分の家に引き取らないで，他人のところに里子に出し，そのために食費を支払うとき，これは，たいてい父への純粋の金銭贈与であろう。ここでは，贈与の実定的制限は，容易には重要にならないであろうし，そこから，ローマ法の諸個所がこの観点を強調しないことが説明される。

ることはない。与える者は，贈り物によって好感をもってもらい，将来において自分にはるかに大きな利益がもたらされることを期待することがありうるし，単なる虚栄心から，相手方に富裕および気前よさの印象を与えるために贈与することもありうる。すべてのこれらの場合において，真の贈与がある。なぜならば，まず第一に相手方の利得が現実に欲せられるのであって，ただこの利得によりもっと遠い目的に至るためにすぎないからである。ほかならぬこのことが，前§の諸場合においてはまったく異なっていた。買主が，自分になくてはならない家屋について真の価値を越えて支払うとき，その者は，売主のこの利得を単に必要に迫られてがまんするのであり，むしろこの利得なしに買いたいであろう。父が息子の父権免除により従来の用益権の半分を息子に引き渡すとき，父はこの結果をまったく意識しないかもしれないし，父にはこの結果はまったくどうでもよいかもしれない。両方の場合において，利得は決して目的として考えられていず，それゆえにその行為は贈与ではない。

　さて，たいていの場合について，もっと遠い目的は贈与の存在に妨げとならず，また贈与への実定法規の適用に妨げとならないということが，一般的に承認されている。それは，ただ一つの場合においてのみ，しかもまさに，もっと遠い目的が利己的性質を有しないような場合において，疑われている。すなわち，その目的が感謝を表わすことにあるときであって，これは，返報的 [remuneratorisch] 贈与と呼ばれる。この点では，二つの極端な意見が対立している。その一つに従えば，このような行為は，純粋の贈与であって，あらゆる他の贈与と同様，すべての実定法規に服している。第二の意見に従えば，それは，決して贈与ではなくて，いわゆる義務付の [onerös] 行為に等しい。つまり，このことは，それが決して登録を要せず，婚姻中に常に許されており，（忘恩のような）特別の事由からの返還請求を許さないという意義を有するという。しかし多くの人は，感謝のいくつかの場合においてのみ贈与を排除するか，あるいはまた実定法規を部分的にのみ認めることによって，両方の意見の間のなんらかの中間的

平均をとっている(a)。

一般的には，われわれは，返報的贈与がすべての他の贈与と同等であるという第一の意見を受け入れなければならない(b)。利己的な目的さえ贈与の本質を排除しないとき，どうしてよりにもよって感謝という動機が贈与の妨げになるというのか。——実定法規の性質に目を向けるとき，返報的贈与においては，他のあらゆる贈与におけると同様に，軽率な浪費（これに対して登録が保護すべきであるが）は考えられる。ましてや，夫婦においては，この場合を禁止から除外することは，まったくふさわしくない。というのは，まともに送られている結婚生活はどれも，双方から愛と信義を絶え間なく表わすことにある。したがって，ここでは，どの贈与も返報的とみられうるであろうし，ひいては，禁止全体が無に帰せられているであろう。——さらに，与えることの動機としての感謝の存在は，漠然としており，認識困難でもある。とくに，万一その例外が少しばかりの外見を有するならば，受けた親切と現在の返報との間の相応の釣合いが前提されなければならないであろうが，それについて確たる境界はまったくみつけ出されない。——最後に，最も決定的な理由は，つぎの理由と思われる。ここで贈与の存在を否定する人は，与えられたものを，datum ob causam［ダトゥム・オブ・カウサム。原因のために与えられたもの］とみなければならない。それなら，錯誤の場合には返還への正規の不当利得返還請求訴権が認められなければならないであろう。そこで，こういう訴権は，なにかが将来のことを考えて与えられている，たとえば相手方のお返しの品や好意をあてにして与えられているが，実現されなかったときにも考えら

（a）そういうことで，たとえば，MÜHLENBRUCH §445は，どの返報的贈り物も，忘恩を理由とする撤回を免れているが，しかし登録をも婚姻中の禁止をも免れていないことを認める。

（b）同じ意見を有するのは，Meyerfeld I. §19 およびMarezoll, Zeitschrift für Civilrecht und Prozeß I. S. 30である。しかし，後者は，S. 36で同じく忘恩を理由とする撤回が脱落することを認めることによって，Mühlenbruchと結果において一致する。

§153 贈与。概念。4．意図。返報的。——**85**

れるであろう。けれども，この場合には，不当利得返還請求訴権は，はっきり拒まれる[c]。しかし，まったく同じように，返報的贈与において先行のサービスが間違って前提されるときにも，不当利得返還請求訴権は脱落すべきである[d]。したがって，ここから，両方の場合に等しくローマ法は，datum ob causam［原因のために与えられたもの］ではなくて，むしろ真の贈与を認めるという結果になる。なぜならば，われわれは，ここでは，この両種の法律行為の間でだけ不確かでありうるからである。

ローマ法の個々の個所の考察は，この主張の，一部は確認に，一部は統一された限界づけに至る。

最も一般的な表示をもって返報［Wiedervergeltung］に言及する個所は，債権者が保証人を要式免除契約によって，しかも贈与の仕方で解放する場合に関する。この行為によって主債務者も免除されることは，確実である[e]。しかし，その行為は，つぎの相違する意義を有しうる。債権者は主債務者を免除額だけ富まそうとし，それゆえに保証人は，自分が支払わなければならなくて主債務者が支払不能であるときに，ありうる損失に対する安全だけしか得るべきでないというのか，または，債権者は保証人を富まそうとし，このことは保証人が現金で支払ったかのように取り扱われることによって生じさせられ，このために保証人は，債務額につき主債務者に対する actio mandati［アークティオー・マンダーティー。委任の訴権］を取得するというのかである。さて，債権者がそれについて詳しく述べないとき，可能な両方の意図のうちどちらが認められるべきか。ウルピアーヌス

(c) *L.* 3 §7 *de cond. causa data* (12. 4.)［学説彙纂第12巻第4章「原因が与えられたが原因が達成されなかったことを理由とする不当利得返還請求訴権について」第3法文第7節（ウルピアーヌス）］．

(d) *L.* 65 §2 *de cond. ind.* (12. 6.)［学説彙纂第12巻第6章「非債の不当利得返還請求訴権について」第65法文第2節（パウルス）］．付録 VIII 第 X 号註 d［本書第三巻318頁］参照。

(e) *L.* 13 §7 *L.* 16 §1 *de acceptil*. (46. 4.)［学説彙纂第46巻第4章「要式免除契約について」第13法文第7節，第16法文第1節（ウルピアーヌス）］．

はいう(f)、債権者が保証人になにかを返報しなければならないとき（si fidejussorem remunerari voluit creditor［債権者が保証人に返報することを欲した限り］）、後者の意図が認められるべきであり、これに反し、免除が独立の決心に基づいており、返報に基づかないとき（non remunerandi causa, sed principaliter donando［返報のためにではなくて、主として贈与するために］）、前者の意図が認められるべきであると。明らかに、彼は、債権者が両方のうちのどちらを進めようと欲するかが問題であるといおうとし、この問題に答えるために例として返報というメルクマールを挙げる。けれども、このメルクマールに排除力を与えようとする意図においてよりもむしろ、彼自身がなおいくつかの別の、さらになおもっと決定的なメルクマールを付け加える。しかし、彼は、返報の場合にその行為が真の贈与でないということは、一言もいっていない。むしろ、返報の場合については登録を要求し、また同様に、債権が妻に属し、remunerando［レムーネランドー。返報するために］その金額の贈与を受けるべき保証人がその夫であるとき、その行為全体を無効と考えることが、この個所の意味どおりである。

　（f）　*L.* 10 § 13 *L.* 12 *mandati* (17. 1.)． „Si fidejussori donationis causa acceptum factum sit a creditore, puto si fidejussorem remunerari voluit creditor, habere eum mandati actionem. Multo magis, si mortis causa accepto tulisset creditor, vel si eam liberationem legavit. ——Si vero non remunerandi causa, sed principaliter donando, fidejussori remisit actionem, mandati eum non acturum."［学説彙纂第17巻第1章「委任訴権または反対訴権」第10法文第13節、第12法文（ウルピアーヌス）：「もし保証人に贈与のために債権者により貸方記入（要式免除契約による債務免除）がなされるならば、債権者が保証人に返報することを欲した限り、保証人は委任の訴権を有すると、私は思う。死因で債権者が貸方記入したとき、あるいはこの免除を遺贈したとき、なおもっとそうである。——しかし、もし債権者が返報のためにではなくて、主として贈与するために保証人に訴権を放棄したならば、保証人は委任の訴権を有しないであろう。」］——ここで保証人に対する免除が一般的に、そして後者の場合においても donatio［贈与］と言い表わされるとき、この表現は、すでにしばしば述べられた、比喩的な意味において用いられる。なぜならば、それは、本来の真の donatio［贈与］ではないからである（§158）。

§153 贈与。概念。4．意図。返報的。——*87*

　私に返報的贈与をする気を起こさせるものが，同じように贈与に存したとき，それゆえに劣らず，これら両方の行為のどちらも真の贈与であり，実定的贈与規則はそれに完全に適用できる。したがって，ある者が金銭1000ドゥカーテンを登録を用いて贈与し，後に相手方から同じ価値の土地を登録なしに贈り物として受け取るとき，第二の贈り物は，半分だけ無効である。夫が妻に婚姻前に贈り物をしていて(g)，これと引替えに妻から婚姻中に同じように贈り物を受け取るとき，第一の贈り物は有効のままであり，第二の贈り物は無効である。両方の場合において，第二の贈与からは，第一の贈与によって，任意性も，そもそも贈与の性格全部も，奪い取られない。この主張に対する一つの反対がローマ法のつぎの定めにみいだされると思われてきた(h)。相続財産の善意占有者は，今なお相続財産からの利得として占有しているものだけを返還することを要する。さて，その者が相続財産の一部を贈与したと仮定すれば，その者は，ひょっとするとお返しの品の事実的期待を有しえ，法的に見れば，その理由ではもっと富んでいない(i)。その者がお返しの品を現実に手に入れたときにのみ，今度

―――――――――――
　(g)　私は，婚姻前という。というのは，両方の贈り物が婚姻中に入ってしまうと，これについては特別に規定された相殺が適用されるのであって，これは，(消費についての) 206年の元老院議決以来はじめてかなり重要で影響が大きくなったものである。L. 7 §2 L. 32 §9 *de don. int. vir.* (24. 1.) ［学説彙纂第24巻第1章「夫と妻の間の贈与について」第7法文第2節，第32法文第9節（ウルピアーヌス）］．

　(h)　L. 25 §11 *de her. pet.* (5. 3.) ［学説彙纂第5巻第3章「相続財産返還請求訴訟について」第25法文第11節（ウルピアーヌス）］，これはウルピアーヌスから。これにつき Meyerfeld I. S. 369 fg. 参照。

　(i)　„nec, si donaverint, locupletiores facti videbuntur, quamvis ad remunerandum sibi aliquem *naturaliter obligaverint.*" ［「その者は，贈与したとき，返報につきある人を自己に対し自然的に義務を負わせたとはいえ，もっと富んだとみられないであろう。」］ここでは，明らかに，本当の法律的な naturalis obligatio［自然債務］が考えられているのではなくて，単に事実的な，風俗・礼儀・自尊心に基づく強制が考えられている。それらはどこでも偶然的な事情にかかっているから，その存在は規則に帰せられない。Meyerfeld I. S. 376参照。——それはつぎの個所におけるのとまったく同じことである。L. 54 §1 *de furtis* (47. 2.). „Species .. lucri est .. *beneficii debitorem* sibi

は両者間で贈り物がいわば交換されたことによって，これを，相続財産から出ている利得とみることができる[k]。——けれども，この規定は，単に相続財産占有者の給付の範囲にのみ関し，真の贈与の存在および贈与の実定規則の適用可能性にはまったく関しない。ウルピアーヌスが，その関係全体をはっきりさせるために，naturaliter obligare［自然的に義務を負わせること］および genus quoddam permutationis［いわばある種の交換］という表現を用いることで，なにも変わらない。両方とも，比較していえばということでのみ，また比喩的な意味において用いられているのであって，第一の贈り物についても第二の贈り物についても，本当の贈与性を疑うことは，まったく問題になっていなかった。

けれども，現在の返報的な贈り物のきっかけとなるような，相手方の以前の行為の特別の性質から，一つの重大な疑問が生じうる。すなわち，その行為が，通常それに対して金銭報酬が支払われ，したがって営業的性質を有するような種類のサービスに存していて，現在の場合にのみ報酬が取り決められていなかったとき，今，与える者は，自分の贈り物を種々の仕方で考えることができる。与える者は，受け取ったサービスを利己的でない好意の表明とみることができ，それに対し今，自由な贈り物によって自分の感謝の念を表わそうとする。そのとき，この贈り物は真の贈与であ

---

adquirere."［学説彙纂第47巻第2章「窃盗について」第54法文第1節（ガーイウス）:「善行の債務者を得ることは..利益の..一種..である。」］ここでも，debitor［債務者］は，法的意味において理解されるべきではない。

（k） "*velut genus quoddam* hoc esset permutationis"［「あたかもこれがいわばある種の交換であるかのように」］；単なる類似性を言い表わすためにこれ以上用心深い表現を使うことは，ほとんどありえない。ウルピアーヌスは，真の permutatio［交換］を，したがって一つの negotium［法律行為］を考えたのではない。彼はただ，行為をする人たちが相互に贈り物をする場合に，交換におけると類似のものを受け取ったのであり，したがってそこから，受け取ったお返しの品を相続による利益として相続財産の占有者の勘定につけたとき，その者に不当なことをしたのではないという結果になったことを，ほのめかそうとしたにすぎない。ウルピアーヌスが第一の贈り物の結果として actio praescriptis verbis［前書訴権］を与えなかったであろうことは，確実である。

§153　贈与。概念。4．意図。返報的。——**89**

り，贈与の実定規則はそれに完全に適用できる。しかしまた，与える者は，その関係全体を，決まっていない報酬でのサービスに関する黙示的契約とみることもできる。そのときには，現在の贈り物は，与える者の意図に従えば，債務の単なる支払であり，この意図によって，贈与の概念は，それのすべての結果とともに，まったく排除される（§149）。この両方の意図のどちらが基礎にあるかは，単に事実的な問題である。それは，意思の解釈にかかっており，そして，通常の贈与とは別の性質を有するような返報的贈与は，そういう考えられる両方の場合のどちらにおいても問題になりえない。これが，実際また，パーピニアーヌスの個所の単純な意味であって，それの不当な理解が返報的贈与に関する間違った諸見解に多く力を貸したのである[(1)]。アクィーリウス・レーグルスは，弁論家ニーコストラートゥスに手紙で無料の居住を贈り物として約束していた（dono et permitto tibi［予は汝に贈り任せる］）。なぜならば，ニーコストラートゥスはいつもレーグルスの父のところで生活していたが，しかしレーグルス自身を授業と監督により訓練したからである。レーグルスの死後，贈与の義務がずっと続くかどうかに関し争いが生じた。それは，単なる容仮占有であって，受領者の終身を狙った，したがって続いて拘束力のある贈与ではないと思われえた。また，仮にそれがそういう贈与として意図されていたとしても，これは，Lex Cincia［キンキウス法］の規則に従えば，拘束力がなかった[(m)]。しかし，パーピニアーヌスは，それが決して本当の贈与では

　（1）　*L*. 27 *de don*. (39.5.) ［学説彙纂第39巻第5章「贈与について」第27法文（パーピニアーヌス）］。

　(m)　すなわち，握取行為を欠くためである。Zeitschrift für geschichtl. Rechtswissensch. IV. 46. 参照。それゆえに，真の贈与の意図のみが基礎にあったまったく類似の場合にも，異なった決定がなされる。*L*. 32 *de don*. (39.5.) ［学説彙纂第39巻第5章「贈与について」第32法文（スカエウォラ）］。——両方の個所において最初の与える者の相続人の義務が問題にされることは，当面の現実の法律事件の偶然の事情に属する。最初の与える者のところで，同じように決定されるべきであっただろうが，しかし，その者の継続する好意のために，死亡後はじめて法的有効性が話題になったことは，当然であった。

なくて，以前のサービスに対する支払であるという(n)。今，Lex Cincia［キンキウス法］は適用できなかったが，それは，同時に，続いて拘束力のある法律行為として，しかも，住居に関する，形式なしに設定されたusus［ウースス。使用権］として意図されていたのであって，この保護のための法的手段には事欠かなかった(o)。

　最後になおそれと結び付いているのは，つぎの場合であって，その場合においてだけ真に実定的な規定がみいだされうる。だれかが自分の生命の救助に対して贈り物を与えるとき，これは，たった今述べた場合とは，つぎのことによって区別される。すなわち，救命が営業的なサービスではなく，また容易には前もって金銭報酬に関する契約は締結されないであろうし，その結果，後の贈り物は確かに真の贈与とみられなければならないこ

（n）„dixi posse defendi, non meram donationem esse: verum officium magistri quadam mercede remuneratum Regulum."［「それは不真正な贈与であり，むしろレーグルスが教師の職務にいわばある報酬で返報したと主張されうると，私は述べた。」］すなわち，レーグルスは，自分の贈り物を，自分の以前の家庭教師に対して給料があとで支払われたものと考えたのであり，したがって，L. Cincia［キンキウス法］が邪魔になっていたであろうような贈与とは考えなかったし（パーピニアーヌスはこのことだけを述べている），いわんや与える者の単なる任意にかかっている容仮占有とは考えなかった。――non mera donatio［不真正な贈与］は，ここでは，言葉どおりに信じられるかもしれないように negotium mixtum cum donatione［贈与と混合した行為］（L. 18 pr. eod.［同所第18法文前文（ウルピアーヌス）］）ではなくて，真の本来の贈与の否定であるが，ひとびとは，手紙の中で用いられた dono［与は贈る］という言葉につられてそういう本当の贈与を認めてしまったことがありえた。

（o）真の usus［使用権］には，in jure cessio［法廷譲渡］が必要であった。しかし，ここで基礎にある traditus　usus［引き渡された使用権］も訴えによって，とくに publiciana confessoria［認諾に関するプーブリキウスの（訴権）］によって保護されたが（L. 11 §1 de public. 6. 2.［学説彙纂第6巻第2章「物に対するプーブリキウスの訴権」第11法文第1節（ウルピアーヌス）］, L. 1 §2 de S. P. R. 8. 3.［学説彙纂第8巻第3章「農業用地役権について」第1法文第2節（ウルピアーヌス）］）、占有に関する特示命令によっても保護されれた（Savigny Besitz §45）。パーピニアーヌスは，まさしくその特示命令にのみ言及する。なぜならば，それで実際的目的に十分であったし，それどころかそのうえ最も早く目標に至ったからである。

§153 贈与。概念。4．意図。返報的。——*91*

とによってである。しかし，供されたサービスは比類なく大きいので，おそらく，贈与の通常の制限を完全に免除すべき十分な理由が存した。なぜならば，ここでは，贈り物の最大の大きさの場合でも，だれも，実定的な措置によって防止されなければならないような軽率な浪費のことを考えないであろうからである。贈与の法規のこの実定的な例外は，実際に作られていて，それが存するパウルスの個所を，われわれは，つぎの二つの異なる姿で読む。

PAULUS V. 11 §6.

Ei qui aliquem a latrunculis vel hostibus eripuit, in infinitum donare non prohibemur; si tamen donatio et non merces eximii laboris appellanda est; quia contemplationem (al. *contemplatione*) salutis certo modo aestimari non placuit.

L. 34 §1 *de don.* (39. 5.) aus

PAULUS Lib. V. sent.

Si quis aliquem a latrunculis vel hostibus eripuit, et aliquid pro eo ab ipso accipiat: haec donatio irrevocabilis est: non merces eximii laboris[p] appellanda est: quod contemplatione[q] salutis certo modo aestimari non placuit.

[　　　パウルス V. 11 §6.
ある人を追剝または敵から救った者に無制限に贈与することを，われわれは禁じられない；少なくとも，贈与といわれるべきであり，非常な努力の報酬でないといわれる

［学説彙纂第39巻第5章「贈与について」第34法文第1節，
　　パウルス断案録第五巻から
もし，だれかがある人を追剝または敵から救って，あるものをそれに対して自分で受け取ったならば：この贈与は撤回できない：非常な努力の報酬でない[p]といわれる

（p）このフィレンツェの写本の原文は無意味である。その思想は，西ゴート人のローマ人法典のパウルスにおけるもっと詳細な表現により疑う余地がなく，この思想は，学説彙纂において，短縮により変更されるべきではなかったこと確実である。*si* non [もし‥ないならば] または（ハロアンダーがするように）*nam* [なぜならば] と校訂されるかもしれない。けれども，両方とも不必要である。なぜならば，流布本の確固とした読み方で完全に十分だからである。それは，non [ない] を落として，こう読む：mer-

べきであるならば；なぜならば，救助の観察が（異本，観察によって）確定額で評価されることが決せられていないからである。］

べきである：なぜならば，救助を観察して[q]確定額で評価されることが決せられていないからである。］

　その個所の意味は，両方の原文によれば，こうである。救命に対する報酬は，本当は，決して贈与と称せられるべきではなくて，むしろ，まったく評価できないくらいのサービスの謝礼と称せられるべきである。それゆえに（かつてのパウルスがいうには）われわれはこの贈り物を in infinitum ［イン・イーンフィーニートゥム。無制限に］拡大してよい（すなわち L. Cincia ［キンキウス法］の禁止はここではわれわれを拘束しない）。それゆえに（学説彙纂におけるパウルスがいうには）この贈り物は撤回できない。――表現のこの変更は，意味を変更すべきでなかったこと確実である。この変更がなされたのは，in infinitum ［無制限に］という表現がちょうど L. Cincia ［キンキウス法］のところでとくに普通用いられていて[r]，したがってあまりにこれを思い出させすぎたからである。しかしながら，学説彙纂において述べられた撤回不可能性は，まったく同じことをいっている。というのは，撤回は，贈与のすべての実定的な制限の実際上の結果であるからである[s]。したがって，この場合には，登録も婚姻中の禁止も，

---

ces enim laboris eximii.［すなわち非常な努力の報酬。］

　（q）contemplatione ［観察して］は，contemplationem ［観察が（対格）］と同じ意味を与える。それは，生命保護のことを考えてを意味し，eam donationem aestimari ［その贈り物が評価されること］を加えて考えられなければならない。

　（r）Fragm. Vatic. § 304 ［ヴァティカンの断片第304節］，L. 7 § 1 de L. Jul. repet.（48. 11.）［学説彙纂第48巻第11章「不当徴収に関するユーリウス法について」第7法文第1節（マケル）］．

　（s）Marezoll（Zeitschrift I. 37）は，登録の欠如の結果は撤回ではなくて無効であるという理由で，その個所を，忘恩のための撤回に限定する。しかしながら，無効も実際上撤回によってのみ明らかになる。それゆえに，ヴァティカンの断片においては L. Cincia ［キンキウス法］のところで常に撤回が問題になっており，やはり確かに結果は無効である婚姻中の贈与のところでも同様である（L. 32 § 4. 7 de don. int. vir. 24. 1.［学説彙纂第24巻第1章「夫と妻の間の贈与について」第32法文第4，7節（ウルピアーヌ

忘恩のための撤回も適合しない。他方，しかし，救命の場合は非常に独特であるので，ここで問題にしている個所を別の感謝の場合に拡大することは，すべてまったく許されていない[t]。

§154
V．贈与——概念　4．意図的利得（つづき）
Negotium mixtum［混合行為］

［Schenkung——Begriff　4. Absichtliche Bereicherung（Fortsetzung）］

［Negotium mixtum］

ある贈り物に確かに反対給付が対立しているが，しかしこの反対給付がその贈り物より少ない価値を有するとき，そこには，その贈り物の受領者の部分的利得がある。今，与える者の意図もこの利得に向けられているとき，そこには真の贈与が含まれている。そのとき，一つの同じ行為が，一部は贈与であり，一部は別の法律行為であって[a]，同様に，その贈り物において移転された権利は，部分的にだけ贈与されたものとみられるべきである（§149. 152. a）。

ス）］）。バシリカ法典およびそれの註釈（VI. 180. 210）が彼の意見と反対であることを，彼自身が認めている。完全に決定的なのは，学説彙纂の中に含まれている certo modo［確定額で］という言葉である。というのは，modus［額］は，贈与に独特の金額であって，これは，以前には L. Cincia［キンキウス法］に向けられていたし，今は登録に関係させられるべきだからである。L. 11 L. 21 §1 *de don.* (39.5.)［学説彙纂第39巻第5章「贈与について」第11法文（ガーイウス）、第21法文第1節（ケルスス）］, L. 5 §5 *de doli exc.* (44.4.)［学説彙纂第44巻第4章「悪意のおよび強迫の抗弁について」第5法文第5節（パウルス）］．

（t）Mühlenbruch §445は，多くの他の人たちとともに，ここで救命の場合が単に偶然に選ばれた例にすぎないかのように，その個所を感謝からのすべての贈与に関係させる（註a）。しかしながら，その個所自体は，やはり，このまったく評価できないほど大きいサービスの特性にまさにもっぱら重きを置くのであって，このことは，他のサービスについては決して主張できない。

（a）negotium mixtum cum donatione［贈与と混合した行為］*L.* 18 *pr. de don.* (39.5.)［学説彙纂第39巻第5章「贈与について」第18法文前文（ウルピアーヌス）］．negotium［法律行為］の意義については，§143. h 参照。

この問題の最も重要な適用は，つぎのとおりである。5000の価値のある家屋が買主の利益になるように3000で売られるとき，これは，2000の贈り物と結び付いた真の売買である。それゆえに，夫婦間では，このような売買は有効であり，その贈り物だけが無効である。しかし，夫婦間でその売買自体が贈り物のためになされており，それゆえにこの意図がなければ売買はまったくなされなかったであろうときは，その行為全体が無効である(b)。——この場合と異なるのは，仮装された売買の場合であって，ここでは単なる贈与が想定された。たとえば，同時に，その価格が決して支払われるべきでないことが協定されるとき，あるいはその価格が非常に少ないのでまったく重要な意味を有しえないときそうる。一般的な見方によれば，この行為は，確かに売買としては無効であるが，しかし贈与としては有効であるということでなければならないであろう（§134 [本書第三巻235頁以下]）。ローマの法律家たちならびに比較的古い勅法は，引渡が加わらない限り，それを一般に無効と言明する(c)。しかし，それは，贈与の一

 (b) *L.* 5 § 5 *de don. int. vir.* (24. 1.)［学説彙纂第24巻第1章「夫と妻の間の贈与について」第5法文第5節（ウルピアーヌス）］，これは，ここに属する個所のうちで最もはっきりしたものである。矛盾しているのではなくて，ただ完全でないだけなのは，*L.* 32 § 26 *eod.*［同所第32法文第26節（ウルピアーヌス）］，*L.* 38 *in f. de contr. emt.* (18. 1.)［学説彙纂第18巻第1章「締結されるべき売買について，および買主と売主の間で決めた約束について，およびどの物が売られえないか」第38法文末尾（ウルピアーヌス）］，*L.* 17 *pr. ad Sc. Vell.* (16. 1,)［学説彙纂第16巻第1章「ウェルレヤーヌス元老院議決註解」第17法文前文（アフリカーヌス）］.——上述§44註g. h.［本書第一巻250頁］参照．

 (c) *L.* 36 *de contr. emt.* (18. 1.)［学説彙纂第18巻第1章「締結されるべき売買について，および買主と売主の間で決めた約束について，およびどの物が売られえないか」第36法文（ウルピアーヌス）］，*L.* 38 *eod.* (verb. *totiens enim* rel.)［同所第38法文（ウルピアーヌス）：「というのは，…と同様にしばしば云々という言葉」］，*L.* 3. 9 *C. eod.* (4. 38.)［勅法彙纂第4巻第38章「同」第3，9法文］，*L.* 6 *pro don.* (41. 6.)［学説彙纂第41巻第6章「贈与されたものとして」第6法文（ヘルモゲニアーヌス）］，*L.* 7 § 6 *L.* 32 § 25 *de don. int. vir.* (24. 1.)［学説彙纂第24巻第1章「夫と妻の間の贈与について」第7法文第6節，第32法文第25節（ウルピアーヌス）］，*L.* 15 *C. eod.* (5. 16.)［勅法彙纂第5巻第16章「同」第15法文］．Ｍｅｙｅｒｆｅｌｄ I. S. 306 fg. 参照．——ややあいまいさが生じるのは，これらの個所においてた

§154 贈与。概念。4．意図。Negotium mixtum ——**95**

101 般的性質に従えば（諸成契約としての）売買におけるように単なる約束に基づいて訴えることはできなかったという意味を有するにすぎない。最も新しい法に従えば，この障害はまったく存在しなくなった（§157）。——立てられた諸規則は，とりわけ，額面価格以下で売られた債権にも適用できるであろう。このことがその債権の不確実さのためになされるのであれば，純粋の売買であろうし，買主の利得のためになされるのであれば，部分的に贈与であろう。ところが，第一のことはまったく禁止されており(d)，それゆえに第二のこともその禁止の中にいっしょに含められた。なぜならば，なにしろ，仮装された贈与は，完全に禁止されている第一の行為をその下に隠すのに，あまりにも用いられやすいからである(e)。

　ちょうどそれに属するのは，売主に追奪についての義務がすべて免除される売買である。この付帯契約は，純粋の贈与である。なぜならば，それ

いてい用いられる venditio *donationis causa* facta［贈与のためになされた売却］という表現であって，これは，それ自体，venditio mixta cum donatione［贈与と混合した売却］を言い表わすためにも認められえ，それどころかこの中でも，また，その売買が贈与の意図なしにはまったくなされなかったであろう場合を際立たせるために認められうる（註b）。その表現で言い表わされた売買の絶対的無効が主張されるところでは，仮装された売買だけが考えられていること確実である。——まったく同じ規則は，たとえば numo uno［1ヌームスでの，一文での］locatio donationis causa［贈与のための賃貸］においても認められる。*L*. 20 §1 *L*. 46 *locati* (19. 2.)［学説彙纂第19巻第2章「賃貸借訴権」第20法文第1節（パウルス）、第46法文（ウルピアーヌス）］, *L*. 10 §2 *de adqu. poss*. (41. 2.)［学説彙纂第41巻第2章「取得されるべきまたは喪失されるべき占有について」第10法文第2節（ウルピアーヌス）］, *L*. 52 pr. *de don. int. vir*. (24. 1.)［学説彙纂第24巻第1章「夫と妻の間の贈与について」第52法文前文（ポンポーニウス）］。ここでは，vilius locaverit［（夫が）より安価に賃貸した］は，真の価値でという意味ではなくて，ばか安い値でという意味であり，したがって numo uno［1ヌームスで］というのも同じである。あとで付加された理由がそのことを示す。

　（d）　いわゆる Lex Anastasiana［アナスタシウス法］により。*L*. 22 *C. mand*. (4. 35.)［勅法彙纂第4巻第35章「委任訴権または反対訴権」第22法文］。

　（e）　*L*. 23 *C. mand*. (4. 35.)［勅法彙纂第4巻第35章「委任訴権または反対訴権」第23法文］。

96 ── 第二編　法律関係　第三章　発生と消滅

によって買主は物の価値全部を代償なしに失いうるからである。それゆえに，夫婦間では，この付帯契約は無効であり，その売買自体は有効なままである[f]。

102　受領者が受領した金額より多くまたは少なく返還することを約束するような貸付は，差額の贈与として意図されていることがありうる[g]。

組合が，そこに実際には贈与が存するように締結されるとき[h]，その行為全体が無効と言明される[i]。しかし，それは，これまた売買のところで

（f）*L.* 31 § 4 *de don. int. vir.* (24. 1.).,,Si.. donationis causa paciscantur, *ne quid venditor ob eam rem praestet.*"［学説彙纂第24巻第1章「夫と妻の間の贈与について」第31法文第4節（ポンポーニウス）:「もし..（彼らが）贈与のために，売主がその物についてなにも担保しないと約定するならば。」］それは，通常の用語に従って，また§5［第5節］との対比に従って，売主は売買代金を受け取って，しかもその物をも保有すべきであるというように理解されてはならないのであって，売主はその物を引き渡した後に，あとで追奪について義務を負っているべきではないというように理解される。praestare［担保すること］は，まさに追奪給付についての独特の表現である。*L.* 31 *L.* 5. 8. 30 *de evict.* (21. 2.)［学説彙纂第21巻第2章「追奪および倍額担保の問答契約について」第31法文（ウルピアーヌス）、第5法文（パウルス）、第8法文（ユーリアーヌス）、第30法文（ポンポーニウス）］．売主の主たる義務についてはこういわれる：*ipsam rem* praestare［物それ自体を給付すること］。*L.* 11 § 2 *de act. emti.* (19. 1.)［学説彙纂第19巻第1章「売買訴権について」第11法文第2節（ウルピアーヌス）］．

（g）それは，そのように意図されていることがありうる。けれども，約束された額の方が大きいときは，意図が元本の利払いに（したがって贈与にではない）向けられていることが，はるかにしばしばあるであろうし，そのときにはおそらくそこには暴利も存しうる。──この種の諸場合は，つぎの個所で述べられる。*L.* 11 § 1 *de reb. cred.* (12. 1.)［学説彙纂第12巻第1章「確定物が請求された場合の貸された物について，および不当利得返還請求訴権について」第11法文第1節（ウルピアーヌス）］，*L.* 17 *pr. de pactis* (2. 14.)［学説彙纂第2巻第14章「約束について」第17法文前文（パウルス）］．主として，どんな場合にも受領した額以上の額に対する貸付訴権が認められえないことを言い添えるためであるけれども，それをもって他の訴権の適用可能性は排除されていない。

（h）このことは，ある参加者が，なにも出資しないで，しかも参加するか，確かに出資はするが，しかしその者だけが利益を得ることによって，なされうる。

（i）*L.* 5 § 2 *pro soc.* (17. 2.)［学説彙纂第17巻第2章「組合員のための訴権」第5法文第2節（ウルピアーヌス）］，*L.* 16 § 1 *de minor.* (4. 4.)［学説彙纂第4巻第4章「25歳未満の

§154 贈与。概念。4．意図。Negotium mixtum

すでに挙げた意味しか有しない。すなわち，それに基づいては，その諾成契約に特有のactio pro socio［アークティオー・プロー・ソキオー。組合員のための訴権］は行われうべきではない。取り決めの結果としてなにかが引き渡されているときは，すでに古い法律家たちが，完成した贈与として，これを有効と言明する(k)。しかし，最も新しい法に従えば，どの贈与においてもそうであるように，単なる取り決めに基づいてでも訴えることができるであろう(l)。

最後に，このような混合行為は，どのdonatio sub mode［ドーナーティオー・スブ・モドー。負担付贈与］（§175）にも存するのであって，それは，それにより将来について反対給付が設定されるためである(m)。

者について」第16法文第1節（ウルピアーヌス）］，*L.* 32 §24 *de don. int. vir.* (24. 1.)［学説彙纂第24巻第1章「夫と妻の間の贈与について」第32法文第24節（ウルピアーヌス）］.

（k）*L.* 32 §24 *de don. int. vir.* (24. 1.) „quae tamen in commune tenuerunt, *fine praestituto* revocanda non sunt."［学説彙纂第24巻第1章「夫と妻の間の贈与について」第32法文第24節（ウルピアーヌス）：「しかし（夫婦が）共通のものへと有したものは，前もって定められた目的により，返還請求されるべきでない。」］すなわち：取り決めの結果としてなにかが取得され，受贈者にその持分に合わせて引き渡されたとき，これは，他の諸場合については先行の言葉において適用できないものとして挙げられていた元老院議決にそっくり従って，（perfecta donatio［完成した贈与］として）死亡による確認の利益を享受する。fine praestituto［前もって定められた目的により］という言葉を，Ｍｅｙｅｒｆｅｌｄ I. 324は，みごとに，Fragm. Vatic. §294［ヴァティカンの断片第294節］における fini decimarum［十分の一税の目的により］と，すなわち L. Julia［ユーリウス法］の制限（Ulpian. XV.）が妨げにならない限り，同義（もともとおそらく同内容）と説明する。学説彙纂においては，今はその言葉は，契約に準拠してというありきたりの意味を有するのであり，それゆえに今は praestituo［前もって定められた］のあとにコンマがなければならない。

（l）ただもちろん，組合に特有の解約告知が認められなければならないというようにである。というのは，そうでなければ，やはり組合の規則および形式に従って贈与のみを欲する当事者の意図を明らかに越えるであろうからである。

（m）*L.* 18 *pr.* §1. 2 *de don.* (39. 5.)［学説彙纂第39巻第5章「贈与について」第18法文前文，第1，2節（ウルピアーヌス）］.ここでは，sub modo［負担付］贈与の中にある部分的贈与は，condictio［不当利得返還請求訴権］またはactio praescriptis verbis［前書訴

すべてのこれらの混合行為においては，贈与に当たる部分の金銭価値が算出されなければならない。それから，この部分が，そっくり贈与の規則に従って判断されるべきであり，それは，登録，夫婦間における禁止，特別の理由からの撤回を考慮してである(n)。反対給付がそもそもなんら金銭価値を有しないときにのみ，このような分離はなされえず(o)，それゆえに今度は，その行為全体が贈与とみなされない。なぜならば，金銭価値の差額からだけ利得が生じうるであろうが，そういう利得がまったく考えられないからである(p)。

§ 155
V．贈与——個々の法律行為　1．Dare [ダレ。与えること]
[Schenkung——Einzelne Rechtsgeschäfte　1. Dare]

今、贈与の概念が完全に述べられた後、これが現われうるすべての個々の法律関係（§ 142）を通じて，これを展開しよう。この展開は，まず第

権］の限界を確定するためにのみ用いられる。しかしやはりそもそも贈与性ははっきり承認されるから，そこからおのずから，実定的贈与規則の適用が結果として出てくる。MÜHLENBRUCH § 445は，donatio sub modo［負担付贈与］においては登録がまったく省略されることを認めるが，そのことによって，それにはどの贈与においても非常にとるに足らない負担ですでに十分であろうから，登録の規定全体が極めて容易にくぐられうるであろう。彼は，LEYSER 435.3を引用するが，この人は，sub modo［負担付］贈与を返報的贈与と混同することによってなお誤りを広げる。

　(n)　その事柄のこういう取扱は *L.* 5 § 5 *de don. int. vir.* (24. 1.)［学説彙纂第24巻第1章「夫と妻の間の贈与について」第5法文第5節（ウルピアーヌス）］において，原理自体は *L.* 5 § 2 *eod.* „si separari possit" rel.［同所第5法文第2節（ウルピアーヌス）：「分離できるときは」云々］（§ 152. b）において，まったく明白に承認されている。

　(o)　このような場合は，*L.* 19 § 1. 6 *de don.* (39. 5.)［学説彙纂第39巻第5章「贈与について」第19法文第1，6節（ウルピアーヌス）］において述べられている。

　(p)　*L.* 5 § 2 *de don. int. vir.* (24. 1.)［学説彙纂第24巻第1章「夫と妻の間の贈与について」第5法文第2節（ウルピアーヌス）］（§ 152. b），これの徹底した原理は，ここでは，贈与する意図におけると同様に適用できる。

一に，極めて多様な形での贈与の現実の出現を具体的に見せるという目的を有している。さらに，それによって贈与の積極的側面が明確になるであろう。すなわち，贈与が個々の法律行為の有効性にどのくらい寄与できるかの説明によってである。一方，贈与の消極的側面によっては，むしろ，多くの場合についてこの有効性の阻止が引き起こされる。最後に，贈与は，そもそもこれらの適用においてはじめて現実性を得る。というのは，これまでに立てた贈与の概念（意図的利得を伴う譲渡）は，一つ一つの法律関係における体現によってはじめて現実の存在を獲得するのであって，この体現なしには贈与の概念はいわば宙に浮いているからである。したがって，このことは，すべての有効な贈与の当然の条件，すなわち perficitur donatio［贈与が完成される］ということであって，これの当然性は，それが古い法律家たちの手中で（ひょっとすると部分的には Lex Cincia［キンキウス法］により）それの原初の形を認識し難くした型にはまった付加を与えられてしまったことによって，目立たなくなったにすぎない(a)。

ところで財産のすべての部分において利得が考えられるから，極めて種々の財産関係が贈与の目的のための手段として役立ちうる。利得は，つぎのものに関しうる：

1) 受贈者の手に入れられる物権に，
2) 債権債務関係に，しかもまた：
   a) 受贈者の手に入れられる債権に，
   b) 受贈者が免れる債務に。

したがって，すべての単一の贈与は，それがDando［ダンドー。与えるた

（a）つぎの個所において，そういう条件の原初の当然の形が認識できる。FRAGM. VAT. § 263. „Eam quae ... citra stipulationem donavit, si neque poss ...tradidit ... *nihil egisse placuit.*"［ヴァティカンの断片第263節：「問答契約なしに贈った... 彼女は，占有を引き渡さなかったならば... <u>なにも行わなかったと決まる。</u>」］ib. § 266 „ .. *destinationem potius liberalitatis*, quam effectum rei actae continet."［同第266節：「.. 物の行為の効果よりも<u>むしろ気前よさの確定を含む。</u>」］§ 293„ .. manifeste *nec coepta videatur.*"［第193節：「.. 明らかに<u>始まらなかったとみられる。</u>」］

めに]，Obligando［オブリガンドー。債務を負わせるために］，Liberando［リーベランドー。免れさせるために］なされうることによって，三つの部類に帰せられる。

物権による贈与は，さらに，所有権にまたは jura in re［ユーラ・イン・レー。他物権］に関しうる。所有権の譲渡による贈与が最もしばしばあり最も重要であること著しいので，贈与が一般的に所有権譲渡の一種として理解されたことが希でない（§142. a）。所有権が譲渡される形式は，ユスティーニアーヌス帝の法においては，譲渡がなされる目的のいかんにかかわらず，まったく単純に引渡である[b]。したがってまず，引渡による贈与が取り扱われるべきである。これにおいては，贈与は，その積極的性質において，それが引渡の justa causa［正当な原因］として役立ち，こうして所有権の現実の移転を媒介することによって，有効に現われる[c]。当然，与える者自身が所有権を有しているという前提の下においてだけであって，与える者に所有権がないときどんな結果が生じるかは，もっと後で別に述べよう。

引渡は，ここでは，それがそもそもとりうる種々の形すべてにおいてあらわれる。したがって，とりわけ仲介者によってである[d]。さらに，受贈者が，すでに所持している物をただ保有すべきであるというようにであ

（b）もっと古い法においては，そもそも所有権の譲渡につき三つの形式があった。すなわち，mancipatio［握取行為］，in jure cessio［法廷譲渡］，traditio［引渡］である。それゆえに，これらは，贈与の場合にもみられたのであり，それどころか多くの場合においてさらに儀式的な形式が必要であった。したがって，この点で法的状態ははるかに単純になっている。

（c）§40 *J. de rer. div.* (2. 1.)［法学提要第2巻第1章「物の分類と性質について」第40節］．

（d）*L.* 4. 6. 10 *de don.* (39. 5.)［学説彙纂第39巻第5章「贈与について」第4法文（パウルス），第6法文（ウルピアーヌス），第10法文（パウルス）］．私が，私に物を譲渡しようとしまたは売主として引き渡そうとする者への委任により贈与を実現するという上述のところですでに挙げた場合も，これに属する（§148. a）．

§155 贈与。個々の法律行為。1．Dare——*101*

る[e]。それから，missio in possessionem［ミッシオー・イン・ポッセッシオーネム。占有委付］としてであって，これは，今からは与える者がそれを自分で手渡したかのような効力を有すべき占有を一方的に把握することが，受贈者に許されることによってである[f]。最後に，また，いわゆる constitutum possessorium［コーンスティトゥートゥム・ポッセッソーリウム。占有改定］によってであって，これは，与える者が，その物を今後受領者の名と委任においてのみ占有しようとすること，したがって受領者の占有を管理しようとすることを表示することによってである。この最後の形式の一つの適用は，留保された用益権にあり，これの留保は，用益権の現実の享受を考えないでさえ，単に，外部的に現われる行為なき即時の引渡の形式としてなされうる[g]。

放棄［Dereliction］は，他人が所有権を手に入れるというはっきりした意図でなされるとき，引渡と同じ効果をもつ。その場合，この他人は，特定の知っている人であっても，不特定の知らない人であってもよい。この行為は，ずばり譲渡と認められる[h]。もっとも，厳格にとれば，喪失は占

　（e）　*L.* 10 *de don.* (39. 5.) „sive, quod ipse habeat, sibi habere eum jubeas."［学説彙纂第39巻第5章「贈与について」第10法文（パウルス）：「あるいは，彼がすでに保持するものを，自身のために所有するよう，彼に汝が命じる。」］

　（f）　*L.* 6 *L.* 9 §1 *de don.* (39. 5.)［学説彙纂第39巻第5章「贈与について」第6法文（ウルピアーヌス），第9法文第1節（ポンポーニウス）］，*L.* 6 *C. eod.* (8. 54.)［勅法彙纂第8巻第54章「同」第6法文］．これに属するのはとくに，単なる果実取得に向けられた贈り物（§146）である。与える者は，相手方に，果実が存するやいなやそれをみずから占有し，それから贈与されたものとして保有することを許す。

　（g）　*L.* 28 *L.* 35 §5 *C. de don.* (8. 54.)［勅法彙纂第8巻第54章「贈与について」第28法文，第35法文第5節］．——Ｓａｖｉｇｎｙ　Besitz §27 S. 373 Ausg. 6, Geschichte des R. R. im Mittelalter B.2 §66.——Ｍｅｙｅｒｆｅｌｄ　I. S. 95 fg.——この場合は，とりわけ，わずかばかりの日だけを予定して用益権が留保されるときに存する。

　（h）　*L.* 5 *quae in fraud.* (42. 8.)［学説彙纂第42巻第8章「債権者を欺くためになされたことが回復されるように」第5法文（ガーイウス）］，*L.* 9 §7 *de adqu. rer. dom.* (41. 1.)［学説彙纂第41巻第1章「物の所有権を取得することについて」第9法文第7節（ガーイウス）］，§46 *J. de rer. div.* (2. 1.)［法学提要第2巻第1章「物の分類と性質について」第46節］．——

108 有の放棄とともに即座に生じ[i]，その結果それと他人の取得との間には，その物が占有されず無主であった時間が真ん中にあるから，所有権の喪失と取得が同時に起こるのではないけれども。通常は，この中間の時間は非常にわずかであろうから，考察にとっては完全に消え去る[k]。けれども，それがたまたまもっと延びることもありうる。しかしながら，無主物先占が以前の所有者の意思に従ってのみなされるやいなや，その経過全体も贈与とみなされなければならず，あらゆる贈与の実定的規則に服していなければならない。というのは，その経過において承認される譲渡性（註 f）は，それだけではひょっとすると疑われるかもしれないが，それに，まぎれもなく，受領者の現実の利得と，これに向けられた以前の所有者の意思が加わるからである[1]。

109 所有者が，使用取得が満了するように，もう一人の人の使用取得占有を訴えにより妨げることを意図的にせず，つまりそれによって所有権の移転を意識的に引き起こす場合を，他人の有利に放棄する場合と対比しようと

そういう意図がなければ，占有の（それどころか所有権さえもの）放棄は，譲渡ではない。*L.* 119 *de R. J.* (50. 17.) ［学説彙纂第50巻第17章「古い法の種々の規則について」第119法文（ウルピアーヌス）］.それゆえに，放棄は，一般的に譲渡とみられるべきではなくて，そういう特別の意図を前提としてのみ譲渡とみられるべきである。

（i） *L.* 1 *L.*2 §1 *pro derel*. (41. 7.) ［学説彙纂第41巻第7章「放棄されたものとして」第1法文（ウルピアーヌス），第2法文第1節（パウルス）］.

（k） *L.* 1 *L.* 5 §1 *pro derel*. (41. 7.) ［学説彙纂第41巻第7章「放棄されたものとして」第1法文（ウルピアーヌス），第5法文第1節（ポンポーニウス）］, *L.* 9 § 7 *de adqu. rer. dom*. (41. 1.) ［学説彙纂第41巻第1章「物の所有権を取得することについて」第9法文第7節（ガーイウス）］, § 46 *J. de rer. div*. (2. 1.) ［法学提要第2巻第1章「物の分類と性質について」第46節］.

（1） この点で贈与を認めようとしないならば，贈与のすべての実定的規則の力を奪うほど容易なことはないであろう。たとえば，ある大きな農場が放棄され，その後すぐに取り決めによってもう一人の人により無主物先占されるならば，婚姻中の禁止も登録の規定も適用できないであろう。このことを防止するためには，まさにこの種のすべての場合が，たとえ微細に考察すればそれを疑いえたとしても，譲渡とみなされるべきであろう（註 h）。

されるかもしれない。それにもかかわらず，それは，それ自体贈与とみなされえない。なぜならば，なんら法律行為が，それどころかそもそもなんら積極的な行為がなく，これなしには贈与が認められえないからである(m)。

　ある物の使用が無償で任されることは，これがそもそも贈与とみられてよいところでは，隠れた金銭贈与とみることができる。同じ前提の下で，無償のサーヴィスもそうである。というのは，贈り物は，ここでは実際には，相手方が必要な支出としてせずに済む金額にあるからである（§146.b. d）。

　ある物の制限付所有権も，引渡によって譲渡されえ，贈与手段として用いられうる。このことは，ある物の観念的部分が贈与されるときになされうるのであって，与える者自身がこの部分だけを有していたにせよ，残りの部分を自分で保有しようとするにせよ，そうである(n)。——さらに，贈られた所有権が jura in re ［他物権］によって制限されているとき，他物権がすでにあらかじめ所有権の負担になっていたにせよ，与える者が，たとえば，単なる引渡の形式（註 e）としてでなく，現実に用益権を享受するためにこれを留保することによって，贈与の際に他物権を所有権の上に設定する，つまりそれにより贈り物を制限するにせよ，そうである。——最後に，与える者が，真の所有権ではなくて，これに親近の権利だけを有する場合も，これに入れられる。比較的古い法においては，in bonis ［イン・ボニース。財産の中に］ある権利や属州土地に関する権利がそうである。現代法においてもなお，b. f. possessio ［ボナー・フィデー・ポッセッシオー。善意占有］がそうであって，これはなおすぐ後に扱われるであろう。

　(m)　上述§144をみよ。——他の親近の諸命題と関連してのこの命題の証明は，付録IXにある。

　(n)　Meyerfeld I. S. 123.

§156

V．贈与——個々の法律行為　1．Dare［与えること］（つづき）

[Schenkung——Einzelne Rechtsgeschäfte 1. Dare （Fortsetzung）]

　贈与としての引渡において，今なお考察が残っているのは，与える者自身が，譲渡しようとする所有権を有しない場合である。

　与える者がこの行為によって所有者から権利を奪いえないことは，それ自体として明白である(a)。所有者が同意すれば，今はあらかじめ所有者が brevi manu traditio［簡易引渡］によって所有権を，与える者に譲渡したかのようにみられることによって，ただちに所有権が移転する。けれども，贈与関係は，与える者と受領者の間にのみ存するのであって，従来の所有者は，受領者に対してはまったくなんら関係を有せず，与える者に対しては，同意の動機次第で，贈与しようとしたこともありうるし，売ろうとしたこともありうる(b)。

　（a）　L. 14. 21. 24 C. de don. (8. 54.)［勅法彙纂第8巻第54章「贈与について」第14, 21, 24法文］, L. 2 C. de usuc. pro don. (7. 27.)［勅法彙纂第7巻第27章「贈与されたものとしての使用取得について」第2法文］.

　（b）　L. 9 § 2 de don. (39. 5.). „ Quod filiusfamilias patris *jussu* aut *voluntate* donavit, perinde est, ac si pater *ipse donaverit*, aut si mea voluntate rem meam *tu nomine tuo Titio dones.*"［学説彙纂第39巻第5章「贈与について」第9法文第2節（ポンポーニウス）：「家の息子が父の命令でまたは父の同意をもって贈与したものは，父がみずから贈与した，または予の同意をもって予のものを汝が汝の名でティティウスに贈与するときと同様である。」］ここでは，二つの場合が区別される。父が贈与を命じる（jussu［命令で］）ときは，父自身がdonator［贈与者］であって，この者が実行のために仲介者を使用するにすぎない（§155）。父が同意する（voluntate［同意をもって］）にすぎないときは，独立の与える者への同意の場合と同じように，息子がdonator［贈与者］である。ここで述べられた特別の場合においては，もちろん，父権のために，息子への父の引渡も贈与も不可能である。しかし，最後の効果は，他人が中間にいる場合と同じである。——ところで，同じことは，与える者が donationis causa［贈与のために］第三者に，この第三者に属している物を受領者に引き渡すことを，たとえば金銭を払い渡すことを委任

しかしながら，所有者の同意がなくても，それにもかかわらず他人の物の贈与には重要な実定的効果がないわけではない。今その贈与は，使用取得権原として役立つのであり，それゆえにこの使用取得権原は pro donato ［プロー・ドーナートー。贈与されたものとしての］という名称をもっている[c]。これは二とおりの仕方で考えられる。すなわち，すでに与える者に属していて，すでにそれだけで独立の贈り物を含む b. f. possessio［善意占有］への単なる付加として考えられ（§ 155），あるいはまた，独立して存するものとして考えられる。後者は，与える者に善意または権原が欠けており，それゆえに使用取得はそもそも受領者においてまず第一に始まり，それと同時に b. f. possessio［善意占有］も始まり，したがってこれは，この場合には譲渡された権利とみられえず，accessio possessionis［アクケッシオー・ポッセッシオーニス。占有の通算］によって助けられ軽減されることもないときである。

ところが，この場合も，登録の必要，婚姻中の禁止，忘恩のための撤回がそれに適用されるべきであるという意味において，本当の贈与とみられ

───────

するという仕方でもなされうる。それで，第三者は，与える者に対し，賠償に向けての mandati actio［委任訴権］を有する。L. 52 § 1 de don. int. vir. (24. 1.). „ut traditio, quae mandante uxore mortis causa facta est"...［学説彙纂第24巻第1章「夫と妻の間の贈与について」第52法文第1節（ポンポーニウス）：「委任者である妻により死亡を原因としてなされたところの引渡のように」...］. L. 19 § 3 de don. (39. 5.)［学説彙纂第39巻第5章「贈与について」第19法文第3節（ウルピアーヌス）］, L. 26 de don. int. vir. (24. 1.)［学説彙纂第24巻第1章「夫と妻の間の贈与について」第26法文（パウルス）］］における類似の場合。

（c） Dig. 41. 6［学説彙纂第41巻第6章］, Cod. 7. 27［勅法彙纂第7巻第27章］の両章がこれに向けられている。──立てられた原則に対する一般的な矛盾が，L. 9 § 3 de don. (39. 4.). „Donari non potest, nisi quod ejus fit cui donatur."［学説彙纂第39巻第5章「贈与について」第9法文第3節（ポンポーニウス）：「贈与される人のものになるもの以外は，贈与されえない。」］にみいだされるかもしれない。それは，もともとは，L. Cincia［キンキウス法］に向けられていて，res mancipi［手中物］の完全に有効な贈与には握取行為が必要であり，引渡では十分でないといおうとした。今はそれは，註aに挙げた個所と同じ一般的な意味を有する。Zeitschrift für geschichtl. Rechtswissensch. B. 4 S.40参照。

るべきかどうかという，重要な問題が生じる。

　それなら，それは，他人の物がそういう制限的な規則の範囲に入るところでは，使用取得権原としてさえも役立たないという結果になるであろう。さて，このことは，つぎの理由から実際に認められがちであろう。夫が自分の物を妻に贈与すると，所有権の直接の移転が起こらないのみならず，そういう不備のための一時の助けとしての使用取得も生じないし，妻はむしろ civilis possessio［市民法上の占有］を有せず[d]，つまり決して使用取得できない[e]。その理由は，妻には使用取得のすべての条件が欠けていることにあるのであって，禁止された無効の法律行為は権原を与えないから，その妻は権原を有しないし，その妻はずっと続いて他人に属する物を占有していることを知っているから，善意占有を有しない[f]。同じこと

　（d）　Savigny　Recht des Besitzes § 7.

　（e）　*L.* 1 § 2 *pro don.* (41. 6.). „ Si inter virum et uxorem donatio facta sit, cessat usucapio."［学説彙纂第41巻第6章「贈与されたものとして」第1法文第2節（パウルス）：「夫と妻の間で贈与がなされたとき，使用取得は生じない。」］それは，まず第一にまた最も単純に，与える者がその物の所有者であるというここで考えられた場合に向けられている。離婚の場合においてさえ（その後ずっと），„si eam maritus concesserit, quasi nunc donasse intelligatur"［「夫がそれを譲与していて，今贈与したかのように認められるとき」］のほかは，使用取得は始まらない。というのは，この瞬間には確かに贈与が許されているからである。（この concessio［譲与］については，*L.* 32 § 10 *de don. int. vir.* 24. 1.［学説彙纂第24巻第1章「夫と妻の間の贈与について」第32法文第10節（ウルピアーヌス）］参照。有効な贈与だけでもうひとりでに所有権を譲渡するから，何のために今なお使用取得が要求されるのかと問われるかもしれない。疑いなくパウルスは，res mancipi［手中物］のことを考えたのであるが，これは，そういう concessio［譲与］が引渡としてしか効力を有しえなかったから，補完的な使用取得を必要とした。——*L.* 1 § 2 *cit.*［前掲第1法文第2節］において前提される類似の concessio［譲与］から，*L.* 24 *de don. int. vir.* (24. 1.)［学説彙纂第24巻第1章「夫と妻の間の贈与について」第24法文（パウルス）］の結び „.. altero, quod fuerit vitium, amotum sit."［「もう一つの場合には，欠陥があれば，除去されている」］も説明されなければならない。ここでは quod は，si quod［もし］を代弁している。それゆえに，その規則は，瑕疵があったかどうかにかかわらず，すべての可能な場合を包括する。

　（f）　*L.* 19 *pr. de don. int. vir.* (24. 1.). „ .. hoc enim b. f. possessoribus concessum

§156 贈与。個々の法律行為。1．Dare（つづき）——*107*

が，今度は，与える者が所有者ではなくて，他人の物を贈与するときにも期待されるかもしれない。ここでも，権原も善意占有も欠けているようである。それなのに，ここでは一部異なっている。これについての最もはっきりした個所は，ポンポーニウスからのものであるが，こういっている：

 L. 3 *pro don.* (41. 6.). „ Si vir uxori, vel uxor viro donaverit, si aliena res donata fuerit, verum est quod Trebatius putabat, *si pauperior is qui donasset non fieret*, usucapionem possidenti procedere." ［学説彙纂第41巻第6章「贈与されたものとして」第3法文（ポンポーニウス）:「夫が妻に，または妻が夫に贈与したが，他人の物が贈与されたとき，もし贈与した者がもっと貧しくならなければ占有者の使用取得が生じるという，トレバーティウスが考えたことが正しい。」］

したがって，ここでは，二つの場合が区別される。第一に，与える者が贈与によってもっと貧しくなるとき，すなわち本来の真の贈与があるときである。そのとき，実際に，自己の物の贈与におけるとまったく同様に，また同じ理由から，使用取得は阻止されているべきである。それで，この場合は，与える者自身がb. f. possessio［善意占有］を，したがって使用取得占有を有していたというように考えられるべきである。これを手放すことによって，与える者は真の権利を犠牲にし（§155），したがってもっと貧しくなる。それゆえに，有効な権原は欠けており，受領者は使用取得することができない(g)。——第二に，与える者が贈与によってもっと貧しく

---

est: *virum autem scientem alienum possidere.*"［学説彙纂第24巻第1章「夫と妻の間の贈与について」第19法文前文（ウルピアーヌス）:「..なぜならば，このことは善意占有者に許されているが，しかし夫は他人のものを知りながら占有するからである。」］同じことは，妻についてもあてはまらなければならず，比較的古い法に従ってさえ，また妻が贈与の法律上の禁止を知らなかったとしても，そうである。というのは，比較的古い法に従えば法の不知は通例は女子に対しては大目に見られたとしても，やはりまさに贈与において，この規則が一つの例外をこうむったからである。付録 VIII 第 VIII 号および第 XXXI 号 d［本書第三巻314頁以下，386頁］参照。

 （g）最近の法においては，これが唯一の場合である。比較的古い法においては，な

ならないとき，使用取得が認められるべきである。この場合は，与える者自身が権原または善意占有を有していなかったのであって，その場合には，その者は，失うかもしれない権利をまったく有しないから，もっと貧しくならないというように考えられるべきである。ところで，なぜここで使用取得が有効であるべきなのか。この場合に対しては法律上の禁止はなんら適用できないから，もちろん有効な法的権原は欠けていない[h]。これに反し，ここでは今なお善意占有が欠けているようにみえる（註 f）。しかしながら，ローマの法律家たちは，このことを不快に思わないから，おそらくその事柄をつぎのように思い描いたに違いない。受贈者は，確かにもちろん，その物がなお他人の所有に，すなわち与える者（他方の配偶者）の所有にあると考える。ところがこの考えは，事実の錯誤に基づくから，害にならないものとして取り扱われ，占有者は，本当の所有者の権利につき実際にはなにも知らないから，善意とみなされる[i]。

お，与える者がその物を in bonis ［財産の中に］有していたというもう一つの場合が加わった。たとえば夫がある家屋を単に引き渡されて保有していて（握取せずに），今度はそれを使用取得の満了前に妻に贈与した場合である。——両方の場合において，受贈者は使用取得できないが，しかし与える者も，従来の使用取得を，受贈者が真の占有を取得していることによってそれが中断されているから，もはや継続しないという注意すべき重大な結果が生じる。L. 1 § 4 *de adqu. poss.* (41. 2.) ［学説彙纂第41巻第 2 章「取得されるべきまたは喪失されるべき占有について」第 1 法文第 4 節（パウルス）］，L. 1 § 2 *in f. pro don.* (41. 6.) ［学説彙纂第41巻第 6 章「贈与されたものとして」第 1 法文第 2 節末尾（パウルス）］．

（h）ここでまさに明らかに，そして実際上の効果において，上述した贈与の積極的側面と消極的側面の相違が際立つのであって（§ 142. 143），この相違は，たいていの他の適用においてはあまり人目につかない。すなわち，その行為は，ここでは，使用取得についての権原を，しかもまったく確実に usucapio pro donato ［贈与されたものとしての使用取得］についての権原を与える限りにおいて，贈与である。これに反し，それは，夫婦間で行われるが，それにもかかわらず婚姻中の贈与の禁止の中に入らない限りにおいて，贈与ではない。

（i）付録 VIII 第 XV 号 a ［本書第三巻330頁］。——それは，別の所で現われる表現をもって，こう言い表わすことができる：plus est in re quam in existimatione ［評価よりも事実の方が上である］。——つぎのものを参照。F<small>ABER</small> conject. VII. 13. R<small>ETES</small> de

§156 贈与。個々の法律行為。1. Dare（つづき）——*109*

同じ規則は，同じように不誠実な占有についてなんら疑問をほのめかさないつぎの個所においても承認される：

L. 25 *de don. int. vir.* (24. 1.). „ Sed et si, constante matrimonio, res aliena uxori a marito donata fuerit, dicendum ... et si non mortis causa donaverat ei, non impediretur usucapio. Nam jus constitutum ad eas donationes pertinet, *ex quibus et locupletior mulier, et pauperior maritus in suis rebus fit* ......" ［学説彙纂第24巻第1章「夫と妻の間の贈与について」第25法文（テレンティウス・クレーメンス）：「しかし，婚姻継続中に他人の物が妻に夫から贈与されたときでも，こういわれるべきである... 死亡を原因としてでなく夫が妻に贈与したときでも，使用取得は阻止されなかったであろう。なぜならば，定められた法は，それにより自身の財産において妻がもっと富みもし，夫がもっと貧しくなりもするような贈与に関するからである......」］(k)。

116　その規則自体は，ここでは，与える者が贈与によりもっと貧しくなるかどうかの区別なく，使用取得が一般に認められるべきであるかのように表現される。しかしながら，付け加えられた理由は，作者（テレンティウス・クレーメンス）が上述のポンポーニウスの区別とまったく同意見であり，したがってすでに与える者が b. f. possessio ［善意取得］を有していたとしても使用取得を認めようとはしないことを示す。

　古い法律家たちは，これらの規則を，通常そうであるように，夫婦間の贈与に関して発展させた。しかし，それらの規則は，ためらわずに，登録を怠った贈与にも同じように適用されうる。したがって，2000ドゥカーテンの価値がある他人の家屋の不誠実な占有者が，これを登録なしに善意の

---

don. int. vir. C. 10 §5 (Meerm. T. 6). G l ü c k　B. 26 S. 41–46. U n t e r h o l z - n e r　Verjährung B. 1 S. 395.

　（k）　私はここでは，その個所のうち，mortis causa donatio ［死因贈与］を扱い，Lex Julia ［ユーリウス法］から説明されるべく，すべての提案された校訂をまったく要しない，残りの部分を無視する。G l ü c k　B. 26 S. 39-46参照。

受領者へ贈与するとき，この者は，その家屋全体を，pro donato［贈与されたものとして］使用取得できる。与える者がb. f. possessio［善意占有］を有していたとすれば，その価値のうち超過部分については，使用取得が認められないであろう。すなわち，使用取得の満了後は，ただちに真の所有権が贈与されたかのようにみられなければならない（§ 166）。

---

jura in re［他物権］は，非常に種々の仕方で贈与の目的のために用いられうる[(1)]。

所有者は，無償で用益権を設定することによって贈与することができ，用益権者は，無償でこれを所有者に返すことによって贈与することができる[(m)]。同様に用益権者は，用益権の利用を贈与としてもう一人の人に任せることができる[(n)]。けれども，これは，むしろ，贈与された所有権に，すなわち将来生じる果実についての所有権に属する（§ 146. f）。なぜならば，その jus in re［他物権］自体の実体においては，まったくなんら変更

　（1）　以上の種類のおよびすべての以下の種類の贈与については，*L. 9 pr. de don.* (39. 5.).　„ Potest enim et citra corporis donationem valere donatio." ［学説彙纂第39巻第5章「贈与について」第9法文前文（ポンポーニウス）：「なぜならば，有体物の贈与なしにでも，贈与は有効でありうるからである。」］という規則があてはまる。この個所だけですでに，*L. 9 § 3 eod.* ［同所第9法文第3節］（註c）が，それの言葉の上では確かに考えられるような文字どおりの一般性で理解されてはならないことを，示しているであろう。

　（m）　*L. 66. 78 de j. dot.* (23. 3.) ［学説彙纂第23巻第3章「嫁資の法について」第66法文（ポンポーニウス），第78法文（トリュポーニヌス）］，*L. 57 sol. matr.* (24. 3.) ［学説彙纂第24巻第3章「どのようにして婚姻解消後に嫁資が請求されうるか」第57法文（マルケルルス）］。これらの個所は，確かに，贈与について語るのではなくて，用益権によって設定されうる嫁資について語る。けれども，両方の法律制度は，与えることの目的によって区別されるにすぎず，こうしてそれらの個所は贈与についても用いられうる。ただし，贈与においては，嫁資において婚姻の終わりに正規の返還から生じる，そして上掲の諸個所の大部分が扱う諸困難は，生じえない。

　（n）　*L.* 12 § 2, *L.* 38, *L.* 40 *de usufr.* (7. 1.) ［学説彙纂第7巻第1章「用益権について，およびどのようにしてだれが使用し収益するか」第12法文第2節（ウルピアーヌス），第38, 40法文（マルキアーヌス）］。

§156 贈与。個々の法律行為。1. Dare（つづき）——*111*

は生じないからである。

同様に使用は，贈与として設定されえ[o]，あるいはまた所有者に返還されうる。使用の享受をもう一人の人に任せることは，そもそも許されていず，したがって贈与の目的のためにも許されていない[p]。不動産役権についても事情は同じである[q]。

なおはるかに問題がないのは，贈与の目的のための永小作権の利用である。これは，所有者がこういうものを設定し，永小作人がそれを返還しまたは第三者に譲渡することによってなされうる[r]。地上権についても事情はまったく同じである[s]。

質権は，贈与の目的で用いられえない。なぜならば，それによって財産は，そもそも拡大されないで，ありうる損失に対して保護されるにすぎないからである（§149）。

(o) それに向けられているのは，*L.* 27 *de don.* (39. 5.)〔学説彙纂第39巻第5章「贈与について」第27法文（パーピニアーヌス）〕，§153註1およびo参照。

(p) *L.* 10 *pr. L.* 11 *L.* 12 § 6 *de usu* (7. 8.)〔学説彙纂第7巻第8章「使用権と居住権について」第10法文前文（ウルピアーヌス），第11法文（ガーイウス），第12法文第6節（ウルピアーヌス）〕。

(q) *L.* 17 *comm. praed.* (8. 4.)〔学説彙纂第8巻第4章「建物用地役権と農業用地役権の共通規則」第17法文（パーピニアーヌス）〕。——どういう法的形式によってあらゆる種類の役権が贈与として設定されうるかを問題にすることができる。けれども，これは，それの設定に契約で十分であるか引渡が必要であるかというもっと一般的な問題点と重なる。——不使用による役権の破壊が贈与とみなされうるかどうかという問題については，付録IX参照。

(r) § 3 *J. de loc.* (3. 24.)〔法学提要第3巻第24章「賃貸借契約について」第3節〕，*L.* 1 *C. de fundis patrim.* (11. 61.)〔勅法彙纂第11巻第61章「皇帝の家産に属する土地と森林の土地と永代借地とそれらの借主について」第1法文〕。

(s) *L.* 1 § 7 *de superfic.* (43. 18.)〔学説彙纂第43巻第18章「地上物について」第1法文第7節（ウルピアーヌス）〕。

§157
Ⅴ．贈与——個々の法律行為　2．Obligare［債権債務関係に置くこと］
[Schenkung——Einzelne Rechtsgeschäfte　2. Obligare]

　贈与手段の第二の種類（§155）は，受贈者が自分にあてがわれる債権によって富まされることにある。しかし，これは，与える者に対する債権が贈与として使われるべきか，第三者に対する債権が贈与として使われるべきかに応じて，再び二種に分かれる。

　贈与としての与える者に対する債権は，贈与約束［Schenkungsversprechen］と称せられるのが常であるものであって，これを多くの近時の著述家は，すべての贈与の主要場合と恣意的に理解している（§142）。贈与約束という名称は，後続の与えることが本当の贈与であって，これが先行の与えることによってのみ必要となるかのような見方に至りやすいかもしれない。しかし，これはまったく間違いであろう。その約束が真の唯一の贈与であって，これによって利得がすでに完全に生じさせられ[a]，後続の与えることは，債務の単なる支払であり，したがって断じて贈与ではない[b]。

　この契約の形式については，つぎのことが書き留められるべきである。比較的古い法においては，それに，正規には問答契約が用いられた。文書による契約［Literalcontract］も同じ目的のために用いられえたのであって，それの比較的古い形式では，すべてのローマ人によって使われた家計

　（a）　*L.* 49 *de V. S.* (50. 16.)［学説彙纂第50巻第16章「言葉の意義について」第49法文（ウルピアーヌス）］．

　（b）　上述§149参照。——この区別の重要性は，つぎの適用において明らかになる。ある大きな金額が登録を用いて贈与として約束されるとき，支払は登録を要しない。男女間で婚姻前に贈与約束が与えられていたとき，婚姻中の支払は有効な行為である。

簿［Hausbücher］によってでもあり[c]，後の形式では，銀行業者の仲介簿によってでもあるが，ついでにいうと後者もユスティーニアーヌス帝の法においては同じように消滅してしまっている。弁済約束［Constitutum］によっては，贈与は決して可能でなかった。というのは，すでに一つの，少なくとも自然的な債務が存在していたときには，それの市民法上の債務への転換は贈与ではなかったし（§149），こういうものがなかったときには，弁済約束も効力がなかった[d]からである。——ユスティーニアーヌス帝の法においては，以上のことはすべて，無形式の契約も訴えうるものと宣言されたこと[e]によって，単純化され容易化された。したがって，それによって，通常の贈与約束は，その形式の上では，諾成契約と同等である[f]。——都市自治体に対する贈与約束（pollicitatio［ポルリキターティオ

（c）非常に根本的にこれを扱うのは，Meyerfeld I. S. 168 fg. ——L. 26 *de don.* (39. 5.) ［学説彙纂第39巻第5章「贈与について」第26法文（ポンポーニウス）］は，反対の証明をしないのであって，これは，通常の会計簿への単なる記入によって理解されるべく，上述の形式ばった契約によって理解されるべきではない。というのは，一部は，私人の家計簿による比較的古い形式は，ポンポーニウスの時代には，ずっと昔に消滅してしまっていたし，一部は，この個所にはせいぜい単なる acceptilatio［収入記入］への言及が含まれているにすぎないであろうが，一方，古い文書による契約はまさに expensilatio［支出記入］に基づいていたからである。

（d）L. 3 § 1 *de pec. const.* (13. 5.) ［学説彙纂第13巻第5章「弁済約束された金銭について」第3法文第1節（ウルピアーヌス）］，これを L. 1 § 1. 7 *eod.* ［同所第1法文第1，7節（ウルピアーヌス）］と対比。——Meyerfeld I. S. 185 fg.

（e）L. 35 § 5 *C. de don.* (8. 54.) ［勅法彙纂第8巻第54章「贈与について」第35法文第5節］，§ 2 *J. de don.* (2. 7.) ［法学提要第2巻第7章「贈与について」第2節］，*Nov.* 161 *C.* 1.［新勅法第161号第1法文］。奇妙なことに，Donellus XIII. 22 § 7. 8 は，このことを de praesenti［現在のことに関する］契約に，すなわち，ある人が dono tibi hanc rem［予は汝にこの物を与える］という契約に限定し，それゆえに，将来に向けられた約束は訴ええないといい，上述の donatio in praesens concepta［現存するものへの書かれた贈与］は擬制された引渡を含むという。すべてまったく恣意的である。

（f）私は通常の贈与約束というが，これは500ドゥカーテンを越えるものに対立してである。というのは，この超過分については，引渡による贈与におけるとちょうど同じように，登録が必要であって，したがってそれは決して契約の形式の欠陥を補完する

一。寄付申込］）または諸神崇拝のための贈与約束（votum［ウォートゥム。寄進の申出］）は，おそらく時には donatio［贈与］という名称をもつこともある[g]。それでもなお，それは決して真の贈与の制限的な規則に服していなかった。Lex Cincia［キンキウス法］は，これに適用できなかった[h]。また，登録の必要からの特別の例外のところで言及されないのではあるが，やはり登録の必要は，これには適用できないのであって，それはまさに，pollicitatio［寄付申込］が donatio［贈与］とはまったく異なった法律制度として取り扱われ，たいてい言葉の上でもそう称されるからである[i]。

贈与約束は，他の債権契約と比較して，つぎのような特性を有する。債務者は，遅延利息を支払わない[k]。債務者は，貧乏になるとき，いわゆる beneficium competentiae［生活必需品差押控除の利益］を有し，しかも，原告に対し自己の無資産を理由づけるために，残りの債務をあらかじめ差し引くことができるという特別の優遇がある[l]。債務者は，その物が減失し

───────────
ためではないからである。

（g） L. 9 L. 13 §1 de pollic. (50. 12.) ［学説彙纂第50巻第12章「寄付申込について」第9法文（モデスティーヌス），第13法文第1節（パピーリウス・ユストゥス）］.

（h） L. 19 pr. de don. (39. 5.) ［学説彙纂第39巻第5章「贈与について」第19法文前文（ウルピアーヌス）］, L. 3 §1 de pollic. (50. 12.) ［学説彙纂第50巻第12章「寄付申込について」第3法文第1節（ウルピアーヌス）］, 両方の個所とも，L. Cincia［キンキウス法］に服している本当の贈与の場合に明らかに対立して。──votum［寄進の申込］においても同様である。L. 2 de pollic. (50. 12.) ［学説彙纂第50巻第12章「寄付申込について」第2法文（ウルピアーヌス）］.

（i） それが donatio［贈与］の規則に従って取り扱われるべきでなかったことは，その約束の過度の大きさに対する相続人の，ここでまったく独特の例外的な保護からも明らかになる。L. 6 pr. L. 9 L. 14 de pollic. (50. 12.) ［学説彙纂第50巻第12章「寄付申込について」第6法文前文（ウルピアーヌス），第9法文（モデスティーヌス），第14法文（ポンポーニウス）］. さらに，ここでは贈与において認められない遅延利息が請求されうる（L. 1 pr. eod. ［同所第1法文前文（ウルピアーヌス）］）ことから明らかになる。

（k） L. 22 de don. (39. 5.) ［学説彙纂第39巻第5章「贈与について」第22法文（モデスティーヌス）］.

（l） L. 12 L. 33 pr. de don. (39. 5.) ［学説彙纂第39巻第5章「贈与について」第12法文

§157 贈与。個々の法律行為。2．Obligare——*115*

または損なわれるときは，悪意および重過失についてのみ責任を負う[(m)]。同じように，追奪や按察官訴権については悪意の場合にのみ責任を負う[(n)]。

122　間接的な仕方ででも，債務が贈与の目的で引き受けられうる。相手方の訴えに対し抗弁によって保護されていた者が，この抗弁を故意に放棄するとき，そうである[(o)]。その者がなにか別の仕方で故意に，自分が敗訴することを生じさせ，あるいは根拠のない債務を in jure ［法廷において］容認するときも，同様である[(p)]。

――――――――

（ウルピアーヌス），第33法文前文（ヘルモゲニアーヌス）］，*L*. 19 § 1 *L*. 30 *L*. 41 § 2 *de re jud*. (42. 1.) ［学説彙纂第42巻第1章「既判物について，および判決の効果について，および中間判決について」第19法文第1節（パウルス），第30法文（ポンポーニウス），第41法文第2節（パウルス）］，*L*. 33 *de j. dot*. (23. 3.) ［学説彙纂第23巻第3章「嫁資の法について」第33法文（ウルピアーヌス）］．

　(m)　*L*. 5 § 2 *commod*. (13. 6.) ［学説彙纂第13巻第6章「使用貸借訴権または反対訴権」第5法文第2節（ウルピアーヌス）］，*L*. 108 § 12 *de leg*. 1 (30. un.) ［学説彙纂第30巻単章「遺贈と信託遺贈について1」第108法文第12節（アフリカーヌス）］における一般的原理に従って。これらの個所においてその規則が契約に向けてのみ，それどころか b. f.［善意］契約に向けてのみ立てられることは，この適用を妨げない。というのは，*L*. 108 *cit*.［前掲第108法文］においてもその規則は遺贈に類推適用されるが，しかし贈与契約への適用はなおもっと当然だからである。

　(n)　*L*. 18 § 3 *de don*. (39. 5.) ［学説彙纂第39巻第5章「贈与について」第18法文第3節（ウルピアーヌス）］，*L*. 62 *de aedil. ed*. (21. 1.) ［学説彙纂第21巻第1章「按察官告示と売買解除訴権と減額訴権について」第62法文（モデスティーヌス）］．悪意の場合においても，ここでは，訴えは，売買代金が存しないから，売買契約におけるように売買代金の減額または返還などに向けられえないで，たとえば受贈者が自己の財産からその物に役立てたもの，したがってそれによりその者が贈与前よりも今もっと貧しくなるようなものの賠償にのみ向けられうる。

　(o)　*L*. 12 *de novat*. (46. 2.). „... similis videbitur ei qui donat, quoniam remittere exceptionem videtur. ［学説彙纂第46巻第2章「更改と弁済指図について」第12法文（パウルス）：「..抗弁を放棄するとみられるから，贈与する者に似ているとみられるであろう。」］

　(p)　*L*. 1 § 7 *si quid in fraud*. (38. 5.). „Si quidem condemnatus est data opera, vel in jure confessus, dicendum erit Fabianam locum habere." ［学説彙纂第38巻第5章

債権によって生じさせられる贈与の第二の種類は，受贈者に第三者に対する債権があてがわれることにある。

この債権は，今はじめて生じさせられ，同じ瞬間に贈与に用いられるものでありうる。だれかが自己の金銭を貸付として与えるが，しかしその者がこの債権を贈与しようとする者の名においてであり，しかもこの受贈者が返済を自己の契約により債務者から約束されるか，または受贈者がそれにつき与える者と合意していたというようなときにそうであり，後者の場合にはその金銭が（constitutum［コーンスティトゥートウム。弁済約束］により）受贈者の所有になったのと同然である(q)。同じく受贈者自身がその契

「あることが保護者を欺くためになされた場合」第1法文第7節（ウルピアーヌス）：「もし確かに努力して，有責判決が下され，または法廷で認諾される場合には，ファビウスの訴権が行われると述べられるべきであろう。」］ここでファビウスの訴権の理由として承認されるものは，他の場合に相手方の利得のためになされるときに，贈与ともみなされなければならない。

（q） L. 34 pr. de don. (39. 5.). „Si pater emnacipati filii nomine donationis animo pecuniam foeneravit, *eamque filius stipulatus* (est) ipso jure perfectam donationem, ambigi non potest."［学説彙纂第39巻第5章「贈与について」第34法文前文（パウルス）：「父が父権免除を受けた息子の名で贈与の意思で金銭を貸し付けて，そのうえ息子が金銭（の自分への返済）を問答契約したとき，法律上当然に完成された贈与は疑問とされえない。」］この個所は，受贈者と債務者の契約を論じる。与える者と受贈者の間の合意（constitutum possessiorium［占有改定］を伴う）について，同じことが L. 2 § 4 L. 9 § 8 *de reb. cred.* (12. 1.)［学説彙纂第12巻第1章「確定物が請求された場合の貸されたものについて，および不当利得返還請求訴権について」第2法文第4節（パウルス），第9法文第8節（ウルピアーヌス）］において承認される。（最後の個所においては，absente te et ignorante［汝が不在で不知のときには］は，実行の瞬間に向けられ，確認するユーリアーヌスの続いての言葉が示すように，先行する voluntas［意思］が前提される。）――だが，債務者の両種の参加が欠けているときは，まだ perfecta donatio［完成された贈与］はなく，それは，将来受領者に引き渡すべきことの債務者への委託とみなされるにすぎず，その引渡によって贈与はそのときはじめて完成したものとなる。L. 19 § 3 *de don.* (39. 5.)［学説彙纂第39巻第5章「贈与について」第19法文第3節（ウルピアーヌス）］（§ 160. o 参照）。――この主張に対する反対を L. 35 § 2 *de don.* (39. 5.)［学説彙纂第39巻第5章「贈与について」第35法文第2節（スカエウォラ）］にみようとされるかもしれない。ここでは，祖母がその孫ラベオのために自分の金銭を貸し付けたという話である。„Respondit, *cum debitor*

§157 贈与。個々の法律行為。 2．Obligare——*117*

123 約に参加するという前提で，持参人にではなくてもう一人の人（受贈者）に返還されるべき寄託によっても同様である(r)。他人が夫に与えまたは義
124 務として負担する嫁資によっても，なおさらのことそうである。というのは，そこには常に妻に対する与える者の贈与があり，妻はそれにより通例は，婚姻の解消の場合について，夫に対する dotis actio［ドーティス・アークティオー。嫁資の訴権］を取得するからである。ここでは，妻自身が知ることなしに dotis actio［嫁資の訴権］を取得することによって，その契約への妻の参加すら必要でない(s)。——これらの場合には，再び，可能な取得

Labeoni obligatus est (oder esset), perfectam donationem esse."［「債務者はラベオに債務を負ったから，完成された贈与があると解答された。」］それは，こういおうとする：贈与は，ラベオが債務者に対する債権を（上掲の方法のうちの一つで）取得したときにのみ完成している。したがって，cum debitor etc.［債務者は云々から］という言葉は，制限的な意味を有し，こうして，立てられた諸命題の確認となる。

（r）*L.* 31 §3 *de don.* (39.5.)［学説彙纂第39巻第5章「贈与について」第31法文第3節（パーピニアーヌス）］において，もう一人の人の名で与えられた単なる寄託について，こういわれる：„non videri celebratam donationem respondi."［通常の贈与とみられないと解答される。］］所有権の譲渡と結合された寄託が受贈者の面前で締結されるときは，異なる。というのは，今度は，その場合は，constitutum possessorium［占有改定］を伴う貸付の場合（註q）にすっかり似ているからである。*L.* 31 §1 *eod.*［同所第31法文第1節］。——*L.* 6 *C. de don. int. vir.* (5. 16.)「etsi donasse te uxori res tuas *ex hoc quis intelligat*；［勅法彙纂第5巻第16章「夫と妻の間の，および親から子への贈与について，および追認について」第6法文：「たとえこのことから汝が妻に汝の物を贈与したとみなすとしても」］には，なんら反対は存しない。というのは，ここでは，真の贈与の存在は未決定のままにされ，婚姻中の贈与の徹底した禁止についてのみ，どうでもよいと言明されるからである。

（s）*L.* 9 §1 *L.* 33 *in f. L.* 43 §1 *de j. dot.* (23. 3.)［学説彙纂第23巻第3章「嫁資の法について」第9法文第1節，第33法文末尾，第43法文第1節（ウルピアーヌス）］，*L.* 5 §5 *de doli exc.* (44. 4.)［学説彙纂第44巻第4章「悪意および強迫の抗弁について」第5法文第5節（パウルス）］，*L. un.* §13 *C. de rei ux. act.* (5. 13.)［勅法彙纂第5巻第13章「問答契約に基づく訴権に移された嫁資返還請求訴権について，および給付された嫁資の本質について」単一法文第13節］。ここで登録を考慮してのいくつかの修正が，嫁資の特別の優遇から生じることは，この場合の一般的な贈与性を疑しくさせないし，それどころかそのうえ贈与性の確認に役立つ。——しかし，妻自身が嫁資を与え，妻が贈与しようとする第三者

が放棄されるだけであって，それは真の贈与ではないのではないかという疑問が生じるかもしれない（§145）。しかしながら，与える者は，ここでは，実際に，自分が債権を取得するのに必要なすべてのことをしているのであって，その者が今この債権を直接に受贈者の方へ移すことによって，そこには行為の自然な短縮があるにすぎない。それは，完全に，その者がその債権をまず自分で取得し，それから相手に譲渡したかのようである（§148. a）。——同じ種類の贈与は，与える者がdonationis causa［贈与のために］第三者に，受領者になにかを約束するよう委託するとき，そこにも含まれている。そのとき，その第三者は，与える者に対し，補償へのmandati actio contraria［マンダーティー・アークティオー・コントラーリア。委任の反対訴権］を有する(s1)。

しかしまた，債権がすでに以前に存在していて，今，贈与の目的で譲渡されることもありうる。——このような譲渡は，譲渡［Cession］によりなされえ，これはそのときまったく贈与の性質を帯びる(t)。——なおもっと

に，返還債権を問答契約することを許すという逆の場合にも，同様に贈与が存する。*L. 11 de dote praeleg.* (33. 4.)［学説彙纂第33巻第4章「先取遺贈された嫁資について」第11法文（パウルス）］。

(s¹) *L.* 52 §1 *de don. int. vir.* (24. 1.) „Uxor viro fructum fundi ab herede suo dari, quod si datus non fuisset certam pecuniam mortis causa promitti curavit: defuncto viro viva muliere stipulatio solvitur."［学説彙纂第24巻第1章「夫と妻の間の贈与について」第52法文第1節（パーピニアーヌス）：「妻が，夫に地所の果実が妻の相続人により与えられること，それが与えられなかったならば一定の金額が死亡を原因として約束されることを命じた。夫が死に，妻が生きているとき，問答契約は解消される。」］ここでは，妻が委任を自己の（推定）相続人に与えていた。さてこの者が後に現実に相続人になったとき，mandati actio［委任の訴権］は，confusio［混同］によりなくなった。この者がそうならなかった（たとえばこの者が相続を放棄したことによって）とき，この者は，贈与が妻のそれ以前の死亡により確定されたとき，相続人に対しその訴権を行いえた。

(t) *L.* 2. 3 *C. de don.* (8. 54.)［勅法彙纂第8巻第54章「贈与について」第2，3法文］。譲渡［Cession］の一般的性質に従えば，贈与された債権は，争点決定が済んでいたときにのみ，受贈者の相続人に移転しえた。受贈者の利益のために，それの一つの特別の例外が，*L.* 33 *C. de don.* (8. 54.)［勅法彙纂第8巻第54章「贈与について」第33法文］にお

§157 贈与。個々の法律行為。2．Obligare——*119*

効果的に，それは，指図［Delegation］によってなされるのであって，これは，第三者に贈与しようとする債権者が，自己の債務者に，この第三者に対して債務引受をする［expromittiren］よう求めることによるのである[u]。そこには，その第三者に対するもとの債権者の真の贈与がある[v]。

もっと複雑なのは，AがBに，そして同様にBがCに1000を贈与しようとするが，今，BがAに，この1000をCに対して債務引受するよう求める場合であって，ここには，AとBの間の贈与，同じくBとCの間の贈与はあるが，しかしAとCの間，すなわちその間に今そもそも債務関係が存する一人一人の間にはまさに贈与はない[w]。

保証をする者は，それにより決して債権者に贈与しない。なぜならば，債権者の財産は，なんら新しい構成部分によって拡大されないで，既存の部分において確実にされるにすぎないからである（§149.d）。

いて許された。*L.* 35 *C. eod.*［勅法彙纂同所第35法文］が贈与約束を一般的に訴えうるものとして以来，この例外は必要ない。というのは，必要な譲渡［Cession］は争点決定なしにでもutilis actio［準訴権］を伴い，これは常に相続できるからである。

（u）*L.* 2 §1 *de don.* (39. 5.)［学説彙纂第39巻第5章「贈与について」第2法文第1節（ユーリアーヌス）］，*L.* 11 *C. eod.* (8. 54.)［勅法彙纂第8巻第54章「同」第11法文］．——指図と譲渡に同時に向けられているのは，FRAGM. VATIC. §263. „ ... nec interpositis delegationibus, aut inchoatis litibus, actiones novavit .."［ヴァティカンの断片第263節：「..指図の挿入または訴訟の開始によって訴権を改変しなかった...。」］

（v）*L.* 21 §1 *de don.* (39. 5.)［学説彙纂第39巻第5章「贈与について」第21法文第1節（ケルルス）］．付録Ⅹ第Ⅶ号参照。

（w）*L.* 2 §2 *L.* 33 §3 *de don.* (39. 5.)［学説彙纂第39巻第5章「贈与について」第2法文第2節（ユーリアーヌス），第33法文第3節（ヘルモゲニアーヌス）］，*L.* 41 *pr. de re jud.* (42. 1.)［学説彙纂第42巻第1章「既判物について，および判決の効果について，および中間判決について」第41法文前文（パウルス）］．それゆえに，CがAに対しその約束に基づいて訴えるとき，Aは，beneficium competentiae［生活必需品差押控除の利益］を援用できない。

§158
V．贈与——個々の法律行為　3．Liberare[リーベラーレ。免除すること]
[Schenkung——Einzelne Rechtsgeschäfte　3. Liberare]

　債務の免除は，どれも債務者の真の利得である[a]。それで，贈与のその他の要件もその場合に存するときは，そこに真の贈与がある。その贈与の額は，常に，廃棄された債務の額と同じであって，債務者が支払不能になったようなときでもそうである[b]。というのは，ここでは，どっちみち支払われえなかった一つの債務の免除は事実上どうでもよいと思われても，やはり財産の拡大は疑う余地がない。すなわち，財産は，常に不定の大きさとみなされ，その場合，総額が不定と考えられなければならないのみならず，全体価値のプラスまたはマイナスさえ不定と考えられなければならない。したがって，財産がマイナスの大きさであるとしても，やはり，法律的にみれば，マイナスのどの減少の中にも，プラスの価値の財産においてプラスが高められるときとまったく同種の変更がある。

　さて，受贈者が免除されるべき債権は，与える者自身に属するか第三者に属するかでありうる。

　自分自身の債権の免除による贈与は，最も単純に最もしばしば契約によってなされる。この免除契約は，ローマ人においては，要式免除契約

　(a)　*L.* 115 *pr. de R. J.* (50. 17.) [学説彙纂第50巻第17章「古い法の種々の規則について」第115法文前文（パウルス）]，*L.* 20 *quod. metus* (4. 2.) [学説彙纂第 4 巻第 2 章「畏怖によりなされたこと」第20法文（ウルピアーヌス）]，*L.* 11 *pr. de acceptil.* (46. 4.) [学説彙纂第46巻第 4 章「要式免除契約について」第11法文前文（パウルス）].

　(b)　*L.* 31 § 1. 4 *de mortis causa don.* (39. 6.) [学説彙纂第39巻第 6 章「死因贈与と死因取得について」第31法文第 1，4 節（ガーイウス）]，*L.* 22 § 3 *L.* 82 *ad L. Falcid.* (35. 2.): „ipse sibi solvendo videtur, et, quod ad se attinet, dives est." [学説彙纂第35巻第 2 章「ファルキディウス法註解」第22法文第 3 節（パウルス），第82法文（ウルピアーヌス）:「彼自身に支払能力があるとみられ，したがって彼に関する限り富んでいる。」]

§158 贈与。個々の法律行為。3．Liberare——*121*

[Acceptilation] でもありえたし，単なる合意 [Pactum] でもありえた。要式免除契約は，どこでもそうであるように，贈与の場合においても最も完全に効果をもったが(c)，やはり，それも，その債権が法的に有効であったときにのみ，贈与とみなされえたし，その債権にどっちみち有効な抗弁が対立していて，それゆえに債務のあらゆる外見を消し去るためにのみ要式免除契約が用いられたときは，債務者がそれによりもっと富むことはなかったから，そこには贈与は存しなかった(d)。

128　単なる合意も，ローマ人においてすでに，真の贈与とみなされえた。なぜならば，それは有効に債務を免れさせたからである(e)。通例は，このこ

（c）*L.* 17 *de don.* (39. 5.) ［学説彙纂第39巻第5章「贈与について」第17法文（ウルピアーヌス）］，*L.* 2 *C. de acceptil.* (8. 44.) ［勅法彙纂第8巻第44章「要式免除契約について」第2法文］。

（d）§149参照。——ここで想定された場合は，*L.* 3 *de cond. sine causa* (12. 7.) ［学説彙纂第12巻第7章「無原因の不当利得返還請求訴権について」第3法文（ユーリアーヌス）］，*L.* 2 § 3 *de doli exc.* (44. 4.) ［学説彙纂第44巻第4章「悪意および強迫の抗弁について」第2法文第3節（ウルピアーヌス）］において完全に述べられている。

（e）*L.* 1 *de transact.* (2. 15.) „Qui transigit, quasi de re dubia et lite incerta neque finita transigit: qui vero *paciscitur donationis causa*, rem certam et indubitatam *liberalitate remittit*. ［学説彙纂第2巻第15章「和解について」第1法文（ウルピアーヌス）］：「和解する者は，いわば，不確かな物および不確実でまだ終わっていない訴訟について和解する。しかし，贈与のために約定する者は，確実で疑いえない物を気前よく免除する。」］ donationis causa ［贈与のために］という言葉は，制限的な定めとして，paciscitur ［約定する］に付属する。したがって，pactus ［合意］は genus ［属］であり，それの種類が transactio ［和解］と贈与としての免除である。（参照，*L.* 2 *eod.* ［同所第2法文（ウルピアーヌス）］，*L.* 1 *cit.* ［前掲第1法文］でのBARTOLUSおよび彼に従い多くの他の人。それにもかかわらず，最新版においてさえ，コンマが誤って paciscitur ［約定する］の後に置かれている）。両方の行為の上掲の相違は，事物の本質に存する。当事者が donatio ［贈与］という表現を誤って用いるとしても，そのことは本質においてなにも変更しない（*L.* 15 § 4 *locati* 19. 2. ［学説彙纂第19巻第2章「賃貸借訴権」第15法文第4節（ウルピアーヌス）］参照）。—*L.* 1 § 1 *quib. mod. pign.* (20. 6.) ［学説彙纂第20巻第6章「どのような方法で質または抵当が解消されるか」第1法文第1節（パーピニアーヌス）］，*L.* 28 § 2 *de pactis* (2. 14.) ［学説彙纂第2巻第14章「約束について」第28法文第2節（ガーイウス）］，
(訳註15)
L. 53 § 26 *de furtis* (47. 2.) ［学説彙纂第47巻第2章「窃盗について」第53法文第26節（ウル

とは確かに per exceptionem［ペル・エクスケプティオーネム。抗弁によって］のみ生じたが，しかしそれでまたすでに十分であった。若干の例外的場合においては，それはさらに ipso jure［イプソー・ユーレ。法律上当然に］効力を生じたが(f)，このことは現代法においては一般的に認められなければならない。——このような免除契約は，黙示的にも，すなわち意思をはっきり見せる行為によっても，締結されうる(g)。——これに反し，一方的な放棄は，他の目的のためと同様贈与においては，まったく無効である。しかし，債務者の側の承諾によって，それは契約の性質を帯び，それでたった今述べた仕方で効力を有する。この承諾がない限り，その放棄は常に撤回されうるし，このような撤回は，訴えの提起や裁判外の請求の中におのずから存する(h)。——相手方が自分にもはやなにも債務を負っていず，全部支払ったという債権者の表示は，二つの意味に解釈できる性質を有する。それが免除契約の表現とみられるべきか，単に受取書とみられるべきか

──────────

ピアーヌス）］, *L.* 15 *pr. ad L. Falc.* (35. 2.)［学説彙纂第35巻第2章「ファルキディウス法註解」第15法文前文（パーピニアーヌス）］.

（f） *L.* 17 §1 *L.* 27 §2 *de pactis* (2. 14.)［学説彙纂第2巻第14章「約束について」第17法文第1節，第27法文第2節（パウルス）］, *L.* 17 §6 *de injur.* (47. 10.)［学説彙纂第47巻第10章「不法侵害と誹謗文書について」第17法文第6節（ウルピアーヌス）］.

（g） そういうことで，たとえば債務証書の返還によることが希でない。*L.* 2 §1 *de pactis* (2. 14.)［学説彙纂第2巻第14章「約束について」第2法文第1節（パウルス）］. (§ 131 [本書第三巻222頁以下] 参照)。このような契約が解釈によって認められるという別の場合は，*L.* 17 §1 *de usur.* (22. 1.)［学説彙纂第22巻第1章「利息と果実とすべての付加物と遅滞について」第17法文第1節（パウルス）］, *L.* 26 *de prob.* (22. 3.)［学説彙纂第22巻第3章「証明と推定について」第26法文（パーピニアーヌス）］に存する。これらの単に決疑論的な個所から法規を引き出そうとし，または他の法規の誤りを証明しようとされてきたが，それは不当である。

（h） この問題を非常に網羅的に取り扱っているのは，Meyerfeld I. S. 208. である。多くの実際家は，反対の意見を有する。KIND quaest. for. T. 4 C. 59参照。——*L.* 18 §2 *de m. c. don.* (39. 6.)［学説彙纂第39巻第6章「死因贈与と死因取得について」第18法文第2節（ユーリアーヌス）］および *L.* 28 *eod.*［同所第28法文（マルケルルス）］に一つの反証をみいだそうとされるかもしれない。これらの個所については，§170. cc 参照。

§158 贈与。個々の法律行為。3．Liberare ——*123*

は，事情次第であって，後者の場合には，それは，錯誤に基づくことが証明できるときは，まったくなんら効力を有しない(1)。——債権者が保証人に与える免除は，真の贈与ではない。というのは，保証の引受は債権者の利得とみられないので（§149. d），その免除も債権者の財産の減少ではなく，したがってまた贈与でないからである。

与える者自身の債権からの債務者の免除は，間接的に，契約なしにでも生じさせられうる。債権者がその債務を訴求するが，しかしその訴訟手続を故意に，棄却されなければならないように進めるとき，そうである(k)。債権者が，法廷で，相手方が自分に債務を負っていないことを容認することによって，それを本来の手続にまったく至らせないときも同様である(1)。

これまで述べた各場合においては，免除が関係した債務は，すでに贈与

（i）*L.* 40 *pr. de pactis* (2. 14.)［学説彙纂第2巻第14章「約束について」第40法文前文（パーピニアーヌス）］，*L.* 6 *L.* 13 *C. de solut.* (8. 43.)［勅法彙纂第8巻第43章「支払と免責について」第6，13法文］．要式免除契約が錯誤に基づいたときでさえ，これに対してcondictio indebiti［非債の不当利得返還請求訴権］が認められた。単なる受取書は，法律行為ではなくて，一つの証明手段にすぎないから，これすら必要でない。

（k）*L.* 5 §7 *de don. int. vir.* (24. 1.)［学説彙纂第24巻第1章「夫と妻の間の贈与について」第5法文第7節（ウルピアーヌス）］，*L.* 3 §1 *quae in fraud.* (42. 8.)［学説彙纂第42巻第8章「債務者を欺くためになされたことの回復されるように」第3法文第1節（ウルピアーヌス）］，*L.* 1 §7 *si quid in fraud.* (38. 5.)［学説彙纂第38巻第5章「あることが保護者を欺くためになされた場合」第1法文第7節（ウルピアーヌス）］．——これが夫婦間でなされるとき，判決は，そのゆえに劣らず有効であるが，金銭価値に対する不当利得返還請求訴権が認められる。*L.* 5 §7 *cit.*［前掲第5法文第7節］．

（1）*L.* 29 §1 *de don.* (39. 5.)［学説彙纂第39巻第5章「贈与について」第29法文第1節（パーピニアーヌス）］．——この種の贈与に関係させられるべきでないいくつかの個所があって，そこでは，donare［贈与する］という言葉が非常に比喩的に，法務官または弁護人によって，したがって自身はそれのためになんら犠牲を払わないような人たちによって生じさせられる免除について用いられる。*L.* 8 §17 *de transact.* (2. 15.)［学説彙纂第2巻第15章「和解について」第8法文第17節（ウルピアーヌス）］，*L.* 212 *de V. S.* (50. 16.)［学説彙纂第50巻第16章「言葉の意義について」第212法文（ウルピアーヌス）］．——認められた訴権消滅時効による免除については，付録IX 参照。

前に現実に存在していた。しかし，贈与は，債権が発生を妨げられ，その結果そもそもまったく成立しないというようにもなされうる。ある人が相手方の事務管理をするとき，その人は，それによって通例は，支出した費用の賠償への actio negotiorum gestorum contraria ［アークティオー・ネゴーティオールム・ゲストールム・コントラーリア。事務管理反対訴権］を取得する。しかし，このことは，相手方にこういう仕方で義務を負わせようとする意図を前提とする。これに反し，事務管理者が相手方にこの費用により贈与しようという意図を有するときは，その債務は発生しない。そのとき，その行為は，一つの贈与であって，その贈与が生じさせられるのは，一度も存在しなかったのではあるが，しかしそういう好意的な意図がなければ発生していたであろう債務からの相手方の免除によってである。ある人が相手方の農場を無償で耕作する，つまり労賃や穀種の費消を相手方に贈り物にする意図で耕作するとき，それはこの種の一つの場合である。ある人が相手方の土地に家を建てるが，材料と労賃によって所有者を富ませる意図でそうするときも，同様である(m)。

最後に，それの消却により贈与がなされるべき債権は，与える者とは別の者に属していたこともありうる。

ある人が別の人の債務を支払うとき，それにより債務者は免除されるのであって，そのことが委託なしに，それどころか債務者が知ることなしに，あるいは債務者の意思に反してなされるときでさえ，そうである(n)。今，債務者を富ませようとする意図が加わると，そこには真の贈与がある(o)。──他人の債務の消却が支払によってではなくて，債務引受によっ

(m) *L.* 14 *de don.* (39. 5.) ［学説彙纂第39巻第5章「贈与について」第14法文（ユーリアーヌス）］, *L.* 2 *in f. C. de rei vind.* (3. 32.) ［勅法彙纂第3巻第32章「所有物返還請求訴権について」第2法文末尾］。

(n) *L.* 23 *de solut.* (46. 3.) ［学説彙纂第46巻第3章「支払と免責について」第23法文（ポンポーニウス）］。

(o) *L.* 7 § 7 *L.* 50 *pr. de don. int. vir.* (24. 1.) ［学説彙纂第24巻第1章「夫と妻の間

て生じさせられ，これが同じように債務者の意識および意思を考えずになされるときも，同様である(p)。ここにも贈与があり，しかも引受人は，債務者に対してのみ贈与関係にあり，債権者に対しては贈与関係にない(q)。債務引受は，とりわけ，与える者が自分の債務者Aをして，受領者の債権者Bに対する債務引受をさせるというようになされうる。ここでは，二つの旧債務関係が解消されるが，AとBの間には贈与は存在せず，受領者の利得は，前述の場合におけると同様に，免除によって生じさせられる。——自発的に自己の計算で引き受けられた，債務者のための訴訟進行によっても，この種の贈与が生じさせられうる(r)。——最後に，保証の引受が，同じ目的に帰着する。債権者は自分の財産を拡大するのではなくて，もっと大きな確実性を得るにすぎないから，そこには債権者への贈与

の贈与について」第7法文第7節（ウルピアーヌス），第50法文前文（ヤーウォレーヌス）]，*L. 12 C. de neg. gestis* (2. 19.) [勅法彙纂第2巻第19章「事務管理について」第12法文]．——債務が単なる naturalis obligatio ［自然債務］であるときでさえそうである。*L. 9 §1 de Sc. Macedo.* (14. 6.) [学説彙纂第14巻第6章「マケドー元老院議決について」第9法文第1節（ウルピアーヌス）]．

(p) *L. 91 de solut.* (46. 3.) [学説彙纂第46巻第3章「支払と免責について」第91法文（ラベオ）]，*L. 8 in f. de novat.* (46. 2.) [学説彙纂第46巻第2章「更改と弁済指図について」第8法文末尾（ウルピアーヌス）]，*L. 13 §10 de acceptil.* (46. 4.) [学説彙纂第46巻第4章「要式免除契約について」第13法文第10節（ウルピアーヌス）]．

(q) *L. 21 pr. de don.* (39. 5.) [学説彙纂第39巻第5章「贈与について」第21法文前文（ケルスス）]，*L. 5 §5 de doli except.* (44. 4.) [学説彙纂第44巻第4章「悪意のおよび強迫の抗弁について」第5法文第5節（パウルス）]，*L. 33 de nov.* (46. 2.) [学説彙纂第46巻第2章「更改と弁済指図について」第33法文（トリュポニーヌス）]．（付録 X 第 VI, VII 号参照）。同じことは，もちろん，前述の（支払の）場合においても主張されなければならないが，ただ債務引受においての方が取り違えがすぐ考えられる。なぜならば，ここでは，債務引受人と債権者の間に継続的な法律関係が生じるからである。

(r) *L. 23 de solut.* (46. 3.). „.. vel judicium pro nobis accipiendo," [学説彙纂第46巻第3章「支払と免責について」第23法文（ポンポーニウス）:「..あるいはわれわれのために訴訟を引き受けることによって，」] これはここでは，免除手段として，現金支払と同列に置かれる。

は決して存しない。保証が，債務者に対して決して求償しようとしないという意図をもってなされるとき，そこには債務者への贈与が存しうる[s]。けれどもここには，場合によっては起こりうる贈与のみが存する。すなわち，保証人が債務を支払うべき状態に至るという場合についてだけである。だから，このことによって，この場合は，常に無条件の贈与が含まれている前述の場合から区別される。

けれども，ここでまとめて並べた，他人の債権の消却の諸場合は，ひっくるめて，その中に同時に与える者自身の債権からの免除が含まれているというようにも理解される。すなわち，ある人が相手方のために支払い，債務引受をし，保証するとき，これは，委任，negotiorum gestio ［事務管理］，または贈与する意図から出ていることがありうる[t]。前二者の場合には，そもそも贈与は含まれていない。なぜならば，そのようにして債務者を免除する者は，常にこの者に対し求償訴権を有するからである。したがって，それらの場合はすべて，免除する者が，自分自身そうでなければ債務者に対して有するであろう求償訴権を債務者に免除する特別の意図を有する限りにおいてのみ，贈与を含む。つまり，ここでは常に，自身の債権の免除も基礎にある。

しかしながら，まさにこの考察が，再び一つの疑問を引き起こす。それによって，免除する者が，すでに取得していた権利を犠牲にするのではな

(s) *L.* 6 § 2 *mand.* (17. 1.) ［学説彙纂第17巻第1章「委任訴権または反対訴権」第6法文第2節（ウルピアーヌス）］, *L.* 4 *de neg. gestis* (3. 5.) ［学説彙纂第3巻第5章「事務管理について」第4法文（ウルピアーヌス）］, *L.* 32 *de pactis* (2. 14.) ［学説彙纂第2巻第14章「約束について」第32法文（パウルス）］, *L.* 1 § 19 *si quid in fraud.* (38. 5.) ［学説彙纂第38巻第5章「あることが保護者を欺くためになされた場合」第1法文第19節（ウルピアーヌス）］, *L.* 9 § 3 *de Sc. Maced.* (14. 6.) ［学説彙纂第14巻第6章「マケドー元老院議決について」第9法文第3節（ウルピアーヌス）］.――§ 149. d 参照。

(t) *L.* 6 § 2 *mand.* (17. 1.) ［学説彙纂第17巻第1章「委任訴権または反対訴権」第6法文第2節（ウルピアーヌス）］, *L.* 4 *de neg. gestis* (3. 5.) ［学説彙纂第3巻第5章「事務管理について」第4法文（ウルピアーヌス）］.

くて，新しい権利の取得を自分から拒むにすぎないかのような観を呈し，このことは真の贈与の概念に矛盾するとみられるかもしれない。けれども，この異議には，上述のところで債権的贈与においてすでになされたのと同じ仕方で対処すべきである（§157）。

134　以上の種々の贈与手段すべてにおいて，第三者と締結された法律行為が贈与の目的のために用いられた諸場合が現われた。与える者が他人の物を，所有者の意思をもって，そして所有者への委任により贈与するとき，そうであり（§156. b），受領者が第三者に対する債権を手に入れるとき，そうであり（§157），受領者が第三者に対する債務を，与える者の支払または債務引受により免れるとき，そうである（§158）。仲介者を通じてのこのような贈与の許容性は，一般的に承認されている[u]。この仲介者は，与える者としても受領者としても贈与関係の中に決していなくて，他人の間に行われる贈与を仲介するにすぎないことは，まったく確実である。しかし，実定法規に由来する贈与の無効または失効が，そういう仲介者との法律行為にも反作用を及ぼすかどうかは，疑問である。この問題は，付録Ⅹで取り扱われる。

§159
Ⅴ．贈与——個々の法律行為　4．財産全体
[Schenkung——Einzelne Rechtsgeschäfte　4. Ganzes Vermögen]

　これまで贈与を述べたのは，財産の中に含まれた個々の権利に適用して
135　であった。しかし，贈与は，全体としての財産にも，すなわち財産の中に現に含まれているすべての権利にも関しうるのであって，この最も包括的

（u）　*L.* 4 *de don.* (39. 5.) „Etiam per interpositam personam donatio consummari potest."［学説彙纂第39巻第5章「贈与について」第4法文（パウルス）：「仲介者によってさえ，贈与は完成されうる。」］

な適用は，なお詳細な考察を要する[a]。——この場合の特色は，種々の形で現われうる。最も単純には全体の無制限の贈与としてであるが，財産のある割合についての贈与としてということもあるし，あるいは，いっしょに贈与されるべきでない個々の財産部分を留保して[b]，用益権を留保してということもあり，与える者に贈与の負担［Modus］である扶養料を支払うべき受領者の義務を伴うこともある。

比較的古い法においては，その場合，とくに贈与を完全に有効にした形式（握取行為と引渡）が個々の物にのみ適用でき，観念的な客体としての財産には適用できないという困難が生じた。それゆえに，いくつかの個所で，個々の物が譲渡されなければならず，全体に向けられた贈与は無効であり[c]，とくにこの無効は，単なる贈与と考えられる仮装売買にもあてはまる[d]といわれる。この形式上の困難は，ユスティーニアーヌス帝の法においてはなくなる。そこでは，このような贈与は形式を要しない契約によって完全に有効になるのであり，それはその契約によって与える者の履行義務が設定されているからであると，はっきりいわれる[e]。それに加えて，ユスティーニアーヌス帝は，一般に，留保された用益権によって生じ

(a) 詳細にこの場合を取り扱うのは，Meyerfeld II. §21.

(b) この場合は，*L.* 37 §3 *de leg.* 3 (32. un.)［学説彙纂第32巻単章「遺贈と信託遺贈について 3」第37法文第3節（スカエウォラ）］において現われる。

(c) 主要個所：Fragm. Vatic. §263［ヴァティカンの断片第263節］，Cod. Hermog.［ヘルモゲニアーヌスの勅法集］VII. 1 ed. Hänel（以前には VI. 1, これは *L.* 11 *C. de don.* 8. 54［勅法彙纂第8巻第54章「贈与について」第11法文］において改変されて存する。Meyerfeld S. 9参照）。——個々の引渡（最初は握取行為または譲渡［Cession］も）による実行の例は，*L.* 42 *pr. de m. c. don.* (39. 6.)［学説彙纂第39巻第6章「死因贈与と死因取得について」第42法文前文（パーピニアーヌス）］，*L.* 37 §3 *de leg.* 3 (32. un.)［学説彙纂第32巻単章「遺贈と信託遺贈について 3」第37法文第3節（スカエウォラ）］にある。

(d) Cod. Hermog.［ヘルモゲニアーヌスの勅法集］VII. 2 (以前には VI. 2). 上述§154. c 参照。

(e) *L.* 35 §4 *C. de don.* (8. 54.)［勅法彙纂第8巻第54章「贈与について」第35法文第4節］．

させられる引渡を有効とする（§155. g）。けれども，この後者の形式を財産全体の贈与に適用しようとすれば，これは，個々の物を表示することによってのみ実行できる。なぜならば，個々の物についてのみ（観念的全体としての財産についてはそうでない）占有が可能であり，その占有は，各個の物に向けられた占有者の意図によってのみ取得されうるからである。

しかし，こういう形式上の困難に左右されず，また，諸法規の，ローマ法において生じたこういう修正に左右されないのは，財産全体の贈与から生じる法律関係の独特の性質である。それについては，このような贈与は決して，相続と同じ per universitatem ［ペル・ウーニウェルシターテム。包括的］承継とみられてはならないという重要な規則があてはまり（§105［本書第三巻10頁以下］），この規則は，常に不変のままである。第一の結果は，個々の所有権が別々に引渡によって譲渡されなければならないということである。けれども，これについては，すでに上述のところでいくつかの簡易化が挙げられた。第二に，そこから，個々の債権が別々に譲渡されるべきであるということが結果として出てくる。しかし，このこともあまり困難を生じない。なぜならば，受贈者は，どの債務訴訟をも，とにかくその譲渡を強制できるものであれば，今は現実の譲渡なしにでも，utilis actio ［ウーティリス・アークティオー。準訴訟］として提起できるからである（§157. t）。しかし，もっと重要なのは，第三の結果であって，これは，受贈者が与える者の債権者となんら法律関係になく，したがってこういう債権者によって訴えられることはありえず，一方，与える者は，債権者を満足させうるようなものをもはやなにも有しないということである。これについて贈与自体においてなにもとくに約定されていないときは，受領者が暗黙のうちに，すべての債務を弁済するべき，したがって債権者に対し与える者の代わりを努めるべき義務を負ったという極めて自然な推定が認められる[f]。この推定は，ここで贈与の対象を成す財産の概念の直接的結果であ

（f） L. 72 pr. de j. dot. (23. 3.)［学説彙纂第23巻第3章「嫁資の法について」第72法文前文（パウルス）］．その個所は，直接に贈与について語るのではなくて，妻がその財産全

る。というのは，財産は，どこでも，所有者に債務の控除後に残っている，権利の総額を意味するにすぎないからである(g)。このような義務がどのように主張されるかは，一つの親近の場合によって証明される。財産が全体として贈与されるのではなくて，一つの財産部分だけが，たとえば，ひょっとすると財産の大部分を占める農場が贈与されるとき，上述した債務の暗黙の引受は認められないで，そのためには明示的な契約が必要である。しかし，こういう契約が締結されているとき，与える者は，それの履行を actio praescriptis verbis ［アークティオー・プラエスクリープティース・ウェルビース。前置文による訴訟］をもって強制することができ，事情によっては不当利得返還請求訴権をもって贈り物の返還を請求することもできる(h)。与える者がこれらの訴権を債権者に譲渡できることも明白であり，そのとき，債権者は，これらを直接に行うことができる。与える者が，債

体によってする嫁資設定について語る。これについてこういわれる，夫は相続人と同じにみられず，したがって債権者により訴えられえない；„sed non plus esse *in promissione bonorum*, quam quod superest deducto aere alieno." ［「しかし，財産の約束の中には，債務を差し引いて残っているものより多くのものはない。」］さて，確かに，妻によって設定される嫁資は贈与ではないが，しかし債権者に対する関係はまったく同じである。というのは，promissio bonorum ［財産の約束］が両方の場合において基礎にあり，ここでパウルスが嫁資に適用して主張するこのような promissio ［約束］の解釈は，贈与への適用においても認められなければならない。

　(g) *L.* 39 §1 *de V. S.* (50. 16.) ［学説彙纂第50巻第16章「言葉の意義について」第39法文第1節（パウルス）］, *L.* 69 *ad L. Falc.* (35. 2.) ［学説彙纂第35巻第2章「ファルキディウス法註解」第69法文（ポンポーニウス）］, *L.*11 *de j. fisci* (49. 14.) ［学説彙纂第49巻第14章「国庫の法について」第11法文（ヤーウォレーヌス）］, *L.* 8 §4 *C. de bon. quae lib.* (6. 61.) ［勅法彙纂第6巻第61章「父権の中にいる子に結婚その他により取得される財産について，およびそれの管理について」第8法文第4節］.──なお，この点で bona ［財産］と res ［物］という表現がまったく同じ意義を有することが，はっきり言い添えられる。*L.* 43 *de usu leg.* (33. 2.) ［学説彙纂第33巻第2章「遺贈または信託遺贈によって与えられた使用権と用益権と収益権と居住権と使役権について」第43法文（ウェヌレイウス）］.

　(h) *L.* 15. 22 *C. de don.* (8. 54.) ［勅法彙纂第8巻第54章「贈与について」第15，22法文］, *L.* 2 *C. de cond. ob caus.* (4. 6.) ［勅法彙纂第4巻第6章「原因に基づいて与えられたものの不当利得返還請求訴権について」第2法文］.

§159 贈与。個々の法律行為。4．財産全体──*131*

権者に対し，実行不能の理由として自分の貧困のみを援用するとき，その者は，とりわけ，ともかく重要な財産部分でさえあるそれらの譲渡を強制されうるし，債権者は，この間接的な方法で，贈与の受領者に対しても確実な請求権を手に入れる。与える者がその財産をまだ現実に引き渡していず，贈与の履行を訴求されるとき，その者は，上述の訴権を防御的に doli exceptio［ドリー・エクスケプティオー。悪意の抗弁］によって主張できることも確実である。それどころか，その者がこうしてよいということは，その者の beneficium competentiae［生活必需品差押控除の利益］からまったく直接に結果として出てくるのであって，これをその者は，その債務が前もって差し引かれるという仕方で主張することができる[1]。この点で，その者には，こういう控除の権利が直接に認められている。

しかしながら，この関係全体は，これまで暗黙の契約からのみ，つまり意思の解釈からのみ導き出された。財産の受領者が債務を弁済することを要しないことが明示的に定められているときは，それは問題になりえない。そのような不正が許されるべきでないことは，自明である。除去の方法は，再び，すでに用いた親近の場合との対比から明らかになる。ある人が，自分の個々の物すべてを引渡により贈与するが，これにその者の財産の全価値がある。そして，その贈与の際に，債務についてなにもいわないとき，これについて受領者は，さしあたって，なんら義務を負わない（註h）。しかし，その譲渡が債権者に対する不誠実な意図でなされたときは，債権者は，受領者に対し Pauliana actio［パウルスの訴権］を有しており，その場合，今，まさにその譲渡においては贈与が基礎にあるから，不誠実への受領者の関与はどうでもよい（§145. d）。しかし，与える者の不誠実な意図は，そういう贈与においては自明であり，その者がそもそも債務の

（i）*L.* 12 *de don.* (39. 5.). „.. in quantum facere potest, convenitur : *sed enim id, quod creditoribus debetur, erit detrahendum* ..."［学説彙纂第39巻第5章「贈与について」第12法文（ウルピアーヌス）：「..その者は，履行できるだけ訴えられる。しかしもちろん，債権者たちに債務として負われるものは，控除されるべきであろう...。」］

存在を知っていさえすれば，なんら特別の証明を要しない(k)。今，個々の物が贈与されたというこの場合について認められることは，財産そのものが贈与契約の対象とされ，同時に受領者が債務についてのあらゆる義務を免除されるとき，はるかに高度に認められなければならない。というのは，この場合には不誠実な意図が非常に明白であるので，受領者もそれを疑っていることはまったくありえなかったからである。したがってここでは，除去対策は，債権者が受領者に対し Pauliana actio［パウルスの訴権］をもって訴え，受領者が贈与された財産から債務の弁済に必要なだけを返還しなければならないことにある(l)。

　立てられた規則が，贈与の時にすでに存在していた債務にしか適用されてはならないことは，自明である。後に契約された債務はすべて，与える者の後の取得と同様，これまで考察された（現にある［gegenwärtig］財産に向けられた）贈与の範囲の外にある。

　立てられた諸原則は，だれかが現にある自分の財産ではなくて，自分の手に入った相続財産を贈与するときにも適用できる。というのは，ここでも再び，財産の概念が，すなわち故人に死亡時に属していた財産の概念が適用できるからである(m)。この相続財産の債務に関しては，同じように，受領者がそれの支払を暗黙のうちに引き受けたという当然の推定が認めら

　（k）　*L.* 17 § 1 *quae in fraud.* (42. 8.).「.. universas res suas *tradidit*,"［学説彙纂第42巻第8章「債権者を欺くためになされたことが回復されるように」第17法文第1節（ユーリアーヌス）：「..彼のすべての物を<u>引き渡した</u>,」］したがって，彼の所有しているすべての個々の物を，比較的古い法に従っても常になされるべきであったように（註c）。そしてこの場合について，ここではこういわれる：„qui creditores habere se scit, et universa bona sua alienavit, *intelligendus est fraudandorum creditorum consilium habuisse.*"［「債権者を有することを知っていて，自分のすべての財産を譲渡した者は，<u>債権者欺瞞の考えを有したとみられるべきである。</u>」］

　（l）　贈与が財産のある割合にのみ向けられているとき，または債務を弁済できるほど多くの個々の物が贈与から除外されているときは，当然この悪意は問題にならない。

　（m）　*L.* 24 *de V. S.* (50. 16.)［学説彙纂第50巻第16章「言葉の意義について」第24法文（ガーイウス）］，およびいくつかの他の個所。

れる(n)。けれども，この場合に別段のことが明示的に約定されているときは，そこには，必ずしも債権者に対する不誠実な意図はまったくない。むしろ，与える者は，贈与された相続財産の債務を，それに完全に足りる自分自身の財産から弁済する意図を有することが十分ありうる。——贈与が，まだ生きている人の将来の相続財産に関するときは，その贈与は，その人の同意により有効であり，そうでなければ禁止されている(o)。それにもかかわらずそれが企てられるとき，譲渡人は，後に自分に帰属する相続財産が没収されるという罰をこうむる(p)。

さてなお考察が残っているのは，与える者の現にある財産のみならず将来の財産も贈与の対象にされるという場合である。この行為を，私は，ローマ法に従えば完全に無効だと考える。なぜならば，それは，実際には隠

(n) L. 28 de don. (39. 5.). „Hereditatem pater .. filiae .. donavit ... cogendam eam per actionem praescriptis verbis patrem adversus eos (creditores) defendere.“ [学説彙纂第39巻第5章「贈与について」第28法文（パーピニアーヌス）:「相続財産を父が... 娘に... 贈与した... 彼女は前書訴訟により彼ら（債権者たち）に対して父を擁護するよう強制されるべきである。」] ここでパーピニアーヌスが相続財産そのものの贈与を懸念なく有効とみることは，注意をひく。なぜならば，なにしろ自身の財産の贈与は非常に疑わしく思われたからである（註c）。しかし，そのことは，比較的古い法の規則と合致していたのであって，この規則によれば，どの相続人も，すでに取得された相続財産をin jure cessio [法廷譲渡] によって譲渡できたのであり，ここから，所有権は per universitatem [包括的に] 移転し，債権は無に帰せられていて，債務は（ここでパーピニアーヌスが前提するのとまったく同様に）譲渡する相続人に残ったままであるという奇妙な結果が生じた。GAJUS II. §35. 36, III. §85. 86. ULPIAN. XIX. §13. 14. それの一つの痕跡が学説彙纂の中に迷い込んでいる。L. 4 §28 de doli exc. (44. 4.) [学説彙纂第44巻第4章「悪意のおよび強迫の抗弁について」第4法文第28節（ウルピアーヌス）].

(o) L. 30 C. de pactis (2. 3.) [勅法彙纂第2巻第3章「約束について」第30法文]. この規則が現代法においても続いていることは，Hasse, Rhein. Museum B. 2 S. 149-241, 300-366により確証されている。異見は，Eichhorn Deutsches Privatrecht §341である。

(p) L. 29 §2 de don. (39. 5.) [学説彙纂第39巻第5章「贈与について」第29法文第2節（パーピニアーヌス）], L. 2 §3 de his quae ut ind. (34. 9.) [学説彙纂第34巻第9章「ふさわしくないとしてとり上げられるものについて」第2法文第3節（マルキアーヌス）].

れた相続契約にすぎず、これのために、与える者にとって、自己の財産の他の有効な処分はどれも不能になるからである。それによって、遺言自由が、与える者にとって無に帰せられるのみならず、財産を法定相続人のところへ来させる可能性さえ、したがってその財産の運命へのあらゆる種類の以後の影響が無に帰せられるのであって、これがまさに、ローマ法が相続契約を承認しない理由である(q)。それにより包括承継が設定されないことは、違いを生じえない。なぜならば、受領者は、包括承継により手に入れることができるすべての利益を、別の法的形式の下でさえあれば現実にも手に入れるであろうからである(r)。そのことは、やはりまさしく、実定法規の迂回のどれもがもっている性格である。これに対して、それでもやはり指名された遺言相続人は遺産相続を決心して、それからその財産を受贈者に引き渡すことができるという反対がなされてきた。しかしながら、だれかがこういう実りのない、危険なしとしない苦労を容易には引き受けないであろうことは別として、それでは上述の法規の精神が決して満たされていないであろう。というのは、このような相続人は、やはり相続人という名称をもつにすぎず、実際には遺言執行者に比せられるべきであろうからである。さらに、つぎのようにいわれてきた。このような贈与と並んで、真の相続人が考えられるのみならず、必要でさえある。こういう者なしには贈与は存しえないであろう。なぜならば、そういう者だけが与える者の死亡後引渡を実行できるから、というのである(s)。この理由は、完全

(q) たいていの比較的古い法学者は、いくつかの理論的疑問を有するとしても、やはり、実際においてはこのような契約の無効が承認されているという点で一致する。GIPHANIUS lect. Altorf. p. 208. 209. N. 38. 44. CARPZOV. P. 2 Const. 12 def. 26. SCHILTER exerc. 43 § 19.

(r) それは、たとえば、Sc. Trebellianum [トレベルリウス元老院議決] 前に取り扱われたような (GAJUS II. § 252)、したがって四分の一の控除なしにでもなされた包括信託遺贈に比せられるべきであろう。しかし、ローマ人は、これが、財産全体に関係させられるべきときは、維持されえないことを、たやすく納得した。

(s) FABER error. Pragm. XLVIII. 6. Num. 5.

§159 贈与。個々の法律行為。4．財産全体——*135*

に根拠がない。贈与が有効であるとき，それによって受領者は与える者の債権者になる。しかし，このような者は，債務者の死後，相続人が存在してもしなくても自己の権利を追行できるのであり，相続人がないときは，債権者は，相続人なき財産の missio in possessionem［占有委付］により目的を達する[t]。

　そういう行為が現にある財産の単なる贈与に限定されて，そのことによって維持されなければならないということも，認められない。確かに，この贈与は，たった今主張された無効をこうむらない。なぜならば，その場合には，その後の取得が可能なため，その贈与から独立して，真の相続がまったく確実に存しうるからである。しかし，そこから，そういう修正的な変換の許容性は，結果として出てこない。というのは，両方の行為は，量的に異なっているだけではまったくなくて[u]，その本質において，および与える者の意図において異なっているからである。その行為の維持のためには，与える者に，この者が現実に有していたのとはまったく別の意図を押し付けなければならないであろう。それは，あたかも，遺言が6人の証人の前でなされており，これが遺言補足書［Codicill］への転換により維持されるべきであるかのようであるが，このことは，周知のように，被相続人のこれにも向けられた意思（遺言補足書条項）なしには許されていない[v]。──これに反し，現にある，および将来の財産のある割合の贈与は，疑いもなく有効である。なぜならば，今は，贈与されない部分によって，真の有効な相続が残っているからである。同様に，全体について mortis causa donatio［死因贈与］が許されている。なぜならば，これは，

　（t）　*L.* 4 *de reb. auct. jud.* (42. 5.)［学説彙纂第42巻第5章「審判人の命令により占有されるべきあるいは売られるべき物について」第4法文（パウルス）］．

　（u）　たとえば，だれかが登録なしに800ドゥカーテンを贈与するときと同じである。ここでは確かに，500は有効であり，300は無効である。

　（v）　*L.* 1 *de j. codicill.* (29. 7.)［学説彙纂第29巻第7章「遺言補足書について」第1法文（ウルピアーヌス）］，*L.* 3 *de test. mil.* (29. 1.)［学説彙纂第29巻第1章「軍人の遺言について」第3法文（ウルピアーヌス）］．

通例認められる撤回可能性によって，許されている遺言の性格をすっかりもっているからである。

　ところで，私は，ここで前提された贈与の，すなわち将来のものを含めての財産全体の贈与の許容性に反対する以上の諸理由を，ローマ法に従ってどんなに確実と考えようとも，やはり，それの現代の有効性に賛成する近時の著述家たち(w)に同意しなければならない。ただ，その場合，ローマ法を引合いに出すべきではない。その贈与は，それが真の相続契約であり，相続契約がドイツ法により承認されるから，有効である。比較的古い実際家がこれに反対した（註 q）ということは，まさに，そもそも相続契約の有効性に関して起こった長い争いから，およびその中に入れられるべき個々の場合に関する諸概念がしばしば不明確であったことから，説明される(x)。

§160
V．贈与——契約性

[Schenkung——Vertragsnatur]

　贈与がそもそも契約とみられるべきかどうかという重要な問題に答えることができるために，贈与が現われうる種々の法律行為すべてを通じて贈与の適用を行うことが必要であった。たいていの，また最も重要な場合において，贈与にこの性格があることは明白である。贈与が引渡，約束または免除契約によって生じさせられるとき，そうである。これに反し，贈与が契約の性質をもたない，すなわち受領者の利得の意識および受領者のこれへの同意が必要でない別の場合が存する。そこからまた，贈与が契約として現われる場合においても，この特性が，贈与としてのそれの本質から来ているのではなくて，むしろ，まさに贈与を生じさせる法律行為の特別

　（w）　Kind quaest. for. T.2 C. 63. M e y e r f e l d　II. S. 13-17.
　（x）　E i c h h o r n　Deutsches Privatrecht §341.

の性質から来ていることがありうるという結果が出てくる。

　したがって，今，受領者が同意することなしに真の贈与が含まれているような法律行為の説明によって，ここに提示した主張の証明がなされるべきである[a]。――このことは，しばしば，受領者が与える者の行為をそもそも意識せず，したがって自己の利得を知ることもなく，自己の意思で承諾することもありえないというようになされる。それに属するのは，他人によって与えられ，まさにそれによって妻に贈与される嫁資の場合である（§157. s）。さらに，わざと訴訟追行をまずくすることによる，または裁判上の容認による債務者の免除がそうである（§158. k. l）。同様に，新たに請求はしないという意図で，相手方の利益になるようになされる支出がそうである（§158. m）。それから，息子または奴隷への贈り物であって，父または主人に直接に取得されたものがそうである[b]。最後に，そして最も明白に，現金支払による，債務引受による，または保証の結果としての債務者の免除が，この免除が贈与の意図と結合されているとき，そうである（§158. nないしt）。すべてこれらの場合に，もちろん，受贈者は，それについて承知していることがありうるし，それどころかたいていそうであろう。しかし，法的には，このことは，まったく偶然的でどうでもよい

（a）　この問題を詳細に取り扱っているのは，Meyerfeld I. S. 37 fg.

（b）　*L*. 10 *de don.* (39. 5.). „.. Sed si nescit rem .. sibi esse donatam .. donatae rei dominus non fit, etiamsi per servum ejus, cui donabatur, missa fuerit : *nisi ea mente servo ejus data fuerit, ut statim ejus fiat.*" ［学説彙纂第39巻第5章「贈与について」第10法文（パウルス）：「..しかし，その物が..自分に贈与されることを知らないならば..たとえ贈与された者の奴隷を通して送られたとしても，贈与された物の所有者にならない：ただし，ただちにその者の所有になるという意識でその者の奴隷に与えられたときは，この限りでない。」］したがって，この最後の場合には，受贈者の意識なしにでも贈与が実行されていた。同じことは，疑いなく，贈り物が父権の中にいる息子へ与えられたときも，認められる。もっと制限された仕方で，この最後のことは，なおユスティーニアーヌス帝の法に従っても認められる。すなわち，今は，確かに息子が所有権を得るが，しかし父が用益権を得るのであり，それも真の贈与である。全般的に，Meyerfeld I. S. 38参照。

ことであって，受贈者の同意は，その法律行為の有効性になんら寄与せず，ひそかな善行は，ここでは，取り決められた善行と完全に同じく有効である。

別の場合には，受領者は，確かに与える者の行為については承知しているが，その中に含まれた贈与の意図については承知していず，それなのに，贈与は，それゆえに劣らず存在する。ある人が，買主を富ませるために，ある物を故意に価値以下で売るが，しかし買主が売主の慈善的意図について知らないとき，そうである（§152. a）。さらに，だれかが故意に非債について給付し，一方，受領者がそれを真の債務と考えるとき，そうである(c)。

148　これに反し，債権の単に一方的な放棄（§158. h）や，相手方の債務者になろうとする，契約に変ぜられない単なる意図（§157. c）をこういう場合に入れるのは，誤りであろう。

ここで出した見解に反対して，多くの人は，どの贈与も有効であるためには受贈者の側の承諾をどうしても必要とすると主張する(d)。しかし，われわれの見解に対するこの反対は，贈与を，受贈者の承諾を欠く場合に，それの積極的側面から締め出そうと試みるか消極的側面から締め出そうと試みるかに応じて，二とおりの意義を有しうる。第一の試みは，承諾がなければ挙げた行為は決して有効性をもたず，その結果そもそもなにも生じさせられないという意義を有するであろう。第二の試みは，その行為自体は確かに有効であるが，しかし贈与の性質をもたず，その結果，贈与が服させられている制限を受けないままであるという反対の意義を有するであ

（c）すなわち，condictio indebiti［非債の不当利得返還請求権］は，支払う者の錯誤を絶対に必要とし，それゆえに支払う者が債権の虚偽を意識することによってまったく排除される。しかし，その場合，受領者の意識は完全にどうでもよい。上述 §149 および付録 VIII 第 XXXVI 号註 e［本書第三巻403頁］参照。

（d）それに属するのは，Cujacius obss. XII. 28および Consult. N. 43である。さらに，贈与を全般的に債権契約とみるすべての著述家（§142. b）がそうである。

ろう。われわれの立場から認められなければならないことと対比すると、その行為の有効性は、第一の試みによって敗れ、第二の試みによって勝つであろう。私は、両方の可能な主張が誤っていることを証明したいし、そのために、上述のところでまとめて並べた諸場合のうち最も簡単で最も納得できる場合を選びたいと思う。それは、だれかが他人の債務を弁済するが、それにより債務者を富ませる意図でそうする場合である。反対者の意見に従えば、債務者の同意が必要であろう。したがって、この同意の欠如が多分生じさせうるであろうことが、調べられるべきである。

　債務者の同意の欠如は、第一に、その行為が有効な支払ではなく、したがって債務者がそれにより免除されないということを生じさせるであろう。だから、債務者の知ることのない、それどころか債務者の意思に反しての債務者の免除が、この場合についてはっきり承認されている場合[e]は、そうでないこと確実である。——第二に、債務者の同意の欠如は、その行為が確かに有効ではあるが、しかし贈与ではなく、したがって、たとえば夫婦間でこの行為が禁止されていないというように、贈与の特別の制限に服していないということを生じさせるであろう。しかし、このことは、それによりそういうすべての制限が完全にむなしいものになるであろうという理由からだけでも、まったく考えられない。そういうことで、たとえば、妻は、その夫から有効に贈与されるためには、債務を作り、それから夫がこれを、妻の助力や関知なしに弁済するだけでよいであろう。夫がそれにより妻に利得として得させたものは、それが妻自身に与えた金額とまったく同じ性質を有するのに、撤回できないであろう。しかし、こう

（e）　*L.* 23 *de solut.* (46. 3.). „Solutione .. et inviti et ignorantes liberari possumus."［学説彙纂第46巻第3章「支払と免責について」第23法文（ポンポーニウス）：「弁済によって…われわれは意に反してでも知らずにでも免除されうる。」］債務引受につき同じことをいうのは、*L.* 91 *eod.*［同所第91法文（ラベオ）］。気前よさから配慮された支出においては、それはもっと納得できる。たとえばある人がもう一人の人の農地を、この者が知らないのに、気前よさから耕すとき（§158. m）、反対の見解は、その農場が未耕作のものにされることによってのみ主張されるであろうが、そういうことは不可能である。

いう一般的な考察は，決して必要でない。なぜならば，夫婦の一方のために支払われた債務はどれも婚姻中の一般的な贈与禁止にもちろん服させられているし，夫婦の一方のためになされたどの債務引受も同様であるということが，はっきり承認されているからである(f)。したがって，これをもって，上述のところでまとめて並べた行為が，その場合受贈者の意識や同意がまったく欠けていることがありうるにせよ，どの関係においても真の贈与とみなされ，その効力を有することが，証明されている。

しかし，贈与がそれ自体契約の性質をもっているような行為に基づくという，もっとしばしばある場合には，もちろん，双方の同意が，贈与の有効にはぜひ必要である。とくに，引渡の場合にそうである(g)。

したがって，この種のすべての場合において，有効な贈与の第一の要件は，与える者の意思であって，これがなければ，すべての贈与の基礎としての気前よさは，まったく考えられない。それゆえに，別の人が，不当にこの意思を補おうとする，つまりその者に代わって贈与しようとするとき，その行為は無効である(h)。この同意の形式は，個々の法律行為の性質によって定められる。贈与の特性は，そのほかに必要な形式を制限したり加重したりすることは決してない(i)。

（f） *L.* 7 § 7 *L.* 50 *pr. de don. int. vir.* (24. 1.)［学説彙纂第24巻第1章「夫と妻の間の贈与について」第7法文第7節（ウルピアーヌス），第50法文前文（ヤーウォレーヌス）］，*L.* 5 § 4 *eod.*［同所第5法文第4節（ウルピアーヌス）］．

（g） *L.* 55 *de O. et A.* (44. 7.). „In omnibus rebus, *quae dominium transferunt*, concurrat, oportet, affectus ex utraque parte contrahentium : nam sive ea venditio, *sive donatio* .. fuit, nisi animus utriusque consenserit, perduci ad effectum id quod inchoatur non ptest."［学説彙纂第44巻第7章「債務と訴権について」第55法文（ヤーウォレーヌス）：「所有権を移転するすべての行為において，契約の双方からの意思が合致しなければならない。なぜならば，あるいは売買が，あるいは贈与が .. あろうと，双方の意思が一致したのでなければ，始められたことは効果に至らされえないからである。」］

（h） *L.* 7. 8. 10 *C. de don.* (8. 54.)［勅法彙纂第8巻第54章「贈与について」第7，8，10法文］．上述§156. a 参照．

（i） *L.* 6. 7. 13 *C. de don.* (8. 54.)［勅法彙纂第8巻第54章「贈与について」第6，7，

§160 贈与。契約性。——*141*

しかし，以上の各場合においては，第二の要件として，贈与の承諾または受領者の側の同意が加わらなければならない。これもなんら形式に拘束されていず，とくに黙示的に表示されえ，また，ほとんど常に贈り物の受領が望まれているから，それは，ある程度しかそれに関係させて解釈されえないような行為からさえ，極めて容易に推論されうるであろう(k)。承諾がきっぱり拒否されたときにだけ，このような場合には，贈与はそもそもまったく生じない(l)。与える者の表示から受領者の承諾までの中間時においては，贈与は完成していず，したがって未決定であり(m)，その結果，それまでは，与える者は自分の意思を撤回することができ，それによってやはり同じようにその行為全体が解消する。承諾が表示された時に撤回がなされていないときは，与える者の撤回されていない表示が，継続している意思とみなされ，両者は，今同じ時点に一致して贈与を欲したのであり，それゆえ贈与は完成している。しかし，承諾が表示された時に，与える者が，中間時に死亡しまたは錯乱していたので意欲する能力がなくなっていたときは，今や贈与はまったく存在しない。なぜならば，両者が共同で

13法文］．大きな贈与について必要な特別の形式（登録）は，後に問題になるであろう。——推定からのこの同意の誘導については，Meyerfeld I. S. 42 fg. 参照。

(k) Meyerfeld I. S. 42 fg.

(l) *L*. 10 *de don*. (39. 5.). „" si .. missam sibi *non acceperit,* donatae rei dominus non fit." ［学説彙纂第39巻第5章「贈与について」第10法文（パウルス）：「.. もし .. 自分に送られた物を受け取らなかったならば，贈られた物の所有者にならない。」］ *L*. 19 §2 *eod*. „Non potest liberalitas nolenti adquiri." ［同所第19法文第2節（ウルピアーヌス）：「気前よさは，欲しない者の手に入れられえない。」］非常に一般的に言い表わされたこの規則は，いずれにせよ最もしばしばある，たった今述べた種類の場合に限定されなければならない。なぜならば，それは，すべての贈与一般についての徹底した原理として理解されると，他の非常にはっきりした個所とまさに矛盾するであろうからである（註 e）。

(m) *L*. 10 *de don*. (39. 5.). „Sed *si nescit* rem, quae apud se est, sibi esse donatam ... donatae rei dominus non fit." ［学説彙纂第39巻第5章「贈与について」第10法文（パウルス）：「しかし，もし，自分の手にある物が自分に贈られたことを知らないならば，… その者は，贈られた物の所有者にならない。」］当然，その者がそれを知り，そして今度は同意するまで。

贈与を欲したような時点は示されえないからである[(n)]。

この最後の規則の特別の適用と確認は，つぎの諸場合にみられる。私がティティウスに貸し付けるが，その金銭をセーユスに返済するという定めであるとき，そこには将来の金銭贈与についての委任しかなく，これを私はいつでも撤回できる（§157. q）。今，ティティウスがセーユスに私の死後に支払うとき，その金銭の所有権は，ティティウスが所有者であったから，セーユスに移転している。私の相続人に対しては，ティティウスは，私の死亡を知らなかったときにだけ免責されている。なぜならば，その者は，そうでなければ，自分の全権が消滅してしまっていたことを知っていたに違いないからである。ティティウスへの金銭贈与についての委任が，まったく単純に，先行の貸付なしに与えられていたときも，同様である。その者は，私の死亡を知らずに支払えば，私の相続人に対し mandati actio［委任の訴権］を有するが，そうでなければ有しない[(o)]。さて，ここ

(n) *L.* 2 § 6 *de don.* (39. 5.).「Sed si quis donaturus mihi pecuniam dederit alicui, ut ad me perferret, et ante mortuus (donator) erit, quam ad me perferret, non fieri pecuniam dominii mei constat."［学説彙纂第39巻第5章「贈与について」第2法文第6節（ユーリアーヌス）：「しかし，もし，私に金銭を贈与しようとするだれかが，ある人に，私に渡すようにそれを与え，そしてその人が渡す前に（贈与者が）死んでいるならば，その金銭が私の所有にならないことは明らかである。」］*L.* 8 *C. de O. et A.* (4. 10.) ［勅法彙纂第4巻第10章「債務と訴権について」第8法文］. ——与える者の相続人が改めて贈与することができるということは，自明であるが，故人の意思は，完成された法律行為の中へ移行していなかった限り単なる事実にすぎず，相続人において継続しているとみられえない。故人の法律関係は相続人に移行するが，事実的な関係はそうではない。しかし，単なる意欲は，周知のようにそれもひとりでに相続人に移行することがない占有とちょうど同じように，この事実的な関係に属する。——どういう理由でこのことがまさに贈与のところで特別に述べられるのかと問われるかもしれない。なぜならば，一致する意思の必要性に関しては，贈与は，やはり売買などとまったく同等であるからである（註g）。その理由は，売買においては，債務が引渡に先行していて，その債務自体すでに完成された法律行為であり，それゆえに相続人に移行するが，一方，贈与においては，すべての本当の法律行為が引渡とともに始まり終わるのがまったく通常であることにある。

(o) *L.* 19 § 3 *de don.* (39. 5.)［学説彙纂第39巻第5章「贈与について」第19法文第3節（ウルピアーヌス）］．上述 §157. q 参照。

§160 贈与。契約性。——*143*

では，ティティウスの関係だけが問題になっているが，セーユスへの贈与についてはどうか。上述のところで立てられた原則に従えば，これは確実に無効である。それゆえに，私の相続人は，セーユスに対し，受領された金銭に対する condictio sine causa［無原因の不当利得返還請求訴権］を有し，この訴権を，私の相続人は，ティティウスが故意に不当な支払をしたために自分に対してまず責任があるときは，ティティウスに譲渡しなければならない。——類似の場合は，つぎのとおりである[p]。妻が夫にある土地を mortis causa［死因で］贈与しようとし，その土地をこの目的のためにティティウスに引き渡す。妻の死後，その相続人が異議を述べるが，それにもかかわらずティティウスはそれを夫に引き渡す。ここでは，ティティウスが妻からだけ委任を受けていたか，同時に夫から（または夫からだけ）委任を受けていたかが区別されるべきである。第一の場合には，贈与は，上述のところで立てられた原則に従えば，一度も完成していなかったのであって，ティティウスは，相続人に対して賠償義務を負う。第二の場合には，ティティウスは，夫の代理人として，死亡の瞬間にその土地の所有者になっている。それにより贈与は完成したのであり[q]，相続人はそれを承認しなければならず，ティティウスがその土地を自己のために保有しようとし，または相続人に引き渡そうとするならば，夫はティティウスに対しmandati actio［委任の訴権］を有したであろう。

外見上類似しているが，しかし本質において異なっているのは，つぎの

　(p)　*L.* 11 § 8 *de don. int. vir.* (24. 1.)［学説彙纂第24巻第1章「夫と妻の間の贈与について」第11法文第8節（ウルピアーヌス）］.——*L.* 18 § 2 *de m. c. don.*［学説彙纂第39巻第6章「死因贈与と死因取得について」第18法文第2節（ユーリアーヌス）］においてもう一度類似の場合が，しかし外見上矛盾する決定をもって現われる，上述§158. h 参照。

　(q)　贈与が上掲の個所で前提されるような interposita persona［介在させられた人］によって完成しうるかどうかが，疑われるかもしれない。しかし，まさにこのことは疑う余地がない。*L.* 4 *de don.* (39. 5.).　„Etiam per interpositam personam donatio consummari potest."［学説彙纂第39巻第5章「贈与について」第4法文（パウルス）：「介在させられた人によってさえ，贈与は完成させられうる。」］

場合である[(r)]。ある男の人が相手方に、ある金額を直接に引渡によって贈与するけれども、所有権と贈与がある停止条件にかからされるというようにである。今、与える者が条件の成就前に死亡し、または錯乱に陥るとき、その贈与は、前述の各場合におけると同様に、無に帰せられていると思われるかもしれない。しかし、ここでは、贈与は完全に有効であって、そういう異なった決定の理由は、それらの人の意思と行為がすでに初めに

[(r)] L. 2 §5 de don. (39. 5.) [学説彙纂第39巻第5章「贈与について」第2法文第5節（ユーリアーヌス）]。——特別の場合について最後の結果においては同じであるのに、法的判断において完全に矛盾しているのは、L. 9 §1 de j. dot. (23. 3.) [学説彙纂第23巻第3章「嫁資の法について」第9法文第1節（ウルピアーヌス）]である。ある男の人が婚約中の男に嫁資として物を、婚姻が成立することを（自明の）条件として与える。婚姻前に、与える者が死亡する。ウルピアーヌスは、つぎのようにいう。ここではその物の所有権はもはや受領者に至りえず、その行為は無効である。しかしながら、嫁資の特別の優遇から、相続人に、婚姻の締結後所有権を移転するよう強制されなければならない。それどころか、相続人が不在であり、または拒むときは、所有権が ipso jure [法律上当然に] 移転したことを認めなければならない、と。——この個所は、mancipi res [手中物] の贈与が握取行為によってのみ完成し、引渡によっては完成しないという、比較的古い法の独特の規則から説明されるべきである。すると、その個所では、そのような物が問題であったことは疑いなく、ただ現在はその痕跡が消滅してしまっているにすぎない。これに反し、L. 2 §5 cit. [前掲第5法文第2節] では、明らかに現金が、したがって nec mancipi res [非手中物] が問題であって、その場合には、そこでは引渡が贈与を完成させたから、そういう困難は現われなかった。今、そもそも、条件付で引き渡すことはできたが、条件付で握取行為をすることはできなかった（L. 77 de R. J. 50. 17. [学説彙纂第50巻第17章「古い法の種々の規則について」第77法文（パーピニアーヌス）]）。したがって、比較的古い法からのみ説明されるべき L. 9 §1 cit. [前掲第9法文第1節] を学説彙纂の中にとり入れることは、不手際でしかなかったのであって、それの内容がこれ以上われわれを迷惑がらせてはならない。——私は、この説明を、Zeitschrift für geschichtl. Rechtswissensch. B. 4 S. 51-59において詳細に述べた。これに反対して近時 W. Sell, bedingte Traditionen, S. 117-138により挙げられている理由は、私には納得できない。彼自身は、その個所を、嫁資を夫に与えることは、本当はそれを妻に与えるべき委任であり、その委任は、与える者の死亡によって消滅するという考えから説明する。しかし、この考えは、まったく根拠がなく、dotis constitutio [嫁資設定] の行為は、婚姻が存するやいなや、夫に与えることによって完成し、嫁資のその後の運命は、与える者にはもはやまったくかかわりをもたない。

完全に存在していて，その行為の有効性がなお外部的な出来事にかかっているべきであったにすぎず，この出来事が後に発生すれば意思はもはやなにもするべきことがなかったことにある。それゆえに，与える者は，条件未定の間でも，（その者の側ではすでに完全な）贈与を撤回することはできず，それゆえにさらに，後に成就した条件は契約の時点に戻される（§120 [本書第三巻139頁以下]）。

§ 161
V．贈与——契約性（つづき）

[Schenkung——Vertragsnatur（Fortsetzung）]

　贈与が，通常そうであるように，契約に基づいているところで，なおとくに，一方の，あるいはまた双方の意思において錯誤が基礎にあるいくつかの場合に注意を払わなければならない。
　このようなありうる錯誤の第一の場合は，錯誤者に対立している人に関する[a]。与える者が受領者の人において思い違いをするとき，当然，贈与は成立しない。したがって，ガーイウスがセーユスにある贈り物をしようと考えたが，これが誤ってティティウスに至り，この者が同じように誤ってこれを承諾したとき，そもそもまだまったくなんら行為は締結されていず，どこでも権利は取得されていず，その結果，与える者は贈与全体をまだ撤回することができる。ガーイウスがティティウスに贈与しようとし，そのためにセーユスを伝達者として使用したが，この者が不誠実にもその贈り物を自己の名で与え，こうしてティティウスに，その承諾した贈与において間違った与える者を考えさせるという逆の場合には，事情が異なる。この場合には，厳格に考えれば，確かに，やはり贈与は存在せず，その結果ガーイウスは，贈与された物を再び要求できるであろう。けれど

　（a）　この種の錯誤につき一般的には，上述§136 [本書第三巻245頁以下] 参照。通例は，それにより契約の存在がまったく排除されている。

も，この訴えは，doli exceptio［ドリー・エクスケプティオー。悪意の抗弁］により無効にされるべきである[b]。両方の場合の相違は，与える者にとってはもちろん受領者の人が最も重要なことであるが，しかし逆も真ではないことにある。というのは，たいていの場合において，贈り物は，それがどこから来ようと喜んで受け取られるであろうし，その結果，与える者に関する錯誤はそう重要ではなく，受領者の承諾を無効にしないからである。確かに，与える者は，その場合，受贈者がだれに恩を受けているかを知ることに利害関係がある。しかしながら，この利害関係は，あとに続く誤解の訂正により完全な満足を得る。

　第二の錯誤は，与える者と受領者がその場合に異なった関係を考えることによって，法律関係に関しうる。一般的な規則に従えば，このような場合にはそもそもまったくなんら法律関係は生じない（§ 136. a［本書第三巻245頁］）。このことは，与える者が使用貸借または賃貸借を考え，受領者が贈与を考えるときにとくに明白であって，この場合にはだれも贈与が存在すると認めないであろうこと確実である（§ 160. g. h）。与える者が贈与しようと欲するが，受領者がその物を使用貸借としてまたは消費貸借として与えられていると信じ，この意味においてそれを受け取るという逆の場合は，もっと疑問をかき立てるかもしれない。つぎの二つの個所は，このような場合に関するが，この二つの個所の矛盾が真実であるか偽であるかについて，すでに註釈家時代以来，非常に多様な意見が出されてきた[c]。

　L. 36 *de adqu. rer. dom.* (41. 1.). (Julianus lib. XIII. Dig.)［学説彙纂第

　(b)　*L.* 25 *de don.* (39. 5.)［学説彙纂第39巻第5章「贈与について」第25法文（ヤーウォレーヌス）］。まず第一に，そこでは所有権の移転のみが問題とされるであろう。しかし，これは，ここでは，末尾で許された doli exceptio［悪意の抗弁］も示すように，贈与の有効性と同一であって，この抗弁は，ここでは所有物返還請求にも不当利得返還請求訴権にも対立していなければならないものである。

　(c)　これらの個所に関して，つぎの著述家：Glück B. 4 S. 152-156. B. 8 S. 120-123. M. E. Regenbrecht comm. ad L. 36 de a. r. d. et L. 18 de R. C., Berol. 1820. Meyerfeld I. S. 121-123. それ以前のものは，これらが大量に挙げる。

§ 161 贈与。契約性。(つづき)——*147*

41巻第1章「物の所有権を取得することについて」第36法文（ユーリアーヌス法学大全第13巻）〕

Cum in corpus quidem, quod traditur, consentiamus, in causis vero dissentiamus, non animadverto cur inefficax sit traditio. Veluti si ego credam me ex testamento tibi obligatum esse ut fundum tradam, tu existimes ex stipulatu tibi eum deberi. Nam et si pecuniam numeratam tibi tradam donandi gratia, tu eam quasi creditam accipias : constat proprietatem ad te transire, nec impedimento esse, quod circa causam dandi atque accipiendi dissenserimus. 〔われわれが，引き渡される物体に関しては確かに一致するが，しかし原因に関しては一致しないとき，なぜ引渡が効力をもたないのか，私は気付かない。あたかも，私は，私が遺言に基づき地所を引き渡すよう君に義務を負っていると考え，君は，問答契約に基づき君にそれが引き渡されるべきであると思うように。すなわち，私が現金を君に贈与するために引き渡し，君がそれをあたかも貸付のように受け取るとしても，所有権が君に移転し，与えることと受け取ることの原因に関してわれわれが一致しなかったことが妨げにならないことは，明らかである。〕

L. 18 *pr. de reb. cred*. (12. 1.). (Ulpianus lib. VII. Disp.) 〔学説彙纂第12巻第1章「確定物が請求された場合の貸された物について，および不当利得返還請求訴権について」第18法文前文（ウルピアーヌス　討論集第7巻）〕

Si ego pecuniam tibi quasi donaturus dedero, tu quasi mutuam accipias, Julianus scribit donationem non esse. Sed an mutua sit, videndum. Et puto, nec mutuam esse : magisque numos accipientis non fieri, cum alia opinione acceperit. Quare, si eos consumserit, licet condictione teneatur, tamen doli exceptione uti poterit, quia secundum voluntatem dantis numi sunt consumti. 〔私が金銭を君にあたかもまさに贈与しようとするかのように与え，君があたかも貸付金のように受け取ったとき，ユーリアーヌスは，贈与が存しないと述べる。しかし，貸付があ

るかどうか，吟味されるべきである。そして私は，貸付も存せず，むしろ，別の見解で受け取ったから，金銭は受領者のものにならないと考える。それゆえに，受領者がその金銭を消費したときは，不当利得返還請求訴権により束縛されるとはいえ，やはり悪意の抗弁を利用することができるであろう。というのは，与える者の意思に従ってその金銭は消費されたからである。〕

　これらの個所においては，互いに大部分独立している二つの問題が論じられる。一つの問題は，所有権が移転するかどうかである。もう一つの問題は，有効な贈与が存するか，あるいはもしかすると有効な消費貸借も存するかである。しかし，両方の問題の関係はこうである。第二の問題を肯定する者は，必然的に第一の問題をも肯定しなければならない。第一の問題を肯定する者は，それと並んで依然として第二の問題を肯定または否定できる。

　所有権の移転は，第一の個所においてユーリアーヌスにより研究される唯一の対象である。彼は，双方が，それぞれの意思が異なった法律行為を考えることから来ていても，そもそも所有権が移転することを一致して欲するすべての場合について，この移転をまったくはっきりと，それどころか疑う余地のないものとして（constat〔コーンスタット。それは明らかである〕）主張する。彼は，このことを二つの異質の場合に適用する。一つの場合には，双方は，さらに同じ causa〔カウサ。原因〕を，すなわち solvendi causa〔ソルウェンディ・カウサ。弁済することの原因〕を欲し，ただ異なった先行の債務を前提しているにすぎない。もう一つの場合には，一方は donandi causa〔ドーナンディー・カウサ。贈与することの原因〕を，もう一方は obligandi causa〔オブリガンディー・カウサ。義務を負わせることの原因〕ないし credendi causa〔クレーデンディー・カウサ。貸し付けることの原因〕を欲する。決定は両方の場合について同じである。ウルピアーヌスは，所有権の運命についての問題には，有効な消費貸借の機会に，まったくついでに触れているにすぎないのであって，そこに，numos accipientis non fieri〔金銭は受領者のものにならない〕という言葉を決して取得された所有権の否定とし

てではなくて，単に有効な消費貸借の否定として理解する者のための唯一の外見がある。したがって，ユーリアーヌスは，所有権が移転するという意思を決定的とみるのであり，それと並んで，彼にとっては，この意思の原因は著しく影が薄くなるので，前提された原因の相違は，その移転を妨げるべきではない。これに反し，ウルピアーヌスは（彼が実際に所有権の移転を否定しようとするとき）一定の原因に基づく譲渡意思を決定的とみるのであり，その結果，双方が異なった原因を考えるとき，譲渡自体が妨げられるべきである。けれども，所有権に関するこの問題全体は，ここではわれわれの研究の範囲の外にあり，この場所ではその問題をそのままにしておこう(d)。

ここでわれわれに関係があるのは，法律行為の有効性である。今，これについて，ウルピアーヌスは，有効な贈与が確かに存在せず，そのことをユーリアーヌスも証言する，という(e)。したがって，このことはまったく争いがなかったと思われる。それは，上述のところで立てられたもっと一般的な原則から結果として出てくるのであり，われわれの現在の目的にとってただ一つ重要なことである。彼自身が，消費貸借も締結されていないと付け加えるが，彼がそれについて二度とはユーリアーヌスを挙げないことは，この問題に関する争いの現れとみられてはならないのであって，ウ

（d）ユーリアーヌスのために，つぎの個所が主張されるかもしれない。§40 *J. de rer. div.* (2. 1.). „Nihil enim tam conveniens est naturali aequitati, quam *voluntatem domini, volentis rem suam in alium transferre,* ratam haberi ;"［法学提要第2巻第1章「物の分類と性質について」第40節：「なぜならば，自分の物を他人に移転しようと欲する所有者の意思が有効と認められるほど自然の衡平に適合することはないからである。」］というのは，この voluntas［意思］は，ここでは明らかに存在しており，この点では受領者も一致しているからである。しかしやはり，それをもって，引渡の理論全体の関連においてのみ十分行われうる研究全体より先走るべきではない。

（e）彼がここで引合いに出すユーリアーヌスの個所は，明らかに，本文に掲げた *L.* 36 *de adqu. rer. dom.*［学説彙纂第41巻第1章「物の所有権を取得することについて」第36法文（ユーリアーヌス）］ではない。というのは，そこには，少なくともそれが学説彙纂にとり入れられている限り，これについての言葉は存しないからである。

ルピアーヌスの決定は、ここでは、贈与におけると同じ理由に、すなわちこの個別の行為について一致が欠けていることに基づく。さて最後に、その個所の最も重要な部分がこれに続くのであり、この部分がその問題全体の実際的結果を扱う[f]。この部分が説明されうる前に、なお、全経過のもっと綿密な考察が必要である。

贈与と消費貸借の、疑いもなく正しい否定は、まず、引渡の瞬間に関する。しかし、この本来の状態の、ありうる変化を考察しよう。まず第一に、受領者が誤解を発見し、それから与える者の（まだ変更されていない）意思に同意することを表示するとき、今は両者が同じ贈与を一致して欲するから、有効な贈与が成立していることは疑いない。与える者がその発見をし、受領者が考えた消費貸借を今同じように欲すると言明するときも同様に、有効な消費貸借が確実に成立している。したがって、その場合は、ウルピアーヌスによって、むしろ、与える者が、まず最初に誤解をはっきり知るやいなや、自分の好意的な意図を変更し、それから、上述の訴権が確かにはっきり示唆するすべてのことを撤回する、というように考えられているに違いない。

与える者はどんな訴えをするであろうか、またその訴訟の成果はなにであろうか。その金銭は、まだ手づかずのまま蓄えられているか、支出されているかである。第一の場合には、与える者は、ウルピアーヌスに従えば

（f）多くの人は、不当にも、Quare［それゆえに］による結合に重きを置き、若干の人は、第二のことが第一のことの結果として出てこないという理由でウルピアーヌスを非難することによって、おそらくむしろ正反対である。しかしながら、quare［それゆえに］は、必ずしも結論を表現するとはまったく限らないのであって、その対象の、次に考察しようとする新しい側面への単なる移行をも表現する。だがやはりここでは、因果関係も欠けていない。というのは、どの有効な法律行為の不存在からも、もちろんcondictio（sine causa）［不当利得返還請求訴権（無原因の）］が結果として出てくるからである。しかし、quare［それゆえに］は、それがそもそもある結論を言い表わすべきときは、これに関係させられなければならず、そのあとに言及される抗弁に関係させられるべきではない。

§ 161 贈与。契約性。(つづき)──*151*

所有物返還請求をするであろうし,ユーリアーヌスに従えばcondictio sine causa［無原因の不当利得返還請求訴権］を行うであろう。そして,これらの訴えのどれも,与える者に金銭を再び手に入れさせなければならず,その者がそうなるのを doli exceptio［悪意の抗弁］が妨げることはできないであろう。というのは,自分の意思を変更することは,この意思がまだ拘束力ある法律行為に移行していない限り,確かにはっきりなんら悪意ではないからである。しかも,法律行為の存在は,ウルピアーヌスによって,一部はユーリアーヌスを引用して,はっきり否定される。──次に,金銭が支出されているという第二の場合を想定しよう。これは,受領者がそれと引換えにたとえば家を買い,または債権を取得したことによって,その価値がまだ財産の中にあるという仕方でなされていることがありうる。ここでも,不当利得返還請求訴権は,効果を妨げられずに認められるであろう。なぜならば,不当利得返還請求訴権の一般的性質に従えば,そのような変更はまったくどうでもよいからである(g)。しかし,最後に,金銭は,受領者がそれを贈ってしまい,勝負事ですってしまい,ぜいたくな飲み食いに使ってしまったことによって,財産の中にその痕跡が残っていないというように,支出されていることもありうる。これが,ウルピアーヌスが考える唯一の場合であり(h),この場合には不当利得返還請求訴権は

(g) *L.* 65 §6.8 *de cond. ind.* (12.6.)［学説彙纂第12巻第6章「非債の不当利得返還請求訴権について」第65法文第6,8節（パウルス）］, *L.* 26 §12 *eod.* „nempe hoc solum *refundere debes, quod ex pretio habes.*"［同所第26法文第12節（ウルピアーヌス）:「すなわち君はただ,代価から有するものだけを返還することを要する。」］上述§151参照。

(h) したがって,私は,ここで,consumserit［消費した（であろう）］という表現を浪費［Verschwendung］と説明する。もちろん,その表現は,しばしば,それどころかおそらくその方がなおもっと多く,どの費消［Aufzehren］についても,したがって利益が財産の中に残っている費消についても用いられている。(§35 *J. de rer. div.* 2.1.［法学提要第2巻第1章「物の分類と性質について」第35節］, *L.* 65 §6 *de cond. ind.* 12.6.［学説彙纂第12巻第6章「非債の不当利得返還請求訴権について」第65法文第6節（パウルス）］など参照)。しかしながら,まさに贈与において,他の場所では浪費という表現がはっきりいわれ(§150.o),それゆえに,私がウルピアーヌスのこの個所でそれと同じよう

doli exceptio［悪意の抗弁］により排除されているべきである。その理由は，不当利得返還請求訴権がそもそも，与えられたものが本来の姿においてであれ，他の財産部分への変化によってであれ（註g），まだ存在しているか，受領者の悪意により消滅してしまっている（§150.m）ときにのみ，認められることにある。しかし，ここで問題になっている当面の場合には，受領者は，（消費貸借債務者としての）立場からさえ，その金銭を支出してよかったのだから，このような悪意は主張されえない。悪意は，その者が，与える者の撤回を知った後にその金銭を浪費したときにのみ，存在するであろう。むしろ今，与える者は，自分の以前の気前よさを，受領者が全経過により積極的にもっと貧しくなるように変えようとするならば，in dolo［イン・ドロー。悪意で］あるだろう。なぜならば，やはり，その消費は，それが与える者の当時まだ変らない意思に完全に合っていた時になされているからである。この後者のことを，決定の本当の理由として，ウルピアーヌスはつぎの言葉で表現する：quia secundum voluntatem dantis numi sunt consumti［というのは，与える者の意思に従ってその金銭は消費されたからである］，そして，それは，古い法律家たちによっても夫婦間の贈与においてすでに用いられている自然的な考察である（§150.u）。——したがって一般に，この特別の場合の判断においてユーリアーヌスとウルピアーヌスの間の矛盾を認めるべき必然的な理由は存しない。なぜならば，両者は，有効な贈与は（そして有効な消費貸借も）本来まったく存在しないという最も重要な点において一致しているからである。

　贈与は，契約に基づくところでは，財産に関する他のどの契約とも同様に，条件，期限または負担によって制限されうる（§116［本書第三巻112頁以下］）。これらの制限について，上述のperfecta donatio［ペルフェクタ・

に説明するとき，恣意的として非難されるべきでないこと確実である。なぜならば，こういう仕方でのみ，その個所と疑う余地のない他の規則との矛盾が避けられうるからである。

ドーナーティオー。完成された贈与]という概念が重要である(§155)。贈与が目に見えるようになる行為の完成前には，与える者は，どの任意の制限をも付け加えることができる。なぜならば，その者はそれどころか贈与全体をまだ解消することさえできるからである。その時点後は，これはもはやその者の力ではできない[1]。——これらの制限の個々のものに関しては，そのうちの二つの場合だけが非常に徹底した影響をもっているので，それにより贈与自体がまったく独特の形をとる。すなわち可能な条件のうちの一つの種類に基づく mortis causa donatio［死因贈与］と，一般的に donatio sub modo［負担付贈与］である。すべての他の条件付贈与ならびに期限により制限された贈与は，なんら際立った特性を有しない。しかし，たった今挙げた両法律制度は，この理論全体の最後にある別の叙述に留保されたままでなければならない。なぜならば，それらの十分な取扱は，実定法に基づく制限（とくに登録）が扱われているであろうときにはじめて可能だからである。

§162
V．贈与——制限　1．夫婦間の禁止

[Schenkung——Einschränkungen　1. Verbot unter Ehegatten]

　贈与の概念の厳密な限界づけは，実定法の中に含まれた三つの制限によってのみ必要となった。そのうちの一つは加重的形式に基づき，第二のものは婚姻中の禁止に基づき，第三のものは特別の理由からの撤回可能性に基づく（§142）。最も新しい法の叙述のためには，初めの二つの制限の順序を逆にし，夫婦間の禁止を，それがはるかに特殊な性質を有しているけれども，まず最初に述べることが必要である。

　夫婦間の贈与の禁止は，二つの面から考察されるべきである。その一つ

　(i)　*L.* 4 C. *de don. quae sub modo* (8. 55)［勅法彙纂第8巻第55章「負担付でまたは条件付でまたは確定期限付でなされる贈与について」第4法文］．

は，婚姻に属する。それに数えられるべきは，その禁止を生じさせた理由の確定であって，これは婚姻法の関連においてのみ十分な仕方で行うことができ，それゆえにここでは延期されたままである[a]。もう一つの面は，贈与の一般理論の範囲内に入るが，この理論は，その面がなければまったく不完全なままであろう。なぜならば，それどころか，この適用は，ローマの法律家たちにとって，贈与の概念を発展させてはっきり限界づけるほとんど唯一の動機であったからである（§142）。

したがって，この禁止の一般的な条件は，贈与が夫婦間で，だから婚姻の存続中になされることにある。その場合，すでに上述のところで完全に説明された贈与の概念が適用されるべきである。とくに譲渡が必要であり，また利得が必要である。この利得は，持続していなければならず，与える者の意図から発していなければならない。

その禁止が効力を有しうるためには，贈与が婚姻中になされていなければならないから，そのことによって二とおりの場合が除外されている。

第一に，与える者と受領者の関係がそもそも婚姻でないときである。したがって，内縁関係やこれよりなおもっと劣っていることのような，もっと低い種類の性的関係は，すべてこれに属する[b]。これらの関係は，婚姻

（a） この禁止がまず最初に厳格な婚姻において生じ，それから自由な婚姻（われわれはそこに今この禁止をみいだすのであるが）の中へ受け継がれているのだという近時出された見解に対する反対だけは，私はここで繰り返さなければならない。Savigny Recht des Besitzes, Einleitung S. LXVI der 6ten Ausgabe. 参照。in manu［手権の中にいる］妻については，父権の中にいる息子についてと同様，贈与禁止は必要でなかった。贈与は，それ自体としては不可能であった。なぜならば，それはまったくなんら考えられる効果を有しえなかったからである。妻は，なにも有していなかったがゆえに，夫に贈与することはできなかったし，夫は，妻がそもそも取得したすべてのものが夫の財産の中に入ったことによって，自分自身に贈与したことになるであろうから，妻に贈与することはできなかった。

（b） *L.* 3 §1 *L.* 58 *pr.* §1 *de don. int. vir.* (24. 1.)［学説彙纂第24巻第1章「夫と妻の間の贈与について」第3法文第1節（ウルピアーヌス），第58法文前文，第1節（スカエウォラ）］, *L.* 31 *pr. L.* 5 *de don.* (39. 5.)［学説彙纂第39巻第5章「贈与について」第31法文前文

よりも劣っているから，贈与の有効性を要求することが婚姻よりもなおもっと少ないと考えるのは，誤りであろう。というのは，婚姻中の禁止は，婚姻の純粋性と内的尊厳が贈与により危うくされるかもしれないという恐れに基づくが，上述の諸関係においては，そこなわれるものはなにもないからである。——同棲している人は婚姻と思っているが，しかし法的理由から真の婚姻とみられえない関係はどれも，原則上は，まさにそれに属する(c)。しかし適用においては，この原則は，いくつかの修正に服させられている。確かに，たとえば未成熟の年令のように，婚姻障害が本当の禁止とみられえないときは，贈与は，このような婚姻の無効のために，通例は有効である(d)。しかし，誤って夫婦と思われた者が障害を知らなかったときは，贈与は例外的に無効である。けれども，ここでは，贈与禁止（これは無効な婚姻の場合には適用を受けない）のためではなくて，今それは純粋の贈与とみられず，むしろ一種の datum ob causam ［原因のために与えられたもの］とみられ，これは，誤ったcausa ［原因］を理由に返還請求され

（パーピニアーヌス），第5法文（ウルピアーヌス）］。——一つの例外が，*L. 2 C. de don. int. vir.* (5. 16.) ［勅法彙纂第5巻第16章「夫と妻の間の，および親から子への贈与について，および追認について」第2法文］において，軍人の内妻（focaria ［女の料理人］）について定められているようにみえる。しかしながら，おそらく，この個所の特別の場合においては，贈与の無効は，受領者（女）の人的関係によりもむしろ完成が欠けていることにその理由を有するであろう。

　（c）　*L.* 3 §1 *de don. int. vir.* (24. 1.). „ .. si matrimonium moribus legibusque nostris constat, donatio non valebit. Sed si aliquod impedimentum interveniat, ne sit omnino matrimonium, *donatio valebit.*" ［学説彙纂第24巻第1章「夫と妻の間の贈与について」第3法文第1節（ウルピアーヌス）：「..婚姻がわれわれの慣習と法律に従って存在するときは，贈与は効力がないであろう。しかし，もしなにか障害が妨げ，それゆえに婚姻がまったく存在しないならば，<u>贈与は有効であろう。</u>」］

　（d）　*L.* 65 *de don. int. vir.* (24. 1.) ［学説彙纂第24巻第1章「夫と妻の間の贈与について」第65法文（ラベオ）］。——外人間の婚姻の場合は，まさにそれに属するであろう。それは，それどころか，moribus legibusque nostris constat ［われわれの慣習と法律に従って存在する］（註c）のでもなく，それゆえに禁止されていない，すなわちなにか悪い，非難すべきこととみなされない。

うるからである^(e)。──婚姻障害が本当の禁止に基づくときは，事情が異なる。確かにここでも，真の婚姻のみを狙う贈与禁止は，直接に適合しない。しかし，禁止された婚姻において，有効な婚姻における以上に贈与が効力を有することは，ふさわしくないとみられる^(f)。それゆえに，ここでは常に，贈り物の返還請求が認められる。それで，返還請求を主張する与える者が，禁止の存在に関して責任がないときは，その者は，返還された贈り物を，婚姻が有効であり，そのために贈与が無効であったときとちょうど同じように，保有する^(g)。これに反し，与える者が，婚姻禁止に関し，有責者とみられるべきときは，贈り物は，確かにまた返還請求されるが，しかし国庫が有責者の代わりにそれを保有するというようにである^(h)。

（e） *L.* 32 § 27 *in f. de don. int. vir.* (24. 1.) ［学説彙纂第24巻第1章「夫と妻の間の贈与について」第32法文第27節末尾（ウルピアーヌス）］．

（f） *L.* 3 § 1 *de don. int. vir.* (24. 1.) ［学説彙纂第24巻第1章「夫と妻の間の贈与について」第3法文第1節（ウルピアーヌス）］は，註cに掲げた言葉の後に，禁止された婚姻の若干の例を挙げ，それからこう続ける：„valebit donatio, quia nuptiae non sunt: sed fas non est, eas donationes ratas esse : ne melior sit conditio eorum qui deliquerunt. ［「婚姻が存在しないから，贈与は有効であろう。しかし，悪いことをした者の状態の方がもっとよいということがないように，そういう贈与が有効であることは正当でない。」］

（g） *L.* 7 *C. de don. int. vir.* (5. 16.) ［勅法彙纂第5巻第16章「夫と妻の間の，および親から子への贈与について，および追認について」第7法文］．ここでは，後見人が被後見人である女性をめとり，この女性から贈り物を受け取った。この女性は，これの返還を請求できるべきである。すなわち，このような関係においては，後見人だけが可罰的な当事者であって，妻は責任がない。*L.* 128 *de leg.* 1 (30. un.) ［学説彙纂第30巻単章「遺贈と信託遺贈について 1」第128法文（マルキアーヌス）］．同様に，禁止された親族の場合においては，与える者は，親族関係について不知であるならば，責任がなく，したがって返還を請求できるであろう。受領者の意識は，どうでもよいであろう。

（h） *L.* 32 § 28 *de don. int. vir.* (24. 1.) ［学説彙纂第24巻第1章「夫と妻の間の贈与について」第32法文第28節（ウルピアーヌス）］．元老院議員の被解放女奴隷との婚姻，後見人の被後見人である女性との婚姻．両方の場合に，夫が与える者として前提される。そうでなければ，この個所は，註gに挙げられた個所に矛盾するであろう。しかし，後見人の場合においてのみならず，元老院議員の場合においても，夫だけが有責者である。

第二に，贈与は，婚姻の開始前または婚姻の終了後（離婚の場合における）になされるときは，有効である。——婚姻前の贈与は，donatio ante nuptias［ドーナーティオー・アンテ・ヌープティアース。婚姻前の贈与］であって，これは，まず第一に，夫婦間の贈与に対立して，それがまだ，同じ人たちについてすぐ後に生じる法律上の禁止に入らないことを強調するために，注意を払われたにすぎない。これは，それの消極面であった。それからしかし，それが純粋の贈与としてではなくて，同時にdatum ob causam［原因のために与えられたもの］として取り扱われたのであり，これは，婚姻が成立しないたいていの場合に返還請求されうるという結果を有することによって，それに積極的な特性も認められた[(i)]。最後に，それは，donatio propter nuptias［ドーナーティオー・プロプテル・ヌープティアース。婚姻のための贈与］に改造されたのであって，この形ではそれは，まったくもはや贈与の性質をもたない。しかし，それと並んで，依然として，婚姻の開始前には将来の夫婦の間のどの贈与も（それがdonatio propter nuptias［婚姻のための贈与］の特別の性質をもたなくても）法律上の禁止に該当しないという元来の原則が存する[(k)]。特別の配慮に値するのは，贈与が，一つの時点に法的に設定されて，もう一つの時点に履行されるべきであるというように，異なった時点に属する場合である。今，その最初の時点が婚姻の開始前であるが，履行は，すでに婚姻が実行されてからに留保されるとき，贈与禁止はこれに適用できる[(l)]。また逆に，確かに婚姻中に

というのは，元老院議員は自分の身分の品位をそこない，被解放女奴隷は保護者に対する従順によって正当と認められるからである。

（i） L. 15. 16 C. de don. ante nupt. (5. 3.)［勅法彙纂第5巻第3章「婚姻前のまたは婚姻のためのおよび婚約のための贈与物について」第15，16法文］.

（k） その相違は，婚約中の女が婚約中の男に贈与するが，これが決してpropter nuptias donatio［婚姻のための贈与］と考えられないときに，最も明白に示される。しかし，婚約中の男の贈り物も，その場合pr. n. donatio［婚姻のための贈与］の特別の意図が基礎にあることなしに，現われうる。

（l） L. 32 §22 de don. int. vir. (24. 1.)［学説彙纂第24巻第1章「夫と妻の間の贈与に

贈与が法的に設定されるが，しかし婚姻解消後にはじめてそれの効力が生じるべきとき，それは適用できない。だから，夫婦間で mortis causa donatio［死因贈与］は有効である。なぜならば，これは，そもそも与える者の方がより早く死亡することによってはじめて完全な確認を得るからである(m)。目前に迫った離婚の場合についての贈与も，同様である。なぜならば，離婚によって，死亡によるのと同様，婚姻は解消されるからである(n)。

　その禁止は，夫婦の一方からもう一方への直接の贈与に限定されないで，さらにその夫婦と財産的一体であるすべての人を包括する。したがって，夫は，妻が父の父権の中にいるとき，その父にも贈与することができず，妻とともに同じ父の父権の中で生活しているきょうだいにも贈与する

ついて」第32法文第22節（ウルピアーヌス）］．

　(m)　*L.* 9 § 2 *L.* 10 *L.* 11 *pr.* § 1 *de don. int. vir.* (24. 1.)［学説彙纂第24巻第1章「夫と妻の間の贈与について」第9法文第2節（ウルピアーヌス），第10法文（ガーイウス），第11法文前文，第1節（ウルピアーヌス）］．ULPIAN. VII. § 1 は，これを贈与禁止の例外として述べるが，それは厳密に解されているのではない。──別の死因贈与は，通常，所有権がまず初めに移転するように行われる。これは，夫婦間では不可能である。──*L.* 9 § 2 *cit.*［前掲第9法文第2節（ウルピアーヌス）］ではこういわれる：„Inter virum et uxorem m. c. donationes *receptae sunt.*"［［夫と妻の間では死因贈与は認められている。］］これは，決して，それがやはり以前には禁止されていて，後にはじめて許されたかのように理解されてはならない。こういう考えとは，一部はそれの有効性の一般的な断固とした理由が相容れず，一部はまったく同じ表現（receptum est［認められている］）が夫婦間の禁止一般について用いられるという事情が相容れない。*L.* 1 *eod.*［同所第1法文（ウルピアーヌス）］．

　(n)　*L.* 11 § 11 *L.* 12 *L.* 60 § 1 *L.* 61 *L.* 62 *pr. de don. int. vir.* (24. 1.)［学説彙纂第24巻第1章「夫と妻の間の贈与について」第11法文第11節（ウルピアーヌス），第12法文（パウルス），第60法文第1節（ヘルモゲニアーヌス），第61法文（ガーイウス），第62法文前文（ヘルモゲニアーヌス）］．m. c. donatio［死因贈与］との相違は，これが死亡一般（単に特定の死の危険のみでなく）に関してなされえ，これに反し，離婚についての贈与は，現実に目前に迫っている離婚に関してのみなされえ，離婚一般の一般的な可能性に関してはなされえないことにある。──ULPIAN. VII. § 1 は，この場合をも禁止の例外として取り扱う。

ことができず，妻の奴隷にも同様である。また，夫は，この人たちから贈
172 り物を受け取ってはならない。同じ仕方で，妻と，夫の父，きょうだい，
奴隷との間の贈与が禁止されている。ここではなお，妻自身の子への贈与
が，この子が夫の父権の中にいる限り，加わる。最後に，ここに挙げられ
た人たちの相互の贈与もすべて禁止されている。それゆえに夫の父は妻の
父に贈与することができず，その逆も真である(o)。

§163
V．贈与——制限 1．夫婦間の禁止 （つづき）

[Schenkung——Einschränkungen 1. Verbot unter Ehegatten (Fortsetzung)]

この禁止の一般的効力は，そのような禁止された贈与の実行に役立つべ
173 きどの行為もなされなかったものとみられることにある。すなわち，ここ
では絶対的無効が認められる(a)。

(o) *L.* 3 §2-6 *L.* 32 §16 *de don. int. vir.* (24. 1.) [学説彙纂第24巻第1章「夫と妻の
間の贈与について」第3法文第2—6節，第32法文第16節（ウルピアーヌス）]. FRAGM. VATIC.
§269 [ヴァティカンの断片第269節]. ——禁止のこの並み外れた拡大は，子が父に取得し
てやるという，ユスティーニアーヌス帝によって非常に制限された古い法の原則に大部
分基づくのであり，それゆえにそれは最近の法においては部分的にのみ適用されうる。
妻が自分の息子に贈与するとき，それは，夫が用益権を取得するという点までを除き，
もはや夫への間接的贈与ではない。それゆえにこの用益権のみが効力を有しえない，す
なわちその贈り物はおのずからいわゆる peculium adventitium extraordinarium [特
別な外来の特有財産] に変化する。夫の兄弟への贈与においても同様である。しゅうと
への贈与においてはそうでない。というのは，ここでは，すでに古い法に従っても，そ
の禁止は単に自分の父の遺産への（しばしば事実上非常に確実な）見込に基づいている
からである。しかし，この点では，ユスティーニアーヌス帝はなにも変更しなかった。
——現代法に従えば，父権が子の婚姻によって廃止されるところでは，いずれにせよも
はや，親およびきょうだいへの禁止のそういう拡大は，問題になりえない。STRYK
XXIV. 1 §2.

(a) *L.* 3 §10 *de don. int. vir.* (24. 1.) [学説彙纂第24巻第1章「夫と妻の間の贈与につ
いて」第3法文第10節（ウルピアーヌス）]. (ULPIAN. Lib.32 ad Sab. [ウルピアーヌス　サビ

したがって，引渡は，また同様に古い法では握取行為も，この場合には所有権を譲渡しない（註a）。同様に，そこからは，与える者自身が所有権を有しないとき，使用取得は生じない(b)。引渡がnegotium mixtum cum donatione［贈与と混合した行為］に基づいており（§154），その結果それが部分的にのみ贈与であるときは，それによって，分割された所有権が生じる(c)。

贈与が，引き受けられた債務に存するならば，この債務は，まったく無効である。あとでこの債務に基づき支払が給付されるとき，これは，本当は贈与ではなくて，単なる債務支払であろう（§157. a. b）。しかし，その債務は無効であるから，それでもやはり，それは再び新たな贈与であり，それゆえに同じように無効である。

贈与が（要式免除契約のような）免除契約によって生じさせられるならば，この契約は，同じく締結されなかったものとみなされる，すなわちそ

ーヌス註解第32巻］）．,,Sciendum autem est, ita interdictam inter virum et uxorem donationem, *ut ipso jure nihil valeat quod actum est*. Proinde, si corpus sit quod donatur, nec traditio quicquam valet. Et si stipulanti promissum sit, vel accepto latum, nihil valet. *Ipso enim jure, quae inter virum et uxorem donationis causa geruntur, nullius momenti sunt*." ［「しかし，夫と妻の間の贈与は，行われたことが法律上当然に決して効力がないというように禁じられていることが，知られるべきである。それゆえに，贈与されるものが有体物であるならば，引渡はなんら効力がない。また，契約者に約束されており，あるいは要式免除契約により債務が免除されるならば，それは決して効力がない。なぜならば，夫と妻の間で贈与のために行われることは，法律上当然に無効であるからである。」］——同じようにパーピニアーヌスは，有効にならなかったm. c. donatio［死因贈与］について述べながら，*L.* 52 §1 *eod.* ［同所第52法文第1節（パーピニアーヌス）］においてこういう，,,nam quo casu inter exteros condictio nascitur, *inter maritos nihil agitur*." ［「なぜならば，他人間で不当利得返還請求訴権が生じる場合に，夫婦間ではなにも生じさせられないからである。」］

（b）　*L.* 1 §2 *pro donato* (41.6.)［学説彙纂第41巻第6章「贈与されたものとして」第1法文第2節（パウルス）］．

（c）　*L.* 31 §3 *de don. int. vir.* (24.1.)［学説彙纂第24巻第1章「夫と妻の間の贈与について」第31法文第3節（ポンポーニウス）］．

§163 贈与。制限。1. 婚姻（つづき）——*161*

の債務は不変のまま継続する（註a）。

これらの規則は，夫婦双方に平等に適用される。それでもやはり，その影響は，夫の妻への贈与において，逆の場合におけるよりも徹底して現われる。夫が妻に無償で与えるものはすべて，おのずから贈与の性質を有し，上述の無効に服させられている。妻は常に自分の全財産を無償で夫に任せることができ，これは，嫁資の目的でなされるやいなや，完全に有効である。もちろん，今，これは贈与ではないが，しかしその相違は，実質によりもむしろ名称にあるようにみえる。というのは，夫は，このような嫁資についてただちに所有権および果実受用を手に入れ，したがって，さしあたり，贈与もその者に得させうるであろうのと同じ権利および利益を手に入れるからである。だから，妻にも向けられたこの禁止の実際上の意味は，つぎのことにある。すなわち，妻が夫に財産を，嫁資について適用される独特の規則に従ってと別の仕方で，すなわちとりわけ，与えられたものが婚姻の終わりに妻自身またはその相続人に復帰するというようにと別の仕方で，無償で与えうべきでないということにある[d]。

夫婦間の贈与に他人との法律行為が用いられるとき（§158），そういう他人は，与える者とも受領者ともみられえず，したがってそもそもまったく贈与関係の中にないのではあるが，一般的にいわれている無効がこの法律行為にもともに関係させられるべきかどうかという問題が生じる。それでもやはり，ここでも無効が一般的に主張されなければならない[e]。しか

───────

（d）比較的古い法に従えば，妻自身にのみ復帰したが，もっと新しい法に従えばその相続人にも復帰し，それゆえに嫁資と夫への妻の贈与との実際上の相違は，今や，比較的古い法におけるよりもなおもっと強く現われる。——この復帰は，また，決して，異なった任意の定めを留保して，単に通例生じるにとどまるべきではなく，むしろ，このような異なった契約は，この婚姻の子を顧慮して締結される場合のほかは，無効である。*L.* 16. 27 *de pactis dot.* (23. 4.)［学説彙纂第23巻第4章「嫁資の約束について」第16法文（パウルス），第27法文（パーピニアーヌス）］，*L.* 1 § 1 *de dote praeleg.* (33. 4.)［学説彙纂第33巻第4章「先取遺贈された嫁資について」第1法文第1節（ウルピアーヌス）］。

（e）*L.* 3 § 10 *L.* 5 § 3. 4 *L.* 39 *de don. int. vir.* (24. 1.)［学説彙纂第24巻第1章「夫

し，この問題のもっと詳細な論述は，付録Ⅹにおいて試みられている。

それからなお，夫婦間の贈与のこの無効を実行に移す法律上の手段が挙げられるべきである。多くの場合については，このような法律上の手段は，まったく必要でない。問答契約や要式免除契約による贈与においては，その問答契約によってなんら債務が生ぜず，その要式免除契約によってもとの債務は廃止されまたは弱められることがないことによって，単なる無効それ自体で十分である。与える者の不利になるようになんらかの変化がすでに生じており，それの結果が今再び廃止されるべきところでのみ，特別の法律上の手段が必要である。

この目的には，二つの法律上の手段が適用される。すなわち，贈与された物がまだ存在しており，それゆえに占有が与える者に欠けているだけであるときは，所有物返還請求であり，受領者のもとに物自体はもはや存在しないが，しかしその物の価値は存在するときは，不当利得返還請求訴権である(f)。

所有物返還請求においては，独特の拡大が言い添えられるべきである。

と妻の間の贈与について」第3法文第10節，第5法文第3，4節（ウルピアーヌス），第39法文（ユーリアーヌス）]．

（f） L. 5 §18 *de don. int. vir.* (24. 1.). „In donationibus autem jure civili impeditis hactenus revocatur donum ... ut, si quidem exstet res, vindicetur: si consumta sit, condicatur, hactenus quatenus locupletior quis eorum factus est. [学説彙纂第24巻第1章「夫と妻の間の贈与について」第5法文第18章（ウルピアーヌス）：「しかし，市民法により禁止されている贈与においては，贈り物は ... その物が確かになお存在するならば，所有物返還請求され，それが消費されているならば，その者たち（夫婦）の一方がもっと富んだ限りにおいて不当利得返還請求されるという ... 限りで，返還請求される。」] *L. 36 pr. eod.* „Si donatae res exstant, etiam vindicari poterunt." [同所第36法文前文（パウルス）：「贈与された物が存在するときは，もちろんそれは所有物返還請求されうるであろう。」] *L. un. §5 C. de r. u. a.* (5. 13.). „ ... cum sit donatori facultas, per actionem in rem directam, vel per utilem, vel per condictionem suo juri mederi?" [勅法彙纂第5巻第13章「問答契約に基づく訴権に移された嫁資返還請求訴権について，および給付された嫁資の本質について」単一法文第5節：「贈与者には，直接対物訴権により，あるいは準対物訴権により，あるいは不当利得返還請求訴権により自己の権利を救う可能性があるから ....。」]

§163 贈与。制限。1. 婚姻（つづき）——*163*

建築材料が贈与されており，これが受領者の土地上で建築に使われてしまっているとき，与える者は，これを，他の場合に適用される規則に反し，毀損なしになしうるのでさえあれば，建物から取り出してよい。その代わりに，今は，二倍の価値への actio tigni juncti［アークチオー・ティーグニー・ユーンクティー。結合された建築材料の訴権］も脱落する(g)。所有物返還請求が，贈与された物のどの第三占有者に対しても向けられることは，この訴えの一般的性質の中に存する。

その不当利得返還請求訴権は，sine causa［無原因の］と言い表わされうるが，しかし ex injusta causa［不法な原因に基づく］とも言い表わされうる。なぜならば，ここでは両方の名称が等しく適用できるからである(h)。つまり，事実上存在する donationis causa［ドーナーティオーニス・カウサ。贈与の原因］は絶対法規と矛盾しており（injusta causa［インユスタ・カウサ。不法な原因］），それゆえに法的な存在を有しない（sine causa［無原因の］）。それは，受領者の財産の中に持続的に存在する利得に向けられている（註f）。とくに財産部分のたびたびの変換が生じたとき，この利得がどのように判断されるべきかは，上述のところで（§149-151）決定された。持続的な利得の存在または範囲が争われているとき，証明責任は被告にある。というのは，最初の利得は常に明白であるが，被告は，後の事実によるそれの廃止または減少を主張するのであり，それゆえに被告がこれを証明し

（g） *L.* 63 *L.* 45 *de don. int. vir.* (24. 1.)［学説彙纂第24巻第1章「夫と妻の間の贈与について」第63法文（パウルス），第45法文（ウルピアーヌス）］, *L.* 43 §1 *de leg.* 1 (30. un.)［学説彙纂第30巻単章「遺贈と信託遺贈について　1」第43法文第1節（ウルピアーヌス）］.
—— *L.* 63 *cit.*［前掲第63法文］では，流布本とともにこう読まれなければならない： *quamvis* nulla actio est ... *quia* Decemviros ...［たとえなんら訴権がなくても ... というのは十人委員会を...］フィレンツェの写本は，両方の不変化詞を誤って置き換えている。
——けれども，全体は与える者の優遇にすぎず，それゆえに，与える者は，それを選ぶなら価値をも不当利得返還請求できること確実である。

（h） *L.* 6 *de don. int. vir.* (24. 1.)［学説彙纂第24巻第1章「夫と妻の間の贈与について」第6法文（ガーイウス）］.

なければならないからである。——どの範囲までその訴えが，贈与された物の果実にも向けられうるかは，すでに上述のところで研究された（§147）。

その訴えが夫婦自身の間で認められるのは，夫婦間に贈与も起こっていたときだけである。贈与が他人の間で行われていて，夫婦に対するそれら他人の人的関係がその贈与を許されなくしたときは（§162），その訴えは，与える者と受領者の間で認められる(i)。したがって，夫がしゅうとに与えた贈り物は，夫がしゅうとに返還請求しなければならず，妻に返還請求すべきではない。

その返還請求の特別の優遇措置は，贈与された金銭が物の買入に使われて，その物が今なお蓄えられているが，受領者が支払不能になっている場合に適用される。ここでは，買い入れた物が，utilis vindicatio［ウーティリス・ウィンディカーティオー。準所有物返還請求］をもって訴求されうる(k)。

これらの訴えのほかに，贈与する夫は，比較的古い法においては，なお特別の法律上の手段を有していた。その夫は，婚姻の終わりに，嫁資を請求されたとき，妻に対してなされた贈り物が自分に返還されるまで，嫁資を担保として留置することができた(l)。ユスティーニアーヌス帝は，この

（i） *L.* 23 § 16. 20 *de don. int. vir.* (24. 1.)［学説彙纂第24巻第1章「夫と妻の間の贈与について」第23法文第16，20節（ウルピアーヌス）］。

（k） *L.* 55 *in f. de don. int. vir.* (24. 1.). „. .. Sed nihil prohibet, etiam in rem utilem mulieri in ipsas res accommodare."［学説彙纂第24巻第1章「夫と妻の間の贈与について」第55法文末尾（パウルス）：「..しかし，妻に物自体に対する準対物訴権をも与えることは，なんら妨げない。」］ここから，*L. un.* § 5 *C. de rei ux. act.*［勅法彙纂第5巻第13章「問答契約に基づく訴権に移された嫁資返還請求訴権について，および給付された嫁資の本質について」単一法文第5節］において言及された utilis in rem actio［準対物訴権］（註 f）が説明される。

（1） ULPIAN. VI. § 9. „Retentiones ex dote fiunt ... *aut propter res donatas.*"［「嫁資からの留置が行われ，... あるいは贈与された物のための留置が行われる。」］これに，それらの言葉の説明およびそれ以上の詳論として VII. § 1 が続く。

§163 贈与。制限。1. 婚姻（つづき）——*165*

留置を，他のすべての留置と同様，廃止した(m)。

けれども，例外的に夫婦間の贈与が維持される若干の場合がある。それは，あるいはその贈与がまず初めに有効とみられるべきことによってであり，あるいはその贈与が後の事実によって確認されることによってである(n)。

そういうことで，ローマ法においては，皇帝と皇后の間のどの贈与も，その禁止からまったく除外されている(o)。——さらに，焼けた家屋を再建させるべき贈与が除外されている(p)。——それから，夫が若干の名誉権を獲得する資格があるようにするための，とくに夫に騎士または元老院議員の評定［Census］を得させるための，あるいは夫が若干の政務官職と結合された公的催し物の世話をすることができるための，夫への妻の贈与が除外されている(q)。——さらに，流刑の判決を受けた夫婦の一方になされ

(m) *L. un.* §5 *C. de rei ux. act.* (5. 13.)［勅法彙纂第5巻第13章「問答契約に基づく訴権に移された嫁資返還請求訴権について，および給付された嫁資の本質について」単一法文第5節］．その廃止は，ここでは，他の場合におけると同様，retentio pignoris loco［質に代わる留置］にのみ関する。金銭対金銭の差引計算により通常の相殺が生じうるところでは，その法律によりなにも変更されていない。

(n) 贈与禁止の真の例外であるこれらの場合の中には，manumissionis causa［奴隷解放のための］奴隷の贈与は入らない。なぜならば，それは真の贈与ではないからである（§150註dないしh）。同様にmortis causa［死因贈与］およびdivortii causa donatio［離婚を原因とする贈与］もその中に入らない（§162）。なぜならば，これらは，確かに真の贈与ではあるが，しかし婚姻解消後にはじめて有効となるからである。

(o) *L.* 26 *C. de don. int. vir.* (5. 16.)［勅法彙纂第5巻第16章「夫と妻の間の，および親から子への贈与について，および追認について」第26法文］．

(p) *L.* 14 *de don. int. vir.* (24. 1.)［学説彙纂第24巻第1章「夫と妻の間の贈与について」第14法文（パウルス）］．ここでは妻の夫への贈与のみが挙げられているが，しかし逆の贈与も劣らず有効であること確実である。

(q) ULPIAN. VII. §1, *L.* 40. 41. 42 *de don. int. vir.* (24. 1.)［学説彙纂第24巻第1章「夫と妻の間の贈与について」第40法文（ウルピアーヌス），第41法文（リキヌス・ルーフィヌス），第42法文（ガーイウス）］．それは，贈り物が蓄えられている限りにおいてのみ，例外として現われる。たとえば騎士身分のために必要な財産において，あるいは現実に使う前の，催し物のための金銭においてそうである。金銭が支出されていれば，いずれにし

る，またはその逆の贈与が許されている(r)。第一の場合においては，確かに，これは，市民法上の婚姻の解消後にはじめて履行されるべき，それ自体すでに有効な贈与とみられうる(s)。しかし，第二の場合においては，それは，国庫が与える者に代わって贈り物の返還請求をなしうべきでないという特別の意義を有する(t)。

180　その禁止のとくに重要な一つの例外は，相殺の特性に基づく。夫が妻の贈り物を浪費するとき，夫はもっと富んでいないから，それについてどの返還請求も脱落する。今同時にまた，夫が妻に贈与し，妻がその贈り物を保有するとき，妻はそれによりもっと富んでいるから，夫は，それの返還請求ができなければならないであろう。しかし，ここでは，その返還請求は，反対側の贈与がもはや返還請求されえなかったのではあるけれども，これとの相殺により排除される(u)。

てもその訴権は消費により脱落する。このような場合に向けられているのは，*L.* 21 *C. de don. int. vir.* (5. 16.)［勅法彙纂第5巻第16章「夫と妻の間の，および親から子への贈与について，および追認について」第21法文］である。

　（r）　*L.* 43 *de don. int. vir.* (24. 1.)学説彙纂第24巻第1章「夫と妻の間の贈与について」第43法文（パウルス），*L.* 13 §1 *eod.*［同所第13法文第1節（ウルピアーヌス）］．この後者の個所では両種の場合が言及される。

　（s）　上述§162. m. n 参照。――すなわち，流刑者は外人になったのであり，そのことによってその婚姻は，そもそもその禁止がもはや適合しないようなものになった。§162. d.

　（t）　国庫は，流刑者を per universitatem［包括的に］承継するのであり，したがって通例は，その者が流刑前にみずから提起できたすべての訴えを提起できる。したがって，配偶者になされた贈り物に対する所有物返還請求または不当利得返還請求をも，これらの訴えが特別の例外により排除されていなければ，提起できる。

　（u）　*L.* 7 §2 *de don. int. vir.* (24. 1.)［学説彙纂第24巻第1章「夫と妻の間の贈与について」第7法文第2節（ウルピアーヌス）］．

§164
V. 贈与——制限 1. 夫婦間の禁止 （つづき）

[Schenkung——Einschränkungen 1. Verbot unter Ehegatten （Fortsetzung）]

最後に，このような贈与の禁止の最も重要な例外が，206年の元老院議決により導入された（§150）。この議決は，あるいは，セウェールス帝が当時主たる皇帝であったからこの皇帝に帰せられ[a]，あるいは，共同統治者として元老院にそれを提案したカルカルラ帝に帰せられ[b]，あるいは両帝に帰せられる[c]。これらの指摘のどれも正しいとみなされえたし，その

(a) „oratio D. Severi." [[セウエールス帝の宣示。]] L. 23 de don. int. vir. (24. 1.) [学説彙纂第24巻第1章「夫と妻の間の贈与について」第23法文（ウルピアーヌス）]，これはパーピニアーヌスによって。L. 10 C. eod. (5. 16.) [勅法彙纂第5巻第16章「同」第10法文]，これはゴルディアーヌス帝によって。FRAGM. VAT. §276 [ヴァティカンの断片第275節]，これはディオクレーティアーヌス帝によって。

(b) L. 32 pr. de don. int. vir. (24. 1.) [学説彙纂第24巻第1章「夫と妻の間の贈与について」第32法文前文（ウルピアーヌス）]，これはウルピアーヌスによって：„Cum hic status esset donationum inter virum et uxorem, quem antea retulimus, *Imp. noster Antoninus Augustus*, ante excessum D. Severi patris sui, auctor fuit Senatui censendi, Fulvio Aemiliano et Nummio Coss., ut aliquid laxaret ex juris rigore." [「夫と妻の間の贈与のこの状態が，前にわれわれが報告したようなものであったので，わが皇帝アントーニーヌス・アウグストゥス（＝カルカルラ帝）は，その父セウェールス帝の死ぬ前に，元老院により執政官フルウィウス，アエミリアーヌスおよびヌミウスの年（＝206年）に法の硬直からいくらかを和らげるよう決議することの提案者であった。]] 同様に（or. Imp. nostri [わが皇帝の宣示], Imp. nostri Antonini Aug. [わが皇帝アントーニーヌス・アウグストゥスの（宣示）]） L. 32 §1 L. 3 pr. eod. [同所第32法文第1節，第3法文前文（ウルピアーヌス）]．
(訳註17)
(c) L. 3 C. de don. int. vir. (5. 16) [勅法彙纂第5法文第16章「夫と妻の間の，および親から子への贈与について，および追認について」第3法文]，これはカルカルラ帝によって：„et ex mea et ex D. Severi patris mei constitutione." [「朕のでも朕の父セウェールス帝のでもある勅法によって。]] FRAGM. VATIC. §294 [ヴァティカンの断片第294節]，これはパーピニアーヌスによって：„.. quod vir uxori dedit, morte soluto matrimonio, si voluntas perseveravit, fini decimarum auferre non oportere *maximi principes nostri*

どれも二つの異なった元老院議決を示すものではない。

　この元老院議決によれば，夫婦間の贈与は，与える者が婚姻中に，撤回を口に出して言ったことなしに死亡するやいなや，有効となる。今，それは，与える者が mortis causa donatio［死因贈与］を考えていたかのように，すなわち婚姻中における自分の将来の死をはっきり考えに入れて贈与したかのようにみられる。ところで，夫婦間の死因贈与は，すでに早い時代に有効と認められたが，しかし死亡の瞬間にはじめて効力を生じるべきであるというように認められたのであるから（§162. m），今度は，同じ取扱が，夫婦間のどの贈与にも，死亡に言及しないでなされた贈与にも，与える者が婚姻中に意思を変えたことなしに死亡したのでさえあれば，適用された。（いずれにしても有効な）mortis causa donatio［死因贈与］の擬制による上述の贈与のこういう維持は，まず第一に，m. c. donatio［死因贈与］からここで問題にしている贈与の場合へ諸結論がずばり適用されている若干の個所から明らかになるし[(d)]，さらになお，この贈与が fini decimarum［フィニー・デキマールム。十分の一税の目的のために］疑わしい点がないというパーピニアーヌスの一つの個所（註 c）からも明らかになる。それはつまり，その元老院議決前には相続人が贈り物全体を，それが与えられていたのは無効であるから，返還請求できたということである。今は，確かに相続人はもはやまったく権利を有しないが，しかしそれだからといって必ずしも贈り物全体が保持されるわけではない。というのは，今度はその贈与が，有効であるために m. c. donatio［死因贈与］の性質を

---

suaserunt, et ita Senatus censuit."［「.. 夫が妻に与えたものを，死亡により婚姻が解消された後に，もし意思が持続していたならば，十分の一税の目的のために，取り上げてはならないと，わが最高元首たちが提案し，その元老院が決議した。」］

　(d)　L. 32 § 7. 8 *de don. int. vir.* (24. 1.)［学説彙纂第24巻第1章「夫と妻の間の贈与について」第32法文第7，8節（ウルピアーヌス）］．──したがって，その場合，与える者はおそらく自分の死亡の場合について受領者の生計をより完全に確保するために贈与をしたのだろうという当然の想定が，基礎にある。このような用意周到な考えは，確かに，婚姻関係の性質に極めてふさわしい。

§164　贈与。制限。1. 婚姻（つづき）——*169*

帯びることによって，それは，死因贈与のあらゆる制限にも服させられるからである。したがって，m. c. donatio［死因贈与］が一般に，遺贈に類似して，受領者の能力にかかっている[(e)]のと同様，このことは，死亡により確認された夫婦間の贈与にもあてはまらなければならない。それゆえに，この贈与は，L. Julia［レークス・ユーリア。ユーリウス法］によって規定された decimae［デキマエ。十分の一税］の範囲内でのみ有効である[(f)]。

しかし，この確認は，婚姻が，与える者の死亡によるのとは別の仕方で，すなわち受領者が先に死ぬことによりまたは離婚により解消させられるときは，不可能となる。今度は，以前の法のあらゆる厳格さで無効が作用し，せいぜい新たな贈与が可能であるにすぎない[(g)]。けれども，夫婦双方の同時の死亡は，夫婦相互の贈与の確認とみなされる[(h)]。

───────

(e)　後述§173. b 参照。

(f)　ULPIAN. XV.——fini decimarum auferre non oportere［十分の一税の目的のために，取り上げてはならない］（註 c）は，こういう意味である：decimae［十分の一税］によって定められた範囲までは，生き残った配偶者から贈り物をだれも奪うべきでない。この範囲を越えるものは，確かにもはやその者から無効な贈与として相続人によりもぎ取られることはないが，しかし caducum［受領者曠欠財産］として，liberos habentes［子をもっている人たち］または国庫によりもぎ取られる。——上述の fini decimarum［十分の一税の目的のために］と同じ意味を，最初は，*L.* 32 §24 *de don. int. vir.* (24. 1.)［学説彙纂第24巻第1章「夫と妻の間の贈与について」第32法文第24節（ウルピアーヌス）］のつぎの言葉が有していた。„quae tamen in commune tenuerunt, *fine praestituto* revocanda non sunt.“［「しかし（夫婦が）共通のものへと有したものは，前もって定められた目的により，返還請求されるべきでない。」］ユスティーニアーヌス帝の学説彙纂ではこの言葉は，つぎの平凡な意味を有する：「組合契約に含まれた定めに従い。」（§154. k 参照）。

(g)　*L.* 32 §10 *de don. int. vir.* (24. 1.)［学説彙纂第24巻第1章「夫と妻の間の贈与について」第32法文第10節（ウルピアーヌス）］。——配偶者の両親などの無効な贈与においては，あるいは与える者の死亡だけが，あるいは夫婦の一方の死亡も，確認に必要である。*L.* 32 §16. 20 *de don. int. vir.* (24. 1.)［学説彙纂第24巻第1章「夫と妻の間の贈与について」第32法文第16, 20節（ウルピアーヌス）］。

(h)　*L.* 32 §14 *de don. int. vir.* (24. 1.)［学説彙纂第24巻第1章「夫と妻の間の贈与について」第32法文第14節（ウルピアーヌス）］，*L.* 8 *de reb. dub.* (34. 5.)［学説彙纂第34巻第5章

その確認は，与える者が自己の死亡前に贈与を撤回しているときにも，妨げられる。それには訴えの提起すら必要でなく，どんな無形式の意思表示でも十分であるが，しかしまた新たな意思変更によりくつがえされる。したがって，最後に存在するものとして証明されうる意思が決定する(i)。

確認が生じると，効果は，贈り物が与えられた時に遡り，それゆえに，今度は，すべてのことが，贈与が初めから有効であったかのように取り扱われる(11)。

与える者の死亡による贈与のこういう確認において，つぎのような争いのある問題が，註釈学派の時代から現在に至るまで伝わってきている。一方の人たちは，贈与手段のいかんを問わず，それを一般的に認めるが，もう一方の人たちは，物の引渡によって生じさせられる贈与についてのみそれを認め，他の場合については，とくに債権契約による贈与についてはそれを認めない(k)。

私は一般的な適用可能性を正しいと考えるが，この一般的な適用可能性は，ウルピアーヌスのつぎの個所において，非常にはっきりした仕方で，なんらの疑いも加えずに承認されているので，以前になんらかの反対が試みられていたとしても，一般的な適用可能性が完全に支配的となっている

「疑わしい事について」第8法文（パウルス）].

（i） L. 32 §2. 3. 4 *de don. int. vir.* (24. 1.) [学説彙纂第24巻第1章「夫と妻の間の贈与について」第32法文第2, 3, 4節（ウルピアーヌス）], L. 18 *C. eod.* (5. 16.) [勅法彙纂第5巻第16章「同」第18法文].

（i¹） L. 25 *C. de don. int. vir.* (5. 16.) [勅法彙纂第5巻第16章「夫と妻の間の，および親から子への贈与について，および追認について」第25法文]．これも m. c. donatio［死因贈与］との同等の結果である。なぜならば，死因贈与においては，通例は有効性の同じ遡及が生じるからである（§170).

（k） 比較的古い著述家たちは，G l ü c k B. 25 S. 431-435 B. 26 S. 105-122 S. 214-216およびSCHULTING notae ad Digesta T. 4 p. 300. 304に挙げられている。——近時の著述家：W ä c h t e r, Archiv für civil. Praxis B. 16 S. 107-124（一般的な適用に反対), L ö h r 同所 S. 233-242, P u c h t a, Rhein. Museum B. 6 S. 370-385（以上両者とも一般的な適用に賛成).

はずである。

> L. 32 §1 *de don. int. vir.* (24. 1.). (Ulp. lib. 33 ad Sab.) ［学説彙纂第24巻第1章「夫と妻の間の贈与について」第32法文第1節（ウルピアーヌス　サビーヌス註解第33巻）］
>
> Oratio .. pertinet ... *ad omnes donationes* inter virum et uxorem factas : ut et ipso jure res fiant ejus cui donatae sunt, *et obligatio sit civilis* ［宣示は .. 夫と妻の間でなされた<u>すべての贈与</u>に .. 関している。すなわち，法律上当然に贈与を受けた者の所有となるというようにも，<u>債務が市民法上のものである</u>というようにも］⁽¹⁾.

同じ個所の §23 ［第23節］では，なおもっとはっきり：Sive autem res fuit, quae donata est, sive obligatio remissa, potest dici donationem effectum habere ... *et generaliter universae donationes, quas impediri diximus, ex oratione valebunt.* ［贈与されたのが物であれ，債務が免除されたのであれ，贈与が効力を有するということができる。... そして一般に，<u>われわれが阻止されているといったすべての贈与</u>は，宣示により効力を有するであろう。］

この後者のことをいうのは，同じ書物の中のすぐ前のところで，夫婦間ではすべての贈与は，引渡によって試みられているのであろうと，問答契約によって，あるいは債務免除によって試みられているのであろうと，無効であるといった，そのウルピアーヌスである（§163. a）。このすぐ前の個所によって，universae donationes *quas impediri diximus* ［<u>われわれが阻止されているといったすべての贈与</u>］という言葉が，明白な意味をもつようになる。——最後に挙げた個所にすぐ，societas および emtio donationis

---

（1）　予断をもたない読者にとっては，これらの言葉は，死亡の瞬間まで無効であった引渡も問答契約も ipso jure ［法律上当然に］有効性を獲得するというように，という以外のことを意味することができない。obligatio sit civilis ［債務が市民法上のものである］という言葉の中にある決定的な証明を排除するために，どんなに無理な説明が試みられてきたか，とても信じられないほどである。

causa contracta［贈与のために締結された組合および買入］への言及が続く[m]。ここで書かれているのは，たいてい組合または売買の性質がすでに，婚姻を顧慮することなしにその行為の有効性を妨げ，元老院議決もこれに対して保護しえないが，しかしそういうより一般的な理由が妨げにならないところでは，もちろん元老院議決も確認的に効力を及ぼすということである。ここに，元老院議決それ自体が引渡にと同様債権契約にも適用できたという一つの決定的な証明がある。——その次の個所（L. 33 eod.［同所第33法文（ウルピアーヌス）］）において，ウルピアーヌスは，夫が妻に年金を問答契約により約束し，あるいは逆に妻が夫にそうするという特別の場合に，この規則を適用する。彼は，この贈与も元老院議決により確認されるという。この適用によって，前掲の一般的な言説は，なおもっと疑う余地のないものにされるにすぎない。一般的な適用に反対する人たちは，しばしば奇妙にも，その最後の個所を唯一の存在する証明とみて，それから，まさに年金の問答契約がなぜまったく特別の法をもたなければならないかを説明するために，非常に恣意的な主張を出した。その人たちは，ここで述べたウルピアーヌスの両個所の内的関連を考慮に入れていたならば，自分たちのこのような苦心の無益さを見逃さなかったであろう。なぜならば，L. 33 cit.［前掲第33法文］が非常にうまく片付けられてさえ，それは，その人たちの意見になんら役立ちえなかったからである。

　　アレクサンデル帝のある勅裁において[n]，夫が妻に，最初受領した嫁資の総額を，後に婚姻中に作成された証書で，それが実際にあったよりも高く記載することによって贈与しようとした（Quod de suo .. in dotem adscripsit［自己の..から..嫁資の中へ書き加えたもの］）場合が判断される。帝はいう，この贈与は，撤回されていなければ，なんらかの拘束力ある法律行為によって完成していることだけを前提として，死亡により確認される

　　(m)　この点を非常にうまく強調しているのは，Puchta S. 375.

　　(n)　L. 2 C. de dote cauta (5. 15.)［勅法彙纂第5巻第15章「確保されたが支払われていない嫁資について」第2法文］.

§164 贈与。制限。1. 婚姻（つづき）——*173*

(donationem *legitime confectam* ... quatenus liberalitas interposita *munita est*［適法に完成された贈与を ... 介入する気前よさが確認された限り］）と。つまり，帝は，（反対する人たちの意見によればなされなければならなかった）引渡を要求しないで，もちろん単なるadscribere［アドスクリーベレ。書き加えること］では十分でありえなかったことによって，一般的規則に従えば有効ななんらかの完成を要求した。したがって，ここで問題になっている場合に，問答契約の形式は排除されていなかった，それどころか，それは，まったく最も当然の最も適切な形式であったから，とりわけここでは用いられたものとして前提されうる(o)。

ところで，これらの証明には，もちろん，つぎの，同じようにウルピアーヌスから出ている疑わしい個所が対立している。

L. 23 *de don. int. vir.* (24. 1.). (Ulpian. lib. 6 ad Sab.)［学説彙纂第24巻第1章「夫と妻の間の贈与について」第23法文（ウルピアーヌス　サビーヌス註解第6巻）］

Papinianus recte putabat, orationem D. Severi ad rerum donationem pertinere: denique si stipulanti spopondisset uxori suae, non putabat conveniri posse heredem mariti, licet durante voluntate maritus decesserit［パーピニアーヌスは正当に，セウェールス帝の宣示が物の贈与に関すると考えた。つまり，問答契約している自分の妻に誓約したとき，夫が意思の継続中に死亡したとしても，夫の相続人が訴えられうると考えなかった］(p)。

ウルピアーヌスの賛同としてのrecte［レークテー。正当に］がそこになけ

（o）そうでなければ，非常に無理な仕方で，物がまず妻に引き渡されていて，そのあと妻から夫へ返還されたと想定しなければならないであろう。最初のdotis stipulatio［嫁資の問答契約］を更改の方法で新しいものにより取り替え，これをただちにもっと高い額に調整する方が，はるかに簡単であった。P u c h t a S. 377参照。

（p）まったく類似の仕方で，ただそうはっきりではなく，別のところで同じパーピニアーヌスがいう：quod vir uxori *dedit*［夫が妻に与えたもの］（上述註cをみよ）。

れば，すべてのことはまったく単純であろう．それは，かつてパーピニアーヌスが元老院議決の問答契約への適用可能性を疑ったが，しかしこの適用可能性がその後まもなく一般的な承認を得たという，単に歴史的な言及であろう．そういう賛同をちょっとそのままにしておいて，まず最初に，対立している両者の意見についての内的理由を考察しよう．パーピニアーヌスは，元老院議決において用いられた言葉：heredem vero *eripere* ... durum et avarum esse［しかし，相続人が奪い取ることは ... 冷淡で貪欲である］[q]によって，制限された方の適用をする気にさせられえた．確かに，この言葉は，文字どおりにとれば，すでに占有された財貨をもぎ取ることを示すようにみえた．けれども，逆の意見にとってはるかに決定的であったのは，その場合全体がmortis causa donatio［死因贈与］の擬制に還元されることであった．だが，このことを，パーピニアーヌスさえ疑わなかった．なぜならば，彼は，受贈能力の限界を適用したからである（註 c. f）．さて，mortis causa donatio［死因贈与］は，引渡によるのと同じように問答契約によってなされえたのだから，そのことをパーピニアーヌスさえ承認したのであるが[r]，そうだから夫婦間の通常の贈与をも，それが問答契約によってなされるか引渡によってなされるかを問わず，与える者の死亡により確認させるのが，首尾一貫していた．

　したがって，その限りにおいて，パーピニアーヌスはむしろ元老院議決の文字に目を向け，ウルピアーヌスは元老院議決の精神に目を向けたいということができ，実際にも正しい意見の幾人かの弁護者はそのように理解した．そのうえさらに，この対立をウルピアーヌスの賛同（*recte* putabat

---

　（q）　*L.* 32 § 2 *de don. int. vir.* (24. 1.)［学説彙纂第24巻第1章「夫と妻の間の贈与について」第32法文第2節（ウルピアーヌス）］，ここでは，元老院議決自体の言葉が挙げられる．パーピニアーヌスにおいては，確かに自分の言葉でではあるが，しかし元老院議決の上述の言葉と同じ意味でこういわれる：*auferre* non oportere［取り上げてはならない］（註 c）．

　（r）　*L.* 52 § 1 *de don. int. vir.* (24. 1.)［学説彙纂第24巻第1章「夫と妻の間の贈与について」第52法文第1節（パーピニアーヌス）］，上述 § 157 註 s¹ をみよ．

§164 贈与。制限。1. 婚姻（つづき）——*175*

［彼は正当に考えた］）の中へ持ち込もうと試みられた。すなわちあたかも，ウルピアーヌスは，文字に従って判断すればパーピニアーヌスの意見が正しいが，しかし自分は別の所で精神に従って判断すれば異なって理解されなければならないと述べることを留保するといおうとしたかのようにである(s)。けれども，それによってウルピアーヌスの言葉が歪曲される。したがって，明らかに他のなによりも困難を問題の中に持ち込むこの recte ［正当に］は，どうなっているのだろうか。A. ファーベルは，彼のあまりこせこせしないやり方どおりに，recte ［正当に］という語を削除しようとするが(t)，この安易な一時しのぎには，知られているすべての写本の読み方が反対する。そうはいっても，註釈学者たちの写本にはその語がなかったという少しばかりのみせかけはある(u)。——もう一つの意見は，二つの元老院議決を想定する。すなわち，（セウェールスの）古い方は，制限された適用を命じていて，これについてパーピニアーヌスが論じ，（アントニーヌスの）新しい方は，その法をさらに拡大していて，これについてウルピアーヌスがもっと後の個所で論じているというのである。この調和は，すでに註釈の中にあり，改めて非常に人目を引く仕方で詳論された(v)。しかし，それには，まず第一に，そのように孤立した法律問題につ

（ｓ） そう解するのは，NOODT Comm. ad Pand. XXIV. 1.

（ｔ） A. FABER conject. II. 8. L ö h r S. 241 は，なお，1663年および1700年のアムステルダム八つ折り判が recte ［正当に］を有しないと言い添えることによって，それに賛意を表する。しかしながら，このように非常に不注意な印刷のミスプリントは，まったく重要でない。

（ｕ） 最初の putabat ［彼は考えた］についての註釈は，こういう：„Et male secundum quosdam, ut statim dices." ［「そして不当に，汝がただちに示すであろういくつかのことに従って。」］ファーベルは，この註釈がまったく，recte ［正当に］のない本文に適合し，ここでは，*et* male ［そして不当に］はその個所に含まれた歴史的言及のかなり詳しい確定の性質を有すると書き添える。recte putabat ［彼は正当に考えた］のある本文においては，その註釈は，ウルピアーヌスの個所に対する反論の性質を有するであろうし，したがって *immo* male ［いやむしろ不当に］といわなければならないであろう。

（ｖ） Glossa in v. heredem mariti : „*Hodie* Papinianus per D. Severi et Antonini

190 いて僅かの年月中に二つの元老院議決が出されているようなことはほとんどないであろうという事情が，対立している⁽ʷ⁾。さらに，そのことを論じる少なからぬ個所に，やはり二つの議決のなんらかの痕跡が保存されていればよいのだが，そうではなくて，むしろ法律家たちや皇帝たちは，まったく様々の名称を任意にむとんじゃくに用いるのであり，このことは，一つだけの議決を前提としてのみ危険なくなされえた⁽ˣ⁾。しかし，上述の想定にまったくとくに反対するのは，ウルピアーヌスがこの対象についての主要個所を始めるに当たっての歴史的導入である（註b）。彼は，ここで，贈与のもっと古い状態（jus civile［ユース・キーウィーレ。市民法］に従っての）と元老院議決 „ut aliquid laxaret ex juris rigore." ［「法の硬直からいくらかを和らげるように。」］を対立させる。彼がここで論じる議決は，（プフタの意見に従えば）新しい方のものであって，彼は，juris rigor［ユーリス・リゴル。法の硬直］の緩和が（多少もっと小さな程度にすぎないが）すでに以前になされていたときには，このような緩和をその決議の特性として挙げることは不可能であった。——しかしもっと詳細にみると，ウルピアーヌスは，パーピニアーヌスの二つの異なった主張を報告する。すなわち，元老院議決の引渡への適用，問答契約への不適用である。彼は，第一の主張のみを是認し（recte［正当に］が真正であるとき），第二の主張については，言葉によってまったく意見を表明しない。というのは，彼は，*rec-*

191 *te* putabat .. ad rerum donationem pertinere: *denique* ... non putabat etc.［（パーピニアーヌスは）<u>正当に</u> .. 物の贈与に関すると考えた。<u>つまり</u> ... 考えなか

---

orationem *corrigitur* ut J. eod. L. Cum hic status. ［「<u>今日</u>，パーピニアーヌスは，セウェールス帝およびアントニーヌス帝の宣示により，この状態になって以来の同所法文のように<u>正される。</u>」］——P u c h t a S. 383.

　(w) 新しい方の議決は確実に206年に属するであろう（*L.* 32 *pr. cit.* ［前掲第32法文前文（ウルピアーヌス）］。しかし，古い方の議決も，すでに共同統治の時に出されているであろうし（Fragm. Vatic. § 294［ヴァティカンの断片第294節］，上述註cをみよ），したがって198年より前ではないであろう。

　(x) 註a，b，cにある各個所参照。

った云々。］というからである。今，われわれは，この個所だけを有しているのであれば，ためらわずにその是認を，暗黙のうちに繰り返されたものとして，第二の主張の中に持ち込むであろう。ウルピアーヌスのその他の個所のはっきりした反対があれば，異なる。確かに，この観点から物事をみて，ウルピアーヌスがパーピニアーヌスの第二の主張にはっきり表明された反対を付け加えたかもしれないことが，期待されるであろう。しかし，また，彼がこれを実際にしたのであって[y]，ただ編集者たちがその反対を削ったということも，ありえないことではない。パーピニアーヌスの著作に対するウルピアーヌスとパウルスの訂正的な註から適用可能性を奪う古い法律規定が，編集者たちをそうさせたことがありえた[z]。確かに，この規定は，直接にはここで問題になっている場合に適合しなかったし，また彼ら法律起草者たちもそれに拘束されていなかった。それでもなお，彼らは，ウルピアーヌスがパーピニアーヌスの意見をずばり非難した言葉を削ることによって，その規定の精神において行動していると十分信じることができた。——この個所の他の個所に対する関係は，このようなやり方をますます疑わしくさせるに違いなかったという理由で，このようなやり方は不注意であったと文句をつけられるかもしれない。しかしながら，その他の点でどの意見に好意を寄せているのであれ，だれもが，上掲の各

(y) たとえば，denique *non recte* putabat ［つまり<u>不正当に考えた</u>］という表現で，あるいは ego contra puto ［私は反対に考える］または quo jure non utimur ［その法をわれわれは用いない］という付加をもって．参照，*L.* 54 *de cond.* (35. 1.) ［学説彙纂第35巻第1章「遺言に書かれたことの条件と表示と原因と負担について」第54法文（ヤーウォレーヌス）］，*L.* 76 §1 *de furtis* (47. 2.) ［学説彙纂第47巻第2章「窃盗について」第76法文第1節（ポンポーニウス）］，これらにおいては，報告された意見に対する反対の類似の諸形式が現われる。

(z) *L.* 3 （以前は *L. un.*) *C. Th. de resp. prud.* (1. 4.). „.. Notas etiam Pauli atque Ulpiani in Papiniani corpus factas, sicut dudum statutum est, praecipimus infirmari." ［テオドシウス帝の勅法彙纂第1巻第4章「法学者の解答について」第3法文（以前は単一法文）：「パーピニアーヌスの著書に対してなされたパウルスの註もウルピアーヌスの註も，いわばずっと以前から，とくに無効にされたと決定されている。」］

個所をいっしょにとり入れることに不注意を認めなければならず，したがってこのように認めることによって，ありうる意見はどれも利益または不利益を受けない。疑いなく，編集者たちは，他の場合におけると同様ここで，L. 23［第23法文］がその現在の姿では L. 32および33 cit.［前掲第32および33法文］と調和させられえないことに気が付いていなかった。

しかし，われわれは，どうしても上述の各個所を調和させざるをえず，一つの実際的結果がわれわれには是非必要であるが，われわれはどの点にこれをみいだすことができるか。疑いなく，非常にはっきりと，また多様な適用において，元老院議決の最も拡大された使用を主張するウルピアーヌスの個所（L. 32. 33 cit.［前掲第32，33法文］）にである。同時にわれわれは，今，パーピニアーヌスが制限された方の適用をしようとしたことを，単に歴史的な覚書とみなければならないのであって(aa)，この目的のために recte［正当に］という語を削るにせよ，その語をパーピニアーヌスの第一の（明らかに正しい）主張にのみ関連づけ，第二の主張には関連づけず，これによりまさに第二の主張が単に歴史的な意味をもつにせよ，そうである。

以上すべてのことに，それからなお，両派が自己のために利用しようと試みた一つの注目すべき事情が加わる。ユスティーニアーヌス帝の治下においてすでに，債権契約に基づく贈与も死亡により確認されるかどうかが，不確かになっていて，ユスティーニアーヌス帝自身は，新勅法第162号においてこの問題を肯定した。その疑問がまさに L. 23 cit.［前掲第23法文］から生じていたことは，確実である。というのは，その時代の法律家たちは，やはりわれわれが有しているのと同じ学説彙纂を法典として目の前に有していたからである。――それによりすべての争いが調整されていると思われるかもしれないが，しかし不幸にもその新勅法は註釈が施されていない。今，反対者たちは，ユスティーニアーヌス帝がこのことを新し

（aa）　その問題は，結果からみて，Ｌöｈｒ S. 241およびＰｕｃｈｔａ S. 385によってもすでに正当にそう理解されている。

い法律によって導入することを必要と認めたのだから，それはまさに，それまでは，したがってわれわれの学説彙纂に従えば，反対の法が効力を有していたに違いないことのしるしであるという。その新勅法が新しい法律として登場しているのであれば，このことは正しいであろう。しかしながら，ユスティーニアーヌス帝は，そこでは，教訓を垂れようとするだけで，既存の法律から論証するにすぎず，こうして，その新勅法は，確かに法律としてではないが（それは註釈が施されていないから），しかし非常に重要な権威として，ここで弁護した意見にまったく決定的に賛成である。

　この争いのある問題における実際的著述家たちの態度は，非常に注目に値する。この人たちは，まったくはっきり，元老院議決の最も無制限の拡大に賛成であり，しかもその場合新勅法162号を引合に出す[bb]。だからといって，その人たちがそもそも註釈の施されていない新勅法に法律としての効力を与えようとするわけではなくて，学説彙纂の矛盾する個所の調和が不確かな場合にそういう権威が大いに顧慮に値するからであること確実である。したがって，まったくここで展開された関連に従ってであり，その人たちがこの関連を完全には説明していなくてもそうである。

§165
V．贈与——制限　2．加重的形式
[Schenkung——Einschränkungen　2. Erschwerende Formen]

　贈与の第二の実定的制限は，加重的形式にある。この点で適用される最も新しい法をその全特性において述べうるためには，比較的古い法に，とくに Lex Cincia［キンキウス法][a] に遡ることが必要である。

　(bb)　LAUTERBACH h. t. §14. HUBER h. t. §5. STRUV. Exerc. 30 §30. COCEJI h. t. quaest. 2.

　(a)　このやっかいな対象の独立の研究は，本書の目的の外にある。以下の諸著述家

比較的古い時代には，贈与のつぎの二つの制限を認めることができる：

1) 大きな贈与の禁止。しかしそれの限界をわれわれは知らない。

2) 完全に有効な贈与の特別の形式。これは，どの有効な贈与も完成していなければならないという当然の要求に付け加わるが（§ 155），しかし，ここではこの完成が実定的な付加によって加重されているというようにである。とくに，mancipi res［マンキピー・レース。手中物］は，握取行為または in jure cessio［イン・ユーレ・ケッシオー。法廷譲渡］による以外には完全有効に贈与されうべきでなかったが[b]，それでもやはり，それにはなお，特示命令による保護への確実な請求権を与えうるような占有が付け加わるべきであった。

しかし，それと並んで，若干の personae exceptae［ペルソナーエ・エクスケプタエ。適用を除外されている人］が存したのであって，それに属するのは，とくに，与える者の近親者であり，与える者の配偶者も同様であった[c]。これらの優遇された人たちは，完成の当然の必要性を免れてはいな

が書き留められるべきである。Savigny, Zeitschrift für geschichtl. Rechtswissensch. B.4 S.1（ヴァチカンの断片の発見前に書かれた）。Rudorff de L.Cincia Berol. 1825. 8. Franke civilistische Abhandlungen S.1-64. Klinkhamer de donationibus Amstel. 1826.8. Hasse Rhein. Museum B.1 S.185 -248. Unterholzner Rhein. Museum B.2 S.436. B.3 S.153. Wenck praef. in Hauboldi opuscula Vol.1 p.37-61. ――もっと古い著述家たち（Brummer のような）は，近時発見された典拠により役に立たなくなった。

（b）たいていの個所では，握取行為だけが言及される。なぜならば，これが一般に比較的よく使われる形式であったからである。しかし，in jure cessio［法廷譲渡］は，他の場合におけると同じようにここでも，握取行為と同様有効であった。Cod. Hermog. ［ヘルモゲニアーヌスの勅法集］VII.1 （以前は VI. 1）。

（c）Fragm. Vat. § 302. „Excipiuntur ... vir et uxor, sponsus, sponsa."［ヴァティカンの断片第302節：「夫と妻，婚約者（男子），婚約者（女子）は... 除外される。」］注意を引くのは，ここで優遇される人として，まさに贈与がそもそも禁止されている夫婦が挙げられることである。その理由で婚姻中の贈与の禁止が Lex Cincia［キンキウス法］よりも新しいと認めようとするのは，誤りであろう。その禁止の特別の例外（§ 163）も，その事柄を説明しない。なぜならば，これらの例外は，あまりに重要でなく，また一部あ

§165 贈与。制限。2. 加重的形式 —— *181*

かったが，しかし上述の贈与の実定的な加重を免れていた(d)。

196　こうしたことすべてにおいて，とくに，今まで確たる答えをみいだすことができていない二つの問題がある。第一に，上述の定めのうちのどれだけが L. Cincia［キンキウス法］自体から導き出されるべく，どれだけが他の法源から，またどの法源から導き出されるべきか，である。第二に，大きい贈与と小さい贈与の区別は，上述の加重的形式に対してどういう関係にあるか，である。この後者の問題に関しては，つぎの二つの考えられる関係のうちの一つが存したに違いないと思われる。すなわち，大きい贈与は絶対に禁止されていて，それゆえに，小さい贈与だけが，完全に有効であるためには，上述の加重的形式に服させられているべきであったか(d1)。それとも，小さい贈与は，形式に関しても，まったく自由にされ

まりに新しいので，この種の非常に古い顧慮を招くことはできなかったであろうからである。おそらく，こういう仕方で容易にされ優遇されるべきであったのは，夫婦間で許されていた mortis causa［死因］贈与および divortii causa［離婚を原因とする］贈与であって（§162），それは確かに至極もっともなことであった。L. Cincia［キンキウス法］において m. c. donatio［死因贈与］に有利なように一つの例外が考えられていることがありうるという考えの正当づけについては，後述註 f および§174. a を参照。

　（d）　FRAGM. VAT. §310. 311. 293. 266.［ヴァティカンの断片第310，311，293，266節］．したがって，いくつかの場合について，相違はまったく目に見えなかった。たとえば，ある属州の土地を贈与しようと欲した者は，受領者が excepta persona［適用を除外されている人］であるか non excepta persona［適用を除外されていない人］であるかを問わず，そのためには引渡を用いなければならなかった（l. c.§293［前掲個所第293節］）。

　（d1）　この意見はなお，つぎのように補足されるであろう。すなわち，ひょっとすると大きい贈与は，それが現実に履行されていたとしても，不当利得返還請求訴権によって返還請求されえたのであって，それは，その他の場合には不当利得返還請求訴権において適用される条件にかかわりなく，すなわち，やはり今なお夫婦間の贈与において明白に認められるように，錯誤の存在にかかわりなくなされえたというようにである。そのことを示唆すると思われるのは，L. 21§1 *de don.*（39.5.）［学説彙纂第39巻第5章「贈与について」第21法文第1節（ケルスス）］，L.5§5 *de doli exc.*（44.4.）［学説彙纂第44巻第4章「悪意のおよび強迫の抗弁について」第5法文第5節（パウルス）］である。おそらく FRAGM. VAT.§266［ヴァティカンの断片第266節］もそうだと思われるが，しかし，この個所は，受領者が誤って exceptus［適用を除外されている者］と考えられていたことによ

ていて，すなわち完成の当然の規則にのみ拘束されていて，大きい贈与においてのみ，有効性が，上述の実定的に規定された形式に従属しているべきであったか。

それとは逆に，こういう不確かな状態のまん中で，つぎの重要な諸点は，疑う余地がないと認めてよいと思われる。第一に，上述の諸規定違反の結果は，決して（夫婦間の贈与におけるように）その行為の無効ではなくて，主として，与える者がその贈与を後悔したであろうときに，受領者の訴えに対して，与える者を，それに役立つあらゆる法的手段によって保護することであった。たとえばある家屋が握取行為によって贈与されていたが，特示命令の占有〔Interdictenbesitz〕の譲渡がなかったとき，確かに受領者は所有権を有し，それゆえに所有物返還請求訴権を有していたが，しかし，これは exceptio L. Cinciae〔エクスケプティオー・レーギス・キンキアエ。キンキウス法の抗弁〕により無効にされた。その事柄のこの状態は，逆にその家屋の占有は引き渡され，握取行為だけが怠られていたときには，この瑕疵は短期間内に使用取得により除去されえたのであり，それゆえに今度は2年後に贈与がおのずから疑わしい点のないものとなったという重要な結果を有していた(e)。——第二に，上述の実定的規則違反の理由で贈与を自由意思により無効にするこの権利は，与える者の一身専属の権利であるべきであった。その者が生きている間に贈与の意思を撤回していなかったときは，相続人はその権限を有しなかった(f)。これらの確実な定めを

って，通常の indebiti condictio〔非債の不当利得返還請求訴権〕とも解しうる。

（e）FRAGM. VAT. § 293 ,,quae mancipi sunt, *usucapta vel mancipata*... avocari non possunt."〔ヴァティカンの断片第293節：「手中物は，使用取得されまたは握取行為により譲渡されると，... 奪われえない。」〕ここにおそらく，古い法では，usucapiopro donato〔贈与されたものとしての使用取得〕の最も重要な適用があった。夫婦間の贈与においては，この種の確認は許されていなかった（§ 163.b）。

（f）FRAGM. VAT. § 259 ,,morte Cincia removetur."〔ヴァティカンの断片第259節：「死亡によりキンキウス法は排除される。」〕*ib.* § 266 ,,nisi forte durante voluntate decesserit donator."〔同所第266節：「たまたま贈与者が継続する意思をもって死亡したのでないな

§165 贈与。制限。2．加重的形式 —— *183*

198 まとめると，ローマの法律家たちを非常に煩わせた上述の古い法は，その目的と結果において，一見して考えられるであろうよりも穏当であったようである。そこには，与える者が多くの場合に贈与を後悔し無効にすることができたことによって，お人好しの軽率を防ぐための保護があったにすぎない。けれども，この後悔は，あるいは厳格な形式の遵守により，あるいは極めて短い期間の経過により，あるいは意思が変わらないままの与える者の死亡により，排除されえた(g)。

比較的古い法のこれらの規則および形式は，後に他のものによって押し

らば。」] (§266 [第266節] によれば，つぎの歴史的関連が認められるかもしれない。サビーヌス学派の法学者たちは，相続人に抗弁を与えないが，プロクルス学派の法学者たちはこれを与える。しかし，後者の人たちも，与える者が意思を変えずに死亡したときは，相続人を doli replicatio [悪意の反抗弁] により除外させなければならず，しかもアレクサンデル帝のある勅裁によってである)。*ib*. § 294 „exceptionem, voluntatis perseverantia, doli replicatio perimit." [同所第294節:「意思の持続をもって悪意の反抗弁が抗弁を無効にする。」] *ib*. § 312 [同所第312節]. —— この法命題は，夫婦間の贈与を，与える者の死亡の場合に維持した元老院議決において，明らかに模範として役立った (§ 164)。

（g） 明らかに，この点では，問答契約は，握取行為および引渡に比べて不利に扱われていたが，それは，疑いなく，軽率な弱さにとって前者の方が後者よりも危険であるからである。約束者は，exceptio L. Cinciae [キンキウス法の抗弁] を有していて，支払ってしまったときは，支払われたものを不当利得返還請求訴権をもって（おそらく錯誤の場合にのみ）返還請求することができた（註 d¹）。もちろん，その贈り物が persona excepta [適用を除外されている人] に与えられていたときは，このこともすべて脱落した。Fragm.Vat. § 266 [ヴァティカンの断片第266節]. —— こういう不利な取扱がなおもっと明白なのは，債務の免除においてであるが，これはやはり贈与された金額に非常に類似するようにみえる。それにもかかわらず，それは，疑いなく，債務者の pacti exceptio [約束の抗弁] に対する replicatio L. Cinciae [キンキウス法の反抗弁] によって無効にされた。それの注目すべき痕跡は，*L*. 1 § 1 *quib. mod. pign.* (20. 6.) [学説彙纂第20巻第6章「どのような方法で質または抵当が解消されるか」第1法文第1節（パーピニアーヌス)] において保存されてきた。Zeitschrift für geschichtl. Rechtswissensch. B. 4 S. 44 参照。要式免除契約においては，おそらく異なった。なぜならば，ここではすべてがかたをつけられていて，したがって抗弁または反抗弁へのきっかけはなにも残っていなかったからである。

199 のけられたが、しかし、それらがかつて特別の法律によって直接に廃止されたのではないようである。こういう暗黙裏の消滅は、上述の諸形式のうち最も独特のもの、すなわち握取行為がすべての適用において消滅し、したがってこの一つの適用においても持続できなかったという事情から説明される(g1)。それから、新しい形式として、裁判所の登録が現われたのであって（§ 130［本書第三巻218頁以下］）、これは、まず最初に当事者の自由な決心から生じ、コンスタンティウス・クロルス帝以来すべての贈与について法律で規定され、最後に大きい贈与に限定された。しかし長い間それと並んでなお他の形式も姿を現わし、一部は上述の比較的古い法からとられたものである。今、最も新しい法に対するそれらの関係を根本的に判断できるためには、ここで関係する最も重要な勅法を順を追って述べることが必要である。

それらの勅法のうち最も古いのは、コンスタンティーヌス帝が316年に出したものであるが、これをわれわれは三つの異なった形で知っている(h)。それは、都市長官マクシムスに向けられた、非常に大げさな表現様式の告
200 示であった。冒頭で、帝は、贈与においてはときには無頓着な、ときには不誠実なやり方がなされ、そこから多くの訴訟沙汰と矛盾する判決が出てくることを歎く。この弊害を防ぐために、帝は、法律よりもむしろ、しっ

（g¹）　とっくの昔に握取行為が消滅してしまってから、それでも贈与文書には考えなしに、握取行為からだけ由来した言葉（sestertii numi unis［１セーステルティウス貨幣で］, assium quatuor［４アースで］）が維持された。ユスティーニアーヌス帝は、それを無用として禁じた。L. 37 C. de don. (8. 54.) ［勅法彙纂第８巻第54章「贈与について」第37法文］。

（h）　最初の形は、ただし最後のところが欠けて、FRAGM. VAT.§ 249［ヴァティカンの断片第249節］にある。テオドシウス帝の勅法彙纂には、L. 1 C. Th. de don. (8. 12.)［テオドシウス帝の勅法彙纂第８巻第12章「贈与について」第１法文］として存する。ユスティーニアーヌス帝の勅法彙纂には、L. 25 C. de don. (8.54.) ［勅法彙纂第８巻第54章「贈与について」第25法文］として存する。――316年は、テオドシウス帝の勅法彙纂の写本により確実であって、323年はしりぞけられなければならない。WENCK zu L.2 C.Th. de administr. 3. 19.（または30）, HÄNEL ibid. 参照。

§165 贈与。制限。2．加重的形式 —— *185*

かりした贈与をどのようにして行わなければならないかの啓発的な指示を発する。帝は、三種類のことを要求する。すなわち、証人の前で書かれた文書、ここでは贈与のすべての条件、次いで与える者の名、および贈与の対象が正確に述べられるべきである。それから、同じく証人の前での引渡(i)。最後に裁判所の登録(k)。このすべては、欠くことのできない形式として規定されていて、これを欠くとその行為が無効であるべきだと思われたこともありえた。そう考えられていなかったことを、明らかにつぎの個所が示す：Quod si .. orba publico testimonio liberalitas caecam gratiam obscurosque coetus prodiderit, quoniam sola fraus cognita est, eorum quae donata dicuntur *temere non erit fides accipienda*. ［もし‥公の証明が奪われて、気前よさが目に見えない好意と不明確な結合を示すとすれば、単独の詐欺が調べられるので、贈与されたといわれるものの真実は、理由なしには認められるべきでないであろう。］したがって、上述の形式が怠られているときは、決してその行為がその理由ですでに無効であるべきではなくて、裁判官は、今、容易には、贈与といわれているものを真実と認めるべきではなく、したがって事実を、そうでなければするであろうよりも厳格に調べるべきである。このことは、法律によりもむしろ指示に似合う。

上述の告示のほぼ100年後、贈与の文書作成は、どうでもよいと宣言された(1)。そこには、決してその告示の変更が存したのではなくて、その告示で言及された書かれた文書は、必要不可欠な形式とみられるべきではな

（i）„advocata vicinitate, omnibusque arbitris quorum post fide uti liceat."［「その人たちの誠実を利用することが今後許されているべき、隣人、すべての人および仲裁人が招かれて。」］引渡は、必要なものとして比較的古い法から維持されていた。

（k）登録は、すぐ分かるように、コンスタンティーヌス帝の父によってすでに採用されていたのであり、したがってここでは、思い起こさせるだけである。

（1）428年の *L.* 29 *C. de don.* (8. 54.) „.. et si sine scripto donatum quid fuerit, *adhibitis aliis idoneis documentis*, hoc quod geritur comprobatur."［勅法彙纂第8巻第54章「贈与について」第29法文：「..文書なしになにかが贈与されたとしても、なされることが、他の適当な証拠を用いて証明された。」］

くて，単に推奨するに足るものとみられるべきであるという説明が存したにすぎない。この意味そのままで（それどころかこれが実際にその告示自体の意味であったのだが），今こう付け加えられる：他の十分な証明手段が存しさえすれば，これでも足りるとみられるべきである。

この最後の命令を出した同じ皇帝たちが，10年後にテオドシウス帝の勅法彙纂を公表した。その中へ，その皇帝たちは，実際またコンスタンティーヌス帝の告示からの簡潔な抜粋をとり入れたが（註h），この告示は，ここでは，もとの姿におけるよりもはるかに法律に似ている。この告示における書かれた文書への言及が誤解されないように，その皇帝たち自身が，前述の命令によってすでに配慮していた。他の二つ（引渡と登録）は，確かに，必要な形式とみられるべきであった（そして上述の告示以来はじめてそうなのではない）。しかしながら，その場合にも，そういう形式が怠られていたときに，どのような結果が生じるべきであったかという主要問題は，触れられていない。今や無効は自明であったといわれるかもしれない。まさに贈与におけるほど無効が自明でありえなかったところは，どこにもない。幾世紀もの間，ひとびとは，ここでは，極めて実定的な形式に慣れていたが，それを怠ることは，常に，無効とはまったく別の結果を有してきた。疑いなく，テオドシウス帝の勅法彙纂の作成者たちは，こういう別の結果を周知であると前提し，だれもがこれを，ここでとり入れられた命令に結び付けるであろうことを当てにした。このような前提は，非難されるべきではなかった。なぜならば，当時，これについて教えを受けえた古い法律家たちの著作は，すべての裁判官の手中にあったからである。

テオドシウス帝の勅法彙纂が出てから40年後には，かなりの数の人が，贈与に証人を関与させることに，あまりに小心翼翼として固執したようである。そこでゼーノ帝は，つぎのように指示した[(m)]。すなわち，裁判所の

(m) 478年の *L.*31 *C. de don.* (8. 54.)〔勅法彙纂第8巻第54章「贈与について」第31法文〕。

§165 贈与。制限。2. 加重的形式——*187*

登録によって，引渡における証人の関与がまったく不必要になるし(n)，登録が免除されているところでも(o)，文書は証人によって署名されることを要せず，また，いずれにしても，まったく文書なしにでも有効に贈与されうるという，すでに与えられた規定のままであるというものである。

203　ユスティーニアーヌス帝は，ここで述べた三つの法律を自己の勅法彙纂の中にとり入れた。したがってとくにコンスタンティーヌス帝の告示をもとり入れたが，しかしこれはつぎの注目すべき変更を加えてである。登録の規定のところに，ubi hoc leges expostulant［法律がこれを要求するところでは］という新しい追加があり，これは，ユスティーニアーヌス帝が登録をなお，500 Solidi［ソリディー。Solidus（ソリドゥス金貨）の複数］を越える贈与においてのみ要求することを指し示す。引渡の規定はまったく脱落しているが，これは疑いなく，別の場所でユスティーニアーヌス帝が，引渡の単なる約束は，形式なしのものでさえ訴求されうべきであると指示しているからである(p)。最後に，書かれた文書の規定は，確かに残ってはいるが，しかしつぎの注目すべき変更が加えられている。コンスタンティーヌス帝自身はこういう：tabulae .. *scientibus plurimis* perscribantur［文書は.. 非常に多くの者が知っていて作成される］．そこには，証人の関与の，絶対的な命令とはいわないまでも，それの示唆が存する。テオドシウス帝の勅法彙纂においては，scientibus plurimis［非常に多くの者が知っていて］という言葉が維持されているが，ユスティーニアーヌス帝の勅法彙纂において

（n）　„non esse necessarium ... *vicinos vel alios testes* adhibere."［「... 隣人あるいは他の証人を関与させることは，必要でない ...。」］これは，コンスタンティーヌス帝により引渡において要求された証人（註 i）を言葉どおりにほのめかしている。

（o）　すなわち，当時行われていた法によれば，200 Solidos［ソリドース。Solidus（ソリドゥス金貨）の複数対格］の額を越えない donatio ante nuptias［婚姻前の贈与］において。L. 8 *C. Th. de spons.* (3.5.)［テオドシウス帝の勅法彙纂第3巻第5章「婚約について」第8法文］．

（p）　L. 35 § 5 *C. de don.* (8. 54.)［勅法彙纂第8巻第54章「贈与について」第35法文第5節］．

は，それは落とされている[q]。したがって，この命令からなお最も新しい法の中へとり入れようとされがちであるかもしれない独特のことは，書かれた文書が必要であるが，証人の関与がぜひ必要であるわけではないということであろう。しかしながら，まさにこの要求は，428年の勅法によりすでに不必要なものと言明されていたのであって（註1），この勅法がわが勅法彙纂の中にとり入れられたから，これをもってユスティーニアーヌス帝は，この点に関する自己の意見をまったくはっきり宣言している。

したがって，そのことによって，コンスタンティーヌス帝の告示は，再び最初のものになっている。すなわち，当事者が一般に贈与文書の作成を必要と思うときに，贈与文書の慎重な作成のための啓発的指示である。そこで今，贈与の形式に関するユスティーニアーヌス帝の勅法彙纂のこれまでに並べた内容全体をまとめると，登録以外にはまったくなんの形式も，文書も証人も引渡も命ぜられていないといわなければならない。

われわれがこの問題についてまったくなんらユスティーニアーヌス帝のみずからの言明を目の前にもたないならば，そういうことであろう。しかしながら，こういう言明もないわけではない。帝は，登録に関するいくつかの詳細な定めを与えた後に，それと並んで認められる贈与の形式について，つぎのことを定めた[r]。すなわち，用益権の留保は，引渡とみなされ，したがってただちに所有権を移転する。問答契約は，引渡による履行

（q）　それの少し前には，確かに neque id occulte aut privatim ［それをひそかにまたは私的にではなく］という言葉もあり，これは維持されている。しかし，そこには証人の規定とはまったく別のことが存する。たとえば友人や親戚が贈与を知っていることによって，公然と，秘密なしに行うことができ，それゆえに，文書作成の際に証人が関与しないで，行うことができる。――それどころか，scientibus plurimis ［非常に多くの者が知っていて］という言葉さえ，確かに上述の言葉よりも多く証人の示唆を含むが，しかしやはりずばり証人の命令を含むわけではない。というのは，多くの人が，まさに行為の締結の際に証人として関与することなしに，その贈与を知っていることがありうるからである。

（r）　*L.* 35 § 5 *C. de don.* (8.54.)［勅法彙纂第8巻第54章「贈与について」第35法文第5節］．

への訴権を与える。それどころか，無形式の契約による約束さえ，それだけでこのような訴権を設定すべきである。こういう定めである。さて，ここは，ユスティーニアーヌス帝の意思に従えば引渡または契約に証人も関与させられなければならなかったとすれば，証人に言及すべき場所であったこと確実である。しかし，それについての言葉は，ここにはない。この新しい法律の内容を，法学提要はつぎの言葉で述べる：

> § 2 *J. de donat.* (2. 7.). .. Perficiuntur autem, cum donator suam voluntatem scriptis aut sine scriptis manifestaverit. Et *ad exemplum venditionis* nostra constitutio eas etiam in se habere necessitatem traditionis voluit: ut etiam si non tradantur, habeant plenissimum robur et perfectum, et traditionis necessitas incumbat donatori. ［法学提要第2巻第7章「贈与について」第2節： .. しかし，贈与者が自己の意思を文書によりまたは文書なしに表明するとき，（贈与は）完成される。そして，わが勅法は売却の例によって，贈与がそれ自体においても引渡の義務を含むことを欲した。その結果，引き渡されないときでさえ贈与は極めて十分で完全な効力を有し，引渡が贈与者に課せられる。］

この個所においては，二とおりのことが決定的である。第一に，証人についての沈黙であって，証人が関与させられなければならなかったとすれば，やはりここで証人に言及されるべきであったことは確実である。第二に，はっきり挙げられる売買契約の類推である。売買契約におけると同様に引渡が訴求されうべきであるといわれる。それは，nudo consensu ［ヌードー・コーンセーンスー。単なる合意によって］といおうとするのであり，それゆえに訴えるために問答契約を必要としない。しかしながら，まさにそこに証人の不必要も存するのであって，証人は，諾成契約においては，契約のなにか他の実定的形式と同じように，要求されない。

私は，この問題を，必要と思われる以上に詳細に取り扱ったが，その理由は，近時まったく別の主張が出されていることにある。ここで挙げた法の変化すべてと並んで，それにもかかわらず一つの形式が常に必要不可欠

として維持されてきているといわれる。それは，あらゆる贈与における3人の証人の関与であって，贈与が引渡によってなされるのであれ債務契約によってなされるのであれそうであり，ただ登録された贈与だけは例外で，ここでは登録以外の形式はまったく必要でないというのである。この規則は，ユスティーニアーヌス帝の法についても真実として主張される(s)。

この主張の一つの根拠は，書面による贈与については面倒な形式，とくに証人を要求し，口頭の贈与については形式をまったく要求しないのは，非常に首尾一貫しなかったであろうということに置かれる。しかしながら，恣意的なあれこれ変わる規定がこんなにいっぱいであった一つの理論において，単なる首尾一貫性がなにを証明できるか。ユスティーニアーヌス帝においても，貸金利息は問答契約の結果としてのみ訴求されうるのに，帝が無形式の契約による贈与を訴えうるものにならせることは，首尾一貫しては挙げることができない。――第二に，レオ帝の新勅法第50号において，およびバシリカ法典の註釈において，3人の証人が贈与の場合に必要として現われる。この3人の証人は，もっと古い時代から維持されてきており，したがってこの時代についても証明するといわれる(t)。上掲の理由から，このような逆推論は，ここでは，たいていの他の理論におけるよりもなおもっと許されない。とくにしかし，ユスティーニアーヌス帝が，自分で考えたがいわなかった贈与の要件が自分の3世紀から4世紀後に自分の臣民に公表されるであろうことを当てにしたとは，やはりだれも認めようとはしないであろう。――したがって，すべては，けっきょくやはり，われわれが，もっと綿密に考察されたユスティーニアーヌス帝の立法から，証人の必要性についてなにか学びうるかどうかにかかっている。今，この必要性は，皇帝テオドシウス二世およびウァレンティニアー

(s) Marezoll in: Grolman und Löhr Magazin B. 4 S. 175-203. Schröter in: Linde Zeitschrift für Civilrecht und Prozeß B. 2 S. 132.

(t) Marezoll S. 179. 184.

ヌス三世の言葉：adhibitis aliis idoneis documentis［他の適当な証拠を用いて］（註1）の中に隠されているといわれ，この言葉は，（口頭の贈与においては）その他のよく知られた documenta ［ドクメンタ。証拠（複数）］または形式が用いられていさえすれば，というように解釈されるべきであり，これらは今やまさに（3人の）証人に存するといわれる^(u)。しかしながら，documentum ［ドクメントゥム。証拠］の本来の意味は，やはり<u>証明手段</u>［Beweismittel］であって，それがなにに存しようともそうであり，主としてまたはまったくもっぱら証人についてその言葉が用いられることは，非常に少ないであろう。それでもやはり，われわれは，このことをもがまんしよう。なぜならば，とくに，その言葉においては，なにか別の所でいわれた周知のことを再び参照するよう指示されるべきであるにすぎないからである。しかしながら，この別のことは，やはりどこかにみいだされうるのでなければならないのであって，われわれはそれをどこに求めるべきか。コンスタンティーヌス帝の告示の中以外にはない。だが，この告示は，われわれがユスティーニアーヌス帝の勅法彙纂の中で読むような姿では，証人についてのわずかの言及も含まないのであって，こうしてわれわれは，ユスティーニアーヌス帝の法律からは，まったく慎重に贈与をしようとする者に，証人を，とくにまたちょうど3人の証人を関与させるきっかけを与えうるようなものを，まったく知らされない。

　したがって，以上の研究から，比較的古い法の形式および規則の消滅以来，この種のものは，登録だけしか存しないことが，結果として出てくる。実際家たちの間では，このことは，昔から疑う余地のないものであった^(v)。したがって歴史的研究が別の終点に行き着いたとしても，それでもやはりこれは，現代法についてなんら相違を生じなかったであろう。というのは，ここでは，新しい学問的研究によって純化され，補足され，こうしてこれまで支配的であった間違いによる歪曲から解放されうるような法

(u) Marezoll S. 187-189.
(v) MÜHLENBRUCH § 442 not.11.

§166
V．贈与——制限　2．加重的形式　（つづき）

[Schenkung——Einschränkungen　2. Erschwerende Formen（Fortsetzung）]

したがって，われわれは，最も新しい法では，贈与においてもはや登録 [Insinuation] 以外の加重的形式をみいださないのであって，それのもっと詳細な叙述も，再び歴史的導入によって準備されなければならない(a)。

それの最も古い言及は，316年のコンスタンティーヌス帝の告示においてなされているが（§ 165. h），しかしそこでは，それは，すでに周知のものとして前提される。

それについてもっと重要なのは，同じ皇帝の319年の命令である(b)。ここでは，登録の採用は，コンスタンティウス・クロルス帝によるものとされ，しかもこの皇帝が比較的古い法の personae exceptae ［適用を除外されている人］（§ 165）を登録からも免除したというようにである。コンスタン

（w）　一つの類似の場合がこのことを説明するであろう．中世以来遺言において用いられる形式の大部分は，歴史的な間違いに基づくということが，おそらくほとんど確信をもって主張される．(Ｓａｖｉｇｎｙ　Geschichte des R. R. im Mittelalter B.1 § 27, B. 2 § 67).しかし，今日の遺言の実際的判定には，この確信は，ローマ法が行われているところでも，なんら影響を有しえない．

（a）　詳細かつ根本的に登録を扱うのは，Ｍａｒｅｚｏｌｌ in: Linde Zeitschrift für Civilrecht und Prozeß B. 1 S. 1–46.

（b）　L. 1 C. Th. de spons. (3. 5.)［テオドシウス帝の勅法彙纂第3巻第5章「婚約について」第1法文］．この命令の年代は，ヴェンクにより根本的に研究され確定されているが，これは，ヤコブス・ゴトフレードゥスの推定と相容れない．

§166 贈与。制限。2．加重的形式（つづき）——*193*

ティーヌス帝は，この免除を廃止し，それによって登録を一般的に必要にする。——続くいくつかの命令において，この形式が確認されるだけで，新しい定めはない[c]。

その形式の必要の最初の制限は，428年に採用された。donatio ante nuptias［婚姻前の贈与］は，200 Solidi［ソリドゥス金貨（複数）］未満の額であれば，登録を免除されているべきであった[d]。

ユスティーニアーヌス帝は，529年に300 Solidi［ソリドゥス金貨］の額までのすべて贈与につき[e]，それから531年に500の額までのすべての贈与につき[f]，登録を免除した。この定めは，依然として現行法の基礎である。

法律上の規定の内容は，金銭価値が500Solidi［ソリドゥス金貨］を越えるどの贈与においても裁判所の登録が用いられるべきことに存する。——その場合，まず第一にSolidus［ソリドゥス。ソリドゥス金貨］の価値が，それから贈与の価値が問題であって，その結果両方の大きさを互いに比較することができる。

比較的新しい実際は，現代のドゥカーテン金貨［Dukaten］をローマのSolidus［ソリドゥス金貨］と考えた。そのようにしても，まだ，定まった大きさは得られていないであろう。なぜならば，一部は，ドゥカーテン金貨の種々の種類があるからであり，一部は，これらの種類のそれぞれの相場が，金と銀の比で生じるのが常である変動に服させられているからである。しかしながら，幸いにも，実際は，なお一歩を進めて，ハンガリー・ドゥカートが最初に鋳造された価値，すなわち$2\frac{2}{3}$ターレルまたは20グル

（c）　*L.* 3. 5. 6. 8 *C. Th. de don.* (8. 12.)［テオドシウス帝の勅法彙纂第8巻第12章「贈与について」第3，5，6，8法文］.

（d）　*L.* 8 *C. Th. de spons.* (3. 5.)［テオドシウス帝の勅法彙纂第3巻第5章「婚約について」第8法文］. L. Rom. Burgund. Tit. 22［ブルグンド人のローマ法典第22章］.

（e）　*L.* 34 *pr. C. de don.* (8. 54.)［勅法彙纂第8巻第54章「贈与について」第34法文前文］.

（f）　*L.* 36　§3 *C. de don.* (8. 54.)［勅法彙纂第8巻第54章「贈与について」第36法文第3節］, §2 *J. de don.* (2. 7.)［法学提要第2巻第7章「贈与について」第2節］.

211 デン貨幣単位における4グルデンを考えた[g]。これによれば，500 Solidi［ソリドゥス金貨］は，2000重グルデン，または純粋に銀で100マルク，または1400プロイセン・ターレルだけの額であった。確かに，ユスティーニアーヌス帝のSolidus［ソリドゥス金貨］の真の価値は，約5重グルデンである[h]。しかしながら，歴史的な精確さとのこういう食違いは，それ自体恣意的でどうでもよい額の場合には，一致した実際と矛盾していては考慮されえず，ある定まった価値の一様の承認が真の利益とみられなければならない。

贈り物の価値を算出するためには，譲渡，受領者の利得，および与える者の意図に関する上述のところで立てられた規則が適用されなければならない。

金銭以外の物の所有権が贈与の対象であるときは，登録の適用可能性を決定するために，その価値の裁判所による評価が必要である。この所有権が他人の権利により制限されているときは，これの価値が差し引かれなければならない[i]。与える者の証明できる権利が真の所有権にではなくて，単にb. f. possessio［善意占有］に存するときでも，そういう評価がなされるべきである。すなわち，占有の現存の不確実さを考に入れて，その物が現在どれだけの価格で売られうるかが，算出されるべきである[k]。しか
212 しこのやり方が確実な結果に立ち至らないときは，使用取得期間の満了が待たれうる。なぜならば，やはり真の所有権の価値が贈与の対象とみられ

（g） Carpzov II. 12 def. 12. Voet ad Pand. XXX1X. 5 num. 18. Pufendorf Obss. I. 17.

（h） Zeitschrift für geschichtliche Rechtswissensch. B. 6 S. 392.

（i） したがってここではファルキディウス法の四分の一を求めるときと同じやり方が生じる。L. 18 §3 *de m. c. don.* (39. 6.) ［学説彙纂第39巻第6章「死因贈与と死因取得について」第18法文第3節（ユーリアーヌス）］，L. 1 §16 *ad Sc. Treb.* (36. 1.) ［学説彙纂第36巻第1章「トレベルリウス元老院議決註解」第1法文第16節（ウルピアーヌス）］。

（k） したがって，追奪のための償還請求を放棄してである。なぜならば，そのほかにまだ純粋の価値は存しないからである。

§166　贈与。制限。2．加重的形式（つづき）——**195**

るべきだからである[1]。贈与された物の将来の果実は，決して勘定に入れてはならない（§147）。

　用益権が贈与の対象であるとき，それの価値は，用益権者の推定寿命に従って計算されるべきである[m]。けれども，用益権者の現実の死亡を待って，それまでは，争訟の場合には担保が供せられることもありえ，そのときその担保は，用益権の一般的担保と重なる。

　贈与が毎年500 Solidi［ソリドゥス金貨］を越えない年金の約束に存するとき，そこではつぎの種々の場合が現われうる。

　年金は，まず第一に，一定の年数で約束されていることがありうる。ここでは，価値を定めるために，疑いなく，すべての支払が合計されるべきである。それが徐々にしか支払われないということは，なんら相違をきたさない。なぜならば，そのような約束は，分割されていない単一の債務とみられるべきであって，いくつかの互いに独立した債務の集合体とみられるべきでないという一般原則が，確定しているからである（§127. h［本書第三巻206頁］）。この疑う余地のない場合は，わが法源において言及されない。——これに反し，古い法律家の間で争われていたのは，年金が一定の見当のつく金額に帰せられえない場合である。それで，これについて，ユ

（1）　上述§156参照。その物が使用取得期間の満了前に追奪されるとき，まったくなにも贈与されていなかったことが分かる。上掲のやり方は，条件付債権の類推によっても正当づけられる（註t）。

　(m)　つまり *L. 68 pr. ad. L. Falc.* (35. 2.)［学説彙纂第35巻第2章「ファルキディウス法註解」第68法文前文（アエミリウス・マケル）］の規則に従って。——誤ってＭｅｙｅｒｆｅｌｄ　I. S. 136は，用益権の価値は，実際にそのように分けられたいくつかの例があるので，通例は所有権の半分だけの額であると主張する。*L.* 6 §1 *de usufr.* (7. 1.)［学説彙纂第7巻第1章「用益権について，およびどのようにしてだれが使用し収益するか」第6法文第1節（ガーイウス）］，*L.* 6　§10 *comm. div.* (10. 3.)［学説彙纂第10巻第3章「共有物分割訴権」第6法文第10節（ウルピアーヌス）］，*L.* 16 §1 *fam. herc.* (10. 2.)［学説彙纂第10巻第2節「家産分割訴権」第16法文第1節（ウルピアーヌス）］。これらの場合には，裁判官の裁量によるか，当事者の合意によって，そこにまさに真の価値が存しえた。しかし，明らかに，用益権者の年令は，用益権の評価に最も大きい影響を有する。

スティーニアーヌス帝は，個々の場合を区別してつぎのような諸規定を与えた[n]。

1) 年金が，与える者の死亡をもって，あるいはまた受領者の死亡をもってやむべきときは，登録は必要でなく，いくつかの別々の贈与があるかのようにみられる。その理由は，死亡時期のまったくの不確定にある[o]。

2) 年金が与える者の相続人たちに，および受領者の相続人たちに受け継がれるべきときは，常に登録が必要である[p]。相続人たちというのは，すなわち常に，そのまた相続人たちもそうであり，以下ずっと同じと解釈されるべきであり，したがってこれは永久的年金についての別の表現にすぎない[q]。

3) まったく同じことは，年金が与える者のまたは受領者の直近の相続人たちの死亡をもってやむべきときにも，あてはまる[r]。この場合におい

(n) *L.* 34 § 4 *C. de don.* (8. 54.) ［勅法彙纂第8巻第54章「贈与について」第34法文第4節］.

(o) „Ut si hujusmodi ... legitimam quantitatem." ［「あたかも，このような（贈与）... 合法的な大きさ（を）...」］すなわち，たとえあとで実際の支払が500 Solidi ［ソリドゥス金貨］を越えても，その贈与は有効なままである。

(p) „*Sin autem etiam heredum ex utraque parte fuerit mentio*, vel (non) adjiciatur tempus vitae (heredum), vel donatoris, vel ejus qui donationem accepit: tunc quasi perpetuata donatione ... excedere legitimum modum, et omnimodo acta deposcere, et aliter minime convalescere." ［「しかしもし，双方の相続人たちも言及されており，あるいは，（相続人たちの），または贈与者の，または贈与を受け取った者の生存期間が付加され（ない）ならば，そのときには，あたかも贈与が永続させられたようになり，... 合法的な大きさを越えており，したがってぜひとも登録簿を要求し，そうでなければ決して有効にならない...」］イタリックで印刷した［下線を施した］言葉は，この第二の場合を含む。──しかし，その無効は，実際に給付された支払がすでに500 Solidi ［ソリドゥス金貨］の額になるときにはじめて主張されうることは，自明である。

(q) *L.* 65 *de V. S.* (50. 16.) ［学説彙纂第50巻第16章「言葉の意義について」第65法文（ウルピアーヌス）］, *L.* 194 *de R. J.* (50. 17.) ［学説彙纂第50巻第17章「古い法の種々の規則について」第194法文（モデスティーヌス）］.

(r) この第三の場合についての通常の読み方は，vel adjiciatur tempus vitae vel donatoris vel ejus qui donationem accepit ［あるいは，贈与者のまたは贈与を受け取った

215 ても，それは，延長が不確定であるため，この関係では，永久的年金であるかのように判断されるべきである[s]。

者の生存期間が付加される]（註p）であるが，しかし，このことは明らかに再び第一の場合に戻り，それゆえにここでは許容できない。この読み方を救うために，つぎの種々の試みがなされているが，むだである。(Roberti lectiones I.26, animadv. I. 25. Marezoll S. 21). 1) 生存期間と並んでなお一定の年数が表示されているといわれる。その年数が生存期間を越えて延びているようなときでも，年金がこの年数によってのみ限界づけられているというように考えられているとすれば，生存期間は，まったく不必要に言及されている。これに反し，その年数が生存期間内でのみ効力がある（たとえば，与える者がもっと早く死ぬのでなければ，20年間）というのであれば，その限界づけは第一の場合におけるよりもさらになおもっと狭く，したがってその年金が永久的年金と同じ効力をもつことは，不可能である。2) その年数が死亡後なお効力があるといわれる。たとえば「私の死後1年まで」。しかし，この場合の永久的年金と同じ取扱も，首尾一貫しないであろう。なぜならば，その場合は，僅かの延長であれば，第一の場合からほんの僅かしかずれていないからである。——それゆえに，クーヤキウスは，vel *non* adjiciatur［あるいは付加されない］（または *nec* adjiciatur［また付加されない］）と校訂する。これは今度はつぎのような適切な意味を与える：「あるいは（相続人たちへの言及なしに）当事者の生存期間への限定が表現されていないのでさえあれば。」(Comm. in L.16 de V. O., opp. I. 1173, および observ. XV. 22). バシリカ法典（およびそれの註釈）は，ぐらついている。(T. 6 p. 187. 223. Cujac. l. c. Contius in L. cit., ed. 1571)——私はこう読む：vel adjiciatur tempus vitae *heredum* vel donatoris etc. ［あるいは，相続人たちのまたは贈与者の生存期間が付加される云々。］この読み方を私は，勅法彙纂の私の二つの写本のうちの一つにみいだす。その意味はこうである：「heredes［相続人たち］が不確定に挙げられている（したがってすべてのそれ以後の相続人たちへ暗黙のうちに拡大している）というのではなくて，年金が直近の相続人たちの死亡によって限界づけられている (tempus vitae *heredum* ［相続人たちの生存期間］) というのであっても。」今そこには実際に一つの新しい場合があり，これには，理由を述べているその次の言葉（註s）が完全に適合する。一つの古い行間に入れた註釈［Interlinearglosse］は，同じ意味を，単なる解釈という方法でその個所の中へ置こうとする。すなわち，Cod. Berol. in fol. N. 274において，vel donatoris［または贈与者の］という言葉の上に，s.（すなわち scilicet［当然]) *heredum* ［相続人たちの］という説明的註釈があり，vel ejus［または…者の］という言葉の上にもう一度同じようにある。

（s） „tunc, *quasi* perpetuata donatione, et *continuatione ejus magnam et opulentiorem* eam efficiente .. omnimodo acta deposcere." [［そのときには，あたかも贈与が永続させられたようになり，それの連続がそれを大きくもっと豊かにして..ぜひとも登録簿

条件付債権が贈与されるとき，登録の必要を決定するためには，条件の成就または不成就が待たれるべきである。少なくともこの取扱は，成就の公算を考えに入れると，売買価格を算出するよりも確実である[t]。確実性の疑わしい債権においては，それの売買価格は，評価により決定されるべきである[u]。

債務の免除は，債務者が支払不能であっても，常にそれの名目額だけの金銭贈与に等しい（§ 158.b）。

このような不確かな諸場合については，与える者が贈与を後悔し，登録を怠ったことに基づいて取り消そうとするときにのみ，厳密な決定が必要である。これに反し，当事者が，贈与自体の際になんらかの方策により，登録の場合が存するのではないという確信に達するときは，法律をくぐる意図が証明されうることさえなければ，その結果についても，取消は排除されている。

同じ人たちの間でいくつかの贈与が異なった時になされるとき，登録の規定をくぐるために一つの贈与が部分に分けられることが考えられるとしても，登録の必要を理由づけるために，それらの贈与が決して合計されるべきではない[v]。それゆえに，贈与が800 Solidi［ソリドゥス金貨］の一つの

―――――――――

を要求し。」]

（t）すなわち，類似のやり方は，ファルキディウス法の四分の一の算出において行われる。*L.* 45 § 1, *L.* 73 § 1 *ad L. Falc.* (35. 2.)［学説彙纂第35巻第2章「ファルキディウス法註解」第45法文第1節（パウルス），第73法文第1節（ガーイウス）］。

（u）ファルキディウス法の類推によっても同様である。*L.* 82 *L.* 22 § 4 *ad L. Falc.* (35. 2.)［学説彙纂第35巻第2章「ファルキディウス法註解」第82法文（ウルピアーヌス），第22法文第4節（パウルス）］．それで，その売買価格は，*L. Anastasiana*［アナスタシウス法］がこの種のどの売買をも妨げなかったとすれば，このような債権がどれだけのパーセントで売られるだろうかというように解されるべきである。——取引所相場を有する金銭証券が贈与されているときは，贈与の時における相場価格による。

（v）*L.* 34 § 3 *C. de don.* (8. 54.)［勅法彙纂第8巻第54章「贈与について」第34法文第3節］．古い法律家たちの間では，この問題は，*L. Cincia*［キンキウス法］に関して争われていた。

債権によって登録なしになされていて，その 800が後に支払われるとき，この行為は，500に関しては有効な支払であり（§ 157. a. b.），300に関しては無効な支払で，したがってそれ自体また新たな贈与であるが，しかしこの贈与は，それだけでは法定金額を越えないから，有効であり，撤回できない。したがって，結果は，この特別の場合においては，夫婦間の同種の行為における結果と異なっている（§ 163）。

さて，ここで立てられた諸原則に従い登録が必要であるところでは，それは，当事者の裁判上の表示について作成される調書の中に存する。昔は，それは権限ある裁判官の前でのみなされうべきものであった[w]。しかし最も新しい法では，どの裁判官もそれについての能力があると宣言されている[x]。裁判官の仕事は，儀式ばった公証に限定される。したがって，状況次第で拒絶されることもありうる認可は，その場合問題にならない。けれども，その行為の中になにかある違法な意図が認められうるときは，裁判官は，この意図を支えることになるであろう協力を拒むことができるし，また拒むべきである。

§167
V．贈与——制限　2．加重的形式（つづき）

[Schenkung——Einschränkungen　2. Erschwerende Formen（Fortsetzung）]

最も重要な問題は，登録を怠った場合の効果についての問題である。ここでは，L. Cincia［キンキウス法］について発達したもっと古い法に従うと

(w) 316 年の *L. 3 C. Th. de don.* (8. 12.)［テオドシウス帝の勅法彙纂第8巻第12章「贈与について」第3 法文］．ここでは，与える者が住んでおり，贈与された物があった管区の裁判官がいわれている。だが，両者が異なっていたときは，土地においてはおそらく forum rei sitae［物所在の裁判籍］が優先すべきであった。

(x) 415 年の *L. 8 C. Th. de don.* (8. 12.)［テオドシウス帝の勅法彙纂第8巻第12章「贈与について」第8法文］．——*L. 27. 30. 32 C. de don.* (8. 54.)［勅法彙纂第8巻第54章「贈与について」第27, 30, 32法文］．——Ｍａｒｅｚｏｌｌ　S. 6.

いう考えが自然であったし，この考えに従ってその法律の顧慮が人為的な手段により維持された（§ 165）。その考えのようなことはなされていなかったのであって，この食違いを無思想な偶然の出来事とみることは非常に間違っているであろう。おそらく，それに影響を与えたのは，まさにそのようなもっと古い法が大きな混乱と論争に立ち至っていて，一方，夫婦間の贈与の取扱が常に簡単で容易であったという経験であった。

少なくとも，上述の効果について立てられた原則は，疑う余地がない。登録が怠られているときは，その行為は，まるで，そもそもなにもなされていなかったかのように，完全に無効である。けれども，この無効は，500Solidi［ソリドゥス金貨］を越える価値にのみ関し，この金額までは，贈与は有効なままである(a)。したがって，超過部分には，昔から婚姻中の贈与において承認されていたのと同じ法が，適用されている（§ 163）。

この原則の一つの発展を，われわれは，一つの適用においてのみみいだすが，それでもやはり，そこから，その原則の意義が完全に意識されていたことが明らかになる。贈与が，消費できない物の，たとえば土地の引渡により実現されるとき，上述の原則の適用により与える者と受領者の間の共有権が生じるが，そこでは，持分の割合は，訴訟の場合には，裁判官の評価により決定されるべきである。ここでは，紛争の予防のために，以下の独特の規定が与えられている。大きい方の部分の所有者は，査定価格の支払により小さい方の部分を自分に買い入れることができる。その者がそうしようとしないときは，その物は現実に分割されるべきである。そのよ

（a） *L. 34 pr. C. de don.* (8. 54.). „.. Si quid autem supra legitimam definitionem fuerit, *hoc quod superfluum est* tantummodo non valere : *reliquam vero quantitatem, quae intra legis terminos constituta est, in suo robere perdurare: quasi nullo penitus alio adjecto, sed hoc pro non scripto, vel non intellecto esse credatur*."［勅法彙纂第8巻第54章「贈与について」第34法文前文：「.. しかしもし，法定の限度を越えるなにかが（贈り物）あったならば，過剰であるものだけが効力がなくて，反対に法律の限度内にある残りの額は，その効力が続くのであって，あたかもそれ以上他のものはなにも付け加えられないで，過剰であるものが書かれず，あるいは意図されないのと同じであると考えられる。」］

§167 贈与。制限。 2. 加重的形式（つづき）——*201*

うな分割が，対象の性質上適用できないときは，小さい方の部分の所有者は，大きい方の部分を査定価格に従い自分に買い入れることができる[b]。——同じ絶対的無効の原則から，超過分については贈与は使用取得の権原でありえず，それゆえに登録懈怠の結果は決して使用取得により取り除かれないということも，結果として出てくる。一方，比較的古い法においては L. Cincia ［キンキウス法］の不利な結果は使用取得により避けられえた（§ 165.c）。——そこからさらに，受贈者は，超過分に関しては，それについて所有権を有しないことを知っている限りにおいて，不誠実な占有者とみられなければならないという結果が出てくる。けれども，一方また，所有者（まさに与える者であるが）が撤回の意図を口に出していない間は，受贈者は所有者の意思で占有していると考えるべき理由を有するという限りにおいては，そうではない（§ 150. 151）。——今，ユスティーニアーヌス帝により未決定のまま残されたその他のすべての問題に関しても，完全に同じ原則であるのに，婚姻中の贈与について非常に慎重に古い法律家たちにより発達させられたこと（§ 163）が，適用されるべきである。このことは，とくに法律上の手段についてあてはまる。つまり，与える者は，登録を怠って，贈与を後悔するとき，受領者のところになお存在するのが，贈与された物自体であるか，それの価値だけであるかに応じて，所有物返還請求によってか，不当利得返還請求訴権によって，贈与の無効な部分を返還請求することができる。編纂者たちが，学説彙纂において婚姻中の贈与のところで精密に実施された規則が今や登録を怠った場合にも適用されるであろうことを考えに入れることができたがゆえにまさに，登録懈怠の結果をもっと綿密に確定することを余計と考えたということは，ありえないことではない。ユスティーニアーヌス帝によって述べられた両法律制度のこの同質性の中に，実際また，登録に関して持続的利得の存在が夫婦間の贈与に関してとちょうど同じように判断されるべきであるとい

(b) *L.* 34 § 2 *C. de don.* (8. 54.) ［勅法彙纂第8巻第54章「贈与について」第34法文第2節］。

う，上述のところで出された主張の確認が存する（§ 151）。というのは，たとえば消費の影響についての問題は，上述のところで理解されているように，贈与概念のもっと精密な規定に必要であるとみることができるからである。しかしそれを，不当利得返還請求訴権の条件と限界に関係させることもできるし，それも同じように正当である。今，不当利得返還請求訴権は登録懈怠の場合についても認められること確実であり，またわれわれは，これについてなんら独特の規定を有しないから，夫婦間の不当利得返還請求訴権について立てられた諸規則をここでも適用するほかない。

登録を怠った大きな贈与が他人の協力により，たとえば債務引受により実行されたとき，その無効がこの他人との行為（これ自体は贈与ではない）をも包括するかどうかという問題が生じる。このとくにやっかいな問題は，付録Xで研究されている。

まだ残っているのは，贈与がどれも，その金銭価値にかかわらず登録の形式を免除されている例外的な場合について述べることだけである。

それに属するのは，皇帝の私人への贈与，ならびに私人から皇帝へなされる贈与である[c]。

さらに，倒壊または焼失した家屋の再建のための贈与が，それに属する[d]。婚姻中の贈与の禁止と登録の懈怠に共通の唯一の例外である。あとから使用について争いが生じるときは，この争いは，受領者の宣誓により判定されるべきである。

---

[c] *L.* 34 *pr. C. de don.* (8. 54.) ［勅法彙纂第8巻第54章「贈与について」第34法文前文］, *Nov.* 52 *C.*2. ［新勅法第52号第2節］。

[d] *L.* 36 § 2 *C. de don.* (8. 54.) ［勅法彙纂第8巻第54章「贈与について」第36法文第2節］。ここでは „*pecunias* .. praebentibus vel cautionem conficientibus" ［金銭を..差し出し，あるいは債務証書を作成する（者に）］といわれる。そのことから，Marezoll S. 26は，金銭以外の物はその贈与の対象であってはならないと信じる。私は，それは金銭（または金銭価値）を意味し，約束が引渡と同様に登録を免除されているべきことだけを表現しようとしたと信じる。pecuniae ［金銭］が挙げられているのは，この場合には金銭が与えられるのが最も普通であろうからである。

§167 贈与。制限。 2．加重的形式（つづき）——*203*

それから，causa piissima［カウサ・ピイッシマ。最も敬虔な原因］のための，すなわち捕虜の身代金支払のための贈与がそうである。ここでも，使用については受領者の宣誓で十分であるべきである[e]。

Magister militum［マギステル・ミーリトゥム。軍の長］が功績のある軍人に与える動産の贈与の登録免除は，単に歴史的な意義を有するにすぎない[f]。

はるかに重要なのは，与えられた嫁資の場合についての例外である。妻自身がそういうものを与えるとき，それは決して贈与ではなく（§152），それゆえに登録を要しない。しかし他人が与えるときは，そこには妻への真の贈与が存し，そしてこれが登録を免除されているということは，実定的な例外とみられなければならず，他の関係においても現われる嫁資の優遇から説明されなければならない[g]。

これに反し，以下の例外は，しりぞけられなければならない。まず第一

(e) *L.* 36 *pr. C. de don.* (8. 54.)［勅法彙纂第8巻第54章「贈与について」第36法文前文］．ここでは同じように „*pecunias* dederit, sive per cautionem dare promiserit"［「金銭を与え，あるいは債務証書により与えることを約束した（者）」］といわれる。それゆえにまたもやMarezoll S.25は，その免除を金銭贈与に限定しようとする。註dに挙げた理由から，私はこの限定を不当と考えるが，しかしここでは，同じ免除がすでに*L.* 34 *C. eod.*［勅法彙纂同所第34法文］においても，しかもなんらかの対象を挙げずに現われるとき，それだけ一層そうである。

(f) *L.* 36 §1 *C. de don.* (8. 54.). „donationes rerum mobilium vel sese moventim."［勅法彙纂第8巻第54章「贈与について」第36法文第1節：「動産または自動物の贈与。」］対象をこのように指定していることは，明らかに制限的意義を有する。

(g) *L.* 31 *pr. C. de j. dot.* (5. 12.)［勅法彙纂第5巻第12章「嫁資の法について」第31法文前文］．上述§157. s参照。——初めに，同じ免除はdonatio propter nuptias［婚姻のための贈与］についても認められた。*Nov.* 119 *C.* 1．［新勅法第119号第1節］．後に，この免除は，夫が婚姻契約で嫁資を利得しようとする場合について廃止された。*Nov.* 127 *C.* 2．[訳註20]［新勅法第127号第2節］．登録は，ここでは，贈与における登録とは異なった特別のことである。というのは，夫の側からのdonatio propter nuptias［婚姻のための贈与］の設定には，妻への真の贈与は存せず，それは，夫が妻から受け取る嫁資にそれが存しないのと同様であるからである。

に，幾人かの人によって主張された返報的贈与の除外である。これは，決して贈与とみられない人命救助についての報酬を除いて，登録の通常の規則に服させられている（§153）。——さらに，pia causa［ピア・カウサ。敬虔財団］への贈与である。これは，以前には500 Solidi［ソリドゥス金貨］の額まで登録を免除されていた[h]。この額が一般的な規則に高められて以来，その例外は意味を失った。——まったく特別にまたここで脱落するのは，婚姻中の贈与において206年の元老院議決により導入された，無効な贈与の死亡による確認である（§164）。というのは，これは，われわれが任意に拡大することのできないまったく実定的な規則に基づいており，またそれの動機は婚姻関係にまったく独特だからである（§164.d）。それゆえに，夫婦についてさえ，ユスティーニアーヌス帝は，はっきり，500 Solidi［ソリドゥス金貨］を越える額の贈与が，その際登録の形式が守られているときにのみ死亡により確認されているべきことを規定した[i]。それだけ一層，他人間では，与える者の死亡は，登録の欠如の代わりをすることができない。それゆえに，この関係においても，もっと新しい登録の規定は，L. Cincia［キンキウス法］よりも厳格である。なぜならば，この法律によれば死亡による確認が許されたのに（§165. f），一方，現在では，登録の懈怠が相手方の相続人によっても主張されうるからである。

――――――

今，夫婦間の禁止を登録の規定と対比すると，つぎの実際上の関連が明らかになる。500 Solidi［ソリドゥス金貨］の価値を越え，登録されない贈与はどれも，通例は無効である。夫婦間では，それより少ない贈与も，登録を備えたそれより大きい贈与も，無効である。けれども，婚姻中における

（h） *L.* 19 *C. de SS. eccl.* (1. 2.) ［勅法彙纂第1巻第2章「神聖な教会について，およびそれの財産と特権について」第19法文］, *L.*34 *pr.* § 1 *C. de don.* (8. 54.) ［勅法彙纂第8巻第54章「贈与について」第34法文前文，第1節］．

（i） *L* .25 *C. de don. int. vir.* (5. 16.) ［勅法彙纂第5巻第16章「夫と妻の間の，および親から子への贈与について，および追認について」第25法文］．

この独特の，より進んだ制限は，与える者が意思の変更を明示することなしに婚姻中に死亡するときは，取り除かれる(k)。

§168
V．贈与——制限　3．特別の理由に基づく撤回
[Schenkung——Einschränkungen　3. Widerruf aus besonderen Gründen]

この撤回の独特の性質を明らかにするためには，他の法律関係との対比を基礎に置くことが必要である。

与えること自体の中にすでに存するのとは別の法的目的を達成するために（ob causam [原因のために]）なにかを与える者は，そのcausa [原因]が思い違いのものであったときには，通例は，与えられたものの返還を請求することができる。例外的に，その者は，思い違いがなくてもそうすることができる。とくに，ローマ法は，無名契約においては，与える者の単なる後悔を理由とする返還請求を許す。すべてのこれらの場合には，不当利得返還請求訴権が認められるけれども，贈与においては，これの使用は許されていない(a)。なぜならば，贈与は，与えることの外に存する法的目的をなんら有せず，それゆえに，ob causam [原因のために] 与えることは，贈与としての与えることに対して，はっきり対立するからである。

贈与においては，つぎのような理由に基づく撤回が生じうる。第一に，(訳註22)付随契約が特別に約定されていて，その付随契約が負担の性質を帯びるとき（§175. d）。第二に，贈与が実定法規に従えば無効であるとき，すなわ

（k）　*L.* 25 *C. de don. int. vir.* (5. 16.)［勅法彙纂第5巻第16章「夫と妻の間の，および親から子への贈与について，および追認について」第25法文］において，その関係は，完全にそのように承認されている。

(訳註21)
（a）　*L.* 3. 4 *C. de revocandis don.* (8. 56)［勅法彙纂第8巻第56章「贈与の撤回について」第3，4法文］，*L.* 6. 7 *C. de cond. ob causam* (4. 6.)［勅法彙纂第4巻第6章「原因に基づいて与えられたものの不当利得返還請求訴権について」第6，7法文］。

ち婚姻関係が理由で，または登録の懈怠が理由で無効であるとき。こういう場合には，贈り物は，あるいは所有物返還請求により，あるいは不当利得返還請求訴権により，返還を請求されうる（§163.167）。

さて，現在，以上の理由（これらはもっと一般的な性質を有するが）とは無関係に，なお特別の撤回が問題になるとき，この撤回は，それ自体有効な贈与に関しており，それゆえに常に例外の性質を有する。それだから，私は，それを，特別の理由に基づく撤回と呼んだのである[b]。

その撤回自体は，まったく異なる性質をもっている。いくつかの場合には，自己の権利を贈与によって害されている第三者によって，したがって与える者の意思に反して行使され，別の場合には，与える者自身によって，したがって与える者の意思において生じた変化の結果，行使される。

第三者の撤回は，二つの場合にみられる。すなわち，inofficiosa donatio［インオフィキオーサ・ドーナーティオー。義務違反の贈与］の場合においてと，Pauliana actio［パウルスの訴権］においてである。

贈与により近親者の遺留分に対する請求権が害されているとき，この近親者は，遺留分の補充を請求することができ，この目的のために贈与の一部の返還を請求できる[c]。この法律関係のもっと詳細な叙述は，遺留分と結

(b) それについての特有の典拠は，Cod. Theod. VIII. 13［テオドシウス帝の勅法彙纂第8巻第13章「贈与の撤回について」］，Cod. Just. VIII. 56［ユスティーニアーヌス帝の勅法彙纂第8巻第56章「贈与の撤回について」］である。——Donellus Lib. 14 C. 26-32は，この対象を非常に詳細に取り扱っている。

(c) Fragm. Vat. § 270. 271. 280. 281［ヴァティカンの断片第270，271，280，281節］，Cod. Theod. II. 20［テオドシウス帝の勅法彙纂第2巻第20章「義務違反の贈与ついて」］，Cod. Just. III. 29.［ユスティーニアーヌス帝の勅法彙纂第3巻第29章「義務違反の贈与について」］. Franke Notherbenrecht § 42. 43. 44.——もちろん，L. 5 C. tit. cit.［勅法彙纂前掲章第5法文］によれば，与える者自身が，自分にあとで子供たちが生まれるとき，遺留分の侵害をすでに今予防するために，贈り物の一部の返還を請求できるかのようにみえる。しかしながら，それに反対してDonellus XIX. 11§ 21. 22により出された理由が，やはり優勢である。とくに，贈与によりなにかを奪われる子供たちが与える者よりも長生きするかどうかは，やっぱり与える者が死ぬまでまったく不確実なままである。上掲

合して，相続法においてのみ可能である。

債務者が，贈与によって不誠実な仕方で自己の財産を支払不能にし，またはその支払不能を増大させたとき，債権者は，受領者が与える者の不誠実を知っていなかったときでも，この贈与を撤回することができる[d]。この法規のもっと詳細な叙述は，債務者の支払不能の理論に入れられるべきである。

与える者の撤回は，同じく二つの場合にみられる[e]けれども，なお現代法において残っているのは，そのうちの一つだけである。二つの場合とは，与える者の後生子のための場合と，受領者の忘恩［Undankbarkeit］を理由とする場合である。

第一の種類の撤回は，以下の起源を有していた。保護者が被解放奴隷に

の個所において，確かに，与える者自身が皇帝のところに問い合せたのであって，皇帝はこう答えた：„id quod .. liberis relinqui necesse est, ex factis donationibus detractum, ... *ad patrimonium tuum revertetur.*"［子供たちに残されなければならない..ものが，なされた贈与から取り去られ ... 汝の財産に戻る。］しかしながら，この言葉は，与える者の死後将来に始まる，後生子たちの訴えからも理解されえ，その結果，その言葉は，その子たちの後の運命についての安心させる指示を含む。そのとき，ad patrimonium tuum［汝の財産に］は，ad hereditatem tuam［汝の相続財産に］と同じだけを意味する。Ｆｒａｎｋｅ S. 517-519は，とりわけ，それが posthumus［後生子］の教育に必要でありうるという理由で，異なった意見をもつ。しかしながら，それによって，義務違反［Inofficiosität］の概念から完全に出てしまい，まったく別の要件と理由を有する，後生子のための撤回へ迷い込む（註 g. h）。

（d）取得者が関知していたときは，その者の利得すら問題にならない。それゆえに，取得者が知らない場合にのみ，贈与が撤回の独自の条件とみられうる。§ 145. d 参照。──幾人かの人は，actio Fabiana［ファビウスの訴権］(訳註23)をもその中に数えるが，それは不当である。なぜならば，これは利得をも関知をも前提とせず，その結果，それにおいては，贈与はまったくなんら独自の効力を有しないで，すべての他の譲渡と同じ効力を有するからである。§ 145. g 参照。

（e）婚姻が成立しないとき，婚約の贈り物の撤回も，なおそれに数えられるかもしれない。しかしながら，この撤回は，むしろ，その場合には最初の贈り物が datum ob causam (non secutam)［（続かない）原因による贈り物］として取り扱われることによって，理由づけられる。§ 162. i 参照。

なにかを贈与したとき，長い間，まったく任意の撤回が認められた。保護者は被解放奴隷の態度の中にそうする理由をみいだしたであろうし，これを裁判官は調べてはならないと考えられた。保護者の死亡をもってはじめてこの任意がやむべきであった[(f)]。後に，保護者のこういう広い権利はなくなり，保護者には二つの場合にのみ撤回が許された。すなわち，後生子の場合と，証明できる忘恩の場合である。このうちの第一の場合は，355年のコンスタンティウス帝の一つの勅法において保存されてきているが[(g)]，われわれにとってはもはや歴史的な意味しか有しえない。幾人かの人は，このことを疑ってきたのであって，それは，その人たちが，同じ撤回権を，保護者から出る贈与にだけでなく，そもそもどの贈与にも適用しようとしたことによってである。その人たちは，勅法彙纂の勅裁がしばしば個々の場合の偶然の出来事に言及したのであって，われわれはこういう出来事を，言い表わされた法規の条件とみてはならない，ということから出発した。しかしながら，この記述はそれ自体真実であるが，上掲の勅法は勅裁ではなくて告示であり，常に原則の例外にすぎない撤回を，単に保護者に後生子の場合に許すにすぎないから，その記述はこの勅法には適合しない[(h)]。それで，上掲の勅法をそれ自体として偏見なく考察しただけで

（f） FRAGM. VATICANA § 272. 313 ［ヴァティカンの断片第272，313節］.——in potestate ［父権の中にいる］息子への父の贈与は死亡によってはじめて確認されるという類似の内容の規則をそれと結びつけようとするのは，まったく間違いであろう。(FRAGM. VATIC. § 274. 277. 278. 281 ［ヴァティカンの断片第274，277，278，281節］. *L*. 25 *C. de don. int. vir*. 5. 16. ［勅法彙纂第5巻第16章「夫と妻の間の，および父から子への贈与について，および追認について」第25法文］.）というのは，このことは，父の特別の撤回権に基づくのではなくて，このような贈与の当然の無効に基づくのであって，この無効は，（暗黙の）遺思による確認によってのみ排除されうるからである。

（g） *L*. 3 *C. Th. de revoc. don*. (8. 13.) ［テオドシウス帝の勅法彙纂第8巻第13章「贈与の撤回について」第3法文］, *L*. 8 *C. Just. eod*. (8. 56.) ［ユスティーニアーヌス帝の勅法彙纂第8巻第56章「同」第8法文］.

（h） そういう間違った意見は，すでに J. GOTHOFRED. により L. cit. Cod. Theod. ［テオドシウス帝の勅法彙纂前掲法文］において極めて徹底的に誤りを論証されている。彼

もすでに，その事柄がこのようにみられなければならなかったとすれば，上述の歴史的な関連が発見されて以来，まったくなんら疑問は残らなかった。というのは，今や，その勅法において承認された保護者のそういう権利は，以前のはるかに広い権利の単なる残り物と思われ，そのことによって，他の者にも同じ権利を認めるべきいかなる動機も消滅するからである。

忘恩を理由とする撤回は，つぎのような発展をしてきた。初めに，それは，保護者の贈与において，しかし保護者に当然のものであるまったく任意の撤回の単なる結果として存した（註f）。それから，それは，保護者において，現実の忘恩の証明できる存在によって条件づけられ，したがってこの点において保護者の権利は非常に制限された[i]。しかし，この制限された姿で，その撤回は，非常に昔のことと思われるが，子への親の贈与についても許された[k]。最後に，ユスティーニアーヌス帝は，忘恩を理由

は，実はヴァティカンの断片をまだ知らなかった。――もちろん，反対の意見は，実際家たちによって弁護される。LAUTERBACH XXXIX. 5 § 53-57. しかし，その人たち自身がこの撤回を小さい贈与のどれについてもやはり許そうとしないから，その人たちは，今，この点ではすべてを裁判官の任意に任さざるをえない。真の差し迫った必要のためには，このような場合において，inofficiosa donatio［義務違反の贈与］の撤回（註c）で十分であり，これはもちろん後生子の場合にも適用できる。L. 5 C. de inoff. don. (3. 29)［勅法彙纂第3巻第29章「義務違反の贈与について」第5法文］。

（i）この変化は，L. 1 C. de revoc. don. (8. 56)［勅法彙纂第8巻第56章「贈与の撤回について」第1法文］において現われるフィリップス帝の勅裁を，FRAGM. VAT. § 272［ヴァティカンの断片第272節］において保存されているそれの最初の姿と対比するとき，まさに明白になる。――FRAGM. VAT. § 275［ヴァティカンの断片第275節］がこの法律制度の発展の中のどの点を示しているのかは，不確かである。この個所の説明および原文について，まったく逆の意見が出されている。H a s s e Rheinisch. Museum I.229. U n t e r h o l z n e r 同所 III. 153. BUCHHOLTZ ad § 275 cit.

（k）L. 31 § 1 de don. (39. 5.)［学説彙纂第39巻第5章「贈与について」第31法文第1節（パーピニアーヌス）］, L.7 C. de revoc. don. (8. 56.)［勅法彙纂第8巻第56章「贈与の撤回について」第7法文］（これは L.1 C. Th. eod.［テオドシウス帝の勅法彙纂「同」第1法文］である），L. 9 C. eod.［勅法彙纂同所第9法文］（これは L. 6 C. Th. eod. (8. 13.)［テオドシウス帝の勅法彙纂第8巻第13章「同」第6法文］である），L. 2. 4 C. Th. eod. (8. 13.)［テオドシウス帝の勅法彙纂第8巻第13章「同」第2，4法文］。――上掲の学説彙纂の個所にお

とする撤回を一般的な法規に高めたのであって，したがって，ここでは，親と保護者の以前の特別の権限は，消滅してしまっている[1]。

§169
V．贈与——制限　3．特別の理由に基づく撤回　（つづき）
［Schenkung——Einschränkungen　3. Widerruf aus besonderen Gründen（Fortsetzung）］

忘恩を理由とする撤回は，以前に述べた贈与の制限（§162－167）とは，とりわけ，この撤回では決して法律行為の正当性は問題になりえないで，贈り物の返還への人的請求権のみが問題になりうる点において，区別される。それゆえに，この目的のためには，決して所有物返還請求は用いられえないで，人的訴権だけが用いられうる。婚姻中の贈与においては，condictio sine causa または ex injusta causa［無原因のまたは不法な原因に基づく不当利得返還請求訴権］が認められ（§163. h），登録懈怠の場合においても同様であった。というのは，両方の場合において，事実上存在する donationis causa［贈与の原因］が絶対法規と矛盾していたからである。ここで述べている撤回においては，このような矛盾は存在しないで，与える者に，それ自体有効な贈与を無効にする権利が認められているにすぎない。ドネルルスは，どの贈与も，受領者が忘恩を避けるべきであるという暗黙の契約を含み，この契約に違反するときは，condictio ob causam datorum［コンディクティオー・オブ・カウサム・ダトールム。原因に基づいて与えられたものの不当利得返還請求訴権］が認められると考える[a]。しかし，この考

いては，撤回への言及が改変に基づいたということは，ありうるであろう。ただ，このことは，FRAGM. VATIC. §254［ヴァチカンの断片第254節］において保存されたわずかな言葉からは推論されえない。

（1）　*L.* 10 *C. de revoc. don.* (8. 56.)［勅法彙纂第8巻第56章「贈与の撤回について」第10法文］。

（a）　DONELLUS XIV. 31 §7-14.

考えは，無理であり，恣意的である。なぜならば，実際にはほとんどだれも，贈与の時にそのような将来の不和のことを思わないであろうし，こういうことを思う理由があるところでは，むしろ贈与とは別の形式が選ばれるであろうからである。――贈与の性質からこの種の撤回は全然導き出されえないこと，および，ユスティーニアーヌス帝の特定の法律がそれをとり入れたのでなければ，われわれはそれを決して許さないであろうことを，だれも疑わない。それゆえ私は，その訴権を condictio ex lege ［コンディクティオー・エクス・レーゲ。法律に基づく不当利得返還請求訴権］と称することに，なんら懸念を抱かない。

この訴権を有するのは，与える者自身だけであって，その相続人は有しない(b)。このことを文字どおりにとろうとすれば，与える者は，その訴権を相続させうるためには，すでに現実にその訴えを提起していなければならないであろう。しかしながら，単なる撤回の意思だけでもそれにはもう十分であり，それゆえに，その訴権は，与える者が自分の意思の変更をなんらかの仕方で明るみに出すことなしに死亡するときにのみ，なくなる。そのことに有利な証拠になるのは，婚姻中の贈与の類推であって，これは，同じく死亡によって，しかもここで挙げた仕方で，撤回できなくなる（§ 164）。だが実際にこの類推がその法律の意味の中にあることを，法律の表現が十分明らかに示す(c)。

（b） *L*. 10 *C. de revoc. don*. (8.56.)［勅法彙纂第8巻第56章「贈与の撤回について」第10法文］。

（c） *L*. 10 *C. cit*. „Etenim si ipse, qui hoc passus est, *tacuerit : silentium ejus maneat semper*, et non a posteritate ejus suscitari concedatur, vel adversus eum qui ingratus esse dicitur, vel adversus ejus successores."［勅法彙纂前掲第10法文］:「というのは，もし，これをこうむった者自身が黙していたならば，その者の沈黙は，常に継続し，その者の子孫により，あるいは忘恩であると申し立てられる者に対し，あるいはその者の承継人に対し，目を覚まさせられると認められない。」］――自分の不満と撤回の意思を口に出したが，ただしかし未だ訴えを提起していない者について，tacuerit［黙していた］および silentium［沈黙］という表現を用いることは，不可能であろう。このことを DONELLUS XIV. 29 § 7 － 12 も非常によく詳述する。ただ，彼は，§ 11で，*L*. 7 *C. eod*.［勅法彙纂

同様に，その訴えは，直接に受領者自身に対して向けられるだけで，その相続人に対しては向けられない。すなわち，与える者は，受領者がまだ生きていた間に，自己の意思の変更を表明したのでなければならない。母の子への贈与において，このことは，はっきりいわれており，それゆえにまた一般に認められている⁽ᵈ⁾。ここからだけでもう，同じ制限が他のすべての場合にも認められなければならないことが，本当らしくなる。なぜならば，この点で母についてなにか特別のことを定めようとする意図は，ほのめかされていないからである。しかしながら，ユスティーニアーヌス帝は，一般的にも十分明らかにそのことを言明している⁽ᵉ⁾。

　その訴えの条件は，一般的には，受領者の忘恩である。しかしながら，ユスティーニアーヌス帝は，この忘恩の五つの個々の場合を挙げ，そのうちのどの場合にも撤回が認められるべきであり，それ以外にはまったく認

　同所第7法文に nec in heredem detur, nec tribuatur heredi ［相続人に向けられもせず，相続人に与えられもしない］とあるを理由に，贈与する母について別のことを主張する。しかしながら，このはっきりしない表現は，*L.* 10 *cit.*［前掲第10法文］のもっと明確な表現から説明されなければならない。なぜならば，この部分で母についてなにか異なったことを定めようとする意図は，はっきりしないからである。

　(d)　*L.* 7 *C. de revoc. don.* (8. 56.) „*nec in heredem* detur, nec tribuatur heredi.“［勅法彙纂第8巻第56章「贈与の撤回について」第7法文：「相続人に向けられもせず，相続人に与えられもしない。」］

　(e)　*L.* 10 *C. cit.* „Hoc tamen *usque ad primas personas tantummodo* stare censemus.“［勅法彙纂前掲第10法文：「しかし，このことはただ最初の人たちまでにとどまると，朕は考量する。」］ primae personae［最初の人たち］は，与える者と受領者であり，したがって，その撤回は，この人たちに個人的に制限されているべきである。続いての言葉において与える者の相続人に関し制限がなおとくに厳しく説かれること（註c）は，先頭にある上述の規則から効力を奪うことはできない。DONELLUS XIV. 30 §1-15が，まったく理由なしに上掲の言葉をあいまいと称することによって，上述の命題の誤りを論証するために，どれだけの労力を費やしているか，信じられないほどである。彼は，単に一般的な理由から論証する。しかしながら，こういう理由も，その法律関係をそれの真の性質において理解するときには，彼に不利である。というのは，この撤回は，本当は罰訴権の性質を有し，このようなものはそもそも相続人に対しては向けられないからである。

§169 贈与。制限。 3．撤回 (つづき)―― *213*

められるべきでないことを，はっきり定めている[f]。それらの場合自体は，つぎのとおりである：

1) 言葉によるひどい侮辱[g]。
2) 与える者本人に対する暴力行為[h]。
3) 与える者がそれで脅かされるだけでなくて，現実にこうむらされる大きな資産喪失[i]。
4) 与える者が受領者により陥れられる生命の危険。
5) 受領者が，贈与に当たって課せられた義務の履行を拒むとき。ここでは，この特別の撤回権は必要ですらなかったであろう。なぜならば，datio sub modo［負担付贈与］の通常の規則だけでもう十分な法律上の手段を供したからである（§175）。したがって，与える者は，今や，こういう場合について，忘恩を理由として贈与を撤回しようとするか，上述のもっと一般的な法律上の手段を用いようとするかを選択できる。後者には，忘恩を理由とする撤回について規定されている双方の相続人の除外は，適用

(f) *L.* 10 *C. cit.* „Ex his enim tantummodo causis .. donationes in eos factas everti concedimus." ［勅法彙纂前掲第10法文：「すなわち，これらの原因に基づいてのみ．．それらに関してなされた贈与が無効にされることを，朕は許す。」］ DONELLUS XIV. 27 § 6-15 は，これらの場合を詳細に扱う。

(g) „ita ut injurias atroces in eum *effundat*." ［「この者に重大な侮辱を浴びせかけるというように。」］

(h) „vel manus impias *inferat*." ［「あるいは非道に手をかけるというように。」］ 以上の両方の場合には，明らかに，口頭侮辱［Verbalinjurien］と殴打暴行［Realinjurien］が言い表わされている。ひどさの判断は裁判官の裁量に任されているが，裁判官はその際当然，人的関係をも考慮に入れなければならない。父に対して子が口にすると injuriae atroces ［重大な侮辱］である同じ言葉が，上級の人が下級の人に対してそれを用いるときには，ひょっとするとそうではないであろう。

(i) 撤回に必要な喪失の大きさ（„*non levem* sensum substantiae donatoris imponat" ［「贈与者の資産に軽からぬ影響を引き起こすような」］）は，裁判官の裁量に任されている。まったく恣意的に，DONELLUS l. c. § 10は，資産の三分の一を，これがローマ法において publicum judicium［刑事訴訟］の結果として言及される最小の財産罰であるという理由で，最低限と考える。

できない(k)。

235　さて，もしかすると，上述の条件のうちの一つが存するときでも，この返還訴権の例外が存在するか。贈与自体において撤回が放棄される場合について，このような例外を認めようとされるかもしれない。しかし，このような放棄は，無力と考えられなければならない。なぜならば，それによって，不道徳を防止する法規が効力を奪われるであろうからである(1)。——幾人かの人は，返報的贈与について例外を主張した。ドネルルスとともに，撤回の根拠を，将来に向けられた暗黙の契約に置くとき（註a），与える者は返報的贈与においては将来によりもむしろ過去に目を向けるという理由で，この意見が好まれるかもしれない。しかし，こういう推論をやめ，同時に，返報的贈与は他のどの贈与とも法的にまったく異ならないということについて納得するとき，そういう例外をしりぞけなければならない（§ 153. a. b）。——けれども，一つの例外が実際には承認されており，最近の法においてさえ部分的に維持されている。母が自分の子供たち
236　に贈与するが，そのあとで，第二の婚姻にとりかかるか，悪くすると素行が明らかに不道徳であるときには，母は，上述の撤回をなしうべきでなか

（k）この関係を非常によく説明しているのは，DONELLUS XIV. 27 § 12-15およびXIV. 30 § 16. 17である。——MÜHLENBRUCH 第4版の§ 443 not. 8は，これに同意しないが，やはりそのほかに，原告が異なった条件と結果をもったいくつかの訴えの間で選択できる場合が十分みられるから，それは理由がない。

（1）したがって，L. 27 § 4 *de pactis* (2. 14.)〔学説彙纂第2巻第14章「約束について」第27法文第4節（パウルス）〕を類推して，この個所で無効と宣言されるのは，ne furti agam, vel injuriarum, si feceris〔君が犯したとき，私は，窃盗に基づき，あるいは侮辱に基づき，訴訟を行わない〕，および ne experiar interdicto unde vi〔私は，ut vi という文言で始まる特示命令（不動産占有回復の特示命令）に基づいて訴えない〕という契約である。これらについて turpem causam continent〔それらは不道徳な原因を含む〕といわれるが，これは，忘恩を法律により罰とされる不利益から免れさせる契約についても確実にいいうることである。L. 1 § 7 *depositi* (16. 3.)〔学説彙纂第16巻第3章「寄託訴権または反対訴権」第1法文第7節（ウルピアーヌス）〕および L. 23 *de R. J.* (50. 17.)〔学説彙纂第50巻第17章「古い法の種々の規則について」第23法文（ウルピアーヌス）〕をも参照。

った(m)。これらの場合のうち後者を，ユスティーニアーヌス帝は変えずに残しており，それゆえに，それは今なお認められなければならない。しかし，前者を，帝は，つぎのようなまったく恣意的な仕方で修正した。第二の婚姻にとりかかる贈与する母は，確かにまた撤回権を有すべきであるが，しかし必ずしも他の人たちと同じ仕方でではない(n)。言葉による侮辱の場合は，落とされている。殴打暴行とこうむらされる生命の危険は，残っている。こうむらされる資産喪失からは，単なる脅す企てに変えられているけれども，これは，資産全体に対して向けられているべきである(o)。最後に，引き受けられた義務の拒否は落とされているが，しかしこのことは，ほとんどどうでもよい。なぜならば，この場合についてはすでに他の訴権が存し，これはここで拒まれるべきでないこと確実だからである(p)。

　今まだ残っているのは，忘恩を理由とする撤回の効果を確定することである。贈り物がまだ不変のまま財産の中に存するときは，それの返還請求に疑問はない。それが交換によりなんらかの変化をこうむっており，その結果それの価値が利得として財産の中に残っているとき，訴えは，この現存価値に向けられうる（§ 149－151）。しかし，贈り物が受領者の自由な行為（浪費または他人への贈与）によりなくなっているときは，どうか。ここでは，受領者を免責するのにおそらく疑念はなく，それについては，夫婦間の贈与におけるよりもなおもっと有力な理由が存する。というの

　(m)　*L.* 7 *C. de revoc. don.* (8. 56.) ［勅法彙纂第 8 巻第56章「贈与の撤回について」第 7 法文］。

　(n)　*Nov.* 22 *C*.35 ［新勅法第22号第35節］, Auth. *Quod mater C. de revoc. don.* (8. 56) ［勅法彙纂第 8 巻第56章「贈与の撤回について」公撰書「母に関して」］。

　(o)　DONELLUS XIV. 27 § 24は，ここにある拡大（現実の喪失の単に脅す企てへの）が，それだけ一層，第二の婚姻にとりかからない母にも，ならびに贈与する父にも，役立たなければならないと考える。ユスティーニアーヌス帝にあらゆる首尾一貫性を断念させたくなければ，これに賛成しなければならない。そうはいっても，こんなに恣意的な命令においては，他の法規におけると同じ期待をもって単なる首尾一貫を主張することは，もちろんできない。

　(p)　DONELLUS XIV. 28 § 9.

は，贈与された夫は，なんといっても，その物が自分に属しないことを知っており，せいぜい，自分の処分が所有者の意思に反していないと（たいていまたそれなりの理由があって）思うことがありうるだけである。しかし，われわれが問題にしている場合には，受領者は実際に所有者であり，贈り物を自分の財産から出すその者の任意の行為は，それゆえに適法で非の打ちどころがない。もちろん，忘恩が消費前に起こったとたん，事態は異なる。というのは，今の場合，受贈者は撤回を予期しなければならなかったし，それにもかかわらずその物を消費したときは，その者についてdolo fecit quo minus restitueret［悪意で行動して，そのためますます少なく回復した］ということができるからである(q)。それどころか，確かに忘恩行為が消費後にはじめて起こるが，しかし同時に，この行為をする決心が消費の時にすでに存したことが証明されうるような場合には，同じことを，ためらわずに認めることができるであろう。——婚姻中の贈与に関する諸規定と対比して，法律関係の一般的性質から導き出されるこれらの法規は，母の贈与に関するつぎの特別の定めによって，疑わしくされるよりはむしろ確認される(r)：

Ceterum ea, quae adhuc matre pacifica jure perfecta sunt, et ante inchoatum coeptumque jurgium vendita, donata, permutata, in dotem data, ceterisque causis legitime alienata: minime revocamus. Actionem vero matris ita personalem esse volumus, ut vindicationis tantum habeat effectum: nec in heredem detur, nec tribuatur heredi.

［さらに，これまで穏やかな母により正当に果たされ，訴訟がとりかかられ始めら

（q） ここでは，いわゆる beneficium competentiae［生活必需品差押控除の利益］の，明らかに適切な類推が，決定する。この利益は，qui dolo facit quo minus facere possit［悪意で行動して，そのためにますます行うことができない］者にも拒まれる。L. 63 § 7, L. 68 § 1 pro socio (17. 2.)［学説彙纂第17巻第2章「組合員のための訴権」第63法文第7節（ウルピアーヌス），第68法文第1節（ガーイウス）］。

（r） L. 7 C. de revoc. don. (8.56.)［勅法彙纂第8巻第56章「贈与の撤回について」第7法文］。

れる前に，売られ，贈与され，嫁資として与えられ，その他適法な仕方で譲渡されたものを，朕は決して撤回しない。しかし，母の訴権は，それが単に所有物返還請求の効果を有し，相続人に向けられもせず，相続人に与えられもしないというように，対人的訴権であると，朕は考える。]

この個所の意味は，つぎのとおりである。その母は，贈与された物が忘恩行為前に法的に有効に譲渡されているとき，第三占有者に対する訴権を有すべきでなく，したがって in rem actio［イン・レム・アークティオー。対物訴権］を有すべきでない。それどころか，その母の訴権は，どちらの側でも相続人に移転すべきでないほど単に personalis［ペルソナーリス。対人的］であるべきである。それゆえに，その母は，受贈者がまだ占有しているとき，受贈者自身に対してのみ，所有物返還請求と類似の効果を生じさせるべきである，すなわち返還を強要すべきである。——しかし，第三占有者に対する訴えのこういう拒否の中には，決して，受領者が受け取った売買価格により利得している限りにおいての受領者に対する不当利得返還請求訴権の否定も存するのではない(s)。

最後に，贈与された物の果実に関しては，同じように，夫婦間で与えられた贈り物の果実について適用される規則（§147）に従って扱われるべ

（s） DONELLUS XIV. 31 §3-6は，この問題を非常にかたよった仕方で取り扱う。彼は，原則としては，受領者が，譲渡により利得しているかどうかにかかわらず，譲渡された物の価値をどんな場合でも支払わなければならないと考える。それをもって彼は，受贈者の感情を傷つける。例外とみようとするのは，母の贈与であるが，これにおいては，受贈者に対する訴えはどの譲渡によっても排除されるとし，これもまた受贈者が利得しているかどうかを問わないが，それをもって，贈与する母は，まったく理由なしに不利になる。——彼は，その最初の命題を，単なるきまり文句から導き出す。第二の命題の理由づけのために，彼は，まったく必要もないのに，本文で前掲した言葉：Ceterum ea quae［さらに… ところのもの］云々が，受贈者に対する訴えに向けられているだけで，第三占有者に対する訴えに向けられていないと考える。なぜならば，やはり，次の ita personalem［というように対人的］という言葉は，すでに先行の言葉も，in rem［対物］訴訟が提起されうるかのような意見に処置するよう定められていたことを，十分明らかに示すからである。

きである。

この撤回においても，それが，その贈与と関係のある第三者にどういう影響を及ぼすかという問題が生じうる。この問題は，それの完全なつながりにおいて，付録Xで取り扱われる。

§170
V．贈与――特別の種類　1．死因贈与

[Schenkung――Besondere Arten　1. Schenkung auf den Todesfall]

契約に基づく贈与において，一般に条件が可能であること，とくにまた死因贈与 [Schenkung auf den Todesfall] ないし Mortis causa donatio [死因贈与] を生じさせる個々の種類の条件が可能であることには，すでに上述のところで言及した。これの性質を，ここで，あらゆる方向で述べよう[a]。

この種の条件付贈与の特性は，それがその目的と結果により遺贈に親近であることにある。それだから，それは，次第に，遺贈について適用される多くの法規にも服させられるようになったが，そうだからといって優勢な贈与性を脱することはなく，贈与という類概念の中で一つの種としてずっと存続している[b]。

（a）特別の典拠：§1 *J. de don.* (2. 7.) [法学提要第2巻第7章「贈与について」第1節],*Dig.* XXXIX. 6 [学説彙纂第39巻第6章], *Cod.* VIII. 57 [勅法彙纂第8巻第57章], PAULUS III. 7.――著述家：HAUBOLD opusc. I. 489（および WENCK praef. p. XXXVI sq.）. ――M ü l l e r Natur der Schenkung auf den Todesfall Gießen 1827.――S c h r ö t e r in Linde's Zeitschrift für Civilrecht und Prozeß II. S. 97 fg.――H a s s e Rhein. Museum II. 300 fg. III. 1 fg. und 371 fg.――W i e d e r h o l d in Linde's Zeitschrift XV. Num. IV. S.96 fg.

（b）*pr. J. de don.* (2. 7.). „Donationum autem duo genera sunt, mortis causa et non mortis causa." [法学提要第2巻第7章「贈与について」前文：「しかし，贈与の二種類がある。死因のものと死因でないものである。」] *L.* 67 §1 *de V. S.* (50. 16.). „Donationis verbum, simpliciter loquendo, omnem donationem comprehendisse videtur, sive

§170 死因贈与 —— *219*

　こういう贈与の最もしばしばある形は，特定の目下の生命の危険（病気，出征，船旅のような）がきっかけとなっているが，この危険の消滅によりその贈与自体が無効となるべきであるというようなものである(c)。だがしかし，この事情が必ずしも必要なわけではなく，むしろ，その場合に，与える者の死がどっちみち必ず起こることへの一般的な思いといってもよいものが，基礎に存しうる(d)。

　さらに，上掲の両方の場合において，与える者が死亡まで任意の撤回を暗黙のうちに留保するのが，通例である(e)。しかし，この留保も，本質的なものではなく，むしろ，この任意は，特別に放棄されうる(f)。

---

mortis causa, sive non mortis causa." ［学説彙纂第50巻第16章「言葉の意義について」第67法文第1節（ウルピアーヌス）：「贈与という言葉は，単純にいわれると，あるいは死因の，あるいは死因でない，すべての贈与を統括したとみられる。」］ここから，結果として，漠然と donatio［贈与］一般について与えられているすべての規定は，mortis causa donatio［死因贈与］にも，それの内容からもっと狭い限定が生じるのでない限り，適用されるべきであるという重要な命題が出てくる。——non mortis causa donatio［死因でない贈与］は，ローマ人においては，vera et absoluta［純粋で絶対的な（贈与）］と呼ばれる。L. 35 §2 L. 42 §1 *de m. c. don.* (39. 6.) ［学説彙纂第39巻第6章「死因贈与と死因取得について」第35法文第2節（パウルス），第42法文第1節（パーピニアーヌス）］. inter vivos［生存者間の（贈与）］とも呼ばれる。L. 25 pr. *de inoff. test.* (5. 2.) ［学説彙纂第5巻第2章「義務に反する遺言について」第25法文前文（ウルピアーヌス）］.

　（c）　L. 3 – 6, L. 8 §1 *de m. c. don.* (39. 6.) ［学説彙纂第39巻第6章「死因贈与と死因取得について」第3法文（パウルス），第4法文（ガーイウス），第5法文（ウルピアーヌス），第6法文（パウルス），第8法文第1節（ウルピアーヌス）］, §1 *J. de don.* (2.7.) ［法学提要第2巻第7章「贈与について」第1節］, Paulus III. 7.

　（d）　L. 2 *de m. c. don.* (39.6.) ［学説彙纂第39巻第6章「死因贈与と死因取得について」第2法文（ウルピアーヌス）］（並べられた場合のうちの第一のものにおいて), L. 31 §2 *in f.*, L. 35 §4 *eod.* ［同所第31法文第2節末尾（ガーイウス），第35法文第4節（パウルス）］.

　（e）　L. 16. 30 *de m. c. don.* (39. 6.) ［学説彙纂第39巻第6章「死因贈与と死因取得について」第16法文（ユーリアーヌス），第30法文（ウルピアーヌス）］, §1 *J. de don.* (2.7.) ［法学提要第2巻第7章「贈与について」第1節］, Paulus III. 7. この留保は，おのずから通例と理解され，したがって言い表わされることを要しない。

　（f）　L. 13 §1 L. 35 §4 *de m. c. don.* (39. 6.) ［学説彙纂第39巻第6章「死因贈与と死因取得について」第13法文第1節（ユーリアーヌス），第35法文第4節（パウルス）］, *Nov.* 87

それゆえに，この種の贈与の一般的本質として残っているのは，与える者が受領者より前に，あるいはまた受領者と同時に[(g)]死亡するであろうときにのみ，それが有効であるべきであるということである[(h)]。さらに，この基本概念の内部で，つぎのような加減をする自由な余地が残っている。すなわち，1)同時に，任意の撤回（これは暗黙のうちに自明である）があるかどうか。2)同時に，特定の目下の生命の危険の結果としての死亡が条件であるか，あらゆる人間の運命である死をそもそも単に一般的に顧慮してのことであるか。——こういう加減は，有効性の条件をより狭く限界づ

---

pr. C. 1［新勅法第87号前文，第1節］. *L.* 35 *cit.*［前掲第35法文］において実際の使用から引用された種々の決まり文句は，同じだけの多さの種々の場合を言い表わすのではない。いくつかは同義である。——*L.* 27 *L.* 35 §2 *de m. c. don.*［学説彙纂第39巻第6章「死因贈与と死因取得」第27法文（マルキアーヌス），第35法文第2節（パウルス）］は，この種の贈与は ut nullo casu revocetur［いかなる場合にも撤回されないように］という定めと合わないというが，それは外見上矛盾しているにすぎない。というのは，このような付加によって，受領者の方が先に死亡している場合の返還請求さえも排除されているであろうが，このことは確かに m. c. donatio［死因贈与］と相容れないからである。しかし，ut ex arbitrio donatoris non revocetur［贈与者の任意で撤回されないように］という条項は，それと調和する。

（g） *L.* 26 *de m. c. don.* (39. 6.)［学説彙纂第39巻第6章「死因贈与と死因取得について」第26法文（マルキアーヌス）］. したがって，厳密にとれば，有効であるためには，受領者の方が長生きすることが必要であるということはできなくて，ただ与える者の方が長生きすることがないことが必要であるとだけいうことができる。

（h） この条件は非常に本質的なので，それの成就は，この種の贈与の完成とみなされる。*L.* 32 *de m. c. don.* (39. 6.)［学説彙纂第39巻第6章「死因贈与と死因取得について」第32法文（ウルピアーヌス）］. しかもなおとくに，与える者が死亡の時に自分の財産を処分できるような状態で死亡することが，必要である。それゆえに，この贈与は，死刑により，一般的没収のために無効にされる。*L.* 7 *de m. c. don.* (39. 6.)［学説彙纂第39巻第6章「死因贈与と死因取得について」第7法文（ウルピアーヌス）］, *L.* 32 §7 *de don. int. vir.* (24. 1.)［学説彙纂第24巻第1章「夫と妻の間の贈与について」第32法文第7節（ウルピアーヌス）］.——個々の場合において，そのような条件の付いた贈与が推定されるべきか，むしろ通常の贈与が推定されるべきかについて，甚だ不必要な争いがなされてきた。それについては，一般的な規則ではなくて，個々の場合の事情のみが決定できる。ハウボルトの論文（註a）は，実際はこのテーマを取り扱う。

けることができ，したがって，このような贈与が無効となる場合を増加させることができる。それゆえに，この贈与の基礎にある考えは，与える者が贈り物を，自分の相続人によりもむしろ受贈者に与え，しかし受贈者によりもむしろ自分自身に与えるというように，言い表わされる[i]。

次に，この条件において，与える者の死が受領者の死と組み合わされることによって，なお以下の詳細な定めが必要である。受領者が他人の権力の中にいるときは，直接の受領者の方が早く死ぬことが贈与を無効にすべきか，むしろ父または主人の方が早く死ぬことが贈与を無効にすべきかは，与える者の意図次第である[k]。だが，与える者に関しては，この者が贈与の完全有効を自分自身の死亡によってではなくて第三者の死亡によって条件づけるという場合が現われる。しかしながら，この場合は，死因贈与と名称を共通にするだけであって，ここで述べた独特の法律制度は，そこでは問題になりえない[l]。

この種の贈与を混合行為と称することはできるが，それは，上述のとこ

（i）この古い法的な決まり文句（vulgo dicitur［それは一般にいわれている］）は，L. 1 pr. L. 35 §2 de m. c. don. (39. 6.)［学説彙纂第39巻第6章「死因贈与と死因取得について」第1法文前文（マルキアーヌス），第35法文第2節（パウルス）］，§1 J. de don. (2. 7.)［法学提要第2巻第7章「贈与について」第1節］にみられる。さらに，それは，このような贈与に関する文書の中へとり入れられてきたようである。Interpretatio in PAULUM II. 23.

（k）L. 23 L. 44 de m. c. don. (39. 6.)［学説彙纂第39巻第6章「死因贈与と死因取得について」第23法文（アフリカーヌス），第44法文（パウルス）］．直接の受領者を顧慮するのが通常のこととみられたようである。

（l）このようないくつかの場合は，L. 11 L. 18 pr. de m. c. don. (39. 6.)［学説彙纂第39巻第6章「死因贈与と死因取得について」第11法文（ウルピアーヌス），第18法文前文（ユーリアーヌス）］にみられる。CRAMER dispunct. p. 72は，名称の類似によって欺かれて，それらを真の m. c. donationes［死因贈与］と考えた。しかしながら，このような場合の特性は，それらが遺贈の色を帯びることにある。今，どのようにして，たとえばファルキディウス法や受贈能力をそのような場合に適用しようとされうるであろうか。そのような場合は，通常の donationes inter vivos［生存者間の贈与］を含み，ただ特別の条件の下にあるだけである。

ろで現われたような，ここで贈与と債権行為が同時に結合されている（§154）という意味においてではなくて，条件の結果に応じて，純粋の贈り物が生じるか，あるいはまた純粋の債権が生じるか，というようにである。すなわち，受領者がただちになにかの占有を得たという（最も普通である）場合には，後者である。ここでは，条件付債権は，受領されたものの返還に向けられている(m)。常にその贈与を無効にすべき条件自体は，与える者の方が長生きすることである。同じように無効にする第二の条件として，特定の目下の生命の危険の回避が加わりうる。最後に，通例はなお，無効にする第三の条件として，与える者の意思の変更が加わる。この最後のものについては，なんら特別の形式は規定されていない。したがって，意思の変更のどのような表明でも，それが無形式であっても，与える者が撤回を明示的に放棄したことがなければ，贈与を無効にするのに十分である。これらの種々の条件が，贈与を媒介する個々の法律行為にどのようにつながるかを，今からそのうちの最も重要なものについて示そう。

他の贈与のどれとも同じように，このような贈与の最もしばしばある種類は，所有権譲渡によって生じさせられるものである。所有権譲渡には，古い法においては，握取行為が役立ちえた。握取行為には条件を付けられ

　　(m)　*L.* 35 §3 *de m. c. don.* (39. 6.).「Ergo qui mortis causa donat, qua parte se cogitat, negotium gerit : scilicet ut, cum convaluerit, reddatur sibi."［学説彙纂第39巻第6章「死因贈与と死因取得について」第35法文第3節（パウルス）：「したがって，死因贈与をする者は，部分において自身を考える限り，訴訟を行う。すなわち，治ったとき，自分に返還されるように。」］*L.* 19 *pr. de reb. cred.* (12. 1.).「.. qui mortis causa pecuniam donat, numerat pecuniam, sed non aliter obligat accipientem, quam si exstitisset casus in quem obligatio collata fuisset : veluti si donator convaluisset, aut is qui accipiebat prior decessisset."［学説彙纂第12巻第1章「確定物が請求された場合の貸された物について，および不当利得返還請求訴権について」第19法文前文（ユーリアーヌス）：「.. 金銭を死因贈与する者は，金銭を支払うが，しかし，贈与者が治ったときあるいは受け取った者が一番先に死亡したときのように，債務が向けられた場合が生じたときと同じく，受領者に債務を負わせる。」］

ないということも，妨げにならない⁽ⁿ⁾。というのは，上述の贈与の独特の
目的のためには，それ自体無条件の握取行為に，返還への条件付債務が，
fiducia［フィードゥーキア。信託］によってであれ，あるいは問答契約によ
ってであれ，あるいは不当利得返還請求訴権の理由づけに完全に間に合う
無形式の意思表示によってであれ，付け加えられれば十分であったからで
ある。しかし，それは，引渡によってもなされえたのであって，この形式
は，おそらく古い法においてすでに最もしばしばあったものであり⁽ᵒ⁾，最
近の法においては，それが唯一のものである。パウルスの一つの個所か
ら，単なる意思がすでに所有権を移転したことによって引渡は必要でさえ
なかったかのような外見が生じる⁽ᵖ⁾。しかしそうではありえないというこ

(n) *L. 77 de R. J.* (50. 17.)［学説彙纂第50巻第17章「古い法の種々の規則について」第77法文（パーピニアーヌス）］.

(o) すなわち，nec mancipi res［非手中物］においては，それは，いずれにしても完全にふさわしく，同時に最も通常の形式であった。しかし，mancipi res［手中物］においても，それは用いられえたし，またしばしば現われたことも確実であった。それは，あるいは握取行為と同時になお単なる付加として現われた。あるいはまた単独ででも現われたが，それは，引渡が単なる in bonis［財産中の物］を移転したが，しかしこの物が短期間で使用取得により ex jure quiritium［法律に基づき得られた物］に移行したからである。

(p) *L.* 1 §2 *de public.* (6. 2.) (Ulp.).„ Sed cur *traditionis* dumtaxat et usucapionis fecit mentionem, cum satis multae sunt juris partes, quibus dominium quis nancisceretur, ut puta legatum ?"［学説彙纂第6巻第2章「物に対するプーブリキウスの訴権について」第1法文第2節（ウルピアーヌス）：「しかし，それによりだれもが所有権を得るところの十分多数の法の部分，たとえば遺贈のようなものがあるから，なぜ彼は引渡と使用取得にだけ言及したのか？」］これにパウルスからの *L.* 2 *eod.*［同所第2法文］がこう続ける：„ Vel mortis causa donationes factae ? nam amissa possessione, competit Publiciana, quia ad exemplum legatorum capiuntur."［「あるいはなされた死因贈与（のようなものがあるから，…？）なぜならならば，占有が喪失されたとき，プーブリキウスの訴権が遺贈の方法に従って取得されるので，その訴権が帰属する。」］このつながりによって，m. c. donatio［死因贈与］はそれ自体，遺贈と同様，引渡なしにでも所有権を与えることができ，したがってまた遺贈と同様，占有を失った場合にはプーブリキウスの訴権を理由づけうることが，明らかに認められる。

とは，まず第一に，引渡（これはともかく上述の前提の下では法的にはどうでもよかったであろう）をこういう贈与の通常の形式として述べ，とくにそれの効果をも種々の事情に応じて詳細に定めようとする多くの他の個所から，明らかになる。さらに，無形式の契約に新しい重要なこととして訴えの能力を付するユスティーニアーヌス帝の法律から，最も矛盾なく明らかになる。なぜならば，やはり上述の要件の下では，昔から受贈者は，同じ場合において所有権を，したがって所有物返還請求権を有したであろうからである。疑いなく，パウルスの個所は，贈与が握取行為により引渡なしになされていたが，受贈者が与える者の死後一方的に占有をつかんだ場合に関する(q)。それで，受贈者は引渡なしに所有者になったということができたのであって，たまたま与える者が所有権を有していなかったときは，受贈者には，使用取得の権限が，したがってまたプーブリキウスの訴権の権限があった。学説彙纂の中へその個所をとり入れることは，そのときもちろん考えなしになされた。なぜならば，その個所が比較的古い法を前提としてのみ十分に説明されうるからである(r)。

さて，まさに引渡において，与える者の二とおりの意図が考えられる。

(q) その受贈者はそうしてよく，quod legatorum［遺贈の...こと］に始まる特示命令ですらその者から占有を再び奪うことはできないであろう。L. 1 §5 quod leg. (43. 3.)［学説彙纂第43巻第3章「遺贈の...こと（に始まる特示命令）」第1法文第5節（ウルピアーヌス）］。先の遺贈の場合は，同じように受遺者が一方的に占有をつかむが，相続人の意思をもってである，というように説明されるべきである。L. 1 §11 eod.［同所第1法文第11節（ウルピアーヌス）］。この意思は，相続人自身がまだ占有をつかんでいなかった限り，占有把持を引渡にしない。ついでにいうと，確かにウルピアーヌスは，vindicationis legatum［所有物返還請求訴権の遺贈］のことを考えた。なぜならば，これだけが quibus dominium quis nanciscitur［それによりだれもが所有権を得るところの］juris partes［法の部分］に属したからである。だが，所有物返還請求訴権の遺贈は，完全に有効であるためには，遺言者のローマの所有権を前提とした（ULPIAN. XXIV. 7）のではあるが，やはり，この所有権がないところでも，それは，usucapio pro legato［贈与されたものとしての使用取得］を，したがってプーブリキウスの訴権を理由づけえた。

(r) そのことは，Hasse Rheinisch. Museum II. 348においては，やや異なって，逆にされているけれども，それの結果は，私の結果と一致する。

247　まず第一に，与える者は，所有権をただちに移転することができる。それゆえに，受領者が先に死ねば，所有権は解除条件により再び復帰すべきである。しかし，逆に，与える者は，占有の移転に停止条件を付けることもでき，それゆえに与える者自身が先に死んだ瞬間にはじめて，所有権は受領者に至るべきである(s)。第一の処理の方がそれ自体簡単で自然的であり，それゆえに，与える者が第二の処理を明示的に指定していなければ，疑わしいときは第一の処理が認められるべきであり，この推定は，他の法律制度の類推によっても確認される(t)。この推定は，とくになお，夫婦間で死亡に向けてのこのような引渡が取り扱われる仕方により確認される。ここでは，ただちに所有権を移転することは，禁止のために不可能であり(u)，それゆえに，ここでは停止条件のみが生じうる。しかし，そういう不可能な即時の移転の代わりに，与える者は，自己の死亡によって成就される停止条件が遡及効を有すべきこと，すなわち引渡の時点に関係づけられるべき

248　きことを定めることができ，その場合にはやはり中間時に生じた変更はすべて，これに従い判断される(v)。それどころか，この定めは，通例は自明

（s）　L. 2 L. 29 *de m. c. don.* (39. 6.)［学説彙纂第39巻第6章「死因贈与と死因取得について」第2法文，第29法文（ウルピアーヌス）］．

（t）　H a s s e Rhein. Museum II. 328.——*L*. 15 *in f. de manum.* (40. 1.)［学説彙纂第40巻第1章「奴隷解放について」第15法文末尾（マルケルルス）］における表現の仕方も，そのことに有利な証拠になる。そこでは，停止条件付引渡が明らかに，m. c. donatio［死因贈与］の通常でない特別の形式として述べられる。

（u）　L. 11 *pr. de don. int. vir.* (24. 1.)．„ Sed interim res non statim fiunt ejus cui donatae sunt, sed tunc demum cum mors insecuta est: medio igitur tempore dominium remanet apud eum, qui donavit."［学説彙纂第24巻第1章「夫と妻の間の贈与について」第11法文前文（ウルピアーヌス）：「しかし，その間に，その物は，ただちにはそれが贈与された者の所有にはならないで，死亡が生じた時にやっとそうなる。このようにして，中間時には，所有権は，贈与した者のところに残る。」］

（v）　L. 11 §1 *de don. int. vir.* (24. 1.)．„ Sed quod dicitur, mortis causa donationem inter virum et uxorem valere, ita verum est, ut non solum ea donatio valeat secundum Julianum, quae hoc animo fit ut tunc res fiat uxoris vel mariti, cum mors insequetur, sed omnis mortis causa donatio."［学説彙纂第24巻第1章「夫と妻

であり(w)，それゆえに，むしろ反対の定めは，はっきりした表明を必要とする。しかし，夫婦間で遡及効をもった mortis causa traditio［モルティス・カウサー・トラーディティオー。死因引渡］であるものは，他人間では所有権の即時の移転を伴う引渡である。――また，死因贈与は，与える者が所有者でないとき，通例は使用取得を理由づけるという確実な原則の中に，立てられた推定の一つの確認が存する(x)。というのは，この原則は，与える者が通例は所有権の即時の移転を意図するという前提の下でのみ理解で

の間の贈与について」第11法文第1節（ウルピアーヌス）：「しかし，夫と妻の間の死因贈与が有効であるといわれる場合には，それは，死亡が生じたとき，その物が妻または夫の所有になるという意思で行われる贈与が，ユーリアーヌスに従って有効であるのみならず，すべての死因贈与がそうであるというほどに真実である。」］（すなわち：それ自体他人間で所有権の移転を故意に遅らせるようなもののみならず，このように遅らせることが意図されないどの通常の贈与も）。それから，§2［第2節］上述の第一の場合およびその結果の考察：„Quando itaque *non retro agatur* donatio"［「それゆえに，贈与が遡ってでなく行われた時」］が§9［第9節］まで続く。この§9［第9節］の最後のところでウルピアーヌスは，遅らせることが意図されない贈与である第二の場合に立ち帰る：„Plane in quibus casibus placeat *retro agi* donationem, etiam sequens traditio a muliere facta in pendenti habebitur."［「確かに，贈与が遡って行われると決められる場合には，妻によってなされた続いての引渡さえ，未決定とみなされるであろう。」］

（w）*L.* 40 *de m. c. don.* (39.6.)：„ Si mortis causa inter virum et uxorem donatio facta sit, morte secuta *reducitur ad id tempus donatio, quo interposita fuisset.*"［学説彙纂第39巻第6章「死因贈与と死因取得について」第40法文（パーピニアーヌス）：「もし，夫と妻の間で死因贈与がなされたならば，死亡が生じたとき，贈与は，経過した時まで引き戻される。」］ *L.* 20 *de don. int. vir.* (24. 1.)［学説彙纂第24巻第1章「夫と妻の間の贈与について」第20法文（ヤーウォレーヌス）］においてもまったく同様であって，ここでは，特別のはっきりした定めはなにも前提されていないで，そもそも一般的な m. c. donatio［死因贈与］だけが前提されており，それにもかかわらず遡及効が主張される。はっきり同じことを *L.* 25 *C. de don. int. vir.* (5.16.)［勅法彙纂第5巻第16章「夫と妻の間の，および親から子への遺贈について，および追認について」第25法文］が，死亡によって確認を得る夫婦間のすべての贈与について，したがって mortis causa［死亡を原因として］与えられた贈与についてもいう。

（x）*L.* 13 *pr. L.* 33 *de m. c. don.* (39. 6.)［学説彙纂第39巻第6章「死因贈与と死因取得について」第13法文前文（ウルピアーヌス），第33法文（パウルス）］．

§170 死因贈与 —— ***227***

きるからである。——同様に，奴隷を死因贈与されていた受贈者は，その奴隷を解放する能力を有したが[y]，このことは，同じように，受贈者にすでに今移転されている完全な所有権を前提としてのみ考えられた。

引渡のほかに，とくに，問答契約も，死因贈与を設定するのに用いられえた。つまり，それは，与える者がなんらかの物（最もよくあるのはある金額だが）を，mortis causa［モルティス・カウサー。死亡を原因として］，すなわち自分自身の死亡の場合に向けて約束することによってである。このような問答契約は，疑いもなく有効なものとみられた[z]。けれども，なぜローマの法律家たちが，これが相続人に対してはじめて訴求されえたことを不快に思わなかったのかは，特別の説明を要する。なぜならば，その人たちは，この種の別の問答契約（post mortem meam［ポスト・モルテム・メアム。私の死後に］）を断じて無効と言明するからである。疑いなく，それは，与える者が生命の最後の瞬間に（cum moriar［クム・モリアル。私が死ぬことになるときに]）債務者であろうとする約束をするというように考えられたのであり，これは，他の場合（§125. e，§126. m［本書第三巻190頁，200頁］）におけると同様，ここでも有効とみられた[aa]。

(y) *L*. 39 *de m. c. don*. (39. 6.) ［学説彙纂第39巻第6章「死因贈与と死因取得について」第39法文（パウルス）］.

(z) *L*. 11 *de dote praeleg*. (33. 4.) ［学説彙纂第33巻第4章「先取遺贈された嫁資について」第11法文（パウルス）］，*L*. 34 *L*. 35 §7 *de m. c. don*. (39. 6.) ［学説彙纂第39巻第6章「死因贈与と死因取得について」第34法文（マルケルルス），第35法文第7節（パウルス）］．Festus v. mortis causa （ラベオの証言に従い). dos mortis causa promissa ［約束された死因嫁資］もまったく同様であって（*L*. 76 *de j. dot*. 23. 3.［学説彙纂第23巻第3章「嫁資の法について」第76法文（トリュポニーヌス)］），これは，それ自体真の贈与を含まなくても，まったく類似の性質を有する。

(aa) 実際にそのようにみられたということは，つぎの諸個所が証明する。*L*. 76 *de j. dot*. (23. 3.). „Si pater mulieris *mortis suae causa* dotem promiserit, valet promissio : nam et si *in tempus quo ipse moreretur* promisisset, obligaretur." ［学説彙纂第23巻第3章「嫁資の法について」第76法文（トリュポニーヌス）：「妻の父が自己の死亡を原因として嫁資を約束したであろうとき，その約束は有効である。一方，みずから死ぬであろう時に向けて約束したときでも，義務を負う。」］ここでは，この両方の問答契約の決まり

250 ところが，ここで問答契約によるのと同じ目的が無形式の契約によっても達成されうるかどうか，すなわち無形式の契約に問答契約と同じ効果を付するユスティーニアーヌス帝の法律が，通常の贈与についてのみならず，死因贈与についても適用されるかどうかという問題が生じる。たいていの近時の著述家たちは，この問題を否定し，したがって，死亡に向けられた拘束力ある約束は，ユスティーニアーヌス帝の考えでは，問答契約によってのみ与えられうると想定する(bb)。この意見のための理由は，とりわけ，ユスティーニアーヌス帝が（最もしばしばある場合をとくに考えに

251 入れて），与えられた約束を形式が欠けていることを理由に回避しようとする与える者の不誠実を非難をこめて強調することによって，その新しい規定を正当づけようとするやり方に基づく。この理由は，与える者が通常任意の撤回を留保する mortis causa donatio［死因贈与］には適合しない。しかしながら，法律をそれの理由から制限することは，思想と表現の間の内的な相違が証明されえなければ，そもそもしりぞけられるべきである（§37. 50［本書第一巻214頁以下，286頁以下］）。だが，ここで問題にしている

文句は，同義とみられる。同様に，L. 15 *de manum*. (40. 1.)［学説彙纂第40巻第１章「奴隷解放について」第15法文（マルケルルス）］において，mortis causa manumissio (inter amicos)［死因解放（友人立合下の）］は，つぎの結果を有する：„ *in extremum tempus manumissoris vitae* confertur libertas."［「解放者の生命の最後の時に解放が延期される。」］同じ個所で，停止的効果をもった mortis causa traditio［死因引渡］は，つぎのように言い表わされる：„ *ut moriente eo* fieret accipientis,"［「その者の死亡の時に受領者のものになる，」］したがって生命の最後の瞬間に。まったく同じことが，実際また問答契約にもあてはまらなければならず，そこではすべての困難がおのずから解消する。したがって，ここでは，つぎのような問答契約の決まり文句が考えられる：Cum, me vivo, morieris, centum dare spondes？［「予の存命中に汝が死亡する時，汝は百を与えることを誓約するか？」］そして，そこから，やはり同時に，同時死亡の場合における贈与の維持が説明される（註g）。――他の人たちがこの解決を試みたやり方を，私は，十分だと考えることができない。Haubold opusc. I. 459, H a s s e Rhein. Museum II. 327.

(bb) Haubold opusc. I. 462, S c h r ö t e r Zeitschrift II. 132, H a s s e Rhein. Museum II. 310 Note 116.

場合には，その法律は一般的にすべてのdonationes［ドーナティオーネース。贈与（複数）］に向けられており，mortis causa donatio［死因贈与］という一つの種類は明らかにその種属に属するのであって（註b），その結果その法律の言葉は，そういう制限とは逆である。また，ここで述べている贈与の特別の性質の中には，これが立法者の考えの中に存しえなかったと認めるべき理由は存しない。というのは，（すべての者が認めるように）無形式の契約により通常の贈与を設定することが許されているとき，このことは，与える者にとって一部は死亡という条件のために，一部は撤回の留保のために通常の贈与よりも危険が少ないm. c. donatio［死因贈与］においては，なお一層疑念がないからである。——それはそうと，この論争の問題点は，まさにユスティーニアーヌス帝の法律のもとの意味にのみ限定されており，現代法には影響を有しえないから，まったく重要でないと私には思われる。というのは，だれも，現代法において無形式の契約がどこでも問答契約の代わりをすることを疑わないからである。さて，ユスティーニアーヌス帝の考えでは，問答契約が死因贈与に十分であることが同様に承認されるから，われわれは，同じことを今は無形式の契約について主張しなければならないし，いやそれどころか，われわれは，ユスティーニアーヌス帝が贈与における無形式の契約について新しい命令を一度も発布しなかったとしても，そうせざるをえないであろう。

　最後に，免除も，それが要式免除契約により，または無形式の契約により法律行為の性質をもつやいなや，mortis causa donatio［死因贈与］に用いられうる。それが要式免除契約なしにでも，たとえば単なる書簡または委任によって有効と認められているようにみえる個所は，以前の法においてまったく無形式の意思により設定されえた信託遺贈から説明されなければならない(cc)。最近の法では，それは，それの維持のためには遺言補足

　(cc) そういうことで，*L.* 28 *de m. c. don.* (39. 6.)［学説彙纂第39巻第6章「死因贈与と死因取得について」第28法文（マルケルルス）］によれば，m. c. donatio［死因贈与］の意図で免除を知らせる債権者の債務者への書簡は，この債務者にdoli exceptio［悪意の抗

書形式が必要であろう。

　この関連において、なお、一つの注目すべき場合に言及されなければならない。それは、m. c. donatio［死因贈与］の概念の中には入らないが、しかしそれに親近の場合、すなわちmortis causa manumissio［モルティス・カウサー・マヌーミッシオー。死亡を原因とする奴隷解放］である。これは、目下の一時的な生命の危険においては現われえなかったが、死亡の一般的な予期においては現われえたし、そのときには、それは、解放の現実の開始と享受が主人の死亡まで延ばされるという効果を有した(dd)。

§171
V．贈与――特別の種類　1．死因贈与　（つづき）

［Schenkung――Besondere Arten　1. Schenkung auf Todesfall (Fortsetzung)］

　この種の贈与の独特の効果は、条件不成就の場合に、与える者が贈り物の返還を請求する法律上の手段において現われる。今から、この手段をそれの結果とともに述べよう。ここでは三つの法律上の手段が問題になる。

弁］を与えるべきである。L. 18 §2 eod.［同所第18法文第2節（ユーリアーヌス）］においては、債権者がm. c. donatio［死因贈与］の目的で債務証書を第三者に、自分が死んだ場合にそれを債務者に手渡すよう委託して与え、そのことがまた起こる。それで相続人についてはこういわれる：„ vel pacti conventi, vel doli mali exceptione summoveri posse."［あるいは合意約束の抗弁により、あるいは悪意の抗弁により、しりぞけられうる。］］すなわち、債務者が承諾していた場合には、pacti［約束の］（抗弁）であり、そうでなければ信託遺贈のためにdoli［悪意］（抗弁）である。したがって、この個所を、どの免除も、要式免除契約なしにでも贈与とみなされるべきであるという誤った意見の証明のために挙げることは、間違いであろう（§158. h）。しかし、m. c. donatio［死因贈与］の意図と表現が信託贈与に十分でありえたということは、他の個所からも確実である（§172. g）。

　(dd)　L. 15 de manumiss. (40. 1.)［学説彙纂第40巻第1章「奴隷解放について」第15法文（マルケルルス）］．これは、この点では同じ効果を有すべきmanumissio per vindictam［杖による解放］とinter amicos［友人立合下の（解放）］の明らかな区別のために注目すべき個所である。

§171 死因贈与（つづき）——*231*

すなわち，所有物返還請求，不当利得返還請求訴権，および actio praescriptis verbis［前置文による訴権］である。

　<u>所有物返還請求</u>［Vindication］は，物がそもそもまだ存在しているときにのみ用いることができる。だが，そのときには，それを占有しているのが受領者であるか第三者であるかを問わない。それは，停止条件付で引き渡されていたとき（§170），したがって所有権が与える者の財産からまだ全然出てきていなかったときは，昔から，また争いなく認められた[a]。それからまた，それは，解除条件付でまず始めに譲渡された所有権の場合にも許されたのであって，このもっと広がった使い方は，その法律制度のもっと完全な発展とみることができる[b]。

―――――――
　（a）　*L.* 29 *de m. c. don.* (39.6.)（ウルピアーヌスから）： „ .. Et si quidem quis sic donavit, ut, si mors contigisset, tunc haberet cui donatum est, *sine dubio donator poterit rem vindicare:* mortuo eo （したがって条件が成就されるときは）, tunc is cui donatum est.“［学説彙纂第39巻第6章「死因贈与と死因取得について」第29法文（ウルピアーヌス）：「..そして，もし確かにだれかが，死亡が生じたときは贈与された者が所有すべきであるというように贈与したならば，<u>疑いなく贈与者は，その物の所有物返還請求をすることができるであろうし</u>，その者が死亡したときは（したがって条件が成就されるときは）贈与された者がそうできる。」］

　（b）　*L.* 29 *de m. c. don.* (39. 6.)［学説彙纂第39巻第6章「死因贈与と死因取得について」第29法文（ウルピアーヌス）］，註aに掲げた言葉のすぐ後に： „ Si vero sic, ut jam nunc haberet, redderet si convaluisset, vel de proelio vel peregre redisset: *potest defendi, in rem competere donatori,* si quid horum contigisset, interim autem ei cui donatum est. Sed et si morte praeventus sit is cui donatum est, *adhuc quis dabit in rem donatori.*“［「しかし，もし，贈与された者が今すでに保有し，贈与者が治り，あるいは戦いからまたは外国から帰ったときは，返すべきであるというようであるならば，それらの条件のうちのどれかが生じたが，その間に，贈与された者のところにあるとき，<u>贈与者に対物訴権の資格があると弁護されうる</u>。しかし，贈与された者が先に死に襲われたとしても，<u>依然として贈与者に対物訴権が与えられるであろう</u>。」］ここで区別される両方の場合は，m. c. datio［死因贈与］において現われる二つの異なった条件に関する（§170. c. d）。両者の場合について同じように所有物返還請求が確かに主張されるが，しかし，一般的にかつ昔から承認されたこととしてではなく，したがってこの点で停止条件の場合（註a）と異なる。

不当利得返還請求訴権［Condiction］は，与える者が先に死んだ後に受領者が保有して享受するように，なにかが与えられていたことに基づく。この目的がうまく行かなかったときは，一般原則に従い，与える者は condictio ob causam datorum［原因に基づいて与えられたものの不当利得返還請求訴権］を有したのであって，その他の点では m. c. donatio［死因贈与］に関する古い法律家たちの意見がどんなに分かれていたにしても，その訴権についての権利に関してはなんら争いはなかった[c]。それは，そもそも物が贈与の対象ではなくて，別の仕方で，たとえば委任または要式免除契約により利得が生じさせられたところで，適用できる。さらに，贈与された物がもはや存在しない，たとえば金銭が支出されてしまっていたときに，適用できる。最後に，また，そしてまったくとりわけ，解除条件付でまず始めに譲渡された所有権の場合に，すなわちこの場合について直接に戻ってくる所有物返還請求（註 b）を未だ承認しようとしなかった人たちの立場から，適用できる[d]。われわれは，今はこの所有物返還請求を認めなけれ

（c） *L.* 35 § 3 *de m. c. don.* (39. 6.).　„.. Nec dubitaverunt Cassiani quin *condictione* repeti possit, *quasi re non secuta* ... "［学説彙纂第39巻第6章「死因贈与と死因取得について」第35法文第3節（パウルス）：「..また，カッシウス派（＝サビーヌス派）の法学者たちは，あたかも事態が続かなかった... かのように不当利得返還請求訴権により返還請求されうることを，疑わなかった。」］

（d）　不当利得返還請求訴権のこういう適用は，当然の帰結として，所有物返還請求に比較的僅かな広がりを与えるとき（註b）にのみ可能であるが，この適用は，以下の各個所にみられる：パーピニアーヌスからの *L.* 52 § 1 *de don. int. vir.* (24. 1.)：„ ut traditio, quae mandante uxore mortis causa facta est : nam *quo casu inter exteros condictio nascitur* (したがって，このことは，ここで問題にしている場合には認められる), inter maritos nihil agitur."［学説彙纂第24巻第1章「夫と妻の間の贈与について」第52法文第1節（パーピニアーヌス）：「妻の委任により死亡を原因としてなされた引渡と同様。なぜならば，たまたま他人間で不当利得返還請求訴権が生じるところで（したがって，このことは，ここで問題にしている場合には認められる），夫婦間ではなにも生じないからである。」］

——さらに，パウルスが，*L.* 12 *de cond. causa data* (12. 4.)［学説彙纂第12巻第4章「原因が与えられたが原因が達成されなかったことを理由とする不当利得返還請求訴権について」第12法文（パウルス）］において。„ Cum quis mortis causa donationem, cum convaluis-

§171 死因贈与（つづき） ———*233*

ばならないから，この場合について不当利得返還請求訴権が脱落していると思わざるをえない。なぜならば，これはもっと有利な所有物返還請求により代わられていて，両訴権はそもそも排他的関係で対立しているからである。

最後に，actio praescriptis verbis［前置文による訴権］は，上述の贈与の中に明白に含まれている契約，すなわちdo ut reddas［ドー・ウト・レッダース。私は君が返すように与える］という無名契約に基づくのであって，それの一般的に承認された有効性(e)が，ここで，適用の他の諸場合におけると同じ位に述べられなければならない。また，実際に，この訴権は，贈り物の返還請求について承認されている(f)。

----

set donator, *condicit,* fructus quoque donatarum rerum, et partus, et quod adcrevit rei donatae, repetere potest." [[だれかが死因贈与を，贈与者が治ったので，不当利得返還請求するとき，その者は，贈与された物の果実も，女奴隷の子も，贈与された物に付け加わったものも，返還請求することができる。]] ——同様に，同じパウルスが，L. 38 § 3 *de usuris* (22. 1.)［学説彙纂第22巻第1章「利息と果実と付属物とすべての付加物と遅滞について」第38法文第3節（パウルス）］において。„ Idemque est（すなわち fructus repetere debere），si mortis causa *fundus sit donatus*, et revaluerit qui donavit, atque ita condictio nascatur." [[死亡を原因として地所が贈与され，贈与した者が治り，こうして不当利得返還請求訴権が生じるとき，同様である（すなわち，果実を返還請求しなければならない）。]] ここでは，古い方の法律家と新しい方の法律家の関係が決して問題ではなくて，パウルスは，まだ比較的古い法の文字のところにとどまっており，同時代のウルピアーヌスは，その法律制度のもっと完全な発展を示すのであって，それゆえに，われわれは，これをユスティニアーヌス帝の立法の言葉とみなければならない。

（e） L. 5 *pr.* § 1 *de praescr. verbis* (19. 5.)［学説彙纂第19巻第5章「前置文による訴権および事実訴権について」第5法文前文，第1節（パウルス）］．

（f） L. 30 *de m. c. don.* (39. 6.)．„ Qui mortis causa donavit, ipse ex poenitentia condictionem *vel utilem actionem* habet."［学説彙纂第39巻第6章「死因贈与と死因取得について」第30法文（ウルピアーヌス）：「死因贈与をした者は，みずから後悔の結果として，不当利得返還請求訴権または準訴権を有する。」］——L. 18 § 1 *eod.* „ .. nam et si convaluisset creditor idemque donator, condictione, *aut in factum actione*, debitoris obligationem dumtaxat reciperet."［同所第18法文第1節（ユーリアーヌス）：「.. なぜならば，債権者同時に贈与者が治ったとしても，その物は，不当利得返還請求訴権により，あるい

この訴権の特別の効果について，なおつぎのことが言い添えられるべきである。引き渡された物が受領者の自由な行為によりなくなっているときは，受領者は，どの場合にもそれに責任を負わなければならず，贈与された夫のように消費により免責されることはない。したがって，受領者は，その物を破棄，費消，浪費したとき，返還への契約を履行することを故意に不可能にしたことによって，その物の価値を支払わなければならない(g)。その物が売られているとき，与える者は，不当利得返還請求訴権により，売って得た売買代金を請求するか，真の価値を請求するかを選べる(h)。その物が受領者の過失により毀損，破壊，盗取されたときは，受領者は，actio praescriptis verbis［前置文による訴権］の一般原則に従って，それに責任を負わなければならず(i)，この訴権は，不当利得返還請求訴権

は事実に基づく訴権により，単に債務者への債権を取り戻すべきである。」］ここでは，actio in factum civilis［事実に基づく市民法上の訴権］または praescriptis verbis［前置文による（訴権）］がいわれている。

（訳註24）
（g）*L.* 39 *de m. c. don.* (39. 6.).„Si is, cui mortis causa servus donatus est, eum manumisit, tenetur condictione in pretium servi : *quoniam scit posse sibi condici*, si convaluerit donator."［学説彙纂第39巻第6章「死因贈与と死因取得について」第39法文（パウルス）：「もし，奴隷を死因贈与された者がこれを解放したならば，その者は，不当利得返還請求訴権により奴隷の価格に対し義務を負う。なぜならば，その者は，贈与者が治ったならば自分に返還請求されうることを知っているからである。]]

（h）*L.* 37 § 1 *de m. c. don.* (39.6.).„.. si quis servum mortis causa sibi donatum vendiderit ... pretii condictionem donator habebit, si convaluisset, et hoc donator elegerit : alioquin et ipsum servum restituere compellitur."［「学説彙纂第39巻第6章「死因贈与と死因取得について」第37法文第1節（ウルピアーヌス）：「..もし，だれかが自分に死因贈与された奴隷を売ったならば，... 贈与者が治ってそれを選択するときは，贈与者は，価格の不当利得返還請求訴権を有するであろう。そうでなければ，また，受領者は，奴隷自身を返還することを強制される。]] pretium［価格］は，ここでは，現実に受け取られた売買代金であり，ipsum servum restituere［奴隷自身を返還すること］は，裁判官による奴隷の評価を支払うことを意味する。売却が真の価値以下でなされたときは，そこには，与える者がこうむるべきでない部分的浪費があったのであり，それゆえに選択できた。真の価値より高い売買代金による利益は，同じように与える者に当然帰せられる。

（i）*L.* 17 § 1. 2. 4 *de praescr. verbis* (19. 5.).［学説彙纂第19巻第5章「前置文による訴

§171 死因贈与（つづき） ——*235*

が過失の賠償に向けられえないがゆえに，この場合にとって重要である。——贈与された物が中間時に果実を生じたときは，受領者は，これを返還し，または金銭で補償しなければならない。この重要な命題は，不当利得返還請求訴権についてさえ，したがって完全に移転された所有権についてさえ承認される(k)。だから，それは，所有物返還請求については，またとくに停止条件付の引渡の場合については，それだけ一層疑いなく適用されなければならない。——受領者は，その物について費用を出したときは，doli exceptio［悪意の抗弁］によりそれの補償を生じさせうる(1)。

その贈与が単なる問答契約により生じさせられていたとき，あるいはその贈与が委任によりなされたとき，両方の場合において，与える者は，得られた利得に対し不当利得返還請求訴権を有する(m)。第二の場合には，受

権および事実訴権について」第17法文第1，2，4節（ウルピアーヌス）］．

（k） *L.* 12 *de cond. causa data* (12.4.)［学説彙纂第12巻第4章「原因が与えられたが原因が達成されなかったことを理由とする不当利得返還請求訴権について」第12法文（パウルス）］，*L.* 38 §3 *de usuris* (22.1.)［学説彙纂第22巻第1章「利息と果実と付属物とすべての付加物と遅滞について」第38法文第3節（パウルス）］，上述註 d をみよ．

（1） *L.* 14 *de m. c. don.* (39.6.)［学説彙纂第39巻第6章「死因贈与と死因取得について」第14法文（ユーリアーヌス）］．

（m） *L.* 76 *de jure dot.* (23.3.)［学説彙纂第23巻第3章「嫁資の法について」第76法文（トリュポニーヌス）］，*L.* 52 §1 *de don. int. vir.* (24.1.).„.. defuncto viro viva muliere, stipulatio solvitur ... *nam quo casu inter exteros condictio nascitur*, inter maritos nihil agitur."［学説彙纂第24巻第1章「夫と妻の間の贈与について」第52法文第1節（パーピニアーヌス）：「夫が死に，妻が生きているとき，問答契約は解消される．... なぜならば，たまたま他人間で不当利得返還請求訴権が生じるところで，夫婦間ではなにも生じないからである．」］したがって，通例は不当利得返還請求訴権が生じ，その贈与が同時に夫婦間で起こったというここで扱われた特別の場合にのみ，問答契約はおのずから無効となる（§ 157. s¹, および付録 X 第Ⅲ号 a 参照）．——なぜ条件の不成就が単に不当利得返還請求訴権を理由づけ，問答契約自体を無効にしないのかが，問われるかもしれない．（先に死亡するという）条件が言葉どおりに言い表わされているならば，確かに問答契約は ipso jure［法律上当然に］崩壊するであろう．mortis causa［死亡を原因とする］という挿入された言葉は，それには十分でなかったが，しかし condictio ob causam datorum［原因に基づいて与えられたものの不当利得返還請求訴権］の理由づけには十分であった．

258 領者は，手に入れた債権を返還譲渡できる。その者がそれを取り立て，債務者の支払不能のため一部だけ取り立てたときは，その者は，実際に受け取ったものだけを払い戻す[n]。――贈与が要式免除契約に存したとき，不当利得返還請求訴権は常に，受領者が支払不能であっても，額面価格全額に向けられる[o]。

　死因贈与についてこれまでに立てられたすべての規則は，徹頭徹尾，契約の性質に，つまり生きている者の間で行われる法律行爲の性質に基づく。遺言の性質はなにも，そこでは認められなかった。さて，遺言とのこの根本的相違は，つぎの各部分においても現われる。比較的古い法については，そのような贈与が，遺言をしなかった者によっても与えられえたが[p]，一方，相続人指定および遺贈は遺言においてのみ有効であったことにおいて，すでに現われる。後に，信託遺贈が承認されたとき，この点に
259 はもはや区別する性格は存しなかった。これに反し，今なお，そういう贈与の有効性は相続人の存在と関係がないという相違が残っている。そういう贈与は，財産が相続人なしになっても存続しており，一方，遺贈および信託遺贈は，実際に取得された相続権に関する限りでのみ有効性を有しうる[q]。――さらに，この贈与は，testamentifactio［テースターメンティーファクティオー。遺言作成］の権利を欠くような人の間でもまったく確実に可能である。このことは，この権利が明らかに欠けている外人において，最も

　　（n）　*L.* 18 § 1 *L.* 31 § 3 *de m. c. don.* (39. 6.)［学説彙纂第39巻第 6 章「死因贈与と死因取得について」第18法文第 1 節（ウルピアーヌス），第31法文第 3 節（ガーイウス）］.

　　（o）　*L.* 18 § 1 *L.* 31 § 1. 3. 4 *de m. c. don.* (39. 6.)［学説彙纂第39巻第 6 章「死因贈与と死因取得について」第18法文第 1 節（ウルピアーヌス），第31法文第 1 ，3 ，4 節（ガーイウス）］. 債務者が，要式免除契約がないので，どっちみち時の経過により免除を手に入れたであろうときでさえ，同様である。*L.* 24 *eod.*［同所第24法文（アフリカーヌス）］.

　　（p）　*L.* 25 *pr. de m. c. don.* (39. 6.)［学説彙纂第39巻第 6 章「死因贈与と死因取得について」第25法文前文（マルキアーヌス）］.

　　（q）　H a s s e Rhein. Museum II. 346.

§171 死因贈与（つづき）——*237*

明白に現われる⁽ʳ⁾。今，ある外人が，死亡に向けて，もう一人の人にある物を引き渡し，あるいは問答契約によりなにかを約束していたとき，受贈者が所有権または債権を取得したことも⁽ˢ⁾，取得された権利に，先に死亡するという制限的条件が付着していて，この条件だけがこの種の贈与の特別の本質を成すことも，疑う余地がない。この点に関する近時の著述家たちの誤解は，一部は testamentifactio［遺言作成］を，完全に別の能力（これはすぐに問題になるであろう）と混同することに基づいており，一部はローマ人自身が testamentifactio［遺言作成（能力）］という言葉の技術的意味⁽ᵗ⁾を必ずしも十分厳密には固く保持しないことに基づいている⁽ᵘ⁾。

(r) ULPIAN. XXII. 2.
(s) 所有権（ただし ex jure Quiritium［古ローマ市民法に基づく］ではない）についての外人の能力に関しては，GAJUS II. §40参照。問答契約（ただし spondes？ spondeo［汝は誓約するや？ 予は誓約する］をもってではない）についての外人の能力に関しては，GAJUS III. §93参照。
(t) 最も純粋なのは，ULPIAN. XX. §2. 8. 10. 14. XXII. §3における用語である。ガーイウスについては，主要個所に欠落があるので，われわれは，確実には判断できない。いくつかの他の個所では，その言葉は，遺言をする権利について用いられるが，その権利は，testamentifactio［遺言作成能力］のほかになおいくつかの条件を有している。そういうことで，filiusfamilias［家の息子］および Latinus Junianus［ユーニウス法のラテン人］は，testamentifactio［遺言作成能力］を有するが，それにもかかわらず両者とも遺言をすることができない。ULPIAN. l. c. 本来の testamentifactio［遺言作成能力］は，commercium［取引能力］すなわち握取行為能力と同義である。
(u) そういうことで，*L.* 7 §6 *de don.* (39. 5.)［学説彙纂第39巻第5章「贈与について」第7法文第6節（ウルピアーヌス）］は，つぎのようにいう。castrense peculium［軍営に関する特有財産］を有する filiifamilias［家の息子］は，„ cum testamentifactionem habeant,"［［遺言作成能力を有するから，］］すなわちそれについて遺言さえすることができるから，mortis causa［死亡を原因として］贈与をすることができる。その者は，castrense peculium［軍営に関する特有財産］なしにでも本来の testamentifactio［遺言作成能力］を有する（註 t）。——*L.* 32 §8 *de don. int. vir.* (24. 1.).„ nam et m. c. donare poterit *cui testari permissum est.*"［学説彙纂第24巻第1章「夫と妻の間の贈与について」第32法文第8節（ウルピアーヌス）：「なぜならば，<u>遺言することを許されている者は，死因贈与をすることもできるであろうからである。</u>」］ここでは，有責判決を受けた軍人が問題であるが，この者に恩恵から自分の財産の処分が許される。それは，正規の法とはな

しかしながら，この種の贈与がその目的と効果において遺贈に親近であるということは，すでに上述した（§170）。さて，遺贈が実定的な制限に服させられるやいなや，死因贈与は，このような制限を回避するために濫用されえた。このことは，遺贈について適用されるいくつかの規則をそのような贈与にも適用するきっかけを作った。この点でどこまで進むべきかは，古い法律家たちの間で議論があった。けれども，われわれは，その人たちの争いの範囲を知らない。ユスティーニアーヌス帝は，広がった方の同等化に賛成を表明したのであって，しかも，その表現は，わが著述家たちのうちの幾人かによって，ユステニアーヌス帝がそのような贈与を，遺贈と完全に融合させることによって，独特の法律制度としてはまったく廃止したかのように理解された(v)。この重要な争いの問題点を，今，完全に研究すべきである。

§172
V．贈与——特別の種類　1．死因贈与　（つづき）

[Schenkung——Besondere Arten　1. Schenkung auf den Todesfall (Fortsetzung)]

この種の贈与と遺贈とを同等にすることは，二重の意味に解釈できる。すなわち，外部的形式の面から，または適用されるべき法規の面からであ

んら関連がない。——*L. 1 §1 de tutelae*（27. 3.）．„ sicuti testamentifactio .. pupillis concessa non est, ita nec mortis quidem causa donationes permittendae sunt."［学説彙纂第27巻第3章「後見訴権と計算分離による訴権および保佐のための準訴権について」第1法文第1節（ウルピアーヌス）:「遺言作成能力が..被後見児に承認されていないように，もちろん死因贈与も許されるべきではない。」］ここでは，またもや testamentifactio［遺言作成能力］は，遺言をする能力を意味し，これは，年令のゆえに被後見児には欠けている。同じ理由から，その者は，他のどの譲渡の能力もないが，この譲渡はやはり testamentifactio［遺言作成能力］とは関連がないこと確実である。

（v）　*L. 4 C. de don. causa mortis*（8. 57.）［勅法彙纂第8巻第57章「死因贈与について」第4法文］，§1 *J. de don.*（2. 7.）［法学提要第2巻第7章「贈与について」第1節］, *Nov.* 87 *pr.*［新勅法第87号前文］．

る。古い法律家たちの論争は，われわれが知る限りでは，第二の点にのみ関した。ユスティーニアーヌス帝は，両方の点について述べており，それゆえに，われわれは，ユスティーニアーヌス帝の規定の意味を両面にわたって確定しなければならない。

　まず第一に，外部的形式についてである。最初にすべての贈与の登録が，それから大きな贈与の登録が規定されて以来，それが死因贈与についても必要かどうかが問われえた。ユスティーニアーヌス帝は，それが必ずしも必要ではなくて，だれでも，五人の証人を関与させることによってそれを不必要にすることができ，それによってこの種の贈与がどれも完全に有効になると決定する。私は，この簡単な定めの中に，つぎの規定だけを見てとる。すなわち，死因贈与をしようとする者はだれでも，それについて，贈与の古い形式を用いるか，あるいはまた遺言補足書の形式を用いることを選択できるという規定である。第一の場合には，その価値が500 Solidi〔ソリドゥス金貨〕を越えるときは，そのために登録が必要であり，第二の場合には，価値のいかんを問わず，あらゆる遺言補足書の場合と同様五人の証人の関与が必要である。――けれども，この定めは，二とおりの仕方で誤解された。第一に，幾人かの人は，ユスティーニアーヌス帝がここで贈与の伝統的な形式をすっかり廃止して，五人の証人の形式だけを認めようとすると考えた。そこからは，そもそも死因贈与はもはや存在しないで，遺贈だけがまだ存在し，その遺贈において，時には遺贈の対象がまだ被相続人の生存中に受遺者に渡されるという事情が，単に副次的な加減として現われるということが，結果として出てくるであろう。ユスティーニアーヌス帝の法律の前書きだけを読めば，このように考えざるをえないであろう。その命令自体は，与える者にとっての容易化のみを含むのであり，それまで可能な出捐形式の制限を含む（そういう考え方に従えばそうであろうように）のではない。与える者が大きな贈与においてさえ登録を避けることはできる（五人の証人の関与によって）べきであるということだけがいわれ，その場合したがって，登録をもって大きな贈与をする

263 か，価値が500 Solidi［ソリドゥス金貨］を越えないときに無形式ででも贈与するかは，自分で選べば，与える者の自由である[a]。反対意見によってどんな筋の通らないことが立法者のせいにされるか，明らかである。300 Solidi［ソリドゥス金貨］が単なる引渡によって，あるいは800 Solidi［ソリドゥス金貨］が登録を伴う引渡によって（したがって五人の証人なしに）mortis causa［死亡を原因として］贈与されるならば，それは，そういう意見に従えば無効であろう。しかしながら，同じ要件の下で生きている者の間の贈与が完全に有効であろうことを，だれも疑わない。つまり，危険も憂慮も少ない方の行為について不十分な形式が，危険も憂慮も多い方の行為の確認には十分であることにならざるをえないであろう。——第二の誤解は，五人の証人が死因贈与についてのまったく特別の形式であって，遺言補足書の一般的な形式と関連がなく，それゆえに遺言補足書のその他の定めはここでも適用されてはならないというものである[b]。実定的な形式のこのような孤立化は，新たに規定されて簡単に概略だけを示された形式が既知の形式へ還元されたことが，容易に推測できるところでは，それ自体だけでもう非常に疑わしい。しかし，ここではなお，単に簡単に言及さ
264 れた五人の証人を，まじりけのない完全な遺言補足書形式にほかならないと考えるべき，以下のような特別の理由が生じる。久しい以前から，遺贈と信託遺贈は，遺言補足書でのみ，しかも五人の証人の前で作成されうるという一般的な規則が存した[c]。さて，ユスティーニアーヌス帝の法律においては，冒頭に mortis causa donatio［死因贈与］の遺贈への接近がいわれ，これに，五人の証人は他のどの形式をも不必要にすべきであるという

　（a）ここで誤りを論証された意見は，近時の著述家たちの中では，Müller§27. 28，および Wiederhold S. 107-117にみられる。正しい意見は，Schröter S. 133 fg. により詳細かつ徹底的に述べられている。

　（b）この第二の誤解は，Schröter S. 144. 150にみられる。これに反対の態度を表明するのは，Hasse Rhein. Museum III. 410.

　（c）*L.* 8§3 *C. de codicillis*（6. 36.）［勅法彙纂第6巻第36章「遺言補足書について」第8法文第3節］．

規定が結び付けられる。この五人の証人を，まさしく遺贈に正規に有効性を与える遺言補足書形式の簡潔な言い表わし方と考えるほど自然なことがあろうか。あるいは，ユスティーニアーヌス帝がこの機会に，帝の法律書の別の場所で遺言補足書の形式について述べられていることをすべて繰り返すべきであったとでもいうのか。ほんの少し前に，帝は，夫婦間の大きな贈与について，それが死亡だけによって確認されえないで，登録によってか suprema voluntas ［スプレーマ・ウォルンタース。最後の意思］によってのみ確認されうると定めていたことが，さらに付け加わる(d)。だが，この最後の言葉は，遺言によってか遺言補足書によってを意味する。帝が今ここで登録と並んで択一的に suprema voluntas ［最後の意思］として述べるものを，帝は，上述の法律においては五人の証人によって言い表わす。両方の定めは，言葉では異なっているが，実質においては一致しており，相互に説明し合う。——以上の諸理由から五人の証人を単に，そのほかではすでに知られている遺言補足書形式を参照せよという簡潔な指示とみるとき，そこから当然の帰結として，五人の証人がどの特権を与えられた遺言補足書形式によっても代用でき，とくにちょうど居合わせている相続人への口頭の委任によっても代用できるということが出てくる(e)。（ここで誤りを論証された見解に従い），こういう仕方で有効な mortis causa donatio ［死因贈与］が生じうることを（五人の証人が欠けていることを理由に）否定しようとしても，それでもなお，相続人が，意図された mortis causa donatio ［死因贈与］の中に含まれていたすべてのことを，されるがままにさせて，生じさせるという内容の有効な信託遺贈を認めざるをえないであろう。しかし，そのときには，実際上の結果は，死因贈与が直接に法的に有効な確認を与えられたようなときとぴったり同じである。それどころか，被相続人が（正式のまたは特権を与えられた）遺言補足書にお

（d） *L. 25 C. de don. int. vir.* (5. 16.) ［勅法彙纂第5巻第16章「夫と妻の間の，および親から子への贈与について，および追認について」第25法文］．

（e） これに反対するのは，Ｓｃｈｒöｔｅｒ S. 150.

いて,「私はこれによりティティウスに1000を死因贈与する」というとしても，これは，承諾を欠き，そもそも贈与の完成に必要なことはなにも生じていないから，確かに贈与としては無効であるが，それにもかかわらず，それは，遺贈または信託遺贈とみなされなければならない[f]。なぜならば，被相続人の意図は疑う余地がなく，しかも，ユスティーニアーヌス帝の法は，その文字と精神から判断すると，用いられた表現をまったくどうでもよいとはっきりいうからである[g]。

266　さらに，死因贈与の遺贈に対する実質的関係が決定されるべきである。両者に適用されるべき法規が同じか同じでないかである。これについて，少しばかりのことは，すでに皇帝たちが定めていた。この点でそもそもどこまで進むべきかは，法律家の間で争いがあった。ユスティーニアーヌス帝は，事態をそのように思った。帝は，古い法律家たちの中で，同等の度合の高い方を弁護するような人たちの意見をとることにし，自分のこの意思を二とおりの仕方で言い表わした。第一に，学説彙纂の中に，古い法律家たちの中で自分が妥当と認めた学派の個所のみをとり入れ，反対派の個所は省略したことによってであり，第二に，勅法彙纂および法学提要において，同等の度合の高い方を一般的な結果として述べることによってで

267　ある[h]。したがって，各法律書は，この点で相互に説明し合う。勅法彙纂と

（f）これにも反対するのは，Schröter S. 146.

（g）*L.* 21 *C. de legatis* (6. 37.)［勅法彙纂第6巻第37章「遺贈について」第21法文］，*L.* 1. 2 *C. communia de leg.* (6. 43.)［勅法彙纂第6巻第43章「遺贈と信託遺贈についての共通規則，および物への付与から取り除かれるべきものについて」第1，2法文］，とくにまた，§ 2. 3 *J. de leg.* (2. 20.)［法学提要第2巻第20章「遺贈について」第2，3節］．――比較的古い法においては，それ自体無形式の信託遺贈においてさえ，表現に重きが置かれた（ULPIAN. XXV. 2)。それにもかかわらず，当時でさえ，ここで述べられたのと類似の場合が，信託遺贈として維持されたのであって，dono［私は贈与する］が fideicommitto［私は信託遺贈する］とみなされた。*L.* 75 *pr. L.* 77 § 26 *de leg.* 2 (31. un.)［学説彙纂第31巻単章「遺贈と信託遺贈について　2」第75法文前文，第77法文第26節（パーピニアーヌス）］（§ 170. cc)．

（h）これらの個所自体の公平な考察が，この説明を疑いないものにさせる。*L.* 4

法学提要の不確かな同等は，学説彙纂によってはっきりした内容と範囲を得る。これに反し，多くの人たちは，わが法律書の形式につられて，学説彙纂が始まりの部分的な同等だけを含み，それから勅法彙纂においてこれが絶対的な同等に変えられたかのような誤った意見になってしまった。さて，ここで立てた原則を前提とすれば，そこから，同等は，それが学説彙纂および以前の勅法によって承認されている個々の場合においてのみ主張されてよいということが，結果として出てくる。そして，この結果は，なお，わが法源においていくつかのずっと続いている相違が明らかに承認されていることによって，確認される[1]。——それゆえに，今は，そういう贈与が遺贈と実際に同等とされた個々の関係自体が，述べられるべきである。

C. de don. causa mortis (8. 57.) ［勅法彙纂第8巻第57章「死因贈与について」第4法文］は，古い法律家たちが，そういう贈与が遺贈の性質を有するか，あるいはむしろ生きている者の間の贈与の性質を有するかを争っていたという観察を前提とする。それに，ユスティーニアーヌス帝は，単に，登録がそれに決して不可欠ではなくて，だれでもそれの代わりに五人の証人を関与させうるという決定を結び付けるにすぎない。——§1 J. de don. (2. 7.) ［学説彙纂第2巻第7章「贈与について」第1節］は，まず最初に，„ Haem. c. donationes ad exemplum legatorum redactae sunt *per omnia*" ［「これらの死因贈与は，すべてを通じて，遺贈の模範に従わされた」］というが，これは十分危険にみえる。しかし，それから，その個所は，古い法律家たちはそれについて争っていた，と続き，そして今度は，„ a nobis constitutum est, ut *per omnia* FERE legatis connumeretur." ［「朕により，ほとんどすべてを通じて，遺贈に入れられるようにと決定される。」］と続く。そこからこういう意味が全体として出てくる：朕は，古い法律家の間で争いのあるすべての問題において，同等をとることにした。その結果，そこから，たいていの最も重要な点において一般に（fere ［ほとんど，一般に］）実際の同等が出てきた。——*Nov.* 87 *pr.* ［新勅法第87号前文］は，上掲の法学提要の個所の最初の言葉においてなされているのと同じようなはっきりしない一般性において同等に言及する。

　(1) 正しい意見は，Ｓｃｈｒöｔｅｒ S. 139 fg. により詳細に弁護されている。彼は，ずっと続いている相違を S. 116 fg. でまとめている。

§173
V．贈与――特別の種類　1．死因贈与　（つづき）
[Schenkung――Besondere Arten　1. Schenkung auf Todesfall (Fortsetzung)]

　こういう贈与が遺贈と同等にされた最も古い場合と思われるのは，相続無能力［Incapacität］の場合であった．すなわち，独身者は，Lex Julia［ユーリウス法］によれば，遺産として自分に残された相続財産または遺贈を決して取得できるべきでなく，子供のない者は半分しか取得できるべきではなかった．さて，この禁止を信託遺贈の形式の下で迂回することほど容易なことはなかったから，そのことは，Sc. Pegasianum［セナートゥス・コーンスルトゥム・ペーガシアーヌム．ペーガシアン元老院議決］によって信託遺贈に及ぼされた[a]．しかし同様に，mortis causa donatio［死因贈与］による迂回も容易に推測できたのであり，それゆえに，元老院議決によってこれにもその禁止が拡張された[b]．そこに，遺贈と最初に人為的に同等とす

　(a)　GAJUS II. §286.――Latinus Junianus［ユーニウス法のラテン人］も Lex Junia［ユーニウス法］によれば相続無能力であった（GAJUS I. §23, II. §275. ULPIAN. XXII. §3）．しかしここでは，独身であること［Cölibat］におけるような政策的な理由は存在しなかったから，信託遺贈への拡張は必要と認められなかった．GAJUS II. §275, ULPIAN. XXV. §7.

　(b)　L. 35 pr. de m. c. don. (39. 6.)［学説彙纂第39巻第6章「死因贈与と死因取得について」第35法文前文（パウルス）］．つぎの個所を参照，L. 9. 10. 33 eod.［同所第9法文（パウルス），第10法文（ウルピアーヌス），第33法文（パウルス）］．そこから，一見一般的なつぎの個所も説明される，L. 37 pr. eod. „ Illud generaliter meminisse oportebit, donationes mortis causa factas legatis comparatas: quodcunque igitur in legatis juris est, id in mortis causa donationibus erit accipiendum."［同所第37法文前文（ウルピアーヌス）：「死亡を原因としてなされた贈与が遺贈と同等とされることを，一般に想起しなければならないであろう．それゆえに，遺贈において正しいことは何でも，死因贈与において是認されるべきであろう．」］その個所は，Lex Julia［ユーリウス法］についてのウルピアーヌスの註釈からとられており，したがって単に，coelebs［独身者］と orbus［無子者］の相続無能力に関する同等のみを含む．――m. c. donatio［死因贈与］への相続無能力

§173　死因贈与（つづき）——*245*

ることが存した。しかし、まさにこの同等は、この無能力の判断の際に、贈り物が与えられる時の状態ではなくて、与える者の死亡の時の状態に目を向けるべきことを要求した(c)。すなわち、それをもっと厳密に表現すれば、その贈与は、この面では、受贈者が与える者の死亡の時にか、あるいはその後最初の100日だけでも婚姻生活をし子をもっていたならば、完全に有効であった(d)。——ユスティーニアーヌス帝は、子供がないこと [Orbität] と独身であること [Cölibat] のこれらの結果を、それの適用すべてにおいて一般的に廃止したのであって(e)、そういう結果への言及が mortis causa donatio [死因贈与] のところで学説彙纂の中へとり入れられたことは、編纂者たちがこれをとり入れるに当たって、異端者および背信者に相続財産の取得のみならず贈与の取得をも禁止する勅法のこと（§84 [本書第二巻204頁以下]）を考えたことを、われわれが認めようとするのでなければ、単なる考えのなさとみられるべきである。現代法については、この適用も脱落するであろう。

　第二の同等は、<u>ファルキディウス法の四分の一</u> [Falcidische Quart] に関する。Lex Falcidia [レークス・ファルキディア。ファルキディウス法] 自体は、遺言相続人に、自分を頼らざるをえない受遺者から、必要とあらば、自分の相続分の四分の一が純利益として自分に残っていることになるだけのものを差し引くことを許した。Sc. Pegasianum [ペーガシアン元老院議決] は、この制限を（相続財産のであれ個々の物のであれ）信託遺贈に及ぼし

の拡張が、信託遺贈についての相続無能力が関係させられなかった（註a）Latinus Junianus [ユニウス法のラテン人] をも含んだこと（FRAGM. VAT. §259 [ヴァティカンの断片第259節]）は、注目に値する。

　（c）　*L.* 22 *de m. c. don.* (39.6.) [学説彙纂第39巻第6章「死因贈与と死因取得について」第22法文（アフリカーヌス）].

　（d）　ULPIAN. XVII. §1, XX11. §3.

　（e）　*L. un.* §14 *C. de cad. toll.* (6.51.) [勅法彙纂第6巻第51章「廃止されるべき受領者曠欠財産について」単一法文第14節].

た(f)。ピウス帝は，それをさらに，法定相続人に課せられていた信託遺贈に拡張した(g)。これに，死因贈与をも同じ制限に服させたセウェールス帝の勅法が続いたのであって(h)，したがって，それによって，遺言相続人も法定相続人も，自分の相続分およびそれの四分の一の算定の基礎となるべき相続財産の中に，そういう贈与をも引き入れ，控除を遺贈および信託遺贈にと同様，それにも向ける権利を与えられていた。それから，死亡によって確認された夫婦間の贈与も，一般に mortis causa donationes［死因贈与］とみられたことによって（§164）同じ控除に服させられたこと(i)は，

――――――

（f） G ajus II. §254, §5 *J. de fideic. hered.* (2. 23.)［法学提要第2巻第23章「信託遺贈された相続財産について」第5節］.

（g） *L.* 18 *pr. ad L. Falc.* (35. 2.)［学説彙纂第35巻第2章「ファルキディウス法註解」第18法文前文（パウルス）］. ――その場合問題になりえたのは，信託遺贈だけであって，遺贈はそうでなかった。なぜならば，比較的古い法によれば，遺贈は，遺言においてか codicillis testamento confirmatis［遺言によって確認された遺言補足書］においてしか与えることができなかったのであり，したがって法定相続人の場合にはそもそも不可能であったからである。

（h） *L.* 5 *C. ad L. Falc.* (6. 50)［勅法彙纂第6巻第50章「ファルキディウス法註解」第5法文］, *L.* 2 *C. de don. causa mortis* (8. 57.)［勅法彙纂第8巻第57章「死因贈与について」第2法文］. この（当時新しい）勅法に関連して，パーピニアーヌスは，jus antiquum［古法］を constitutio［勅法］に対置する。*L.* 42 §1 *de m. c. don.* (39. 6.)［学説彙纂第39巻第6章「死因贈与と死因取得について」第42法文第1節（パーピニアーヌス）］. ――こういう同等の言及と適用は，つぎの個所にみられる。*L.* 77 §1 *de leg.* 2 (31. un.)［学説彙纂第31巻単章「遺贈と信託遺贈について 2」第77法文第1節（パーピニアーヌス）］, *L.* 15 *pr. L.* 82 *ad L. Falc.* (35. 2.)［学説彙纂第35巻第2章「ファルキディウス法註解」第15法文前文（パーピニアーヌス），第82法文（ウルピアーヌス）］, *L.* 1 §5 *quod legat.* (43. 3.)［学説彙纂第43巻第3章「遺贈の... こと（に始まる特示命令）」第1法文第5節（ウルピアーヌス）］, *L.* 27 *de m. c. don.* (39. 6.)［学説彙纂第39巻第6章「死因贈与と死因取得について」第27法文（マルキアーヌス）］. F ragm. V at. §281［ヴァティカンの断片第281節］. ――C ujac. obss. XX. 6 は，十分な理由なしに，セウェールス帝はそれを遺言による相続についてのみ命じ，ゴルディアーヌス帝は *L.* 2 *C. cit.*［前掲勅法彙纂第2法文］においてそれを法定相続人に拡張したと信じる。

（i） *L.* 32 §1 *de don. int. vir.* (24. 1.)［学説彙纂第24巻第1章「夫と妻の間の贈与について」第32法文第1節（ウルピアーヌス）］, *L.* 12 *C. ad L. Falc.* (6. 50.)［勅法彙纂第6巻第

§173　死因贈与（つづき）——*247*

　この法規の一つの単なる発展にすぎなかった。

　ファルキディウス法の四分の一の基礎には，実定規定からはまったく導き出しえない，もっと高い規則，すなわちすべての遺贈と信託遺贈は，相続財産自体の価値を越える限り，ipso jure［法律上当然に］無効であるという規則がある(k)。この規則は，m. c. donationes［死因贈与］には，これが相続財産の範囲外にあるとみなされた間は適用されなかった。しかし，ファルキディウス法のためにそれが相続財産の中へ引き入れられて以来，そういうもっと高い規則を同じくこれに適用することは，避けられなかった。そのことは，同時に，故人の債権者たちも，mortis causa donatio［死因贈与］が自分たちの債権を危うくする限り無効であることをたてに取ることができるという結果を有する。それによって，債権者たちには，Pauliana actio［パウルスの訴権］がこの場合について必要でなくなり，債権者たちは，それによって，債務者の不誠実な意図の証明に手を出すことを要しないという利益を得る(l)。

　無視された Suus［自権者］または Emencipatus［エーマンキパートゥス。父権免除を受けた男］のＢｏｎｏｒｕｍ　Ｐｏｓｓｅｓｓｉｏ　ｃｏｎｔｒａ　ｔａｂｕｌａｓ［ボノールム・ポッセッシオー・コントラー・タブラース。<u>遺言書に反する相続財産占有</u>］は，すべての相続人指定および遺贈をおのずから無効にする。

50章「ファルキディウス法註解」第12法文］．

　（k）　*L.* 73 §5, *L.* 17 *ad L. Falc.* (35. 2.)［学説彙纂第35巻第2章「ファルキディウス法註解」第73法文第5節（ガーイウス），第17法文（スカエウォラ）］, *L.* 18 §1 *de test. mil.* (29. 1.)［学説彙纂第29巻第1章「軍人の遺言について」第18法文第1節（トリュポニーヌス）］．

　（1）　*L.* 17 *de m. c. don.* (39. 6.).,, ... nam cum legata ex testamento ejus, qui solvendo non fuit, omnimodo inutilia sint, possunt videri etiam donationes mortis causa factae rescindi debere, *quia legatorum instar obtinent.*"［学説彙纂第39巻第6章「死因贈与と死因取得について」第17法文（ユーリアーヌス）：「... なぜならば，支払能力のなかった者の遺言による遺贈はまったく無効であるので，死亡を原因としてなされた贈与さえ無効にされなければならないとみられうるからである。<u>というのは，これは，遺贈と共通点をもつからである。</u>」］最後の言葉は，これまたまったく一般的になっているが，しかしやはり<u>この特別の関係において</u>同等を承認するという意味しか有しない。

なぜならば，両方とも，その有効性を遺言からのみ導き出すからである。特例として除外されているのは，被相続人の卑属と尊属に与えられた相続分と遺贈である。m. c. donationes［死因贈与］には，以上のことそれ自体は，それが遺言に基づかないから，適用されない。それにもかかわらず，無効にされること，およびまた上述のその例外は，それにも及ぼされた[(m)]。法定相続においては，B. P. contra tabulas［遺言書に反する相続財産占有］は起こりえず，したがってこういう無効にされることも起こりえない[(n)]。したがって，ここでは，m. c. donatio［死因贈与］によって害された息子には，ファルキディウス法の四分の一の控除（註 h）しか残っていない。——同じ拡張は，P. B. contra tabulas liberti［ポッセッシオー・ボノールム・コントラー・タブラース・リーベルティー。被解放奴隷の遺言書に反する相続財産占有］においてなされた。それゆえに，保護者は，このような贈与を無条件に無効にした。一方，生きている者の間の贈与の場合[（訳註25）]には，その者は，actio Fabianaまた Calvisiana［アークティオー・ファビアーナ，カルウィシアーナ。ファビウスの訴権またはカルウィシウスの訴権］を必要としたのであって，これの理由づけのためには与える者の悪意が証明され

　(m)　*L.* 3 *pr. L.* 5 § 7 *L.* 20 *pr. de leg. praest.* (37. 5.)［学説彙纂第37巻第5章「遺言書に反して相続財産占有に基づき請求されたとき与えられるべき遺贈について」第3法文前文，第5法文第7節（ウルピアーヌス），第20法文前文（マルキアーヌス）］．

　(n)　*L.* 20 § 1 *de leg. praest.* (37. 5.).„ Intestato autem mortuo patre, super donationibus m. c. factis non poterit filius queri : *quoniam comparatio nulla legatorum occurrit.*"［学説彙纂第37巻第5章「遺言書に反して相続財産占有に基づき請求されたとき与えられるべき遺贈について」第20法文第1節（マルキアーヌス）：「しかし，父が遺言をせずに死んだとき，死亡を原因としてなされた贈与について，息子は苦情を申し立てることができないであろう。なぜならば，遺贈との対比はなんら生じないからである。」］その理由は，うまくは選ばれていない。なぜならば，それは，法定相続人のファルキディウス法の四分の一への拡張をも排除することになるであろうからであって，まさにクーヤキウスがそれによって迷わされている。——non poterit filius［息子は苦情を申し立てることができないであろう］は，息子がここで贈与を（B. P. c. t.［遺言書に反する相続財産占有］によるように）無効にする手段を有しないことを意味する。

§173 死因贈与（つづき）——*249*

なければならなかった⁽ᵒ⁾。

　どの用益権者も，所有者に，その物のふさわしい取扱と将来の返還に関して担保［Caution］を立てなければならない。このことは，遺贈によって設定された用益権についてあてはまるのみならず，この点で死因贈与は遺贈と同等とされた⁽ᵖ⁾。すなわち，だれかが mortis causa［死亡を原因として］用益権を設定するとき，その者の死後相続人は担保を強制することができる。このことは，なんらかの契約によって設定された用益権においてさえこのような担保が請求されうるのだから⁽ᑫ⁾，なんら特別のことではないようにみえる。しかし，特別のことは，受遺者の担保が被相続人によって免除されてはならないというまったく実定的な規則に存する⁽ʳ⁾。したがって，この点では，そういう贈与は遺贈と同等であり，一方，他の契約によって用益権を設定する所有者は，もちろん，担保を免除することができる。

　相続人指定または遺贈に宣誓の条件が付されているとき，その宣誓は免

（o）　*L.* 1 § 1 *si quid in fraud*. (38. 5.) ［学説彙纂第38巻第5章「あることが保護者を欺くためになされた場合」第1法文第1節（ウルピアーヌス）］．

（p）　*L.* 1 § 2 *usufr. quemadm. caveat* (7. 9.).,, Plane et si ex mortis causa donatione ususfructus constituatur, *exemplo legatorum debebit haec cautio praestari*. "［学説彙纂第7巻第9章「用益権者はどのようにして担保を設定するか」第1法文第2節（ウルピアーヌス）：「もちろん，死因贈与により用益権が設定されるときも，遺贈の例によりこの担保が供せられなければならない。」］

（q）　*L.* 1 § 2 *cit*. ［前掲第1法文第2節（ウルピアーヌス）］, *L.* 4 *C. de usufr*. (3. 33.) ［勅法彙纂第3巻第33章「用益権と居住権と奴隷の奉仕への権利について」第4法文］．

（r）　*L.* 7 *C. ut in poss*. (6. 54.) ［勅法彙纂第6巻第54章「遺贈または信託遺贈を維持するために占有を付与されること，およびいつ担保が供されなければならないか」第7法文］．その理由は，つぎのとおりであった。Lex Julia［ユーリウス法］は，いくつかの場合について，遺言において，確かに用益権を遺産として残すことは許していたが，しかし所有権を残すことは許していなかった（Uʟᴘɪᴀɴᴜs XV. 1）．この規定は，遺言者が担保を免除し，それから，他の財産を有しない用益権者がその物を消費すれば，容易に迂回されえた。しかし，この迂回は，死因贈与において，遺贈におけると同様，そのおそれがあった。

除されるが，被相続人の意思は，もっと目的に適った法的形式によって保護される（§123［本書第三巻167頁以下］）。さて，この転換は，死因贈与においても適用されるべきであり，このことは，つぎのような仕方で考えられなければならない。与える者は，受領者により返還を，そういう贈与の通常の条件の下でのみならず，受領者がなにかある行為を宣誓により固く約束することをしないような場合についてもなお，約束された(s)。今，宣誓は免除されるが，その行為自体は負担として維持される。

父権の中にいる軍人は，castrense peculium［カストレーンセ・ペクーリウム。軍営に関する特有財産］について遺言する権利，つまり相続人および受遺者を指名する権利を有する。このことは，最初は文字どおりに遺言についてのみ定められていたのだけれども，すぐに，また首尾一貫して，mortis causa donationes［死因贈与］にも拡張された(t)。

m. c. donatio［死因贈与］の受領者には，信託遺贈が課せられうる(u)。厳

（s） *L.* 8 §3 *de cond. inst.* (28. 7.). „Et in mortis causa donationibus dicendum est Edicto locum esse: si forte quis caverit, nisi jurasset se aliquid facturum, restituturum quod accepit: oportebit itaque remitti cautionem." ［学説彙纂第28巻第7章「相続人指定の条件について」第8法文第3節（ウルピアーヌス）：「死因贈与においても，たまたまある人が，ある行為を誓わなければ受け取ったものを返還すべく担保を供したとき，その告示に場所があるとみられるべきである。したがって，その担保は返還されなければならないであろう。」］

（t） *L.* 15 *de m. c. don.* (39. 6.). „.. hoc et constitutum est, *et ad exemplum legatorum* mortis causa donationes revocatae sunt;" ［学説彙纂第39巻第6章「死因贈与と死因取得について」第15法文（ユーリアーヌス）：「..このことも定められている。そして遺贈の例によって死因贈与が回復される。」］すなわち，この特別の関係において，castrense peculium［軍営に関する特有財産］についてである。この言葉を前後関係からとり出すと，それは，これまた絶対的な同等という誤った外見を与える。

（u） *L.* 11 *de dote praeleg.* (33. 4.) ［学説彙纂第33巻第4章「先取遺贈された嫁資について」第11法文（パウルス）］, *L.* 77 §1 *de leg.* 2 (31. un.) ［学説彙纂第31巻単章「遺贈と信託遺贈について 2」第77法文第1節（パーピニアーヌス）］, *L.* 8 §2 *de transact.* (2. 15.) ［学説彙纂第2巻第15章「和解について」第8法文第2節（ウルピアーヌス）］, *L.* 1 *C. de m. c. don.* (8. 57.) ［勅法彙纂第8巻第57章「死因贈与について」第1法文］, *L. un.* §8 *C. de cad. toll.*

§173 死因贈与（つづき）——*251*

密に解すれば，そこには，真の遺贈との同等は存しない。というのは，信託遺贈を，あるいは単なる m. c. capio［死因取得］をさえ受け取る者も，そのような負担を負わされうるからである⁽ᵛ⁾。しかしながら，死亡によって，したがって故人の意思によって条件づけられた承継が，このような負担のためにはもちろん必要であり⁽ʷ⁾，その限りにおいて，まさにそれにより，m. c. donatio［死因贈与］はこのような承継の列に入れられ，一つの重要な効果において純粋の契約から区別される。不当にも，課せられた信託遺贈は部分的撤回にすぎないから，この負担についての能力は m. c. donatio［死因贈与］の撤回可能性の当然の結果であると主張された⁽ˣ⁾。しかしながら，撤回は，生きている者の行為であって，ここで死後にはじめて知られた信託遺贈の意思が拘束力をもっているということには，まさに，条件付契約の性質だけからは説明できない特別のことが存する。法規は，この点で，正反対の発展過程を示す。m. c. donatio［死因贈与］の負担は，それの承継としての性質のために拒まれえなかったから，それが今度は通常の贈与にも，これが契約により撤回可能とされていたときに，及ぼされた。けれども，このことは，後にはじめて，ピウス帝の一つの勅法によってなされた⁽ʸ⁾。後の拡張は，§175において現われるであろう。

したがって，以上のすべての場合においては，m. c. donatio［死因贈与］と遺贈の同等は，確実である。他の場合には，われわれは，外見上一般的な表現になっている勅法彙纂および法学提要の諸個所にかかわらず，それ

(6. 51.)［勅法彙纂第6巻第51章「廃止されるべき受領者曠欠財産について」単一法文第8節］.
　（v）　*L.* 96 §4 *de leg.* 1 (30. un.)［学説彙纂第30巻単章「遺贈と信託遺贈について　1」第96法文第4節（ユーリアーヌス）］.
　（w）　*L.* 1 §6 *de leg.* 3 (32. un)，［学説彙纂第32巻単章「遺贈と信託遺贈について　3」第1法文（ウルピアーヌス）］, *L.* 9 *C. de fideic.* (6. 42.)．［勅法彙纂第6巻第42章「信託遺贈について」第9法文］．
　（x）　Schröter S. 116.
　（y）　*L.* 37 §3 *de leg.* 3 (32. un.)［学説彙纂第32巻単章「遺贈と信託遺贈について　3」第37法文第3節（スカエウォラ）］.

を認めることはできない。それどころかさらに，こういう同等がまったく明らかに否定される場合が現われる。相続と遺贈に向けられている，遺言の取消請求のせいでの相続欠格 [Indignität] は，m. c. donatio [死因贈与] には関係させられるべきでない(z)。――さらに，絶対的同等からは，m. c. donatio [死因贈与] は，遺贈においては確実にそうであるから，決して撤回できないものとされえないということが，結果として出てくるであろう。それにもかかわらず，撤回できない m. c. donatio [死因贈与] が許されることは，学説彙纂においてのみならず，さらになお新勅法において，明らかに承認されている（§170. f）。

§174
V．贈与――特別の種類　1．死因贈与　（つづき）

[Schenkung――Besondere Arten　1. Schenkung auf Todesfall (Fortsetzung)]

今，関連しているのは，すでに部分的に触れた問題，すなわち贈与の実定的制限が mortis causa donatio [死因贈与] にも適用されるかどうかという問題に答えることである。

夫婦間の禁止は，ここでは適用されず，われわれは，昔からそうであったと考えてよい（§162. m）。

Lex Cincia [キンキウス法] およびその追加条項の適用，つまり，m. c. donatio [死因贈与] も比較的大きな金額の禁止に，および特示命令占有と結び付いた握取行為の特別の形式に服させられていたかどうかという問題は，極めて疑わしい。確かに，与える者自身に関しては，この問題はたいてい利害関係をもたなかった。なぜならば，この者は，どっちみち m. c.

(z) L. 5 §17 *de his quae ut ind.* (34. 9.) „Qui mortis causa donationem accepit a testatore, *non est similis in hac causa legatario.*" [学説彙纂第34巻第9章「ふさわしくないとしてとり上げられるものについて」第5法文第17節（パウルス）：「遺言者から死因贈与を受け取った者は，この点において受遺者と同様ではない。」]

§174 死因贈与（つづき） ——*253*

donatio［死因贈与］を通例はまったく任意に撤回することができるからである（§170）。その問題は，与える者の死亡によりこの任意が脱落してしまっていて，それゆえに，たとえば法定金額が越えられ，または握取行為が怠られて，使用取得によっても補われていなかったときに，与える者の相続人しか受領者と争うことができなくなるやいなや，重要となった。今，morte Cincia removetur［死亡によってキンキウス法は取り除かれる］という規則がずっと前から争われずに行われたことを認めるならば，相続人についても Lex Cincia［キンキウス法］はもはや影響を有しえず，したがってそもそも死因贈与は L. Cincia［キンキウス法］の影響を完全に免れていたということは，これまた疑う余地がない。ただ，与える者が任意の撤回を断念していたという稀な場合は例外であって，その場合には，それでもなお，与える者は，L. Cincia［キンキウス法］が自分に与える抗弁を引き合いに出すことができた。これに反し，上述の規則（morte Cincia removetur［死亡によってキンキウス法は取り除かれる］）が古い法律家たちの一部によってのみ主張され，後にはじめて一般的に承認されたと認めるならば，他の法律家たちの反対の意見に従えば，相続人も L. Cincia［キンキウス法］に由来する抗弁を主張することができた(a)。

対象が500 Solidi［ソリドゥス金貨］を越える価値であるとき，必要な登録の m. c. donatio［死因贈与］への適用可能性は，まったく疑いない。それは，登録されているか，遺言補足書の形式により確認されていなければならず，そうでなければ，それは，超過部分に関して無効であり，この無効は相続人により主張されうる（§172）。

忘恩を理由とする撤回も，なんら疑いを起こさせえない。与える者自身は，通例は単なる任意から撤回することができ，したがって忘恩の場合にも確実にそうである。与える者がこの任意を断念したとき，それによっ

（a）上述 §165. c および f を参照。——m. c. donatio［死因贈与］への Lex Cincia［キンキウス法］の適用に賛成するのは，HAUBOLD opusc. I. 442, これに反対するのは，H a s s e Rhein. Museum II. 313, および S c h r ö t e r S. 100.

て，贈与は，その者の意思にとって，生きている者の間のどの贈与とも同じ拘束力があるものとなったのであり，それゆえに，忘恩を理由とする撤回は，その者に拒まれえない。この特別の場合について，明示的に表示された断念さえ効力がないであろうときは（§169. 1），それだけ一層そうである。

───────

　これまで，契約が基礎にあるような行為としての死因贈与を論じた。さて，死因贈与は，実際にほとんどの場合にこの性質を有しており，そのとき，それの実際的取扱は，最も簡単にここから導き出されるであろう。けれども，近時の著述家たちがこの形をただ一つ可能なものと考え，したがって契約なしに m. c. donatio［死因贈与］が現われることをまったく否定するとき，私は，この意見にはっきり反対せざるをえない。したがって，今，上述のところで証明した契約なき贈与の事例（§160）が死因贈与においても適用されうることが，示されるべきである。

　だれかが不在の友人の債務を，この友人が知らないうちに，現金支払によりまたは債務引受により弁済するとき，これは，種々の可能な意図に応じて，あるいは negotiorum gestio［事務管理］であり，あるいは贈与である。さて，その者が，はっきりと，ひょっとすると高額を裁判所で登録する際に，贈与の意図を有する，それも死因贈与の意図を有すると表示すると仮定すれば，それの法的性質は，すっかり適用されなければならない。その者が，同様の表示の下に，不在者の農場の上に焼失した建物を自分の費用で再建するときも同様である。さて，その者が友人より前に，意思を変えることなく死亡すると仮定すれば，贈与は完成しており，その者の相続人は受贈者に対して訴えることができない。なぜならば，negotiorum gestorum actio［ネゴーティオールム・ゲストールム・アークティオー。事務管理訴権］は贈与の意図により排除されているからである。しかし逆に，友人がその者より前に死亡すると仮定すれば，mortis causa donatio［死因贈与］は，それに内在している返還の条件の成就により無効にされており，

donandi animus［ドーナンディー・アニムス。贈与することの意思］は，この場合については明示的表示により完全に排除されており，その者は，友人の相続人に，出してやった金銭の返還を訴求することができる。——唯一の，形式にのみ関する相違は，返還を生じさせる法的手段に存する。与える者は，所有物返還請求訴権，不当利得返還請求訴権，または actio praescriptis verbis［前置文による訴権］を有せず，また必要とせず，自己の目的達成のためには negotiorum gestorum actio［事務管理訴権］で十分である。そして，この点にこれまた，上述のところで（§158）立てたつぎの見解の確認が存する。すなわち，この種の場合には，本当の贈与手段は，与える者の自己の債権からの免除にある，つまり，与える者が，それの発生を贈与の意図の表明によりまず始めに妨げることがなかったとすれば negotiorum gestorum actio［事務管理訴権］をもって主張できたであろう債権からの免除にあるという見解の確認である。

§175
Ｖ．贈与——特別の種類　2．Donatio sub modo［負担付贈与］
[Schenkung——Besondere Arten　2. Donatio sub modo]

　取得に課せられた不利益の特別の形式としての負担［Modus］は，そもそも，死亡に基づく承継において，および贈与においてのみ現われる（§128［本書第三巻 208頁以下］）。この後者の結合により，贈与は独特の性質をもつようになるのであって，これをつぎに述べよう。すなわち，負担に含まれた義務はもとの利得の一部を再び帳消しにするから，それによって混合法律行為（§154）が生じるのであり，これの半分ずつ（義務と贈与）が個々に考察されなければならない。

　Ｉ．<u>義務</u>。——これの内容は，与える者自身への給付に，第三者への給付に，あるいは，記念碑の設置，公的施設の設立のような，個々人に権利を取得させるのではない行為に存しうる（§128［本書第三巻 208頁以下］）。こ

れらの種々の義務に，つぎのような法的手段が関係する。

A. 負担が与える者自身への給付を含み，その結果この者がその点で金銭的利益を有するとき，この者は，それの履行を訴えることができる。それに役立ったのは，負担についての問答契約が贈与と結合されていたときは，問答契約訴権であった。さらに，それには常に，actio praescriptis verbis［前置文による訴権］が役立つ。なぜならば，donatio sub modo［負担付贈与］の中にはいつも do ut des［ドー・ウト・デース。私は君が与えるように与える］または do ut facias［ドー・ウト・ファキアース。私は君がなすように与える］という形式に応じて契約が含まれているからである。——この法規は，つぎの重要な適用において現われる。受領者に課せられていることがありうるのは，与える者に生活必需品を渡すこと[a]，あるいはなにか別の物を与えること[b]，あるいは，たとえば受領者が死んだ場合[c]というような一定の条件または期限の下にであれ，与える者の随意に[d]であれ，贈り物自体を返還することである。——しかし，与える者は，負担が第三者への給付に存するときは，この履行の訴えを起こすことができない。なぜならば，第三者の利益になる契約からは，契約者もその第三者も訴権を取得しないというのが，一般的な原則だからである[e]。

　　（a）　*L. 3 C. de contr. emt.* (4.38.)［勅法彙纂第4巻第38章「締結されるべき売買について」第3法文］，*L. 8 C. de rer. permut.* (4. 64.)［勅法彙纂第4巻第64章「物の交換および前置文について」第8法文］．
　　（b）　*L. 9. 22 C. de don.* (8.54.)［勅法彙纂第8巻第54章「贈与について」第9，22法文］．
　　（c）　*L. 2 C. de don. quae sub modo* (8. 55.)［勅法彙纂第8巻第55章「負担付でまたは条件付でまたは確定期限付でなされた贈与について」第2法文］．
　　（d）　*L. 37 § 3 de leg. 3* (32. un.)［学説彙纂第32巻単章「遺贈と信託遺贈について　3」第37法文第3節（スカエウォラ）］．
　　（e）　*L. 11 de O. et A.* (44. 7.)［学説彙纂第44巻第7章「債務と訴権について」第11法文（パウルス）］，*L. 9 § 4 de reb. cred.* (12. 1.)［学説彙纂第12巻第1章「確定物が請求された場合の貸された物について，および不当利得返還請求訴権について」第9法文第4節（ウルピアーヌス）］，§ 4 *J. de inut. stip.* (3. 19.)［法学提要第3巻第19章「無効な問答契約について」第4節］．

§175　Donatio sub modo──**257**

　　B. まったく一般的に，負担に含まれた給付のいかんを問わず，与える者は，condictio ob causam datorum［原因に基づいて与えられたものの不当利得返還請求訴権］を有し，これをもって，その者は，義務を任意に履行することをしないままであるという非難が受領者に向けられるやいなや，贈り物全体の返還を請求する(f)。したがって，与える者が履行に利益を有するかどうかは，どうでもよい。というのは，これを欠くところでも，そのために劣ることなく，causa non secuta［原因に従わなかった］からである。これに反し，その訴権は，つぎの二つの重要な，すでにほのめかした制限の下でのみ有効である。第一に，履行が不能であるときは，その不当利得返還請求訴権は完全に脱落する(g)。その場合，当然，その不能が外的原因から生じたのであって，受領者のせいで生じたのでないことが前提される。第二に，負担の内容によれば義務はまだ始まっていず，それゆえにさしあたって前もって，行為全体の中にに含まれた贈与が有効になったにすぎない限り，その訴えは起こされえない(h)。したがって，この点で，この

（f）　最も決定的な個所は，L. 3 L. 8 C. de cond. ob causam (4. 6.) ［勅法彙纂第4巻第6章「原因に基づいて与えられたものの不当利得返還請求訴権」第3，8法文］. あまり証明にならないのは，L. 2 L. 6 eod. ［同所第2，6法文］.

（g）　L. 8 C. de cond. ob causam (4. 6.). „Dictam legem donationi, *si non impossibilem contineat causam*." ［勅法彙纂第4巻第6章「原因に基づいて与えられたものの不当利得返還請求訴権について」第8法文：「贈与が不能な原因を包含しないとき，言明された法律を贈与に。」］したがって，この点では，贈与における負担は，相続および遺贈における負担と完全に同じである（§129. i ［本書第三巻 216頁以下］）。外見上のみ矛盾しているのは，L. 2 §7 de don. (39. 5.) ［学説彙纂第39巻第5章「贈与について」第2法文第7節（ユーリアーヌス）］である。ある人に，奴隷スティクスを買うために金銭が与えられるとき，それは純粋の贈与でありえ，それゆえにこの買入は動機を与えたにすぎず，そのとき当然，スティクスの死亡の場合にも不当利得返還請求訴権は脱落する。しかし，決して贈与でないこともありうるのであって，金銭が与えられるのが，スティクスにやさしい主人を世話してやるためにすぎず，受領者を利得させるためでないときは，そうであり，そのときには，あらゆる通常の無名契約におけると同様に，不当利得返還請求訴権が認められる。

（h）　L. 18 *pr. de don.* (39. 5.). „Aristo ait, cum mixtum sit negotium cum

283　場合と他の無名契約の間に一つの注目すべき相違が存する。すなわち，他の無名契約と並んで，不当利得返還請求が，純粋の任意から（jus poenitendi［ユース・ポエニテンディー。後悔することの権利，解除権］）でも，受領者になんら非難が向けられないときでさえ，起こされうるのだが(1)，こういう jus poenitendi［後悔することの権利，解除権］は，donatio sub modo［負担付贈与］においてはまったく認められない(k)。その理由は，おそらく，donatio sub modo［負担付贈与］においては，その行為のうち贈与を含む部分が負担と不可分に結び付けられており，その結果，一つになった意図のうちのどちらの方が与える者において優勢であったのか区別すらできないことが

donatione, obligationem non contrahi eo casu quo donatio est." ［学説彙纂第39巻第5章「贈与について」第18法文前文（ウルピアーヌス）：「アリストーはいう，法律行為が贈与と混合されているとき，たまたま贈与がある限り，義務は引き起こされないと。"］さて，それから §1［第1節］において，つぎのようなそれの適用がなされる：„ si servum tibi tradidero ad hoc, ut eum post quinquennium manumittas, *non posse ante quinquennium agi, quia donatio aliqua inesse videtur.* Aliter atque, inquit, si ob hoc tibi tradidissem, ut continuo manumittas: hic enim *nec donationi locum esse; et ideo esse obligationem.*" ［「私が君に奴隷を，この者を君が5年後に解放するように，引き渡したとき，なんらかの贈与が内在するとみられるから，5年より前に訴えられえないと。彼はいう，また，私が君に，君がただちに解放するように引き渡したときは，ここでは，贈与に場所はなく，それゆえに義務が存するから，異なると。"］

　　（i）　L. 3 § 2. 3, L. 5 pr. § 1. 2 *de cond. causa data* (12. 4.) ［学説彙纂第12巻第4章「原因が与えられたが原因が達成されなかったことを理由とする不当利得返還請求訴権について」第3法文第2，3節，第5法文前文，第1，2節（ウルピアーヌス）］.

　　（k）　このことは，*L.* 18 *de don.* ［学説彙纂第39巻第5章「贈与について」第18法文（ウルピアーヌス）］（註h）においてはっきり述べられている。一見矛盾しているのは，L. 27 § 1 *mand.* (17. 1.) ［学説彙纂第17巻第1章「委任訴権または反対訴権」第27法文第1節（ガーイウス）］および L. 5 § 1 *de cond. causa data* (12. 4.) ［学説彙纂第12巻第4章「原因が与えられたが原因が達成されなかったことを理由とする不当利得返還請求訴権について」第5法文第1節（ウルピアーヌス）］である。しかしながら，この両個所においては，しばらくしてはじめて解放されるべき奴隷を与える場合に，贈与の意図が基礎になかった（それがまったく言及されない）ことが，前提されなければならない。このような種類の場合を，L. 18 § 1 *de don.* (39. 5.) ［学説彙纂第39巻第5章「贈与について」第18法文第1節（ウルピアーヌス）］もすでに指し示す。Ｍｅｙｅｒｆｅｌｄ I. 416参照。

よくあるということに存する[1]。さて，不当利得返還請求がなされると，それが負担の価値にのみ向けられており，本来の贈与の価値には向けられていないと思われるかもしれない。そうだとすると，ある家屋が1000の価値で贈与されており，課せられた給付の額が200であると，そのときこの200だけが返還請求されえ，純粋の利得になるように決められていた800は返還請求されえないことにならざるをえないであろう。しかし，そうではなくて，むしろその家屋全体が返還されなければならない。その理由は，これまた，すでに述べた不可分性にある。だが，それに，支えとして，負担を拒む受領者の明らかな忘恩が加わる[m]。それゆえに，ユスティーニアーヌス帝も，この場合を，撤回にふさわしい忘恩のしるしの中にとり入れた（§169）。そして，それは実際的目的のためには本来必要なことではなかったのだから，この点に，比較的古い法もすでに，上述の不当利得返還請求訴権の拡張の際に，忘恩の原理から出発したことの一つの承認が存する。——一つの場合に，贈与の返還請求をしようとする与える者は，人的訴権と並んでさらになお所有物返還請求訴権を有する。このことは，負担が生活必需品に向けられており，これが与える者自身に渡されるべきであったが，いまそれが拒まれる場合について定められている。一般的諸原則にふさわしくないこの法的手段は，明らかに，まったく実定的な措置として承認され，それゆえに，挙げた単一の場合の範囲の外では適用されては

（1）したがって，ここでは，*L. 5 § 2 de don. int. vir.*〔学説彙纂第24巻第1章「夫と妻の間の贈与について」第5法文第2節（ウルピアーヌス）〕の原理が作用する。上述§152.bをみよ。そのためにここでは全体が贈与と認められるということは，donatio sub modo〔負担付贈与〕のたいていの場合に donandi animus〔贈与することの意思〕が優勢であろうということに存する。

（m）この付加的な顧慮がなければ，不可分性からむしろ逆の結論を引き出し，全体を贈与として取り扱い（註1），それゆえに不当利得返還請求をまったく拒むことが，好まれるかもしれない。したがって，事は，適切にも，形式的な首尾一貫という厳格な規則に従ってよりもむしろ実際的な感覚で理解された。

ならない⁽ⁿ⁾。

　C. 負担が第三者に対する給付に向けられている場合においては，この第三者は，その契約自体に引き入れられ，負担を自己のために問答契約したのでなければ，比較的古い法によればなんら訴権を有しなかったであろう（註e）。しかし，比較的新しい法は，その者にutilis actio［準訴権］を許した⁽ᵒ⁾。そこに一つの改革が存することは，明白である。しかし，この改革が，既存のどの法律制度に，これの継続的形成とみられうるようにつながるのかを決めることは，どうでもよいわけではない。この訴権は，受益第三者への与える者の暗黙の譲渡から導き出されるべきであるといわれているが⁽ᵖ⁾，このように導き出すことは，はっきりしりぞけられなければならない。すなわち，与える者は，actio praescriptis［前置文による訴権］かcondictio［不当利得返還請求訴権］かを譲渡したということしかありえないであろう。第一のことは，不可能である。なぜならば，与える者自身が上掲の場合（第三者への給付の場合）にこの訴権をまったく有しない（註e）からである。第二のことは，第三者が負担の履行を訴求できるのではなくて，贈り物自体を訴求できるということになるであろう。したがっ

　（n）　L. 1 C. de don. quae sub modo (8. 55.)［勅法彙纂第8巻第55章「負担付でまたは条件付でまたは確定期限付でなされた贈与について」第1法文］．Ｍｅｙｅｒｆｅｌｄ I. S. 413.
　（o）　L. 3 C. de don. quae sub modo (8. 55.)［勅法彙纂第8巻第55章「負担付でまたは条件付でまたは確定期限付でなされた贈与について」第3法文］．それはディオクレティアーヌス帝およびマクシミアーヌス帝の勅裁であって，これが今度はFRAGM. VAT. §286［ヴァティカンの断片第286節］としても再び見つけ出された。新しい法命題の採用は，そこでは，divi principes［神皇たち］のせいにされる。それと外見上の類似性のみを有するのは，L. 8 C. ad exhib. (3. 42.)［勅法彙纂第3巻第42章「提示訴権」第8法文］であって，ここでは，ある人がもう一人の人の物を使用貸借と寄託において与えていて，その場合所有者への返還を約定していた。それで，所有者は，utilis depositi actio［準寄託訴権］を有すべきである。このことは，強制できる，したがって擬制された譲渡に基づく。というのは，寄託者は，受任者またはnegotiorum gestor［事務管理者］として，<u>自己のdepositi actio［寄託訴権］を所有者に譲渡するよう強制されえた</u>からである。
　（p）　Ｍｅｙｅｒｆｅｌｄ I. S. 422.

§175　Donatio sub modo——**261**

286　て，農場が，年とった忠実な雇い人に食糧を支給すべき負担をもって贈与されているとすれば，その雇い人は，拒まれた生活必需品のみならず，その農場全体を訴求できるであろう[q]。さて，このようなことをだれも主張しようとしないであろうことは，確実であり，したがって，そもそもそういう暗黙の譲渡を考えることが断念されなければならない。——真の思考関連は，むしろつぎのとおりと思われる。mortis causa donatio［死因贈与］の場合に，受領者は，受遺者と同じように，信託遺贈を負わされうる（§173. u）。このことは，ピウス帝の勅法により，生きている者の間の撤回できる贈与に移された（§173.y）。次に，続く皇帝たち（divi principes［ディーウィー・プリーンキペース。神皇たち］）が類似の効果を，まず始めに第三者への給付が受領者に課せられていた贈与においても許したとき，それは，この道をもう一歩進めたにすぎなかった。したがって，この場合基礎にあったのは，信託遺贈の類推であった。そのようにして形成された法命題自体は，信託遺贈の真の性質をはるかに越えるのではあるが。

　II. 贈与。その行為全体のうち，贈与の性質を担っている部分においては，さらになお，贈与の実定的制限がそこでどのように適用されるかが，決定されるべきである。

287　夫婦間の donatio sub modo［死因贈与］は，夫婦間でなされた他のどの贈与とも同様に，無効な行為である。贈り物が返還請求されるとき，受領者のどの義務もやむ。受領者がすでに負担の履行のために犠牲的行為をしたときは，利得はそれだけ減らされており，受領者はこれを差し引くことができるのであって，ここでは，その犠牲的行為が与える者の意思から出ているだけに，一層そうである（§150. a）。

　また，まったく類似の原則が，実定的制限のその他の場合においても適用されなければならない。したがって，贈与が無効とされるところではど

　（q）　*L. 3 C. cit.*［前掲勅法彙纂第3法文］においては，それ自体重要なこの矛盾は気付かれない。なぜならば，この勅裁の事例では，負担は，まさに，贈与された物自体をしばらくして第三者に渡すことに存したからである。

こでも、利益とともに新しい給付への義務もやむ。しかし、このような給付がすでになされているときには、それによって、贈与により生じさせられた利得は、部分的に帳消しにされており、しかも与える者の自己の意思に従ってそうである。そこでは、贈与が、登録を怠った場合のように、それ自体無効であるか、忘恩の場合におけるように、訴えによってまず撤回されなければならないかは、なんら相違をきたしえない。

以上の諸原則のうちのたいていのものは、現代法においても、問題なく現われる。履行拒絶の場合における贈り物の返還に向けての不当利得返還請求のみは、無名契約の一般的性質と関連しており、それゆえに、これにおけると同様、現代法においては脱落するであろう[r]。それゆえに、ここでは、ユスティーニアーヌス帝がこの事情に同時に忘恩を理由とする撤回を基礎づけたこと（§169）は重要であって、それの現代の適用可能性は疑いえない。

§176
V. 贈与──近時の諸立法

[Schenkung──Neuere Gesetzgebungen]

プロイセン普通州法は、贈与を Th. 1 Tit. 11 ［第1部第11章］§1037-1177 で扱い、オーストリア法典は、§938-956で扱う。Code civil ［フランス民法典］は、贈与を一つの章で遺言といっしょにしていて、両制度の共通規則は art. 893-930に、贈与の特別規則は art. 931-966にある。それらの基礎にあるのは、d'Aguesseau ［ダゲソー］起草官によって起草された1731年の Ordonnance ［条例］である。

さて、この理論の終わりに臨んで、上掲の諸立法の内容をローマ法の内

(r) Glück B. 4 S. 294, B. 13 S. 48. この命題は、争いがないわけではない。

§176 贈与。近時の諸立法。――*263*

容と対比しようと思うので，まず第一に，ローマ法の純粋に実定的な定めを，つまり贈与の三とおりの制限を考えに入れなければならない。

I. 夫婦間の贈与の禁止は，プロイセンの法律によってしりぞけられており(a)，オーストリアの法律によっても同じである（§1246）。これに反し，フランスの法律は，婚姻中になされたどの贈与についても任意の撤回を許すことによって，まったくローマ法に従う（art. 1096）。ローマの無効に単なる撤回権が代わるということは，大きな実際上の重要性をもつものではない。この贈与が与える者の死亡によって撤回できないものになるかどうかという問題の方が，重要である。その法律は，これについてはっきりとはなにもいわないが，実務は，この点で完全にローマの規則が適用されることを認める(b)。

II. 極めて多様な措置が，贈与の有効性について規定される形式のところにあって，それのどこにもある種の制限が存するが，これのきっかけを作ったのは，もちろん贈与の濫用のおそれがたいていの他の契約のそれよりも多いことである。さて，この点で，最も新しいローマ法の規定は，とくに欠陥がある。それは，非常に大きな金額の場合にのみ，しかも与える者の財産の大小を考えずに，裁判所での登録を要求する。しかし，その金額未満の場合には，それは，実定的形式からまったく自由にするのみならず，訴えうる約束の形式としての問答契約を免除することによって，たいていの他の契約におけるよりもなおもっと大きな自由を与える。近時の諸立法には，これらの欠陥がない。

オーストリアの法律は，その問題を最も軽く考える。それは，書面による約束または引渡のみを要求し，他の形式をなんら要求しない（§943）。この仕方で，どんな価値でも，それどころか現時の財産全体でも贈与でき

　　（a）　A. L. R.［普通州法］II. 1 §310. 破産においてのみ，ここでは，債権者は，他の贈与におけるよりも大きな権利を有する。A. L. R. II. 1 §312および Anhang zum L. R.［州法追加条項］§74，これらを I. 11 §1129 fg. と対比して。

　　（b）　Toullier droit civil T. 5 §918.

る。ただ，将来の財産については，贈与は，せいぜい半分しか含むべきではない（§944）。

　もっと厄介なのは，フランスの法律である。一見一般的に，それは，第一に，受領を要求する（art. 894. 932）。受領は，なおもっとあとで問題になるであろう。第二に，公証人の前での話し合いを要求する（art. 931）。しかしながら，このことは，必ずしもすべてのdonations［贈与］について規定されているわけではなくて，tous *actes* portant donation entre-vifs［生きている者の間の贈与を設定するすべての行為］についてのみ規定されており，この表現の上に，一般的な賛同を得ていると思われるつぎのような緩和する説明が基礎づけられている。動産が即時の引渡により贈与されるとき（dons manuels［手から手への贈与］），その贈与は，公証人なしにでも，完全に有効である。さらに，贈与が，まず最初に瑕疵ある意思表示によって試みられていて（公証人なしに，または受領なしに），その後受贈者の現実の占有が加わる（execution volontaire［任意の実行］）とき，それによってどの瑕疵も除去されている(c)。贈与の範囲に関しては，それが将来の財産に向けられてはならないという制限だけがなされている（art. 943)(d)。――だが，上述の形式が守られるときは，それによって，必要なことはすべてなされていて，引渡は要求されず，引渡なしにでも，公証人の前で贈与された物の所有権は，すぐに移転する（art. 938）。

　プロイセンの法律は，すべての中で最も厳格な形式を有している。どの贈与も裁判所ですることができ，そうするときは，単なる約束も訴えるこ

　（c）　Maleville zu art. 931. Toullier T. 5 § 172. 173. 177-179. 189. 190.――art. 939に従えば，不動産においては抵当登記簿への登記が贈与の有効性のために必要であると思われるかもしれない。しかし，登記されない受領者は第三者に対し，取得された所有権を引き合いに出すことができないというようにいわれているにすぎない。art. 941.

　（d）　このことも，過多になる危険を本来理由としているのではなくて，贈与の条件がまったく与える者の任意にかかっているときに贈与を無効と宣言するart. 944の規則の一つの結果としてであって，将来の財産をまったく取得しないことは，こういう任意にかかっているのである。Toullier T. 5 § 223. 224.

§176　贈与。近時の諸立法。　——*265*

とができる（§1063. 1064. 1069）。そうでなければ，引渡が必要であり，土地の場合には，なお書面も必要である。それでもなお，こういう裁判所外の贈与は，6カ月内にまったく任意に撤回できる（§1065-1068. 1090）。これらの形式にかかわらず，裁判所での贈与でさえ，それが財産の半分を越えるものを対象とするときは，3年間は撤回することができる（§1091 fg.）。

　III. 特別の理由に基づく撤回は，つぎのような仕方で具体化された(e)。

　重大な忘恩は，三つの法典すべてが，この忘恩の性質をやや異なって定めるにしても，そのような理由として承認した。——オーストリアの法律は，この撤回を，3年の消滅時効によって制限するが，しかし（この期間内は）双方の相続人間に認める（§948. 949. 1487）。——プロイセンの法律は，この撤回を，例外的にのみ，与える者の相続人に許すが，しかし特別の消滅時効によって制限することはない（§1151-1161）。——フランスの法律は，この撤回を，1年の消滅時効によって制限し，また双方について相続人に移行させない（art. 955. 957 ）。

　（部分的）撤回の一つの新しい理由が，与える者の後の貧困化にある。この場合には，与える者は，贈与した金銭価値の利息を請求することができる。それは，プロイセンの法律によれば6パーセントであり（§1123），オーストリアの法律によれば法定利率（§947）すなわち4パーセントである（§995）。フランスの法律は，撤回のこういう理由を知らない。

　与える者は，贈与の時には子供がなくて，後に子供を得たとき，プロイセンの法律によれば，引渡によってではなくて単なる約束によってなされていた贈与を，撤回することができる（§1140-1150）。——オーストリアの法律は，こういう撤回を認めず，その上に貧困化が加わるときにのみ，法定利息の権利が相続人にも移るべきである（§954）。——フランスの法

　（e）　私は，ここで意図的に，与える者自身の撤回権のみについて述べ，債権者および遺留分権者の撤回権については述べない。なぜならば，この後者は，他の法律制度の関連においてのみ理解されうるからである。

293 律は，無条件の撤回を許すのみならず，さらに，この唯一の場合に，撤回を要せずして贈与を de plein droit ［当然に］無効ならしめる（art. 960）。けれども，これには極めて当然の例外がある。すなわち，子のない夫婦間で贈与がなされ，その後同じ婚姻から子が生まれるとき，それによってその贈与がおのずから無効になるのではないけれども，その夫婦の一般的な撤回権は，依然存続している（art. 1096）。

　最後に，フランスの法律だけが，ローマ法から，贈与の際に課せられた義務の履行の拒絶を理由とする撤回をとり入れた（art. 954）。この採用は，他の両国の法律には知られない。

───────

　こうして，これらの実定的な定めにおいては，ローマ法と近時の諸法律との間には，一部には合致が，一部には相違がある。これに反し，近時の諸法律は，ローマ法が一部は贈与の概念に関して，一部は個々の法律行為においての贈与の現れに関して与える綿密な定めのうちのごく僅かしか含まない。したがって，この点で，それら諸法律は，確かにローマ法から補完されうるかもしれない。けれども，それは，それら諸法律の個々の定めがこういう補完と矛盾していないであろう限りにおいてのみである。このような矛盾する場合も現れる。それは，近時の立法者たちがローマ法から
294 離れることを得策と認めたからというよりはむしろ，こういう状況がそれの真の関係において明確に想定されなかったからである。私は，贈与の一般的性質に関して近時の諸立法の中に見つけ出したものを，まとめる試みをしよう。

　プロイセンの法律は，一般的にどの贈与についても受領を要求する（§1058）。したがって，それをもって，ローマ法によればだれでも，債務者のために債権者が知ることなしに現金で支払いまたは債務引受をすることによって実行できる一方的贈与が，排除されているようである。この排除は，単に不注意で言い表わされた表現から結果として出ているとも思われない。というのは，別の個所でははっきり，ここで言及した行為は常に

（委任または negotiorum gestio［事務管理］に基づく）償還請求訴訟を結果として伴うといわれるからである(f)。したがって，そこでは，これらの行為が贈与を意図してなされるようなことは不可能であると前提されるか，それとも，こういう意図には，それが契約に移行しない限り，どんな法的効果も拒まれるかである。——ローマ法は，権利が取得されないことは，それが譲渡でないがゆえに，なんらの贈与も含まないことを認める（上述 §145をみよ）。プロイセンの法律は，贈与の理論の中に，別のところでは反対のことがいわれているようではあるが，同じ命題を含む(g)。

オーストリアの法律は，契約または引渡から出てくるもの以外の贈与を知らない（§943）。他人の利得を目的とする一方的行為についての疑問の余地は，ここではあまりない。なぜならば，他人の債務を債務者の同意なしに支払うことは，まったく許されていないからである（§1423）。——ある権利の取得の放棄は，贈与とみなされるべきではない（§939）。

フランスの法律は，どの贈与にも受領を要求し，これをさらに有効な贈与の必要な形式とつきまぜる。したがって，そこから，フランスの法律ではローマ法におけるように，他人のためにその他人が知らないのに債務を

（f） A. L. R. I. 14 §406, I. 16 §45.
（g） A. L. R. I. 14 §1039.「確かに帰属はしたが，まだ実際に受け取られていない…権利の単なる放棄は，贈与の規則に従って判断されるべきではない。」——これに反し，I. 16 §393はこういう：「すでに取得された権利の，同じく，確かに将来のものではあるが，しかしやはり放棄者へのそれの帰属が確実であったというような性質の権利の放棄は，贈与と同等とみられるべきである。」私は，第一の個所を優先させたいと思う。なぜならば，一部は，その個所の方が贈与の本質にふさわしいからであり，一部は，その個所が贈与の章にあり，この章の仕上げの際にこの理論がおそらく，それの真のつながりにおいてより多く考え尽くされたからである。第一の個所を（正当に）帰属し放棄された相続財産から理解し，第二の個所を obligatio ex die［期限付債権］の放棄から理解することによって，その矛盾を除去しようとされる（Ｓｃｈｒöｔｅｒ System des allg. Landrechts B. 1 S. 43）。しかしながら，obligatio ex die［期限付債権］は，すでに完全に取得されており，行使において制限されているだけだから，これを将来の権利と称して，すでに取得された権利に対立させることは，不可能である。

支払いまたは債務引受により消滅させることが許されるのではあるが（art. 1236. 1274），一方的贈与はプロイセンの法律におけると同様可能と考えられないということになるようである。——法律家たちの学説は，法律の文字よりもはるかに先へ進む。法律家たちは，間接的贈与が撤回に服しないと考えるが，免除契約も間接的贈与と解されるという[h]。したがって，その意見は，本当は，引渡と公証による契約とだけが真の贈与であり，債務の免除はそうではなく，したがって公証形式にも撤回にも服させられていないということである。この見解は，それの信奉者が，物事の本質に入りこむことなく，法律の文字をつかまえて離さないことで満足したという前提からのみ説明できる。なぜ，引渡による贈与によりも多く贈与約束に形式が要求されるのか。疑いもなく，その約束が，対象の知覚できる印象なしに単なる言葉で締結され，したがって軽率さや性格の弱さにとって引渡よりも危険だからである。しかし，約束におけると同じ危険が免除契約において生じ，それゆえに免除契約においては，公証人の前での話し合いを要求する同じ理由がある。だが，一番理解できないのは，なぜ免除契約においては撤回が認められるべきでないかである。ある金額を現金で贈与し，または公証人の前で約束する者は，忘恩，婚姻および後に生まれた子を理由に撤回できるべきである。しかし，同じ金額を請求することができるが，気前よさから免除する者は，やはりこのような撤回を要求する当然の権利を同じく有している。なぜならば，債務の免除は，双方に，一方の手から他方の手へ現金が与えられるときとちょうど同じ財産における変更を生じさせるからである。上述の恣意的な区別によって，法律のどの迂回も（貸付とそれに続く免除により）まったく容易になされるということは，しばらく措いて。——注目すべき仕方で，贈与と遺言の同等が条件のところで示される。条件が不能または反俗的であるとき，それは，贈与においては，遺言におけると同様，書かれなかったものとみなされる

(h) Toullier T. 5 §312. 彼は，Pothier を引き合いに出す。

が，一方，他の契約においては，このような条件により債権自体が無効にされる（§124.k［本書第三巻187頁］）。

§177
Ⅵ．期間，ただし法律事実の構成部分としての。
[Die Zeit, als Bestandtheil juristischer Thatsachen]

序　説
[Einleitung]

　多くの重要な法律制度において，期間の関係が，一般的法規により根拠づけられる事実の構成部分として存在しており，その結果，ここでは，期間が，権利の取得または喪失が依存する条件の一つとして現われる。さて，一部には，これらの法律制度自体が互いにどんなに異なっていても，一部には，期間がそれらの法律制度の存在に影響を及ぼす仕方もどんなに異なっていても，やはり，期間自体の意義と取扱は，それらの法律制度のすべてに共通であって，この共通のことをここで一般的な考察において述べようと思う。

　私は，期間のこのような影響が現われる諸法律制度を一般的な概要においてまとめることから始めたい。

　第一の部類，これは最もしばしばあり最も重要な場合を包括する。ある権利の存在が，人間の活動または不活動に，つまり自由な作為または不作為が一定の期間不断に持続することにかかる。それに属するのは：

　1) 使用取得［Usucapion］という非常に古い制度。これにおいては，期間全体を通じて不断に続けられた占有という活動によって，所有権が取得される。それに，直接の発展として，役権のnonusus［ノーンウースス。不使用］が加わり，また後にちょうど同じものにおいてlonga possessio［ロ

ンガ・ポッセッシオー。長期占有］が加わる[(a)]。これらの親近の諸制度をいっしょに含めるために、私は、わが国ですでに定着している取得時効［Ersitzung］という名称を用いたい。――恣意的な、理由のない抽象によって、近時の法律家たちは、使用取得から、権利一般の一つの一般的な取得方法を、取得的消滅時効［erwerbende Verjährung］という名称の下に作ろうと試みたが、これはなお後に問題となるであろう。

　2）　訴権消滅時効［Klagverjährung］、すなわち訴権者の不断の不活動による訴権の喪失。これは、長い間まったく知られていなかったが、それから個々の例外において出てきて、こういう例外が次第に増加した。そういうことで、とくに、法務官法上の訴権が、通例は1年の消滅時効に服させられていた[(b)]。最後に、それは、例外なくすべての訴権についての一般的で徹底的な原理に高められ、そのために最も重要で最も包括的な法律制度の一つになった。――近時の法律家たちは、それにも恣意的な抽象を適用

（a）　ある意味では、それにより奴隷が自由を獲得すべきであった20年の善意で権原のある［titulirt］自由の占有も、それに数えられるかもしれない。*L. 2 C. de lomgi temp. praescr. quae pro lib.* (7.22.)［勅法彙纂第7巻第22章「自由のために、そして自由に反対してでなく持ち出される長期占有の抗弁について」第2法文］。確かに、ここでは、始めに、„praescriptio adversus inquietudinem status eorum prodesse debeat"［「その者たちの身分の不穏に反して、長期占有の抗弁は役に立たなければならない」］といわれ、この言葉は、主人の所有物返還請求に対する単なる抗弁に関係させて解釈されるかもしれない。しかしながら、やはり、その後に続くつぎの言葉が、非常に決定的と思われる：„ut et liberi et cives Romani fiant."［「その者たちが自由人にもローマ市民にもなるように。」］――それはそうと、nonusus［不使用］と使用取得の組み合わせは、物権法において正当づけられるべき私の使用取得についての見解に基づく。通常の考えによれば、それは第3号の場合に入ることになるだろう。

（b）　1年の訴権消滅時効においては、もっと長期のものにおけるよりも、temporis praescriptio［消滅時効の抗弁］またはtemporis exceptio［期間の抗弁］が問題になることは稀である。しかし、もちろん、annua exceptio［1年の抗弁］という表現も現われる。*L. 30 § 5 de peculio* (15. 1.)［学説彙纂第15巻第1章「特有財産について」第30法文第5節（ウルピアーヌス）］、*L. 15 § 5 quod vi* (43. 24.)［学説彙纂第43巻第24章「暴力によってまたは隠秘になされたこと」第15法文第5節（ウルピアーヌス）］。

した。それは，その人たちが，この特殊で訴権にのみ適用できる法律制度から，消滅的消滅時効［erlöschende Verjährung］という名称の下に権利一般の一つの一般的な消滅を形成することによってである。

3) 共通の名称の下にまとめられない，まったく別々に存するいくつかの場合。それらは，一定期間ずっと続く権利者の不活動が結果としてその者の権利の喪失を伴うことを，訴権消滅時効と共通にする。そのことによって，近時の法律家たちは，それを訴権消滅時効と同一視するようにさせられたのであるが，そこでは今や，まさに，既述の消滅的消滅時効という抽象的な表現が，影響は大きいけれども間違っていて混乱させるように用いられた。以下の各場合がこれに属する：

訴訟手続の開始から1年半という，legitima judicia［レーギティマ・ユーディキア。法定訴訟］の古い訴訟消滅時効(c)。

4年間だけ（以前には1年間だけ）求めることができる回復［Restitution］。ずっと以前には，訴権消滅時効とはまったく別であった。現代法においてどこまで両者が融合されているかは，回復論においてはじめて確定できる。

法律により規定された訴訟期限［Prozeßtermin］。A) 十二表法によれば，judicatus［ユーディカートゥス。有責判決を受けた者］の30日，それの経過とともに執行が始まった(d)。B) 判決から4か月，その経過後は，最も新しい法においては，高い判決利息が支払われるべきである(e)。C) 10日間の上

(c) GAJUS IV. §104.

(d) この期間の伸張は，常に許されていた。*L.* 31 *L.* 7 *de re jud.* (42. 1.)［学説彙纂第42巻第1章「既判物について，および判決の効果について，および中間判決について」第31法文（カルリストラトゥス），第7法文（ガーイウス）］. extraordinariis judiciis［特別な訴訟手続（奪格）］においては，裁判官の裁量により定められた期間がこれに代わった。*L.* 2 *eod.*［同所第2法文（ウルピアーヌス）］.

(e) *L.* 2 *L.* 3 *pr. C. de us. rei jud.* (7. 54)［勅法彙纂第7巻第54章「既判物の利息について」第2法文，第3法文前文］, *L.*13 *C. de usuris* (4. 32.)［勅法彙纂第4巻第32章「利息について」第13法文］. 以前には2カ月であった。*L.* 3 §1 *C. cit.*［勅法彙纂前掲第3法文第

301　訴期間。D）当事者が弁護人の間違いを訂正できる 3 日間[f]。

場合の相違に応じて 1 年または100日の bonorum possessio［相続財産占有］承認のための期間。

exceptio non numeratae pecuniae［エクスケプティオー・ノーン・ヌメラータエ・ペクーニアエ。金銭不受領の抗弁］の消滅時効[g]。

古い法において sponsor［スポーンソル。保証人］または fidepromissor［フィデプローミッソル。信約人］の義務が消滅した 2 年の期間[h]。

後見の免除の50日[i]。

場合の相違に応じて 3 か月または12か月で完成されなければならない相続財産目録[k]。

買主がいわゆる pactum displicentiae［パクトゥム・ディスプリケンティアエ。不満の合意，試味売買］を主張しようとするとき，60日[l]。

入質者が質物の売却を避けうる，解約告知後 2 年内。債務者が質物を請け出してよい，債権者への質物の引渡後 2 年内。

302　最後に，権利の喪失が罰の性格をもっているいくつかの場合。

そういうことで，建築費の分担金を 4 か月間滞らせた後は，家屋につい

---

1 節，*L. un. C. Th. de usur. rei jud.* (4. 19.)［テオドシウス帝の勅法彙纂第 4 巻第19章「既判物の利息について」単一法文］。おそらくこの 2 か月は，十二表法の30日と proscriptio［公告］の続いての30日の合算によって生じた。G<small>AJUS</small> IV. §78. 79.

（f）　*L. 3 C. de error. advoc.* (2. 10)［勅法彙纂第 2 巻第10章「小文書または請願書を作成することの弁護人の間違いについて」第 3 法文］。

（g）　よく知られるように，非常に種々の期間をもって。それと（抗弁の消滅時効として）対比できるのは，教会法において規定された15日の exceptio spolii［掠奪物の抗弁］である。

（h）　G<small>AJUS</small> III. §121.

（i）　§16 *J. de excus.* (1. 25.)［法学提要第 1 巻第25章「後見人および保佐人の免除について」第16節］。

（k）　*L. 22 §2. 3 C. de j. delib.* (6. 30.)［勅法彙纂第 6 巻第30章「相続承認熟慮権について，および承認されるべき相続または取得されるべき相続財産について」第22法文第 2，3 節］。

（l）　*L. 31 §22 de aedil. ed.* (21. 1.)［学説彙纂第21巻第 1 章「按察官告示と売買解除訴権と減額訴権について」第31法文第22節（ウルピアーヌス）］。

§177 期間。序説。 —— *273*

ての共有権の喪失(m)。

　賃借料の支払が一定期間を通じてなされないとき，永小作権，使用賃借権および用益賃借権の喪失(n)。

　故人の意思が実現されない場合の相続権の喪失(o)。

　母が子のために後見人を頼んでやることをまる1年怠ったとき，母としての相続権の喪失(p)。

　<u>第二の部類</u>。人間の自由と関係のない状態が一定の期間内不断に持続することによる権利の取得または喪失。

　それに属するのは年齢段階であって，これが始まることによって，人間が一定の権利を取得し（行為能力のように）または喪失する（回復請求権のように）。

　養父と子の年齢における18年の差の必要。

　婚姻解消の状態が一定期間続いた後にはじめて可能である嫁資のいくつかの部分の返還請求(q)。

　<u>第三の部類</u>。まったく個々的な期間関係と権利の結び付き。したがっ

　(m)　*L.* 52 §10 *pro soc.* (17. 2.)［学説彙纂第17巻第2章「組合員のための訴権」第52法文第10節（ウルピアーヌス）］, *L.* 4 *C. de aedif. priv.* (8. 10.)［勅法彙纂第8巻第10章「私的な建物について」第4法文］。

　(n)　*L.* 2 *C. de j. emph.* (4. 66.)［勅法彙纂第4巻第66章「永小作権について」第2法文］。——*L.* 54 §1 *L.* 56 *locati* (19. 2.)［学説彙纂第19巻第2章「賃貸借訴権」第54法文第1節，第56法文（パウルス）］。

　(o)　*Nov.*1 *C.*4.［新勅法第1号第4章］。

　(p)　*L.* 2 §43 *ad Sc. Tertull.* (38. 17.)［学説彙纂第38巻第17章「テルトゥリウス元老院議決およびオルビティー元老院議決註解」第2法文第43節（ウルピアーヌス）］。この規則は，その母が，男系親族よりも先に相続権を取得するために，元老院議決により付与された jus singulare［特殊の権利］を主張しなければならなかった限りにおいてのみ，存した。現在は，母は，普通法によれば，すべての他の尊属親と同様に，したがって上述の制限なしに相続する。

　(q)　古い法によれば，代替物において，annua, bima, trima die［1年の，2年の，3年の日において］である。比較的新しい法によれば，嫁資全体において1年の経過からであるが，ただちに返還されるべき嫁資不動産を除いてである。

て，ここでは，人間の作為または不作為によるのであれ，偶然の事情によるのであれ，一つの期間全体を満たすことはなんら問題にならない。

それに属するのは，actio Legis Aquiliae［アクィーリウス法の訴権］における二とおりの損害算定である。なぜならば，原告には，最近の１カ月の中で，またいくつかの場合には最近の１年の中で，自分の請求権を最も高くするような時点を選ぶことが許されているからである。

さらに，父であることの推定。これは，子の出生前一定期間，もっとも必ずしもこの期間全体でなくてもよいが，母が結婚生活をしていたことに結び付けられる。

最後に，以下の各場合もそれに属するが，これらの場合は不当にも訴権消滅時効とみられるのが常である。de itinere［デー・イティネレ。通行権に関する］特示命令は，原告が最近の１年間にその道を少なくとも30日使用したことに依存する[r]。de aqua［デー・アクァー。引水に関する］特示命令は，最近の１年間に給水管を１回使用したことに結び付けられている[s]。utrubi［ウトゥルビー。どちらに］に始まる古い特示命令［＝動産占有保持の特示命令］は，原告が最後の１年間に相手方よりも長くその物を占有していたときに，認められるべきであった[t]。これらの期間の定めは，なんら訴権消滅時効を含まない。なぜならば，訴権消滅時効の本質は訴権の行使を怠ることによる訴権の喪失にあるのだが，ここで述べた期間の定めは，訴権の行使を怠ることによる訴権の喪失を規定しないからである。むしろ，その規則の意味は，そういう期間関係を前提としてのみ，特示命令によっ

　　（r）　*L*. 1 § 2. 9 *de itin*. (43. 19.)［学説彙纂第43巻第19章「私的な通行権および車馬通行権について」第１法文第２，９節（ウルピアーヌス）］．

　　（s）　*L*. 1 § 4. 31. 34 *de aqua* (43. 20.)［学説彙纂第43巻第20章「日常のおよび夏の水について」第１法文第４，31，34節（ウルピアーヌス）］．

　　（t）　*L*. 1 *pr. de utrubi* (43. 31.)［学説彙纂第43巻第31章「どちらに（に始まる特示命令）について」第１法文前文（ウルピアーヌス）］，G<small>AJUS</small> IV. § 150-152. 最も新しい法では，よく知られているように，この規則は廃止されており，今は，uti possidetis に始まる特示命令［＝不動産占有保持特示命令］においてと同じ純粋の訴権消滅時効が生じる。

§177 期間。序説。——*275*

て保護されるべき真の占有が認められるべきであるということである。

ここで三つの部類に従って述べた各場合は，一般的な法規が，ある権利の存在をなんらかの期間の関係に結び付けたという点で，一致する。ところで，類似のことが，一般的な法規なしに，個別的な意思によっても生じさせられうる。もっと厳密にいうと，すでに法律により規定されているのでない訴訟手続期間において裁判官の裁量によって生じさせられうるし，モラトリアムが発せられる場合に元首の意思によって生じさせられうるし，同様に，遺言または契約において表わされた当事者意思によって生じさせられうる[u]。これらの場合は，上述の各場合とは本質において異なっているが，しかし，両者において当該の期間の関係をもっと精確に定めるという同じ必要が生じる点において，上述の各場合に似ている[v]。

以上の概要から，ここで第一の部類と呼んだ各場合がずば抜けて最も重要な場合であることが明らかになる。それで，これに関して，いくつかの一般的な考察を付け加えたい。まず第一に，なぜそもそも連続する活動または不活動に権利の取得と喪失が結び付けられるのかという問題が提起されうる。このような定めの最も一般的な動機は，法律関係の存在を，とくに各個の財産の範囲を，確実で疑う余地のない仕方で確定する必要に存するのであって，そのことは，それ自体避けられない不確実さが，できるだけ狭い期間範囲に閉じ込められることによってなされる。これが，使用取得，訴権消滅時効，訴訟手続期間，および第一の部類の中にまとめられた他のすべての規定の真の目的である。さて，積極的動機と称しうるこの動機に，なお，懈怠の罰と表現されるのが普通である消極的動機が加わる。この表現によって惑わされて，ここで生じている不活動がそれ自体違法で

(u) この最後の場合は，すでに上述のところで扱われている。§125-127［本書第三巻188頁以下］．

(v) 近時の著述家たちは，ここで最後に述べた諸場合を，praescriptio judicialis, testamentaria, conventionalis［裁判官による時効，遺言による時効，契約による時効］という，うまく選ばれているとはいえない表現によって言い表わして，一般的な消滅時効概念の中に包摂した。

可罰的，あるいは少なくとも有害とみられるかもしれず，その理由で，それが人為的手段によって防止されなければならないであろう。実際はそうではなくて，むしろ，そう称せられる消極的動機の中に存するのは，ここでは自分の意思によらずになにかを失う者の恣意的な被害によって有用な目的が達成されるという非難に反対しての，このような定めの正当づけにすぎない。すなわち，使用取得によって確実な所有権が生じさせられ，訴権の消滅時効によって以後の請求に対する保護が生じさせられることによって，確かに，従来の所有者または債権者からその者の所有権または訴えうる債権が奪われるかもしれない。しかしながら，このやり方は，喪失のおそれを自分の自由な活動によって防ぐことが権利者の力ででき，それゆえにその権利者がこれをしないときは喪失を自分のせいにしなければならないことによって，正当づけられるのであって，これが，懈怠の罰という表現によって言い表わされるべきことなのである。もちろん，これによって，権利者に対する間接的な活動強制が行われるが，これは，だれもが上掲の公益的な目的のために捧げなければならない犠牲である。

　これらの動機にもう一つのまったく別の動機が加わるのであって，これは，適用可能性がもう少し制限されているのではあるが，大きな実際的重要性がある。使用取得の多くの場合に（すべての場合にではないが），実際にはなんら所有権は変更されないで，ずっと前に生じている変更について，たまたま欠けている証明が補われるにすぎない。同様に，訴権消滅時効の多くの場合に，それまで持続していた訴権の現実の喪失はなくて，ずっと前にすでに別の仕方で債務自体が（したがって訴権も）償却されており，訴権消滅時効は，今は，この償却の証明の欠如を補うのに役立つにすぎない。その限りにおいて，使用取得は推定的所有権として，訴権消滅時効は債務償却の推定として理解されるかもしれない。この見方は，真実であり重要であるが，ただ，それにあまりに一般的な適用を付さないよう用心しなければならない。なぜならば，それは，一部は個別的な事情のために，一部は多くの訴権の一般的な性質のために，多くの個々の場合にまっ

§177 期間。序説。——*277*

たく適合しないからである。使用取得と訴権消滅時効のほかには，その見方はなんら適用できない。とくに，bonorum possessio［相続財産占有］と回復の期間においては，このような推定を想定することは，理由もなく実りもないであろう。

最後に，また，幾人かの人によって，第一の部類に属する法規の理由として放棄［Dereliction］が挙げられた(w)。そこに存しうるのは，これらの場合には権利を失う前権利者が自分の権利を放棄しようとする現実の意思を有したという主張だけである。けれども，このような意思の想定は，たいていの場合に，完全に恣意的で理由がない。とくに，そこでだけ放棄という表現が是認されうるであろう所有権において，そうである。しかし，そういう想定が現実に許されうる僅かの場合には，それは，推定的な取得または償却というもっと一般的な理由に還元されるであろう。なぜならば，そういう想定は，そのときひょっとすると，すでにそれだけでも，期間経過にかかわらず，権利を放棄できたであろう断念［Entsagung］を含むであろうからである。したがって，この理由を全然主張しない方が得策であって，そこでは，まったく確定した法的術語に不適当な拡張が与えられるだけに，なおさらそうである。

以上の考察から，ここでまとめた各場合についてはこういう期間の定めの一般的必要は確かに存在するけれども，これはまったく実定的な法規においてのみ処理されうることが，明らかになる。こういう実定的規則を立てるに当たっては，立法者によってつぎの観点に注意が払われるべきである。第一に，そこでは極端は避けられるべきであり，それゆえに期間は長すぎても短かすぎてもいけない。その場合，立てられるべきどの規則にとっても非常に自由で広い裁量の余地が残っていることは，自明である。第二に，法律家でない人の自由な活動がまず第一に重要なのだから，適用が

（w）放棄は，すでに GROTIUS II 4 §7. 9 によって理由として出されるけれども，いつからとも知れぬ消滅時効についてだけであり，主権国家間においてだけである。一般的には，そのことは，Ｈｅｇｅｌ§64補遺においてなされる。

法律家でない人にもできるだけ容易にされるように，期間は，精確に，明白に，単純に定められるべきである。

§178
VI．期間。序説。（つづき）
[Zeit. Einleitung.（Fortsetzung）]

　前節において重要な法的理論につき一般的な観点を立てたが，その法的理論は，近時の法学者たちのもとで非常に恣意的な取扱を受けており，それの有害な結果は，慎重な批判的研究によってのみ確実に排除できる。
　使用取得と訴権消滅時効を恣意的な抽象によってまったく一般的な概念に変えること，すなわち前者を連続の行使による権利一般の取得に，後者をずっと続いて行使を怠ることによる権利一般の喪失に変えることが，どんなにまず心に浮かぶかは，すでに上述した。この最終の概念は，上述のところで第一の部類の中にまとめたその他の場合をすぐに吸収するのに適していたことによって，即座に広く用いられた。しかしながら，両者の概念を一つの同じ類の中の種だとみるには，小さな一歩しか必要でなかった。というのは，使用取得においても，所有権の取得と並んで同時に，前所有者の側での所有権の喪失があるからである[(a)]。それで，この喪失を考察の基礎に置くとき，使用取得も訴権消滅時効と同質と思われ，使用取得は，そこでは不活動による喪失と並んでなお活動による取得もみられることによって，もっと高い効果を表わすにすぎない。

　　（a）　b. f. possessio［善意占有］しか使用取得の基礎でありえない最も新しい法については，この考えは一般に真実であるが，比較的古い法については，決してそうではない。というのは，in bonis［財産中に有する］が使用取得により ex jure Quiritium［市民法に基づく］に変えられたとき，取得者に，自己の所有権を怠慢により失った，そして活動により保持することができた従来の所有者が対立しているのではなかった。というのは，nudum jus Quiritium［市民法上の虚有権］は，有効な訴権によって使用取得の結果に対してなんら保護されえなかったからである。

§178　期間。序説。(つづき)――*279*

　この考え方は，わが法律家たちによって昔からつぎの仕方で言い表わされるものである。すなわち，権利者が自己の権利をある期間行使するのを怠るとき，時の経過に基づく権利一般における変更が存在し，この種のすべての変更が，praescriptio［プラエスクリープティオー。時効］すなわち消滅時効［Verjährung］と呼ばれる。それは，単に不活動者が自己の権利を失うか，この者に対しもう一人の人が同じ権利を取得するかに応じて，二つの種類を包括する。第一のものは，praescriptio exstinctiva［プラエスクリープティオー・エクススティーンクティーウァ。消滅的時効］すなわち消滅的消滅時効［erlöschende Verjährung］と呼ばれ，第二のものは，praescriptio adquisitiva［プラエスクリープティオー・アドクィーシーティーウァ。取得的時効］すなわち取得的消滅時効［erwerbende Verjährung］と呼ばれる。そして，使用取得はpraescriptio［時効］の一種とみられるから，これを今 *rei* praescriptio［レイー・プラエスクリープティオー。物の時効］, *rem* praescribere［レム・プラエスクリーベレ。物を時効にかけること］とも言い表わすことは，極めて自然である(b)。諸概念をこのようにまとめ上げることは，それを示すのに用いられる述語と同様，ローマ法には知られないし，教会法も，このすべてを，限られた端緒においてのみ含み，ここで述べたような発達においては決して含まない。しかし，このことを明らかにできる前に，そういう間違った考え方から出てくる重要な結果を述べることが必要である。

　第一の結果は，今や，上述のところで第一の部類の中にまとめられたすべての場合がまったく同じ法規に従って判断されなければならないことに存する。というのは，これらの法規は，praescriptio［時効］について立てられているべきであり，そしてまさにすべてのそれらの場合がpraescriptio［時効］の中に数えられるべきだからである。このように実際上同じものとして取り扱うことが，訴権消滅時効と比べて使用取得に限定され

――――――――――
　(b)　R<small>AVE</small> de praescriptionibus § 1. 5. H ö p f n e r § 393. T h i b a u t Pandekten § 1002. 1003. M<small>ÜHLENBRUCH</small> § 122. 123. ――どこでも本質的には同じで，個々の表現においてのみ異なる。

たままである限り，間違いはあまり目立たない。なぜならば，この二つは，いずれにしても歴史的におよび実際的に互いに極めて親近だからである。しかしながら，あらゆる首尾一貫性が犠牲にされるべきでないとすると，訴訟手続期間，bonorum possessio［相続財産占有］の期間なども，訴権消滅時効と同じ praescriptio［時効］の規則に従って取り扱われなければならず，そこではもちろん事ははるかにややこしくなる。

しかし，第二の，なおもっと危険な結果は，そういう概念が，その一般性のために，権利の行使または怠慢のすべての考えられる場合への適用を許し，したがってわが実定法がそもそも権利の行使または怠慢の結果としての変更をなんら承認せず，したがって時の経過に決して影響を認めていないような場合への適用をも許すということにある。けれども，この点で，そういう概念は，なお二とおりの考え方を受けやすい。すなわち，そういう概念に単に形式的で仮定的な性質が付され，したがってその内容がさしあたり不確定のままにされることがありえ，その結果，そのときには，いずれにせよ実定法において承認された諸場合だけがその概念の下へ関係させられる。しかしまた，そういう概念に，効果的で絶対的な性質が与えられることもありえ，その結果，そういう概念においては，すべての権利が一般に連続の行使により取得され，懈怠により失われる素質があるという重要な命題が，言い表わされているであろう。この後者の考え方とだけ，たった今述べた実際上非常に重大な間違いの危険が結び付けられていることは，よく分かる。たいていの著述家は，以上の対比の性質を必ずしもはっきり理解しなかったようであり，少なくとも，考えられる両方の意義のうちのどちらをその概念に付しようとするのかについて，自分の気持ちをはっきりとは表明しない。ティボー［Thibaut］は，まったくはっきりと，その概念を第一の危険がない方の意味にとるといっており，それゆえに彼には，たった今持ち出した非難は当たらない[(c)]。——つぎの諸例

　（c）　Ｔｈｉｂａｕｔ a.a.O., および占有と時効に関する著作 S. 63 fg. において。

は，こういう重要でないとはいえない点をもっと分かりやすくするのに役立つかもしれない。ローマ法には，使用取得による質権の設定の痕跡はないし，それについての内的必要も存しない。しかし，上述の思い切った概念は，もちろんそれに帰着しなければならないし，実際に幾人かの著述家は，このような使用取得を主張した(d)。──同じように，使用取得による債権の設定の必要もないが，これも同様に上述の抽象的概念からは結論されるかもしれない。プロイセン州法は，不確かなおおまかさで表現された消滅時効の概念を普通法のわが著述家たちから受け入れたのだが(e)，この州法は，今実際に，債権をも，債権者と思われている者がまったく存しない債務の利息を30年間ずっと受け取ったことによって，生じさせる(f)。

　こういう間違った概念の発生およびとくに固定は，この理論において導入された不真正な術語と厳密に関連しているのであって，これからとくにこの術語が考察されるべきである。すなわち，praescriptio［時効］は，時の経過によって生じさせられた権利の取得または喪失を意味するといわれる。しかし，わが法源においては，それは，決して取得または喪失を意味するのではなくて，常にexceptio［抗弁］すなわち抗弁［Einrede］とちょうど同じだけを意味するのであり，それゆえに，この表現とどこでも危険なく交換してよく，それによって言葉の意味が変えられることはないであろう(g)。さて，抗弁は，とりわけ訴権の行使を怠ることによっても生じさせられえ，その限りにおいて確かにpraescriptio［時効］は，訴権消滅時効からの抗弁を言い表わす。けれども，(exceptio［抗弁］と同様に) その表現だけが存するところでは，決してそうではなくて，常に，期間への特別の関係を言い表わす付加語によってのみ，つまりtemporis［テンポリス。

(d) Glück B. 18 S. 195.
(e) A. L. R. I. 9 § 500-502.
(f) A. L. R. I. 11 § 839.
(g) このことは，ユスティーニアーヌス帝の法の法源についてずばり主張されうる。この用語がどのようにして形成されたか，また以前にはどういう状態であったかを述べるのは，G<small>AJUS</small> IV. § 130-137.

期間の（抗弁）］，temporalis［テンポラーリス。時の（抗弁）］，triginta annorum praescriptio［トリーギンター・アンノールム・プラエスクリープティオー。30年の抗弁］などとしてそうであって，これらの場合には常にその代わりに exceptio［抗弁］を置くこともできる。もう一つの用語についてなお改めて主張されたローマ法の個所は，その用語を実際にはまったく証明しない(h)。ユスティーニアーヌス帝の一つの勅法において，temporalis exceptio［テンポラーリス・エクスケプティオー。時の抗弁］が使用取得をも含むほど広い意味で用いられるということだけが，認められなければならない(i)。しかしながら，このことは，一部では，付加語なしに用いられた praescriptio［時効］という言葉の意味とまったくなんら関係がないし，一部では，このような個々の個所は，その用語全部の全面的な変更を証明できない。それは，比較的新しい法において絶えず進行している使用取得と

　　（h）　そういうことで，たとえば，L. 2 C. ne de statu (7. 21.)［勅法彙纂第7巻第21章「死者の身分について5年後には審理されないことについて」第2法文］は，こう述べる。„Si .. ante quinque annos .. decessit, praescriptioni locus erit;"［「もし .. 5年前に .. 死亡していたならば，時効に場所があるだろう；」］すなわち，そのとき抗弁が理由づけられている，と。今，確かにこの抗弁は，訴権が消滅時効にかかっているという抗弁にほかならないが，しかしそのことは，praescriptio［時効］という言葉の中にあるのではなくて，先行する言葉との関連の中にある。L. 7 C. eod.［勅法彙纂同所第7法文］，L. 1 § 4 D. eod. (40. 15.)［学説彙纂第40巻第15章「同」第1法文第4節（マルキアーヌス）］，L. 1 in f. C. de bonis maternis (6. 60.)［勅法彙纂第6巻第60章「母方の財産および母方の婚について」第1法文末尾］についても，事情は同じである。

　　（i）　L. 30 C. de j. dot. (5. 12.). „Omnis autem temporalis exceptio, sive per usucapionem inducta, sive per X. vel XX. annorum curricula...sit introducta"...［勅法彙纂第5巻第12章「嫁資の法について」第30法文：「しかし，すべての時の抗弁は，使用取得により持ち込まれたのであれ，10年または20年の経過により...持ち込まれたのであれ」...］。この，かなり不精確な用語は，ordo judiciorum［通常訴訟手続］の廃止以来，本来の exceptio［抗弁］に存する被告の特別の保護手段を被告の他のあらゆる防御から厳格に区別する利益が非常に減少していたことから説明される。実際また，上述のところ（§ 177. a）で挙げた L. 2 C. de l. t. pr. quae pro lib. (7. 22.)［勅法彙纂第7巻第22章「自由のために，そして自由に反対してでなく持ち出される長期占有の抗弁について」第2法文］におけるやや不安定な表現は，ここから説明される。

315 訴権消滅時効の実体的接近の一部ではあるが，しかしどの点までその融合が実際に認められるべきかは，使用取得論の関連においてのみ成功を収めることができる特別の研究に属する。

　ここで論難した間違った用語は，それの基礎に関していえば，12世紀の註釈家たちにすでにみられる[k]。その用語は，その人たちから教会法へ移って行ったけれども，ここでも，使用取得を訴権消滅時効と共通の類概念の下に統合するため以上には使われていない。確かに，この用語の間違いは，16世紀において極めて徹底的に実証された[1]。しかし，この健全な批判が浸透したというよりはむしろ，最初に，後の著作家たちが，それらの概念を上述のところでとがめたなおもっと危険な一般性にまで発達させ，この一般性の抽象的な形によってだまされて，それを進展する学問的発展とみたのである。

　われわれは，予断をもたない精神でこれらの確実な事実を検討すると
316 き，ローマ法の法源の純粋な用語を復元するが，しかし本題自体においては，非常に異質の法律制度の間の統一を装うような一般的な時効概念を完全にやめるのが最も当を得ていることを，もっともだと認めなければならない。もちろん，これらの制度は，互いに接触をもっており，ひょっとすると，いくつかの点では，本来それらのうちのもう一方について採用されている法規を適用する必要が生じることもありうる。そのときには，こういうことは，法の類推による引き続いての形成の方法でなされようが，た

　(k)　PLACENTINUS, Summa Cod., tit. de praescr. longi temporis :,,Praescriptio est exceptio *ex tempore causam trahens*"［「時効は期間から原因を引き出す抗弁である」］そしてそのあと同じ章において:,,praescribitur *res* immobilis, non mobilis."［「不動産，動かない物が時効にかけられる。」］アツォ［Azo］は，その章についてのSumma［要約］において，プラケンティーヌスと同じ定義を立てるが，しかもこの人を挙げない。

　(1)　MURETUS Comm. in Inst., ad rubr. tit. de usuc.——DONELLUS Lib.5 C.4 §14.——CUJACIUS paratit. Dig. XLIV. 1, paratit. Cod. VIII. 35, prooem. opusc. de diversis temp. praescr. もちろん，彼は，別のところではやや動揺している。Notae ad Inst., pr. J. de usucap.

だこれらの制度を共通の類概念の中へ包摂するという方法でなされてはならない。この両種のやり方の重要な相違は、類推適用がわれわれに、各個の場合についての批判的な正当づけを強いるが、一方、上述の包摂が、すべてのことを一挙に片付けることによって、そのような面倒からわれわれを解放するが、しかしその際もちろん結果の真実性を成り行きに任せる、ということに存する。教会法がローマ法の制限された観点をもっと広い観点によって置き換え、改善したのであり、それゆえに近時の著述家たちの叙述が実際に実定法に基づいているという主張によって、そういう叙述を正当づけようと、確かに試みられるかもしれない。けれども、この正当づけは、二つの理由からしりぞけられなければならない。第一に、示されたように、教会法は一度も、近時の著述家たちのもとで現われ、間違いの本当の危険がある抽象的な時効概念をとり入れたことがないからである。第二に、教皇令の作成者は、新しい理論を立てようとすることなど思いもよらなかったからである。その人たちは、自分たちの師である俗法学者から受け取っていたものを忠実に再現したのであって、われわれが俗法学者の理論を訂正せざるをえないと認めるときは、この訂正は、理論的な考え方が問題である限り、教皇令の内容にも及ぶ。しかし、教皇令において実際的な規定に関して新たに立てられたものは、われわれによっても有効として承認されるべきである。こういうやり方によって、われわれは、確実に教会法の作成者の精神で行動している。──近時、通常の時効概念を一種の仲介によって救おうとする試みがなされた。すなわち、その概念を、恣意的に付け加えられた特徴によってやや制限したのであって、それにより、上述のところでまとめ上げた諸法律制度のうちのいくつかはその中に含まれたままであり、他は除外された(m)。この試みも、しりぞけられなけ

(m) Unterholzner Verjährungslehre §1 は、概念をつぎのように立てる：消滅時効は、主として時間的に連続する行使または不行使の結果とみられなければならない、権利における変更である。それによって、彼は、違法による失効を除外しようとする。これには、裁判官による期間を怠ることも（contumacia［出廷拒否］として）属

ればならず、しかも、無理な実行のためだけでなく、まったく中途半端な処置の性格を有し、したがって確かに間違いを量的には減らすが、根本から取り除くことはしないその考え方自体の性質のためにもそうである。

けれども、上述の一般的には非難すべき諸見解の影響の下で、一つの法律制度が発達してきて、それが裁判所の実際においてずっと前から確たる基礎を得ているから、われわれは、それの実在性を承認しなければならないということが、書き留められるべきである。それは、いつからとも知れぬ期間［die unvordenkliche Zeit］である。したがって、この制度の存在は、一般的な慣習により確保されているけれども、そのことは、われわれがそれの条件と限界を学問的な批判により確定することを妨げうるものではない。そうするのにふさわしい場所は、この制度の非常に包括的な性質のために、ここにしかなく、それゆえに、それは、期間論の最後に述べよう。

§179
VI. 期間　1. 暦
[Die Zeit 1. Der Kalender]

§177においてまとめた諸法律制度の取扱は、それらについて法規により定められた期間の算定に基づくが、そのためには確実な一定の基準［Maasstab］が必要である。われわれは、この基準を、すべてのわれわれの生活関係（法的でないものも）の基礎にある年代方式［das chronologische System］から取り出すのであって、その年代方式は天文の法則に基づ

する。さらに、上訴期間を怠ることがこれに属する。というのは、それによって判決の効力の障害が取り除かれるにすぎず、それゆえに、このことが権利変動の積極的に作用する原因とみられるべきであり、時の経過がそうみられるべきではないからという。——この方法では、この概念規定が完全に恣意的であることを度外視しようとしても、その概念の適用についての確実な限界が得られることがどんなに少ないかが、ただちに明白である。

いており，それの叙述は暦と称される。したがって，われわれが期間の定めに依存する法律関係を判定しなければならないとき，このことは，その法律関係の期間的事象を，暦において変えられないように定められている期間と対比し，これに従って測ることによってなされる。しかしながら，諸法律関係において現れる期間の始点・終点は，一部は自由な行為に，一部は自然現象に基づくのであり，それゆえに，こういう期間が，暦の中に含まれ，固定された範囲内に入れられた期間と直接に一致することは，希で偶然にしか起こらない。したがって，こうした場合のどれについても，偶然の始まりから発する期間を暦に含まれた時期に人為的に換算することが必要である。こういう換算について，わが実定法は，一部ではかなり一般的な規則を定め，一部では，いくつかの特別の場合に例外的に生じるべき変則的取扱を定めた。私は，暦に含まれた時期を<u>暦の時</u>［Kalenderzeit］（歴年，暦日など）と呼び，個々の法律関係において現れる期間を<u>可動の時</u>［bewegliche Zeit］（可動年，日など）と呼ぶ[(a)]。ここから，期間の法的理論は以下の対象に向けられるべきであることが，明らかになる：

1) 暦。
2) 可動の時を暦の時に換算する正規の換算［regelmäßige Reduction］。
3) 法定期間計算［civile Zeitrechnung］。 ⎱ 変則的換算
4) utile tempus［ウーティレ・テンプス。実用期間］。 ⎰ ［anomalische
5) 閏日［Schalttag］。 ⎭ Reduction］。
6) いつからとも知れぬ期間［unvordenkliche Zeit］（§ 178）。

（a） 近時の法律著述家たちは，暦日に<u>時間的な日</u>［Zeittag］を対立させたが，私はこの名称をまったく不適切と思う。なぜならば，暦日もこの名称を要求する同じ権利をもっているからである。私は，本文で挙げた名称を最も分かりやすいと考える。そのほかには，その対立は，固定の時と任意の時という表現によっても示されるかもしれない。──天文学者は，<u>可動の年</u>［bewegliches Jahr］という表現を別の意味に，すなわちなんら閏なしにぴったり365日の1年ととる。なぜならば，これは，すべての季節を通ってある一定の時にめぐってくる［sich bewegen］からである。Ｉｄｅｌｅｒ Ｉ. 67. 68.

1. 暦

L. I d e l e r Handbuch der mathematischen und technischen Chronologie, zwey Bände, Berlin 1825. 1826. 8.

二つの互いに独立した理由から，われわれは，ローマの暦の歴史から出発せざるをえない。第一に，ローマの暦なしにはわが法源を理解することができないからであり，第二に，われわれの現代の暦は，実際にはローマの暦であって，ただわれわれの生活関係に継続的に使用しているうちに完全に気付かなくなっている修正があるにすぎないからである。

ローマ人の最も古い暦は，10か月または304日の1年に基づいていて，これは，ロームルスの1年と呼ばれる。われわれは，これに関する面倒な研究をここではそっとしておいてよい。なぜならば，ユスティーニアーヌス帝の法の法源の中には，それの痕跡は保存されていないからである。

ヌマ王に帰せられ，シーザーの時代までずっと使用された1年は，12か月から成り，これは355日を含んだ。1年おきに，メルケードニウス [Mercedonius] と呼ばれるまる1か月が閏として置かれ，これは交互に22日と23日を含んだ。閏が置かれたのは，われわれが2月23日と称する日，それは Terminalia [テルミナーリア。テルミヌス (Terminus, 境界の神) の祭典] の祭りの日に当たるが，その日の後，つまり Regifugium [レーギフギウム。王政廃止記念祭] の祭りが行われた2月24日の前であった。それによって2月から5日が切り取られ，その結果2月は，閏年には23日しかなかった。その5日は，メルケードニウスの続きとみられたのであって，それによって，メルケードニウスは交互に27日または28日となった。この処理によって，1年は平均して366日と4分の1の長さとなって，これは天文年に比して大きすぎたから，24年を経過するごとに一挙に24日が当年から落とされたのであって，それで，これによって1年の長さは，もっと大きく平均すれば365日と4分の1になった[b]。——こういう1年は，適用について

(b) I d e l e r I. 67. II. 31. 56. 59.——古代の人たちの主要箇所は，CENSORINUS de

322 非常に不便であったのみならず，実施においてもなおしばしばだいなしにされたのであって，そうなったのは，一部には，暦について監督権限をもっていた司教の不熱心からであり，一部には，当局の顕職が1年間であって，したがって1年を伸張することにより，たまたまひいきにしようとする執政官の治世が拡大されえたことによって，党派的な恣意からである。混乱が非常に大きくなったので，季節は，ついに，それに当てるように決められていたのとはまったく別の月に入ることになってしまった。

　この弊害に気付いて，シーザーは，暦の徹底的な改革をすることになったのであり，この改革が今なおすべてのキリスト教諸国の暦の基礎を成す(c)。そのための準備は，708年になされ，この年は，徐々に蓄積された混乱を吸い上げるために用いられ，その目的のために，その年に445日が15カ月で配分された。新しい暦自体の採用は，シーザーの死の前の年，709年であった。

　その際，天文年はきっちり365日と6時間から成るという前提が，基礎にあった。それで，シーザーは，歴年を365日に定め，4年の期間ごとに

323 ついて1日の閏を置くことを命じたのであって，この1日は，上述の6時間を吸収すべきものであった。この閏日の位置は，以前にまる1か月が閏として置かれていたのと同じ位置のまま，すなわち Terminalia ［テルミヌスの祭典］と Regifugium ［王政廃止記念祭］の間であった。このように限られた1年が，不等の長さの12か月に分けられた(d)。

　しかしながら，この期間計算も，重要な誤差を含んでいた。なぜならば，この期間計算は歴年に対する天文年の超過を6時間とみたが，一方，

---

die natali C. 20, および Macrobius Saturnal. I. 13. ――ちょうどそれに関係する *L*. 98 § 1. 2 *de* V. *S*. (50. 16.) ［学説彙纂第50巻第16章「言葉の意義について」第98法文第1, 2節（ケルスス）］は，もっと後にはじめて説明されうる（§ 192）。

　（c） フランス革命において，よく知られるように，まったく新しい暦が採用されたが，数年後ナポレオンは，以前の暦を回復させた。

　（d） Ideler II. 118. fg. におけるもっと詳細な記述。主要個所は，Censorinus C. 20 および Macrobius Saturn. I. 14.

§179 期間　1.暦——*289*

　その超過は実際には5時間48分48秒にすぎないからである。さて，ここから，1年に11分12秒の誤差がでてきたことによって，調整のために定められた1日の閏が置かれたことが頻繁すぎたのであって，この誤差は，16世紀にはすでにまる10日に増大していた(e)。

　教皇グレゴリウス十三世は，復活祭の確定によって，ユリウス暦の吟味と訂正を命じなければならなくなった(f)。今，1年は365日5時間49分12秒とみられ，徐々に誤ってまぎれこんだ10日が一挙に暦から取り去られ，誤差の復帰を防ぐために，400年ごとに三つの閏が省かれるべきこと，つまり百の閏につきいつも三つの閏が落とされるべきことが，定められた(g)。暦のこういう改革は，1581年に命令され，翌年ローマで採用され，続く10年内に皇帝によって，ドイツ，スイス，オランダの旧教地域によって，ならびにイタリア，スペイン，ポーランドおよびハンガリーにおいて受け入れられた。これに反し，それは，ローマに発するものとして，新教またはギリシャ教を信仰する国々においては，長い間受け入れられなかった。けっきょく，それは，1700年と1701年にドイツ，スイスおよびオランダの新教地域で，ならびにデンマークで，1752年にイギリスで，1753年に

――――――――
　（e）　Ideler I. 35. 66. 67.
　（f）　Ideler I. 74. II. 301-303. 322-325. その調査の先頭に立っていたのは，アロイシウス・リーリウス［Aloysius Lilius］であった。――復活祭の定めは年代方式と結び付いていず，復活祭は，早くとも3月22日，遅くとも4月25日であり，それゆえにこの両日の間で変動する。Ideler II. 199. 317.
　（g）　百年ごとの年すなわち1600年，2000年，2400年などは，閏年のままであるべく，毎度その間にある三つの百年ごとの年すなわち1700年，1800年，1900年，それから2100年，2200年，2300年などは，ユリウス暦によれば同じように閏年であろうが，抜け落ちるべきであった。――依然として，ここでは，1年が24秒だけ多すぎて考えられていたが，しかしこの誤差は，3600年の経過後にはじめてまる1日にふえているというほど僅かである。これを避けるためには，九つの世紀ごとに七つの閏を抜け落ちさせなければならないであろうが，一方，今は，四つの世紀に三つの閏が抜け落ちている。（私は，この意見について，手紙で述べられたイデラーの賛成を引き合いに出すことができる）。

スウェーデンで承認された。ロシア人ならびにギリシャ正教会に所属するその他の国々は，もとのままのシーザーの暦を続けている。この点に，旧暦と新暦の，ないしユリウス暦とグレゴリオ暦の相違があって，差異がほとんど各世紀とともに増大するに違いないことは，以上の概要から明らかになる[h]。けれども，ここでただちに，この相違がなにに限定されるかを，述べておかなければならない。それは単に，閏年の生じる頻度が多いか少ないかに存するだけである。すべてのその他の点では，まったくなにも変えられていず，したがって，以前のユリウス暦は，それがまったく恣意的な定めを含むところでも，完全に維持された。この所見は，もっと後に実際に適用されるであろう。

§180
Ⅵ. 期間　1. 暦（つづき）

[Die Zeit　1. Der Kalender (Fortsetzung)]

　以上の歴史的概観の後，今度は，われわれの暦の本質的な部分を細部にわたって考察しよう。その部分は，日，月および年に存する。

　日[Tag]は，地球が完全に一回自転する時間である。この時間の長さは，季節の応じて変わるものであって，2月と11月には二つの別の方へ中間の平均値から15分以上片寄り，その結果二つの実際に現われる日の長さの間の最大の差は，30分以上になるという形である[a]。——日の始点は，それ自体任意であり，それゆえに，それはまた，さまざまの民族においてまったく異なって考えられている。ローマ人は，これを真夜中に置き，われわれはこの定めを維持してきている。その定めは，それ自体としては，

　(h)　暦改革の歴史については，註fに挙げたイデラーの個所が参照されるべきである。——ロシア人は，今後も引き続き純粋のユリウス暦を固く守るならば，たとえば西暦24000年には，1月に収穫をし，7月にそりで走ることになるであろう。

　(a)　Ｉｄｅｌｅｒ Ⅰ. 36-38. 中間の時と真の時の違いは，これに基づく。

天空の直接の観測となんら関連しないから，すべての定めのうちで最も不便なものである。1日は，大部分不等の，しかも絶えず変わる長さの二つの自然的部分，すなわち昼 [Lichttag] (lux [ルークス。昼], dies naturalis [ディエース・ナートゥーラーリス。自然の日（日の出より日没までの日）]）と夜 [Nacht] (nox [ノクス。夜]) から成る。真夜中から真夜中までの時間全体は，dies civilis [ディエース・キーウィーリス。市民法上の日] と呼ばれる[b]。

　年 [Jahr] は，きっちり365日から成る。なぜならば，数時間の小さな余りは，さしあたり顧みられないままであり，それがまる1日に集まったときにはじめて閏日の形で顧慮されるからである。この期間は，一般的な天文的基礎を有するが，しかし同時に最も一般的な知覚の対象であり，人間生活の諸関係に非常に大きな影響を有しているという点において，日という時間と一致する。——年の始点は，それ自体としてはどうでもよく，ここで述べた暦と並んで，非常にさまざまな仕方で定められうるであろう。実際に，この点で，中世から，種々の国でつぎのようなまったく異なった制度がある。すなわち，始めが，あるいは1月1日（割礼）に，あるいは3月1日，3月25日（受胎）に，絶えず変わる復活祭に，あるいは12月25日（キリストの生誕）に置かれた[c]。近時の数世紀には，極めて一般的に年の始めとして1月1日に立ち戻られていて，この一般的な一致は，実際にも重要である。なぜならば，それによってのみ，期間計算におけるそうでないと避けられない混乱が防止されうるからである。

　月 [Monat] は，期間として，日と年の中間にある。それは，年の12の部分への区分に基づくけれども，この部分の長さは不等である。そのうち

　(b)　*L. 8 de feriis* (2. 12.) ［学説彙纂第2巻第12章「休日と延期と異なった期間について」第8法文（パウルス）］，パウルスから。——CENSORINUS C. 23. MACROBIUS Saturn. I. 3. つぎのものを参照，GELLIUS III. 2, PLINIUS hist. nat. II. 79. VARRO de re rust. I. 28 においては，dies civiles ［市民法上の日（複数）］は，ローマの暦の区分と名称による日を意味するようである。

　(c)　I d e l e r II. 325-343.

の七つは31日あり，四つは30日あり，一つは平年には28日，閏年には29日ある。まさに12の部分が，したがってまたそこから出てくる各月の大きさが考えられたことは，確かに，単なる任意に基づくのではなくて，月の満ち欠けの顧慮に基づく。けれどもこれとの一致は，非常におおまかで不精確なものにすぎない(d)。われわれの月の範囲を限る場合に，そもそも，なんら徹底した原理が基礎にあるわけではない。疑いなく，シーザーは，以前の暦に由来する慣習（部分的には宗教的理由に基づく）をできるだけ妨げないようにしようとした。それゆえに，月については，彼にとって一番重要であった新たな年の区切りを実施するのに必要なだけしか変更を加えなかった。しかし，近時において，この点でなにかを変える緊急の必要は感じられなかった。ただ，フランス共和国における一時的な試みだけは例外であって，そこでは，よりにもよって月が最も多く変更され，30日という長さにされて，5補充日が付けられた。——なお，とくに注目に値するのは，個々の日の，それが属する月への関係における表示である。けれども，その場合すぐに書き添えておかなければならないのは，こういう表示が本来の暦にはまったく知られていず，それゆえにシーザーおよびグレゴリウス十三世の改革はそれにまったくなんら変更を加えたことはなく，現実に生じたすべての変更は，まったく気付かれずに，単に慣習によって生じさせられたということである。ローマ人は，月を三つの不等の部分に分け，その境界は朔日［ついたち。Kalendä］，中日前第9日［Nonä］，中日［Idus］(訳註26)によって言い表わされていた。これらの境界日からその間に入る個々の日が数えられたけれども，前へ向かってではなくて，後戻りしてである。したがって，ある日の精確な表示は，たとえば，（12月23日について）die X.

（d）　すなわち天文の月の1カ月は，精確には29日12時間44分3秒であり，したがってわれわれの暦日のどれとも精確には一致せず，2月とは最も一致しない。IdelerＩ.42-44. そのような天文的に決められた月を不変のまま採用することは，それが精確に知られていたとしても，不可能であった。なぜならば，実生活にとっては，まる1日から成る時間だけが使えるからである。

ante Kalendas Januarias［1月朔日前第10日に］であっただろう。しかしながら，つぎのような形にして，前置詞を置き換えるのが通常であった。すなわち，ante diem X. Kal. Jan.［（文字どおりには）1月朔日第10日前に］といわれたのであって，この表現は，先の表現ときっちり同じ意義を有する。ローマの用語のこの思いつきを見落として，前にある前置詞を文字どおりにとると，ante diem X. Kal.［朔日第10日前に］が dies X. Kal.［朔日第10日］に先行する時を言い表わすべきであったかのように間違ってしまう。なぜならば，やはり常にこの日自体だけが考えられているからである(e)。ローマ法の一つの個所は，はっきりこの誤解に対して警告する(f)。たった今説

────
（e）この用語に関する決定的な個所は，I d e l e r II. 127. 128. に集められている。その前置詞は，それによりいわば日の表示に対する無内容の付加となっていたのであり，それゆえに，それからさらに，決して逆算されるべきでないところで考えなしに用いられた。L. 13 de V. O. „Qui *ante Kalendas proximas* stipulatur, similis est ei qui *Kalendis* stipulatur."［学説彙纂第45巻第1章「言葉による債務関係について」第13法文（ウルピアーヌス）：「最も近い朔日前に問答契約される者は，朔日に問答契約される者と同様である。」］ante［前に］が完全に意味がなくなっていたことについて同じように決定的なのは，他の前置詞との組み合わせである。たとえば，in diem IV.［第4日に］について *in ante* diem IV.［第4日前に］，同じく ex die［日から］について *ex ante diem*［日前から］である。

（f）L. 132 *pr. de V. S.* (50. 16.). „Anniculus amittitur qui extremo die anni moritur: et consuetudo loquendi id ita esse declarat, *ante diem X. Kalendarum, post diem X. Kalendarum*. Neque utro enim sermone undecim dies significantur."［学説彙纂第50巻第16章「言葉の意義について」第132法文前文（パウルス）：「その子がその年の最後の日に死ぬとき，一歳児が失われる：そして，朔日前第10日，朔日後第10日という言葉の使用は，そうであることを明示する。なぜならば，二つの表現のどちらによっても，11日は表わされないからである。」］私は，さしあたり ante［前に］のところにとどまっているが，それだけがここで問題である。ante d. X. Kal.［朔日前第10日］は（その法律家がいうのだが）決して dies X.［第10日］の向こう側の日と解されるべきでなく，したがってそれをもって11日（またはなおもっと多い日）が言い表わされているように解されるべきではなくて，まさに dies X.［第10日］自体と解されるべきである。類似の仕方で，今度は，post diem X.［（文字どおりには）第10日後に］も die X. post Kalendas［朔日後第10日に］の代わりであって，したがって1月10日であり，第10日の向こう側の日ではない。後者のことは，これまた11日を与えるであろう。したがって，この後者のことは，通常の暦

330 明した月のうちの日のローマの表示は，民族および古い宗教と多様な関連を有していた。その表示のこういう生きた意義は，中世にはあとかたもなく消滅していたが，しかしその表示自体は，学術用語と同じように理論と公証人の使用とによって維持された。けれども，公証人のうちの多くの人たちにおいて学識はそれほど広範囲には及ばなかったから，今度は，自由な選択からではなくて，必要に迫られて，つぎの変化が生じた。日が諸聖徒祭を挙げることによって完全に個々的に取り扱われたか，各月の日が1から30または31（または28）まで通しの数によって示されたかである。それと並んで，この後者の表示において，なお，日が月の前半では前へ向かって数えられ，後半では月の終わりから逆算される（ingrediente, exeunte mense［イングレディエンテ，エクセウンテ・メーンセ。月が始まって，月が経過して］）という変化が導入された。

　これらの種々のやり方を，各世紀に応じて，あるいはさらになおもっと
331 小さな期間に応じて互いに境を作ろうとすることは，むだであろう。なぜならば，それらは，幾世紀もの間，まさに個々の公証人の知識や慣習がどうしてもそうなったように規則なしに，並んで適用されたからである。近時の数世紀には，そしてとくに文書が各国語で作成されるようになって以来，ローマのやり方はますます見捨てられ，通しの数による表示がけっきょくもっぱら使われるようになった。それでも，この表示は，すでに非常

用語の外にある個人的で恣意的な言い表わし方であって，たとえば，だれかがわが国で，わが暦用語で12月29日払という代わりに，翌新年前3日払という手形を振り出したときと同様である。さて実際に post［後に］がこの意味を有することを示すのは，L. 233 §1 *de V. S.* (50. 16.). „Post Kal. Jan. d. tertio pro salute principis vota suscipiuntur,"［学説彙纂第50巻第16章「言葉の意義について」第233法文第1節（ガーイウス）：「1月朔日後第3日に元首の安寧のための誓願が行われる。」］そこでは，それは post d. III. Kalendarum［朔日第3日後］と同じことを意味するかもしれない。しかし，vota［誓願］は，1月3日，すなわち die III. Non. Jan.［1月中旬前第9日の前第3日］になされた。LIPSIUS excurs. ad Tac. ann. XVI. 参照。——E r b im civ. Mag. B. 5 S. 244 は，L. 132 *cit.*［前掲第132法文］における post［後に］を誤解し，それゆえに余計でもあり，そうでなくても許されない校訂を提案した。

§180　期間　1. 暦（つづき）——**295**

に古く，7世紀および8世紀の文書にもう非常にしばしばみられる[f1]。ローマの宮廷の官房においては，古ローマの言い表わし方が今日に至るまで維持されている。

　各月の日を通しの数で言い表わすというわれわれのやり方がこのように偶然的に，徐々に，変動しながら成立したことからすでに，このやり方には期間に関する法規の適用への影響はなんら帰せられえないということが，明白になるに違いない。

———

　ここで説明した期間だけがわが暦の本質的部分とみられてよいのだが，このほかに，なおいくつかの他の期間に言及しなければならない。

　まず第一に，日の部分，つまり小分けを伴う<u>時間</u>[Stunde]である。われわれは，暦日を24の等しい部分に分け，そのおのおのを1時間と称する。さて，暦日の大きさが季節に応じて変動するということを前述したが，それと同様に，いろいろの暦日においても時間は長さが不等でなければならないが，ただここではその差異は，ほとんど知覚できないものとして消えてしまう。しかし，時間という概念全体は，完全に任意のもので，なんらかの自然観察と少しも関連がなく，それゆえに日を同じように10時間あるいは100時間に分けることもできたであろう。この概念の任意性は，ローマ人が（古代の他の諸民族と一致して），外見上は確かに類似してい

　[f1]　そのことをもっともだと認めるためには，内容豊富な年代順にされた文書集をざっと概観すれば十分である。私は，例として，通しで数えられた月の各日の付いた6世紀および7世紀のつぎの文書への注意を喚起したい。そのうちのいくつかは，月の後半に及び，したがってかなり大きい数を含む。Historiae patriae monumenta, Chartarum Tom.1, Aug. Taurinorum 1836 fol. Num. 2. 6. 7. 9. 13. FUMAGALLI codice diplomatico Sant-Ambrosiano, Milano 1805. 4. Num. 1. 10. 12. 15. 16. 18. 21. 23. 24. 根本的に誤っているのは，G a t t e r e r Abriß der Diplomatik S. 369. 370. の叙述である。彼は，大空位期間ごろまでは古ローマの言い表わし方が一般的であって，それから各聖徒記念日が言い表わされたという。通しで数えられた日にはまったく言及しない。この不完全さは，ドイツにおいてはもちろん聖徒名の使用が他の言い表わし方よりもはるかに優勢であったことから説明される（正当づけられるのではない）。

るが，実際には完全に別の時間概念を有することによって，かなり明白である。ローマ人は，昼間ごとにそれを12に等分し，これを通しで数え，同様に，夜間も12に等分し，これを同じように1から12まで通しで数える。したがって，その場合には，昼間の時間と夜間の時間は，お互いの間でほとんど常に（すなわち春分・秋分だけを除いて）不等の長さでなければならなかたし，日一日と時間の長さも増減しなければならなかった。こういう制度の不便さが完全に分かるためには，なお，その人たちの日時計，水時計および砂時計の不完全さを考えの中で補わなければならない(g)。しかし，幸いにして，期間としての時間は，法規においてまったく現われないのが常である。——今ここで時間についていったことは，もっと小さい時間すなわち分，秒などにも，同じように，部分的にはもっと高い程度にあてはまる。

最後に，週［Woche］は，まったく暦の外にある。なぜならば，それは，月または年の不可欠の部分ではなくて，絶えず繰り返しながら月と年の列の真ん中を通り抜けて行く一定数の連続する日から成るからである。ローマ人は，市［Nundinä］の日をもって終わる8日のこのような集合体を有していた。多くの他の民族は，とくにユダヤ人は(h)，7日の週を有してい

（g） CENSORINUS C. 23. Ideler I. 84. II. 14. 617. 参照。けれどもローマ人は，天文的用法においては，われわれが時間と称するものをも知っていた。Ideler I. 86. ローマ人にとっては，その不便さは，わが国の北部に比して，イタリアでは昼と夜の間の差異が，したがって夏の日と冬の日の間の差異も，北方諸国におけるよりは非常に目立って小さいという事情によって，やや減らされた。——近代イタリアの制度を古ローマの制度と同じと考えようとするならば，間違うであろう。イタリア人は，われわれと同じ時間概念を有しており，ただ数える出発点と数え方において異なる。われわれは，真夜中から始めて，正午まで12時間を続いて数え，そこからもう一度真夜中まで12時間を続いて数える。イタリア人は，日没をもって始め，そこからぶっ通しで24時間を数える。けれども，塔時計は，しばしば6時間だけ示して鳴り，それから再び1をもって始まる。しかしながら，諸都市においては，このやり方は，そこでは ora Francese と呼ばれる一般的なヨーロッパの制度にますます席を譲る。Ideler I. 84. をも参照。

（h） ユダヤ人においては，7日の週は，週末としてのユダヤ教の安息日［Sab-

て，これは，すでにローマ人にも早く知られていたが，キリスト教徒によりやがて一般的に認められ，すべてのキリスト教諸民族において，先頭にある日曜日のおかげで高く評価され重要となった[(1)]。7日の週も8日の週も，日常生活においてだれの心にも浮かんでくる自然観察の中に一般的な根拠を有する。すなわち，月のさまざまの様子は，まったくおのずから，2回の満月の間にある期間の四つの等しい部分を認めることに立ち至る。しかし，こういう月の1か月の第四の部分は，7日と8日の中間にはまりこむのであって，これに整数日の期間を基づかせようとすれば，7日と8日のどちらかしか選ぶことができなかった。したがって，この点では，わが暦月におけると同じであって，自然観察が基礎にあるが，実際生活についてはまる1日の集合体だけが使えるから，実行においてはそれをきっちり保持することはできなかった。——ローマ法の諸規則の中には，週はまったく現われない。しかし，ゲルマン法においては，週はすでに早く現われており，それからまた，近時の訴訟規則において，ならびに裁判官によって命ぜられた訴訟手続期間において，および私人間の法律行為においてなおもっとしばしば現われる。——それが所属している週に対する関係における個々の日の表示は，月においてとは別の仕方で，すなわち数によってではなくて，各週において同形で繰り返される個別的な名称によってなされる。

§181
Ⅵ．期間　2．正規の換算

[Die Zeit　2. Regelmäßige Reduction]

　ある期間の経過が権利変動の条件として立てられるとき，その期間の大きさは，暦の上の時を示すことによって，すなわち一定数の日，週，月，

---

bath]が関連する天地創造物語への関係によって，同時に宗教的意義を有した。
　(i)　I d e l e r I. 60. 87. II. 136. 175.

年の表現によって，つまり暦において固定した始めと終わりをもって現われるような時間の表現によって言い表わされる。しかし，現実の期間の始めは，相応する暦の上の時の始めと偶然にしか，また非常に希な場合にしか重ならないから，適用が換算によって媒介されなければならないのであって（§179），今からこれについて規則が立てられるべきである。こういう規則自体は，たいていの期間については簡単で疑う余地がなく，ただ月についてだけ非常に争いがある。しかしながら，そういう規則の実施は，一般に大きな困難に立ち至る。したがって，われわれはまず，可動の日，年，週，月がどのように解されるべきかを調べなければならない。

可動の日 [Tag] は，暦日と同じ大きさの時間である。すなわち，なにかある偶然の時点から（たとえば権利侵害による訴権の発生から），その時間が真夜中と次の真夜中の間に存する時間と同じ大きさであるところまで前へ向かって計算される。したがって，その場合には，暦日が等しい長さであることが前提されるのであって，この前提は誤っている（§180）のに，それでもなお，その誤りは，いくつかの理由から，法的には考慮されないままである。すなわち，一部には，その差異が非常に僅かであるし，その調整は克服できない困難を有するであろうからであり，一部には，どっちみちすでに他の理由から実定法の特別の対策が必要となり，そこにおいて同時にこの小さい間違いが片付けられるからである。そのことは，なお本節の最後のところで問題になるであろう。

可動の年 [Jahr] は，きっちり365の可動の日の，つながっている時間である[a]。真の太陽年が365日を越えた小さな余りは，ここでは完全に無視されるが，それは閏日において片付けられるから正当であって，閏日の変則的な取扱は，もっと後に扱われるであろう。

可動の週 [Woche] は，七つの可動の日の，つながっている時間である。

（a） L. 51 § 2 ad L. Aquil. (9.2.) ［学説彙纂第9巻第2章「アクィーリウス法註解」第51法文第2節（ユーリアーヌス）］, L. 4 § 5 de statulib. (40.7.) ［学説彙纂第40巻第7章「条件付自由人について」第4法文第5節（パウルス）］.

§181　期間　2．正規の換算——*299*

ここでは，週の経過を知るのに，繰り返す同名の週日に注意しさえすればよいことによって，適用が容易にされる。

　可動の月［Monat］の意義は，各年の歴月が三つの異なった長さを有する（§180）ために，不確かとなる。今，月の標準日数を，月が現われる法規においてそれを適用するために決めようとしたとき，さしあたり31と30のうちどちらかを選択できた。31に味方をしたのは，実際にこの日数の月が最も多いという事情であった。しかし，30には有力な理由が存した。第一に，全整数の中で30日という数が，精確には30日と12分の5である1年の12分の1に，ならびに天文の月の1か月（§180.d）に最も近い。しかしこれに，第二に加わるのは，30という数が，端数のない数として31という素数よりも容易に覚え込むことができるし，多様に割り切れることによって，日常生活における使用にとって，31という素数よりも大きな便利さを示すという，むしろ実際的な顧慮である。疑いなくこれらの理由によって，ローマ人は，可動の月を30日の期間とみるようにさせられた。確かに，それについて法律の規定は存在しないが，しかし，まったく別々の時代にできた以下の諸個所において，その数が月の長さとして前提されていることは，疑う余地がない：

　1）　adulterium［アドゥルテリウム。姦通］を理由とする起訴において，二つの期間が存在したのであって，一つは60日の期間であり，もう一つは（その中にその60日が含まれているが）6か月の期間である。今，ここで，60日は，それに続く4か月と合わせてきっちり6か月と計算される(b)。

　(b)　*L.* 11 § 6 *L.* 29 § 5 *ad L. Jul. de adult.* (48. 5.) ［学説彙纂第48巻第5章「罰せられるべき姦通についてのユーリウス法の註解」第11法文第6節（パーピニアーヌス），第29法文第5節（ウルピアーヌス）］, *L.* 1 § 10 *ad Sc. Turp.* (48. 16.) ［学説彙纂第48巻第16章「トゥルピリウス元老院議決註解および犯罪の廃棄について」第1法文第10節（マルキアーヌス）］.——あまり証明にならないのは，按察官の告示に関する個所であって，ここではもちろんまた，あるいは60日が，あるいは2か月が言及されるが，同一の場合についてというわけではない。*L.* 28 *L.* 31 § 22 *L.* 38 *pr. de aedil. ed.* (21. 1.) ［学説彙纂第21巻第1章「按察官告示と売買解除訴権と減額訴権について」第28法文（ガーイウス），第31法文第22節，第38

2) パウルスは，210日という数について述べ，これを septimus plenus mensis［セプティムス・プレーヌス・メーンシス。第七月いっぱい］と称する(c)。

3) ユスティーニアーヌス帝は，相続人が相続財産目録を最初の30日中に始め，それに続く60日中に終わるべきことを命じる。この両期間の合計を，帝は，そのあとで3か月の期間と言い表わす(d)。

4) 上訴において，ユスティーニアーヌス帝は，30日，1か月，そしてもう一度1か月の三つの期間を定める。これら三つの期間の合計を，帝は，それから，3か月で示しており，それゆえに最初の30日を1か月とみる(e)。

確かに，これとは逆に，上訴に関するもっと古い規定においては，それぞれ31日の三つの期間が存在して，これをユスティーニアーヌス帝自身が3か月と言い表わす(f)。しかしながら，この定めは孤立して存在するので，それによっては，何度も証明された30日という数は，すべての時代に有力である考えに基づくものとして，疑わしくされえない(g)。──いくつかの他の個所が，不当にも，異なった証言とみられている。L. 101 *de R.*

法文前文（ウルピアーヌス）］。

（c） Paulus IV. 9 §5, これを Censorinus de die nat. C. 9 と対比。──この個所は，（生命力に関する）付録Ⅲにおいて詳細に扱われる。上述 B. 2 S. 403 fg.［本書第二巻340頁以下］をみよ。

（d） L. 22 §2 *C. de j. delib.* (6. 30.)［勅法彙纂第6巻第30章「相続承認熟慮権について，および承認されるべき相続または取得されるべき相続財産について」第22法文第2節］，これと，同じ個所の §11［第11節］を対比。

（e） *Nov.* 115 *C.* 2.［新勅法第115号第2章］。

（f） L. 2 および L. 5 *pr. C. de temp. appell.* (7. 63.) ,,aliis trium mensum spatiis, *id est noninta et tribus diebus*, simili modo sequentibus."［勅法彙纂第7巻第63法文「上訴または伺の期間と再生について」第2法文，および第5法文前文：「次の3か月の期間，すなわち93日の期間が同じ仕方で続いて。」］

（g） 同じ意見が，R e i n f e l d e r annus civilis S. 116 fg. および U n t e r-h o l z n e r Verjährungslehre Ⅰ. S. 281 により弁護される。

§181　期間　2．正規の換算——*301*

J. (50. 17.)［学説彙纂第50巻第17章「古い法の種々の規則について」第101法文（パウルス）］がそうであって、これは、61日を2か月の内容として示すようにみえるが、しかし、実際には（§185において示されるであろうように）60日を前提とし、したがってむしろ30日のための証言に属する。——さらに、可能な妊娠の最短期間としての182日がそうである。これは、ローマ法の中へは、これについてのヒッポクラテスの、必ずしも厳密には従われていない言葉からとってきたものであって、決して1か月の日数の6倍に基づくのではなくて、むしろ1年の中に含まれた日数の2等分に基づく。これは、182日と分数を与えるが、ローマの法律家たちはその分数を、短いという理由で省略した[(h)]。——最後に、*L. 7 sol. matrim.* (24. 3.)［学説彙纂第24巻第3章「どのようにして婚姻解消後に嫁資が請求されるか」第7法文（ウルピアーヌス）］における嫁資果実の計算がそうであって、これは、決して可動の月について一定の日数を示すのではなくて、いくつかの例において（確かにやや不精確にではあるが）暦月を1年の12分の1として、したがって同じ長さとして前提する[(i)]。

　(h)　*L.* 3 §12 *de suis* (38. 16.)［学説彙纂第38巻第16章「自権相続人および法定相続人について」第3法文第12節（ウルピアーヌス）］、そこでは、*L.* 12 *de statu hom.* (1. 5.)［学説彙纂第1巻第5章「人間の状態について」第12法文（パウルス）］における septimo mense［第7月に］というはっきりしない表現との対比からのみ、182日がきっちり月の長さの6倍を言い表わすべきであるかのような間違った外見が生じているにすぎない。参照、Hippocrates de partu septimestri C. 1 in opp. ed. Charterius T. 5 p. 342 Paris. 1679 fol.
　(i)　現実のおよび外見上の差異が、Schrader civil. Abhandl. S. 198 fg. にとって、以下の説のきっかけとなった。すなわち、ローマ人は月を種々に計算したが、けっきょく、1年の12分の1（30と12分の5）に、その都度規定されている月数を乗じ、それからその積に最も近い整数をとらなければならないという見解が支配的となったというのである。この規則は、2か月を61日とし、それゆえに *L.* 101 *de R. J.*［学説彙纂第50巻第17章「古い法の種々の規則について」第101法文（パウルス）］も主要個所とみられる。この個所は、さらにのちに（§185）別の仕方で説明されるであろう。しかし、人為的な計算について好みも器用さも示すことが非常に少ないローマ人が、ここで、なんらはっきりした必要がないのにこのような計算を用いたはずだということを、そもそも認めてよいのだろうか。

—— 第二編　法律関係　第三章　発生と消滅

　以上のすべてを簡単な結果にまとめると、それはつぎの規則で表現される：ローマ法が法律事実をある数の月の経過に基づかせるところはどこでも、月はきっちり30日の期間と解されるべきである。——この規則の多くの適用は、現代法については消滅してしまっている[k]。以下の各場合は、今なおその規則に従って判断されるべきである：

341　永代借地の売却における2か月[l]。

　国庫に対し相殺とみなされるべき債務の証明についての2か月[m]。

　exceptio non numeratae dotis ［エクスケプティオー・ノーン・ヌメラータエ・ドーティス。嫁資不受領の抗弁］における3か月[n]。

　共有者が壊れた家屋を建てようとしないときの4か月[o]。

　判決利息における4か月[p]。

　売買解除訴権［redhibitorische Klage］の消滅時効としての6か月[q]。

　婚姻解消後の子の嫡出出生の最長期間としての10か月[r]。

　（k）　それに、私は、上掲の上訴についての期間および姦通を理由とする起訴についての期間（註 b. e. f）を数える。相続財産目録に関する定め（註 g）も、どうでもよい。というのは、ここでは月数と並んで日数がずばり述べられているので、もっと一般的な規則によればどれだけの日数が月に数え入れられるべきかは、この個所の説明にとってはどうでもよいからである。

　（l）　*L*. 3 *C. de j. emph.* (4. 66.)［勅法彙纂第4巻第66章「永代借地に関する法について」第3法文］。

　（m）　*L*. 46 § 4 *de j. fisci* (49. 14.)［学説彙纂第49巻第14章「国庫の法について」第46法文第4節（ヘルモゲニアーヌス）］。

　（n）　*Nov.* 100［新勅法第100号］。

　（o）　*L*. 52 § 10 *pro socio* (17. 2.)［学説彙纂第17巻第2章「組合員のための訴権」第52法文第10節（ウルピアーヌス）］。

　（p）　*L*. 2. 3 *C. de usuris rei jud.* (7. 54.)［勅法彙纂第7巻第54章「既判物の利息について」第2、3法文］。

　（q）　*L*. 19 § 6 *L*. 38 *pr. de aedil. ed.* (21. 1.)［学説彙纂第21巻第1章「按察官告示と売買解除訴権と減額訴権について」第19法文第6節、第38法文前文（ウルピアーヌス）］。

　（r）　*L*. 3 § 11 *de suis* (38. 16.)［自権相続人および法定相続人について」第3法文第11節（ウルピアーヌス）］。——けれども、私は、ここで試みた諸場合の列挙を決して完全だといおうとは思わない。

しかしながら，月が影響をもっているが，そこではそのような影響がなんらローマ法に由来しないのでこの規則の下に入らない他の諸場合が存する。そして，まさにこれらの場合が，適用にとって，たった今挙げた各場合よりもはるかにしばしば起こり，それゆえにはるかに重要である。訴訟手続期間が，法定のものであっても裁判官が定めるものであっても，それに属する。さらに月で定められた契約がそうであって，この場合はとくに手形においてしばしば現われる。ローマ人のところで支配的な考えは，ここではわれわれを拘束しないし，われわれは，それ自体目的にかなっていることを，それからまた近時の立法者や裁判官や契約者のありそうな意見として弁護できるであろうことをする自由がある。それで，ここでは，各月における日を連続数で言い表わすというわれわれの仕方によれば，最も容易なやり方は，月で定めた期間の満了が常に，その数が始めの日の数に応当する日に認められることにある。したがって，1か月の期間が1月17日に決められるときは，その終わりは2月17日に当たり，1か月の期間が2月17日に決められるときは，その終わりは3月17日に当たり，今実際には前者の期間が31日を含み，後者の期間が28日しか含まないことによって生じる不同は，顧慮されない。このあまり目立たない不同は，間違いに至りやすい30日の面倒な検算よりもまだましな僅かの悪である。ここで挙げた便利なやり方は，訴訟手続期間においては，すでに14世紀から，それだけで最も重要な典拠を有し(s)，わが国の現代の裁判所においては，たいてい実際の慣行によっても確認されているであろう(t)。

（s） JOAN. ANDREAE glossa in C. 6 de elect. in VI. (1. 6.). ——BARTOLUS in L. 98 de verb. sign. ——ALCIATUS in L. 98 de verb. sign. ——J. GOTHOFREDUS in L. 10 de reg. juris. ——MEVIUS in Decis. I. 231. ——MÜHLENBRUCH I. §85. ——S t r u b e n Bedenken I. 47 は，両方の計算の仕方を種々の裁判所で普通に行われているとみる。

（t） ライヒの諸法律は，動揺している。Conc. Ord. Cam. ［1613年の帝室裁判所規則］II. 33 §3 は，一つの場合において1か月を30日として計算し，1548年のライヒ議会の議決は，4週として計算する。——比較的古いフランスの判例も，しばしば4週を認める。MERLIN répertoire v. mois T. 8 p. 320. ——ローマ人に月の応当日により数えるこ

343 　同様に，契約において，とくに手形において，月は，始めの日に応当する数の月のうちの日に従って定められるべきである。このことは，プロイセン法において(u)，そしてフランス法においても(v)，明文をもって承認されている。

　このやり方における唯一の難点は，期間の始めが，長い月の最後の数日の一つに当たるが，その期間が満了する月にそんなに多くの日数がないときに生じる。最も簡単な対策は，月の最後の日に満了を生じさせることに存する。したがって，たとえば日付後［a dato］2か月払の手形が12月31

344 日に振り出されるとき，それは2月28日に満期となり，その手形が12月28日，29日あるいは30日に振り出されるとき，同じ結果が変わらず生じなければならない。プロイセン法律は，この最も自然な方策を，明文をもって承認した(w)。

―――――――

と（たとえば ante V. Kal. Jan.［1月朔日前第5日］から ante V. Kal. Febr.［2月朔日前第5日］まで）が必ずしも知られていなかったわけではないことを示すのは，L. 2 C. Th. de decur.（12. 1.）［テオドシウス帝の勅法彙纂第12巻第1章「十人隊の長について」第2法文］（§185. 1参照）であって，そこではしかし，その疑問は，はっきりとは述べられていない。30日が支配的なままであったことを，前掲の各個所が示すし，また，ローマ人においては，別のやり方は，わが国におけるよりもはるかに危険であった。なぜならば，確かに朔日は月の中で常に同じ位置を占めたが，しかし中日前第9および中日はそうではなかったからである。

　(u)　A. L. R.［普通州法］II. 8 §855「手形が数か月期限であるときは，各月は，その日数にかかわらず，振出がなされた月のうちの日をもって終わる。」――数か月間で決められた消滅時効においては，これに反し，プロイセン法律はローマ法に従い，月を30日で数える。A. L. R.［普通州法］I. 9 §550.

　(v)　Code de commerce art. 132 „Les mois sont tels qu'ils sont fixés par le calendrier grégorien."［フランス商法典第132条：「各月とは，グレゴリ暦によって決められているものをいう。」］私はそれを，月で満期を定める手形は，ちょうど30日で満期になるべきではなくて，振出の暦月の日数がより多いかより少ないかに応じて，あるいはもっと長く，あるいはもっと短く満期になるべきであるというように理解する。

　(w)　A. L. R.［普通州法］II. 8 §856「そういう手形が月の最後の日に振り出されて

これまで立てた諸規則を一つの共通の概観においてまとめようとするとき，ここで考察したすべての時間の中で日が最も重要であることが分かる。なぜならば，その他のものが常に日に立ち戻るにすぎないからである。すなわち，われわれが年，月，週で言い表わされたなんらかの期間を権利変動の基礎として用いるべきとき，このことは常に，われわれが，これらの期間を日に分解することにより，可動の期間の真の終わりがその範囲の中に入る一定の日をみつけることによってなされる。つまり，この真の終わりは，そういうみつけられた日のうちで，その期間全体が始まった出来事の時点とぴったり一致する時点である。したがって，ある使用取得において，占有が1日のうちの早い時刻にまたは遅い時刻に取得されたとき，その使用取得の結末も，ぴったり応当する1日のうちの時刻になる。われわれがこの真の終わりを数学的［mathematisch］終点と呼び，権利変動が生じる時を法的［juristisch］終点と呼ぶとき，これまでにいったことは，つぎのようにも言い表わされる：法的終点は数学的終点ときっちり一致しなければならない。

　しかしながら，この規則を適用すると，諸困難が現われるのであって，これらの困難は，確かにローマ人においては，われわれのところにおけるよりも大きかったが，しかしわれわれにとってもなお非常に大きいので，われわれはそれを，誇張なしにほとんど克服できないと称しうる。

　第一に，かなり小さい時間部分を完全な精確さをもって定めるための道具がない。この欠陥は，ローマ人においては非常に大きかったし（§180.g），われわれのところでは，確かに小さくなってはいるが，今なお十分

おり，支払がなされるべき月の日数がもっと少ないとき：満期は支払月の最後の日になる。」今おそらく，そのことと，月のうち最後から二番目の日から再び最後から二番目の日へ向かって計算されるなどということが両立できるであろう。しかしながら，このことは，12月30日に振り出された2か月手形が2月27日に満期となり，これと逆に，12月28日に（したがってもっと以前に）振り出された同じ手形が，これにおいては純粋の規則が適用できるであろうから，2月28日にはじめて満期になるというがまんできない矛盾に立ち至るであろう。この矛盾は，本文に挙げたやり方によって避けられる。

感じられる。もちろん，この点で，天文的観測においては驚嘆すべきことが行われるが，市民生活の急ぎの，しばしば取るに足らない取引において，なんらか十分な確実さを時，分などの定めの中にもちこむことは，どうしてありうるだろうか。——このような明白な不可能の一つの結果は，慎重な業務執行においてさえ，確かに取引が行われる日は厳密に書き留められるのが常であるが，これに反し１日のうちの時刻はまったく気付かれないままであるということである。それで，数学的終点は常に応当する始点にかかっているから，始点については，したがって終点についても，１日のうちの時刻はたいていまったく突き止めることができないであろう。——この困難は，日と時間の長さが変化することによってなお増大させられる（§180）。この長さの変化は，最も完全な時計と並んでさえ今なお人為的な換算を必要にする。——しかし，その困難は，ローマ人においては，われわれのものとまったく異なる時間の制度（§180）によってはるかに高い程度に増大される(x)。

われわれがこれらの事情の一体になった重みをはっきり知るとき，法的終点と数学的終点のきっちりした一致を生じさせることはたいていの場合にほとんど不可能であり，むしろ実際の適用についてはかなり近似の精確さに甘んじなければならないことを，納得せざるをえない。今われわれがこの単に消極的な結果のままでいようとするならば，それは心配がないとはいえないであろう。というのは，一方では，やむをえず認められた不精確さが行き過ぎと濫用に誘うかもしれないし，他方ではまた，個々の場合にそういう諸困難を克服しようとする，たえず繰り返される試みが，目的

(x) この最後の困難は，（使用取得におけるように）まる何年に存する期間においては消滅するが，しかし，ローマ法において現われる60日または100日，3か月または6か月などの期間においては存在し，それどころかそれはここではほとんど克服できないと称せられえた。というのは，その困難は，ローマ人においてはまず成立しえなかったであろうような，また確かに一度も一般的な使用に至りえなかったであろうような人為的な換算表によってのみ排除されえたからである。

の重要さとまったく不釣り合いであろうような，諸力の浪費に立ち至るであろうからである。これらの不利益に対処するためには，課題は，法的終点と数学的終点の一致を率直に断念し，しかし同時に許された偏差を固定した，できるだけ狭い範囲内に閉じ込めることに存するであろう。このような制度によって，実際上の必要は，満足をみいだしたであろう。なぜならば，上述の諸困難の不便な影響が完全に排除されているであろうからである。

§182
VI．期間　3．法定期間計算
[Die Zeit　3. Civile Zeitrechnung]

Donellus V. 19.

Rücker de civili et naturali temporis computatione Lugd. Bat. 1749.

K o c h Belehrungen über Mündigkeit zum Testiren usw. Gießen 1796.

――Bestätigung der Belehrungen usw. 1798.

H a g e n m e i s t e r über die Mündigkeit zum Testiren, Civil. Mag. B. 3 Num. 1 (1798) mit Vorerinnerung von H u g o.

E r b über den annus civilis, Civil. Mag. B. 5 Num. 8 (1814).

U n t e r h o l z n e r Verjährungslehre I. §90 (1828).

L ö h r über civilis computatio, Archiv B. 11 (1828) S. 411-424.

R e i n f e l d e r der annus civilis. Stuttgart 1829.

――――――

前節の終わりに出された課題は，所与のどの場合にも容易に確実に用いることができ，同時に数学的終点から外れることができるだけ少ないような，可動の期間の法的終点をみいだすことであった。この課題のためには二つの可能な解決が存するけれども，その二つは同じ基本概念に基づく。すなわち，法的終点を数学的終点に先行する真夜中に置くことができ，ま

たは数学的終点の後に続く真夜中に置くことができる。両制度によって，目的は同じように完全に達成される。というのは，今は可動の日が暦日と一致することによって，人為的な換算の必要は消滅し，困難さの理由を含んだもっと小さい時間の算出は不必要となるからである。ところで，二つの暦日を互いに区別することは，教養のない人にも容易である。なぜならば，両方の暦日の間の真ん中に常に暗黒と仕事休みのはっきりした時間が存するからである。上掲のやり方は，つぎのようにも言い表わされる：暦日が，（実際はそうであるあるように）拡大された期間ではなくて，不可分の時間部分すなわち時間構成部分であるかのように取り扱われる。ただ忘れてならないのは，この解釈が上述の困難の除去のためのもう一つの表現にすぎないことである。多くの間違いは，その立てられた決まり文句をなにか独立のもの，こういう困難およびそれの除去と関係のないものとみて，それからそれだけでさらに発展させ，理由のない恣意的なそういうやり方によりこの研究の中に大きな混乱が持ち込まれたことによって生じたにすぎない。——さて，上掲のやり方の結果は，期間満了の効果が法規の厳格な適用（これが実行できるとすれば）により生じるであろうよりもやや早くまたはやや遅く生じ，それゆえに所定の期間が実際には拡大または短縮されることにある。その誤差は，あるいは多くあるいは少ないが，ただ決してまる24時間になることはなく，それゆえに，その誤差は，上述のところで要求されたように，固定した狭い範囲内に閉じ込められており，ほとんど知覚されないものとして消えてしまう。確かに，そのことによって，厳格に実行された法規に比して，当事者の一方は少しばかり時間をかせぐし，もう一方は同じだけの時間を損するであろう。しかし，この損益は，決してそのやり方の目的ではなく，われわれがもっと大きい悪を免れるためにわざと許している，やむをえない悪にすぎない。

　私は，課題の上掲の二つの解決がそもそもそれだけしかない解決であるといった。それと並んでなお別のどんな解決を試みることができるだろうか。たとえば，最も近い真夜中に固執しないで，第二の真夜中へ戻りまた

は進み，そこに法的終点が置かれるかもしれない．それによっても，困難は排除されているであろうが，しかし，われわれは，まったく理由なしに目的を越えてしまうであろう．われわれは，1暦日だけもっと多く真実から外れたことによって，純粋の恣意の領域にいるであろうし，また，十分に理由があってこそ，2日，3日あるいはそれ以上多い日を戻りまたは進むのであろうのに．──最後に，なお，数学的終点から可動のまる1日だけ戻りまたは進むように，したがって，たとえば数学的な終わりが1月2日の正午に当たるとき，その代わりに1月1日のまたは1月3日の正午を法的終点として置くようにされるかもしれない．しかし，この試みは，ただちに，完全に非難すべきものと思われる．なぜならば，それによって，課題全体が前提とする困難は，決して減らされないし，それは，完全に無意味な，なにによっても正当づけられない，真実からの逸脱であろうからである．

　ところで，課題の二つの同じように目的にかなった解決が実証されたのではあるけれども，なお両者の間の選択が残っている．すなわち，その一つだけを認めるというやり方か，場合の違いに応じて両方を認めるというやり方かである．この点で恣意的な処置をしないために，すでに別のところで確証された原理を捜し出さなければならない．ここでは，われわれは，部分的な不確定にかかわり合わなければならないのであって，この不確定は，必然的に両当事者の一方の利益にならなければならない．このような不確定は，他の法律関係においても現われることが希でなく，その場合それは常に，まず問題になる行為（許されたまたは必要な行為としての）の行為者の利益になる．そういうことで，選択債務または種類債務においては，債務者が，どの個体をまたはどの品質を与えようとするかを選択できる[a]．逆に，時または地がまったく不確定な債務においては，債権

　（a）　*L*. 138 §1 *de V. O.* (45. 1.) ［学説彙纂第45巻第1章「言葉による債務関係について」第138法文第1節（ウェヌレイウス）］, *L*. 52 *mandati* (17. 1.)［学説彙纂第17巻第1章「委任訴権または反対訴権」第52法文（ヤーウォレーヌス）］．──同様に，決まった年のうち

者が，いつ，またはどこで訴えようとするかを選択できる。なぜならば，債権者の一般的に承認された訴権は，この関係においては無制限のままであるからである(b)。──この原理をここで問題にしている場合に適用すると，つぎのような取扱に立ち至る。使用取得におけるように，期間の満了により権利が取得されるべきときは，先行する真夜中が法的終点と認められるべきである。なぜならば，上掲の不確定の場合には，取得者が，暦日全体のうちのどの瞬間にも取得を完成したものとみる権限を有するからである。これに反し，訴権消滅時効におけるように，期間の満了により権利が失われるべきときは，次の真夜中が法的終点と認められなければならない。なぜならば，訴権者が，同じように上掲の不確定を理由に，暦日のどの瞬間にも，なお適時に訴えていることを主張できるからである(c)。──法規が期間の満了［Ablauf］を権利変動の条件として述べる通常の場合においては，そうである。これに反し，はっきり，期間を越えること［Überschreitung］が条件とされているときは，常に，（権利の取得が問題であるところでも）次の真夜中と解されなければならない。なぜならば，まさに

に支払う義務を負う者は，支払おうとする日を選択できる。*L.* 50 *de O. et A.* (44. 7.)［学説彙纂第44法文第7章「債務と訴権について」第50法文（ポンポーニウス）］．

（b） *L.* 41 §1 *de V. O.* (45. 1.)［学説彙纂第45巻第1章「言葉による債務関係について」第41法文第1節（ウルピアーヌス）］, §33 *J. de act.* (4. 6.)［法学提要第4巻第6章「訴権について」第33節］，この後者の個所は，支払期がはっきり定められている場合にのみ原告の任意を制限し，したがってその他の場合には無制限のままとする。──時がまったく不確定のままである場合に，債務者を，行為をする権限のある者とみようとし，したがって債務者に時の選択を任せようとするならば，それは，強制［Nothwendigkeit］としての債務の基本概念を廃棄するであろう。なぜならば，強制がむなしいものになるであろうからである。

（c） 両方の場合において，使用取得においては従来の所有者が自分の権利を失い，訴権消滅時効においては債務者が抗弁を取得するから，その規則を逆にしようとされるかもしれない。しかしながら，これらの人への顧慮は，明らかに副次的であり，それゆえに，その法規は，直接的には，その人たちにではなくて，その作為または不作為が権利変動の理由であるべき相手方に向けられている。

§182 期間　3．法定期間計算——*311*

暦日の不可分性のゆえに，次の日にはじめて，期間を越えていることが主張されうるからである[d]。

———————

ここで試みられた法定期間計算の基礎づけは，通常の基礎づけとまったく異なる。後者は，以下の命題に還元されるのであって，そこでは，いろいろなずれはあるにしても，少なくともたいていの人が一致している。すなわち，多くの場合において，期間は，最後の期間部分が始まっていさえすれば，すでに完了したものとみられるという特別の仕方で計算されるといわれる。この変速的な期間計算が civilis computatio［キーウィーリス・コンプターティオー。市民法上の計算］と呼ばれ，正規の期間計算が naturalis computatio［ナートゥーラーリス・コンプターティオー。自然的な計算］と呼ばれる。——一方の計算または他方の計算が用いられるべき場合の境界につい

———————

（d）ひと目見て，この最後の区別が，あまりに微細としてしりぞけられがちであるかもしれない。しかしながら，まさにこれについて，古い法律家たちの諸個所が一番疑わしくない。*L*. 1 *de manumiss*. (40.1.) „non enim majori XX. annis permitti manumittere, sed minorem manumittere vetari : jam autem minor non est, qui diem supremum agit anni vicesimi."［学説彙纂第40巻第1章「奴隷解放について」第1法文（ウルピアーヌス）：「というのは，20歳を越える者が解放することを許されたのではなくて，20歳に満たない者が解放することを禁じられたからである。今やしかし，20歳の最後の日を暮らす者は，20歳に満たない者ではない。」］（したがって，lex［法律］が major［20歳を越える者］といっていたならば，次の日が要求されたであろう。）*L*. 66 *de V. O*. (45. 1.) „quia de minore lex loquitur."［学説彙纂第45巻第1章「言葉による債務関係について」第66法文（パウルス）：「というのは，法律は未満の者についていうからである。」］ *L*. 3 *de j. immun*. (50. 6.). „Majores LXX. annis a tutelis et muneribus vacant.. non videtur major esse LXX. annis, qui annum agit septuagesimum."［学説彙纂第50巻第6章「負担免除の法について」第3法文（ウルピアーヌス）：「70歳を越える者は，後見および負担を免除されている。…70歳を暮らす者は，70歳を越えているとみられない。」］つぎの個所を参照，*L. un. C. qui aetate* (5. 68.).［勅法彙纂第5巻第68章「高齢を理由に弁解する者」単一法文］，*L*. 3 *C. qui aetate* (10. 49.)［勅法彙纂第10巻第49章「高齢または職業を理由に弁解する者」第3法文］，*L*. 2 *pr. de excus*. (27. 1.)［学説彙纂第27巻第1章「免除について」第2法文前文（モデスティーヌス）］。

ては，意見が非常に異なっているので，この点で共通のことは示されない。

諸概念がこのように立てられることから，二とおりの計算方法だけが現実に現われるものとして前提されることが，よく分かる。すなわち，法的終点が数学的終点と一致するような計算方法と，法的終点が後戻りして置かれ，したがって期間自体が短くされるような計算方法である。しかしここですでに，そしてその問題自体について決定する法源の証言を検討する前に，この考えに反対してつぎの論評が持ち出されうる。civilis computatio［市民法上の計算］という概念がそのように抽象的に立てられることによって[e]，それは最後の年および最後の月にも最後の日にも同じく適用できるようにみえるし，実際にこのことは，かなり多くの人によって主張された。もっとも，たいていの人はやはり最後の日に限るのではあるが[f]。しかし，そのことによってすでに，この変則についてのすべての確かな基礎は消滅している。なぜならば，上述のところで唯一の動機として出された，もっと小さい時の部分の探求における困難が，今や説明理由としてまったく脱落するからである。また実際に，たいていの人も，その事柄全体の中に，単に恣意的なことを，すなわち所定の期間の一部を免除されるべき者に対する一種の寛大な処置と気前よさをみるようである。しかし，この寛大な処置は，明らかに，その場合受贈者が得るのと同じだけを失う相手方の負担で行われるから，この説明理由は，まったく根拠が薄弱であり，それどころか，最後の日の考察を越えて行く説明はどれも，そも

（e）この抽象的な仕方では，その概念は，とくにＫｏｃｈ S. 21 によって示される。

（f）地方市における名誉の地位においては，25歳に入ること［Eintritt］が要求され，25歳が完了すること［Vollendung］が要求されるのではないという規則が行われた。*L.* 8 *de muner.* (50. 4.)［学説彙纂第50巻第4章「賦課と名誉官について」第8法文（ウルピアーヌス）］，*L.* 74 §1 *ad Sc. Treb.* (36. 1.)［学説彙纂第36巻第1章「トレベリウス元老院議決註解」第74法文第1節（パウルス）］。それは，まったく孤立した規則であって，法定期間計算の問題とまったくなんら内的関連を有しなかった。それは，たまたま一つの特定の法律が利用した表現の結果であった。

§182　期間　3. 法定期間計算 —— *313*

そもしりぞけられなければならない。短縮は当事者の一方の気前のよい優遇とみられるべきではなくて，以前の法規により定められた長すぎる期間の改善とみられるべきであるという言い回しを試みようとしても，それでも得るところは少ないであろう。というのは，半日だけの，あるいはまた（たいていの人が欲するように）1日半だけの短縮は，まったく取るに足らないので，立法者または法律家にこのような改善の意図を帰することによって，あまりその人たちに敬意を表することにはならないからである。

しかし，今この場で，特別の注意に値するのは，用いられた専門語であって，これに対しては，これまでほとんどまったく抵抗が感じられたことがない。われわれは，そもそも，法源に従った術語の形成に利用されうるつぎの個所しか有しない。

L. 3 §3 *de minor.* (4. 4.).「Minorem .. videndum an .. dicimus *ante horam qua natus est* .. ita erit dicendum, *ut a momento in momentum* tempus spectetur."［学説彙纂第4巻第4章「25歳未満の者について」第3法文第3節（ウルピアーヌス）:「.. に満たない者とみられるべきであると .. 生まれた時間の前にわれわれはいうかどうか ..。瞬間から瞬間へ期間が判断されるというようにいわれるべきであろう。」］

L. 6 *de usurp.* (41. 3.).「In usucapionibus *non a momento ad momentum*, sed *totum postremum diem* computamus."［学説彙纂第41巻第3章「中断的使用と使用取得について」第6法文（ウルピアーヌス）:「使用取得においては，われわれは，瞬間から瞬間へではなくて，最終の日全体を計算する。」］

L. 134 *de V. S.* (50. 16.).「quia annum *civiliter*, *non ad momenta temporum*, sed *ad dies* numeramus."［学説彙纂第50巻第16章「言葉の意義について」第134法文（パウルス）:「というのは，われわれは，年を市民法上，時の瞬間によってではなくて，日によって計算するからである。」］

これらの個所における唯一のはっきりした，ほとんど同じ形の専門語は，a momento in (ad) momentum tempus spectare (computare)［瞬

から瞬間へ期間を判断する（計算する）こと］または ad momenta temporum annum numerare［時の瞬間によって年を計算すること］であって，この計算方法は，第一の個所の場合には是認され，続く二つの場合にはしりぞけられる。この専門語の意味は，疑われえない。すなわち，それは，最も小さい時の部分を顧慮しての期間計算であり，それゆえに（第一の個所がはっきりいうように）日の中の各時間に目が向けられる。つまり，私が法的終点と数学的終点の一致と称したものである。それの逆は，*totum postremum diem computare*［最終の日<u>全体</u>を計算すること］または *ad dies annum numerare*［<u>日によって</u>年を計算すること］，つまり，もっと小さい時の部分をほったらかしにして，日が不可分の時の部分であるかのように，日全体によってのみ計算することを意味するが，このような表現では，このやり方によって期間が短縮されることになるか拡大されることになるかは，さしあたりまだ不確定のままである。──したがって明らかに，civilis computatio［市民法上の計算］と naturalis computatio［自然的な計算］という表現は，全然現われず，ただ civiliter numerare［キーウィーリテル・ヌメラーレ。市民法上計算すること］という表現の中に，それらにある程度似ているようにみえるなにか，またわが著述家たちが非常に恣意的にそういう術語に発達させたなにかがあるだけである[g]。しかし，この術語は，ひと目見て思われるよりも重要であり，昔から公平な批判を非常に抑

（g）MACROB. saturn. I. 14 における annus civilis［常用の暦年］という表現は，シーザーによって新たに整えられた暦年を言い表わし，したがって，dies civilis［市民法上の日］という表現（§180.b）と同様，ここには属しない。これに反し，確かに，ここで問題になっている特別の期間計算に関して，GELLIUS III. 2 の表題に civilis annus［市民法上の年］がある。しかしながら，こういう表題は，法源に従った証言とみなされえず，この表現は，いずれにせよ，わが法律著述家たちの術語と同一ではない。──私は，一方において，これまで支配的な用語に慣れている人たちにとって分かりやすいままであるために，しかし他方において，ラテン語の形を避けることによって，この形が法源の中に専門語として現われるかのような誤りをもはや勢いづけないために，<u>法定期間計算</u>［civile Zeitrechnung］という表現を選んだ。

§182　期間　3．法定期間計算——*315*

圧してきた。というのは，この二つに区分した各部分からおのずから，ad momenta［アド・モーメンタ。瞬間による］計算のほかには一つの計算しかないということが出てきたようであって，これを civilis computatio［市民法上の計算］とみることにひとびとはかつて慣れていて，これが，この専門語と勘違いされたものによって簡単でもっぱらの概念として固定されていた。つまり，期間を短縮するような計算方法であった。さらに，naturalis computatio［自然的な計算］という名称は，気付かれずに，この計算方法を，例外がとくに実証されえないところではどこでも生じなければならない正規のものとみることに行き着いた。したがって，これらの見解はすべて，上掲の無批判な仕方ですべての研究より以前にこびりついていたのであり，こうして，けっきょくのところすべてがかかっている，決定的な個所の公平な解釈は，ほとんど期待できなかった。

　ここで挙げた真正の専門語は，なお以下の関係においても重要である。明らかに，ここでは，non a momento［ノーン・アー・モーメントー。瞬間からではなく］という表現が civiliter［市民法上］と完全に同じ意味に用いられる。しかし，このことは，civiliter［市民法上］という概念が瞬間による計算の単なる否定によって尽くされることを指し示す。そこからまたすでに，法定期間計算が最も近い真夜中にのみ通じえ，もっと遠い真夜中には通じえないということが結果として出てくる。なぜならば，後者を認めることは，momentum［モーメントゥム。瞬間］の否定をはるかに越えるであろうからである。

　以上の考察は，ここで現われている諸問題について決定できるのではなくて，決定の準備をすることができるにすぎないが，その決定自体は，この対象に関するローマ法の各個所の慎重な考察から出てくるに違いない。しかしそれの解釈が批判的な基礎を得るためには，なお，二つの本質的な先行問題の考究が企てられなければならない。いくつかの，またまさしく最も重要な個所において，われわれは，あるいは期間の最終の日を，ある

いは序数によって言い表わされる日を指示される。その場合，今度はつぎのような問題が生じる。第一に，どの種類の日がこのような個所でいわれているのか，可動の日か暦日か。第二に，序数が現われる個所において，計算はどう解されるべきか。

さて，（いくつかの個所において述べられる）最終の日おいても（他の個所において）数をもって言い表わされる日においても現われる第一の問題に関しては，dies［日］という表現はそれ自体としては可動の日とも暦日とも解されているかもしれない。最終の日が述べられている場合そうである(h)。したがって，たとえば数学的終点が1月2日の正午に当たるとすれば，postremus dies［ポストレームス・ディエース。最終の日］は1月1日の正午から1月2日の正午までの時であろう。だがこの時がいわれていないということは，上掲の諸個所のうちのいくつかから反論の余地なく結果として出てくるのであって，そういう個所においては，ずばり真夜中が（しかも先行の真夜中が）最終の日の始点として挙げられ，そのことは可動の日を考えることを排除する(1)。同じことを，われわれは，その他の，この

（h）　最終の日が現われる個所は，大体においてつぎのとおりである。supremus dies［最後の日］. *L*. 1 *de manumiss.* (40. 1.)［学説彙纂第40巻第1章「奴隷解放について」第1法文（ウルピアーヌス）］.——postremus［最終の（日）］. *L*. 6 *de usurp.* (41. 3.)［学説彙纂第41巻第3章「中断的使用と使用取得について」第6法文（ウルピアーヌス）］.——novissimus［最後の（日）］. *L*. 15 *pr. de div. temp. praescr.* (44. 3.)［学説彙纂第44巻第3章「種々の長期間占有の抗弁についておよび占有の通算について」第15法文前文（ウェヌレイウス）］および *L*. 6 *de O. et A.* (44. 7.)［学説彙纂第44法文第7章「債務と訴権について」第6法文（パウルス）］.——extremus［最終の（日）］. *L*. 132 *pr. de V. S.* (50. 16.)［学説彙纂第50巻第16章「言葉の意義について」第132法文前文（パウルス）］．

（i）　このことは，前註に挙げた個所のうちの初めの三つについてあてはまる。第一のもの（*L*. 1 *de manum.*［学説彙纂第40巻第1章「奴隷解放について」第1法文（ウルピアーヌス）］は，それ自体直接に前もって真夜中に言及しており，続く二つについては，*L*. 7 *de ursurp.* (41. 3.)［学説彙纂第41巻第3章「中断的使用と使用取得について」第7法文（ウルピアーヌスっ）］との対比によってそれが明白である。（それらの個所自体は§183に掲げられている）。

点であまりはっきりしない個所に転用することができる。また，この解釈は，すべての個所について内的な確からしさにより確証される。というのは，この方法でだけ，期間の満了を実定法により修正する唯一の理解できる理由である上述の実際上の困難に対処できるからである。それどころか，さらに，すべてのこのような個所は，われわれのやり方のための教示であるし，また確かに，われわれが個々の場合の判断について直接的で具象的な知覚の対象である暦日の顧慮を指示される方が，まず人為的にまた面倒な証明によって調べられ限界づけられなければならない可動の日の顧慮を指示されるよりも，もっと自然に受け入れられる。今このようにpostremus dies［最終の日］がある暦日であるとき，それは，数学的終点が入る日にほかならず，したがって，数学的終点は，所定の期間が一部は数学的終点の前に，一部はその後にあることによって，部分的にしか，指定された期間に属しない。それからなお，extremus dies［エクストレームス・ディエース。最終の日］のこういう説明は，もう一つの法理論においてextremus annus［エクストレームス・アンヌス。最終の年］が示すまったく類似の意味によって，非常に支援される。嫁資においては，婚姻中に生じた果実は夫に属し，その後の果実は妻またはその相続人に属するというのが，規則である。この規則の農作物への適用については，婚姻の最初の日から婚姻年数が計算される。この計算が十分にずっと続けられると，けっきょく，離婚が生じた年に至るのであり，この年はextremus annus［最終の年］またはnovissimus annus［ノウィッシムス・アンヌス。最後の年］と呼ばれ，その年の収穫は，期間に比例して夫と妻の間に分けられるべきである[k]。今ここで，extremus annus［最終の年］が，離婚がその範囲内に入

（k） L. 31 *de pactis dot.* (23. 4.)［学説彙纂第23巻第4章「嫁資の約束について」第31法文（スカエウォラ）］，L. un. §9 C. de r. u. a. (5. 13.)［勅法彙纂第5巻第13章「問答契約に基づく訴権に移された嫁資返還請求訴権について，および給付された嫁資の本質について」単一法文第9節］．別のところでは，それはannus quo divortium factum est［離婚がなされた年］と呼ばれる。L. 5 L. 7 §3 L. 11 *sol. matr.* (24. 3.)［学説彙纂第24巻第3章「どのよ

るが部分的にしか婚姻に属しない年を意味するのと同様に，ここでの理論においては，extremus dies［最終の日］は，数学的終点まで（ad momentum［瞬間へ］）続けられた所定の期間になお部分的にしか属しない暦日を意味する。

次に，ここで最終の日について詳述したことは，数で言い表わされた日についてもあてはまらなければならず，それゆえに，これも暦日と解されるべきであって，可動の日と解されるべきではない[1]。そのことに有利な証拠になるのは，一部は，postremus dies［最終の日］の個所の類推であり[m]，一部は，そこでもここでも同じように重要である，たった今実証された内的な確からしさである。しかし，なおはるかに決定的なのは，数えられた日が現われる個所のうちの一つにおいて，同時に ad momento［瞬間による］計算がはっきりしりぞけられ，暦日による計算が承認されるという事情である[n]。こうして，われわれは，したがってすでにここで，こ

うにして婚姻解消後に嫁資が請求されるか」第5法文，第7法文第3節（ウルピアーヌス），第11法文（ポンポーニウス）］，PAULUS. II. 22 §1.

（1）つぎの個所がそれに属する。L. 30 §1 ad L. J. de adult. (48. 5.)［学説彙纂第48巻第5章「罰せられるべき姦通についてのユーリウス法の註解」第30法文第1節（パウルス）］sexagesimus［第60の日］.——L. 101 de R. J. (50. 17.)［学説彙纂第50巻第17章「古い法の種々の規則について」第101法文（パウルス）］sexagesimo et primo［第61日に］.——L. 1 §8. 9. de succ. ed. (38. 9.)［学説彙纂第38巻第9章「承継に関する告示について」第1法文第8．9節（ウルピアーヌス）］および L. 2 §4 quis ordo (38. 15.)［学説彙纂第38巻第15章「相続財産占有においてどのような順序が守られるべきか」第2法文第4節（ウルピアーヌス）］centesimus［第100日］．——L. 134 de V. S. (50. 16.)［学説彙纂第50巻第16章「言葉の意義について」第134法文（パウルス）］trecentesimo sexagesimo quinto［第365日に］．

（m）この類推は，一般的に人を納得させるのみならず，挙げられた場合のうちの一つにおいて拒否できない。というのは，L. 132 de V. S.［学説彙纂第50巻第16章「言葉の意義について」第132法文（パウルス）］において extremus［最終の日］と称せられる同じ日が，L. 134 de V. S.［学説彙纂第50巻第16章「言葉の意義について」第134法文（パウルス）］において trecentesimus sexagesimus quintus［第365日］と称せられ，そのうえ両個所の著作者が同一人であるからである。

（n）L. 134 de V. S. (50. 16.)［学説彙纂第50巻第16章「言葉の意義について」第134法文

§182 期間　3．法定期間計算——*319*

の一般的な準備的考察において，きっぱりとつぎのように主張することができる：期間の精確な数学的真実からずらされるところではどこでも，常に，真夜中が，したがって暦日の境界が，法的終点とみられるべきである(o)。

これまで扱った問題とまったく異なるのは，期間の満了を数で定める各個所（註1）において，計算がどのように解されるべきかという別の問題である(p)。すなわち，ローマ人が，序数を一般に，またとくに期間において用いる場合に，二とおりの方法が存在する。それは，計算が出発点とする部分（たとえば日）が，あるいは算入され，あるいはまた算入されないことによる。さてこの点でローマ人の用語が不確かであることは明らかであるから，われわれは，こういう計算が現われるどの個所においても，別の理由により正当づけられた規則にそれを適合させるような用語を用いることができる。したがって，すべてのこれらの個所は，中立的な領域とみられるべきであり，そのどれをもってしてもそれだけでは，なんらかの見解のための証明はなされえない。とくに，われわれは，その用語のこういうあいまいさを，古い法律家たちの各個所の間の外見上の矛盾を解決する

———————

（パウルス）]，後述§184参照）——この個所において瞬間による計算がはっきりしりぞけられるから，incipiente die［始まる日に］は暦日の始まりで理解するほかありえず，そこからまたただちに，数によって言い表わされた日も暦日でなければならないという結果が出てくる。

（o）真夜中を指示する個所は，大体つぎのとおりである：Gellius III. 2, *L. 7 de usurp.* (41. 3.)［学説彙纂第41巻第3章「中断的使用と使用取得について」第7法文（ウルピアーヌス）]，*L. 1 de manumiss.* (40. 1.)［学説彙纂第40巻第1章「奴隷解放について」第1法文（ウルピアーヌス）]，*L. 5 qui test.* (28. 1.)［学説彙纂第28巻第1章「遺言を作成しうる者および遺言を作成する方法について」第5法文（ウルピアーヌス）].——ところで，ここで特別の視点の下でまとめられたにすぎないすべてのこれらの個所は，それ自体の場所でもう一度もっと詳細に検討されるであろう。

（p）このやっかいな問題に関しては，ここではただ簡単に結果が挙げられるにすぎない。その研究自体は，この場所では前後関係を中断しすぎたであろうが，付録XIにある。

目的のために主張してよい。

　　　　　　　　　————

　私は，法定期間計算が現われる個々の場合の研究に移る前に，つぎの考察を先行させたい。ローマ人がこの対象を取り扱う際に分別をもって事を進めたということは，必ずしも必然的ではない。ローマ人のやり方が，無思想で恣意的で矛盾に満ちたものであったことがありうるし，ローマ人が日常生活の対象，実際的必要の対象に関して無用の思索に陥ったことがありうる。そのすべてが可能である。しかし，われわれが，ローマ人の言説を，これらの非難がローマ人から取り除かれるように，ローマ人のやり方の中に脈絡，単純，合目的性が現われるように解釈することに成功するならば，この結果は，それ自体望ましいのみならず，われわれが非常に多くの他の法理論のローマ人による取扱の中に認める精神にも相応する。

　私は，なお，以下の個々の研究の概観を，そういう研究の結果をすぐここで僅かの言葉でまとめることによって，容易にすることを試みたい。私が信じるところでは，ほとんど至る所で，期間の法的終点は数学的終点から分離されているということが明らかになる。それは，あるいは先行の真夜中に，あるいは次の真夜中に置かれているが，そのことは，まったく，上述のところで一般的考察によりそのような異なった取扱について述べた理由によるものである。唯一の場合に，数学的終点（momentum temporis［モーメントゥム・テンポリス。時の瞬間］）が同時に法的終点として維持されている。それは，回復の条件としての未成年においてである。

　さて，この説とは，これまでわが著述家たちによって立てられた説は，多かれ少なかれ相違する。なにか同じ形のものは，ここでは挙げられないが，それでもたいていの人は，以下の諸点において一致している。その人たちは，法定期間計算において，大部分，数学的終点の前の一番近い真夜中にだけではなくて，二番目の真夜中に遡る。私が次の真夜中と考える他の場合には，その人たちは，その代わりに数学的終点自体を置き，それゆえに，その人たちは，ad momenta［瞬間による］計算に，私がするよりも

はるかに大きい広がりを与える。それとは逆に，私は，法的終点をまる24時間だけ数学的終点の前に置いた著述家を知らない。このやり方が，多くの人たちによって述べられた諸概念や諸原則に従えば，確かに首尾一貫しているであろうのに[q]。

§183
VI. 期間　3．法定期間計算（つづき）
[Die Zeit　3. Civile Zeitrechnung（Fortsetzung）]

個々の場合の中で，まず第一に，期間満了により権利が取得されるような場合が目立つ。

A.　使用取得 [Usucapion]

われわれが期間計算に関して最も内容豊富な情報を有する法律関係は，使用取得である。われわれは，それについて，古老クィントゥス・ムーキウス・スカエウォラの一つの個所で，後の著述家たちによって保存されたものと，ウェヌレーイウスの一つの個所と，ウルピアーヌスの二つの個所を持っている。

スカエウォラの個所は，ゲルリウス（III. 2）とマクロビウス（Saturn. I. 3）において保存されている。マクロビウスは，それをゲルリウスからとったにすぎないらしく，それゆえに，マクロビウスは，ゲルリウスの原文の補正にのみ利用できる。さて，スカエウォラの個所は，ゲルリウスにおいて，補正された原文[a]では，こうである。

(q)　Koch S. 26. 94 は，真の civilis computatio［市民法上の計算］は本当は24時間だけ数学的終点の前へ遡らなければならないという独自の見解を有する。しかし，彼は，ローマの法律家たちがこれを決して承認していないで，誤ってまず初めにこの（本当は正しい）終点の次の真夜中を，それから先行の真夜中を受け入れたと付け加える。この最後の受入が，最も新しい，ただ一つ現行の法であろう。

(a)　私はここで，この個所においてここでの目下の問題にまったくなんら影響をもたないような原典批判的疑問によって気を散らせたくない。資料は，一部はゲルリウス

365　Q. quoque Mucium Ic. dicere solitum legi, Lege non isse usurpatum mulierem, quae Kalendis Januariis apud virum causa matrimonii esse coepisset, et ante diem quartum Kalendas Januarias sequentes usurpatum isset. Non enim posse impleri trinoctium, quod abesse a viro usurpandi causa ex XII tabulis deberet: quoniam tertiae noctis posteriores sex horae alterius anni essent, qui inciperet ex Kalendis.

　　［法学者クィントゥス・ムーキウス・スカエウォラも，1月朔日に婚姻を原因として夫の家に存在し始め，次の1月朔日前第4日に使用取得中断に着手した妻が，法律上使用取得中断にとりかからなかったと通常言ったと読まれた。すなわち，十二表法によれば使用取得中断のためには夫から離れていなければならない三夜が満了できなかった。それで，第3夜の後半は，朔日から始まった第2年の6時間になった。］

　十二表法によれば，どの通常の婚姻によっても，これが1年間中断せずに継続したとき，妻は夫のmanus［マヌス。夫権］の中に入るべきであったのであり，このことははっきり，動産の1年の使用取得の原則に還元される。この使用取得の中断は，妻が少なくとも各年のまる3夜夫の家の外で過ごすときにのみ認められるべきであった(b)。今，スカエウォラは，一つの法律事件を判断するが，この事件は，つぎの表によって分かりやすくなるであろう。

12月28日	12月29日	12月30日	12月31日	1月1日
V. Kal. Jan.	IV. Kal. Jan.	III. Kal. Jan.	pridie Kal. Jan.	Kal. Jan.
［1月朔日前第5日］	［1月朔日前第4日］	［1月朔日前第3日］	［1月朔日前日］	［1月朔日］

　その妻は，1月1日に婚姻関係に入り，その年の12月29日(c)に家を出た

についての註に，一部はErb S. 213 fg. にある。

　(b) GAJUS I. §111, ここではとくにこういわれる：„velut annua possessione *usucapiebatur.*"［「1年の占有により使用取得されたごとくに。」］

　(c) 確かに，スカエウォラは，もっと古い355の1年と29日の12月 (MACROB. Sat. I. 13. 14.) を念頭に置いていたのであり，それゆえに，彼にとっては，d. IV. Kal. Jan. ［1月朔日前第4日］は，わが国におけるように12月29日ではなくて，12月27日であ

のであるが，それは，それによって trinoctium［トリノクティウム。三夜］を遵守し，manu［夫権］の成立を妨げようと考えてのことであった。スカエウォラは，つぎのようにいう。そこではしかし彼女は間違っている。というのは，使用取得の年は，次の1月1日が始まる真夜中ですでに完了しており，したがって第3夜の後半分はもはや婚姻の第1年には属せず，それゆえに，彼女は，その年の二つ半の夜しか不在でなかったのであって，そのことは，法律によれば十分ではないからである。つまり，彼女は，その目的を達成するためには，12月28日にすでに家を出ていなければならなかった（とスカエウォラはいいたい）。

さて，この個所は，われわれが持っている個所全部の中で，まったくあいまいでなく，したがって外見上の[d]疑問の余地を残さない唯一の個所である。それは，まったく明らかに，使用取得の結末が，1月1日の経過中におけるなんらかの時点である数学的終点（ad momenta［瞬間による］）をもって生じるのではなくて，きっちりすぐ前の真夜中に生じるのであっ

った。しかし，そのことは，ここではなんら相違をきたさない。というのは，彼が示した日の，その後の Kalendae［朔日］に対する位置は，こういう差異にもかかわらず不変のままであり，それゆえに，彼の言説は，ユリウス暦について，意味においても表現においても，以前の暦の支配の下におけるとまったく同じものでなければならないからである。

　(d)　確かに Reinfelder S. 170 は，*ante* diem IV.［前第4日］という表現が d. IV.［第4日］(12月29日) に先行する時を言い表わしうるとしても，この日自体を言い表わすことはできないという。しかしながら，この異論は，完全に根拠薄弱である。というのは，一部には，ipso die IV.［第4日自体に］としての ante diem IV.［前第4日］のローマの意義は，完全に疑問がなく（§180.e），一部には，ante［前］がここではローマ独特の意味においてではなくて，一般的な語意にしたがって用いられていると想定しようとしても，ラインフェルダーはなにも得るところはないであろうからである。すなわち，その場合，スカエウォラは，妻が12月29日の前のなんらかの時に家を出るならば，妻には何の役にも立たないというのであろうが，これはやはり不合理であろう。スカエウォラが，まさにすぐ前の日に（したがって12月28日に）家を出るのを不十分と断言したときにのみ，ラインフェルダーの意見に適合するであろうが，しかしやはり，ante［前］は，決してこの意味を言い表わすことはできない。

て、したがって、次の真夜中に生じるのでもなく、12月30日を結末とする使用取得なら満了するであろう前の前の真夜中に生じるのでもない、という。したがって、ここでは、期間の満了が不断の活動に権利取得を結び付けるすべての場合について上述のところで（§182）一般的な考察に従って確証された法定期間計算の意義が、まったく明確に承認される。しかもまさにこの権利変動が、どの使用取得においても、不断の占有が占有者に所有権（ここでは manus［夫権］）を与えることによって生じるものなのである。

―――――

L. 15 *pr. de div. temp. praescr.* (44. 3.). (Venulejus lib. V. Interd.) In usucapione ita servatur, ut, etiamsi minimo momento novissimi diei possessa sit res, nihilominus repleatur usucapio, nec totus dies exigitur ad explendum constitutum tempus.［学説彙纂第44巻第3章「種々の長期間占有の抗弁についておよび占有の通算について」第15法文前文（ウェヌレーイウス　特示命令第5巻）：使用取得においては、最後の日の最小の瞬間だけ物が占有されたとしても、それにもかかわらず使用取得は完成され、所定の期間を満たすために1日全体は要求されない。］

　novissimus dies［ノウィッシムス・ディエース。最後の日］は、使用取得の数学的終点が入る暦日を意味する（§182）。したがって、1月1日に始められた使用取得においては、使用取得の期間の長短に応じて、いつか将来の1月1日を意味する。それゆえに、ウエヌレーイウスは、こういおうとする：使用取得は、最後の暦日の最初の開始ですぐ完成したものとみなされるのであって、その日の終わりにはじめて完成したものとみなされるのではない。したがって、この否定は、ひょっとすると考えられるかもしれない次の真夜中に向けられているのであって、ここではまったく言及されないが、しかし最初の肯定文において完全にまた疑いもなく排除されている momentum［瞬間］（数学的終点）に向けられているのではない。

―――――

§183 期間 3．法定期間計算（つづき）——*325*

L. 6 de usurp. (41. 3.). Ulp. lib. XI. ad Ed. ［学説彙纂第41巻第3章「中断的使用と使用取得について」第6法文（ウルピアーヌス　告示註解第11巻）］．

L. 7 de usurp. (41. 3.). Ulp. lib. XXVII. ad Sab. In usucapionibus non a momento ad momentum, sed totum postremum diem computamus. ——Ideoque qui hora sexta diei Kalendarum Januariarum possidere coepit, hora sexta noctis pridie Kalendas Januarias implet usucapionem. ［学説彙纂第41巻第3章「中断的使用と使用取得について」第7法文（ウルピアーヌス　サビーヌス註解第27巻）］．［使用取得においては、われわれは、瞬間から瞬間へではなくて、最終の日全体を計算する。——そしてそれゆえに、1月朔日の昼間の第6時に占有し始める者は、1月朔日前日夜間の第6時に使用取得を完成する。］

最初に述べなければならないのは、これらの断片のうち第一のものは告示群に、第二のものはサビーヌス群に属し、第二のものは、その群の一般的な配置によれば決してこの場所にあるべきではなかったのであって、明らかにその内容のために例外的にそこに置かれていることである[e]。そこから、ならびに結び付けている Ideoque ［イデオークェ。そしてそれゆえに］から、両方の個所は内的関連にあり、まさに一つの同じ個所の関連する文章であるかのようにみられるべきであるということが、結果として出てくる。

さて、第一の個所は、つぎのようにいう：使用取得においては、われわれは、（最後の暦日の中に入る）もっと小さい時間部分を顧慮して計算することをしないで、最後の暦日を（不可分の）全体として取り扱うのであって、それゆえに、この全体は、それの現実の個々の部分のどれにおいてもすでに完了したものとみなされなければならない[f]。

（e） B l u h m e über die Ordnung der Fragmente in den Pandecten, Zeitschrift für geschichtl. Rechtswiss. B. 3 S. 465 ならびにそれに属する第3表。

（f） totum postremum diem ［最終の日全体］のこの説明と一致するのは、Donellus §2, Rücker p. 20, U n t e r h o l z n e r S. 303. ——E r b S. 199（彼はそのほかでは

したがって（第二の個所が続けるのだが）1月1日の昼間の第6時に占有し始める者は，（次の年において）12月31日に属する夜間の第6時に使用取得を完成する。

　hora sexta noctis［ホーラ・セクスタ・ノクティス。夜間の第6時］は，真夜中のすぐ前の時間である(g)。それで，ここでは，ウルピアーヌスの考えでは明らかに，completa［コンプレータ。満ちた，完成した］または exsacta［エクサークタ。完了した］を考えの中で補わなければならず，それゆえに，使用取得は，決して上述の時間の初めにまたは真ん中にではなくて，きっちりその終わりに結末に至る(h)。したがって，それは，12月31日を1月1日から分ける真夜中を言い替えて言い表わすものにすぎず，そして，この真夜中を言い表わすために，それに先行する，それにより限られた時間が用いられているから，この時間が，伸びた時間部分としてまるごと12月31日に属することによって，pridie［プリーディエー。前日に］といわれなければならなかった(i)。したがって，ウルピアーヌスは，こういおうとする：

使用取得を扱う個所を正しく考察する）は，totum postremum［最後の（日）全体を］を，なおまる1日として使用取得期間の中に入る日，したがって12月31日というように説明し，その満了がここで言い表わされているという。結果は，彼において私のと同じであるが，彼の語意説明は，無理であり，非難すべきものである。

　（g）　それは，昼夜平分時［春分，秋分］［Äquinoctien］にちょうどわれわれの真夜中の時間（11-12時）に相当する時間である。大晦日の夜には，ローマ人のこの hora sexta［第6時］はかなり伸び，同じく次の hora sexta diei［昼間の第6時］はかなり縮む。

　（h）　同じ意味で，Gellius III. 2 は „diem .. civilem .. *a sexta notis hora* oriri"［「市民法上の .. 日は .. 夜間の第6時から始まる」］というが，そこでも completa［満ちた］が考えの中で補われなければならない。Donellus §3, U n t e r h o l z n e r S. 303 参照。

　（i）　noctis pridie Kal.［朔日前日夜間の］を直接につなごうとされるかもしれない。その結果，半分は12月31日に，半分は1月1日に属する夜が，ずばり nox pridie Kal.［朔日前日の夜］と言い表わされるであろう。なぜならば，それは12月31日に始まるからである。たとえばわれわれが，1839年に始まり1840年に終わる学期を1839年冬学期と称するのと同じである。この言い表わし方に有利な証拠となるのは，まったく通常，ある日の業務またはパーティーがずっと夜更けまで続けられ，したがって夜が前日の続きで

§183　期間　3．法定期間計算（つづき）——*327*

使用取得は，12月31日の最後の時間を（こうしてこの12月31日自体を）終わらせる真夜中をもって成し遂げられている。彼は，使用取得が1月1日の最初の瞬間に成し遂げられているということもできたであろう，——そしてこの表現の仕方により，彼は，言葉の上でもウェヌレーイウスと一致したであろう。両法律家の思想は，完全に同じである。

ここで与えられた説明に従えば，使用取得期間の計算に関するすべての個々の個所は，完全に一致している。また，その説明は新しいものではなくて，幾人かの著述家がそれをすでに満足できる仕方で述べている[k]。それと異なって，他の人たちは，これらの個所の内容が相違していると考える。そういうことで，コッホ［Koch］は，スカエウォラの個所を知らず，ウェヌレーイウスを比較的古い法律家の一人とみるのであるが，彼は，比較的古い法律家たちはすぐ前の真夜中に遡り，マルキアーヌスとウルピアーヌスは24時間だけさらに遡り，この両者は本当は間違っているが，しかし，この最後の意見が，最も新しいから，現在通用しているものとみられるべきであるという[1]。理論全体の進歩発展についてのこの基本的な見方は，その後つぎのような仕方でさらに発達させられた。すなわち，確かに，最も近い真夜中まで遡りさえすれば，実際上の必要は完全に満たされており，だからそれ以上進まない。しかし，もっと精密な学問は，もっと深い思想をもってその問題に入り込み，それによってまる24時間だけさら

その一部とみられうるという事情である。——しかしながら，この主張を頼りにする必要はない。なぜならば，少なくとも hora *sexta* noctis［夜間の第6時］は，その後に Kalendae［朔日］が続くとき，まったくまた明らかに pridie［前日に］属するからである。このことは，ウルピアーヌスの，つぎのような意訳によって，なおもっと分かりやすくなる：「使用取得は，12月31日に属する11-12時の夜間時間の経過をもって完成している。」

　（k）　E r b S. 191 fg. S. 213 fg. および U n t e r h o l z n e r S. 301 fg. がそうである。

　（1）　K o c h S. 78-94. 上述 §182. q 参照。

に遡らされた。というのは、暦日を不可分の時間要素として取り扱うという基本思想を首尾一貫して貫くならば、1月1日のうちに取得された占有は、その初めをもってすでにすでに取得されていると考えなければならない。そのとき、使用取得は、1月1日の初めをもって始まり、それの最後の日は12月31日である。しかし、この日も同じように不可分であり、したがってその日の中に入るすべての時点は互いに同等であるから、使用取得は12月31日の初めをもって完了され、この日がpostremusまたはnovissimus dies［最終のまたは最後の日］である。スカエウォラのtrinoctium［三夜］の計算は、反証ではない。というのは、第一に、彼は、ante diem［アンテ・ディエム。日の前に］を普通解されるのと異なって理解したことがありえ、第二に、彼はまだ、上述のもっと精密な学問の深い思想が頭に入っていなかったからである(m)。このようにいわれる。——このような見方の誤りは、すでに上述のところで（§182）示唆されている。ここでは、まったく理由なしに、純粋に実際的な必要のための単なる一時しのぎであるものが、深い学問的思想に変えられ、次にこれからさらに推論され、そこから出てくる結果がローマの法律家たちのいったことにされる。ローマの法律家たちが暦日の人為的な取扱を、その必要がない法律上の期間の初めにも適用するなんてとんでもない。その人たちは、novissimus dies［最後の日］のところでそれに言及するにすぎない。ad momenta［瞬間による］計算に実行の非常にやっかいな困難が結び付けられていなければ、ローマの法律家たちは、これを見捨てることを決して考えなかったであろう。しかし、それだからこそ、その人たちは、そういう困難の除去のために是非とも必要であった以上にそれから遠ざかることも思いつきえなかった。

———

B. 奴隷解放能力［Manumissionsfähigkeit］

(m) Reinfelder S. 11-16, S. 166-170.——スカエウォラをこのように、なんら重きを置かれるべきでない比較的古い法律家としてしりぞける点において彼と一致するのは、Löhr, Archiv B. 11 S. 422. 423.

L. 1 de manumiss. (40. 1.). (Ulpian. lib. VI. ad Sab.). Placuit eum, qui Kalendis Januariis natus, post (horam) sextam noctis pridie Kalendas quasi annum vicesimum compleverit, posse manumittere : non enim majori XX. annis permitti manumittere, sed minorem manumittere vetari : jam autem minor non est, qui diem supremum agit anni vicesimi.［学説彙纂第40巻第1章「奴隷解放について」第1法文（ウルピアーヌス　サビーヌス註解第6巻）：1月朔日に生まれた者は，朔日前日夜間の第6時以後には，あたかも20歳を満たしたように，奴隷解放できる，というのは，20歳を越える者が解放することを許されたのではなくて，20歳に満たない者が解放することを禁じられたからである，というのが通説である。今やしかし，20歳の最後の日を暮らす者は，20歳に満たない者ではない。］

　Lex Aelia Sentia［レークス・アエリア・センティア。アエリウス・センティウス法］は，まだ20歳になっていない者にはだれにも，自分の奴隷の無制限の解放を禁止していた。それで，どの日をもってこの禁止がやむかが疑わしかった。この疑問に対する答えに，現実になされた解放の有効性が，したがって一人の人間の自由と市民権がかかりえた。ウルピアーヌスの言葉は，こう再現される：

　1月1日に生まれた者は，12月31日に属する夜間第6時の経過後ただちに，この時に第20年がすでに完了したかのように，有効に解放できることが，承認されてきた。というのは，法律は，解放しようとする者が20歳を越えていることを要求するのではなくて，20歳未満でないことを要求するにすぎないからである[n]。しかし，すでにその者の第20年に属する最後の暦日の中にいる者は，20歳未満と称せられえない。

　したがって，ウルピアーヌスは，本当はこういおうとする：その者は，自分の誕生日自体に，しかもその日の始まり後ただちに，すなわちその日に先行する真夜中が過ぎ去った後ただちに，解放できる。したがって，ウ

（n）　その個所のこの部分は，なお言葉どおり *L*. 66 *de V. O.* (45. 1.)［学説彙纂第45巻第1章「言葉による債務関係について」第66法文（パウルス）］により確認される。

ルピアーヌスは，奴隷解放能力について，上述のところで使用取得の満了について実証されたのときっちり同じことを確定する。この説明の正当づけには，以下の論評が役立つであろう。hora sexta noctis pridie Kal. Jan. ［1月朔日前日夜間の第6時］の意味は，すでに上述 L. 7 de usurp. ［学説彙纂第41巻第3章「中断的使用と使用取得について」第7法文（ウルピアーヌス）］のところで実証された。両個所の相違は，L.7 ［第7法文］が hora sexta ［第6時］といい，exacta ［完了した］を考えの中で補い，一方，ここで問題にしている L.1 ［第1法文］では *post* sextam ［第6時以後に］といわれることにのみ存する。この相違も，必ずしも偶然で無意味なものではない。というのは，使用取得については，きっちり真夜中の瞬間がそれを完成し，所有権を与えるということができるが，奴隷解放は，一つの行為として，ある一定の時間を必要とし，それゆえに真夜中の瞬間にではなくて，それ以後にのみなされうるからである。しかしながら，hora sexta noctis pridie Kal. Jan. ［1月朔日前日夜間の第6時］は，常に同じ時間のままであって，それに対する関係が，考えの中で補われる exacta ［完了した］によって言い表わされようと，前に置かれる post ［後に］あるいはまた ante ［前に］によって言い表わされようと，そうであることは，理解できる(o)。——

375 *quasi* compleverit ［クァシー・コンプレーウェリット。あたかも満たしたように］

（o） Erb S. 197. 198 は，L. 1 de manum. ［学説彙纂第40巻第1章「奴隷解放について」第1法文（ウルピアーヌス）］を12月31日の初めで説明するが，それは，彼が pridie Kal. Jan. ［1月朔日前日に］という言葉を暗黙のうちに post sextam noctis ［夜間の第6時以後に］から分けて，直接に posse manumittere ［奴隷解放できる］と結び付け，このことが真夜中の後，しかも12月31日の経過中という意味を与えることによること疑いない。しかしながら，この分離は恣意的である。なぜならば，post sextam noctis pridie Kal. ［朔日前日夜間の第6時以後に］という言葉は，不可分にまとまっている時間決定を含むからである。彼は，完全に同じように論じる L. 7 de usurp. ［学説彙纂第41巻第3章「中断的使用と使用取得」第7法文（ウルピアーヌス）］を異なって正しく説明するから，そういう分離は首尾一貫しない。もっとも，この L. 7 ［第7法文］においては，すぐ前にある対比の hora VI. diei Kal. Jan. ［1月朔日昼間の第6時に］により，別の構成はまったく不可能であった。

§183 期間　3．法定期間計算（つづき）——*331*

は，本当は誕生時間前には第20歳はまだ完成されていないことによって，法定期間計算の本質を言い表わす。——non enim majori etc.［というのは…を越える者云々ではなくて］という言葉は，つぎのことをいおうとする：法律が言葉のうえでmajor XX annis［マーヨル・ウィーギンティー・アンニース。20歳を越える］を，つまりこの年齢を越えることを要求し，単なる完成を要求するのでないとすれば，奴隷解放は，次の日（1月2日）にはじめて許されているであろうが，法律はそうはいわない。——dies supremus［ディエース・スプレームス。最後の日］は，L. 15 de div. temp. praescr.［学説彙纂第44巻第3章「種々の長期間占有の抗弁についておよび占有の通算について」第15法文（ウェヌレーイウス）］において novissimus dies［最後の日］といわれたのと同じ日であり[p]，したがってここでは誕生日である。

———

すでに他の人たちによっても与えられている[q]この説明によれば奴隷解放能力は使用取得と同じ仕方で計算されることを，私は，その説明の重要な確認とみる。というのは，両法律制度において，ある期間の満了による権利の取得が問題であり，この権利変動の同質性は，恣意と矛盾が前提されるべきでないならば，同じ取扱を必要ならしめるからである[r]。

ユスティーニアーヌス帝は，この20歳を17歳にしたが，しかし計算方法を変えることはなかった[s]。

———

（p）　Erbは，S. 200. 201 で L. 15 de div. temp. pr.［学説彙纂第44巻第3章「種々の長期間占有の抗弁についておよび占有の通算について」第15法文（ウェヌレーイウス）］における novissimus dies［最後の日］を正しく，S. 207 で supremus［最後の（日）］を誤って説明するが，説明のこの相違の理由を示さない。

（q）　Unterholzner S. 209 によってそうである。——Donellus §3は，同じ意見を有するが，詳論なしにそれを示唆するだけである。

（r）　Erb S. 226. 233 fg. は，実際上の相違を，奴隷解放の行為が時間を要し，使用取得による所有権取得がそうでないことから説明しようとする。確かに，そこから，なぜ前者が真夜中の後に，後者が真夜中において起こるかは説明されるが，しかし前者が24時間だけ早く許されているべきだということは説明されない。
(訳註28)

（s）　§7 *J. qui et quib. ex c.* (1. 6.) „nisi XVII, annum impleverit, et XVIII. annum

§184

VI. 期間　3．法定期間計算（つづき）

[Die Zeit　3. Civile Zeitrechnung（Fortsetzung）]

　　　C. Anniculus［アンニクルス。一歳児］.

　ラテン人の男子が女子のローマ市民またはラテン人の女子と婚姻し，その間に子を設け，この子がまる1年生きていた，言い換えればanniculus［一歳児］になったとき，この人たちはすべて市民身分を得るべきであった(a)。さて，その子が最初の年の終わりごろに死亡したと仮定すれば，生涯を終えた時点を精確に突き止めることが重要であった。なぜならば，両親が上述の特権（それは子の死亡によって失われることはなかった）を取得すべきであったかどうかが，それにかかりえたからである。それで，それについて，パウルスは，二つの個所で以下のことをいう：

　　L. 132 *pr. de V. S.* (50. 16.). (Paul. lib. III. ad L. Jul. et Pap.) ［学説彙纂第50巻第16章「言葉の意義について」第132法文前文（パウルス　ユーリウ

---

tetigerit."［法学提要第1巻第6章「だれが，どういう理由から，解放できないか」第7節：「17歳を満たし，18歳に触れたのでなければ。」］RÜCKER p. 54 は，この規定によって越えることが要求されており，したがって以前の規定が変更されているという。しかしながら，tangere［触れる］は，触れるを意味するにすぎず，越えるを意味しない。したがって，それは，実際には先行の言葉の余計な繰り返しにすぎず，計算方法についてはなんら新しいことではない。

　（a）多くの一致した個所に従えば，この規則は，L. Aelia Sentia［アエリウス・センティウス法］によって導入されていた。GAJUS I. § 29. 31. 66. 68. 70. 71. 80. ULPIAN. VII. § 4. それゆえに，L. Junia［ユーニウス法］を渕源として挙げる唯一の個所（ULPIAN. III. § 3）は，訂正されなければならないようである。まったく理由なしに，幾人かの人は，この規則を L. Julia［ユーリウス法］に帰した。それは，主として，上述本文に掲げたパウルスの両個所，そこではこの規則が述べられ説明されるのだが，この両個所が L. Julia［ユーリウス法］に関する一つの註釈から出ているからである。しかしながら，このような註釈においては，多くの親近の対象が，他の諸法律に起源を有していたとしても，扱われたことは，やはり避けられない。

§184 期間 3．法定期間計算（つづき）——*333*

ス法およびパーピウス・ポッパエウス法註解第3巻）］

L. 134 *de V. S.* (50. 16.). (Paul. lib. II. ad L. Jul. et Pap.) ［学説彙纂第50巻第16章「言葉の意義について」第134法文（パウルス　ユーリウス法およびパーピウス・ポッパエウス法註解第2巻）］

Anniculus amittitur, qui extremo anni die moritur: et consuetudo loquendi id ita esse declarat, *ante d. X. Kal.*, *post d. X. Kal.*: neque utro enim sermone undecim dies significantur.［その子がその年の最後の日に死ぬとき，一歳児が失われる。そして，朔日前第10日，朔日後第10日という言葉の使用は，そうであることを明示する。なぜならば，二つの表現のどちらによっても11日は表わされないからである。］

Anniculus non statim ut natus est, sed trecentesimo sexagesimo quinto die dicitur, incipiente plane non exacto die: quia annum civiliter, non ad momenta temporum, sed ad dies numeramus.［生まれるやいなやただちにではなくて，第365日に一歳児と呼ばれる。明白に，その日の始まりにであって，その日の完了にではない。というのは，われわれは，市民法上，時の瞬間によってではなくて，日によって計算するからである。］

第一の個所は，上述のところで（§182）extremus dies［最終の日］の意味についていわれたことから説明される。したがって，その子が1月1日に生まれていたときは，次の1月1日，すなわち誕生日が初歳のextremus dies［最終の日］である。それゆえに，その子がこの日の中のどこかある部分において死亡するとき，その子はanniculus［一歳児］として死亡したのであり，両親はL. Aelia Sentia［アエリウス・センティウス法］において導入された権利を取得している(b)。——付け加えられたややあいまいな理由は，上述のところで（§182. 183），法律においてある期間を越え

（b）ここでもまたもやＥｒｂ S. 207は，extremus［最終の］を，彼がそれより前にS. 200. 201でnovissimus［最後の］を説明していたのとまったく異なって説明するが，明らかに首尾一貫しない。§183.p 参照。

ることが要求されるかある期間を満たすことが要求されるかの相違に関していわれたことから説明される。パウルスは、こういおうとする：法律が anniculo major［アンニクロー・マーヨル。1年を越えた］を要求したとすれば、異なるであろう。すなわち、そのときには、両親にその権利を得させるためには、その子が1月2日に死亡したのでなければならないであろうが、法律は実際には anniculus［1年の］しか要求せず、1年は誕生日の始まりとともにすでに存する。彼は、この命題を、言葉の外見に従えば同じようにある期間を越えることが指し示されるかもしれないが、実際にはそう解されるべきでない他の表現の類推によって確認しようとする。その個所のこの部分は、すでに上述のところで（§180.f）詳細に説明された。

　第二の個所は、つぎのようにいう。Anniculus［一歳児］は出生後すぐの子をいうのではなくて、その子の生命の第365日においてはじめて、しかもその日の終わりにではなくてその日の始まりにその子をいう。というのは、この1年は、法的な仕方で、すなわち日より小さい時間部分を顧慮せずに単まる1日で計算されるからである。――ここで数で言い表わされている日は、暦日であって、可動の日ではないということは、上述のところで（§182）示された一般的な理由からのみならず、まったく直接的に、可動の日の本質が基づく momenta［モーメンタ。瞬間（複数）］の顧慮が明示的にしりぞけられる結語から、結果として出てくる。――示された数の意味は、パウルスが初日を算入したかどうかにかかる。前者の場合には、彼は、その子を12月31日に anniculus［一歳児］にならせるし、後者の場合には、1月1日にそうならせる。ところで、われわれは、どちらの計算方法を前提とするかを選択できるから（§182）、後者の計算方法をとることに決しなければならない。なぜならば、それによって、その個所は、すぐ前で説明された個所とも、使用取得および奴隷解放に関する個所とも一致させられ、一方、そうでなければすべてのことが支離滅裂で矛盾したままであろうからである。しかしまた、そのことは、ad momenta［瞬間によって］ではなくて ad dies［日によって］計算されることに決定の理由を置く

§184 期間　3．法定期間計算（つづき）——***335***

結語からも，ただちに結果として出てくる。というのは，この理由は，どうしても，1月1日の初めにのみ戻しえ，12月31日の初めには戻しえないからである。——立てられた見解によれば，パウルスは，自分の意見を言い表わすために，別の計算方法を用いることも，366という数を挙げることもできたであろう。しかし，彼は，ここでこれをしない特別の理由を有していた。というのは，シーザーの暦改革以来，だれでも，学識のない人でも，1年が365日であることを知っていた。したがって，anniculus［1年の］という表現の場合には，だれの心にもおのずからこの日数が浮かんだ。今，彼が366という数を挙げたならば，この数とanniculus［1年の］という表現との間には，言葉の上でのみせかけの矛盾が生じたのであり，この矛盾は人為的な説明によってやっと解決されなければならなかった。この障害を365という数が防いだのであって，この数は物事を同じように正しく言い表わした（すなわち別の計算方法を前提として）から，それを優先させるのが得策であった。——その個所の終わりで述べられた決定の理由は，なお少しばかりのあいまいさを伴う。それ自体としては，三つの時点が考えられるものであった。すなわち，1月1日の初め（incipiente die［インキピエンテ・ディエー。日の始まりに］），その日の経過中のmomentum temporis［時の瞬間］，およびその日の終わり（exacta die［エクサークタ・ディエー。日の完了に］）である。それで，パウルスは，その日の初めをとることに決めたのであり，それによっておのずから他の二つの考えられる時点は排除されている。彼は，それからexacto die［日の完了に］を明示的に否定し，最後に，理由として，単にdies［日］を顧慮し，momenta［瞬間］を顧慮しない，ここで行われている期間計算方法を指摘する。この理由は，もちろん，すぐ前にあるnon exacto［ノーン・エクサークトー。完了にではない］という言葉には適合しないで，もっと遠くにあるincipiente［始まりに］に適合し，それゆえに，本当はまったく顔を出さなくてもよかったnon exacto［完了にではない］がかっこに入れて挿入されたものと思わなければならない。

ここで与えられた説明の本質的なことは，すでに別の場所でも，大体のところは出されている[c]。たいていの人は，ここで，奴隷解放におけると同様，12月31日の初めを受け入れ，そしてこの人たちの中で，使用取得について1月1日の初めを完成とみる人たちが，最も困惑している[d]。その人たちの誤りの特別の証明が，なおパウルスのもう一つの個所にあり，そこでは，まさに奴隷の子の使用取得においても，その子の年齢を言い表わすためにanniculus［一歳児］という表現が用いられ，その年齢をもって1年の使用取得が完成されており，したがって，それまで認められたpubliciana［プーブリキアーナ。プーブリキウスの（訴権）］は，不必要になったものとして排除されている[e]：Publiciana actione etiam de infante servo nondum anniculo uti possumus. ［われわれは，まだ一歳児でない奴隷の子についてもまたプーブリキウスの訴権を行うことができる。］anniculus［一歳児，1年の］という同じ言葉で両方の法律関係が言い表わされることによって，その子が，両親にL. Aelia Sentia［アエリウス・センティウス法］の権利を得させてやるのと同じ時点に使用取得されることが，承認される。

D. 遺言能力［Testamentsfähigkeit］

L. 5 *qui test.* (28. 1.) (Ulp. lib. VI. ad Sab.) ［学説彙纂第28巻第1章「遺言を作成しうる者および遺言を作成する方法について」第5法文（ウルピアーヌス　サビーヌス註解第6巻）］

A qua aetate testamentum vel masculi vel feminae facere possunt, videamus. Et verius est, in masculis quidem quartumdecimum annum spectandum, in feminis vero duodecimum completum.

(c) すなわちUnterholzner S. 310において。

(d) Erb S. 226. 234がそうであって，彼は，ここで，使用取得とanniculus［一歳児］の間の相違とみずから称するものを，奴隷解放における（§183.r）よりもなおはるかに不自然に説明する。

(e) L. 12 §5 *de public.* (6.2.) ［学説彙纂第6巻第2章「物に対するプーブリキウスの訴権について」第12法文第5節（パウルス）］．

§184　期間　3．法定期間計算（つづき）——*337*

Utrum autem excessisse debeat quis quartumdecimum annum, ut testamentum facere possit, an sufficit complesse? Propone aliquem Kalendis Januariis natum testamentum ipso natali suo fecisse quartodecimo anno, an valeat testamentum? Dico valere. Plus arbitror, etiamsi pridie Kalendarum fecerit post sextam horam noctis, valere testamentum: jam enim complesse videtur annum quartumdecimum, ut Marciano videtur.［何歳から男子または女子が遺言を作成することができるかを，吟味しよう。そして，より正しくは，男子においては確かに完成した14歳，女子においては確かに完成した12歳とみられるべきである。しかし，ある者が，遺言を作成することができるためには，14歳を越えたのでなければならないか，それとも14歳を満たしたことで足りるか？　1月朔日に生まれただれかが，自分の14歳の誕生日にみずから遺言を作成したと前提せよ。その遺言は有効であるか？　私は，有効であると判定する。さらに，私は，たとえ朔日前日夜間の第6時以後に作成したとしても，その遺言が有効であると信じる。というのは，今や，マルキアーヌスが思うように，14歳を満たしたとみられるからである。］

　思考の過程は，つぎのとおりである。14歳を越えることが必要であるか，それとも単なる完成が必要であるか[(f)]。すなわち，1月1日に生まれた者は，遺言を作成するためには，1月2日を待たなければならないか，

（f）ad momenta［瞬間によって］計算するときは，この問題はばかげている。というのは，ある行為は，comptesse［完成したこと］の瞬間になされうるのではなくて，その前にまたはその後に，または両期間にまたがってしかなされえない。ad dies［日による］計算に従えば，その問題は十分な意味を有しており，この意味がその個所に含まれているということは，その個所の結果が反対の余地なく示す。今，法的には，complesse［完成したこと］の不可分の点とみなされるのは，1月1日全体であって，これは，実際は，多くの遺言を生じさせるのに十分なだけ広がっている。——したがって，ここでは，上述のところですでに何度か言及したのと同じ，越えることと単なる完成との対立が考えられている。§182.d，さらに，*L. 1 de manumiss.*［学説彙纂第40巻第1章「奴隷解放について」第1法文（ウルピアーヌス）］（§183）および *L. 132 de V. S.*［学説彙纂第50巻第16章「言葉の意味について」第132法文（パウルス）］（§184）において。

それともすでに1月1日に，したがって誕生日自体にそれをなしうるか。この後者のことでも，妥当ではある。しかし，その上さらに，1月2日が待たれることを要しないのみならず，誕生日の中で誕生時間が待たれることすら必要でなく，むしろ，1月1日の始まりから遺言の作成が許されている。したがって，その者が，12月31日に夜の到来を待ち，しかもこの夜の第6時の終了を待つとき，その者は，確かにその時間の経過中にはまだ遺言を作成することができないが，しかしその時間の経過後すぐに（post sextam［第6時以後に］），したがって12月31日を1月1日から分ける真夜中の後すぐに，あるいは言い換えれば1月1日の初めにすぐに，遺言は有効である(g)。

ところで，この個所は，すべての他の個所より以上に，法定計算が前の日の初めに遡るという意見の誘因となった。それどころか，それがなければそのような意見はかつてほとんど生じなかったであろうと認めることができる。またこの意見がここで問題にしている個所から導き出されうることが極めてありそうだということは，否定できないのであって，それにはとくに二つの事情がいっしょに作用する。第一に，先立って存する pridie［前日に］であって，これは即座に，それに続くどの時間決定も，したがって遺言の有効な作成も，12月31日の時間内にまるまる入らなければならないという観念を抱かせる。第二に，plus arbitror［プルース・アルビトロル。さらに私は信じる］であって，これは容易につぎのように段階的に続いて行く：すでに12月31日で十分であることによって，1月2日が必要でないのみならず，1月1日でさえ必要でない。けれども，plus arbitror［さらに私は信じる］については，すでに上述のところで別の，同じように自然な説明が与えられた(h)。それから，先行して置かれた pridie［前日に］につい

（g）大体のところでは，同じ説明が Ｕｎｔｅｒｈｏｌｚｎｅｒ S. 307 fg. にすでにある。——Donellus §3 は同じ意見を有するが，それを説明しない。——すでに註釈は，両意見をはっきり理解して述べており，ここで弁護した意見を優先させる。

（h）註釈は，plus arbitror［さらに私は信じる］を，暦日の，昼とは逆に夜に属する

ても，以下のような無理のない思考の展開が認められる。真夜中ごろに起き上がって，それから続いての日を始める人はだれもいないが，しかしある日の活動がずっと夜まで，そしてその真ん中を越えて続けられることほど普通のことはない（§183. i）。今，ここで問題になっている場合に，遺言の作成をできるだけ急ぐべき動機を有する14歳の者が考えられる。当然，その者は，時間を空費しないように，そのためのすべての準備をすでにあらかじめするであろう。したがって，その者は，すでに12月31日に（pridie［前日に］）5人の証人，秤もち［Libripens］および買主を自分のところに集め，文書を秤および金属ともども用意しており，真夜中が過ぎるやいなや（post sextam h. n.［夜間の第6時以後に］）即座に正式の手続を実行するであろうし，それにはともかく非常に短い時間で十分である。したがって，pridie［前日に］は，出来事の当然の成り行きを分かりやすく見せるために，先行して置かれている。

　これらの叙述は，自分の意見を積極的に理由づけるのによりもむしろ，反対者の理由をくつがえすのに役立つべきであった。しかし，この理由づけについては，私は，まず第一に再び，その問題全体が遺言において，使用取得，奴隷解放およびanniculus［一歳児］とは異なって取り扱われたはずだというようなことが，ほとんどありそうにないことを主張しなければならない[i]。この理由の重要さは，ウルピアーヌスがここで明らかに越え

最初の時間に関係させる。それについて，ウルピアーヌスはまず第一に *natalis dies*［誕生日］になされた遺言を有効と言明する，といわれる。この概念は，法律学に属するのではなくて，社会的慣習に，したがって日常生活に属しており，それゆえに，この表現によって，目は，暦日のうち，祝詞や贈り物が来る誕生日として意識されるのが常である部分にもっぱら向けられえたのであるが，plus arbitror［さらに私は信じる］によって，そのことがないように戒められるべきであった。やはり，わたしは，上に本文において与えられた説明の方がよいと考える。

（i）したがって，このまとめは，（エルプのように）みずから使用取得においてすでに同じ計算を弁護しようとする者，あるいはひょっとすると上述の使用取得のところでこの計算のために出された理由により納得させられる者に対してのみ，証明とみられうる。

ることと単なる完成との対立から出発するという事情によって強められるのであって、この対立は、前に説明した個所のうちのいくつかにおいても基礎にあって、したがってここでは、幾人かの反対者が欲するように異なった結果をではなくて、完全に同じ結果を期待させるものである。しかし私は、最後に、つぎの事情をなおもっと決定的と考える。同じウルピアーヌスが、三つの個所において以下のような表現を用いる：

　hora sexta noctis pridie Kal. Jan.［1月朔日前日夜間の第6時に］（使用取得。）

　post (horam) sextam noctis pridie Kal.［朔日前日夜間の第6（時）以後に］（奴隷解放。）

　pridie Kal. .. post sextam horam noctis［朔日前日 .. 夜間の第6時以後に］（遺言。）

　今、同じ著述家が、まったく異なる概念を言い表わすために、そんなにまったく同じような内容の表現を、語順だけ変えて用いたはずだということが、考えられるだろうか。そんなことをすれば、ここでは、混同がまず心に浮かぶので、その人が混同の危険を見逃すことはありえなかったし、したがって、その人は、そういう対立が自分の考えの中にあったときには、その対立をできるだけはっきり強調すべき差し迫った動機を有していたのである。

386　それからなお述べ残しているものは、重要性がもっと少ない。plus arbitror［さらに私は信じる］と ut Marciano videtur［ウト・マルキアーノ・ウィデートゥル。マルキアーヌスが思うように］という言葉に惑わされて、多くの人が、古い法律家たちの間に争いがあったか、ウルピアーヌスが新しい考案によってこの計算の中に変更を持ち込んだに違いないと考えてしまった。明らかに、その人たちは、一つの同じ法定計算だけが（私がそう考えるように）挙げられたすべての個所に含まれているとすれば、ウルピアーヌスがそれについてそんなに疑って語り、自分の意見のためにもっと古い先例を挙げる必要を認めることをありそうにないと思う。したがって、そ

の人たちは、ウルピアーヌスが、ともかくすべてのわれわれのハンドブックの中にあり、学説彙纂においてどの聴講者にも、法学提要においてすでに多くの人に講義される法的概念を、仰々しく取り扱うに至ったことを、不可解だと思う。その場合、その人たちは、ローマ人がわれわれとは別の仕方で法的知識を手に入れるのが常であったこと、とくにローマ人においては、わが国におけるような伝統的な一群の定義、区別およびその他の理論的装備が蓄積され伝えられることは決してありえなかったことを、忘れている。ちょうど14歳の者の遺言の事例は、ひょっとすると一度も、ひょっとすると非常に希にしか現われたことがないかもしれず、ひょっとするとやっと一度マルキアーヌスによってたまたま言及されていた。法定計算の理論は、種々の場合をすべて包括しているこういう抽象的な姿では、おそらくただの一冊の法律書にも存しなかったし、ただ折りに触れて、それの個々の適用が、それぞれその特別の場所で言及されていたにすぎない。事柄のこの状態を公平に考慮に入れるとき、ここでウルピアーヌスのせいにされる考え方や表現の仕方は、特異なありそうにないものとはもはや思われないであろう。

————

これまでの研究の結果をまとめると、つぎのようになる。四つの異なった法律関係において、ある期間の満了の結果権利が取得され、これらすべての場合において、取得は、数学的終点に先立つ真夜中の始まりをもって完成している。そこから、われわれは、時の経過に結び付けられたすべての権利取得に適用できる一般的な規則を形成することができる。人的活動が続けられることが問題であるか、意思に関係のない状態が問題であるかの区別も、なされない。というのは、上述の四つの場合のうち第一の場合においては、活動が時の経過の内容として考えられており（占有）、他の三つの場合においては、意思と関係のない状態が考えられている（年齢）からである。

§185
VI. 期間　3. 法定期間計算（つづき）
[Die Zeit　3. Civile Zeitrechnung (Fortsetzung)]

　私は今，不活動が続くことによって，つまり懈怠によって権利が失われるような各場合の考察に移る。ここでは，一般的見解に従えば，法的終点は，数学的終点の次の真夜中に置かれていた（§182）。それによって，期間は，厳密に（ad momenta［瞬間により］）計算された期間に比して，やや拡大され，不活動者は，それにより，使用取得において占有者が少し時間の得をしたのと類似の仕方で，自分の方で小さな利益を得る[a]。しかしながら，喪失の場合においては，この利益は，当然の理由から，取得におけるよりもなおもっと僅かであり，それどころか多くの場合においてまったく消滅し，そのためにここではこの便利な計算方法の許容がなおもっと心配のないものになることが，言い添えられるべきである。というのは，たとえば訴権消滅時効が，厳密に計算すれば，ある日の正午に満了するであろうとき，確かに，われわれの規則により訴えの提起が許されるのが次の真夜中まで拡大されるが，しかし，この利益は，やはり制限された仕方でのみ現実に利用されうるからであろう。すなわち，ローマ人においては，法務官が法廷にとどまっている限りにおいてのみ，わが国においては，訴状が提出されうる官庁が開いている限りにおいてのみ，そうである。

　ここで提案された説は，すでに幾人かの人によって弁護されている[b]。

　（a）　したがってここでは，stipulatio in diem［期日付きの問答契約］において使われる表現を用いることができる：„totus is dies arbitrio solventis（ここでは actoris）tribui debet."［「この日全体は，給付者の（ここでは原告の）任意に従われなければならない。」］§2 *J. de V. O.* (3. 15.)［法学提要第3巻第15章「言葉による債務関係について」第2節］。

　（b）　*L.* 6 *de O. et A.* (44. 7.)［学説彙纂第44巻第7章「債務と訴権について」第6法文

§185 期間 3．法定期間計算（つづき）——*343*

389 他の人たちは，こういう場合に，最後の日の初めに戻ろうとしている(c)。さらに他の人たちは，ここでad momenta［瞬間による］計算を受け入れる(d)。この最後の意見は，古い法律家たちの言説の中にきっかけを有すること最も少ない。それは，疑いなく，上述のところで（§182）とがめられた，概念および術語の恣意的な形成に基づくにすぎない。というのは，厳密に計算された期間を短縮するcivilis［市民法上の（計算）］と，それをもとのままにするnaturalis［自然的な（計算）］という二とおりのcomputatio［計算］しか存在しないということが前提されることによって，それの拡大をそもそも許すことができず，こうして，無批判に受け入れられた術語が気付かれないうちにその事柄自体における誤りに立ち至ったからである。

けれども，出された主張の証明および反対の主張に対する反証は，ここでも，懈怠による喪失とその場合に認められる期間計算を扱う個所の説明に基づく。これらの個所は，四つの異なった場合に関する。すなわち，訴権消滅時効，無名の場合，姦通を理由とする起訴，およびBonorum possessio［相続財産占有］の取得である。

    A．訴権消滅時効［Klagverjährung］。

390 L. 6 *de O. et A.*（44. 7.）．（Paul. lib. VII. ad Sab.）．In omnibus temporalibus actionibus, nisi novissimus, totus dies compleatur, non finit obligationem（Vulg. *non finitur obligatio*）．［学説彙纂第44巻第7章「債務と訴権について」第6法文（パウルス　サビーヌス註解第7巻）：すべての一時訴権において，最後の日全体が完成されるのでなければ，債務関係を終了させない（流布本：債務関係は終わらない）。］

（パウルス）］についての註釈がすでに，いくつかの意見の中でこれをも持ち出し，最もこれに傾いている。それは，はっきりDonellus §5. 6によって弁護され，最も十分にUnterholzner S. 297によって弁護される。

（c）ここでその日の終わりに延ばされるのではなくて。したがって，その人たちは，こういう場合から遺言能力を，この後者の場合にはなお1日だけさらに戻ることによって区別する。そうであるのは，Erb S. 201. 202. Reinfelder S. 111.

（d）Rücker p. 56. Göschen Vorlesungen I. S. 593.

novissimus dies［最後の日］が，数学的終点が入る暦日であるということは，上に示された。その個所は，疑いなく，つぎのようにいう。今このことを前提として，債務関係は，上述の暦日が完全に経過したときにはじめて（per exceptionem［ペル・エクスケプティオーネム。抗弁により］）廃止されている。すなわち，この時までは，常に，訴えは，訴権の開始にきっちり応当する momentum temporis［時の瞬間］を顧慮することなく，提起できる，と。字句内容がすでに，パウルスは訴権消滅時効の，考えられるもっと早い満了を排除しようとするということを示す。だから，暦日の初めも momentum temporis［時の瞬間］もそれであって，この後者がおそらくまず第一に，また主として考えられているであろう[e]。以上の説明に対して，二つの反対が持ち出されている[f]。第一に，*totus* dies *compleatur*［トートゥス・ディエース・コンプレアートゥル。その日<u>全体</u>が完成される（接続法）］という言葉の中に，不手際な冗語［Pleonasmus］が存するというのである。第二に，厳密に計算された期間をさらになお拡大しようとするのは不合理であるというのである。実際には，冗語は存しない。というのは，ad momentum［瞬間による］計算においても，*completur* dies usque *ad momentum*［コンプレートゥル・ディエース・ウースクス・アド・モーメントゥム。日が瞬間<u>に至るまで完成される</u>］ということができるし，*totus completur*［<u>全体</u>が完成される］はこれに対する的確で決して無駄でない対立を成す。だがとくに，これについて全然議論の余地はない。なぜならば，もう一つの個所で，ウルピアーヌスが，ずばり，minorem annis XVII., qui eos non *in totum complevit*［17歳未満の者を，すなわちこの年齢<u>全体を完成していない者</u>][g]というからである。とにかく，ここでウルピアーヌスが十分正しいと認め

（e）註 b.c.d. においてその問題一般について挙げられた著述家たちは，ことごとくこの個所をも特別に扱う。

（f）Erb S. 202.

（g）L. 1 § 3 *de postul.* (3. 1.)［学説彙纂第3巻第1章「申し立てることについて」第1法文第3節（ウルピアーヌス）］.

る表現は，パウルスにとってもそう具合が悪いわけではないであろう。――しかし，第二の反対に関しては，その不合理は，あらかじめ自然的期間の短縮としてのcivilis computatio［市民法上の計算］という恣意的な概念を作り上げている人によってのみ主張されえ，こうしてやはり，この反対もきれいさっぱりなくなってしまう。

　その個所を正しく説明する人たちが，それにもかかわらずその規則を人的訴権の消滅時効においてのみ認めようとし，所有権訴権に対するlongi temporis praescriptio［ロンギー・テンポリス・プラエスクリープティオー。長期占有の抗弁］においては認めようとしない(h)。パウルスがまず第一に前者のことを考えたということは，最後のところで言及されたobligatio［オブリガーティオー。債務関係］の結果見間違えようがない。それでもやはり，temporales actiones［テンポラーレース・アークティオーネース。一時訴権（複数）］という表現は非常に一般的であるので，それはin rem actiones［イン・レム・アークティオーネース。対物訴権（複数）］をもいっしょに包括しており，また，l. t. praescriptio［長期占有の抗弁］の使用取得に対する関係の中には，両者を違った仕方で計算するのになんら妨げは存しない。実際上の矛盾はそこから生じえないが，それは，両法律制度が一つの同じ場合において決して重ならないからである。というのは，使用取得が現実に理由づけられているところでは，それによって常にl. t. praescriptio［長期占有の抗弁］は吸収され，その結果，この後者は，いつの時代にも，使用取得の条件が欠けたところでそれの代用としてのみ生じえたからである。

　　B．無名の場合 [Ungenannter Fall]。

　L. 101 *de R. J.* (50. 17.). (Paul. lib. sing. de cognitionibus). Ubi lex duorum mensum facit mentionem, et qui sexagesimo et primo die venerit audiendus est : ita enim et Imp. Antoninus cum Divo patre

----

　（h）　Donellus §5. 6. Ｕｎｔｅｒｈｏｌｚｎｅｒ S. 298.

（vulg. *fratre*）suo rescripsit.［学説彙纂第50巻第17章「古い法の種々の規則について」第101法文（パウルス　審理論単巻書）：法律が2か月という記載をするとき，第61日に法廷に出頭した者も，聞き届けられるべきである。というのは，皇帝アントーニーヌスもその故人たる父（流布本は兄）とともにそのように勅裁したからである。］

　その個所がここで述べるところによれば，それは，たとえばある法的行為を duo menses［ドゥオ・メンセース。2か月］の期間の遵守に，しかもぴったりこの表現を用いて（facit mentionem［ファキート・メンティオーネム。記載をする］）結び付けるような，過去および将来のすべての法律についての一般的な解釈規則を含む。パウルスがこのような抽象的な規則を，とくに，ご存じのようにずっと昔に法の継続的形成のための実際の手段としてはもはや用いられなかった民会決議について立てたということを，だれもまじめに主張しようとはしないであろう。したがって，それは，たまたま duo menses［2か月］という表現が現われるような古い leges［レーゲース。法律（複数）］をどのように理解し適用してほしいかの指示であったであろう。しかし，こういう指示は，それ自体ありそうにないのみならず，おそらく皇帝の裁判所の注目すべき裁判を集めたものである liber　sing. de cognitionibus［審理論単巻書］というまったく実際的な書物においては，なおさらありそうにない。確かに，学説彙纂の中では，その個所は，そういう抽象的な意味を有しており，しかも今やまったくもはや民会決議にとくに関係はしていないのであって，そのことは，なお後述のところで利用されるであろう。しかし，パウルスは，まったく疑いなく，彼がその前に挙げたに違いない特定の法律の一つの個所について語ったのである。今，われわれは，これを見つけ出すよう努めなければならない。按察官の訴権のいくつかの場合における60日が考えられるかもしれない。しかしながら，按察官の告示は，法律と称せられえなかった。あるいは，Lex Julia de adulteriis［レークス・ユーリア・デー・アドゥルテリイース。姦通に関するユーリウス法］における60日が考えられるかもしれない。しかしながら，ここで

§185 期間 3．法定期間計算（つづき）——*347*

は，sexaginta dies［セクサーギンター・ディエース。60日］という表現が用いられていたのであって（§186.a.），パウルスが目の前に有していた法律は，まさしく douo menses［2か月］という表現をもっていた（facit mentionem［記載をする］）。あるいは，それの満了によって，書面によらずになされた保証が効力を失った duo menses［2か月］が考えられるかもしれない。しかしながら，このことも，これまた，法律においてではなくて，ある近衛長官の告示において[(i)]，おそらくパウルスの時代の後にはじめて規定されていた。同様に，永代借地の売却，国庫に対する相殺（§181. l. m.），および裁判官により差し押えられた物の売却[(k)]における2か月は，民会決議に基づかないこと確実である。パウルスが，都市の官職に選出されていて，これに対し異議を申し立てようとする者はだれでもこれを必ず intra duos menses［イントラー・ドゥオース・メーンセース。2か月内に］しなければならないという規則について語ったということは，極めてありそうなことである。ここでは，実際に，duo menses［2か月］という表現は，古い法源のうちの，その規則自体が含まれていた部分において現われた[(1)]。これがまさしく法律であって，告示または元老院議決ではなかった

（i） L. 27 C. de fidejuss. (8. 41.)［勅法彙纂第8巻第41章「保証人および委任者について」第27法文］.

（k） L. 31 de re jud. (42. 1.)［学説彙纂第42巻第1章「既判物について，および判決の効果について，および中間判決について」第31法文（カルリストラトゥス）］.

（1） L. 1 C. de temp. et repar. (7. 63.). „Si quis per absentiam nominatus .. ad duumviratus .. infulas .. ex eo die interponendae appellationis *duorum mensium spatia* ei computanda sunt, ex quo .. nominationem didicisse monstraverit" rel.［勅法彙纂第7巻第63章「上訴または伺の期間と再生について」第1法文：「だれかが，不在の間に，二人連帯職や .. 名誉ある地位に .. 指名されたとき，なされるべき上訴の 2か月の期間は，その者が指名を知った .. 日だと証明した日から，その者のために計算されるべきである」云々。］（それは，L. 10 C. Th. de appell. 11. 30［テオドシウス帝の勅法彙纂第11巻第3章「上訴について」第10法文］である。——L. 2 C. Th. de decur. (12. 1.). „Quoniam dubitasti, utrum ex numero dierum, an ex nominatione Kalendarum computari *duum mensum spatia* debeant" rel.［テオドシウス帝の勅法彙纂第12巻第1章「十人隊の長

ということは，確かにそこで記されないが，しかし，それが Lex Julia municipalis［レークス・ユーリア・ムーニキパーリス。地方市に関するユーリウス法］であったということは，十中八九認められるのであり，これは，すべてのローマの市民自治体についての一般的な都市法であった[m]。学説彙纂のその個所が取り出されているパウルスの著作 de cognitionibus［デー・コーグニティオーニブス。審理論］には，この前提が完全に適合する。というのは，同じ著作から学説彙纂の中に取り入れられているほとんどすべての他の個所は，同じように，一部は後見の免除を[n]，一部はさらにまさに，立てられた推定がここで扱っている個所をも関係させる都市負担の免除を[o]，取り扱っているからである。それだから，われわれは，十中八九は，その個所のもとの意味を，以下の言葉で示すことができる：

都市の選挙に対する異議申立を duo menses［2か月］の期間に結び付ける Lex（Julia）［（ユーリウス）法］の規定は，第61日に出された異議申立もなお受理する必要があるというように適用されるべきである[p]。

について」第2法文：「2か月の期間が日の数によって計算されなければならないか，それとも暦月の指定により計算されなければならないかを疑ったので」云々。］（上述§181. t. 参照）。——L. 19 C. Th. de appell.（11. 30.）„Si ad curiam nominati .. putaverint appellandum, intra duos menses negotia perorentur.［テオドシウス帝の勅法彙纂第11巻第30章「上訴について」第19法文：「元老院に指名された者が .. 上訴することを考えたならば，2か月内に事情が陳述される。」］

（m） Zeitschrift für geschichtl. Rechtswiss. B. 9 S. 377. われわれは，その法律から大きな部分を，従来慣用の tubula Heracleensis［ヘーラクレーアの板］という名称で有している。

（n） L. 29 de tut. et cur.（26. 5.）［学説彙纂第26巻第5章「選任権を有する者により選任される後見人および保佐人について，および，だれがどのような原因で特別に選任されうるか」第29法文（パウルス）］，L. 42.46 de excus.（27.1.）［学説彙纂第27巻第1章「免除について」第42，46法文（パウルス）］．

（o） L. 5 de veteranis（49. 18.）［学説彙纂第49巻第18章「退役兵の特権について」第5法文（パウルス）］．——L. 228 de V. S.（50. 16.）［学説彙纂第50巻第16章「言葉の意義について」第228法文（パウルス）］は，少なくとも地方市法についても語る。

（p） ここで問題にしている個所を都市の選挙に対する異議申立に関係づけることは，非常に古い。すでに註釈が，類似の個所として L. 1 C. de temp. et repar.［勅法彙纂

§185　期間　3．法定期間計算（つづき）——*349*

　この個所の dies［日］は，上述のところで（§182）説明した理由に従い，暦日と理解されるべきである。しかし，61という数がずっと前から非常に大きなひんしゅくを買ったのは，極めて当然であって，この数は，月を30日で計算するのが普通であることとも調和しないようであり，姦通を理由とする起訴は必ず第60日に提起されなければならないという，別のところで現われている定め^(q)とも調和しないようであった。たいていの人は，ずっと前から，ここでは特別の寛大さから1日が付け加えられるのだと考えたのであって，しかもその個所はたいへん一般的に表現されていて，姦通に関する規定との調和が困難であったから，その寛大さは，法律において menses［月］がいわれるところでだけ認められ，dies［日］がいわれるところでは認められないと付け加えられた^(r)。眼識がなくてこせこせした恣意になって行くこの見解の誤りが証明されることなど，おそらくだれも求めないであろう。——他の人たちは，その個所を，各月の長さが種々であり，それゆえに61日は2か月についての一種の中間的平均とみなされうることから説明している^(s)。けれども，この想定は，月をはっきり

第7巻第63章「上訴または伺の期間と再生について」第1法文］を，しかしいくつかの中の一つとしてのみ挙げることによって，それを示唆する。tit. de R. J. についての註釈における Bulgarus は，この類似をまだ示していない。——註釈における J. Gothofredus は，この関係をはっきり主張しているのみならず，また説得力のある仕方で証明している。ただ，彼は，法律規定一般としての lex［法律］の意味で満足し（„haec reg. uti dixi est nominatim de *legali* praescriptione *per menses*" ［「この規則は，とくに数月による法定の時効について用いるといわれている」］），やはりパウルスが必ず考えたに違いない特定のローマの民会決議を示さず，あるいはまたそれを探すことさえしない点において，完全に不十分なままである。

　（q）　*L.* 30 §1 *ad L. J. de adult.* (48. 5.) ［学説彙纂第48巻第5章「罰せられるべき姦通についてのユーリウス法の註解」第30法文第1節（パウルス）］．

　（r）　寛大を，註釈がすでに主張しており，それに従って他の多くの人が主張している。非常に詳細に，また（寛大な）menses［月］を（寛大でない）dies［日］から区別して，註釈における J. Gothofredus もそうする。

　（s）　ここで問題にしている個所の説明のためのこういう一時しのぎは，古いもので，とくにすでに J. Gothofredus に存する。Schrader がそれを，月の計

30日として言い表わす多くの他の個所に適合せず，それゆえに上掲の個所でまったく孤立して現われることになろうし，それによって，それは，それ自身にマイナスの材料を提供する公算が極めて大である。——最後に，primo［プリモー。第1（日）に］を省略し，単に sexagesimo［セクサーゲーシモー。第60（日）に］と読もうとすることによって，原文の校訂により助けようとする試みもなされた。しかし，この試みには，そのほかに問題の多い個所では希にしかみられないような写本と古い版との完全な一致が矛盾する[t]。それどころか，諸写本が不確かであるとしても，61というむつかしい方の読み方が60というやさしい方の読み方よりも優先されなければならないであろう。なぜならば，うぬぼれの強い写字生がむつかしい61をもっとやさしい60に変えたかもしれないことは十分理解できるが，その逆は理解できないからである。

　今，困難の真の解決に至るために，われわれは，まず第一に，パウルスが明らかに，期間の拡大に大小があるうち，考えられるかもしれない小さい方と反対に，大きい方を主張する意図を有することを，考慮に入れなければならない[u]。——われわれは，その dies［日］を，すでにしばしばそ

算に関する一般原則に発展させた（§ 181. i.）。

　（t）　sexagesimo［第60（日）に］という読み方を弁護するのは，Ｒｅｉｎｆｅｌｄｅｒ S. 150-161 であるが，しかし彼は，そのために，あるシュトゥットガルトの写本をみつけてくることができただけであり，しかも最初の筆跡からみてにすぎない。というのは，ここでもすでに，ある古い校訂者が欄外に primo［第1（日）に］を書いていたからである。確かに，もっと以前の版によれば，バシリカ法典および Eustathius は，60にプラスの材料を提供したようであるが，しかし近時の校訂された原文によれば，それらにも61が存する。BASILICA ed. Fabrot. I. p. 78. これを ed. Heimbach I. p. 71 と対比せよ。EUSTATHIUS hinter Cujacii Comm. in III. libros Lugd. 1562 p. 91. これを ed. Zachariae S. 149 と対比せよ。Ｓｃｈｒａｄｅｒ S. 207 がすでに，説得力のある仕方で sexagesimo et primo［第61（日）に］という読み方を弁護している。いくつかの写本において primo［第1（日）に］の前の et［と］が欠けていることは，実際にはまったく重要でない。

　（u）　この考えは，まったく明らかに，*et* qui .. venerit, *audiendus est* [.. 法廷に出頭

れについて述べたところに従って，どうしても暦日と考えなければならない。――数の説明の場合に，われわれは，一方の計算方法を前提とするかもう一方の計算方法を前提とするかを選択できる。それで，私は，パウルスがここでは，最初の日を，すなわち選出された二人官が自分の選出を知った日を算入したと考える。そのとき，第61暦日が novissimus［最後の(日)］，すなわち momentum temporis［時の瞬間］が入る日である。今，パウルスが，この日に，なんら制限なしに異議申立を許すとき，そこには真夜中に至るまでの許容が存するのであり，そのとき，彼は，この異議申立期間の計算について，彼が L. 6 de O. et A.［学説彙纂第44巻第7章「債務と訴権について」第6法文（パウルス）］において訴権消滅時効の計算についていったのとぴったり同じことをいっている(v)。――今，パウルスが，ここで前提された計算方法を用いたということは，その計算方法がそもそも，より普通であったと思われることからすでに明らかになる。しかしここで彼が L. 134 de V. S.［学説彙纂第50巻第16章「言葉の意義について」第134法文（パウルス）］（§ 184）におけるのと異なった計算をしたということは，なお特別の

した..者も，聞き届けられるべきである］という言葉の中にあり，それによって，こういう者がすでに自分の権利を失うに至ったかのようなありうる意見に反論される。

（v） Göschen Vorlesungen S. 593 は，61という数の基礎にある計算方法をまったく正しく説明するが，しかし，naturalis と civilis computatio［自然的な計算と市民法上の計算］という彼の先入概念は，彼がそれを正しく用いることを妨げる。すなわち，彼は，期間の満了を momentum temporis［時の瞬間］に置き，そしてこの意味を，その *momentum*［瞬間］より前に出頭する者は，やはり qui sexagesimo et primo die venerit［第61日に法廷に出頭した者］でもあるということによって，パウルスの言説と調和させる。しかしながら，パウルスがその momentum［瞬間］を限界と考えていたときには，彼は，このことを，非常に大きな不注意なしには，述べないままにしておくことはありえなかった。彼の表現が漠然としていることは，真の一般性をはらんでいるのであって，彼は，第61日のどの部分にでも，したがって真夜中に至るまで出頭できるといおうとする。――Unterholzner S. 297 は，ここで問題にしている個所の結果を私と同じに理解するけれども，この見解の正当づけと諸困難の除去にはまったく説き及ばない。

説明を要する。この後者の個所で、彼は、anniculus［一歳児］について語ったのであるが、だれもが、annus［アンヌス。1年］はきっちり365日と同じだけを意味することを知っていたから、それと並んで366という数が示されたならば、ひと目見てひんしゅくを買いえた。このひんしゅくを避けるために、パウルスは、初日を算入しない計算方法、それも許されているのだが、これを選んだ。しかし、このようなひんしゅくは、ここで問題にしている個所では、恐れる必要がなかった。確かに、mensis［月］はともかく30日の期間をも、したがって duo menses［2か月］は60日をも意味するという反対がなされるかもしれない。しかしながら、これは、やはり、当座しのぎとして認められた法的擬制にすぎず、現実には、各月は種々の大きさを有していたのであって、それゆえにmensis［月］は、annus［1年］のように単なる字句内容によってすでに一定の日数の観念をどの読者にもただちに生じさせるのに適しているということは、まったくない。──したがって、その結果は、こうである。パウルスは、決して月の長さを決めようとするのではなくて、むしろこれを周知のこととして前提する。彼は、行為についてある期間を定められている者が最後の日全体をその行為のために自由に使え、したがって決して momentum temporis［時の瞬間］から、あるいはさらにその日の初めからもうその行為の権限を失っているのではないという命題を、言い表わそうとする。しかし、この命題は、われわれがその個所を学説彙纂において読む抽象的な意味内容によって、ますます重要となる。なぜならば、それは、ここではもはや決して（そのもとの意味内容におけるように）一つの法律関係に向けられるのではなくて、規定された期間と懈怠一般に向けられているからである。実際また、偏見のない人ならだれでも、ここでその個所の内容として述べられた規則が2か月の期間に限定されており、他の大きさの期間には適用されないというようなことを主張しようとはしないであろう。

§186
VI. 期間 3．法定期間計算（つづき）
[Die Zeit 3. Civile Zeitrechnung (Fortsetzung)]

C. 姦通を理由とする起訴 [Anklage wegen Ehebruch]。

L. 30 §1 *ad L. J. de adult.* (48. 5.). (Paul. lib. 1. de adulteriis). Sexaginta dies a divortio numerantur: in diebus autem sexaginta et ipse sexagesimus est. [学説彙纂第48巻第5章「罰せられるべき姦通についてのユーリウス法の註解」第30法文第1節（パウルス 姦通について第1巻）：60日は離婚から数えられる。しかし、その60日の中には第60日自体もある。]

Lex Julia de adulteriis [姦通についてのユーリウス法] は、不貞の妻の夫と父に、ある期間すべての他人を排除して起訴する権利を与えていたのであって、その期間の経過後は他人も訴えうることになっていた。この期間は、言葉として exaginta dies [60日] に確定されていたのであって[a]、今、パウルスは、ここで問題にしている個所で、sexagesimus [セクサーゲーシムス。第60（日）] 自体も sexaginta [60（日）] の中に含まれているという。それをもって、彼は、明らかに、たとえば sexagesimus [第60（日）] にはもはや上述の特権を許そうとしない人たちに反対しようとする。彼がある暦日を考えているということは、上述の理由により疑われえない。よりによってこの個所で可動日考えようとすれば、その個所は、許された60

(a) *L.* 4 §1 *L.* 11 §6 *L.* 15 pr. *L.* 29 §5 *L.* 30 §1 *ad L. Jul. de adult.* (48. 5.) [学説彙纂第48巻第5章「罰せられるべき姦通についてのユーリウス法の註解」第4法文第1節（ウルピアーヌス）、第11法文第6節（パウルス）、第15法文前文、第29法文第5節（ウルピアーヌス）、第30法文第1節（パウルス）]。その表現がそんなにしばしば、言葉も同じで繰り返されることは、それがその法律においてもちょうどそうであったことに疑問を許さない。

日が単に59日と理解されるべきでは決してないという我慢できないほどつまらない意味を有することになるであろう。——だが、パウルスはどの日を考えているのか。ひと目見てどんなに奇妙に思われようとも、それでも私は、彼がここでもまたもや novissimus dies［最後の日］を、したがって、彼が L. 101 de R. J.［学説彙纂第50巻第17章「古い法の種々の規則について」第101法文（パウルス）］において sexagesimus et primus［セクサーゲーシムス・エト・プリームス。第61（日）］と称したちょうどその日を考えていると主張しなければならない。すなわち、彼は、前者のところでは第１日を算入し、ここではそれを算入しなかった。しかし、ここでは、彼は、そのように計算すべき立派な理由を、その法律の表現の中に有していた。すなわち、この表現は、ずばり sexaginta dies［60日］であり、彼は、novissimus dies［最後の日］という自分の表示では法律のその表現と言葉の上で矛盾することを、避けようとした。したがって、それは、彼に anniculus［一歳児］に関する個所において（§184）同じように計算させたのと、同じ理由であった。また、もし彼が in diebus sexaginta *et ipse sexagesimus et primus est*［60日の中に第61日もある］といおうとしたとすれば、それは実際にはあまりに奇妙な言葉であっただろう。ここで問題にしている個所と L. 101 de R. J.［学説彙纂第50巻第17章「古い法の種々の規則について」第101法文（パウルス）］とのこのような、私が極めて自然だと思う一致が認められず、それゆえに両場合の判断の中に重要な相違が残っていなければならないとすれば、この相違のなんらかの満足の行く説明をみいだすことは、不可能である。そのときには、いわゆる寛大などによってまずい隠し方しかできないような無思想で首尾一貫しない恣意を受け入れることに迷い込むことは、避けられない。

D. *Bonorum possessio*［相続財産占有］の期間。

法務官の告示において、その間に Bonorum possessio［相続財産占有］を法務官に請い求めなければならない短い期間が与えられていた。それは、

§186 期間　3．法定期間計算（つづき）——*355*

尊属と卑属には1年，傍系親族と非親族には100日であって，告示の表現は，*intra* annum［イントラー・アンヌム。1年内に］，*intra* centum dies［イントラー・ケントゥム・ディエース。100日内に］であった[(b)]。さて，資格者がこの期間の終わりに現われたとき，その者がこの期間を守ったかどうかが疑わしく思われることがありえた。これに関するのは，つぎの個所である。

L. 1 § 9 *de succ. ed.* (38. 9.). (Ulp. lib. 49 ad Ed.). Quod discimus, *intra dies centum* bonorum possessionem peti posse, ita intelligendum est, ut *et ipso die centesimo* bonorum possessio peti possit : quemadmodum intra Kalendas etiam ipsae Kalendae sint. Idem est, et si *in* diebus centum dicatur.［学説彙纂第38巻第9章「承継に関する告示について」第1法文第9節（ウルピアーヌス　告示註解第49巻）：われわれが，100日内に相続財産占有が請い求められうるという場合には，第100日自体にも相続財産占有が請い求められうるというように理解されるべきである。ちょうど，朔日自体さえ朔日までにあるように。第100日の内にといわれるときも，同様である。］

この個所は，前述の個所（L. 30 ad L. J. de adult.［学説彙纂第48巻第5章「罰せられるべき姦通についてのユーリウス法の註解」第30法文（パウルス）]）と酷似しており，それゆえに，ほとんど，これのかなり詳細な説明を参照することを要するのみである。ここでも，その法律家は，期間の考えられる短

(b) ULPIAN XXVIII. §10. „ B. P. datur parentibus et liberis *intra annum* .. ceteris *intra centum dies*." ..［「相続財産占有は，尊属および卑属には1年内に..その他の者には100日内に与えられる。"]］——*L*. 5 *pr. quis ordo* (38. 15.). „ non cedent dies centum .. praeteritis autem centum diebus."［学説彙纂第38巻第15章「相続財産占有においてどのような順位が守られるべきか」第5法文前文（マルケルルス）：「100日は終わらない..しかし100日が過ぎ去ったとき」...］——とくにしかし，本文に掲げたた個所。——それゆえに，別のところでintra *centesimum* diem［第100日までに］といわれるとき，そこでは，告示の内容の挙示が求められるべきであるにすぎず，告示の言葉の挙示が求められるべきではない。*L*. 2 § 4 *quis ordo*（38. 15.）［学説彙纂第38巻第15章「相続財産占有においてどのような順位が守られるべきか」第2法文第4節（ウルピアーヌス）］，*L*. 1 § 8 *de succ. ed.* (38. 9.).［学説彙纂第38巻第9章「承継に関する告示について」第1法文第8節（ウルピアーヌス）］.

い方の終了に反対しようとする。彼は，ここでも，資格者が生じた Bonorum possessio［相続財産占有］を知った日を算入しないというように計算し，それゆえに, novissimus［最後の（日）］または centesimus et primus［ケンテーシムス・エト・プリームス。第101（日）］とも称しえたであろう日を centesimus［第100（日）］と称する。彼は，この計算を，また全体として数による表示を選ぶが，それは，自分の言説と告示の言葉（intra dies centum［100日内に］）との関連をすぐに分かるようにさせるためであり，また，この言葉との外見上の矛盾に陥らないためである。今，彼が，novissimus dies［最後の日］（または centesimus dies［第100日］）はなお，許された期間の一部である［gehören］ということによって，それは（無制限にいわれているから），おのずから，この日全体が，真夜中に至るまで，それの一部であるというのと同じだけを意味し，それゆえに，この個所は，前述の三つの個所と完全に一致している。この個所に独特であるのは，なお，一つの反論であって，ウルピアーヌスは，この反論に対抗することを必要と認めるのである。彼は，つぎのようにいう。intra dies centum［100日内に］は，許された期間が100日より少ないかのように，それゆえにたとえば最後から２番目の日をもってすでにその期間が満了するかのように理解されてはならず，むしろ，それは，その期間がそれの限界（しかも法的に計算された限界）に至るまで続くことを意味する，と。彼は，このことをなお, intra Kalendas［イントラー・カレンダース。朔日まで］の類推によって確認するが，これもまた，朔日のこちら側（つまり pridie［前日に］至るまでのみ）を意味するのではなくて，朔日自体全体を含んで，それの完全な満了に至るまでを意味するという。

　ここでは，なお，ここで説明した，数が現われるすべての個所に関する共通の論評が付け加えられなければならない。ローマの法律家たちの側の恣意的に交替する数表示の方法は，その方法のあいまいさのために慎重を欠いたのであり，まさにそれゆえに，それは，真実らしく前提されえないと反対されるかもしれない。この反対は，日の表示が疑問と決定の本来の

対象としてその個所の著作者たちの念頭に浮かんでいて,その人たちにとって,期間を終わらせるのがこの日であるか,あるいはたとえば前の日または次の日であるかが問題であったとすれば,理由を有するであろう。しかし,このことは,なんら疑問ではなかったのであって,その人たちは,至る所で,常に novissimus dies［最後の日］だけが問題でありうることを,確実で周知のこととして前提し,期間全体の法的終点とみられるべきものがその日の初めであるか,その日の終わりであるか,両時点の間にある momentum temporis［時の瞬間］であるかを,場合の違いに応じて決定することだけ必要と認める。それゆえに,その人たちは,そういう周知で確実な日を言い表わすのにそう入念なやり方をせず,その際各個の場合において,たまたま期間が定められていた法律または告示の言葉に従うことがかなりはっきりしているような表現を選ぶことを,あえてすることができた。

―――――

最後に説明した四つの個所（§185. 186.）によれば,期間の懈怠により権利が失われるというような各場合においては,その momentum temporis［時の瞬間］の次にくる真夜中が法的終点とみられるべきである。われわれは,ここから,期間の懈怠により権利が失われうるすべての場合について一つの一般的な規則を形成することができるのであって,説明した個所のうちの一つ（L. 101 de R. J.［学説彙纂第50巻第17章「古い法の種々の規則について」第101法文（パウルス)]）がユスティーニアーヌス帝の学説彙纂において,個々の法律関係にはまったく関係させられないで,むしろここで示した種類のすべての場合についての一般原則の性質を帯びているとき,それだけいっそう当然にそうである。

358 ── 第二編　法律関係　第三章　発生と消滅

§187
V．期間　3．法定期間計算（つづき）
［Die Zeit　3. Civile Zeitrechnung (Fortsetzung)］

　未成年は，それが回復の理由である限りにおいて，これまで考察したすべての場合とまったく異なった取扱をされる。すなわち，未成年者が25歳になる誕生日にある行為をし，それで，これを回復されるべきかどうかという問題が生じるとき，（使用取得におけるように）その日の初めにも，（訴権消滅時効におけるように）その日の終わりにも目が向けられるべきではなくて，momentum temporis［時の瞬間］に，すなわち精確に確かめられた誕生の時点に応当するその日の時刻に目が向けられるべきである。この言説をまったく疑う余地のない仕方で含む注目すべき個所は，つぎの個所である。

　　L. 3 §3 *de minor.* (4. 4.). (Ulpian. lib.XI. ad Ed.) Minorem autem XXV. annis natu, videndum, an etiam die[(a)] natalis sui adhuc dicimus, ante horam qua natus est, ut si captus sit restituatur: et, cum nondum compleverit, ita dicendum, *ut a momento in momentum tempus spectetur.*［学説彙纂第4巻第4章「25歳未満の者について」第3法文第3節（ウルピアーヌス　告示註解第11巻）：しかし，誕生日にさえ今なお25歳に満たない者であるとみられるべきであると，生まれた時間の前にわれ

　　(a)　フィレンツェの写本は，最初は an etia diem と読んだけれども，古い時代にすでに etia の後に m が書き入れられており，それゆえに今は an etiam diem となっている。新しい字のこういう書き入れをせず，単に die の後にある m を etia の後に移すと，分かりやすくて満足できる読み方が生じるのであって，これがここで本文に掲げられており，すでにクーヤキウスにより提案されている。ハロアンダーの読み方は非常に異なっており，W<small>ENK</small>(Vacarius p. 205 sq.)によって提案された読み方はなおもっと異なっていて，ここにはこの原典批判的問題についての豊富な資料もある。われわれの目的にとっては，この問題はどうでもよい。

§187 期間　3. 法定期間計算（つづき）——*359*

われはいうかどうか，その者はだまされたかのように回復されるかどうか。そして，まだ満了しなかったときは，<u>瞬間から瞬間へ期間が判断される</u>というようにいわれるべきであろう。]

　この個所においては，意味についての疑問はありえない。同時にそれのこれまで述べた異なる諸規則に対する関係について説明するに違いないこの決定の理由をみつけることの方が，厄介である。まず第一に，成年者が契約を相手方にとって完全に確実に締結する能力があるものとなり，一方，未成年が将来の回復の危険を伴う限り，相手方はこの者にこういう契約をひょっとすると拒むであろうことによって，未成年の満了は権利取得とみられがちであるかもしれない。この観点からみると，成年は，使用取得および遺言成年と同列にあり，これらの類推により前の真夜中が限界点とみられなければならず，したがって，それにより，期間はやや短縮されるであろう。——もう一方の観点からは，それは権利喪失とみられるかもしれない。なぜならば，これまで未成年であった者は，今は，軽はずみな行為の結果に対して回復がその者に与える保護を失うからである。そのときには，訴権消滅時効の類推により次の真夜中が限界点とみられるべきであり，したがって未成年の期間がやや拡大されるであろう。——しかしながら，この類推も，純粋かつ完全には主張できないであろう。なぜならば，訴権消滅時効は，それといっしょにまとめられる他の各場合と同様，懈怠による喪失に基づいており，一方，成年によって引き起こされる喪失は，自由意思によらない自然現象に基づくであろうからである。また，その期間のどんな拡大にも反対して，そもそも回復は非常に例外的な法として，そういう自由な取扱には適しないと思われるという理由が，主張されえた。——ローマの法律家たちが，拡大と短縮という両方の法定期間計算の方法を上述の場合に断念し，回復できる年齢の限界として数学的終点のところにとどまる気になったのは，おそらくこれらの反対理由による。今，確かに，その結果として，上に（§181）述べた諸困難すべてが生じる。現実の適用においては，これはつぎのような風である。問題は，前に

未成年であった者が回復を要求するときにのみ現われうる。いま、問題の法律行為が自分の誕生の時刻に応当する時刻より前に締結されたことを裁判官に確信させることは、その者がなすべき事柄である。その者がこの証明に成功しなければ、したがってどちらかの時刻が不確かなままであれば、回復の条件は存せず、誕生日に締結された行為は、そのとき回復に服させられていず、このような場合については、最後の結果は、そもそも成年が前の真夜中をもって始まったとき、したがって遺言成年と同じ仕方で始まったときと同じである。

408　これが、厳格な期間計算（a momento in momentum［アー・モーメントー・イン・モーメントゥム。瞬間から瞬間へ］）がわが法源において適用される唯一の場合であり(b)、一方、期間の終わりを前のまたは次の真夜中に移す、したがって期間をやや短縮または拡大するような計算が、少なからぬ数の多様な場合において実証されていることは、非常に強調に値する。その場合、紛れもなく、こういう厳格な期間計算は、望ましくない一時しのぎとして、できるだけ狭い適用範囲の中に閉じ込められるべきであるという見方が、基礎にある。――瞬間による計算のこの唯一の確実な場合は、規定された期間がまる数年から成る場合であるということも、書き留められるべきである。ある数の日または月で定められていた、したがってまる数年から成るのでない期間においては、瞬間によって計算することは、ローマ人にとってほとんど不可能であっただろう（§ 181. x.）。

　（b）　すなわち、まったく確実に、このことが明確な言葉で述べられている唯一の場合であり、私が試みた他の個所の説明によれば、実際にそもそも唯一の場合である。もちろん、他の著述家たちは、懈怠による権利喪失を扱う個所の中へもこのような期間計算を無理な解釈によって持ち込もうと努めた。§ 185. d. v.

§188
VI．期間　3．法定期間計算（つづき）
[Die Zeit　3. Civile Zeitrechnung（Fortsetzung）]

　法的に重要な期間の終点が決定されるべき方法が，これまで一連の個々の法律制度において調べられた。今残っているのは，わが法源がとくに意見を述べることをしていないような制度の判定について規則を立てることである。

　これについて他の人たちが立てた規則を，私は，満足すべきものと認めることができない。naturalis computatio［自然的な計算］は，civilis computatio［市民法上の計算］が例外としてとくに承認されているのでないところでは，どこでも現われなければならない規則を成すといわれている。この意見は，civilis［市民法上の（計算）］がある種の人たちの優遇を目的としており，したがって一種の特権であるというまったく誤った想定に基づいている。しかし，実際には，それは，すべての当事者にとって負担になる権利追行の困難を排除すべきものにすぎない。また，ローマ人が非常に多数の場合に法定期間計算という軽減を承認し，一方，唯一の場合にのみ ad momenta［瞬間による］厳格な計算が現われると認められることも，それと矛盾している。

　別の人たちは，civilis［市民法上の（計算）］は jus civile［市民法］の諸制度において，naturalis［自然的な（計算）］は jus gentium［ユース・ゲンティウム。万民法］の諸制度において効力があるといっている[a]。字句内容がこの主張に行き着いたにすぎないが，その場合，なおとくに，civilis computatio［市民法上の計算］と naturalis computatio［自然的な計算］という表現自体が本物でないこと（§182．）を考えてみなければならない。そこで

（a）　Noodt Comm. in Pand. tit. de minoribus. R e i n f e l d e r S. 16.

は，civilis computatio［市民法上の計算］と呼ばれるものは，とにかく法律関係のやや自由な取扱によるまったく実際的な必要の満足にすぎないから，jus civile［市民法］の緻密さに基づくということが，暗黙のうちに前提される。しかし，このような取扱は，それどころかとくに jus gentium［万民法］の性質にふさわしい。

もっと真実に近付くのは，ここでさしあたりその権利が問題である人に，どちらの方が有利であるかに応じて，civilis computatio［市民法上の計算］か naturalis computatio［自然的な計算］が適用されるべきであるという見解である(b)。ただ，この区別をもってすると，ad momenta［瞬間による］計算のところにとどまっていないで，終点をなおもっと前へ進めなければならなかった。

ただ一つ確実な道は，わが法源において決定された各場合から，すでに上述のところで端緒を作った規則(c)を形作り，それから，決定されていない各場合をこの規則に従って判断することに存する。この方法で，われわれは，まず第一に，二つの簡単な規則に至り，そこからたいていの場合が確実な決定を得ることができる。そのとき，さらに研究すべき場合は，なお少ししか残っていない。

第一規則 ［Erste Regel］。 期間の満了により権利を取得する者は，最後の暦日の始めからすでにこの権利を主張できる。これは，われわれが上に使用取得，奴隷解放，anniculus［一歳児］および遺言成年のところで適用されるのを認めた規則である。同じ規則が，今，さらにつぎの各場合において適用されるべきである。

1．婚姻能力において。これは，遺言作成能力と同じ時点に生じるのであり，われわれの規則によれば，同じように誕生日の始めから主張されなければならない(d)。この規則の実際的利益は，ここでは，たとえばその日

（b） RÜCKER p. 70.

（c） §184. 186. それぞれ §の末尾で．

（d） L. 4 de ritu nupt. (23. 2.) „ cum apud virum explesset duodecim annos." ［学

§188 期間　3．法定期間計算（つづき）——*363*

の前半に，そして誕生時刻の momentum ［瞬間］より前に婚姻が締結されており，そのうえ同じ期間内に夫婦間の贈与が起こるようなときに，明らかになるであろう。この贈与は，無効な行為であろう。同じ期間内に，婚姻後まもなく夫が命を失うときも，同様である。とくに嫁資に関する婚姻上の権利は，ここではすでに完全に取得されているであろう。

　2．1年の喪期の満了において。したがって，寡婦が前夫の命日に，しかも死亡時刻の前に，新たな婚姻を締結するとき，彼女は，喪期違反に科せられる罰をもはや受けない。

　3．現金および類似の財産物件が本体である嫁資の返還請求は，古い法によれば，annua, bima, trima die ［アンヌアー，ビーマー，トリーマー・ディエー。1年目の，2年目の，3年目の日に］なしうべきであった[e]。したがって，その権限は，その日の始まりとともに開始し，死亡または離婚の時刻を問わなかった。この適用の実際上の利益は，重要ではなかった。

　4．17歳になっていた者だけが，問答契約をなしうべきであった[f]。し

説彙纂第23巻第2章「婚姻の方式について」第4法文（ポンポーニウス）：「夫のもとで12歳を満たしたとき。」］——*L.* 24 *C. de nupt.* (5. 4.) „ ..tempus ..in quo nuptiarum aetas, vel feminis *post duodecimum annum* accesserit, vel maribus *post quartum decimum annum completum.*" .. ［勅法彙纂第5巻第4章「婚姻について」第24法文：「..女子では満12歳以後，男子では満14歳以後の婚姻年齢が近付いた..時。」..］これらの表現は，その問題について決定できない。なぜならば，それらは，考えられる計算の方法の相違に応じてのはっきりした限界決定がなんら問題でない個所において用いられているからである。——Rücker p. 54 は，ここで，ad momenta ［瞬間により］計算しようとする。

　（e）　Ulpian. VI. §8.

　（f）　*L.* 1 §3 *de postul.* (3. 1.) „ minorem annis decem et septem, qui eos *non in totum complevit,* prohibet postulare." ［学説彙纂第3巻第1章「申し立てることについて」第1法文第3節（ウルピアーヌス）：「17歳を全然満たしていない17歳未満の者が申し立てることを禁じる。」］ この言葉は，ここでは，最後の日における精確な限界決定（それについての利益はあまりに取るに足らない）に向けられているのではなくて，ただそもそもその年の満了を要求するにすぎず，したがって，すでに17歳に近くて，impubes pubertati proximus ［成熟年に非常に近い未成熟者］を類推して許したくなりえたような者を除外すべきである。Rücker p. 53は，ここでもad momenta ［瞬間により］計算するが，こ

たがって，この権限は，誕生日の始まりとともに開始し，誕生の時刻を問わなかった。

その規則の一つの例外は，法律が権利の取得をはっきりと，ある期間を越えることに結び付けていたときに，生じるべきであった。そういうことで，都市の官職や後見の免除は，*major* septuaginta annis［マヨール・セプトゥアーギンター・アンニース。70歳を越えた者］にのみ約束されていた（§182.d）。したがって，70歳の者に後見がその者の誕生日に委ねられるときは，その者は，そういう免除を享受しないが，それが次の日になされるときは，享受する(g)。

第二規則［Zweyte Regel］。 不活動によって一定期間の満了後に権利を失うべき者は，その最後の暦日まる1日はなお行為をすることができ，それゆえに，この日の経過をもってはじめて喪失が生じる。これは，われわれが上述のところで，訴権消滅時効，姦通を理由とする起訴，およびbonorum possessio［相続財産占有］において，さらになお，ユスティーニアーヌス帝の法ではまったく一般的な形をとっている一つの個所において適用されるのをみた規則である。この規則は，今，さらにつぎの各場合に適用されるべきである。

1） legitima judicia［法定訴訟］についての18カ月という古い法において規定された訴訟手続消滅時効［Prozeßverjährung］において(h)。したがって，審判人は，最後の暦日になお有効な判決を下すことができた。

2） 回復において。これの4年は，この点で完全に訴権消滅時効の性質を有する。

3） 50日の期間に拘束されている後見の免除において。

4） 30日内に始まり，それに続く60日内に終了されるべき相続財産目れは，この適用においては非常にこせこせしている。

(g) *L. 2 pr. de excus.* (27. 1.)［学説彙纂第27巻第1章「免除について」第2法文前文（モデスティーヌス）］.

(h) Gajus IV. §104.

§188 期間 3．法定期間計算（つづき）——*365*

録において。両方とも最後の暦日まる1日中はなおなされうるし，そうすれば権利の喪失を避けるのに十分である。

　5）その根拠が法律にあろうと裁判官の処分にあろうと，訴訟手続期限［Prozeßfristen］において。法的期間の終点について立てられた諸規則のあらゆる適用の中で，比較的大きい裁判所でほとんど毎日現われる適用ほどしばしばあり，したがってこれほど重要なものはない。そしてまさにこの適用について，意外にも，ここで立てられた見解の最も強く最も多様な確認がみられる(i)。

　その適用は，非常に有名な実際的法律家たちの権威により確認されるが，もちろん，それが実際には，ここで立てられて，ローマ法の重要な適用において実証された規則であることが，見落とされやすい形においてにすぎない。すなわち，そういう法律家たちは，訴訟手続期限においては，期限が与えられる日からもう計算されるべきではなくて，次の日からはじめて計算されなければならないと説く(k)。そう表現されると，それは，期限を指示される当事者の恣意的で理由のない優遇のようにみえ，それゆえに，他の著述家たちは，いわゆる厳格説の立場から，これに反対している(l)。しかし，実際には，それは，訴権消滅時効などにおいて最後の暦日

───

（i）この適用の確認のために *L.* 1 *si quis caut.* (2.11.)［学説彙纂第2巻第11章「ある者が法廷に出頭すべきことに関してなされた約束に従わないとき」第1法文（ガーイウス）］が挙げられることがよくあるが，しかしこれは，実際にはそれとなんら関係がない。法務官が，遠くに住んでいる被告に，20ローマメイル離れているごとに1日の旅行日を認めるという仕方で，法廷に出ることを約束させた。その場合，なお，問答契約の日と法廷の日自体が計算に入らないままであるべきであった。しかし，それは，被告が，なんとか最後の旅行日の夕方にでも裁判官の前に現われるよう強制されているべきでないことだけを意味する。それは，期間全体の終点の計算とはなんら関係がない。

（k）Böhmer Jus eccl. Prot. Lib.2 T.14 §5 „ *post diem insinuationis* dilatio praescripta currere incipit."［「告知の日の後指示された猶予期間が進み始める。」］Voetius II. 12 §14. G e n s l e r Archiv B. 4 S. 197.

（l）Glückは，初期には単に実際家の通常の説を提案していた（B. 3 §267）。後に，免除の理論のところで（B. 32 S. 101-103），彼は，確かにそれをなおも，実際にお

415 がその満了に至るまで権利者の自由に任されているべきだという上述のローマの理論にすぎない。というのは，期限はそれを決めた時点からただちに計算されるけれども，最後の暦日がまる1日自由な行為に任されているようにであるというか，指定された日の計算は次の暦日からやっと始まるべきだというように表現するかは，結果においてまったく同じことだからである。

　同じ理論は，最後にまた，すべての裁判所の実際においても確認される。訴訟書類の提出につき1カ月の期限が9月5日に与えられているとき，判決する裁判官は，その書類が遅くとも10月5日に提出されているかどうかだけに目を向けるだろうし，これがもしかすると期限が与えられた時刻よりも後の時刻になされたかどうかを調べることなく，これで十分と考えるだろう。しかし，まさにそれが，ここで訴訟手続期限について（訴権消滅時効と一致して）立てられた規則の意味であり，結果である。ただ，10日の控訴期限においてだけ，それがad momenta［瞬間により］計算されるべきことが認められる[(m)]。けれども，これは，判決の送達の時刻が
416 記され，認証されていることを前提としてにすぎず，こういうことは，初期には守られるのが極めて通常であった。これに反し，この正確な時刻記載を欠き，送達の日だけが記録に記されている（これの方が今日では裁判所においてよくある場合であろう）ときは，控訴についても，時刻を顧慮することなく，送達後10日に申し立ててよいことが認められ[(n)]，そこには，やはりまたもや，ここで立てられた規則の承認がある。

　今まだ残っているのは，立てられた両規則のどちらに従っても判断され

いて支配的であると認めるが，しかし理論の側からそれを非とする。

　(m) このことは，Nov. 23 C. 1 ［新勅法第23号第1章］の „ intra decem dierum spatium, *a recitatione sententiae numerandum.*" ［［判決の朗読から計算されるべき10日の期間内に］］という言葉に基礎づけられる。しかし，実際には，この言葉は，ad dies ［日による］計算とも ad momenta ［瞬間による］計算とも調和する。

　(n) Böhmer Jus eccl. Prot. Lib.2 T. 48 § 48.

るべきではなくて，むしろ ad momenta［瞬間による］計算の規則に従って，つまり回復の条件としての未成年の類推に従って判断されるべき場合が存しないかどうかを調べることである。

さて，それに属するのは，とりわけ，保佐の理由および条件としての未成年である。この問題の実際上の利益は，決して，未成年者が財産の引渡を請求できるのが1日早いか1日遅いかが疑われることにあるのではない。というのは，これについての訴訟が決定されうる前に，きっとそういう疑わしい日は経過してしまっているであろうからである。むしろ，利益は，誕生日に一方的な譲渡が被保佐人によってなされうるか，あるいはまた保佐人によってなされうるかにある。どちらの行為が有効であるかは，精確に決められた保佐の終点にかかっている。この終点の前には未成年者が有効に行為できないし，その後には保佐人が有効に行為できない。今，ここでは，私は，保佐について回復についてとは別の終点を登場させることはまったく不自然であろうと思う。なぜならば，両法律制度は，未成年者を自己の不利な行為に対して保護するという共通の目的を有しており，この目的を異なった手段および形式によって追求するにすぎないからである。それゆえに，保佐の終点は，きっちり誕生の時刻に従って（ad momentum［瞬間により］）決められるべきである。この時刻が疑われるときは，いつでも，当面の事情により原告として現われる者が証明をしなければならず，証明の失敗はこの者の不利益にならなければならない。

まったく同じ問題が，同じ利益に基づいて，成年において生じたのであって，被後見人の自身の行為能力が，同時にまた後見および後見人の権利の終わりが，成年にかかっていた[(o)]。ここでは，最初のひと目で，遺言成

(o) ここでは，その問題をとりわけ，後見の終わりに関する法律の定めに従って決定しようと試みられるかもしれない。*pr. J. quib. modis tut.* (1. 22.) „ post annum XIV. *completum.*" ［法学提要第1巻第22章「どのようにして後見が終了するか」前文:「満たされた14歳の後。」］(訳註30) *L.* 3 *C. quando tut.* (5. 60.) „ *post excessum* XIV. annorum ... post *impletos* XII. annos." ［勅法彙纂第5巻第60章「いつ後見人または保佐人であることをやめる

418 年におけると同じ規則を認めさせること，したがって，前の真夜中へ（他の人たちに従えばさらに１日）戻ることが，自然と思われる。しかしながら，もっと綿密に考察すると，やはり事情がやや異なっているようである。なぜならば，後見は危険に対する保護措置を含み，遺言成年においてはそれが問題にならないからである。これに反し，後見の保佐との同質性は，この点では非常に明白であるので，私は，後見の終わりにおいてもローマ法における ad momenta ［瞬間による］計算を受け入れる方が正しいと思う。──ついでにいうと，この最後の問題は，未成熟者の後見が未成年者の保佐と重なり，したがって後見の特別の終わりがもはや生じないわが現代法については，完全に消滅している。ローマ人においても，その問題の利益は，後見に関しての方が小さかった。それは，第一に，未成熟者がただちに未成年の状態に入り，したがって今は自己の不注意に対して回復によって，後に保佐によっても保護されていたからである。第二に，私の考えるところでは，古い時代には，後見の終わりはたいてい一定の年齢にではなくて，男の上衣［Toga］の着用に，したがって任意の儀式的な行為に結び付けられていたからである（§109［本書第三巻54頁以下］）。

───────

419 一様に満たされる期間全体の満了が決して問題ではなくて，その中に入る一つの時点の利用が問題であるような諸場合（§177）においては，立てられた規則は，その一般的な意味に従い，このような時点から権利を導き出そうとする者が，極限の日の範囲内で，自分に最も有利であるように自由に選択できるというように，適用されなければならない。したがって，出生の182日前に婚姻が締結されたことを理由として子の嫡出性を主張する者は，その婚姻が夕方に締結され，出生が朝であったときでも，こ

───────

か」第３法文：「14歳の経過後に … 満12歳の後に。」］しかしながら，これらの個所では，われわれの特定の問題が決定のために提起されたのではなく，したがって最後の日における種々の時点の対比がはっきり注視されていたわけではないから，それらの表現に重きは置かれない。Ｋｏｃｈ S. 71-73, Ｅｒｂ S. 239参照。

§188 期間　3．法定期間計算（つづき）——*369*

の主張を理由づけているであろう。逆に，馬を夕方に殺されている者は，1年前にもっと高い価値を探し出そうとするとき，殺害に応当する暦日の朝に至るまで戻ってよいであろう。したがって，このような計算によって，数学的に限界づけられた182日または1年の期間は，第一の場合にはやや短縮され，第二の場合にはやや伸長されているであろう。

―――――

　最後になお，法的期間の終点に関してローマ法以外で現われるであろうことを，問題にしておこう。

　古ドイツ法では，付加日［Zugabetage］がよくみられる(p)。これは，ローマの訴権消滅時効の計算において基礎にあるのと類似の見方に帰せられるかもしれない。だが，私は，それについてなにかはっきりしたことをあえて主張することはしない。

　プロイセン州法は，私がここでローマ法において実証しようと努めた諸原則をそっくり，ただなおもっと大きな一般性をもってとり入れた。どの期間も，その満了により権利が取得されるときは，最後の日の始めをもって終了させられるべきであり(q)，それによって権利が失われるときは，その日の終わりをもって終了させられるべきである(r)。ad momenta［瞬間による］計算は，それに加えては，まったく現われない。とくに，未成年者の行為能力は，誕生日の始まりとともに開始し(s)，それゆえに，この変化は，権利の純粋の取得として取り扱われる。

　フランス法典は，ローマ法において懈怠による喪失について適用される規則を一般的にしたのであり，それゆえに，どの法的期間も，最後の日の経過をもって，したがって次の真夜中をもって終了させられる(t)。それゆ

　　(p)　G r i m m Rechtsalterthümer S. 221.
　　(q)　A. L. R. I. 3 §46.
　　(r)　A. L. R. I. 3 §47, I. 9 §547. 549.
　　(s)　A. L. R. I. 5 §18.
　　(t)　Code civil art. 2260. 2261. „La prescription se compte par jours, et non par

421 えに、ここでは、可動の日が暦日とたまたま重なる希な場合を除いて、すべての期間が、実際には、あるいは多く、あるいは少なく伸長される。しかし、この定めは、ローマ法の諸規定により定められていた、以前に行われた法の意図的な変更としてなされた。このローマ法の諸規定自体は、新しい法典の起草の際にまったく正しく理解されていた[u]。

§ 189
Ⅵ. 期間　4. Utile tempus［実用期間］
[Die Zeit　4. Utile tempus]

主要個所：

L. 1 *de div. temp. praesc.* (44. 3.) ［学説彙纂第44巻第3章「種々の長期間占有の抗弁についておよび占有の通算について」第1法文（ウルピアーヌス）］．

L. 2 *quis ordo* (38. 15.) ［学説彙纂第38巻第15章「相続財産占有においてどのような順位が守られるべきか」第2法文（ウルピアーヌス）］．

著述家：

DONELLUS ⅩⅥ. 8 §17.

HAUBOLD opuscula T. 1 p. 397—438 (1791年). 参照, Wenck praefatio p. ⅩⅩⅩ.

---

heures. ——Elle est acquise lorsque le dernier jour du terme est accompli."［フランス民法典2260, 2261条：「時効は、日によって計算され、時間によって計算されるのではない。——時効は、その期間の最後の日が完了したときに、得られる。」］——dernier jour［最後の日］は、それ自体ではあいまいなように思われるかもしれないが、前条と結び付いて、それは、暦日でしかありえない。——これらの定めは、時効の期間についてのdispositions générales［一般規定］であり、それゆえに、それらは、使用取得と訴権消滅時効を同時に包括する。単純化の意図が基礎にあるから、それらをすべての他の法的期間の満了にも適用することが、おそらく無難である。

　(u)　Code civil suivi des motifs T. 7 p. 148 (Bigot-Préameneu の発言). MALEVILLE T. 4 p. 148.

§189 期間 4. Utile tempus ——*371*

Chr. G. G m e l i n über die stete und zusammengesetzte Zeit, in: Danz, Gmelin und Tafinger critisches Archiv der jur. Lit. Tübingen 1802 B.2 S. 193—244.

———————

これまで正規の計算の修正として問題になった法定期間計算は，あらゆる種類の期間において問題にされえた。今から第二の可能な修正として問題にしようとする utile tempus ［実用期間］は，すでにそれの概念によって，権利者の不活動が権利の喪失をもたらすような期間（§177）に限定されている。すなわち，この不活動が，個々の場合において，克服しがたい障害にその理由を有するとき，つぎのような仕方でこのことが正当に斟酌される。その障害が起こった時間部分は，なんら経過したものまたは懈怠されたものとして計算に入れられず(a)，その結果，期間は，障害によって抜け落ちた時間だけ実際には伸長されるという仕方である。この修正が適用されるところでは，その期間は，utile tempus ［実用期間］と呼ばれ，それが適用されない，つまり障害を顧慮せずに期間の計算が実行されるところでは，その期間は，continuum tempus ［コンティヌウム・テンプス。継続期間］と呼ばれる(b)。こういう仕方で行為者の利益になるように計算され

———————

（a）専門的な表現は，dies cedunt, non cedunt.［日が含まれる，含まれない。］である。前掲主要個所参照。

（b）*Tempus* utile, continum ［実用期間，継続期間］. *L*. 2 *quis ordo* (38. 15.) ［学説彙纂第38巻第15章「相続財産占有においてどのような順位が守られるべきか」第2法文（ウルピアーヌス）］. ——*Dies* utiles ［実用日］. 両主要個所において，§16 *J. de excus*. (1. 25.) ［法学提要第1巻第25章「後見人および保佐人の免除について」第16節］においても。——*Menses* ［(実用) 月］. *L*. 19 §6 *de aedil. ed*. (21. 1.) ［学説彙纂第21巻第1章「按察官告示と売買解除訴権と減額訴権について」第19法文第6節（ウルピアーヌス）］, *L*. 29 §5 *ad L. Jul. de adult*. (48. 5.) ［学説彙纂第48巻第5章「罰せられるべき姦通についてのユーリウス法の註解」第29法文第5節（ウルピアーヌス）］. ——*Annus* ［(実用) 年］. *L*. 19 §6 *de aedil. ed*. (21. 1.) ［学説彙纂第21巻第1章「按察官告示と売買解除訴権と減額訴権について」第19法文第6節（ウルピアーヌス）］, *L*. 8 *C. de dolo* (2. 21.) ［勅法彙纂第2巻第21章「悪意の詐欺について」第8法文］. ——*Biennium* continuum ［継続2年］. *L*. 8 *C. de dolo* (2. 21.) ［勅法彙

423 る時間部分は、期間自体が日数で言い表わされていないで、もっと大きな時期（年または月）で言い表わされているところでも、常に１日１日であり、またまる１日１日である(c)。ところで、この正当な優遇の特性は、この優遇がまったくおのずから、一般的な法規の結果（ipso jure［法律上当然に］）生じるのであって、常に一つの法律関係への当局の自由な作用を

纂第2巻第21章「悪意の詐欺について」第8法文］．── *Quadriennium*［（継続）<u>4年</u>］．*L. 7 C. de temp. in int. rest*. (2. 53.)［勅法彙纂第2巻第53章「回復されうる未成年者および他の人ならびにさらにそれらの相続人の回復の期間について」第7法文］．──*Quinquennium*［（継続）<u>5年</u>］．*L. 29 § 5 L. 31 ad L. Jul. de adult*. (48. 5.)［学説彙纂第48巻第5章「罰せられるべき姦通についてのユーリウス法の註解」第29法文第5節（ウルピアーヌス）、第31法文（パウルス）］．──期間のこういう取扱について *utilitas* temporis［期間の実用性］という名詞も現われる．*L. 2 § 3 quis ordo*（訳註31）(38. 15.)［学説彙纂第38巻第15章「相続財産占有においてどのような順位が守られるべきか」第2法文第3節（ウルピアーヌス）］．逆の取扱についても同様である：*continuatio* temporis［期間の継続性］*L. 7 pr. C. de temp. in int. rest.* (2.53.)［勅法彙纂第2巻第53章「回復されうる未成年者および他の人ならびにさらにそれらの相続人の回復の期間について」第7法文前文］．

　(c)　*L. 2 pr. quis ordo*（訳註32）(38. 15.).　„ Utile tempus est bonorum possessionum admittendarum. Ita autem utile tempus est, *ut singuli dies utiles sint* : scilicet ut per singulos dies et scierit et potuerit admittere. Ceterum *quacunque die* nescierit, aut non potuerit, nulla dubitatio est, quin *dies ei non cedat*." ［学説彙纂第38巻第15章「相続財産占有においてどのような順位が守られるべきか」第2法文前文（ウルピアーヌス）：「<u>相続財産占有の実用期間が認められるべきである。ところで、実用期間は、各個の日が実用であるようなものである。すなわち各個の日を通じて知っていて承認できたであろうようなものである。知らないあるいは承認できない他のどの日にも、この者には日が含まれないことは、疑いない。</u>」］ところで、この期間の定めは、場合の違いに応じて１年または100日に向けられていた。しかし、心配なく、ここでB. P.［相続財産占有］について述べられた規則は、訴権消滅時効にも適用されるべきである。──障害が１日の真ん中に生じるとき、この日全体が抜け落ちているとみなされなければならない。なぜならば、その法規は常に行為のためにある数の<u>完全な日</u>を認めるが、しかしこの日は完全な日でないからである。ＲｅｉｎｆｅｌｄｅｒS. 16. 17は、ここで時・分を一つ一つ数えようとするが、それは、非常にせせこましく、前掲の個所の表現にも相応しないのみならず、そのうえそれ自体誤りであろう。というのは、各日の業務時間は常に24時間よりもはるかに少なく、一定の時間数にはなんら限定されないからである。

§189 期間　4．Utile tempus──*373*

前提とし，それゆえに utile tempus［実用期間］とまったく異なっている回復によって生じるのではないことにある。

　さしあたっての概観のために立てられた，utile tempus［実用期間］のこの形式的概念を，実用期間がここで述べた種類のすべての場合に現実に適用されるかのように理解しようとするならば，それは誤りであろう。確かに，消極的には，この単に形式的な概念もすでに，その中に含まれないすべての場合をはっきり排除するために，確信をもって用いられる。そういうことで，古い動産使用取得は，１年だけ継続したのであり，この短い期間は，utile tempus［実用期間］を受け入れるように惑わしえた。それにもかかわらず，このことは，ここでは決して認められなかったのであって[d]，それは，使用取得が本質的に取得者の占有に基づいていて，ここでは単なる副次的な事柄で，古い法においては大部分まったく存しなかった，以前の所有者の不活動に基づいていない[e]という単純な理由からである。しかし，そういう概念の積極的使用は，極めて慎重にのみなされる。すなわち，utile tempus［実用期間］は，上掲の場合においてさえ，やはり以下の特別の条件の下にのみ認められ，実用期間が適用されるべきときは，それらの条件が一つになって存在しなければならない。

　1）　utile tempus［実用期間］は，裁判所の前でなされるべき行為においてのみ現われる。そのことによって，つぎのような場合は，一般的に除外

　(d)　*L.* 31 §1 *de usurp.* (41. 3.).„ In usucapionibus mobilium continuum tempus numeratur."［学説彙纂第41巻第３章「中断的使用と使用取得について」第31法文第１節（パウルス］：「動産の使用取得については，継続期間が計算される。」］これは，古い１年の使用取得を前提として，また１年の訴権の utile tempus［実用期間］を１年の使用取得に適用しないようにという警告として，書かれている。

　(e)　使用取得された物があらかじめ in bonis［財産の中に］ あったときは，相手方は，しばしばまったく問題にならなかった。しかし，常に相手方を前提とする，b. f. possessor［善意占有者］の使用取得（今日では唯一のものであるが）においても，相手方の不活動は，使用取得の本質にとってどうでもよい副次的な要素であるから，その者の活動すなわち返還請求を行うことさえ，使用取得の満了を妨げない。

されている。すなわち，1年の熟慮期間［Deliberationsfrist］[(f)]，相続財産目録の始まり，ならびにそれの終わり[(g)]，さらに，離婚した妻が妊娠を夫に通知しなければならない30日間[(h)]である。

しかし，裁判所の前でなされるべき行為においてさえ，それは一般的ではない。とくに，後見の免除が裁判所の前にもち出されなければならない50日は，continui［コンティヌイー。継続（日）］である[(i)]。本当は，utile tempus［実用期間］の適用について残っているのは，まさに上掲の主要個所が関係している二つの主要な場合だけである。すなわち，Bonorum possessio［相続財産占有］の取得と訴権消滅時効である。それでも，このものには，なお若干の他の場合が，それと親近であるかまたはつながっているものとして加えられるべきである。すなわち，姦通を理由とする起訴における60日と4か月[(k)]，同様にまた古い上訴期間における2日と

（f）*L.* 19 *C. de jure delib.* (6. 30.)［勅法彙纂第6巻第30章「相続承認熟慮権について，および承認されるべき相続または取得されるべき相続財産について」第19法文］．本当は，熟慮期間自体ではなくて（というのは，これは裁判所が決めるものであって法定のものではないとして，いずれにしても utile tempus ［実用期間］に属しないから），そこから生じた相続承認権の相続権［Transmissionsrecht］である．

（g）*L.* 22 *C. de j. delib.* (6. 30.)［勅法彙纂第6巻第30章「相続承認熟慮権について，および承認されるべき相続または取得されるべき相続財産について」第22法文］．

（h）*L.* 1 § 9 *de agnoscendis* (25. 3.)．„ Dies autem triginta continuos accipere debemus ex die divortii, non utiles."［学説彙纂第25巻第3章「認知および扶養されるべき子，または親，または保護者，または被解放奴隷について」第1法文第9節（ウルピアーヌス）：「しかし，われわれは，離婚の日から継続30日で，実用30日ではないと解しなければならない．」］ この30日の意味は，§§ 1. 3. 4 eod.［同所第1，3，4節］において詳細に示される．

（i）§ 16 *J. de excus.* (1. 25.)．„ intra dies quinquaginta continuos, ex quo cognoverunt se tutores datos, excusare se debent."［法学提要第1巻第25章「後見人および保佐人の免除について」第16節：「みずから後見人を委ねられたことを知ってから継続50日内に自分で口実を申し立てなければならない．」］*L.* 13 § 9 eod.［学説彙纂第27巻第1章「免除について」第13法文第9節（モデスティーヌス）］．

（k）*L.* 11 § 5. 6 *L.* 29 § 5 *ad L. Jul. de adult.* (48. 5.)［学説彙纂第48巻第5章「罰せられるべき姦通についてのユーリウス法の註解」第11法文第5，6節（パーピニアーヌス），第

§189 期間 4．Utile tempus——*375*

3日⁽¹⁾，さらに，真の訴権消滅時効ではないけれども，比較的古い回復の消滅時効^(m)，最後に，ユスティーニアーヌス帝により廃止されたannalis exceptio Italici contractus［アンナーリス・エクスケプティオー・イタリキー・コントラクトゥース。イタリア人の契約の1年の抗弁］⁽ⁿ⁾である。これらの場合はすべて，現代法についてはもはや存在せず，したがって，われわれは，挙げられた二つの主要な場合だけを考えに入れればよい。

2) utile tempus［実用期間］は，一般的な法規によって定められている期間にのみ適用できるのであって，個別的な意思によって定められている

29法文第5節（ウルピアーヌス）］．

（1） 当事者が自分で事を処理したときは（判決日を含め）2日，代理人が現われたときは3日が規定されていた。L. 1§5. 6. 11—15 *quando appellandum sit* (49. 4.)［学説彙纂第49巻第4章「いつ，どのような期間内に上訴されるべきか」第1法文第5，6，11—15節（ウルピアーヌス）］．ここでは今§7［第7節］においてこういわれる：„ *Dies* autem istos, quibus appellandum est, ad aliquid *utiles esse* oratio D. Marci voluit, si forte ejus a quo provocatur copia non fuerit"［［しかし，上訴されるべき日はいくらかまで実用日であると，神皇マルクスの宣示は欲した。たまたま，上訴される者の可能性がなかったとき］］（けれども§10［第10節］によれば，高級裁判官も近寄れないのでなければならなかった）．ad aliquid［いくらかまで］という言葉は，なおもっと後で説明されるであろう。——今，この規則は，10日というもっと新しい上訴期間に転用しようとされるかもしれない。けれども，私は，これを疑わしいと思う。とくに，その2日ないし3日を10日に変える場合には，回復のutiles annus［実用1年］，これはquadriennium continuum［継続4年］に変えられているが，これにおけると同じ掛け算が基礎にあるからである。もちろん，このような場合には，回復は，上訴者にはほとんど拒まれないであろう。

（m） すなわちEin annus utilis［実用1年］，これは近時の法ではquadriennium continuum［継続4年］に変えられた。L. 7 C. *de temp. in int. rest.* (2. 53.)［勅法彙纂第2巻第53章「回復されうる未成年者および他の人ならびにさらにそれらの相続人の回復の期間」第7法文］．

（n） L. 1 *pr. C. de annali except.* (7. 40.)［勅法彙纂第7巻第40章「廃止されるべきイタリアの契約の1年の抗弁について，および種々の期間と抗弁と時効ならびにこれの中断について」第1法文前文］．確かに，ここにはutilis annus［実用1年］という名称はないが，つぎの言葉は，紛れもなくそれを示唆する：„ illud spatium annale alii quidem ita effuse interpretabantur, et possit usque ad decennium extendi" ...［「しかし，ある人たちは，その1年の期間を，10年まで伸ばされうるという限度内で伸びる期間と解した。」...］

期間には適用できない。したがって，とくに，裁判官によって決められた訴訟手続期間［Prozeßfristen］には適用できない[o]。

3）utile tempus［実用期間］は，ここで指摘された法律制度において一般的に認められるのではなくて，定められた期間が1年またはそれ以下のときにのみ認められ，1年を越えるときは認められない。

この規則は，Bonorum possessio［相続財産占有］においては，特別の証明を要しない。というのは，これにおいてはそもそも1年と100日という二つの期間しか現われず，両方についてutile tempus［実用期間］が適用できること疑いをいれないからである。これに反し，この規則は，非常に種々の期間をもって現われる訴権消滅時効においては，それだけ一層重要である。

さて，かなり長期の訴権消滅時効がcontinuum tempus［継続期間］を有することは，明白である。30年および40年の訴権消滅時効においては，それは，はっきりいわれているが[p]，20年，10年，5年および4年のそれにおいても，同様に疑いえない。しかし，1年およびそれより短期の消滅時効が常にutile tempus［実用期間］を伴っており，このことが一貫した規則として暗黙のうちに前提されるということは，それの期間が告示において，勅裁において，およびすべての法律家のもとでそう取り扱われるのが常である，表現においてあまり綿密でないやり方から，明らかになるのであって，このことについては，かつて疑問が生じたことがないようである[q]。そういうことで，確かに，Int. uti possidetis［不動産占有保持特示命

（o）このことは，裁判官による訴訟手続期間においては，休廷期［Gerichtsferien］も定められた期間に算入されることからすでに結果として出てくる。*L. 3 C. de dilat.* (3. 11.)［勅法彙纂第3巻第11章「延期について」第3法文］, *L. 2 C. de temp. et repar.* (7. 63.)［勅法彙纂第7巻第63章「上訴または伺の期間と再生について」第2法文］.

（p）*L. 3 C. de praesc. XXX.* (7. 39.).„ triginta annorum *jugi silentio.*［勅法彙纂第7巻第39章「30年または40年の時効について」第3法文：「30年の連なった沈黙により。」］*L. 4 eod.*［同所第4法文］において40年の時効のところでも同様。

（q）DONELLUS XVI. 8. § 17.

令］においては，utile tempus［実用期間］がすでに告示自体において直接に述べられていたが(r)，Int. de vi［インテルディクトゥム・デー・ウィー。暴力に関する特示命令］においてはそうではなく(s)，それゆえに，この沈黙は，continuum tempus［継続期間］を想定するよう唆すことがありえたかもしれないけれども，それにもかかわらず，ここでも，utile［実用（期間）］が，ためらわずに認められた(t)。不法侵害訴権は，勅法彙纂の一つの個所で，まったく漠然と1年と言い表わされ(u)，われわれは，単についでに，まったく隔たった場所で，この1年がutile tempus［実用期間］であることを知る(v)。按察官の訴権（瑕疵担保訴権）も同様に，単なる1年と6か月で言い表わされるが(w)，しかし他の所でこの期間はutile tempus［実用期間］として詳細に定められる(x)。これらすべてのことから，ローマの法律家たちが，utiletempus［実用期間］を1年またはなおもっと短期の訴権消滅時効

（r） *L. 1 pr. uti poss.* (43. 17.) „ intra annum quo primum experiundi potestas fuerit."［学説彙纂第43巻第17章「いかに汝らは占有するか」第1法文前文（ウルピアーヌス）：「最初に企てる機会があった年の間に。」］これは，utile tempus［実用期間］の本当の表現であった。*L. 1 de div. temp. praescr.* (44. 3.)［学説彙纂第44巻第3章「種々の長期間占有の抗弁についておよび占有の通算について」第1法文（ウルピアーヌス）］。

（s） *L. 1 pr. de vi* (43. 16.) „ intra annum."［学説彙纂第43巻第16章「暴力についておよび武器による暴力について」第1法文前文（ウルピアーヌス）：「1年内に。」］

（t） *L. 1 § 39 de vi* (43. 16.). „ annus in hoc interdicto utilis est ;"［学説彙纂第43巻第16章「暴力についておよび武器による暴力について」第1法文第39節（ウルピアーヌス）：「この特示命令における1年は，実用（年）である；」］これは，なにか特別のこととして，あるいはさらに疑わしいこととして記述されるのではなくて，単に，告示の沈黙からこの点について生じたかもしれない可能な誤解を予防するために記述される。

（u） *L. 5 C. de injuriis* (9. 35.)［勅法彙纂第9巻第35章「不法侵害について」第5法文］。

（v） *L. 14 § 2 quod metus* (4. 2.)［学説彙纂第4巻第2章「畏怖によりなされたこと」第14法文第2節（ウルピアーヌス）］(訳註34)

（w） *L. 2 C. de aedil. act.* (4.58.)［勅法彙纂第4巻第58章「按察官の訴権について」第2法文］。

（x） *L. 19 § 6 de aedil. ed.* (21. 1.)［学説彙纂第21巻第1章「按察官告示と売買解除訴権と減額訴権について」第19法文第6節（ウルピアーヌス）］。

と不可分に結び付いたものとみたのであり、この副次的な定めが告示においてその都度述べられていたかどうかにかかわらなかったことが、十中八九明らかになる。

4）最後に、最も重要な条件であり、これまで真価を認められること最も少なかったのは、活動の障害の性質、すなわち、それの不利な結果に対し、utile tempus［実用期間］に含まれた人為的期間計算が保護すべき障害の性質に関する。つまり、ここで顧慮され、utile tempus［実用期間］を適用させるのは、一時的でたいていまったく偶然的な事情に基づくような障害だけであって、人の継続的な状態に結び付けられているような障害はそうではない。この規則は、この両種に属する障害の説明によって、同時に説明され証明されるであろう。

実際に utile tempus［実用期間］の適用に適しており、どれもがたった今述べた性格をそれ自体でもっている障害は、一部は不活動者自身の個人に関し、一部は不活動者の相手方の個人に関し、一部はその前でその行為がなされるべき裁判所に対する関係に関する(y)。

不活動者の個人における障害は、訴権消滅時効においても Bonorum possessio［相続財産占有］においても現われうる。訴権者が捕虜になっており、あるいは国務で不在であり、あるいは監獄に入っており(z)、あるいは嵐や病気で姿を見せることを妨げられ、しかもこれらすべての場合において代理人を送ることもできない(aa)というような場合が、それに属する。

（y）つぎに述べる個々の障害の挙示は、L. 1 de div. temp. praescr. (44. 3.)［学説彙纂第44巻第3章「種々の長期間占有の抗弁についておよび占有の通算について」第1法文（ウルピアーヌス）］に基づく。

（z）L. 1 cit.,, in vinculis."［前掲第1法文：「獄舎の中に。」］——L.11 §5 ad L. jul. de adult. (48. 5.). ,, in custodia."［学説彙纂第48巻第5章「罰せられるべき姦通についてのユーリウス法の註解」第11法文第5節（パーピニアーヌス）：「拘禁の中に。」］まず第一に罪人または被告人の拘禁が考えられるようであるが、しかし同時に支払不能の場合における債務拘禁もいわれていることがありえよう。

（aa）L. 1 cit. ,, ut neque experiri neque mandare possit."［前掲第1法文：「その結

§189 期間　4．Utile tempus——*379*

　こうしたことは，すべて，明らかに，上述した偶然的で変わりやすい性質をもった障害である。

　相手方の個人における障害は，訴権消滅時効においてのみ考えられる。というのは，Bonorum possessio［相続財産占有］においては，そもそも相手方は現われず，かなり古い法の上訴においても，相手方は，上訴の抗弁に力をかさなければならないわけではないから，相手方は少なくとも問題にならなかった(bb)。ところで，訴えの提起は，被告が知られない，みつからない，逃げている，あるいは一般に不在で代理人がないとき，被告により妨げられうる(cc)。

果，企てることも委託することもできない。］］すぐあとにこういわれる：„ Plane is, qui valetudine impeditur, ut mandare possit, in ea causa est ut experiundi habeat potestatem."［［確かに，不健康によって阻止され，それゆえに委託することができる者は，企てる能力を有するような状態にある。］］それは，qui valetudine *ita* impeditur ut mandare *tamen* possit.［不健康によって阻止されるが，それでもやはり委託することができるという限度でそうである者。］というだけを意味する。Vulg.［流布本］において valetudine［不健康によって］の前に挿入された ea［その］は，同じ意味に立ち至る。——A. FABER conject. V. 18は，まず第一に，impeditur ut［阻止され，それゆえに］を，通常の用語に反して，impeditur ne［阻止されない］によって説明し，それでもちろん，彼が *non* habeat potestatem［能力を有しない］と読むことによって，あらゆる校訂のうちで最も危険なものを余儀なくされる。

　(bb)　L. 1 §7 *quando appell.*［学説彙纂第49巻第4章「いつ，どのような期間内に上訴されるべきか」第1法文第7節（ウルピアーヌス）］における *ad aliquid* utiles esse［いくらかまで実用日である］という付加（註1）は，ここで utilitas［実用性］が訴権消滅時効に比して原理においてもっと制限されているといおうとするのではなくて，ただ適用においてもっと制限されているといおうとする。というのは，上訴の場合には，相手方がまったくなんら障害を作りえないのみならず，提訴人においても，障害は，期間が短いがゆえに，ほとんど生じえないであろうからである。すなわち，（ここで前提されるように）上訴人の目の前で判決が言い渡されているとき，上訴人が同日にまたは翌日に捕虜になっている，あるいは嵐の海によって法廷地から隔てられているということは，おそらく考えられない。したがって，上述の言葉は，事実上の相違を表現すべきもので，法律上の相違を表現すべきものではない。後に問題になるであろう通常の考え違いにとっては，この事情は重要でないわけではない。

　(cc)　このことは，たとえば，1年の actio vi bonorum raptorum［暴力による財産奪

裁判所に対する関係は，同じように活動の障害を根拠づけることがありえ(dd)，しかも二とおりの仕方でそうである。第一に，たまたま裁判官に公の裁判所地で会えないときである(ee)。ローマ人は，ここでなお，裁判官の協力が単なる形式にとどまるような行為を，裁判官の審理に結び付けられており，それゆえに法廷でのみ行われうる行為から区別した(ff)。属州においては，総督がその場所に居合わしていることは，必ずしも必要とは考えられないで，総督があまり遠くない所に滞在していることは，出席とみなされたけれども，20ローママイル遠くなるごとに，定められた期間が1日だけ伸長されているべきだという具合であった(gg)。――しかし，第二に，もっと一般的な障害は，ローマの裁判制度のつぎのような仕組にあ

取の訴権］において極めて通常の場合であろう。furti actio ［窃盗の訴権］において，もしこれが perpetua ［永久的］でそれゆえに continuum tempus ［継続期間］を有するというのでないならば，それはもっと頻繁であろう。

(dd) *L. 1 de div. temp. praescr.* (44. 3.). „Illud utique neminem fugit, experiundi potestatem non habere eum, qui Praetoris copiam non habuit: proinde hi dies cedunt, quibus jus Praetor reddit." ［学説彙纂第44巻第3章「種々の長期間占有の抗弁についておよび占有の通算について」第1法文（ウルピアーヌス）：「とくに，法務官の許しをもたなかった者が企てる能力を有しないことを，だれも忘れなかった。それゆえに，法務官が判決を下す日は含まれる。」］同じことは，B. P.［相続財産占有］において認められる。*L. 2 § 1 quis ordo* (38. 15.) ［学説彙纂第38巻第15章「相続財産占有においてどのような順位が守られるべきか」第2法文第1節（ウルピアーヌス）］。

(ee) したがって，当事者は，法務官の住居を訪れるよう強いられるべきでなかった。*L. 1 § 7. 8. 9 quando appell.* (49. 4.) ［学説彙纂第49巻第4章「いつ，どのような期間内に上訴されるべきか」第1法文第7，8，9節（ウルピアーヌス）］。

(ff) *L. 2 § 1. 2 quis ordo* (38. 15.) ［学説彙纂第38巻第15章「相続財産占有においてどのような順位が守られるべきか」第2法文第1，2節（ウルピアーヌス）］。第一の種類に属したのは，de plano ［法廷外で］与えられた edictalis B. P. ［告示による相続財産占有］である。第二の種類に属したのは，decretalis B. P.［判定による相続財産占有］であり，どの提起された訴訟も同様である。

(gg) *L. 2 § 3 quis ordo* (38. 15.) ［学説彙纂第38巻第15章「相続財産占有においてどのような順位が守られるべきか」第2法文第3節（ウルピアーヌス）］。

§189 期間　4. Utile tempus――*381*

った(hh)。ローマ人は，dies fasti［ディエース・ファースティ。開廷日］と dies nefasti［ディエース・ネファースティ。非開廷日］を有していた。前者は，数が多くなく，無条件に裁判所の業務に用いられ，後者は，それに用いられてはならなかった。しかし，両者の真ん中には，多くの不確定な日があった。とくに，非常に多数の dies comitiales［ディエース・コミティアーレース。民会日］などそうであって，これは，必要があれば，その日にちょうど民会が開催されなかったときは，裁判所業務に用いられた。裁判所の業務がたまったとき，正規の開廷日を増やすのが必要と認められた。アウグストゥスは，30日を付け加え，マルクス・アウレーリウスは，総数を230日にした(ii)。いずれにしても，諸皇帝の下で，古い民会日は，やがてまったく自由に使えるようになっていた。389年に，開廷日は，キリスト教会の制度を考慮に入れて，新たに整えられ，今度は総数が約240日になった(kk)。権利追求のこの障害は，すべての障害のうち最も正規の，それゆえに最も重要なものであるが，この障害の顧慮によって，それに起因して，utilis annus［実用年］は，約1年半に拡大される。

　utiles tempus［実用期間］を適用できるものになしえた障害のうちで，この最後の種類の障害は，すべての他の障害よりも重要であった。というのは，後者の障害はやはり偶然的な，一部は非常に希な出来事に基づいたにすぎないが，前者の障害は，きまって現われたし，また，著しく広がって現われたので，それによりおよそ各年の3分の1が吸収されたからである。それどころか，この障害だけが utile tempus［実用期間］の発達のきっかけを与えたのであり，それと並んで，`障害のその他の場合は，単についでに，首尾一貫させるために引き入れられたにすぎないということが，あ

　(hh)　この厄介な対象を極めて満足できるように扱うのは，Hollweg Geschichte des Prozesses B. 1 §19.

　(ii)　Sueton. Octavianus C. 32. Capitolin. Marcus C. 10.

　(kk)　*L. 19 C. Th. de feriis* (2. 8.)［テオドシウス帝の勅法彙纂第2巻第8章「休日について」第19法文］．以前の版では，それは *L. 2*［第2法文］である。

りそうにないわけではない。それだけ一層，さっそくここで，この最後の，ローマ人にとって最も重要な障害がわが現代法から姿を消してしまったことが，書き添えられなければならない。わが諸制度によれば，期間が法律により規定されている法律上の行為は，ほとんどいつでも，書面による申立の提出によってなされうるのであって，裁判所の開廷日は，これになんら影響を及ぼさず，休廷期さえ，通例は，規定された期間のこのような遵守を妨げない[11]。

§190
VI. 期間　4．Utile tempus［実用期間］（つづき）
［Die Zeit　4. Utile tempus（Fortsetzung）］

　utile tempus［実用期間］の適用を実際に理由づけるような，活動の障害を述べてきた後，なお，このような効果が付されてはならない障害をも扱うことが必要である。というのは，この理論全体のこういう側面にまさに，近時の著述家たちのたいていの誤りが結び付けられるからである。

　第一の，とくに重要なこの種の場合は，行為をする資格がある人の自己の権利についての不知である。この点に，一般的に活動の最もはっきりした障害を，したがってutile temous［実用期間］の適用についての最も明白な根拠を置くことが，好まれるかもしれないし，著述家たちの支配的意見もそうである。しかし，実際には，それは事情が違うのであり，しかもつ

---

　(11)　この最後のことは，それどころかいくつかの場合にすでにローマにおいて，とくに免除の50 dies continui［継続50日］において認められた。FRAGM. VAT. §156 „si sint sessiones ..debet ..adire praetorem .. Si feriae sint, libellos det contestatorios."［ヴァティカンの断片第156節：「開廷日であれば..法務官のもとへ赴かなければならない。休日であれば，証明している文書を渡す。」］ただ，ここでは，libelli［文書］が相手方に渡されるべきであって（adversario, id est es qui eum petit［相手方に，すなわちそれを求める者に］)，この者に，休廷期以外に，自分といっしょに法務官の前に出頭することを要請しなければならなかった。

§190 期間 4. Utile tempus（つづき）——*383*

ぎのような仕方で違う[a]。Bonorum possessio［相続財産占有］においては，確かに，告示の表現によってすでに，不知は承認の不能とまったく同列に置かれていた[b]。それゆえに，ここでは，不知の各日が資格者の責任にされてはならないことは，utile tempus［実用期間］の当然の結果とみられた[c]。訴権消滅時効においては，まったく異なって，そこでは，外的障害が存在しないことだけが問題である[d]。自己の訴権についての権利者の不

（a） この研究は，すでに前述のところで，付録VIII第XXIV－XXVII号［本書第三巻360頁以下］において詳細になされている。それゆえに，ここでは，単に結果だけが僅かの言葉でまとめられる。

（b） けれども，facti ignorantia［事実の不知］だけがそうであって，juris ignorantia［法の不知］はそうでない。付録VIII第XXIV号［本書第三巻360頁以下］参照。

（c） *L. 2 pr. quis ordo* (38. 15.). „Ita autem utile tempus est, ut singuli dies in eo utiles sint: scilicet ut per singulos dies *et scierit et potuerit* admittere: ceterum quacunque die *nescierit aut non potuerit*, nulla dubitatio est, quin dies ei non cedat."［学説彙纂第38巻第15章「相続財産占有においてどのような順位が守られるべきか」第2法文前文（ウルピアーヌス）：「ところで，実用期間は，各個の日が実用であるようなものである。すなわち各個の日を通じて知っていて承認できたであろうようなものである。知らないあるいは承認できない他のどの日も，この者には日が含まれないことは，疑いない。」］明らかに，ここでは，つぎの思想が表現されている：nescire［知らないこと］は，概念上non posse［できないこと］と区別されており，すでにこの中に含まれているのではないが，しかし，両者は，B. P.［相続財産占有］に関しては実際上同じに取り扱われるべきであり，それゆえにここでは，どちらの要素の顧慮も，utile tempus［実用期間］の規定によって理由づけられる。

（d） *L. 1 de div. temp. praescr.* (44. 3.). „Quia tractatus de utilibus diebus frequens est, videamus quid sit, *experiundi potestatem* habere."［学説彙纂第44巻第3章「種々の長期間占有の抗弁についておよび占有の通算について」第1法文（ウルピアーヌス）：「実用期間について議論がしばしばなされるから，企てる能力をもつことはなにであるかを吟味しよう。」］単なる*posse* experiri［企てることができること］の中には，scire［知っていること］は，決してすでに条件としていっしょに含まれていない（前註参照）。なぜならば，自己の訴権について不知の者は，通例はこの不知を克服できるし，またすべきだからである。現実にもそう考えられているということを，experiundi potestas［企てる能力］を欠く諸場合の続いての列挙が示す。この中には，不知は存しない。不知は，やはり，ここで挙げられているたいていの場合よりもしばしば現われ，したがって，それが実際に顧慮されるべきであるならば，とくに述べられなければならなかった。

435 知は，告示において言及されていず，それは適用において（極めて希な例外を除いて）顧慮されない。しかし，この相違は，告示においてたまたま用いられた表現の結果ではなく，むしろ，この表現は，内的理由から当を得ている相違に正当な評価を得させるために，そのように選ばれていた。というのは，自己の訴権について不知の者は，通例は，自己の権利の監視に不熱心であるという非難を受けるであろうが，一方，ひょっとすると自分のものになるかもしれない相続財産をもう一度調べるべき使命を，だれも有しないからである。さらに，B. P.［相続財産占有］と訴権について定められた期間の共通の目的は，法律関係が速やかに決定に至ることにある。訴権消滅時効において不知の口実を許そうとするならば，それはこの目的に完全に矛盾するであろう。B. P.［相続財産占有］においては，その口実は害にならない。なぜならば，不知者のすぐ後に資格がある者は，自己の利益によって，不知者に申立について知らせるようせきたてられ，それによって不知は即刻終わるからである。

　これに対し，逆に，continuum tempus［継続期間］が認められ，それにもかかわらず，不知が，定められた期間の満了を妨げるといういくつかの場合が存在する。それに属するのは，後見の免除(e)，熟慮および相続財産
436 目録についての期間(f)，および最後にすべての訴訟手続期間である。

　したがって，ここから，不知が顧慮されるかされないかは，utile tempus［実用期間］と continuum tempus［継続期間］の対立とは完全に関係がなく，この対立の中にまったく引き入れられてはならないことが，結果として出てくる。それどころか，両方の対立のこの本質的な相違は，さ

　（e）§16 *J. de excus.* (1. 25.)［法学提要第1巻第25章「後見人および保佐人の免除について」第16節］，*L.* 13 §9 *eod.* (27. 1.)［学説彙纂第27巻第1章「免除について」第13法文第9節（モデスティーヌス）］，*L.* 6 *C. eod.* (5. 62.)［勅法彙纂第5巻第62章「後見人および保佐人の免除について，およびその期間について」第6法文］，Fragm. Vatic. §156［ヴァティカンの断片第156節］．

　（f）*L.* 19. 22 *C. de j. delib.* (6. 30.)［勅法彙纂第6巻第30章「相続承認熟慮権について，およびその期間について」第19, 22法文］．

§190 期間 4. Utile tempus (つづき) ——**385**

らに，ローマ法において，言葉により真価を認められている[g]。

さらに，utile tempus［実用期間］の適用を生じさせるのに適していないのは，速やかに過ぎ去る，あるいはそうでなくても変わりやすい偶然の出来事にすっかり依存している事情に存するのではなくて，不活動の人の継続的な状態に存するようなすべての障害である。この種の状態にあるのは，未成熟者，未成年者，父権の中にいる子，精神錯乱者，浪費者，および法人である。これらの者はすべて，多かれ少なかれ，権利を活動によってみずから主張することを妨げられていて，そのことから，utile tempus［実用期間］の中に含まれている保護をこれらの者にも適用することが好まれるかもしれない。それにもかかわらず，こういう適用はまったくしりぞけられなければならず，むしろ，この人たちの利益のためには別の仕方で配慮されるのであり，それゆえに，この人たちを現実に擁護する保護措置は，utile tempus［実用期間］とcontinuum tempus［継続期間］の区別とは完全に無関係である。このことを，今度は，まず第一に訴権消滅時効にお

（g）*L. 8 C. de dolo* (2. 21.)［勅法彙纂第2巻第21章「悪意の詐欺について」第8法文］，すなわち *L. un. C. Th. de dolo* (2. 15.)［テオドシウス帝の勅法彙纂第2巻第15章「悪意の詐欺について」単一法文］．„Optimum duximus, *non* ex eo die, quo se quisque admissum dolum didicisse commemoraverit, *neque* intra anni utilis tempus, *sed potius* ex eo die etc."［［朕はこう考えた。各人が犯された詐欺を知ったとみずから述べた日からではなく，1実用年内にでもなくて，むしろ，云々の日から。］］したがって，知った時からの計算は，anuus utilis［実用年］の計算の外にある。――唯一の外見上の疑問は，つぎの個所から提起されるかもしれない。*L. 8 de his qui not.* (3. 2.)．„Sed cum tempus luctus continuum est, merito et ignoranti cedit ex die mortis mariti."［学説彙纂第3巻第2章「破廉恥の汚点を付される者について」第8法文（ウルピアーヌス）：「しかし，服喪期間は継続期間であるから，正当に，不知の者にとっても，夫の死亡の日から経過する。」］この個所のまったくばらばらに存するたまたまの表現を一つの規則の基礎として取り扱おうとすると，これはやはりつぎのような内容でしかありえなであろう：omne continuum tempus ignoranti cedit［すべての継続期間は不知者にとって経過する。］しかし，たった今，それと正反対のことが説明された。

いて，それから B. P.［相続財産占有］において実証しよう。

Ⅰ．訴権消滅時効

　　未成熟者および未成年者は，かなり古い法においては，まったく救済を有せず，消滅時効が utile tempus［実用期間］に存した訴権においても，その人たちにおいて experiundi potestas［エクスペリウンディー・ポテスタース。企てる能力］が欠けることは決してなかったから，そうであった。というのは，未成熟者のためには後見人が訴えることができたし(h)，未成年者はみずから自己の訴権を行うことができたからである。したがって，保護は，未成熟者のためには，不注意な後見人に対する求償に存したし，両者のために，未成年を理由とする回復に存した。――近時の法は，つぎのようなまったく異なる定めをした。すなわち，未成熟者は，ipso jure［法律上当然に］すべての訴権消滅時効を免れており，未成年者は，30年未満の期間のすべての訴権消滅時効を同じく免れており，この30年の訴権消滅時効に対しては回復すら未成年者を保護しない。そこでは，消滅時効が utile tempus［実用期間］を有するか continuum tempus［継続期間］を有するかは，まったくどうでもよい(i)。

　　コンスタンティーヌス帝以来はじめて問題になりえたいわゆる外来財産［Adventitien］を有する，父権の中にいる息子は，この財産に属する訴権をみずから行使する能力，および消滅時効に対して守る能力がない。なぜならば，父がそれについての非常に自由な管理権を有するからである。それゆえに，その息子も，たった今未成熟者について述べたのと同じように絶対的に，訴権消滅時効によるすべての喪失から除外されている(k)。

　　(h)　この命題についての注目すべき類似が，Tab. Heracl. Vers. 4. 5. 6［ヘーラクレーアの表第4，5，6行］にある。そこでは，一定の日数内の若干の登録が定められている。今，その登録が未成熟者に関するとき，後見人は，期間の遵守を義務づけられている。すなわち，後見人がその期間を徒過するときは，権利はなくなる。
　　(i)　付録Ⅷ第ⅩⅩⅦ号［本書第三巻372頁以下］参照。
　　(k)　付録Ⅷ第ⅩⅩⅦ号［本書第三巻372頁以下］。

§190　期間　4．Utile tempus（つづき）——*387*

　精神錯乱者および浪費者については，それらの者の訴権の消滅時効についての特別の定めは，まったく存しない。したがって，保護は，それらの者およびその相続人が，不注意な保佐人に対して有する一般的な求償に存する。精神錯乱者を未成熟者と同列に置くことは，それ自体不自然ではなかったであろう。そうされなかったことは，まず第一に，その場合が希であることから説明できるが，さらに，すべての訴権消滅時効をそのままにしておこうとしたとすれば，そこには，被告に対する理由のない過酷さも存しえたであろう。というのは，精神錯乱は，長い人生を通じて続きうるが，一方，未成熟は常に，必然的な，遠くない限界を伴うからである。

　法人についても，訴権消滅時効に関する異なった定めは存せず，その結果，法人は，このような喪失の場合に，不注意な職員に対する求償のみを有する。一つの場合，すなわち longi temporis praescriptio［長期占有の抗弁］について，このことは，そのうえはっきり承認されている[(1)]。

II. B o n o r u m　p o s s e s s i o［相続財産占有］

　未成熟者においては，期間は，未成熟にかかわらずその経過を妨げられていず[(m)]，それゆえに，不注意な後見人に対する求償権，または回復のみが，正規の保護に役立ちうることが，規則として承認されている。

　未成年者は，期間を怠ったことに対し回復されうるのであって[(n)]，した

――――――――――

（1）　PAULUS V. 2 §4, *L.* 1 *in f. C. de praescr. longi temp.* (7. 33.)［勅法彙纂第7巻第33章「10年または20年の長期占有の抗弁について」第1法文末尾］.

（m）　*L.* 7 §2 *de B. P.* (37. 1.). „Dies, quibus tutor aut pater scit, cedere placet."［学説彙纂第37巻第1章「相続財産占有について」第7法文第2節（ウルピアーヌス）：「後見人または父が知る日が含まれるのが，気に入る。」］パーピニアーヌスの時代にはまだ，この命題はすべての場合について承認されていたわけではなかった。*L.* 1 *de B. P. fur.* (37. 3.)［学説彙纂第37巻第3章「精神錯乱者，幼児，口がきけない人，耳が聞こえない人，目が見えない人に帰属する相続財産占有について」第1法文（パーピニアーヌス）］. 後にそれの例外が作られているが，やはり重要ではない。たいていの場合について，その命題は不変のままである。*L.* 18 *C. de j. delib.* (6. 30.)［勅法彙纂第6巻第30章「相続承認熟慮権について，および承認されるべき相続または取得されるべき相続財産について」第18法文］.

（n）　*L.* 2 *C. si ut omissam* (2. 40.)［勅法彙纂第2巻第40章「放棄された相続財産ある

がって，そこから，それ自体としてはその者の不利になるように期間が経過するという結果が出てくる。いずれにしても，その者がこの点で未成熟者よりも優遇されているべきであったということは，考えられない。

　精神錯乱者については異なる。その者に不利になるように期間が経過すべきでは決してなく，それゆえに，承継者には，B. P.［相続財産占有］は，担保を供してのみ承認される[o]。

　浪費者については，なんら異なった定めは存在しない。したがって，疑いなく，期間は経過し，その者は，自己の保佐人に対する求償を有するのみである。

440　法人においては（少なくとも市自治体においては），B. P.［相続財産占有］は，承認申請なしにでも取得されるべきであり，それゆえに，ここでは期間の経過はまったく問題にならない[p]。

　ここから，人のこれらの継続的状態はすべて，utile tempus［実用期間］の正規の適用のきっかけとなるような障害とはまったくみられないことが明らかになる。最も多くの最も重要な場合においては，正規に経過する期間の制限はまったく認められず，このような制限がこのような人の保護のために現実に生じる僅かの場合においては，それは，それゆえに特別の例外とみられうるにすぎず，utile tempus［実用期間］の当然の結果とはみられえない。

――――――

　上述の前提の下で，utile tempus［実用期間］は，つぎのような効果を有する。すなわち，定められた期間が怠られているかどうかの問題の場合

――――――

いは相続財産占有あるいはその他のものを取得するためにするとき」第2法文］．

　（o）　*L.* 1 *de B. P. fur.* (37. 3.)［学説彙纂第37巻第3章「精神錯乱者，幼児，口がきけない人，耳が聞こえない人，目が見えない人に帰属する相続財産占有について」第1法文（パーピニアーヌス）］，*L.* 1 § 5 *de succ. ed.* (38. 9.)［学説彙纂第38巻第9章「承継に関する告示について」第1法文第5節（ウルピアーヌス）］．

　（p）　*L.* 3 § 4 *de B. P.* (37. 1.)［学説彙纂第37巻第1章「相続財産占有について」第3法文第4節（ウルピアーヌス）］．

§190　期間　4．Utile tempus（つづき）——*389*

に，障害の個々の日は計算に入らないという効果，あるいは，同じことをいうのだが，期間のそれぞれの当面の場合において，その中で障害の日に出会うだけの日数が伸長されなければならないという効果である。この効果は，回復が加わることなしに，常に ipso jure［法律上当然に］生じるのであり，それどころか，回復と utile tempus［実用期間］は相排斥するということができる。つまり，utile tempus［実用期間］が認められるところでは，回復は必要でなく，したがって不可能であり，期間徒過に対する回復がはっきり述べられるところでは，utile tempus［実用期間］は存在しないことを認めることができる。この命題の真実性に関しては，つぎのことによって疑わしくなるかもしれない。すなわち，告示は，不在の場合に，とりわけ訴権消滅時効期間の満了に対しても，回復を約束しており，しかも，不在者が訴権者として期間の徒過により自己の訴権を失ったときは不在者自身にも(q)，不在者を訴えることができなかったために訴権を失った者の相手方にも(r)，約束していることによってである。しかし，まさにこの両方の場合は，utile tempus［実用期間］によって喪失に対して保護されており（§189），こうして utile tempus［実用期間］がそれでもなお回復と両立できると思われるかもしれない。しかしながら，その告示個所は，むしろ，徒過された期間が tempus continuum［継続期間］であり，したがってもちろん回復を必要とするような場合に関係させられなければならない。その告示が成立したかなり古い時代にすでに，いくつかの個々の訴権

（q）　*L.* 1 §1 *ex quib. causis maj.* (4. 6.). „ Sive cujus actionis eorum cui dies exisse dicetur."［学説彙纂第4巻第6章「どのような原因から25歳以上の者が原状に回復されるか」第1法文第1節（ウルピアーヌス）：「あるいはもし，これらのうちその者の訴権の期間がその者につき経過したと主張されるならば。」］

（r）　*L.* 1 §1 *ex quib. causis maj.* (4. 6.). „ Item si quis ..actione qua solutus ob id, quod dies ejus exierit, cum absens non defenderetur." ..［学説彙纂第4巻第6章「どのような原因から25歳以上の者が原状に回復されるか」第1法文第1節（ウルピアーヌス）：「同じく，もし，だれかが..不在者が請求されなかったためそれの期間が経過したから..その者に対して免れた訴権により..ならば。」..］

がそれに属した[s]。しかし、さらにそのほかに、Lex Julia［ユーリウス法］によりすべての legitimate judicia［法定訴訟］について定められた１年半の訴訟手続消滅時効がそれに属した[t]。さて、continuum tempus［継続期間］の諸場合においては、回復の適用は、いずれにしても疑いがなく、その適用は、ここでは、自由裁量により、また個別的事情を顧慮して、utile tempus［実用期間］の諸場合にすでに一般的規則によって生じさせられるのと同じことを、生じさせる。このような回復は、わが法源においても言及されるが[u]、とくに訴訟手続期間徒過の場合には、ローマの訴訟手続において、回復が、わが国の今日の裁判所におけると同じように頻繁にあった。30年の訴権消滅時効に対してのみ、どの回復も、したがって不在者のそれも、一般的に禁止されている[v]。

なお、utile tempus［実用期間］が法定期間計算とどういう関係にあるか

（ｓ）　保証人および信約者は、L. Furia［フーリウス法］によれば、２年間に訴えないときは、自己の訴権を失った。GAJUS III. §121.──姦通を理由とする起訴の５年は、L. Julia［ユーリウス法］から出ており（L. 29 §6 ad L. J. de adult.［学説彙纂第48巻第５章「罰せられるべき姦通についてのユーリウス法の註解」第29法文第６節（ウルピアーヌス）］)、したがっておそらくその告示よりも古いであろう。──querela inofficiosi［義務違反のことの訴え］の５年も同様である。──longi temporis praescriptio［長期占有の抗弁］については、それはもっと不確実であって、これの成立時期をわれわれは知らない。

（ｔ）　GAJUS IV. §104.

（ｕ）　L. 31 ad L. Jul. de adult. (18. 5.). „ aequum est computationi quinquennii eximi id tempus, quod per postulationem praecedentem consumtum sit."［学説彙纂第18巻第５章「罰せられるべき姦通についてのユーリウス法の註解」第31法文（パウルス）：「５年の計算から、以前の起訴により消費された期間が除去されることが、公正である。」］これらの言葉の中に、30年の消滅時効を除きすべての消滅時効に対して認められる回復の一つの紛れもない指摘がある。それゆえに、私は、HAUBOLD p. 411がこの個所の内容をまったく特異な定めだというとき、それを是認できない。

（ｖ）　L. 3 C. de praescr. XXX. (7. 39.)［勅法彙纂第７巻第39章「30年または40年の時効について」第３法文］。

が，問題にされうる。幾人かの人が，法定期間計算は utile tempus［実用期間］にはまったく適用できず，continuum tempus［継続期間］にのみ適用できると主張しているが[(w)]，この主張にはまったく理由がない。utile tempus［実用期間］は，障害の日が計算から抜け落ちることに本質が存する。それによって，ひとびとは，常に，障害が起こらなかった，それゆえに utile tempus［実用期間］という修正がかかわりをもたない，なんらかの最後の日に達する。というのは，最後の日と考えたい日自体に障害が生じるとき，その日は，まさにその理由で期間の中にまったく算入されてはならず，したがってこの期間の最後の日ではなくて，なんらかの次の，すなわち最も近い障害のない日が，最後の日と認められなければならないからである。さて，この最後の日において，法定期間計算が関係する法的終点についての問題が生じる。この最後の日は，法律関係が異なるのに応じて，あれこれ異なった風に取り扱われうる。しかし，前の幾日かが障害のために抜け落ちたという事情は，それになんら影響を及ぼしえない。したがって，両方の変則的な計算方法は，併存しており，接触しない。法定期間計算についてどんな見解をとろうと，一般的な考察に従えばそうであろう。しかし，懈怠の場合の法定期間計算に関する，上述のところで提案された説（§185．186）によれば，そうでなければならないことが，二重に明らかである。この説によれば，期間は，最後の日の終わりにはじめて終了し，そこに，行為の資格がある権利者にとっての利益が存する。しかし，期間全体が過失のない障害の発生のためにある日数だけ拡大されたことによって，前もって別の利益がその者に認められなければならなかったという理由で，その者からこの利益を奪おうとするのは，まったく不自然であろう。

(w) Löhr S. 418. 419. Reinfelder S. 16.

§191

VI. 期間　4．Utile tempus［実用期間］（つづき）

［Die Zeit　4. Utile tempus　（Fortsetzung）］

　ここで述べた理論は，ユスティーニアーヌス帝の法においてすでにその適用可能性の一部を，あるいはそうでなくてもその重要性の一部を失ってしまっていた。個々の場合について，以前の utile tempus［実用期間］は，もっと長期の continuum tempus［継続期間］に変えられていた。そういうことで，doli actio［ドリー・アークティオー。詐欺訴権］について annus utilis［アンヌス・ウーティリス。実用年］が 2 anni continui［アンニー・コンティヌイー。継続2年］に変えられた[a]。そして，もっと重要なことであったが，すべての回復について，annus utilis［実用年］が quadriennium continuum［クァドリエンニウム・コンティヌウム。継続4年］に変えられた[b]。この後者のことを，幾人かの人は，すべての utile tempus［実用年］についての一般的な変更として取り扱おうとしたが，この意見は，いくつかの理由から非難すべきものである[c]。回復について発せられた法律自体は，このような一般性の痕跡を含まない。doli actio［詐欺訴権］における単なる2倍は，そういう一般化に反対している。最後に，こういう想定は，実際に utilis annus［実用年］の平均的な軽減がローマの開廷日の数に応じて4通常年になったとすれば，内的な蓋然性を有したであろうが，実際にはそういう平均的軽減は1年半にしかならないのである（§189）。ここから，回

　（a）　L. 8 C. de dolo（2. 21.）［勅法彙纂第2巻第21章「悪意の詐欺について」第8法文］，すなわち L. un. C. Th. de dolo（2. 15.）［テオドシウス帝の勅法彙纂第2巻第15章「悪意の詐欺について」単一法文］．

　（b）　L. 7 C. de temp. in int. rest.（2. 53.）［勅法彙纂第2巻第53章「回復されうる未成年者および他の人ならびにさらにそれらの相続人の回復の期間について」第7法文］．

　（c）　Glück B. 3 §269. a.

復についての新たな定めは，変更であるのみならず，同時に期間の真の伸長でもあるべきであったことが，明らかになる。しかし，こういう伸長を，非常に多様な種類と使命をもつすべての他の類似の期間に適用しようとすることは，極めて恣意的で理由のないやり方であろう。――訴権消滅時効についての utile tempus［実用期間］の重要性も減らされていたが，それは，すでにずっと以前に多くの1年の訴権に，類似の，ただもう少し制限された効力をもった永久的（現在は30年の）訴権が添えられていたためであった(d)。今は，後者の訴権が実際の適用において非常にしばしば前者に代わり，そのときにはもはや utile tempus［実用期間］に従っては計算されなかった。――なお，それ以上に，utile tempus［実用期間］の適用可能性は，Bonorum possessio［相続財産占有］において減少していた。市民法の相続法と並んでのそれの特別の取得は，ユスティーニアーヌス帝の立法の結果もう希にしか必要でありえなかった。

しかし，はるかに大きいのは，ローマ法の近代への移行の場合に生じた変化である。ローマ法の多くの1年の訴権は，それの警察的性質のために，あるいはそれの，変更された刑法に対する関係のために，まったく使われなくなった。しかし，なおもっと重要なのは，ローマ人にとって utile tempus［実用期間］の適用へのきっかけを最もしばしば供した開廷日と非開廷日の区別が，この意味においてはわれわれにとっては存しないという事情である（§189）。それゆえに，現代法においては，utile tempus［実用期間］は，僅かの訴権においてしか現われず，また，比較的希なきっかけでしか，主として原告または被告の不在が訴権の即座の行使を妨げるときにしか現われない。それが最もしばしば使われうるのは，もしかする

（d）たとえば，in factum actio［事実訴権］が doli actio［詐欺訴権］および quod metus actio［強迫訴権］と並んでそうであり，int. de vi［暴力に関する特示命令］と並んでもそうである。*L.* 1 pr. §48 *L.* 3 §1 *de vi*（43. 16.）［学説彙纂第43巻第16章「暴力についておよび武器による暴力について」第1法文前文，第48節，第3法文第1節（ウルピアーヌス）］参照。

となお按察官の訴権においてであるかもしれないし，とりわけ，旅をしてまわる売主が，売却後まもなく立ち去り，それから買い入れた物の瑕疵の発見後かなり長期間再び見つけだされないときであろう。

———

ここで試みた utile tempus［実用期間］と continuum tempus［継続期間］の叙述とは，わが国の著述家たちのもとで支配的な説は，たいへん違っている[e]。その説は，そういう対立が，ある期間の中に入る不活動の<u>始まり</u>にも<u>継続</u>にも関係させられうることによって二重の意味を有することから出発する。ここから，四つの可能な組合せが生じたのであり，まったく首尾一貫して四つの規則が認められたのであって，それらの規則のうちの一つが，期間が問題になる各法律関係に必然的に適用されなければならないという。すなわち，つぎの四つである。

1) utile tempus utraque ratione［双方に関しての実用期間］．
2) utile ratione initii, continuum ratione cursus［開始に関しての実用（期間），進行に関しての継続（期間）］．
3) continuum ratione initii, utile ratione cursus［開始に関しての継続（期間），進行に関しての実用（期間）］．
4) continuum utraque ratione［双方に関しての継続（期間）］．

これらの概念の形成と名称においては，大きな一致が支配しており，すべてのこれらの組合せが個々の法律関係において現実にわが法源によって承認されているか，そのうちのいくつかだけがそうであるかについてだけ，実際に争われる[f]。

さて，ここで用いられる術語がわが法源の中に現われないということ

———

［e］　私は，この見解の代表者としてつぎの人たちだけを挙げよう：Höpfner §666, Glück B. 3 §269. a. Haubold l. c. p. 405. しかし，他のもっと新しい人たちも，挙げうるであろう。

［f］　Thibaut I. §97（Braun Erörterungen S. 151.）は，ここで本文第3号に示されている場合が，どの法律関係においても現われないと主張する。

§191 期間 4. Utile tempus (つづき)——**395**

は，この事情が疑問と検討を引き起こすのに適していたとしても，まだ最も取るに足らない非難である[g]。もっと悪いのは，そういう表現が，それを用いる著述家たちによって実際に考えられていることとはまったく別のことをいっているということである。そういう表現をその本来の意味で用いようとするならば，たとえば，ある訴権者が自己の訴権の成立の時に捕われていて，後に自由になったか，またはその逆であるかの区別をしなければならないであろうが，このような区別は，完全に理由がないであろうし，だれによっても主張されない。そういう人たちが上掲の表現をもっていおうとすることは，本当はつぎのことである。行為が行われないままであるのは，（捕虜のように）外的な障害のためか，権利者の自己の権利に関する不知のためかでありうる。さて，個々の法律関係において，わが法源では，あるいはこの両要因が顧慮され，あるいはそのうちの一つが顧慮され，あるいはどちらも顧慮されないから，つぎの四つの組合せが生じる。

1) 両要因を顧慮する。
2) 不知を顧慮し，外的障害を顧慮しない。
3) 不知を顧慮せず，外的障害を顧慮する。
4) 両要因を顧慮しない。

これが，わが著述家たちの本当の思想であって，それを示すための前述の表現の奇妙な選択は，つぎの事情から説明される。そもそも不知が現われるところでは，これはたいてい期間の始めに起こるであろうが，続いて知によって排除されるであろう。それにもかかわらず，ここには，前述の

(g) 古い法律家たちにおいては，所与の場合に utile tempus ［実用期間］が認められるか continuum tempus ［継続期間］が認められるかが非常にしばしば問題になるが，しかし常に，これらの表現は，単純な概念の絶対的な名称として用いられ，半 utile ［実用（期間）］あるいは半 contimuum ［継続（期間）］が示唆されることはない。このような示唆と解されてはならないのは，とくに，ad aliquid utiles ［いくらかまで実用（日）］である。上述 §189. 1 および bb をみよ。

術語の選択についての弱い口実しか存しない。というのは，外的な障害は，明白に，期間の始めにも経過中にも生じえ，しかも，だれも，この相違になんらかの実際上の重きを置くことを考えないからである。しかし，不知さえ，それが期間の始めに現われる障害と解されることによって，まったく不正確に言い表わされている。なぜならば，時には，その関係が正反対であるからである。たとえば，ある人の死亡の場合に，遺言が見つけられず，それにまた最も近い男系親族が居合わせるとき，この者は，すぐに，B. P. unde legitimi［ボノール・ポッセッシオー・ウンデ・レーギティミー。法定相続人としての相続財産占有］が自分に帰したことを知っており，その者の100日の進行はただちの始まる。その者がそれから60日間不活動であって，そのあとしかし，持ち出されたでっちあげの遺言により欺かれ，その中で指定されている者を真の相続人として1年間認めるとき，その者の知の状態は不知により中断されている。最後に，今，その遺言の不真正が承認されるとき，その親族は，あらためて，自分がB. P.［相続財産占有］の資格があることを知る。始めに経過した60日の上に，その者は，今度はなお，B. P.［相続財産占有］を承認できる40日を有する。なぜならば，中間にある1年は，不知のためにその者の期間に入れられないからである(h)。そ

（h） ここでいわれたことは，私の考えではなくて，ウルピアーヌスの考えである。L. 2 pr. quis ordo (38. 15.).„ Fieri autem potest, ut *qui initio scierit* vel potuerit bonorum possessionem admittere, hic *incipiat nescire*, vel non posse admittere: scilicet si, cum initio cognovisset eum intestatum decessisse, postea quasi certiore nuntio allato *dubitare coeperit, numquid testatus decesserit, vel numquid vivat, quia hic rumor postea perrepserat*. Idem et in contrarium accipi potest, ut qui ignoravit initio, postea scire incipiat."［学説彙纂第38巻第15章「相続財産占有においてどのような順位が守られるべきか」第2法文前文（ウルピアーヌス）：「しかし，始めに知ったまたは相続財産占有を承認できた者が，知らないことまたは承認できないことを始めるということが，起こりうる。すなわち，始めにその人が遺言なしに死亡したと聞き知っていたが，その後ある程度もっと確実に，届けられた情報により，その人が遺言を作成して死亡したのか，むしろ，その噂がその後這って通ったので，生きているのかを疑い始めたときである。また，始めに知らなかった者が後に知り始めるというように，逆が認められることもありうる。」］この最後の場

§191 期間 4．Utile tempus（つづき）——*397*

ういうことで，したがって，不知に存する障害についても，それを ratione initii［開始に関しての］障害と言い表わそうとするとき，それはまったく不適切である。

　以上の考察は，一般に広まっている術語に対して向けられていたにすぎないのであって，私は，支配説の偏見のない信奉者が，私が代わりに置いた表現の中にその人たちの真の意見を認識するであろうし，したがってそれと並んで，その問題自体における完全な一致が十分考えられると確信する。しかしながら，その関係全体について大きな不明確さを広めたこの不器用な表現の背後に，その問題自体に関する最も重要な誤りが隠れてきたのであって，この誤りは，まさにそういう不明確さの保護の下に，論破のみならず，真の検討をさえ常に免れてきたのである。今，われわれがその問題に立ち入ると，Bonorum possessio［相続財産占有］においては，わが法源のはっきりした言説のために，意見の相違が不可能であることが，明らかになる。資格者の不知と外的障害は，ここでは同列にある。しかし，訴権消滅時効においては，支配的見解は，つぎのとおりである。すなわち，ここでは通例，Bonorum possessio［相続財産占有］におけると同じ事情にあり，したがって（僅かの例外を留保して）utile tempus［実用期間］の適用は，自己の訴権についての原告の不知によって，原告の捕虜または被告の不在によってと同じように生じさせられるというのである。それは，tempus *omni ratione* utile［すべてに関しての実用期間］が原則であり，continuum ratione initii［開始に関しての継続（期間）］，utile ratione cursus［進行に関しての実用（期間）］が希な例外であるとして描き出されるとき，いおうとされることである。そして，疑いなく，このありきたりの術語は，上述の重要な法命題の無批判な受け入れを，邪魔されずに認めて保つこと

合，これはもちろん最もしばしばある場合であるが，この場合が，誤って唯一の場合として前提され，この前提において，支配的な誤った術語の基礎を成す。今，ウルピアーヌスは，まったく明らかに，どちらの場合も，B．P．［相続財産占有］における utile tempus［実用期間］による計算を求める完全に同じ権利を与えるという。

に極めて寄与した[i]。今，これについて，この場所では，あらためていうべきことはなにもない。私のまったく反対の見解についての理由は，前述したし（§190），それを納得する人は，まさにそのゆえに上述の異見をしりぞけるに違いない。

たった今述べた非常に一般的な見解から独立しているのは，一人の近時の著述家のまったく孤立した異見である[k]。この人は，dies utiles［ディエース・ウーティレース。実用日］を anni utiles［アンニー・ウーティレース。実用年］から区別する。前者は，この人によっても，すべての他の著述家と一致して，ここでなされたように説明される。これに反し，法務官が intra anuum actionem（または bonorum possessionem）dabo［予は1年間訴権を（または相続財産占有を）与えるであろう］というとき，それは，自分の在職年が続く限りを意味し，したがって，それは，訴権の原因または相続財産の帰属がその年の早い時期に入るか遅い時期に入るかに応じて多い少ないがありえたという。按察官の訴権における menses utiles［メーンセース・ウーティレース。実用月］さえ，両按察官の行政における2カ月ごとの交替と結び付けられるように解されるべきであるという。──すでに一般的に，dies utilis［実用日］と annus utilis［実用年］というまったく同質の構成について完全に別の意味を認めることは，とくになおそれと並んで，明らかに同質性を示唆するtempus utile［実用期間］とutilitas temporis［ウーテ

（i） 通常それは，つぎのように表現される。そもそもある期間の utile tempus［実用期間］としての性質が確実でありさえすれば，われわれはそれをやはり omni ratione utile［すべてに関しての実用期間］と考えなければならない。なぜならば，われわれは，そうでなければ，恣意的な区別を法律の中へ持ち込むであろうからである。G l ü c k B. 3 S. 507. HAUBOLD l. c. p. 434. G ö s c h e n Vorlesungen B. 1 S. 583. 585. それをもってやはり，utile tempus［実用期間］であることをそもそも疑うことができない短期の訴権消滅時効について，不知の影響が前もって決められている。同時に，この実際的法命題が tempus *omni ratione* utile［すべてに関しての実用期間］という偽りの概念からの単なる演繹であることが，明白である。

（k） E l v e r s über den annus utilis der actiones honorariae, in : Elvers Themis, neue Folge, B.1. Göttingen 1838, S. 125-184.

§191 期間 4. Utile tempus（つづき）——*399*

ィリタース・テンポリス。期間の実用性］による種属的な表示が現われるから，非常に疑わしく思われなければならない。また，intra annum［1年内に］と post annum［ポスト・アンヌム。1年後に］という明白な対照において，第一の表現を第二の表現とまったく別の関係で考えることも，疑わしい。またすでに，法務官がまったく余計な仕方で，自分の在職の終了後はもはや職務行為をしないと宣言したのだという想定が，極めて疑わしい。それから，この異見を個々の場合への適用によりはっきり分からせようとすると，この異見は，完全に維持できないようである。だれかが，在職年の最後の月に強奪されたとき，その者は，actio vi bonorum raptorum［アークティオー・ウィー・ボノールム・ラプトールム。暴力による財産奪取の訴権］の行使のために僅かの週しか残していなかったであろう。それゆえに，ほかならぬ12月に強奪するのが，そのときには訴権が容易に時効により消滅したから，非常に得策であったであろう。また，未成年者は，ちょうど自分の誕生日がその年の終わりの方の日であったときには，成年に達した後，回復のために僅かの日しか残していないということにもなりえた。故人の遺言がその年の終わりの少し前に開封され，そこに3人の相続人，すなわち故人の息子，母，他人が指名されていたとき，息子と母は B. P.［相続財産占有］を承認するために数日しかないであろうが，他人は100日あるだろう。その期間の相違は子と両親の利益のために定められていると，はっきりいわれるのに(1)。多くの他の理由には触れない(m)。

（1） *L*. 1 § 12 *de succ. ed.* (38. 9.). „*Largius tempus* parentibus liberisque petendae B. P. tribuitur, *in honorem sanguinis* videlicet.“［学説彙纂第38巻第9章「承継に関する告示について」第1法文第12節（ウルピアーヌス）：「両親および子供たちには，明らかに血統の名誉のために，請求されるべき相続財産占有のもっと豊富な期間が与えられる。」］ここでは，明らかに，*arctius* tempus［もっと狭い期間］であっただろう。

（m） ここで紙数上許されたよりももっと詳細に余すところなく，この新しい異見は，A r n d t s zur Lehre von der Zeitberechnung, in Linde's Zeitschr. B. 14 S. 1-32 によって，誤りが論証されている。

§ 192
VI. 期間　5. 閏日
[Die Zeit　5. Schalttag]

典拠：

L. 3 § 3 *de minoribus* (4. 4.). Ulpianus.［学説彙纂第4巻第4章「25歳未満の者について」第3法文第3節（ウルピアーヌス）］

L. 2 *de div. temp. praescr.* (44. 3.). Marcellus.［学説彙纂第44巻第3章「種々の長期間占有の抗弁についておよび占有の通算について」第2法文（マルケルルス）］

L. 98 *de V. S.* (50. 16.). Celsus.［学説彙纂第50巻第16章「言葉の意義について」第98法文（ケルスス）］

CENSORINUS de die natali C. 20.

MACROBIUS Saturnal. I. C. 13. 14.

著述家：

BREUNING Diss. ad Celsum in L.98 de V. S. Lips. 1757.

MAJANSIUS ad XXX. Ictorum fragmenta Genevae 1764 T. 1 p. 101-110.

SCHNEIDT de utilitate studii chronologici in jurisprudentia Wirceb. 1782.

Ｋｏｃｈ Belehrungen（前述§182をみよ）.

Ｕｎｔｅｒｈｏｌｚｎｅｒ Verjährungslehre I. § 86.

―――

これまで立てられた規則のすべてにおいて，歴年は，365暦日という一様の期間と認められてきており，この期間が，可動の年の基準として役立つべきである。だが，4年目ごとにその数に1日が閏日として加わるから，測られるべき期間が1日または数日の閏日にかかわるような場合については，期間の通常の測定の実定的修正がとり入れられている。

§192　期間　5．閏日——*401*

しかし，この修正が余すところなく決められうる前に，上述のところで（§179）一般的な歴史的概観においてなされえたよりももっと精密に，閏日自体を，それがわが年代方式の中に入るように，確定することが必要である。そして，このことも，かなり古いローマ年に遡ることによってのみ可能である。このローマ年においては，平年であれば，2月は28日あって，その第23日はTerminalia［テルミヌスの祭典］，第24日はRegifugium［王政廃止記念祭］と呼ばれた。しかし，2年目ごとに2月のこの標準尺度は乱されて，その結果2月は23日しかなかった。すなわち，Terminalia［テルミヌスの祭典］と Regifugium［王政廃止記念祭］の間にまる1カ月のmensis interkalaris［メーンシス・インテルカラーリス。閏月］が挿入され，これは22日であったり23日であったりしたが，これに，それからなお，2月の切り取られた5日（Regifugium［王政廃止記念祭］からの）が付け加えられ，その結果，2月は全体として，あるときは27日から，あるときは28日から成った。2月は，その他の点ではすべての他の月と同様に取り扱われたのであって，したがって朔日［Kalenden］，中日前第9日［Nonä］および中日［Idus］があり，そこから個々の日が逆算された。シーザーは，この確かに非常に不便な閏月をまったくやめたが(a)，しかし，同じ場所に，すなわちTerminalia［テルミヌスの祭典］と Regifugium［王政廃止記念祭］の間に，1日の閏日を置いたのであって，これは，4年目ごとにのみ入るべきものであり，それ自体の数字をもらわず，したがってまた，2月の日数がそれにより29日に増やされたにかかわらず，2月の各日の通常の数え方を乱さなかった。われわれが今なお従っているこの仕組みの本質，および前の仕組みとのそれの関連は，マクロビウスとケンソーリーヌスの例証により明らかに，また確実になる(b)。ある閏年における2月の最後の7日

（a）Sueton. Julius C. 40 „ interkalario mense *sublato*. [「取り除かれた閏月により。」]

（b）Macrobius Saturn. I. C. 13. „ Romani non confecto Februario, sed *post vicesimum tertium diem ejus* interkalabant." [[ローマ人は，経過した2月にではなくて，

456 のつぎの一覧表は，これらの日のそれぞれがローマ人によりどのように言い表わされたか，またわれわれによりどのように言い表わされるのが常であるかを，分かりやすくするであろう。

VII. ante Kal. Mart. (Terminalia) .... 23. Febr.

　　［3月朔日前第7日（テルミヌスの祭典）................. 2月23日］

VI. ante Kal. Mart. (posterior)(interkalaris) .... 24. Febr.

　　［3月朔日前第6日（後の）（閏の）............... 2月24日］

VI. ante Kal. Mart. (prior) (Regifugium) ...... 25. Febr.

　　［3月朔日前第6日（前の）（王政廃止記念祭）............. 2月25日］

　　　　　　　　　　　　　　　　　　(Matthias)^(c).

　　　　　　　　　　　　　　　　　　　　　［(マッティアス)］

V. ante Kal. Mart. .... 26. Febr.

　　［3月朔日前第5日........................... 2月26日］

2月の第23日の後に挿入した。｣］このことは，かなり古い年に関係づけられている。ユリウス暦については，C. 14は，つぎのようにいう。„statuit ut ..unum interkalarent diem, *eo scilicet mense ac loco* quo etiam apud veteres interkalabatur, id est *ante quinque ultimos Februarii mensis dies*, idque bissextum censuit nominandum." ［｢(それは) 1日を挿入した..と定めた。すなわち，この月に，そして，またさらに以前の数日のそばの場所に挿入された。つまり，2月の月の最後の5日の前に挿入された。それで，閏日と呼ぶことを承認した。｣］——CENSORINUS C. 20は，古い閏の挿入についていう：„in mense potissimum Februario, *inter Terminalia et Regifugium*, interkalatum est," ［｢とくに2月の月において，テルミヌスの祭典と王政廃止記念祭の間に挿入された，｣］そしてそれに続いて新しい閏の挿入についていう：„ ut ..*ubi mensis quondam solebat, post Terminalia* interkalaretur, quod nunc Bisextum vocatur." ［｢月の間に..かつて習わしであったので，今閏日と称せられるものが，テルミヌスの祭典の後に挿入された。｣］——Kalendae と Idus interkalares ［閏の朔日と中日］に関するいくつかの個所は，MAJANS. l. c. p. 106に集められている。

（c） Mattias［マッティアス］という名，およびこの使徒の祭は，常に平年の第24日（閏年の第25日）のままであった。一方，多くの他の暦日は，その個別名称を変えた。そういうことで，たとえば，2月23日は，以前にはセレーヌス［Serenus］と呼ばれたが，現代の暦ではラインハルト［Reinhard］と呼ばれる。

§192 期間 5．閏日──*403*

  IV. ante Kal. Mart.........................27. Febr.

   ［3月朔日前第4日................................2月27日］

  III. ante Kal. Mart.........................28. Febr.

   ［3月朔日前第3日................................2月28日］

  pridie Kal. Mart...........................29. Febr.

   ［3月朔日前日..................................2月29日］

  ここで dies sextus［ディエース・セクストゥス。第6日］と言い表わされる両方の日の中にローマ人の閏日があるということは，争われていず，繰り返される数からも結果として出てくる。ただ，両方のうちのどちらが本当にそうであるかだけが，問題である。わが法源は，はっきりと，posterior［ポステリオル。後の（日）］が閏日で，prior［プリオル。前の（日）］はそうでないという(d)。しかし，それだけでは事はまだ済んでいない。この表現は，自然的な時の順序にも，遡って行くローマの数え方にも関しうるであろうことによって，それ自体二義をもっている。第一の場合には，2月25日が閏日であろうし，多くの近時の著述家はこのことを認めている(e)。第二の場合には，24日がそうであろう。今，第二の意見が正しいということを，すでにウルピアーヌスの posterior dies *Kalendarum*［ポステリオル・ディエース・カレンダールム。朔日からの後の日］という表現（註d）が，すなわち朔日から（遡って）計算して後の方であるという表現が，証明する。しかし，それは，マクロビウスとケンソーリーヌス（註b）によってまったく疑う余地のないものとなる。この人たちは，はっきりと，新たな挿入は，古い位置と同じ位置に，つまりテルミヌスの祭典の後すなわち2

 （d） *L.* 3 §3 *de minor.* (4. 4.). „et posterior dies Kalendarum intercalatur." ［学説彙纂第4巻第4章「25歳未満の者について」第3法文第3節（ウルピアーヌス）：「そして朔日からの後の日が挿入される。」］──*L.* 98 §1 *de V. S.* (50. 16.). „ sed posterior dies intercalatur, non prior." ［学説彙纂第50巻第16章「言葉の意義について」第98法文第1節（ケルスス）：「しかし，後の日が挿入されるのであって，前の日がそうではない。」］

 （e） たとえば，Cocceji jus controversum IV. 4 §1がそうである。他の著述家たちは，Koch S. 46をみよ。彼自身は正しい意見を提案する。

月23日の後になされ，その結果この月から5日間が切り離されるという。

しかしながら，それでもまだすべての疑問が片付いているわけではない。すなわち，多くの人が，つぎのように主張する。そういう明らかにローマのものである閏日は，もはやわが国の閏日ではない。というのは，月の中の各日に連続数字を付けるわが国の現代の慣習によれば，2月29日が閏日になっているからである，と[f]。そして，この意見は，それ自体としては少しそうらしくみえる。というのは，上掲の閏年の暦を平年の暦と対比するとき，最も明らかな相違は，前者には2月29日があり，後者にはこれが欠けており，それゆえに閏年においてはこれが新たに付け加えられているようにみえるからである。それでもやはり，この意見は，断然しりぞけられなければならない。閏日の位置は，決して，月の中の各日を数えるためのローマ人に特有の方法によって定められていたのではなかった。というのは，二重のsextus［第6（日）］を認めたように，二重のquintus［クィーントゥス。第5（日）］またはseptimus［セプティムス。第7（日）］をも認めえたであろうからである。今，その位置がこの計算方法とは無関係であったとき，計算方法において生じた変更も，その位置になんら影響を及ぼしえなかった。上述の位置は，なおわれわれの暦でもあるユリウス暦の特徴に属する。なぜならば，グレゴリウス十三世によって生じさせられた唯一の変更は，閏日の位置に決して影響を及ぼさないからである。この見解の一つの確認は，なお，平年には2月24日になるマッティアスの日が閏年には2月25日に移ることにも存する。なぜならば，25日が閏日であるならば，マッティアスの日を24日から通ざける理由は存しないであろうからである[f1]。わが近時の計算方法は，極めて徐々にまた漠然とした仕方で

（f） LAUTERBACH XLIV.3 § 4. VOET. XLIV.3 § 2. COCCEJI IV. 4 § 1. SCHNEIDT p. 17. 22. ——Ｋｏｃｈ S. 57は正しい意見を有する。

（f¹） 12世紀には，マッティアス祭が2月24日に祝われるべきか25日に祝われるべきかが争われていた。教皇アレクサンダー三世は，つぎのように宣言した。この両日は1日と考えられるべきであるから，各個の教会はこの点ではその従来の慣習のままである

使われるようになったのであって，こういうことをすっかり考慮に入れるとき，法規の適用の変更へのこのような影響を近時の計算方法に帰することは，不可能である。すなわち，各日の古い表示と新しい表示が幾世紀もの間並列して用いられたから（§180），反対者の意見に従えば，朔日と中日によって日付を入れた者は，すでにわれわれの仕方を受け入れていた者とは別の閏日を有したであろうことが，つまり前者は2月24日を閏日とし，後者は2月29日を閏日としたであろうことが，認められなければならないであろう。しかし，日付として聖徒記念日を用いる者は，なお，前者に含められなければならないであろう。しかし，そういう実行不能のことを，だれも主張しようとはしないであろう。

　上述の誤った意見に有利と思われる本当の理由は，閏日と日を数えるわれわれのやり方との結合から生じる小さな不便と，これによって引き起こされうる誤りにある。こういうことの配慮は，せいぜい，立法者を説得して閏日を移させうるかもしれないが，法学者にはそうする権限がないことは，確実である。しかし，暦の固定と一般的な一様性はここで述べた困難よりも重要であって，暦をこのように変更することは，立法者にとっても得策ではないであろう。この困難は，適度の注意によって十分克服できる。しかし，それに特別に重きを置こうとするのなら，今やすでに1800年以上も存続している本来の暦に触れることなしに，その困難を取り除く非常に簡単な手段が存するであろう。閏年において，閏日をまったく数字のないままにして単に閏日と言い表わし，その結果マッティアスの日は24という数字をもったままであることによって，各日を，平年におけると同様

べきであり，どちらの選択も誤りとみられるべきではない。ただ，どの場合にも，Vigilia［大祭前夜の祈り］は祝祭日自体のすぐ前でなければならず，したがって決して中間の日によって分けられてはならない，と．*C. 14 X. de V. S.* (5. 40.)［グレゴリウス九世教皇令集第5巻第40章「言葉の意義について」第14法文］.——後に，その疑問は，上掲の暦において2月25日のところにマッティアスの日が標示されていることによって消滅したようである。

に28まで数えることを要するのみであろう。それをもって，真の事態が最も精確に表現されているであろうし，そこには暦の本質的な構成部分への侵害はまったく存しないであろうし，月の中の各日に付されたわれわれの数字は決してそういう本質的構成部分に属しない。

以上のことはすべて，私が今転じて行こうとする閏日の法的取扱について基礎としてのみ役立つべきであろう。原則は，挿入に用いられる時間はまったく時間として顧慮されるべきではないということである。この原則は，すでにかなり古い暦の中に存在したのであって，ここでは，閏月全体が一瞬とみられ，しかも，つぎの注目すべき個所から分かるように，すぐ前の日（２月23日）の終点とみなされるという仕方で，実行された。

L. 98 § 1. 2 *de V. S.* (50. 16.) ［学説彙纂第50巻第16章「言葉の意義について」第98法文第1，2節（ケルスス）］.

> § 1. Cato putat, mensem intercalarem additicium esse, omnesque ejus dies pro momento temporis observat, extremoque diei mensis Februarii attribuit Quintus Mucius. ［第１節。 カトーは，閏月を追加されたものと考えて，それのすべての日を時の瞬間とみなし，そして，クィントゥス・ムーキウスは，それを２月の月の最後の日に割り当てる。］
>
> § 2. Mensis autem intercalaris constat ex diebus viginti octo. ［第２節。 しかし，閏月は，28日から成る。］

§１［第１節］は，上述のところでいわれたことの単純な確認であり，新たな説明を要しない(g)。しかし，§２［第２節］は，つぎのような運命を有した。ここに掲げたフィレンツェの読み方の代わりに，流布本には，それがまったく一般的のようであるが，XXIX. とある。これは，註釈において示唆されたつぎの考察に起因した，誤って校訂と思われたものであ

（g） 註釈はここでつぎのような註を加える：„ Cato et Quintus duo stulta dixerunt. "［「カトーとクィントゥスは，二つのつまらないことを述べた。」］これに，張りめぐらされた混乱と誤りの網全体が続く。

る(h)。つぎのように考えられた。mensis intercalaris［閏月］は，閏年の2月である。なぜならばそれは閏日を1日含むからである。さてこの2月は29日あるから，その数は，XXIX. 変えられなければならない，と。——それから後にフィレンツェの原文が発見されたとき，この原文を，閏日が無とみなされ，その結果法的意味においてはやはりこのような2月には28日しか含まれていないということによって，正当づけようと試みられた(I)。しかしながら，両説明とも，そのうちの一つに基づくXXIX. という数ともども，まったく非難すべきものである。かつてmensis interkalaris［閏月］がユリウス暦の2月についていわれたことがあるかどうかは，未決定のままにしておこう。私はこのような個所を知らない。これに反し，mensis interkalaris または interkalarius［メーンシス・インテルカラーリス，インテルカラーリウス。閏月］は，古い閏月のまったく通常の名称である(k)。しかし，この表現が実際に両方の意味を有する(I)と仮定しても，少なくとも上述の学説彙纂の個所においては，どうしても，すぐ前の言葉においてその表現で言い表わされていた古い閏月だけが考えられるべきであろう。なぜならば，その著述家が僅か数行の中で同じ言葉を，なんらの警告もなしに二つのまったく異なる意味に用いたはずだということは，完全に考えられないからである。それゆえに，§2［第2節］は，§1［第1節］と同様，かなり古い年の閏月についていっており，それにはXXVIII. と

（h）　GLOSSA in § cit. „ *Vigintinovem*. Alias Februarius habet tantum XXVIII."［前掲の節に関する註釈：「29日。他の時には，2月はただ28日だけを有する。」］XXIX. という読み方を前提として，§2のこの解釈と，かなり古い解釈者全部が一致する。

（i）　そうであるのは，たとえば，BREUNING p. 11. 12. SCHNEIDT p. 17.

（k）　スエートーニウスの個所（註a），およびMAJANS. p. 106に集められた各個所参照。

（1）　このことを主張するのは，BUDAEUS, notae poster. in Dig., in L.98 de V. S. „Quare scire nos oportet, mensem intercalarem dici non modo eum qui intercalatur, sed etiam in quo intercalatur." ［「それゆえに，われわれが知っているのでなければならないのは，挿入される月のみならず，その中に（閏日が）挿入される月も，閏月といわれることである。」］第二の意味についての例を，彼は挙げない。

いう数が非常によく適合する。なぜならば，上述のように，そういう閏月は，それに付け加えられた2月の最後の5日を含めて27日であったり28日であったりしたからである。今，ケルススは，ついでにこの問題を扱って，現われる両方の数のうちで最も大きいもの（つまり閏月の最大限）のみを挙げようとしたか，実際にはXXVII. vel XXVIII. [27日あるいは28日] といったのであって，その精確な表現が，学説彙纂にとり入れる際にはじめて，いずれにせよその対象はなお好古的な興味があるだけで，実際的な興味はなかったから，短縮されたかである(m)。

463　ユリウス暦の年に閏を置くことには，閏日がそれに次ぐ日と完全に重なっているとみられることによって，ここで立てられた原則が適用される。この擬制によれば，この現実の2日は，法的意味においてはただ1日とみなされる(n)。この2日から成る全体が，ローマ人によって Bisextum [ビセクストゥム。閏日] と呼ばれるものである（註b）。閏日について立てられたこの原則が個々の法律関係にどのように適用されるかを，今から示そう。

　　(m)　Cujacius in L. cit., opp. T.8 p. 559は，その個所を古い閏月に関係させることによって，完全に正しい道を進むのだが，それから，なにしろマクロビウスのはっきりした個所を眼前に有していたのだからほとんど考えられないような混乱に至る。——Ｉｄｅｌｅｒ Chronologie II. S. 58. 59は，一番に非常に満足すべき仕方でその個所を説明したので，私は，本質的には，彼の叙述の単なる繰返しだけにすることができた。

　　(n)　*L.* 3 § 3 *de minor.* (4. 4.). „ nam id biduum pro uno die habetur." [学説彙纂第4巻第4章「25歳未満の者について」第3法文第3節（ウルピアーヌス）:「なぜならば，この2日は1日とみなされるからである。」] ——*L.* 98 *pr. de V. S.* (50. 16.). „ nam id biduum pro uno die habetur." [学説彙纂第50巻第16章「言葉の意義について」第98法文前文（ケルスス）:「なぜならば，この2日は1日とみなされるからである。」] ——同様に *C.* 14 *X. de V.S.* „ qui duo quasi pro uno reputantur." [グレゴリウス九世教皇令集第5巻第40章「言葉の意義について」第14法文：「なぜならば，2日があたかも1日のように計算されるからである。」]

§193
VI. 期間　5．閏日　（つづき）
[Die Zeit　5. Schalttag　（Fortsetzung）]

　閏日は，法律関係においては二とおりの仕方で考慮される。すなわち，第一に，それがある期間の経過中に入るときであり，第二に，それがある期間の限界点と接触するとき，つまり始めか，終点か，同時に両限界かと接触するときである。

　閏日の第一の関係は，一般に厄介でもなく異論もない。ある期間の経過中に1日または数日の閏日があるとき，その期間全体が同じ現実の日数だけ伸長される。なぜならば，入っている閏日はまったく時間とみられるべきではないからである。したがって，ユスティーニアーヌス帝以前に，ある動産の使用取得が閏年の1月に始まっていたとき，それは，366日をもってはじめて完成したのであり，占有者は，それにより小さな不利益をこうむった。同様に，30年の訴権消滅時効は，7日または8日の閏日が入るから，365日の30倍ではなくて，それよりあるいは7日，あるいは8日多いし，訴権者は，数日長く不注意であってもなにも失わないという小さな利益を有する。この規則自体は，異論がなく，適用においても困難はない。ただ，どういう場合がたまたまその適用から除外されるかが問題となり，その場合，すべては，つぎの個所の解釈にかかる。

　L. 2 *de div. temp. praescr.* (44. 3.). Marcellus. ［学説彙纂第44巻第3章「種々の長期間占有の抗弁についておよび占有の通算について」第2法文（マルケルルス）］.

　In tempore constituto judicatis, an intercalaris dies proficere judicato, necne, debeat, quaeritur: item de tempore quo lis perit. Sic sine dubio existimandum est, ut auctum litis tempus intercalari die existimetur: veluti si de usucapione sit quaestio, quae tempore constituto expleri solet: aut de actionibus quae certo tempore finiuntur, ut aediliciae pleraeque[a] actiones. Et[b] si quis fundum ita vendiderit, ut nisi in diebus triginta pretium esset solutum, inemptus esset fundus, dies intercalaris proficiet emptori[c]. Mihi contra videtur.［判決債務者に定められた期間に関して，閏日が判決債務者に利益にならなければならないかどうかが，問われる。訴訟が消滅する期間について同様である。疑いなく，訴訟の期間は閏日により大きくなると考えられるというように，決定されるべきである。たとえば，定められた期間により完了するのが常である使用取得について問題があるとき，あるいは按察官の最も多くの[a]訴権のように確定期間により終了される訴権について問題が

（a） Bynkershoek obss. IV. 8 は，pleraeque［最も多くの］という語を不快に思うが，それは，最も多くの按察官の訴権ではなくて，すべての按察官の訴権が時効にかかりうるという理由による。それゆえに，彼は，peraeque［まったく等しい］と校訂する。しかしながら，第一に，pleraeque［最も多くの］は，少数の逆に関係なしに，いくつかの［mehrere］という意味をも有しうるのであって，その結果，それは，omnes［すべての］という概念を確かに表現はしないが，しかし排除もしない。第二に，時効にかかりえない按察官の訴権が存在したが，ただわれわれが知らないだけであるということが，可能である。Püttmann opusc. p. 145.

（b） Bynkershoek l. c. は，十分な理由をもって，Et［そして］の代わりに，前にある s を引き入れることによって，Set［しかし］と読むことを提案する。これは，単なる子音重複［Gemination］に基づくから，校訂とはほとんど称せられえない。このやり方の反復によって Set et［しかしまた］が生じるけれども，これはあまり必要でない。最初の子音重複の正当付けは，本文においてすぐ次に出てくるであろう。

（c） フィレンツェの写本は，proficietempori［有利な時に］と読んだが，t の子音重複により，そこから tempori［ちょうどよい時に］が作られた。しかし，同じように，脱落した t を p の後に入れることができ，そこから，流布本と一致して，emptori［買主］が生じる。この最後のことが明らかにベターである。なぜならば，期間の伸長について proficit *tempori*［期間に利益になる］は，1日得をする買主の個人的利益について proficit *emptori*［買主に利益になる］よりも無理であるからである。さらに，同じように proficere［利益になること］が人に関係させられるその個所の始めにある proficere *judicato*［判決債務者に利益になること］の明白な類推が，そのことに有利な証拠になる。Ｄｉｒｋｓｅｎ Abhandlungen I. 456参照。

あるとき。そして[b]ある人が地所を，30日内に代価が支払われないならば，地所は買われていないという条件で売ったとき，閏日は買主に利益になるだろう[c]。私には反対に思われる。]

　思考の一般的な進展は，つぎのとおりである。まず始めに，二つの場合が問題として出され，言葉の上では第二の問題だけが非常にきっぱりと決定されるが，しかし，その決定は，明らかに，第一の問題にもあてはまるべきである。それに二つの別の場合が続き，これは，はっきりした決定はないが，接続語によって前の決定に結び付けられている。それから，第五の場合が出てくるが，これは前の諸場合との結び付きがはっきりせずに言い表わされている。最後に，一般的に問題とされていて，一つの場合についてははっきり主張されていた意見に対する，一般的な内容の反対がある。

　さて，まず第一に，同じ著述家が，始めに sine dubio ［シネ・ドゥビオー。疑いなく］真実として打ち出していたことを，一番後で同じようにきっぱりと否定することはありえないということは，もっともである。この矛盾をマルケルスの思考から除くために，しかしわれわれにとってはそれだけ一層厄介にするにすぎないことだが，幾人かの人は，mihi contra videtur ［私には反対に思われる］という結語がマルケルスの著述に対するウルピアーヌスの訂正の註を含むと主張している[d]。この一時しのぎは，非難すべきものである。なぜならば，その事実を前もって原文の中に持ち込まなければならないであろうし，編纂者のやり方は極めて慎重を欠いており，したがって簡単には受け入れられるべきではないであろうし，それにもかかわらず満足できる解決は得られていないであろうからである。それゆえに，やはりずっと以前から，たいていの人は，マルケルスが始めの四つの場合については原則を，第五の場合については例外を主張すると想定してきた。このことを表現とも満足できるように関連させるために，

（d）MERILLIUS obss. VII. 18. SCHULTING Jurispr. antejust. p. 553.

(すでに註釈から) Et si quis fundum [そしてある人が地所を... とき] からの最後の文章を問いと解し，それから mihi contra videtur [私には反対に思われる] がその問いに対して否定の答えを与え，その答えにおいて第五の場合と始めの四つの場合との実際上の相違が言い表わされるとされてきた。この説明は，Sed [しかし] (Set [しかし], set et [しかしまた]) という読み方 (註 b) によってなお非常に本当らしくなり，それにより，第五の場合の始めの四つの場合に対する対立が，書き出しでただちに気付かされる。

しかしながら，それをもってやっと道が開かれているにすぎず，困難自体は未だ解決されていない。五つの場合は各種類の代表として役立ちうるにすぎず，こうして今なお，どの場合に，閏日は1日として顧慮されないという原則が適用されるべく，どの場合にそれが適用されるべきでないかという問いに答えることが，残っている。そのために，各場合を個々的に調べることが必要である。

1) Tempus constitutum judicatis [判決債務者に定められた期間]. 十二表法は，有責判決を受けた各債務者に30日の支払期間を与えたのであり(e)，この規則は，古典法律家の時代にはなお完全に行われていた(f)。そ

(e) GELLIUS XV. 3 および XX. 1. „ triginta dies justi sunto." [「30日が合法的（猶予期間）たるべし。」]

(訳註36)
(f) GAJUS III. § 78 „ Bona autem veneunt ... judicatorum post tempus quod eis partim L.XII. tab., partim edicto Praetoris .. tribuitur." [「しかし，判決債務者の... 財産は，一部は十二表法により，一部は法務官の告示によりその者に..与えられる期間の後には..売られる。」] (その告示は，おそらく30日を，十二表法が考えたのとは別の訴権に拡張していた。しかし，十二表法の引き続いての適用は，ここでは明らかに承認されている）。ウルピアーヌスからの L. 4 § 5 de re jud. (42. 1)：„ si .. minorem diem statuerit judex tempore legitimo, repleatur ex lege." [学説彙纂第42巻第1章「既判物について，および判決の効果について，および中間判決について」第4法文第5節（ウルピアーヌス）：「審判人が法定の期間より少ない日を定めたときは，法律から補充されるべきである。」] ガーイウスからの L. 7 eod.：„ constitutorum dierum spatium pro judicato, non contra judicatum, per legem constitutum est." [同所第7法文（ガーイウス）：「判決債務者のための定められた日数の期間は，判決債務者の不利には法律によって定められていない。」] その事柄自体は，もちろん言葉の上で法律（すなわち十二表法）に関しないが，なお，L. 29 eod. [同所

れゆえに，ここでは，マルケルスは，つぎのようにいおうとする：この30日の期間の中に閏日が1日入るときは，その閏日は続くRegifugium［王政廃止記念祭］を含めて1日としか数えられないから，それは実際には31日となり，それゆえに，債務者は，1日得をする，intercalaris dies proficit judicato［閏日は判決債務者に利益になる］．

2) Tempus quo lis perit［訴訟が消滅する期間］．これは，以前にはおそらくそう認められたのだが，訴権消滅時効ではなくて，L. Julia［ユーリウス法］によりlegitima judicia［法定訴訟］について定められた1年半の期間であって，その訴訟が原告にとって敗訴になるべきでないならば，審判人がその期間内に判決を言い渡さなければならなかったものである[g]。この期間について，マルケルスは，今はっきりと，それは閏日が入ることによって広げられるという．

3) Si de usucapione sit questio［使用取得について問題があるとき］．ここでは，導入部のveluti［ウェルティー。たとえば］が，少し困難を生じさせるのであって，これは，使用取得をtempus quo lis perit［訴訟が消滅する期間］の一つの例とみるようにさせるかもしれない．しかし，このことは，まったく不可能であって，せいぜい非常に広まっている誤った消滅時効概念において大きくなるもとを少しばかりみいだすかもしれないけれども，そういう概念は，ローマの法律家たちにはまったく知られていない．しかしながら，veluti［たとえば］をそのように理解することも，決して必要ではなく，むしろ，先行のexistimandum est［決定されるべきである］を加えて考えられるべきであり，それゆえに，使用取得についても同じように決定されることだけが，veluti［たとえば］により言い表わされるべきである．だから，マルケルスは，つぎのようにいおうとする：使用取得の期間が問題になるところでもそうみられなければならないように——すなわ

第29法文（モデスティーヌス）］において，およびL. 16 § 1 de compens. (16. 2.) ［学説彙纂第16巻第2章「相殺について」第16法文第1節（パーピニアーヌス）］において現われる．

(g) GAJUS IV. §104.

ち，それの期間（当時は1年または2年）が，閏日が中に入ることによって伸長されるというように。

469　4) Aut (sit quaestio) de actionibus, quae certo tempore finiuntur [あるいは，確定期間により終了される訴権について（問題がある）]．訴権消滅時効の期間も閏日によって伸長されるべきであり，このことについていくつかの按察官の訴権が例として挙げられる。これらにおいては，その消滅時効が2か月，6か月，1年に定められていることが，書き添えられるべきである(h)。

5) Si quis fundum etc. [ある人が地所を云々したとき]．それは，売買契約と並んでの30日期限の lex commissoria [レークス・コンミッソーリア。解除約款] の場合であって，この場合には，閏日は期間を伸長すべきでない。

したがって，今度は，始めの四つの場合と第五の場合とのこの相違が，どのような一般的性格に還元されるべきかという問題が生じ，ここに挙げられていないすべての他の場合の判断は，これにかからなければならない。たいていの人は，ずっと以前から，相違を，始めの四つの場合には年または月が問題であり，第五の場合には日が問題であることに置いてきており，したがって，他の諸場合にもこれに従って区別されるという(i)。しかしながら，閏日は日ではないという原則から出発するとき，期間が日数で言い表わされていようと年数で言い表わされていようと，閏日は計算に入れられてはならない。だが，上述の意見と完全に反対の決定をするの
470　は，四つの場合のうち第一の場合は同じように日で言い表わされた期間に向けられており，それどころかその場合にはさらに，第五の場合におけると同じ triginta dies [トリーギンター・ディエース。30日] が現われるという

(h) *L*. 19 § 6 *L*. 28 *L*. 55 *de adeil. ed*. (21.1.) [学説彙纂第21巻第1章「按察官告示と売買解除訴権と減額訴権について」第19法文第6節（ウルピアーヌス），第28法文（ガーイウス），第55法文（パーピニアーヌス）］．

(i) Alciatus in L. 98 de V. S. Lauterbach XLIV. 3 § 4. Voetius XLIV. 3. § 2. Bynkershoek obss. IV. 8. G l ü c k B. 3 S. 526.

事情である[k]。——さて，年と日の区別がしりぞけられなければならないとき，まだ残っているのは，始めの四つの期間は法律に基づいており（十二表法または告示），第五の場合は契約に基づいているという相違だけであって，この相違は，やはり実際に，ここで問題にしている個所において触れられないすべての他の場合についても決定的なものである。ところが，それについては，完全に満足できる内的理由が挙げられる。閏日は日でないという擬制は，閏日自体が法律上の仕組みに基づくのと同様，法律上の規則に基づく。さて，期間を規定するどの法律においても，立法者は，自己の規定の適用を，すべての他の法律を顧慮して，したがって閏日に関する法律をも顧慮して，欲していると認められなければならない。裁判官が期間を定めるとき，裁判官は国家権力の機関であり，したがってその行為は国家行為であるから，同じことが認められなければならない。したがって，このことは，すべての法律によるおよび裁判官による訴訟手続期間にも適用されるべきであり，その結果10日の上訴期間は閏日が入ることにより11日に伸長される[1]。週で言い表わされている期間においてのみ，異なって考えられなければならない。なぜならば，週の計算は，まったく暦の外にあり（§180），したがって閏日によっても触れられないからである。だから，期間を週で規定する者は，その際，繰り返す同名の曜日（月曜日，火曜日など）だけを考え，これには閏日は決して影響をもたない。

　（k）ビュンカースヘークは，この異議を，非常に不満足な仕方で除去しようとする。彼は，十二表法の30日は集合的に1か月とも考えられるという。しかし，そのことは，それどころか，ここで問題にしている個所の最後の場合における30日についても同じようにあてはまり，したがって相違を説明しない。——さらに，ひょっとすると，当時すでに，2か月のもう一つの期間がとり入れられていたかもしれないが，しかし，ガーイウスおよびウルピアーヌスは，はっきりと，十二表法の期間を現行法として承認する（註f）。

　（1）この適用は，まさに最もきっぱりと否定されるが，しかし特別の理由がない。Glück B. 3 S. 526. Koch S. 43.

契約によりある日数で定められた期間においては，事情はまったく異なり，その場合には，すべては，推定される意思の解釈にかかる。今，ここで30日が確定されているとき，当事者は，おそらく24時間の30倍を考えたのであり，われわれは，当事者が入り込む閏日のことを考え，同時に，閏日を存しないものとみる法規を知っていたと想定すべき理由をもたない。これに反し，当事者が期間を年で言い表わしたときは，当事者は，疑いなく，次の年の繰り返す暦日のことを考えたのであり，その結果，そのときには，期間は，閏日が入ることによっておのずから伸長される。当事者が月で契約したときも同様であって，これは常に，将来の月において繰り返す同じ数字の日と解されるべきである（§181）。

註釈がすでに種々の可能な説明を明確に並べ立てており，したがって，同所にブルガールスおよびヨハネスの意見として挙げられる正しい説明をも並べていることは，書き添えるに値する[(m)]。

§194
Ⅵ．期間　5．閏日　（つづき）

[Die Zeit　5. Schalttag　(Fortsetzung)]

それから，なお，閏日が限界点と接触する諸場合についての閏日の取扱が決定されるべきである。

Ⅰ．期間の始めが平年の2月24日になるが，その終わりが閏年になるとき，終点は，2月25日に，つまり閏日の次にくる日になる。それは，ローマ暦の用語では，Regifugium［王政廃止記念祭］に始まり，Regifugium［王政廃止記念祭］に終わる期間というように言い表わすことができる。あるいは，われわれの暦の用語では，マッティアスの日に始まり，マッティアスの日に終わる期間と言い表わすことができる。したがって，1775年2

(m) 法律による期間と契約による期間の正しい区別は，CUJACIUS de div. temp. praescript. C. 3およびSCHNEIDT p. 26によっても承認される。

月24日に生まれた者は，1800年2月25日に成年となり[a]，しかもきっちり出生の時点に応当した時・分に成年となる。ある動産の使用取得が1797年2月24日に始まっていたとき，それは，本当は1800年2月25日の経過中に完成しているが，法定期間計算の規則によれば，この日の始まりをもって，そして閏日はこの日と同一視されるから，すぐ閏日の始まりに完成している[b]。ひょっとするとこの後者のことを疑うかもしれない人は，ローマ暦のつぎの表現によって最も容易に納得できるであろう：使用取得は，Regifugium［王政廃止記念祭］の経過中に始まったから，それは，Terminalia［テルミヌスの祭典］の hora sexta noctis［夜間の第6時］の満了をもって落着しなければならず，そのことはちょうど，期間の終わりが平年になったとすれば確実に生じたであろうことと同じであって，間にある閏日は，この点でなにも変更できない。

II. 期間の始めが閏年の2月25日になり，そして終わりが：

a) 平年になるとき，終点は，ここではマッティアスの日である2月24日になる[c]。

b) 終わりが再び閏年になるとき，終点は2月25日になり，それゆえにこれまたマッティアスの日からマッティアスの日まで計算される[d]。

（a） ここで立てられた諸規則のうちのこの部分は，つぎの個所においてはっきり承認されている。*L.* 98 *pr. de V. S.* (50. 16.). „ quo anno intercalatum non est, sexto Kalendas natus, cum bisextum Kalendis est, *priorem diem natalem habet.*" ［学説彙纂第50巻第16章「言葉の意義について」第98法文前文（ケルスス）：「閏でない年に3月朔日前第6日に生まれた者は，3月朔日前二重第6日（閏日）であるとき，<u>前の日を誕生日としている</u>。」］

（b） U n t e r h o l z n e r Verjährungslehre I. S.280. 1786年2月24日に生まれた人の遺言能力についても同様である。K o c h S. 87は，civilis computatio［市民法上の計算］についての彼の誤った見解を混入することによって，すべてを混乱させる。

（c） 例：inter praesentes［居合わす者の間での］ある家屋の使用取得が，1800年2月25日に始まり，1810年2月24日に，しかもこの日の始まりをもって落着した。

（d） 例：inter absentes［隔地者間での］ある家屋の使用取得が，1800年2月25日に始まり，それが本当は1820年2月25日に落着したが，法定期間計算のためにやはり再び

474 ――これらの場合は，もともと自明であり，だれも疑わないであろう。それらは，次の場合の判断のための基礎として役立つためにここに置かれた。

III. 始めが閏日になるときは，終点は：

a) 平年では，2月24日になる。なぜならば，始めが（閏日がそれと等しい）2月25日に生じたかのようにみられるべきであり，その結果，この場合は，第II号aに挙げられた場合とちょうど同じように判断されなければならないからである。

b) 閏年では，終点は2月25日になる。これまた第II号bに挙げられた場合と同等だからである(e)。

―――――――

475 閏日が，法定期間計算と重なるところでは，どう取り扱われるかは，たった今すでに述べた。閏日のutile tempus［実用期間］との重なりは，決し

―――――――

2月24日の始まりをもって落着した。

(e) *L. 98 pr. de V. S.* (50. 16.). „Cum bisextum Kalendis est: *nihil refert*, utrum priore an posteriore die quis natus sit, et deinceps sextum Kalendas ejus natalis dies est." [学説彙纂第50巻第16章「言葉の意義について」第98法文前文（ケルスス）：「3月朔日前二重第6日（閏日）であるとき，だれかが前の日に生まれたか後の日に生まれたかは，なんら重要でない。そして，次の年には3月朔日前第6日がその者の誕生日である。」] *L.* 3 §3 *de minor.* (4. 4.). „Proinde et si bisexto natus est, *sive priore sive posteriore die*, Celsus scripsit *nihil referre*: nam id biduum pro uno die habetur, et posterior dies Kalendarum intercalatur." [学説彙纂第4巻第4章「25歳未満の者について」第3法文第3節（ウルピアーヌス）：「ケルススは，つぎのように記した。したがって，閏日に生まれたとき，前の日に生まれたか後の日に生まれたかは，なんら重要でない。なぜならば，この2日は1日とみなされ，そして朔日からの後の日が挿入されるからである。」]――nihil referre［なんら重要でない］は，間違いなくつぎの結果に立ち至る。二人のうち一人が閏年の2月24日に，もう一人が同じく25日に生まれたとき，彼らは，一生を通じて，常に同一の誕生日を有している。また，彼らは，2月25日の出生時間に応当する時間に成年となる。この後者のことは，明らかに *L.* 3 §3 *cit.* ［前掲第3法文第3節］におけるウルピアーヌスの意見である。なぜならば，閏日についての文章は，すでに上述のところに掲げた瞬間による計算についての文章（§187）に直接に続いているからである。

§194　期間　5．閏日（つづき）──*419*

て困難に至りえない。というのは、この後者のものの本質は、その行為が妨げられていた日が懈怠した日として算入されるべきでないということに存するにすぎないからである。今、その障害が閏日の中に入ると、この日も算入されない。しかし、utile tempus［実用期間］への効果は感知できない。なぜならば、いずれにせよその期間は入り込んだ閏日だけ広げられ、その結果、この日に障害があってもなくても、計算は常に同じままであるからである。

──────

　われわれの印刷された暦では、閏日はそれ自身の数字で言い表わされており、それゆえに特別の１日として承認されているから、ここで立てられた規則は、現代法においては、まったく適用できず、あるいはそうでなくても制限された仕方でしか適用できないと主張している人が、幾人かいる(f)。この事情がどうでもよく、暦の本質とは無関係であることは、すでに上述のところで説明した。だが、そういう意見においては、おそらくなお、その事柄全体がいわゆるローマ人の微細さであって、われわれはそれから脱しなければならないという前提が、背景にある。しかし、むしろ、その規則は、閏日を置くことの首尾一貫した結果であって、閏日を置くことは、われわれがローマ人から受け入れたものであり、それどころかまた決してそれなしに済ますことができないものであり、ただ、それがどれか他の月の中にではなくてちょうど２月の中に設けられることだけは、どうでもよいのである。われわれは、今、閏日のそういう法的取扱をやめようとするならば、微細さから脱する代わりに、むしろ大きな混乱に陥るであろう。30年の訴権消滅時効の満了は、現在正当にまた便利になされているように始めの暦日だけで決定することができないで、常に幾日かを差し引かなければならず、しかも、実際にはそれだけ早く365日の30倍が完了しているのだから、各場合の相違に応じて７日か８日を差し引かなければな

──────

　（f）　Ｗｅｓｔｐｈａｌ Arten der Sachen S. 469. Ｇｌüｃｋ B. 3 S. 526. 528.

らないであろう。閏日がある期間の始めまたは終わりになるところでは，確かに，同じ困難は生じないであろうが，しかし，われわれは，この場合を上掲の場合と異なって，したがって明らかに首尾一貫せずに取り扱うことで，なにを得ることができるだろうか。

　近時の立法は，個々の適用において，ここで出された一般原則と一致する規則を立てており，そこでは，以前の法から出ているこういう原則自体の承認が認められる。プロイセン州法は，不使用による30年の消滅時効についていう (I. 9. §548):「閏年において付け加わる日によって，消滅時効期間は変更されない」，すなわち消滅時効の満了は，始めの日付に従って決められるべきであって，閏日が入るために7日または8日早く決められるべきではない，あるいは，換言すれば：閏日は時間とみなされない。——それから，§549はいう，閏年において2月29日をもって始まる消滅時効は常に最後の2月をもって落着する（したがって30年後に，30年後は閏年でありえないから，2月28日をもって落着する），と。——この最後の規定と一致して，もう一つの個所 (II. 8 §859) は，閏年の2月29日に振り出された年払いの手形は平年においては2月28日に満期になるという。——この両方の最後の定めの中には，閏日が問題になるところでは，日の同一は，われわれの印刷された暦において付けられた数字によって決められるのではないという明らかな承認が存するが，まさにこれこそが，ここですべての個々の適用によって実行されてきたことである。

　フランスの法典においては，この対象は，つぎのような独特の変転をする。最初は，その条文は，つぎのようになっていた：

2260. La prescription se compte par jours, et non par heures. Elle est acquise lorsque le dernier jour du terme est accompli.［第2260条　時効は，日によって計算されるのであって，時間によって計算されるのではない。時効は，期間の最後，日が完了したときに，得られる。］

2261. Dans les prescriptions qui s'accomplissent dans un certain nombre de jours, les jours complémentaires sont comptés. Dans celles qui s'accomplissent par mois, celui de fructidor comprend les jours complémentaires.［第2261条　ある数字の日に完了する時効においては，補足日は算入される。月によって完了する時効においては，実り月の月は，補足日を含む。］

　閏日については，ここではなにもいわれていなかった。第2261条は，(1793年の) 共和暦の5補足日に関するのであって，これは，閏日とはまったくなんら共通点を有しなかった。なぜならば，それは，30日の12カ月を365日の年と調整するのに役立ったにすぎず，一方，閏日は，365日の年を太陽年と調整するために定められているからである。元老院議決によって，1806年1月1日をもってグレゴリオ暦が再び採用され，今は第2261条はすべての意義を失ってしまった。1807年9月3日の法律は，従来のCode civil［民法典］に，同時にその中でいくつかの個々の改正をして，Code Napoleon［ナポレオン法典］という名称を与えた。そんなわけで，この改正の中に第2261条の脱落が入っていた(g)。しかし，条文番号の列が乱されないようにするために，旧第2260条の第2文が別個の第2261条とされ，これがそれ以来依然として上掲の定めの形であって，その結果，現在，閏日については，それらしい規定すらみられない。その法典の古い形の間に書いたマレヴィユ［Maleville］は，(旧) 第2261条を閏日にも適用できると思っており，したがって，それによってここでは，年と日とで区別されるべきであるという多くの民法学者の意見が，フランスについて一つの確認を得ることになるであろう(h)。けれども，マレヴィユは，非常に有力な権威（Dunod［デュノー］およびCujas［キュジャ］）によればむしろ法

(g) Sɪʀᴇʏ Jurisprudence de la cour de cassation, an 1807, Additions p.350.354.
(h) Mᴀʟᴇᴠɪʟʟᴇ T. 4 p. 391 第2版。これは，1807年に出版されており，その出版は，グレゴリオ暦の回復後であるが，しかし予見できなかった1807年9月3日の法律より前であった。当時，その意見は，それにより旧第2261条に，それがそのままであったとき，少しばかりの実際的意義が保たれたという立派な理由を，それだけで有していた。

律による期間と契約による期間が区別されなければならないと公言している。それ以後，旧第2261条の脱落によって，そこから上述の意見のために生じえたみせかけも消滅してしまっており，こうして，おそらく，フランスにおいては，閏日は，すっかり，ここでローマ法について立てられた規則に従って判断されるべきである。

なお，その法律がナポレオンのイタリア王国においてとった奇怪な形は，独特である。ここでは，第2261条は，フランスにおけるように抑圧されないで，つぎのようなまったく別の定めによって置き換えられた：

Nelle prescrizioni le quali si compiono in un dato numero di giorni, si computa qualunque *giorno feriato*. In quelle che si compiono a mesi, si ritengono *eguali tutti i mesi*, quantunque composti di numero diseguale di giorni.［ある一定の日数で完成する時効においては，いかなる<u>休日</u>も計算される。月数で完成する時効においては，たとえ不等な日数から成っていても，<u>平等のすべてのそれらの月が差し引かれる。</u>］

この言葉においてすでに，しかし付け加えられた註釈においてなおそれ以上に，utile tempus［実用期間］，月の長さ，法定期間計算，および閏日の混同が現われ，この混同は，数行の範囲内で引き起こすことがほとんど可能とは考えられなかったであろうほど全部揃っている[1]。

§ 195
VI. 期間　6. いつからとも知れぬ期間。序説。
[Die Zeit　6. Unvordenkliche Zeit.　Einleitung.]

Böhmer Jus Eccl. Prot. Lib.2 T. 26 § 35-45.

Wernher observ. for. T. 1 P. 4 Obs.5 (もともとは，eine Disputation

---

(1)　Codice civile di Napoleone il grande col confronto delle leggi Romane（3巻，Milano 1809. 1810. 1811 in 16°), T.3 p.1638. 全部，公教育中央委員会ならびに司法大臣の認可を得て，各大学用に。

§195 期間　6．いつからとも知れぬ期間。序説。——*423*

[討論]．Viteberg．1718)．

Kress de natura vetustatis Helmstad．1734．

Pufendorf Observ．I．151 und II．54．55．

Neller opuscula Vol．2 P．1 Colon．1788．Op．II．－ V．

T h i b a u t Besitz und Verjährung S．178-202．

F．G．F．comes de Ahlefeldt-Laurvig de praescriptione immemoriali Havniae 1821．8．

U n t e r h o l z n e r Verjährungslehre I．§140-150．

P f e i f f e r Practische Ausführungen B．2 Hannover 1828 S．3-147．

P．H．J．S c h e l l i n g die Lehre von der unvordenklichen Zeit München 1835．

A r n d t s Beyträge Bonn 1837．N．III．

　これまでなされた期間の法的考察においては，期間は常に，一定の大きさとして考えられたし，立てられた規則はすべて，この大きさの測定にのみ関した（§179)。だが，それと並んでなお，まったく異なった性質の法律制度があって，これにおいては，期間は，はっきり決まった分量をもたずに，しかし同時に，たいていの決まった期間をはるかに越える広がりで現われる。そのもっと一般的な性格によっても，この制度は，期間を基礎とする他の法律制度から区別される。使用取得，訴権消滅時効などは，法体系の個々の部分との一定のつながりを有しており，このつながりにおいてだけ満足の行くように述べられうるのであって，ここでは，それらの基礎に共通に存する期間要素のみが述べられるべきであった。これに反し，今示唆された制度は，極めて種々の法律関係に食い込む非常に一般的な性質を有しているので，それの完全な叙述についても，この場所以外みつけることができない。

　この制度を言い表わすのに用いられるのが常である名称は，多様である。すなわち，いつからとも知れぬ期間，いつからとも知れぬ占有，いつ

からとも知れぬ消滅時効，同じく immemoriale tempus［インメモリアーレ・テンプス。記憶にない期間］，possessio または praescriptio immemorialis［ポッセッシオー，プラエスクリプティオー・インメモリアーリス。記憶にない占有または時効］である。なぜ私がこれらの名称のうち最初のものを選んだかは，叙述自体によって明らかになるであろう。ここに挙げたラテン語の術語は，言語上は非難されるべきであるが，本質においてはこれに反対すべきことはなにもない。なぜならば，法源において現われる quod memoriam excedit［記憶から遠く離れているもの］および cujus memoria non exstat［それの記憶が存しないところのもの］という書換えは，本質的に同じことをいっているからである。

　ひと目見て，いつからとも知れぬ期間は，その効果において取得時効（§177）に親近であることが明白である。今，この取得時効が現実に理由づけられているところでは，成就がもっと困難な条件を有しているいつからとも知れぬ期間は，問題になりえない。こうして，即座に，いつからとも知れぬ期間は，一つの代用という関係において，取得時効で足りないような場合についての間に合わせとして現われるのであり，その結果，最初の課題は，この補足的な制度の必要と適用の諸場合を詳細に決定することに向けられていなければならない。しかし，このような必要は，二とおりの仕方で考えられる。すなわち，第一に，取得時効の<u>条件</u>が欠けている場合についてであり，第二に，取得時効がそもそも適用できない<u>対象</u>についてである。

　しかし，これらの場合自体が挙げられる前に，私法の外に存する領域に目を向けることが必要である。国法においても，私法において非常に有益な仕方で使用取得または訴権消滅時効により生じさせられる，不確かな疑わしい関係の確実な処理が，同じような避けられない必要と思われるような場合が現われることが，よくある。しかしここでは立法者は解決の処置をしないから，確かに必要も道を切り開いて進むけれども，その結果，われわれは，私法においては至る所に存するはっきりした期間の限界がなく

て困るのである。イギリスにおいて，1688年の革命後，厳格な良心にも，適法な変更が生じたのか，単なる暴力が行われたのかは，長い間はっきりしないままでありえた。そして，もしスチュアート家の人たちが勝利のうちに帰っていたとすれば，同家にその永続的な権利の承認が欠けていることはなかったであろう。しかし，ヨーク枢機卿自身においてスチュアート家の王の血統が消滅したとき（1806年），イギリスおよびヨーロッパは，ずっと前から，ブラウンシュヴァイク家の適法な王位所有を疑うことをやめていた。だれも，ここでおよび類似の場合に，疑念が確実さに移る年を挙げることはできないが，しかし，この移行の条件は，一般的な文字によって言い表わされる。現在の状態がすでに非常に長く持続しているので，今生きている世代は，別の状態を知らず，それどころかその直近の先輩についてさえ，この人たち自身が体験した以外の状態を聞き知らないとき，この状態が国民の確信，感情および利益と完全に溶け合っていると認めることができ，こうして，そのとき，公法上の時効と称しうるようなものが完成している。今，このことはまさに，わが著述家たちがいつからとも知れぬ期間に付与する性格であるから，われわれは，この期間の原型を公法の中にみつけ出している。

しかし，それをもって，同時に，私法におけるそれの適用の諸場合を決めるための道も開かれている。私法の中に，直接に私法に基づいて生じたのではなくて，私法への公法的影響から出ているいくつかの権利が存在する。このような権利の性質には，それの取得をも個々的に公法的な規則に帰するのがふさわしい。それゆえに，このような権利のはっきりしない成立が，時の経過による決定を生じさせる必要に立ち至るところでは，私法的な取得時効ではなくて，たった今記述した公法上の時効が，この目的のための適切な手段であろう。そして，これが，実際に，わが私法においていつからとも知れぬ期間を考察する観点でなければならない。それゆえに，われわれは，それの概念をさしあたりつぎのように規定することができる：

それは，その公法的な性質および成立の仕方から判断すると取得時効自体を適用できないような権利における，取得時効の代用である。

　この主張の真実性は，いつからとも知れぬ期間に関するわが法源の定めから出てこなければならない。この場合，われわれは，とりわけ，ローマ法の諸個所に最大の注意を払わなければならない。なぜならば，ローマ法を偶然的なきっかけとしかみず，上述の法律制度の真の基礎とみないのは，まったく間違いであろうからである。かなり古い著述家たちはすべて，ローマ法を真の基礎として取り扱うし，それどころか，いつからとも知れぬ期間のまったく実際的な発達は，ローマ法の個々の個所からのみ出てきている。

§ 196
VI．期間　6．いつからとも知れぬ期間。ローマ法。

[Die Zeit　6. Unvordenkliche Zeit. Römisches Recht.]

れわれは，ローマ法がいつからとも知れぬ期間［unvordenkliche Zeit］を法的関係の成立原因として承認する三つの法律制度をみいだす。すなわち，地方道，雨水に対する保護施設，および水道である[a]。

───────

　（a）　なお，埋蔵物［Schatz］の法的性質をもそれに数えようとされるかもしれない：L. 31 § 1 *de adqu. rer. dom.* (41.1.).「*Thesaurus est vetus quaedam depositio pecuniae, cujus non exstat memoria.*」［学説彙纂第41巻第1章「物の所有権を取得することについて」第31法文第1節（パウルス）：「埋蔵物は，古いある種の金銭貯蔵であって，それの記憶が存しないものである。」］ここでは，表現は，いつからとも知れぬ期間の場合とぴったり同じであるが，効果がまったく異質であるのみならず，詳細にみれば，事実的要件さえ異質である。埋蔵物においては，最後の2世代からすべての記憶が消滅してしまっているかどうかは，まったくどうでもよい。なんらかの古い時から現在の所有権が不断の一連の継承により証明されうるとき，埋蔵物の特別の法は適用されず，それゆえに，この特別の法は，その物が事実上無主とみなされなければならないときにのみ，証明できる所有者が存在せず，したがってだれもそういう取扱によって害されないから，現われる。

I. 地方道 [Gemeindewege]。 三種類の道が存在する[b]。すなわち，軍用道路 [Heerstraßen] (publicae viae [プーブリカエ・ウィアエ。公道])，まったく個々人の所有にある私道 (privatae viae [プリーウァータエ・ウィアエ。私道])，および地方道 (vicinales viae [ウィーキーナーレース・ウィアエ。近隣の道, 村道])[c]である。この最後のものの法的性質は，様々である。それは，公有地に設けられているとき，publicae [公 (道)] の性質を有している。それは，所有者たちがそれのために供した私有地から成るときは[d]，privatae [私 (道)] である，すなわち，それは，これら個々人の共有にあり，それゆえに，その個々人は，それを再び廃止し，あるいはまた他人には閉鎖する権限を有している。けれども，この最後のことには，一つの例外がある。もともとは私有地に設けられた地方道も，いつとも知れぬ時以来，人間の記憶 [Menschengedenke] を越えて道として存在するときは，publicae [公 (道)] であり，したがって私人の意のままにならない[e]。そ

(b) L. 2 § 22 ne quid in loco publ. (43. 8.).(Ulpian.) [学説彙纂第43巻第8章「なにかが公の場所または道路でなされるべきでない」第 2 法文第22節 (ウルピアーヌス)].

(c) L. 2 cit. „Vicinales sunt viae, quae in vicis sunt, vel quae in vicos ducunt." [前掲第 2 法文：「村道とは，村の中にある道，または村の中に導く道である。」] なぜここで，重要でない vici [村] の地方道 [Communalwege] だけが述べられ，はるかに重要な自治都市や植民地の地方道が述べられないのかが，問われるかもしれない。その理由は，明らかに，これらの場合には，地方道が全部，上掲の区別なしに publicae viae [公道] であることを，いずれにせよだれも疑わなかったからである。

(d) ウルピアーヌスは，L. 2 cit. [前掲第 2 法文] において，つぎのように述べる。私財による単なる維持は，publica via [公道] の性質に反対のことをなにも証明しない。なぜならば，公道においても，とくにそれから利益を得る個々人の分担金による維持がなされうるからである，と。彼は，その前に，村道の公的性質が幾人かの人によってまったく一般的に主張されるといい，それから，本文で述べられた区別によって，この主張を制限する。

(e) L. 3 pr. de locis et itin. publ. (43. 7.).(Ulpian.) „Viae vicinales, quae ex agris privatorum collatis factae sunt (したがってこれはすぐ前の個所によれば本来ならば privatae [私 (道)] でなければならないであろう), quarum memoria non exstat, publicarum viarum numero sunt." [学説彙纂第43巻第 7 章「公の場所および道路について」第

れは，そのことによって公道の法的性質を身につけている。——したがって，ここでは，いつからとも知れぬ期間は，それによって，実際にはそうではないのだが，道が，国家権力によって国有地の上に設けられたときと同じように，すべての人の共有財産になるという効果を有している。その場合，私的所有が基礎にあるのではなく，それによってなんらかの私権が設定されるのではない。——現代法におけるこの原則の適用は，この種の公的施設への監督がわが国ではローマ人におけると異なって整えられているにせよ，おそらく可能であろう。

487　II. 雨水に対する保護施設 [Schutzanstalten gegen das Regenwasser]。 雨水がわれわれの土地にもたらしうる危険[f]に，つぎの原則に基づく一つの太古の法律制度が関係する。だれも，土地の常態 [Normalzustand] を自分勝手に，雨水の流出が私の土地に不利に強められまたは減らされるように変更してはならない[g]。

　さて，この常態はどこに存するか。まず第一に，人間の関与なしに生じた自然的な土地の性質に存する[h]。この性質は，高い方の土地に，土地に吸い込まれない雨水を低い方の土地に行かせるという利益を与える。それ

---

3 法文前文（ウルピアーヌス）：「いっしょにされた私人の耕地から作られていて（したがってこれはすぐ前の個所によれば本来ならば私道でなければならないであろう），それの記憶が存しない村道は，公道の数に入る。」

　（f）　この危険およびそれの防止だけがここで問題であって，実り豊かにする雨水によってわれわれに生じうる利益，したがってひょっとするとまた，われわれの隣人について減らされうる利益は，全然問題でない。こういう利益に対する権利を，われわれはまったく有しない。L. 1 § 11. 12. 21 de aqua pluv. (39. 3.) [学説彙纂第39巻第3章「水および雨水阻止訴権について」第1法文第11, 12, 21節（ウルピアーヌス）]．

　（g）　L. 1 § 1. 10. 13 de aqua pluv. (39. 3.) [学説彙纂第39巻第3章「水および雨水阻止訴権について」第1法文第1, 10, 13節（ウルピアーヌス）], L. 11 § 6 eod. [同所第11法文第6節（パウルス）]（前半において). CICERO top. C. 9参照.

　（h）　L. 1 § 1. 13. 23 de aqua pluv. (39. 3.). „ agri naturam esse servandam." [学説彙纂第39巻第3章「水および雨水阻止訴権について」第1法文第1, 13, 23節（ウルピアーヌス）：「耕地の自然が維持されているべきこと。」] L. 2 pr. eod. „ natura loci." [同所第2法文前文（パウルス）：「場所の自然。」]

は，低い方の土地に供給される改善によって埋め合わされる利益である(i)。——それからまた，常態は，適法に設けられた人為的な施設，すなわちダム，土手，排水溝に存する。これらは，その成立の仕方によって，自然的な性質と同じく不可侵性を要求する権利を有している。適法な設置は，都市の建設早々に，この建設を委託されている当局によって，したがって lex colonica［レークス・コローニカ。植民地に関する法律］によりなされうる。しかし，その後に，管理している都市当局の指図によってではなくて，最高国家権力，すなわち皇帝または元老院によってなされうる(k)。適法な設置が証明できないような施設が存在するとき，通例は，だれでも，それの除去を，すなわち原状回復を請求することができる(l)。けれども，その施設がすでに人間の記憶を越えて存続しているとき，すなわち，現在生きている者が別の状態を知らなかったし，先輩から別の状態を聞いても

　（i）　*L.* 1 §22 *de aqua pluv.* (39. 3.) „ hanc esse *servitutem* inferiorum praediorum.“［学説彙纂第39巻第3章「水および雨水阻止訴権について」第1法文第22節（ウルピアーヌス）：「これは低い方の地所の役権であること。」］*L.* 1 §23 *eod.* „ et semper inferiorem superiori *servire.*“［同所第1法文第23節（ウルピアーヌス）：「そして常に低い方は上の方に役に立つこと。」］*L.* 2 *pr. eod.* „ per quae inferior locus superiori *servit.*“［同所第2法文前文（パウルス）：「それにより低い方の場所が上の方の場所に役に立つところのもの。」］——これは，まったくその関係の比喩的な言い表わし方にすぎず，役権あるいはまたそれを模したもの（たとえば servitus non jure constituta, sed tuitione［法により確定されたのではなくて，保護のもとに確定された役権］）だけでもここで考えられるべきではない。

　（k）　*L.* 1 §23 *L.* 2 *pr. de aqua pluv.* (39.3.) „ lex.“［学説彙纂第39巻第3章「水および雨水阻止訴権について」第1法文第23節（ウルピアーヌス），第2法文前文（パウルス）：「法律。」］——*L.* 23 *pr. eod.* „ Principis aut Senatus jussu, aut ab his qui primi agros constituerunt, opus factum.“［同所第23法文前文（パウルス）：「元首または元老院の命令で，あるいは最初に耕地を設けた者により，作られた施設。」］——*L.* 2 §3 *eod.* „publica auctoritate facta.“［同所第2法文第3節（パウルス）：「公の権威により作られた。」］——*L.* 2 §7 *eod.* „ fossam jure factam“［同所第2法文第7節（パウルス）：「法により作られた堀。」］

　（l）　ただ，その設置を知っていて，ほうっておいた者は，そうではない。というのは，それは黙示の同意とみなされるからである。*L.* 19. 20 *de aqua pluv.* (39. 3.)［学説彙纂第39巻第3章「水および雨水阻止訴権について」第19，20法文（ポンポーニウス）］。

いない限り(m)，それの古さは法律も同然であり，すなわち今は適法な設置が認められる(n)。したがって，維持されるべき常態は，三つの異なった理由によって定められうる。すなわち，lex［レークス。法律］(publica auctoritas［プーブリカ・アウクトーリタース。公の権威］)，vetustas［ウェトゥスタース・古さ］(quae pro lege habetur［法律とみなされるところの］)，および，両者がない場合は，natura loci［ナートゥーラ・ロキー。場所の自然］である(o)。したがって，いつからとも知れぬ期間と同義である vetustas［古さ］(p)は，単に lex［法律］または publica auctoritas［公の権威］の代用で

　　(m)　*L.* 2 § 8 *de aqua pluv.* (39. 3.)［学説彙纂第39巻第3章「水および雨水阻止訴権について」第2法文第8節（パウルス）］および *L.* 28 *de prob.* (22. 3.)［学説彙纂第22巻第3章「証明と推定について」第28法文（ラベオ）］に基づくこの詳細な定めは，後述のこの理論の実際的な実行のところでもっと綿密に検討されるであろう。

　　(n)　*L.* 1 § 23 *de aqua pluv.* (39. 3.)　„ vetustatem vicem legis tenere."［学説彙纂第39巻第3章「水および雨水阻止訴権について」第1法文第23節（ウルピアーヌス）：「古さが法律に代わること。」］——*L.* 2 *pr. eod.* „vetustas, quae semper pro lege habetur."［同所第2法文前文（パウルス）：「常に法律とみなされるところの古さ。」］

　　(o)　*L.* 1 § 23 *de aqua pluv.* (39. 3.)［学説彙纂第39巻第3章「水および雨水阻止訴権について」第1法文第23節（ウルピアーヌス）］，*L.* 2 *pr. eod.* „ In summa tria sunt, per quae inferior locus superiori servit: lex, natura loci, vetustas."［同所第2法文前文（パウルス）：「要するに，それにより下の方の場所が高い方の場所に役に立つところの三つがある：法律，場所の自然，古さ。」］

　　(p)　*L.* 2 *pr. de aqua pluv.* (39. 3.)［学説彙纂第39巻第3章「水および雨水阻止訴権について」第2法文前文（パウルス）］において vetustas［古さ］と称せられるものは，その後すぐ§ 1［第1節］において nec memoriam exstare quando facta est.［「いつ作られたか記憶が存しないこと」］により説明される。両方の表現は，*L.* 2 § 3 *eod.* „ quorum memoriam vetustas excedit."［同所第2法文第3節（パウルス）：「それらのものの記憶を古さが越える。」］において直接に結び付けられている。(*L.*2 § 7 *L.* 23 § 2 *eod.*［同所第2法文第7節，第23法文第2節（パウルス）］をも参照)。それゆえに，それらの同じ意味を疑うことはできない。——したがって，それは，はるか後の時代からのいくつかの個所において vetustas［古さ］が40年の期間を意味することとは，なんら直接の関連を有しない。*L.* 2 *C. Th. de longi temp. praescr.* (4. 13.).　„ annorum XL. quam vetustatem leges ac jura nuncupare voluerunt,"［テオドシウス帝の勅法彙纂第4巻第13章「長期占有の抗弁について」第2法文：「法律および法が古さと呼ぼうとした40年の，」］および同じ意味において

§196 期間　6. いつからとも知れぬ期間。ローマ法。——*431*

あって，これら自体が忘れられてしまっており，ひょっとするとまた一度も存在しなかったところで，これらと同じ効果をもつ。

　いつからとも知れぬ期間のこの効力は，したがって，上述の公道のところで実証された効力とまったく類似している。そこでは，私的所有は基礎になく，私権は取得されないで，長い期間がその施設の真の公法的成立の代用として役立ち，そして今や，どの関係者も，この状態を侵害できないものとして自分で主張する権利を有する。それは私権ではないから，取得時効は介入することができなかった。しかしやはり類似の必要が存するから(q)，この必要に，取得時効によるのと類似の仕方で対策が講じられるが，ただもっと長くてもっとはっきりしない期間においてやっとそうされる。しかし，それと並んで，個々人も，私法的方法で，とくに地役権によって，自己の土地についての類似の，あるいはもっと強い保護を取得することができる。つまり，地役権が，契約（cessio〔ケッシオー。譲渡〕），遺言，あるいはそれに独特の取得時効によって取得されているところでは，地役権の効力は，他の場合において地役権が土地所有権に優先するのとちょうど同じように，上述の一般的規則に優先する(r)。このような場合には

L. 7 C. de fundis rei priv. (11. 65.).「excepto vetustatis auxilio,"〔勅法彙纂第11巻第65章「皇帝の私的財産の領地および皇帝の家の所領について」第7法文：「古さの救済を除いて，」〕この個所は，40年を規定している *L.14 C. de fundis patrim.* (11. 16.)〔勅法彙纂第11巻第16章「皇帝の家産に属する土地と森林の土地と永代借地とそれらの借主について」第14法文〕から改変されているが，それは，その言葉が原文（*Nov. Theod. tit.* 28〔テオドシウス帝の新勅法第28章〕）においては現われないからである。それでもなおどの程度までこの別の用語がいつからとも知れぬ期間について用いられうるかは，§199において示されるであろう。

　（q）　*L. 2 pr. de aqua pluv.* (39. 3.).「minuendarum scilicet litium causa,"〔学説彙纂第39巻第3章「水および雨水阻止訴権について」第2法文前文（パウルス）：「もちろん訴訟が減らされるために，」〕これは *L. 1 de usurp.* (41. 3.)〔学説彙纂第41巻第3章「中断的使用と使用取得について」第1法文（ガーイウス）〕において「ne ..diu et fere semper incerta dominia essent."〔「長くそしてほとんど常に不確実な所有である..のでないように。」〕といわれるのとまったく同様である。G<small>AJUS</small> II. §44参照。

　（r）　ここで問題にしている原則の地役権との類似性と非類似性，ならびに，そのと

私法上の地役権が jus publicum［ユース・プーブリクム。公の法］に優先させられており，これは上述のところで（§16［本書第一巻73頁以下］）立てられた規則に反しているという異議は，理由がないであろう。地役権は，二つの個々の土地の間でのみ効力を有し，一方の土地から利益を奪うが，その利益は，地役権がなければ常態から，したがってひょっとすると公的施設（これは juris publici［ユーリス・プーブリキー。公の法の］ものである）からも得ることができるものであろう。しかし，この施設自体は，一般的な警察的性質を有し，あるいは第三の土地に利益をもたらす限りにおいて，それによって制限されえない(s)。

491　この原則の文字どおりの適用は，現代法においては不可能であろう。なぜならば，わが国では，決して都市はローマの仕方で（そのために任命された政務官によって）建設されることはないであろうし，最高国家権力（皇帝および元老院）もこういう定めを直接に発布することはほとんどないであろうからである。しかし，その精神に従えば，もちろん適用は可能である。なぜならば，確かにどこにでも，そのような施設につき委託を受けているなんらかの当局は存在するであろうし，それの指図は，個々の場

き常に優先する現実の諸地役権の可能な競合は，*L.* 2 §10 *L.* 1 §17. 23 *de aqua pluv.* (39.3.)［学説彙纂第39巻第3章「水および雨水阻止訴権について」第2法文第10節（パウルス），第1法文第17，23節（ウルピアーヌス）］において承認されている。

(s)　したがって，ここでは，ローマにおいて，建物の高さを制限していた法律に反して servitus altius tollendi［さらに高く建築することの役権］が与えられたときと類似の関係が生じる。——ついでにいうと，私は，ここで，actio aquae pluviae［雨水阻止訴権］をその純粋の原初の姿においてのみ述べた。それと並んでなお，類似の関係へのいくつかの拡張が試みられ，他の人たちによって反対されたが，その場合やはり同じように，vetustas［古さ］は，*L.* 2 §4. 5. 7 *de aqua pluv.* (39. 3.)［学説彙纂第39巻第3章「水および雨水阻止訴権について」第2法文第4，5，7節（パウルス）］におけると同じように，一部はもっとあいまいな仕方で言及される。こうしたことはすべて，ここでは主要目的からあまりに離れすぎただろうし，特殊の法体系におけるそういう訴権の特別の叙述に留保されていなければならない。

合において証明できないところでは，その施設のいつからとも知れぬ継続により代用されうるからである。

§197
VI．期間　6．いつからとも知れぬ期間。ローマ法。（つづき）
[Die Zeit 6. Unvordenkliche Zeit. Römisches Recht. (Fortsetzung)]

III．水道 [Wasserleitungen]。

つぎの二つの個所において，いつからとも知れぬ期間が，水道に対する権利の取得原因として示される。

L. 3 §4 *de aqua quot.* (43. 20.). (Pomponius.) ［学説彙纂第43巻第20章「日常のおよび夏の水について」第3法文第4節（ポンポーニウス）。］

Ductus aquae, cujus origo memoriam excessit, jure constituti loco habetur. ［その起源が記憶を越えた水道は，正当に設けられたものとみなされる。］

L. 26 *de aqua pluv.* (39. 3.). (Scaevola.) ［学説彙纂第39巻第3章「水および雨水阻止訴権について」第26法文（スカエウォラ）。］

Scaevola respondit, solere eos qui juri dicundo praesunt, tueri ductus aquae, quibus auctoritatem vetustas daret, tametsi jus non probaretur. ［スカエウォラは，つぎのように解答した。裁判を指揮する人は，古さが権威を与えた水道を，たとえ権利が証明されなかったとしても，維持する習わしである，と。］

適用のこの場合は，いつからとも知れぬ期間の理論の中で最も厄介なものであるが，しかし同時にまた，裁判所におけるたびたびの適用によってこれほど重要になった場合はない。その問題の余すところのない取扱のためには，前にさかのぼってやや詳しく説明することが必要である。

所有権においては，すでに早く，所有物返還請求に対する longi temporis praescriptio ［長期占有の抗弁］が現われ，しかも，そこでは longum tempus［ロングム・テンプス。長期］は決して漠然と長い期間を言い表わすのではなくて，まったく精確に10年または20年（praesentia［プラエセンティア。居合わすこと］と absentia［アブセンティア。不在］の区別に応じて）を言い表わすというように現われる[a]。なおもっと以前にはその期間は不確定で，したがって裁判官の裁量に任されていたのであり，勅法が始めてそれを確定したということは，ありうることではある。けれども，すぐ始めから一定の期間が認められたのであり，勅法はただ，非常に多くの場合にそうであるように，いずれにせよ有効な法命題の承認と確認として挙げられるにすぎないということの方が，確かなようである[b]。

地役権は，かなり古い時代には，使用取得によって，したがって1年または2年で取得されえたが，Lex Scribonia［レークス・スクリーボーニア。スクリーボーニウス法］がこの取得方法を廃止した[c]。しかし，不確かな関

(a) PAULUS V. 2 § 3および V. 5 A. § 8, *L.* 7 *C. quibus non objicitur* (7. 35.)［勅法彙纂第7巻第35章「長期占有の抗弁が対抗されない者」第7法文］, *L.* 11. 12 *C. de praescr. longi temp.* (7. 33.)［勅法彙纂第7巻第33章「10年または20年の長期占有の抗弁について」第11，12法文］.——同じ法命題は，セウェールス帝による *L.* 1 *C. de praescr. l. t.* (7. 33.)［勅法彙纂第7巻第33章「10年または20年の長期占有の抗弁について」第1法文］においても明らかに前提されているようであり，とくにそれとパウルスの諸個所を対比するときそうである。

(b) *L.* 76 § 1 *de contr. emt.* (18. 1.)（パウルス）. „ longae possessionis praescriptione, si ..impleat *tempora constitutionibus statuta.*"［学説彙纂第18巻第1章「締結されるべき売買について，買主と売主の間で決めた約束について，およびどの物が売られえないか」第76法文第1節（パウルス）:「もし，..勅法により定められた期間を満たすならば，長期占有の抗弁を。」］.——以下の各個所は，すでに，確定期間を前提とする: *L.* 54 *de evict.* (21. 2.)（ガーイウス）［学説彙纂第21巻第2章「追奪および倍額担保の問答契約について」第54法文（ガーイウス）］, *L.* 13 § 1 *de jurejur.* (12.2.)（ウルピアーヌスおよびユーリアーヌス）［学説彙纂第12巻第2章「任意的な，または必要的な，または裁判上の宣誓について」第13法文第1節（ウルピアーヌス）］, *L.* 21 *de usurp.* (41. 3.)（ヤーウォレーヌス）［学説彙纂第41巻第3章「中断的使用と使用取得について」第21法文（ヤーウォレーヌス）］, *L.* 14 *pro emt.* (41. 4.)（スカエウォラ, praesens［居合わす者］と absens［隔地者］に言及して）［学説彙纂第41巻第4章「買主として」第14法文（スカエウォラ）］.

(c) *L.* 4 § 29 *de usurp.* (41. 3.)［学説彙纂第41巻第3章「中断的使用と使用取得につい

§197 期間　6．いつからとも知れぬ期間。ローマ法。（つづき）——**435**

係を期間によって片付ける実際的必要は，地役権においても極めて明白であったから，たった今述べた longi temporis praescriptio［長期占有の抗弁］の類推により，つぎの法命題が成立したのであって，われわれは，その法命題がすでに古い法律家たちにおいてはっきり承認されたと認める。地役権を longum tempus［長期］の間，したがって10年間または20年間行使する者(d)は，その権利を現実に取得していたかのようにみられ，保護され

———

て」第4法文第29節（パウルス）］．

　（d）　*L.* 10 *pr. si serv.* (8. 5.).„ *Diuturno usu et longa quasi possessione.*"［学説彙纂第8巻第5章「地役権が返還請求され，または他人に属することが拒否されるとき」第10法文前文（ウルピアーヌス）：「永続している使用と長期の準占有によって。」］そのあとで，per annos *forte tot*［たまたまそれだけの年数の間］といわれる。それは，一定の年数に向けられており，その年数は，各個の場合に示されるべく証明されるべきであり，そして，10年（または20年）よりも少なくさえなければ非常に種々でありうる。——*L.* 1 *C. de serv.* (3. 34.).„ *longi temporis* consuetudinem."［勅法彙纂第3巻第34章「長い期間の慣習（対格）。」］——*L.* 2 *C. eod.* „ *exemplo rerum immobilium tempore quaesisti.* Quod si *ante id spatium*" etc.［勅法彙纂同所第2法文：「不動産の方法で期間によって汝は取得した。しかしもしこの期間以前に云々とすれば。」］疑いなく，この勅裁は，ある属州へ発せられていたが，しかし属州の部分では l. t. praescriptio［長期占有の抗弁］がまったく一般的に使用取得の代わりをした。したがって，exemplo rer. immob.［不動産の方法で］という言葉は，10年または20年の一定の期間の書き換えにすぎず，そのことは，その次の単に反復的な語 *id* spatium［この期間］によっても明白になる。——*L.* 5 §3 *de itin.* (43. 19.).„ *velut longi temporis* possessionis praerogativam"［学説彙纂第43巻第19章「私的な通行権および車馬通行権について」第5法文第3節（パウルス）：「いわば長期占有の特権を」］（velut［いわば］は地役権における単なる *quasi* possessio［準占有］に向けられている）．——*L.* 1 §23 *de aqua* (39. 3.).„ et in servitutibus ...qui *diu* usus est servitute ..habuisse *longa* consuetudine."［学説彙纂第39巻第3章「水および雨水阻止訴権について」第1法文第23節（ウルピアーヌス）：「役権においても，... 役権を長く利用した者は. ... 長い慣習により..有した。」］——これらの個所の一致は，ひょっとするとなお個々の個所の表現において残っているかもしれないあらゆる疑問を除去する。——*L.* 10 §1 *de usurp.* (41. 3.).„ Hoc jure utimur, ut servitutes per se *nusquam longo tempore capi* possint."［学説彙纂第41巻第3章「中断的使用と使用取得について」第10法文第1節（ウルピアーヌス）：「役権それ自体はどこでも長い期間によって取得されえないというこの法を，われわれは用いる。」］において，疑念がみいだされるかもしれない。しかしながら，ここでは，これ

494 る(e)。その者は，所有者の訴えに対する temporalis praescriptio［期間の抗弁］を得るのみならず，訴権をさえ得る(f)。使用取得および longi temporis praescriptio［長期占有の抗弁］に必要である積極的権原の代わりに，ここでは，いわば消極的権原しか要求されない。すなわち，占有が，暴力をもってでも，隠微にでも，懇願してでも，始まったのであってはならない(g)。この取得時効がすべての種類の地役権において適用されるべきであ

は，そのほかでもしばしば出てくる余計な改変，すなわち usucapi［使用取得されること］に代わる longo tempore capi［長い期間によって取得されること］という改変にすぎず，不動産が問題であるところではどこでもそうである。

（e） *L.* 1 *C. de serv.* (3. 34.).「*vicem servitutis* obtinere.」［勅法彙纂第3巻第34章「役権と水について」第1法文：「役権の代わりをすること。」］——*L.* 1 § 23 *de aqua pluv.* (39. 3.).「habuisse longa consuetudine *velut* jure impositam servitutem videatur.」［学説彙纂第39巻第3章「水および雨水阻止訴権について」第1法文第23節（ウルピアーヌス）：「長い慣習によりいわば法により定められた役権を有したとみなされる。」］

（f） *L.* 10 *pr. si serv.* (8. 5.).「sed utilem habet actionem.」［学説彙纂第8巻第5章「地役権が返還請求され，または他人に属することが拒否されるとき」第10法文（ウルピアーヌス）：「むしろ準訴権を有する。」］

（g） *L.* 10 *pr. si serv.* (8. 5.).「non vi non clam non precario.」［学説彙纂第8巻第5章「地役権が返還請求され，または他人に属することが拒否されるとき」第10法文前文（ウルピアーヌス）：「暴力によってではなく，隠微にではなく，懇願してではなく。」］同じくつぎの個所において，*L.*1 *C. de serv.* (3. 34.).「nec vi nec clam nec precario,」［勅法彙纂第3巻第34章「役権と水について」第1法文：「暴力によってでもなく，隠微にでもなく，懇願してでもなく」］, *L.* 1 § 23 *de aqua pluv.* (39. 3.).「neque vi neque precario neque clam.」［学説彙纂第39巻第3章「水および雨水阻止訴権について」第1法文第23節（ウルピアーヌス）：「暴力によってでもなく，懇願してでもなく，隠微にでもなく。」］——同じ意味を有するのは，*L.* 2 *C. de serv.* (3. 34.).「Si aquam per possessionem Martialis *eo sciente* duxisti」etc.［勅法彙纂第3巻第34章「役権と水について」第2法文：「汝が占有により水を，マールティアーリスがそれについて知っていて，引いたとき」云々］，すなわち：「汝が水道を，（汝が申し立てるように）マールティアーリスが知っていて，使用してきたとき。」eo sciente［それについて知っていて］は，照会者が申し立てた事実から取り出されていたのであり，ここでは条件として繰り返された。なぜならば，それが真実であったならば，そこからおのずから，vi, clam, precario［暴力によって，陰微に，懇願して］の（本当に必要な）不存在が出てきたからである。不当にも，そこから，幾人かの人は，

§197 期間 6．いつからとも知れぬ期間。ローマ法。（つづき） ――*437*

ったことは，確実であり，われわれは，それがとくに altius tollendi ［アルティウス・トルレンディー。さらに高く建てることの（役権）］(h)，水道(i)，および道路(k)において承認されているのをみいだす。それ自体極めて束の間のものである人役権には，それの適用は，あまり頻繁でなく重要でないが，しかし，われわれは，その原理がこれにおいても常に承認されていたことを疑うべき理由をもたない(1)。

さて，こここそが，現在に至るまで非常に大きな実際的重要性を主張してきている著しい困難が存するところである。本§の始めに報告された個所によれば，水道の取得は，いつからとも知れぬ期間に結び付けられるようである。上述の各個所によれば，地役権（水道のそれさえもその中に入る）は，すでに10年または20年で，したがってはるかに短い期間で，取得される。この外見上の矛盾(m)の解決は，すでに数世紀来わが法律家たち

---

scientia［知ること］そのものを地役権取得時効の条件にしようとした。
(訳註38)

（h） *L.*9 *C. de serv.* (3. 34.) ［勅法彙纂第3巻第34章「役権と水について」第9法文］. 原告は，ここで，建てられないことを要求し，被告（is qui pulsatur ［訴えられる者］）は，おそらく地役権を期間により取得できたであろう者として現われる。したがって，servitus altius tollendi ［さらに高く建てることの役権］が問題であって，altius *non* tollendi ［さらに高く建てないことの（役権）］が問題ではない。

（i） *L.* 10 *pr. si serv.* (8. 5.) ［学説彙纂第8巻第5章「地役権が返還請求され，または他人に属することが拒否されるとき」第10法文前文（ウルピアーヌス）］，*L.* 2 *C. de serv.* (3. 34.) ［勅法彙纂第3巻第34章「役権と水について」第2法文］.

（k） *L.* 5 §3 *de itin.* (43. 19.) ［学説彙纂第43巻第19章「私的な通行権および車馬通行権について」第5法文第3節（ウルピアーヌス）］.

（1） その事柄は，ここでは単についでに，またユスティーニアーヌス帝の一つの命令においてのみ，言及されるが，そのことは，本文において述べた事情から説明がつく。*L.* 12 *in f. C. de praescr. longi temp.* (7. 33.). „Eodem observando, et si res non soli sint, sed incorporales, quae in jure consistunt, *veluti ususfructus, et ceterae servitutes.*" ［勅法彙纂第7巻第33章「10年または20年の長期占有の抗弁について」第12法文末尾：「土地の物ではなくて法に基づく無体の物，たとえば用益権やその他の役権であっても，同じようにみられるべきである。」］

（m） いつからとも知れぬ期間を取得の原因とみなす者は，それをもって未だ10年で足りることを否定しないから，なんら矛盾は存しないといわれるかもしれない（B r a u n zu Thibaut

496 をわずらわせてきたのであるが，今からこれを試みよう。しかしまず，これまでなされた試みが大部分不十分にとどまっていることが，簡単な概観で示されるべきである。

　まず第一に，いつからとも知れぬ期間を地役権において実際的要素としてまったく除外するであろうような試みを述べよう。そういうことで，クーヤキウス [Cujacius] (n)は，longum tempus [長期]によってまずutilis actio [準訴権]だけが取得され，いつからとも知れぬ期間によってdirecta actio [ディーレークタ・アークティオー。本訴権]も取得されるという。その区別は，実際上まったくとるに足りないであろう。しかし，その区別は，理論においても根拠がない。確かに，別の所では，servitus jure (civili) constitua [セルウィトゥース・ユーレ（キーウィーリー）・コーンスティトゥア。（市民）法により定められた役権]と per tuitionem praetoris [ペル・トゥイティオーネム・プラエトーリス。法務官の保護により（定められた役権）]の区別が現われる(o)。しかしまさに，この後者の種類の言い表わし方は，いつからとも知れぬ期間において用いられるのであり(p)，また，vetustas [古さ]のような不確定なものが，たとえば使用取得のような jus civile [市民法]による厳格な権利を与えるべきであったということは，ほとんど考えられ

──────────
S. 895）。しかしながら，すでに10年で足りると考える者は，取得をいつからとも知れぬ占有の結果とみなそうとすれば，無責任な仕方で自分の考えをうまく述べない。したがって，ここでは，どこかにあれば，a contrario [反対のものからの]証明が本来の場所にあること確実である。

　（n）　CUJACIUS observ. XVIII. 28. 彼に従うのは，Ｓｃｈｅｌｌｉｎｇ S. 16.

　（o）　L. 1 pr. quib. mod. ususfr. (7. 4.) ［学説彙纂第7巻第4章「どのような仕方で用益権または使用権が失われるか」第1法文前文（ウルピアーヌス）］, L. 1 § 2 de S. P. R. (8. 3.) ［学説彙纂第8巻第3章「農業用地役権について」第1法文第2節（ウルピアーヌス）］, L. 2 comm. praed. (8. 4.) ［学説彙纂第8巻第4章「建物用地役権と農業用地役権の共通規則」第2法文（ウルピアーヌス）］, L. 11 § 1 de public. (6. 2.) ［学説彙纂第6巻第2章「物に対するプーブリキウスの訴権について」第11法文第1節（ウルピアーヌス）］，および類似していくつかの他の個所において。

　（p）　すなわち本§の始めに本文に掲げた両個所において。

§197 期間　6．いつからとも知れぬ期間。ローマ法。（つづき）——**439**

ない。——ウンターホルツナー［Unterholzner］は，上述のところで報告された両個所の aquae ductus［アクァエ・ドゥクトゥス。水道］を排水溝で説明し，したがって，それらの個所自体を水道の地役権にではなくて，いずれにせよ　vetustas［古さ］の影響がまったく疑う余地のない actio　aquae pluviae［アークティオー・アクァエ・プルウィアエ。雨水阻止訴権］に関係させる(q)。しかしながら，aquae ductus［水道］およびaquam ducere［アクァム・ドゥーケレ。水を引くこと］が現われる非常に多くの個所において，それは，常に，自己の使用の目的のための水の引き込み［Zuleitung］と解され，排出［Ableitung］は，たとえば（servitus stillicidii *avertendi*［セルウィトゥース・スティールリキディイー・アーウェルテンディー。雨水導出役権］のように）*abducere*［アブドゥーケレ。導き去ること］によってのみ言い表わされうるであろうし，排水溝については，実際にまったく異なる表現がわが法源において現われる(r)。

　これに反し，つぎの諸意見は，場合の違いに応じて，地役権の取得の場合に，あるいは10年または20年を，あるいはまたいつからとも知れぬ期間を認めることにおいて一致しており，したがって，そのことにより，いつからとも知れぬ期間は，地役権について重要な実際的要因になるであろう。

　a）　一つの意見によれば，占有が nec vi, nec clam, nec precario［暴力によってでもなく，隠微にでもなく，懇請してでもなく］始まっているときには10年または20年で十分であり，そうでなければいつからとも知れぬ期間が必要であるべきである(s)。この意見は，まったく非難すべきものである。な

　（q）　Ｕｎｔｅｒｈｏｌｚｎｅｒ§142.

　（r）　*L.* 2 §1 *de aqua pluv.* (39. 3.). „fossa vetus .. agrorum siccandorum causa."［学説彙纂第39巻第3章「水および雨水阻止訴権について」第2法文第1節（パウルス）：「古い溝が..地所をかわかすために。」］*L.* 2 §2. 4. 7 *L.* 1 §23 *eod.*［同所第2法文第2，4，7節（パウルス），第1法文第23節（ウルピアーヌス）］も同様。

　（s）　Donellus XI. 11 §17.

ぜならば，いつからとも知れぬ占有は，始まりが知られない占有であるが，ここでは，占有が暴力で，または隠微に，または懇請して始まったことが前提され，この前提は，始まりが知られている場合にのみ考えられるからである。

b) 別の意見によれば，積極的権原，たとえば売買が占有の始まりの基礎にあるときは，10年または20年で十分であるべく，そうでなければ，いつからとも知れぬ期間が必要であるべきである[t]。この意見も，しりぞけられなければならない。なぜならば，上掲の各個所は，longi temporis possessio［長期占有］による取得の場合には，権原についてなにもいわないのみならず，占有の始まりについてまったく別の資格（nec vi［暴力によってではなく］など）を要求するが，両方の条件を同時に並べて立てるようなことは不合理なので，この資格は明らかに権原の代用であるべきだからである。

c) もっと真実らしいのは，つぎの意見であって，これは，他のすべての意見よりも多く裁判所で通用するようになっている。すなわち，continua servitus［コンティヌア・セルウィトゥース。継続的役権］（たとえば tigni immittendi［ティーグニー・インミッテンディー。材木を育てることの］）においては，10年または20年で十分であるべく，discontinua servitus［ディスコンティヌア・セルウィトゥース。断続的役権］（たとえば via［ウィア。道路］）においては，いつからとも知れぬ期間が必要であるべきであるというのである[u]。——この意見の非常に重要な結果は，放牧権および伐採権のような

(t) van de WATER observ. II. 18. T h i b a u t Besitz und Verjährung S. 111. 181. 後にティボーは，この意見をやめている。Pandekten § 1017 der 8ten Ausg. B r a u n Zusätze zu Thibaut S. 896 zu § 1054をも参照。

(u) GLOSSA *quaesisti* in *L. 2 C. de serv.* (3. 34.) ［註釈，勅法彙纂第3巻第34章「役権と水について」第2法文における汝は取得した］，および *forte tot* in *L. 10 si serv.* (8. 5.) ［同，学説彙纂第8巻第5章「地役権が返還請求され，または他人に属することが拒否されるとき」第10法文におけるたまたまそれだけの］，ここでは，continua servitus［継続的役権］はperpetua causa［永続的な原因］という名称で現われる。しかし，この意見と並ん

§197 期間 6．いつからとも知れぬ期間。ローマ法。(つづき)——*441*

まさに最も重要な地役権が discontinuae［断続的］であり，その結果，いつからとも知れぬ期間の適用が10年および20年の適用よりもはるかにしばしばあり，はるかに重要であろうということを考慮に入れるならば，ただちにはっきりする。今，この意見を法源の証言に従って検討すると，この意見は，たやすく，根拠薄弱であることを示す。上述のところで報告されたいつからとも知れぬ期間に関する二つの個所は，aquaeductus［水道］について述べるが，longa possessio［長期占有］で十分であると明言する個所の二つ（註i）も同じである。それで，確かに，水道は，あるいは（水管におけるように）continua［継続的］であり，あるいは（牧草地灌水におけるように）discontinua［断続的］である点において独特であって，したがって，上掲の四つの個所は，そのうちの二つには continua［継続的］の場合があり，他の二つには discontinua［断続的］の場合があると暗黙のうちに勝手に解釈されたというように説明されなければならないであろう。しかしながら，そのような無理なやり方は，非常に疑わしいものとしてしりぞけられなければならない。なぜならば，それは，それらの個所自体における示唆によっても，別の所で理由づけられるなんらかの類推によっても支持されないからである[v]。しかし，上掲の意見に完全に決定的に反するのは，もう一つの個所において longa possessio［長期占有］が道路地役権の取得に十分であると明言され（註k），しかも，その地役権は

で，両註釈においてなおもう一つの意見が持ち出されるが，これはなお後に問題になるであろう。——この意見に賛成の近時の著述家たちは，Glück B. 9 S. 148により多数挙げられる。——もちろん，それからなお，serv. discontinua［断続的役権］の概念が問題であるが，これは，当然非常に種々に述べられる。なぜならば，その事柄はローマ法にはまったく知られていないからである。Pfeiffer S. 115は，その概念を非常に狭い範囲内に閉じこめる。

（v） 10年または20年の占有を aquaeductus［水道］の取得に十分であるとする個所（註i）は，まったく一般的にいっており，この言葉を *continuus* aquaeductus［継続的水道］に限定しないが，このことは，もしそれが実際にそういう取得の条件であったとすれば，いわずにいることができなかったことである。

常に discontinua［断続的］であり，したがって上掲の意見によればいつからとも知れぬ期間によってのみ取得されなければならないであろうという事情である。

　以下の考察は，私が満足できると考える，ここで問題にしている個所の解釈を準備すべきものである。地役権は，通例は，所有者との契約によって成立し（in jure cessio［法廷譲渡］），それの代用は，（所有権におけると同様）使用取得であったが，後に10年または20年の占有がこれに代わった。だが，外部的な現われおよびわれわれに与える効用においてはこの名称の地役権とまったく同等であるが，法的性格においては本質的にこれと異なっている種類の水道がある。すなわち，公の水道から個々人が自分のために水を得ようとすることがありうる。その者には所有者が対立していないから，地役権はありえない。しかしながら，皇帝は，このような私的受益を恩恵として許すことができたし，これがなされたときは，法務官は，その占有者を特示命令によりあらゆる妨害に対して保護することによって，それを私権として取り扱った[w]。今，皇帝の勅裁が失われてしまっていて，したがって譲与がもはや証明されえなかったと仮定すれば，10年の占有さえなんら助けを与えなかった。なぜならば，この占有は，単に真の地役権の正規の設定の代用であるべきであったが，しかし，ここで行使された権利は，地役権ではなく，それどころかそもそも私法的成立原因を有しえないからである。ここで助けうるのは，いつからとも知れぬ占有だけであって，これは，やはり類似の場合にも，すなわち公道および雨水防

　　（w）　*L.* 1 § 38―45 *de aqua quot.* (43. 20.)［学説彙纂第43巻第20章「日常のおよび夏の水について」第1法文第38―45節（ウルピアーヌス）］．皇帝だけがその権利を与えることができた（§ 42［第42節］）．特示命令は，占有に関するものではなくて，権利自体について決定した（§ 45［第45節］）．この譲与，その形式について，また一部はその廃止についても述べるのは，*L.* 2. 3. 5. 6. 7. 9. 11 *C. de aquaeductu* (11. 42.)［勅法彙纂第11巻第42章「水道について」第2，3，5，6，7，9，11法文］であるが，その中で *L.* 6 *cit.*［前掲第6法文］は，servitus［役権］という表現を，明らかに，比喩的意味においてのみ用いる。

§197　期間　6．いつからとも知れぬ期間。ローマ法。(つづき)　——**443**

止施設においても，法律関係の正規の公法的成立の代用として，われわれにより承認されている（§196）。今や，本§の冒頭に報告された個所の，10年の占有を地役権の取得原因として承認する個所とのあらゆる矛盾は，前者の個所が決して地役権について述べるのではなくて，公の水道の私的利用について述べることによって，消滅する。——私は，この解釈に反対して持ち出されていることを，黙っているつもりはない。上述のところで，continua または discontinua servitus［継続的地役権または断続的地役権］という前提が，それについてなにも述べない個所の中に持ち込まれたことが非難されたが，ここでは，われわれは，同じように publica aqua［プーブリカ・アクァ。公の水］という前提を持ち込むようにみえる。しかしながら，このやり方は，ここでは，つぎの特別の理由により正当づけられる。われわれは，10年および20年の占有を承認する個所（註 i）の中にまったくなにも持ち込まないで，そういう個所には言葉どおりの範囲を完全に残す。一方，通常の説明によれば，そういう個所に continua servitus［継続的役権］という前提が押し付けられる。いつからとも知れぬ期間について述べる個所の中に，われわれは，確かに，publica aqua［公の水］という目印を持ち込むが，しかし，この受け入れは，とりわけ，公道および雨水防止設備（§196）の明らかな類推によって支持され，さらに，これらの個所のうちの一つがすぐ前でみずから publica aqua［公の水］について述べていること，および，その個所が，公の水道からの譲与を詳細に取り扱うかなり大きな個所(x)のほとんどすぐ後にあることによって支持され，最後に，紛れもなく同じ法命題を，しかもまさに公の水道の利用について含

（x）　*L.* 1 §38—45 *de aqua quot.* (43. 20.)［学説彙纂第43巻第20章「日常のおよび夏の水について」第1法文第38—45節（ウルピアーヌス）］は，aqua ex castello［城からの水］を扱う（註 w）。それに，まったく短い *L.* 2［第2法文］が続き，それから *L.* 3 *eod.*［同所第3法文］が続くが，ここでは §1. 2［第1，2節］が aquaeductus ex flumine publico［公の河川からの水道］を扱う。今私がすぐ次にある §4［第4節］を同じように publica aqua［公の水］から説明するとき，たった今のべた隣同士の関係は，この説明の支えに非常に役立つ。

んでいる，勅法彙纂のいくつかの類似の個所(y)によって支持される。——これらの理由の重要さは，次の考察によってなお強められる。上掲の両個所において重要なことは，それの直接の内容ではなくて，その中に隠されている反対のものであり（§ 197. m），これが，本当は，私が publicus aquaeductus［プーブリクス・アクァエドゥクトゥス。公の水道］を前提することによって制限するものである。しかし，このような制限的前提は，直接にはいわれないで，argumentum a contrario［アルグーメントゥム・アー・コントラーリオー。反対のものからの証明］によってのみ認識できる規則においては，あまり危険でない。

　その個所のこのような説明は，基本思想に関していえば，新しくない。それは，上述のところでしりぞけられたもう一つの説明と並んで，すでに註釈において(z)，それからまた，種々の時代に，後の著述家たちのところ

　（y）　L. 4 C. de aqueductu (11. 42.). „ Usum aquae *veterem* ..singulis civibus manere censemus, nec ulla novatione turbari" etc.［勅法彙纂第11巻第42章「水道について」第4法文：「水の古い使用..が一人一人の市民に留まり，ある更改によって乱されないと，朕は考量する，」云々。］ここで公の水道が問題になっているということは，一部はその章全体の内容から，一部は臣民のための皇帝の許可に向けられている表現自体から，一部は古い占有の内密の拡大に対する後続刑罰威嚇から，結果として出てくる。——L. 7 C. de serv. (3. 34.). „ Si manifeste doceri possit, jus aquae *ex vetere more* atque observatione ..utilitatem certis fundis irrigandi causa exhibere: procurator noster, ne quid *contra veterem formam* ..innovetur, providebit."［勅法彙纂第3巻第34章「役権と水について」第7法文：「もし，水の権利が古い慣習および遵守により..一定の地所に灌水するために利用を提供することが明らかに証明されるならば，わが管理官は，なにかが古い形相..に反して変更されないように配慮するであろう。」］その個所は de servitutibus［役権について］という章の中にあるから，真の地役権が問題になっていると思われるかもしれない。しかし，公の水道に対する個々の私人の請求がいわれていることを，一部は，通常の confessoria actio［認諾訴権］においてはなにもすることがない procurator noster［わが管理官］が，一部は，certis fundis［一定の地所に］という表現が示す。それゆえに，それは，lex fugitiva［逃亡した法律］である。

　（z）　Glossa *Quaesisti L.* 2 *C. de serv.* (3. 34.). „ ibi de aqua ex flumine publico dicit vel fiscali, hic privato."［註釈，勅法彙纂第3巻第34章「役権と水について」第2法文における汝は取得した：「そこでは公のあるいは国庫の河川からの水について述べ，ここでは私

§197　期間　6．いつからとも知れぬ期間。ローマ法。(つづき)　――**445**

で(aa)，みいだされる。しかし，これらはすべて，その説明を，一部は一時的にしか持ち出さず，一部は親近の法命題と関連させることが必要であるのにそうせず，こうして，その説明は，現在に至るまで，それにふさわしい承認に至らなかった。

――――――

　われわれが，ここでなされたローマ法に関する研究の結果を問うとき，もちろん，直接の積極的利益は，大きくない。というのは，いつからとも知れぬ期間のそこでの適用が実証された三つの法命題は，わが法においては，公的施設がまったく変わってしまっているので，ほとんどもう用いることができないであろうからである。ローマ人において非常に大きな範囲で現われた公の水道は，現在，そこから私的利用が付与されるというような形では，みいだし難い。もっと重要なのは，その法律制度の一般的観点であって，これは，これらの規則から出発していて，近時の立法においてなお用いられるであろう。しかし，実際的な法にとっての最も重要な結果は，消極的なものである。なぜならば，ここでなされた証明によって，地役権理論は，いつからとも知れぬ期間のあらゆる適用を完全に免れるからである。それどころか，この利益は，決して地役権に限定されたままではなくて，むしろ時効が大部分地役権に関するローマ法の規則に従って判断されるべきゲルマン法の土地負担にも役立つ。

　ひょっとすると，いつからとも知れぬ期間の discontinuae servitus［断続的役権］への適用は，ローマ法に従えばしりぞけられなければならないとしても，やはり一般的慣習法によりドイツでは支配的になったと思われ

――――――

の河川からの水について述べる。」] GLOSSA *forte tot* L. 10 *si serv*. (8. 5.)［註釈，学説彙纂第8巻第5章「地役権が返還請求され，または他人に属することが拒否されるとき」第10法文におけるたまたまそれだけの］においても同様である。上述註 u 参照。

　(aa) CONNANUS comment.IV. 12. Num. 17. 18. PUFENDORF observ. I. 32 §16. NELLER p. 69. 85. 92. AHLEFELDT p. 77―79．とくに評価されるべきは，ネラーが時を異にして書いた論文においてその対象を取り扱っている真面目さである。彼は，以前に，二つの別の方法で矛盾の解決を試みた後，最後にこの意見に至った。

るかもしれない。確かに，それは，ヘッセン選帝侯国最高裁判所のようないくつかの裁判所で常に適用されたが[bb]，しかし，ハノーファ最高裁判所のような他の裁判所では，それは，同じように断固としてしりぞけられたのであって[cc]，そのことをもって，そういう一般性は，完全に誤りを論証されている。しかし，この不当な理論が，少なくとも，最高裁判所がそれに従ったラントにおいては地方慣習法の性質を帯びた[dd]ということさえ，認めることができない。というのは，それらの裁判所は，その理論を決して特別ラント法の一部として適用したのではなくて，学説彙纂の個所に，および普通法の著述家の権威に基づくことによって，単にローマ法の一部として適用したからである。また，ここには，本当に感じられた実際的必要について，見せかけだけローマ法からの正当づけが求められたというような場合は，決して存しない。なぜならば，まさに実際的必要について，いつからとも知れぬ期間によるよりも，一定の各時効期間による方が，はるかによく配慮されるからである。したがって，ここにはむしろ，そういう裁判所でさえ，これまで抱いていた理論的誤りを確かめて認めるとき，これをやめなければならず，反対の原則を将来について適用しなければならない（§20［本書第一巻101頁以下］）ような場合が存する。

§198
Ⅵ．期間　6．いつからとも知れぬ期間。近時の法。

[Die Zeit　6. Unvordenkliche Zeit. Neueres Recht.]

教会法においては，いつからとも知れぬ期間のつぎの二つの注目すべき適用がある。

教皇の遣外使節が，トゥールーズの代官にいくつかの有用な収益特権

(bb)　Pfeiffer S. 116.
(cc)　Pufendorf observ. I.32 §20.
(dd)　Pfeiffer S. 114によりそう理解される。

§198 期間 6．いつからとも知れぬ期間。近時の法。——**447**

[Regalien] (pedagia [通行税], guidagia [駅馬車賃], salinaria [塩税]) の行使を禁止していた。代官の問い合わせに対して，教皇イノツェンツ三世は，その禁止をつぎのように説明した。すなわち，それは，この種の公課のうち恣意的なものにのみ関し，適法なものには関しない。ところで，適法なものとは，それの徴収が皇帝，王またはローマ教皇宗教会議の付与に基づくものであり，さらにまた

> vel ex antiqua consuetudine, *a tempore cujus non exstat memoria, introducta* [あるいは，それの記憶が存在しない時から持ち込まれた古い慣習からのもの] [a] もそうである。

この言葉は，完全にローマ法の意味に適合している。このような公法的権利は，それ自体使用取得の対象ではないが，しかし，いつからとも知れぬ占有は，ここでは使用取得に代わりうる。

第二の個所[b] は，よその司教管区の境界内で教会と十分の一税を要求した司教について述べ，その場合つぎの見方から出発する。私人に対しては，権原をもって3年，10年，20年で，権原なしに30年で，使用取得される。しかし，教会は，一般にどの時効についても40年で特権を与えられているから，教会に対する通常の使用取得においては，単に bona fides [善意] が必要なだけであって，権原の存在はどうでもよい。なぜならば，権原があってもなくてもこの使用取得は常に40年で完成するからである。しかし，ここで問題になっている場合には，主張された法が，教会組織の例外 (jus commune [ユース・コンムーネ。普通の法]) を，すなわち教会組織の中に設けられた司教区境界の例外を含むであろうから，別の状態にあ

（a） 1209年の *C*. 26 *X. de V. S.* (5. 40.) [グレゴリウス九世教皇令集第5巻第40章「言葉の意義について」第26法文].

（b） 1298年の *C*. 1 *de praescriptionibus in VI*. (2. 13.) [第六書第2巻第13章「抗弁について」第1法文].——なお，第三の個所も引用されている，*C*. 1 *de consuet. in VI*. (1. 4.) [第六書第1巻第4章「慣習について」第1法文] (Ｓｃｈｅｌｌｉｎｇ S. 54.). しかし，この個所は，いつからとも知れぬ期間については全然述べないで，慣習法について述べる。

る。だが，時効により教会に対して設定されるべき権利が jus commune［普通の法］あるいは推定の対抗を受けるすべての場合において，40年と並んでなお権原が必要であり，これの欠如は，いつからとも知れぬ期間によってのみ代用されうる。

Ubi tamen est ei jus commune contrarium, vel habetur praesumtio contra ipsum[c], bona fides non sufficit ; sed est necessarius titulus, qui possessori caussam tribuat praescribendi : nisi tanti temporis allegetur praescriptio[d], *cujus contrarii memoria non exsistat.* ［しかし，

（c）言葉の上では，それは，二つの異なった場合に，すなわち 1) jus commune［普通の法］に対して，2) 推定に対して，権原が要求されるというだけのことをいう。しかし，vel［…か…か，とくに］を選言的にではなくて，説明的に理解する方が自然であって，その結果，推定への言及は，jus commune［普通の法］を別の言葉で繰り返すだけであり，同時に，jus commune［普通の法］から外れることがこの点で相違を来たす理由を言い表わす。この説明を，すぐ前にある逆の構文が弁護する：Nam licet ei .. si sibi non est contrarium jus commune, vel contra eum praesumtio non habeatur, sufficiat bona fides［もちろんその者につぎのことは明らかである。…その者に普通の法が反対でないとき，または自分に推定が対抗されないとき，善意で足りる］。というのは，このことを厳格に言葉どおりにとると，占有者は，示された二つの場合のうちどちらか一つにおいて権原の証明を免れているが，そのときには，その命題は，上に本文に掲げられた命題に矛盾するであろうからである。この矛盾は，vel［..か..か，とくに］を sive［あるいは］または id est［すなわち］ととれば，排除される。――しかしこの点でどう説明しようとしても，どの場合においても，この個所からすべての地役権について，地役権が推定の対抗を受けるという理由で，いつからとも知れぬ占有の必要性を導き出すことは，非難すべきである（Schelling S. 18）。推定（pro libertate［免除としての］）という表現は，この関係にはまったく適合せず，教会法がそのことを考えていないのは，確実である。

（d）Unterholzner § 143は，praescriptio［抗弁］の代わりに probatio［証明］と印刷させるが，おそらく単なる書き間違いのためである。Schelling S. 3. 52は，praescriptio［抗弁］という読み方を新しい方の作り物と称し，probatio［証明］を古い方の正しい読み方と称する。私は，彼の典拠を示してほしいと思う。私の研究によれば，praescriptio［抗弁］だけが現われる。二つの写本（ベルリン図書館と私の収書）において，さらに Johannes Andreä の註釈 *memoria*［記憶］において，最後に1473年，1477年，1479年，1482年の版において，そうである。その個所の内的関連も praes-

§198 期間　6．いつからとも知れぬ期間。近時の法。——*449*

普通の法がその者に反対であるとき，または自分に推定が対抗されるとき(c)，善意では足りないで，占有者に抗弁を提出することの原因を与える権原が不可欠である。もし，<u>それの反対の記憶が出てこないような</u>期間の抗弁が述べられないならば(d)。]

　この最後の個所は，主張された権利の公法的障害が取り除かれるべきところでだけ，いつからとも知れぬ期間を要求するという点において，ローマ法の観点を保っているが，条件の欠如がいつからとも知れぬ占有によって代用されるべき使用取得をもった同一の対象において，いつからとも知れぬ占有を許容する点において，これと異なる。ローマ法の見方が完全に保たれていたとすれば，よその司教区における十分の一税のすべての場合において，権原が存するかどうかにかかわらず，いつからとも知れぬ占有が要求されなければならなかったであろう。したがって，相違は，いつからとも知れぬ期間の許容によりはむしろ，権原を前提として40年の占有が許容されることにある。それゆえに，（ここではたいていのことがそれにかかるのだが），教会法がいつからとも知れぬ期間一般についてローマ法と異なるまったく新しい観点を立てたということもできない。

―――――

　帝国法においては，いつからとも知れぬ期間は，何度か，しかも常に公法的権利の取得原因として述べられる。そういうことで，それは，金印勅書において，以前の皇帝および王により付与された特権と並んで，ボヘミアの臣民のすべての非ボヘミア裁判所からの不可侵特権［Immunität］を理由づけるために現われる(e)。

　1548年の帝国最終決定［Reichsabschied］は，帝国税の免除の占有において帝国等族［Reichsstände］を保護するが，その人たちが人間の記憶以来少

――――――――――

criptio［抗弁］を示唆する。

　（e）Aura Bulla Cap. 8 §1 „a tempore cujus contrarii hodie non xistit memoria." ［金印勅書第8章第1条：「それの反対の記憶が今日もなお出てこない時期から。」］——ドイツ語の原文：„von der zit, da wedir hut dis dagis kein gedenckin ist."

なくとも一度はそのような税を払ったことが、その人たちに証明されうるとしてもそうである[f]。同じ定めは、後の帝国法において繰り返される[g]。

―――――

近時の諸立法のこれらの定めをローマ法のそれと統合すると、いつからとも知れぬ期間の適用について、つぎの原則が明らかになる：

それは、期間によって、公法的性格の権利か、この種の権利からの個々人の解放かが取得されるべきすべての場合に、そしてそのような場合にのみ、要求される。

この原則から、なぜ上述の制度が、ローマ法においては非常に下位の位置を占めたが、中世以来ずっと重要で頻繁な適用に至ったかが、説明される。というのは、この時代以来、しばしば、公法的権利の私的占有への移行による私法と公法の混合が起こり、とくに地方自治体関係においても、このような場合がしばしば現われるからである。――ローマ法においては、いつからとも知れぬ期間がなんら私的占有なしに効力をもつ二つの場合があった（§196）。これに反し、ローマ法の第三の場合（§197）ならびに近時の法のはるかに重要な場合（§198）においては、それの有効性は、確かに私的占有の存在に結び付けられている。それゆえに、われわれは、現代法におけるその制度の適用について、本来の占有の存在を第一の条件として認めることができる。けれども、私的占有が基礎にないローマ法の上述の諸場合を否定することはできないから、このことから、私は、いつからとも知れぬ占有という表現を、この制度の一般的名称としては、しりぞける気になったのである。

以上のような見方とは、やはりずっと以前から大部分、実際が一致して

―――――

（f）　1548年の帝国最終決定§56：「そして逆に、その者に対し、その者がかつて人間の記憶において…納税し、または査定が届いて払ったことが提出されなくても。」§59および§64においても同様：「人間の記憶の中で。」

（g）　1576年の帝国最終決定§105。

§198 期間 6．いつからとも知れぬ期間。近時の法。——*451*

いるのであって，その点でだれも厳格に貫かれた一致を期待しないであろうけれども，そうである(h)。正しい見解からの最大の逸脱は，いつからとも知れぬ期間が非常にしばしば地役権に適用されたことに存した(§197)。

　この法律制度の内的価値に関しては，古い時代から，実際的著述家たちは，はっきりと，また一部は非常に強い表現で，これに反対の意見を述べている(i)。これに反し，この法律制度は，最近，一人の非常に心温かい弁護者をみいだしており，この人はそれを極めて高い地位に据えている(k)。おそらく，これらの争っている意見は，つぎの仕方で一体化される。公法においては，いつからとも知れぬ期間は，絶対になしで済ますことはできず（§195），われわれ法律家がそれについてどう判断するかはどうでもよく，それは，きっかけが現われるたびごとに間違いなく認められるようになるであろう。私法においても，至る所であらゆる種類の一定した短期の時効により同じ目的のために実定法においてはるかに効能のある仕方で配慮されているということがなければ，それは通用するようになるであろう。というのは，いつからとも知れぬ期間を，自己の個人的な法律関係によってであれ，裁判官としての仕事によってであれ，経験に基づいて知る者は，一定期間のどの時効もそれよりはるかに優先させられるべきことについて，おそらくほとんど疑うことはありえないであろうし，それどころか，それが適用において大きな恣意と不確実さを免れたままではありえないことは，次に続く実際的叙述からよく分かるようになるであろうからである。したがって，それを効能がある，あるいはさらに，なくてはならないと言明する人は，おそらくこのことを，まったく時効を欠くような状態と対比してのみなしうる。しかし，このような状態は，わが私法において

　（h）　12世紀以来の適用の多くの場合が，K<small>RESS</small> P. 58-61においてまとめられている。
　（i）　L<small>UDEWIG</small> opuscula miscella T. 1 p. 508-511. N<small>ELLER</small> p. 117. とくにまた，Ｓｃｈｅｌｌｉｎｇ S. 103に掲げられた，Ｓｅｎｃｋｅｎｂｅｒｇの論文からの激情的な個所。
　（k）　Ｇöｓｃｈｅｌ zerstreute Blätter Th. 1 S. 373-378.

は現われない。

　この見方は，実際また，近時の立法者のやり方の中で確認されている。フランスの法典は，いつからとも知れぬ時効を，以前の実際がそれを適用した地役権をまったく時効にかかりえないものと言明することによって，全部廃止した[1]。プロイセンの法律も，それをとり入れなかった。しかし，この法律は，普通法によればそれが適用されるであろういくつかの場合に，明らかにそれを顧慮して，一定の，ただ異常に長い期間の時効を規定した。そういうことで，租税免除の占有は，50年後に適法な取得の推定を生じさせるべきである[m]。同様に，貴族の占有も，それが1740年に存しているか，44年の期間を通じて継続しているとき，そうである[n]。

§ 199
VI．期間　6．いつからとも知れぬ期間。適用。
[Die Zeit　6. Unvordenkliche Zeit. Anwendung.]

　歴史的な方法で，この法律制度について，一つの基礎がみいだされた後，今度は，それの実際的性質を，個々的に述べよう。そのために，二つの部分をきっちり確定することが必要である。すなわち，第一に適用の場合 [die Fälle] であり，第二に適用の仕方 [die Art] である。

　適用の場合については，われわれは，立てられた原則（§198）に従い，いつからとも知れぬ期間が純粋に私法的な関係においては決して適用されないことを主張しなければならない。したがって，とくに地役権においては適用されないのであって，そこでは，いつからとも知れぬ期間は，はるかに容易な10年の取得時効によって余計なものとなる。——しかし，質権および債権においても適用されない。そこでは，取得時効がそもそも現わ

---

(1) Code civil art. 691.
(m) A. L. R. I. 9 § 655–659.
(n) A. L. R. II. 9 § 18. 19.

れないから，いつからとも知れぬ期間は，確かに余計なものではないであろうが，しかしまた必要とは認められえない。それゆえに，これらの法律制度においては，期間は，訴権消滅時効を通じてのみ実効があり，いつからとも知れぬ期間が補足的に介入することはない。——ゲルマン法の多数の重要な土地負担においては，つぎの区別が看取できる。土地所有権の単なる修正とみられるべきものは，ローマの地役権と同様，10年および20年の取得時効により取得され，いつからとも知れぬ期間を必要としない。これに反し，従属関係［Subjectionsverhältniß］に基づく（このことは常に公法に属する）ものは，いつからとも知れぬ占有によってのみ取得されうる(a)。

したがって，いつからとも知れぬ期間の適用は，公法的性格を担うような権利の私的占有に限られる。しかし，この場合には，それは，このような権利がちょうどこの国の特別の体制に従えば権原（契約または特権）により取得されうることを前提として，また一般的に適用されうる。このことが一般に可能なところでは，いつからとも知れぬ占有は，個々の場合に証明できない権原を代用するのであって，そうでなければこのような占有もまったく効果がないままである(b)。

いつからとも知れぬ時効が（一定の期間に頼る）取得時効の代用としてのみ現われうることは，すでに上述のところで承認されたが，その場合，それが，取得時効の条件の欠如についての代用であるべきか，あるいはまた，その対象の取得時効に不適当な性質についての代用であるべきかが，疑問とされた（§195）。この問題に，今われわれは，いつからとも知れぬ期間の適用を生じさせるものは，条件の欠如ではなくて，対象の性質であるというように答えることができる。したがって，通常の取得時効だけが適用されるか，いつからとも知れぬ期間だけが適用されるかは，対象の性質によって決定され，その結果，一つの同じ対象において両制度が（一方

(a) Eichhorn deutsches Privatrecht §163. 164.
(b) Neller p. 70. Pfeiffer §21. 22. 23.

が他方の代用として）適用されることはないということを，原則と認めることができる。この最後の命題の唯一の例外が，教会法において，教会に対しある権利が期間の経過により教会組織の規則に矛盾して取得されるべきときに，存するのであって，この場合には，権原が存するときは通常の取得時効が適用されるべく，権原が欠けているときはいつからとも知れぬ期間が代用として適用されるべきである（§198）。

とくに，いわゆる res merae facultatis ［レース・メラエ・ファクルターティス。純粋の可能性の利益］がいつからとも知れぬ期間によって取得されうるかどうかという問題が提起された。この問題は，ここで立てられた規則によれば，その場合純粋に私法的な関係が基礎にあるがゆえにすでに，否定されなければならない。通常の用益賃貸借関係が数世代を通じて暗黙のうちに延長され，それから用益賃借人が所有者の解約告知権を，いつからとも知れぬ時効を理由として争うとき，そうである。人間の記憶を越えて，ある村の住民たちが，商号不変のままで来た近隣の商会から必需品を絶えず買っていて，それから，別の商人から買うことをやめるようにいわれるときも，同様である。——しかし，これらの場合において，なお，仮にいつからとも知れぬ期間が純粋の私法の関係に適用できるとしてもそれの効果を排除するであろう，はるかに決定的な理由が加わる。この種のすべての場合において，いつからとも知れぬ期間を主張しようとする者は，その間の占有を主張しなければならないであろう（§198），すなわち，ある利益の享受が単に偶然的恣意的な享受ではなくて，ある権利の行使として現われたという状態を主張しなければならないであろう。今，この基本条件は，上述のすべての場合においてまったく欠けているから，いつからとも知れぬ期間の効果は，問題になりえない[c]。ローマ法の一つのまったく類似の決定は，この主張に疑念を抱かせない。de itinere ［通行権に関する］特示命令を有するのは，最後の年において別々の日に30日その道路を使用し

(c) Pufendorf I. 151 §9. T h i b a u t S. 184. 185. P f e i f f e r §3. 4.

§199　期間　6．いつからとも知れぬ期間。適用。——*455*

た者である。しかし，単に事実上の使用は特示命令を理由づけないから，その者が単に偶然にその道路を使用したのではなくて，その使用が権利の行使とみられえたように使用したのでなければならないことが，付け加えられる[(d)]。同じ区別が，上掲の各場合にいつからとも知れぬ期間の適用を排除するのである。——したがって，今，この排除の理由が，いつからとも知れぬ期間自体の性質にあるとき，幾人かの著述家が，ここにまったく実定的な例外をみようとし，その結果，本当に，res merae facultatis［純粋の可能性の利益］も，その人たちが無制限の適用を認めるいつからとも知れぬ期間に服していなければならないようなことは，間違いである。

———

適用の仕方は，いつからとも知れぬ期間の，上述のところで（§195）暫定的に示された概念のもっと詳細な分析によって決定される。その分析は，二つの世代の意識に基づく。今生きている人たちは，現在の状態が，自分の記憶の及ぶ限り，不変のまま存続してきたことを知るべきである。さらに，その人たちには，すぐ前の世代の人たちから，反対の状態の知覚を知らされているべきではない。それにより，いつからとも知れぬ期間という事実は，二つの部分を，すなわち積極的部分と消極的部分を保有する。証明は，両方の部分に向けられなければならず，各部分について反証によりくつがえすことが許されている[(e)]。そういうことで，その事柄は，近時の実際において完全に発達した。しかしながら，それの基礎を成すの

(d) *L.* 1 §6 *de itin.* (43. 19.)［学説彙纂第43巻第19章「私的な通行権および車馬通行権について」第1法文第6節（ウルピアーヌス）］. *L.* 7 *eod.* „Si.. commeavit aliquis, non tamen *tamquam id suo jure faceret,* sed si prohiberetur non facturus: inutile est ei interdictum .. nam ut hoc interdictum competat, *jus fundi possedisse oportet.*"［同所第7法文（ケルスス）：「もし..だれかが往来したが，しかし，その者自身の権利をもってそれをしたようにではなくて，禁止されていたならばしなかったようにであるならば，その者には特示命令は役に立たない...なぜならば，この特示命令が権限をもつためには，その者が地所の権利を占有していたのでなければならないからである。」］

(e) Pfeiffer §5.6.9.

は，ローマ法のつぎの二つの個所であって，両方とも actio aquae pluviae〔雨水阻止訴権〕を扱う。

L. 2 § 8 *de aqua pluv.* (39.3.).(Paulus.)〔学説彙纂第39巻第3章「水および雨水阻止訴権について」第2法文第8節（パウルス）〕

Idem Labeo ait, cum quaeritur an memoria exstet facto opere ... sufficere ..si factum esse non ambigatur : nec utique necesse esse, superesse qui meminerint, verum etiam *si qui audierint eos, qui memoria tenuerint.*〔同じラベオはいう，記憶が，施設の作られたことから突き出るかどうかが問われるとき… 作られたことが疑わしくなければ… 十分であって，とにかく，覚えている人がなお存在することは必要でなく，むしろ，覚えていた人から聞いた人が存在しさえすれば十分である。〕

ここでは，証明と反証がきっちりとは区別されていず，またそのことはあまり問題ではないが，しかし，決定的な事実は精確に示されている。いつからとも知れぬ期間は，今生きている人がみずからその施設の成立を（個人的な任意により）知覚しているか，この成立を，生きて見た人からみずから聞いているとき，否定されている。――ここでは，明らかに，二つの世代が言い表わされている。自分の経験を証言できない人は，少なくとも，そういう経験を有していた人をみずから語るべきであったし，その結果，この両者のうち古い方の人が，これまたその前の世代の人が自分に知らせたことを話して聞かせただけであれば，十分でない。

L. 28 *de probat.* (22. 3.)〔学説彙纂第22巻第3章「証明と推定について」第28法文（ラベオ）〕[f].

.....[g] sed cum omnium haec est opinio, nec audisse, nec vidisse, cum

---

（f） Labeo Lib. VII. Pithanon a Paulo Epitomatorum〔ラベオ パウルス抜粋定義集〕．この表題は，それにより両個所が同じ著者（ラベオを出所とするパウルス）に帰せられるから，必ずしも重要でないわけではない。それによって，とくに，両個所を矛盾するものとしてではなく，一致するものとしてみることが，必要となる。

（g） その個所のかなり大きな前半は，こみいっており，おそらく一部は堕落してい

§199 期間　6．いつからとも知れぬ期間。適用。——*457*

id opus fieret, neque ex eis audisse, qui vidissent aut audissent[h] : *et hoc infinite similiter sursum versum accidit* : tum memoriam operis facti non exstare[i]．[....[g]しかし，すべての人の意見が，その施設が作られたとき聞いたのでもなく，見たのでもなく，見たり聞いたりした人から聞いた[h]のでもないというものであり，そしてこのことが無限に同じように上の方に向かって生じるとき，施設が作られたことの記憶は存在しない[i]．]

この個所は，et hoc .. accidit［そしてこのことが..生じる］という言葉に至るまでは前述の個所と完全に一致しており，その言葉に従って，いつからとも知れぬ期間は，非常に遠い前の世代に由来しても，今まで伝えられたあらゆるしきたりにより否定されうると想定されるかもしれない。そのことは，なお，反証のところで問題になるであろう（§201）。

る。それについての多くの資料は，Ｇｌüｃｋ B. 21 S. 405—422に存する。本当の決定は，ここに掲げられた言葉の中に含まれている。

（h）　audisse［聞いた］は，ここでは，前の文章におけると同様，過去に関する話に向けられるのではなくて，証人がただ自分の目で見たのではなくて，確かな話から聞き知った同時代の自己体験された出来事に向けられる。

（i）　フィレンツェの写本および流布本は，十分な意味なしに，こう読む：cum memoria operis facti non exstaret［施設が作られたことの記憶が存在しなかったとき］。ここで採用された読み方によって，その文章が決定的な追加文となり，はじめてその個所の最後の部分に満足の行く関連をもたらすのだが，この読み方は，ed. Paris. Chevallon 1528 fol. に基づくのであり，この版では諸写本が利用されている。前で，accidet［accideoの直接法未来］，accideret［同接続法未完了過去］，acciderit［同接続法完了］という変形は，あまり重要でない。ここで選んだ読み方は，前にある haec *est* opinio［意見はこうである］との対比によりぜひ必要であると，私は思う。

§200
VI．期間　6．いつからとも知れぬ期間。適用。（つづき）
[Die Zeit　6. Unvordenkliche Zeit. Anwendung. (Fortsetzung)]

　適用の仕方に関して立てられた規則が，今度は，証明においても反証においても展開されるべきであり，このことは，一つ一つの証明手段の順序に従ってなされるのが最も分かりやすいであろう。

　最も頻繁で最も適当な証明手段として用いられるのは，証人であって，その証言は，自分自身の記憶にも過去のことにも関しなければならない。

　自分自身の記憶から，証人は，現在の状態が一世代このかた常に存在してきたことを証言しなければならず，そこにまさに証明の積極的対象が存する（§199）。ここで世代と考えられ，証人が自分の証言で包括しなければならない期間の範囲については，意見が分かれている。正しい意見は，少なくとも40年の期間をめざしている[a]。そのことにプラスの材料を提供するのは，まず第一に，権原と並んで40年を，権原がない場合はいつからとも知れぬ期間を要求する教会法の個所である[b]。したがって，いつからとも知れぬ期間は，40年より少なくてはならないし，40年を越える部分は，さらに加わる証明の消極的部分に入る。第二にそのことにプラスの材料を提供するのは，vetustas［古さ］を40年とみなすローマ法の諸個所である（§196. p）。なぜならば，それにより，これらの個所は，vetustas［古さ］がいつからとも知れぬ期間を言い表わしている個所と関連させられるからである。ザクセンの裁判所の実際は，ザクセン期間を，つまり31年6カ月と3日を要求する[c]。これは，教会法において言明されている40年

　（a）　Neller p. 96—100.

　（b）　C. 1 de praescr. in VI.［第六書第2巻第13章「抗弁について」第1法文］（上述§198をみよ）.

　（c）　Kind observ. forenses T. 3 C. 62.

より少ないから，しりぞけられるべきである。別の意見によれば，その期間は，場合によって異なるべきであって，ただ各個の場合について，同じ場合に正規の時効がそうであるよりも多く，したがって通常の場合には30年を越え，教会に対しては40年を越え，教皇に対しては100年を越えるべきである(d)。この意見によって，確かに，教会法の個所（註b）からの反論は，取り除かれる。なぜならば，この個所は，今は，まさに通例は40年である教会に対する時効がちょうど問題であるという理由でのみ，40年以上を要求することになるであろうからである。それにもかかわらず，この意見は，しりぞけられるべきである。第一に，いつからとも知れぬ期間は，たいてい，なんら正規の時効を有しないような法律関係をめざしており（§199），その結果，正規の時効期間は基準としても役立ちえないからである。第二に，いつからとも知れぬ期間を言い表わすために法源において用いられる表現（vetustas［古さ］および quod memoriam excedit［クォド・メモリアム・エクスケーディット。記憶を越えるもの]）は，個々の権利の時効期間に応じて異なる相対的なものをめざすのではなくて，人間の記憶によってのみ境界づけられる絶対的なものをめざしているからである。第三に，そうなると，二つの世代が100年という一定の期間によってすでに完全に吸収されるのに，ローマ教会に対しては100年を越えることが必要であろうからである。

それからさらに，その期間の長さと，このような証明に役立つ証人の必要な年齢が関連している。非常に広まっている意見によれば，成熟年以前には確実な意識が可能であるはずなく，その結果，意識のない14歳を差し引いた後，なお確実な記憶のある40年が残っていることによって，54歳が要求される。しかしながら，この前提は，まったく恣意的で根拠がなく，それでその意見自体が崩れてしまって，50歳がどの証人についてもすでにまったく十分である(e)。すべての証人が40年の全期間についてなにか

(d) Unterholzner § 148. 150. Pfeiffer S. 22-24 S. 52.
(e) Pufendorf I. 151 § 4. 5. 6. Pfeiffer § 13.

を証言できるというわけではなくて，その期間のうちの種々の部分が種々の証人の証言によって証明されるということが，非常にしばしば起こる。このような場合には，全期間のうちの比較的近い部分について，もっと若い証人も役に立つ[f]。

各証人の証言が全期間を包括するとき，それについては，他のどの事実についてもそうであるように，二人の証人という通常の数で十分である。幾人かの人は，ラベオの言葉：cum omnium haec est opinio［すべての人の意見がこうである］（§199）を，間違って，一般的な風評，世論が問題であるかのように，それゆえに多くの証人が審問されるか，二人の証人がその風評の存在について尋問されるかでなければならないかのように解している。しかし，実際には，omnium［すべての人の］は，人数がどうであれちょうど申し立てられた証人をめざしており，証明されるべき事実は，継続している占有状態だけであって，世論の存在は顧慮されない[g]。

さらに，前の世代についての証人は，自分が前の世代の人たちからその人たちの反対の体験を聞いたことがないという単に消極的な証言をしなければならない。幾人かの人は，間違って，これが可能な反証に属するにすぎないと思っている[h]。そもそも証人が申し立てられるとき，この証人は，すでに挙証者自身によっても，証明が完全なものとみられうるようにこの消極的な点について尋問することが予定されている[i]。しかし，別の人たちが，この遠く隔たった方の期間についても，証人がすでに前の世代からも前の期間における問題の状態の存在を聞き知っているという積極的な証言を要求するとき[k]，それはなおもっと間違っている。そのとき，そこからは，そういう故人となった証人の数と性質についての追加的な問題

(f) Pfeiffer§9.
(g) Pfeiffer S. 47. 54.
(h) PUFENDORF II. 54. Unterholzner§150.
(i) Pfeiffer§10.
(k) Schelling S. 130-132がそうである。

§200 期間　6．いつからとも知れぬ期間。適用。(つづき)　——*461*

が生じなければならないであろうが，この問題は，ここで出された意見に従えば，まったく余計と思われる(1)。

　証言の補足が，以前の占有訴訟において占有が承認され保護されたことに含まれていることがありうる。この判決自体が当時の占有について，およびたいていその後の時代の占有についても決定的であるのみならず，この判決の基礎にある証言は，その内容に応じて，その前の期間について現在なお利用されうる(m)。

524　この証明のための文書の許容性は，非常に争われている(n)。証言がその期間の個々の部分について不完全なままであるとき，証言の補足のために，文書は，この時点における占有を証明するのにたいへん適していることによって，非常にしばしば用いられうる。文書だけが，独立の証明手段として役に立つことは，比較的希であろうが，それでもなお，たとえばきちょうめんにつけられた徴税簿から，二つの世代の期間について一定の範囲で，ある税の納付が証明されるとき，文書は，独立の証明手段の形ででも現われうる。一貫させるために，それについて80年の期間を認めてもよいであろう(o)。この期間のうち遠く隔たった方の部分については，とぎれずに行われていることの厳格な証明は要求されるべきではないであろう。なぜならば，欠陥のあるこの種の文書さえ，遠く隔たった方の期間に関する単に消極的な証言よりももっと確信を与えるからである。

　証明手段としての宣誓も，非常に議論の余地がある(p)。宣誓が，不十分

（1）　正しい意見を弁護するのは，Pufendorf I. 151 §3. 7, および Pfeiffer §11.
（m）　Pfeiffer S. 53. 54.
（n）　書証に賛成の態度を表明するのは，S t r u b e n Bedenken IV. 1, および Pfeiffer §14.
（o）　証言においては，遠く隔たった方の世代の範囲は問題になりえない。なぜならば，単に消極的な証言がそれに向けられるのであり，これについては時間的限界は必要でないからである。
（p）　宣誓に賛成の態度を表明するのは，Pufendorf Observ. II. 55. ——Pfeiffer §15は，これをかなり疑わしいと考える。

な証明の場合にも，その期間のうち証言によって触れられない個々の部分についても，単なる補足として用いられうることは，疑いえない。しかしながら，独立してでも，宣誓は，相手方が，最近の二つの世代の間ずっと現在の状態がとぎれずに続くことを知りもせず信じもしないことについて，押し付けられうる。この期間中の占有は，純粋の事実であって，判断ではなく，したがって宣誓要求によく適している。しかし，もちろん，この証明手段は，挙証者にとって危険である。なぜならば，このような宣誓は，たいていの場合に，良心的な相手方によってもなされうるであろうからである。

取得時効においても，占有がいくつかの承継を通り抜けてきたことがあり，そのとき，一連のこれらの承継は，取得時効を主張する者にとっては，相手方がそれらの承継を任意に認容するのでなければ，証明の特別の対象である。この証明の必要性は，いつからとも知れぬ期間においては，取得時効におけるよりもしばしば生じるのみならず，ここでは（法人を除いて）決して欠けていることはありえない。なぜならば，現在の占有者が二つの世代このかた占有してきただろうというようなことは，おそらく考えられないからである。この点に関して，権原の証明もいつからとも知れぬ期間において現われうるが，一方，占有の始まりについて権原の挙示と証明を要求しようとするならば，それは，いつからとも知れぬ期間の性質に矛盾するであろうといいうる[q]。

反証は，いつからとも知れぬ期間の実体が存する事実のあらゆる否定によってなされる[r]。このことは，最近の二世代以内における占有の明確な開始の証明によってなされる。さらに，この期間中に生じた明確な中断の証明によってもなされる[s]。最後に，その期間内にいつか一度存在してこ

　（q）　Ｐｆｅｉｆｆｅｒ§8.
　（r）　反証を極めて満足できるように扱うのは，Ｐｆｅｉｆｆｅｒ§16―18.
　（s）　Ｗｅｒｎｅｒ p. 753が，いつからとも知れぬ期間は真の時効を根拠づけないという理由でinterruptio［中断］を認めようとしないとき，それは，実質よりもむしろ言葉の

とのある反対の状態のあらゆる証明によってもなされる。証明手段は，ここでは，本証明におけるほどには疑問を生じさせない。なぜならば，反証は，たいてい，個々の一時的な行為に向けられているであろうからである。したがって，ここでは，証明のすべての場合においてそうであるように，証人(t)，文書および宣誓が用いられうる。

　幾人かの人は，つぎの事実をも反証として許すが，不当である：

　1) 平穏な占有の単なる妨害。これは，とりわけ他人の側の共同占有の個々の行為にも存しうる(u)。

　2) その期間中に訴えがなされること。訴訟が放置されているとき，その訴訟は，いつからとも知れぬ期間の継続をまったく妨げない。その訴訟が今なお進行中であるとき，その訴訟の開始によって（訴権時効におけるとちょうど同じように）そこから二つの世代が遡って計算されるべき時点のみが決定される(v)。

　3) mala fides［マラ・フィデース。悪意］。これは，ここでは実際には現われえず，その結果，教会法において一般的に表現されたそれの顧慮の規定は，ここでは適用がないままである。というのは，mala fides［悪意］は，現実に存在する不法の意識であるからである。今，占有の不法性が証明できるときには，占有の成立が知られていなければならず，その場合には，その占有は，いつからとも知れぬ占有でありえない。しかし，そのほかに，自分の占有の性質について思い違いをしている占有者の発言から，その者がそれを不法な占有と考えていることが明らかになりうる。しかし，このような考えは，mala fides［悪意］を理由づけない(w)。

――――――

問題である。やはり，占有を解かれたことが証明されることによって，二世代の間中の占有の継続の事実が否定されていることは，疑うことができない。

　(t)　Pfeiffer S. 74, 彼は，正当に，ここで唯一人の証人で完全な証明に十分であるべきだとする Neller p. 95 の意見をしりぞける。
　(u)　Pfeiffer §5.
　(v)　Thibaut S. 186. Pfeiffer S. 24-26. Arndts S. 158.
　(w)　Thibaut S. 187. Pfeiffer §7. ――不当なのは，Neller p. 109 の意見

最も疑わしい問題は，反証が，最近の二つの世代に先立つ時期にも向けられてよいかどうかである。これに対する満足の行く答えは，いつからとも知れぬ期間の独特の効力が確定されて後にはじめて可能であろう。

§ 201
VI. 期間　6．いつからとも知れぬ期間。適用。（つづき）
　　　［Die Zeit　6. Unvordenkliche Zeit. Anwendung.（Fortsetzung）］

いつからとも知れぬ期間の理論において，なにか他の問題よりももっと争われているのは，それの実際上の本質，それの効力の本来の性質である。これについては，つぎの二つの意見が生じている。

幾人かの人によれば，それは真の時効である，すなわち，その期間の経過によって，使用取得および訴権消滅時効におけると同様，法的状態の現実の変化，新たに取得された権利による財産の拡大が生じる[a]。

別の人たちによれば，それは，単に，ずっと昔に，現実の，ただ忘れ去られてしまった取得原因によって，ある権利が生じたという推定を理由づけるにすぎず，その結果，それは，現在において法的状態を変更するのではなくて，以前の変更の証拠を提供するにすぎない[b]。

第一の意見についての理由は，第一に一般的な時効概念がそれに適合すること（§178），第二に教会法がそこでpraescriptio［時効］という表現を用いること（§198）に存する。しかしながら，そういう一般的な時効概念がそれ自体根拠がなく，非難すべきものであり，不真正な用語の影響の下に選ばれた教会法の表現は，その法律制度の性質についてなにも証明することができない。

である。
　（a）　Neller p. 114. 115. U n t e r h o l z n e r § 147. P f e i f f e r § 2. 19.
　（b）　Wernher p. 746. Böhmer § 39. T h i b a u t S. 185. A r n d t s S. 139-142.

§201　期間　6．いつからとも知れぬ期間。適用。(つづき)　——*465*

　以下の理由から，第二の意見が真実と認められるべきである。この制度が起源を有するローマ法が，それを一種の取得時効と考えたことは，ありえない。なぜならば，その制度の適用のいくつかの場合において，占有が基礎にあるのでもなく，私権が取得されるのでもなくて，ただ公的な状態が適法に設けられたものとして確定されるにすぎないからである（§196）。——今いつからとも知れぬ期間が適用される諸場合において，現実に一種の取得時効をとり入れようとしたとすれば，一定の，ただ十分に長い期間を，たとえば教会法において時効期間としてとにかくすでに早く適用されている100年を規定するのが，最も自然であっただろう。そうしないで，不確定な期間を，したがってすべての知られた時効と異なって規定したということは，確かに取得時効によるのと類似の利益を，すなわち不確かな法律関係の確定を達成しようとしたが，しかしまったく別の方法で達成しようとしたことを，明らかに示す。——最後に，現実に現在の変更が，いつからとも知れぬ期間によって生じさせられるとするならば，やはりそれについてなにかある時点が示されえなければならないであろう。しかし，たとえば，反対の状態を知っていたであろう最後の証人の死亡をそのような時点とみようとするのでもなければ，そのような時点は，ここでは決してみいだせない(c)。——つまり，取得時効に対する真の関係は，こうである。取得時効は，現実に，その性質上，新しい権利を設定するよう決められている。それは，多くの場合において，ずっと以前に行われていて，証拠が失われているだけの取得を，異議に対して保護することにも役立ちうるのではあるが。逆に，いつからとも知れぬ期間は，その性質上，以前に行われた取得を，異議に対して保護すべきである。それは，個々の場合において，もちろん間違いがないわけではないそれの推定によって，法的状態の変更によるのと類似の仕方で作用しうるのではあるが。それがこういう仕方で作用するところでは，それは，取得時効とよりもむしろ確

　(c)　Arndts S. 140.

定力ある判決と内的親近性を有する。というのは，これも，現実に存在する権利を変更するようにではなくて，あらゆる将来の異議に対して保護するように決められているが，それでもやはり，それは，個々の場合において（それの基礎に裁判官の間違いがあるとき）法的状態の真の変更を生じさせるからである[d]。

この議論の問題点の実際的利益が不正確に理解されたことが，希でない。それは，第一に，なにかある法律関係についてすべての時効を禁じる新しい法律が，時効でないいつからとも知れぬ期間に関係させられてはならないことに存する[e]。しかしながら，この規則は，やはり，慎重に適用されなければならない。というのは，このような場合には単に新しい法律の解釈が問題であるので，いつからとも知れぬ期間が実際は時効であるかどうかも，この立法者がそれを時効とみたかどうかも，問題ではないからである。——第二に，われわれの見解からは，回復がそもそも法的状態の変更に対してのみ求められえ，単なる推定に対しては求められえないから，いつからとも知れぬ期間の経過に対しては回復は不可能であるということが，結果として出てくる。しかしながら，この結論は重要でない。なぜならば，真の訴権消滅時効に対してもすでに，それが少なくとも30年でありさえすれば，すべての回復がはっきり禁じられているからである[f]。——しかし，最も重要な結果は，単なる推定としてのいつからとも知れぬ期間に対し依然として反対の証明が許されており，一方，完成した取得時効または訴権消滅時効に対してはこういうものが決して問題になりえない

(d) Arndts S. 142. 143.

(e) WERNHER p. 752. BÖHMER §43.——Pfeiffer §21もこの命題を主張するが，彼自身はいつからとも知れぬ期間を時効とみるから（註a），必ずしも首尾一貫しない。——いくつかの地役権において時効を禁止する（§198.1）フランス法典 art. 691 ［第691条］は，その場合，はっきりと，いつからとも知れぬ占有を，同じく無効と述べる。

(f) *L. 3 C. de praescr. XXX.* (7. 39.)［勅法彙纂第7巻第39章「30年または40年の時効について」第3法文］。この理由から，Pfeiffer §20も，まったく首尾一貫して，いつからとも知れぬ期間に対する回復をしりぞける。

§201　期間　6．いつからとも知れぬ期間。適用。(つづき)——*467*

ことにある。けれども，この重要な命題は，いろいろな仕方で誤解されているので，もっと精確に決定されなければならない。

　この命題においては，争われている占有が最近の二つの世代においてとぎれずに存在してきたのでは<u>ない</u>ということに向けられた，すでに上述した(§200)直接の反証が問題ではない。というのは，このような反証がなされるとき，いつからとも知れぬ占有はまったく存在せず，したがってそれによって制約される推定も存在せず，したがってこの推定から証明によってそれの通常の効力を奪うことも問題になりえない。この反証は，やはり確かに真の権利取得である引渡または使用取得の存在の主張に対しても許されている(g)。——いわんや，この直接の反証は，それが今失敗し，それゆえにいつからとも知れぬ期間がそれの結果とともに確定力をもって承認されたとき，やはり推定が存在するにすぎないから，それが将来あらためて試みられうるということは，主張されてはならない。こういう主張によって，確定力ある判決の独立の有効性が見誤られる。確定力ある判決においては，推定がそれのきっかけとなったか，正しい証拠がそれのきっかけとなったか，あるいは間違って採用された証拠がそれのきっかけとなったかさえ，今ではまったくどうでもよい(h)。——しかし，さきに述べた命題の意味は，反証が，最近の二つの世代から出てくる推定を，なおもっと前の時期から取ってこられているような事実によってくつがえしてよいということに存する。それで，ここに述べた目的に役立つためには，このもっと古い事実がどこに存しなければならないかが問題になる(i)。

　最近の二つの世代のとぎれない状態から，いつかもっと以前の知られな

───────
(g)　Ｐｆｅｉｆｆｅｒ§19. 20.
(h)　Ｕｎｔｅｒｈｏｌｚｎｅｒ§147. Ａｒｎｄｔｓ S. 134.
(i)　これについて参照されるべきは，WERNHER p. 747. BÖHMER §42. KRESS p. 35—37. p. 114. 115. NELLER p. 112—114. Ｕｎｔｅｒｈｏｌｚｎｅｒ§150. Ｐｆｅｉｆｆｅｒ S. 67—71. Ａｒｎｄｔｓ S. 160. これらは全部，完全さに大小はあるが，ここで提案された理論を弁護する。

533 い時期にこの状態の法的原因が生じたという推定が取ってこられた。今，この推定は，とりわけ，いつかもっと以前の時点にそういう状態の反対［Gegentheil］が現実に一度生じたという証明によって（つまり単なるcontrarium［コントラーリウム。反対］によって）くつがえされえない。なぜならば，その推定された法的原因がその時点の後に生じたことがありえ，その結果，それを認めることは，上述のなされた証明と全然矛盾していないからである。この主張にとってまったく決定的なのは，ローマ法の上掲の個所（§196. e）であって，これによれば，地方道は，そもそも道として人間の記憶を越えて存在していさえすれば，それの土地がいつかもっと古い時期に個々の所有者により耕地として利用されていて(k)，その結果当時は道の形を有していなかったことが知られるのに，公道とみなされる。ライザーは，確認のために，なおつぎの例を挙げる。タキトゥスによれば，われわれの先祖は，はっきり承認された税のみを支払ったから，単なるcontrarium［反対］を否定とみようとするならば，ドイツにおいては決して徴税権はいつからとも知れぬ時効により取得されえないであろう。なぜならば，タキトゥスにより常にもっと以前のcontrarium［反対］が証明されているからである(1)。

534 しかし，現在の状態の反対のみならず，上述のもっと古い時期におけるそれの成立（initium［イニティウム。開始］）が証明されるとしても，これも，それ自体では，いつからとも知れぬ期間から出る推定の否定にはまだ十分でない。というのは，証明された成立が適法なものであるとき，その権利は，いつからとも知れぬ期間なしにでさえ確実であるからである。証

（k） *L. 3 pr. de locis*（43. 7.）. „..quae *ex agris privatorum collatis* factae sunt."［学説彙纂第43巻第7章「公の場所および道路について」第3法文前文（ウルピアーヌス）：「いっしょにされた私人の耕地から作られたところの...」］したがって，現在そうであり，そして人間の記憶以来そうであった道が，もっと以前にかつてager privatorum［私人の耕地］であったこと，したがって道でなかったことが，知られなければならない。

（1） LEYSER 460.2.

§201 期間 6．いつからとも知れぬ期間。適用。(つづき) —— *469*

明された成立が不適法なものであるとき、それによって、その後にある法的原因が付け加わり、まさにこれの受け入れを、ともかくいつからとも知れぬ期間に存する推定がめざしているという可能性は、排除されていない。確かに成立は証明されるが、しかしその場合それが適法であったかどうかは不確かなままであるという、なおもっとしばしばある場合においては、同じことが、それだけ一層あてはまらなければならない。——それゆえに、このような証明は、それにより不適法な成立自体が確実であるのみならず、それと最近の二つの世代の中に入る状態とのずっと続くとぎれない因果関係も確実であるときにのみ、推定の否定とみなされうるであろう。このような証明が、どんなに困難であるか、また、証明された成立の時点が遠い昔であればあるほどそれだけ一層、どんなに困難にならざるをえないかは、おのずから明白である。

　このような不適法な始まりについての証明手段として、とくに文書が用いられうるであろう。それについて、証人はあまり役立たないであろう。証人が自分の知覚からそんなに古い事実を証言できないことは、納得がゆく。したがって、証人は、たとえば、前の世代の人たちから、この人たちがそのまた前の世代の人たちから不適法な成立を知らされたと聞いたと証言しなければならないであろう。すなわち、今は、証明は単なる伝承によってなされるであろう。しかし、このことは、一部はこういう伝承それ自体の不確実さのゆえに、一部は、それにより上述の因果関係が明確になることはほとんどないであろうがゆえに、極めて疑わしく思われる。それで、ここで、われわれは、上述のところに（§199）掲げた L. 28 *de probat.* (22. 3.)［学説彙纂第22巻第3章「証明と推定について」第28法文（ラベオ）］の言葉

　　et hoc infinite similiter sursum versum accidit［そしてこのことが無限に
　　　同じように上の方に向かって生じる］

に立ち帰ろう。これは、確かに、このような無限の伝承の許容性を示すようである。なされるかもしれないそれの悪用は、今もちろん、裁判官が厳

格に上述の因果関係に注意を向ければ，それによってすでに防止されるであろう。しかし，そのほかに，前掲の個所が単に actio aquae pluviae［雨水阻止訴権］をめざしており，しかも広野に作られ，一般的な知覚にとって近付きやすい，堤防または堀の施設をめざしていることが，考慮に入れられるべきである。その場合，このような伝承は，二人に限定された通常の占有関係におけるよりも容易に，確実な結果を与えうるであろうし，それゆえに，その個所に含まれた教示は，このような種類の場合に限定されるべきである(m)。

§202
法律事実の無効

[Ungültigkeit der juristischen Tatsachen]

すでに前述のところで（§104［本書第三巻1頁以下，とくに10頁]），まず第一に，法律事実の中で最も重要なものの概観が与えられるべく，それから次に，法律事実の有効性の障害が，すなわち法律事実の無効の種類と程度が扱われるべきことが，指摘された。けれども，法律事実のこの消極的な面の考察は，そこで現われる法的形式の非常に一般的な挙示に限定されたままでなければならない。なぜならば，それを越えるようなことはすべて，個々の法律制度の体系においてのみその真の姿を見せることができるからである。

　法律事実の無効［Ungültigkeit］において，三つの対立が注目すべきものであり，それの厳密な区別は，それが近時の著述家たちにおいていろいろな仕方で混同されるのが常であるとき，それだけ一層必要である。すなわち，その無効は，つぎのようでありうる：

1) 完全な，または不完全な［vollständig, oder unvollständig］，

(m) Pfeiffer S. 75. 76 も，その個所をそのように説明する。

2) 決まっている，または決まっていない［entschieden, oder unentschieden］，

3) 有効性を妨げられるべき事実と同時の，または同時でない［gleichzeitig oder ungleichzeitig］。

———

1) 私が，完全なと称するのは，有効性の純粋の否定に存し，したがってそれが否定的に関係する事実自体と効力および範囲という点でまったく同等である無効である。この場合についての一般に認められた術語は，<u>絶対的無効</u>［Nichtigkeit］である。この法的概念をもっと厳密に規定するためにいわれるべきことは，つぎの対比においてはじめて分かりやすくされうるであろう。

不完全な無効は，その性質によって極めて多様である。なぜならば，それは，法律事実に対する反対作用［Gegenwirkung］の非常に種々の種類と程度において考えられるからであうる。それは，訴権の形で[a]，抗弁の形で[b]，以前の事実とは逆の効果をもつ新たな法的行為への債務の形で[c]現われ，さらに回復のまたは Bonorum possessio contra tabulas［遺言書に反する相続財産占有］の申立によって現われる。私は，この極めて多様な場合を，法律関係の<u>取消可能性</u>^(訳註40)［Anfechtbarkeit］という共通の名称で呼ぶ。

———

（a）たとえば actio quod metus caussa, Pauliana［強迫訴権，パウルスの訴権］などがそうである。

（b）これは，あるいは ipso jure［法律上当然に］無効（絶対的無効）であり，あるいは per exceptionem［抗弁により］無効である債権において特別に発達しているようであるけれども，無効にする手段としての抗弁は，債権以外の権利においても存在する。この種の最も包括的で最も重要な抗弁は，doli exceptio［悪意の抗弁］である。

（c）たとえば夫に嫁資が与えられるが，後に離婚するとき，彼が嫁資を占有していた唯一つの理由がやみ，課題は，以前の状態を再び作り出すことである。しかし，このことは，かなり古い法によれば，受領された嫁資物件の返還をめざす対人訴権によってのみなされる。――以前の売主が pactum de retrovendendo［売戻約款］を主張しようとするときも同様である。*L. 2 C. de pactis inter emt.* (4. 54.)［勅法彙纂第4巻第54章「買主と売主の間で決めた約束について」第2法文］。

538 　法律関係の絶対的無効がそれの単なる否定に存したのに対して，取消可能性においては，われわれは，常に，別の人の自身の，もう一つ別の，反対作用をする権利を認めなければならない。この反対作用をする権利は，独立の性質を有しており，それゆえにまた新たに特別の運命がふりかかる。それは，全部または一部無効とされえ[d]，それによってそれから再び，もとの権利は，この障害を免れて，完全な有効性を主張するのであって，このことは，絶対的無効の場合には決して現われえない。

　ローマの法律家たちは，絶対的無効と取消可能性の対立を非常に確実に取り扱うのが常であって，どちらかの概念の使用が疑わしいままであるような場合が現われるのは希であろう。その人たちの術語さえ，最も重要な適用において，明確であり，あいまいでない。もっとも，不確かな用語の個々の場合もないわけではないけれども[e]。

———

539 　2) 私が決まっていないまたは不確かな [ungewiß] と称するのは，それの発生が将来の不確かな事実に，つまり偶然の出来事か人間の任意にかかっている無効である。

　停止条件が不成就に終わり，または解除条件が成就するとき，その法律行為の完全な無効，したがって絶対的無効は，偶然の出来事の結果であ

———

（d）　たとえば，反対作用をする訴権が消滅時効によって，B.P.c.t.［遺言書に反する相続財産占有］がそれの期間の経過によって，抗弁が対立する再抗弁によってそうである。

（e）　L. 22 *quae in fraud.* (42. 8.)［学説彙纂第42巻第8章「債権者を欺くためになされたことが回復されるように」第22法文（スカエウォラ）］において，譲渡が nullius momenti ［無意味な，効力のない］と称せられ，その結果，それは，Pauliana actio［パウルスの訴権］をもって返還請求されうるにすぎないのに，絶対的無効と考えられるかもしれない。——同様に，rescindere［無効にすること］は，通常は絶対的無効を，しかも将来においてはじめて生じる絶対的無効（同時でない絶対的無効）を表現する。しかし，その言葉が無効の他の場合にも用いられることが希でない。Brissonius v.rescindere を参照。Ulpian. tit. de legibus §1. 2においては，それは，始めからの絶対的無効を言い表わす。

る。

　人間の任意は，単なる取消可能性のすべての場合における無効の原因である。というのは，訴権，抗弁，回復などは，そうする権利のある特定の人がこれを欲し，そのためになにかをするときにのみ，法律関係を無効にし，そうでなければ，もとの法律関係は，効力を弱められないままであるからである。人の任意にかかるこのような無効を，こういう依存が存在しないであろう絶対的な無効に対し，相対的な無効と呼ぶ人がある。

　しかし，絶対的無効が同じように人間の任意にかかっていることがありうるかどうか，言い換えれば（すでに挙げた用語に従えば）絶対的な無効［Nullität］のみならず，これと並んで，他の場合について，相対的な無効が存在するかどうかが，疑問となる。このことも主張されなければならないけれども，近時の著述家たちによって認められるのが常であるよりもはるかに僅かな範囲においてである。これにしばしば重要な誤解が結び付くから，もっと詳細にこの問題に立ち入ることが必要である。──すなわち，非常に広まった考えによれば，多くの重要な場合において，絶対的無効の法律行為によって不利になるような者は，その法律行為の取消を請求してこれを無効にする権限を有すべきであって，この目的のために，querela nullitatis［クェレーラ・ヌールリターティス。無効の訴訟］という名称の下に，独特の訴えが主張される(f)。しかし，実際は，そうでなくても絶対的無効であるもの，したがって存在しないものを，訴えによってまずくつがえすことは，必要でも可能でもない。法的にみれば，つぎの各場合は，同列にある：名義上の遺言者によって全然作られていなくて，偽造されている遺言，未熟者の遺言，6人の証人の前での遺言，父権の中にいる息子，またはPosthumus［ポストゥムス。後生子］が看過されている遺言。すべてのこれらの場合において，法的に有効なものはなにも存在せず，中身のないみせかけを取り除くのに訴えは必要でなく，それにより危うくさ

　　（f）　G. L. MENCKEN de actionibus Sect. 3 C. 2 membr. 2. H ö p f n e r Commentar § 344. 525. 535. T h i b a u t § 302. 966-968 der 8ten Ausg.

れる人の意思や活動はなんら問題にならない[g]。――それにもかかわらず，もちろん，ローマ法においても，絶対的無効がその場合関係する特定の人の任意にかかっており，その結果，それに，上述の相対的な絶対的無効という表現を適用することができるいくつかの場合が存在する。未熟者が双務契約，たとえば売買を締結するとき，その契約がまったく有効であるべきか，まったく絶対的無効であるべきかは，その者またはその者を代理する後見人にかかっており，相手方の意思は，それになんら影響を有しない[h]。ある組合員が，不在の他の組合員に，手紙によってか，この他人の代理人を通じて組合契約の解約告知をするとき，いわれた表示がその他人に知られるまでに，多かれ少なかれ時が過ぎ去る。今この中間時において組合がまったく有効と考えられるべきか，まったく絶対的無効と考えられるべきかは，その告知を後にはじめて知ったその他人の任意にかかっている[i]。――したがって，ここで出した見解が多くの著述家の間に広まっ

（g）ここにいっしょに並べた絶対的無効の遺言の諸場合のうちで，一つの場合だけが，すなわち近時，非常に広まった見解のきっかけを作った看過［Praterition］の場合だけが，querela nullitatis［無効の訴訟］という表現によって言い表わされる。この見解のために，プロクルス学派の法学者たちのゆるやかな方の意見 GAJUS II. §123に裏付けを求めようとするのは，間違いであろう。というのは，一部には，この意見は後に一般的に非難されたし（L. 7 de lib. 28. 2.［学説彙纂第28巻第2章「相続人に指定されまたは廃除されるべき子および後生子について」第7法文（パウルス）］），一部には，この意見はまた遺言者より前に死亡した息子の場合にのみ関したのであって，息子が遺言者より後に，また訴えたことなしに，死亡したときは，まったく意見の衝突はなかったからである。もちろん，後者の実際的結果としては，絶対的無効の純粋の概念は，この場合には，法務官が単に市民法上の絶対的無効をまったく無視したことによって，排除された（ULPIAN. XXVIII. 6）。しかし，そのことは，絶対的無効自体の概念を変更しない。――とにかく，querela nullitatis［無効の訴訟］のこの適用は，近時の著述家においては，最もしばしばあるものであるが，しかし決して唯一のものではない。Höpfner §344, Glück B. 33 S. 91参照。

（h）L. 13 §29 de act. emti（19. 1.）［学説彙纂第19巻第1章「売買訴権について」第13法文第29節（ウルピアーヌス）］．

（i）L. 17 §1 L. 65 §8 pro socio（17. 2.）［学説彙纂第17巻第2章「組合員のための訴

ている見解と異なるところは，第一に，相対的な絶対的無効がその人たちによってなされるよりもはるかに少ない場合に認められるべきことに存し(k)，第二に，特別の訴え，すなわち querela nullitatis［無効の訴訟］の，まったく非難すべき受け入れに存する。とくに，ここで挙げた両方の場合においては，常に，通常の契約訴訟で十分であろうし，絶対的無効は，単に，このような訴えの結果に影響をもたなければならない一つの原因として問題になるにすぎないであろう。

---

3) 最後に，無効は，あるいは最初にすでに存在していることがありえ，あるいは後にはじめて生じることがありうる。第一の場合には，それは，発生において，それにより無効とされる法律事実と同時であり，第二の場合には同時でない。この対立は，上述のところで説明した対立のどれとも重ならず，むしろそこでは，非常に種々の組合せが考えられる。

原始の，すなわち同時の絶対的無効の例は，つぎのものである：父権の中にいる生きている息子が看過されている遺言，未熟者が一方的に義務を負う契約。——同時でない絶対的無効は，遺言がなされた後に遺言者に Posthumus［後生子］が生まれるとき，遺言書が遺言者により破棄されるとき，新たな遺言が作られるときに生じる。どの債権においても，それの完全な履行により同様である。

同時の取消可能性は，強迫または詐欺が原因で生じたすべての契約において存する。——同時でない取消可能性は，訴権消滅時効または確定力ある判決が対立したすべての債権において存する。かなり古い法においては，単なる合意により廃止された問答契約においても同様である。

権について」第17法文第1節，第65法文第8節（パウルス）］。
　(k)　とくに，ローマ法においては，婚姻のところで，相対的な絶対的無効は決して現われない。現代法においては，この概念は，もちろん欠かせないものであり，この適用においては，無効訴訟［Nichtigkeitsklage］の受け入れに対してもなんら反対できない。

上掲の相対的な絶対的無効の二つの場合のうち，第一のもの（未熟者の約束）は同時であり，第二のもの（組合の解約告知）は同時でない。

同時でない，すなわち事後の無効の理由については，ここでは，一般的な概要しか述べることができない。なぜならば，もっと深く立ち入ったことはすべて，個々の法律関係に留保されたままでなければならないからである。――この種の無効は，その理由を，その法律関係が生じた出所である法律事実自体にすでに有することがありうる。とくに事後に成就した解除条件においてそうである。――さらに，一般的な法規に有することがありえ，訴権消滅時効がそれに属する。――さらに，確定力ある判決や回復のような裁判官の行為に有することがありうる。

しかし，このような事後の無効の，最もしばしばあり最も重要な理由は，以前の法律事実に反対作用をすべき新たな法律事実に存する。それの最も一般的な適用は，反対の意思表示によって廃止される意思表示にある。この廃止が完全に作用するために，廃止する表示は，廃止されるべき法律関係が生じたのと同じ形式を有しなければならないという規則が，立てられている。

Nihil tam naturale est, quam eo genere quidque dissolvere, quo colligatum est : ideo verborum obligatio verbis tollitur : nudi consensus obligatio contrario consensu dissolvitur ［なにかが，締結された様式によって無効にされることほど自然なことはない。それゆえに，言葉による債権債務関係は言葉によって無効にされ，単なる合意による債権債務関係は反対の合意によって無効にされる］(l)。

けれども，この規則のいくつかのまったく実定的な例外が存在する(m)。

（1） *L.* 35 *de R. J.* (50. 17.)［学説彙纂第50巻第17章「古い法の種々の規則について」第35法文（ウルピアーヌス）］．――*L.* 100 *L.* 153 *eod.* ［同所第100法文（ガーイウス），第153法文（パウルス）］，*L.* 8 *de adqu. poss.* (41. 2.)［学説彙纂第41巻第2章「取得されるべきまたは喪失されるべき占有について」第8法文（パウルス）］，*L.* 80 *de solut.* (46. 3.)［学説彙纂第46巻第3章「支払と免責について」第80法文（ポンポーニウス）］参照。

（m） そういうことで，たとえば，昔から，窃盗または名誉毀損から生じた債権は，

§202 法律事実の無効——**477**

しかし，それに加えて，この規則は，比較的新しいローマ法においてすでに，しかし現代法においてなおもっと，その重要性の大きな部分を失っている(n)。

しばしば，ある権利が renunciatio［レヌーンキアーティオー。放棄］，**断念**［Entsagung］，**放棄**［Verzicht］と呼ばれる(o)権利者の一方的意思表示によってすでに無効にされるか，それになおなにかが，とくに他人の意思，すなわち承諾［Acceptation］が加わらなければならないか(p)という問題について，争われてきた。この争いは，とりわけ，そういう一見単純な問題の中

---

nudum pactum［単なる合意］により，それなのに ipso jure［法律上当然に］廃止された。というのは，その場合その pactum［合意］は十二表法において言及されていたからである。L. 17 § 1 L. 27 § 2 de pactis (2. 14.)［学説彙纂第2巻第14章「約束について」第17法文第1節，第27法文第2節（パウルス）］, L. 13 C. de furtis (6. 2.)［勅法彙纂第6巻第2章「窃盗および奴隷悪化について」第13法文］.

（n） 合意は，問答契約を ipso jure［法律上当然に］廃止すべきではなかっただけで，per exceptionem［抗弁によって］廃止すべきであった。けれども，両種の廃止の相違は，ユスティーニアーヌス帝の法においては以前ほど重要ではない。——これに反し，現代法においては，合意と問答契約の間の形式上の相違は，まったく消滅してしまっている。——現代法においてもなおその古い規則の実際的残存物とみられうるのは，遺言は確かに新たな遺言によって廃止されるが，しかし通例は，単なる撤回によっては廃止されず，同様に遺言補足書によっても廃止されないという命題である。§2. 7 *J. quib. modis test.* (2. 17.)［法学提要第2巻第17章「どのような仕方で遺言は無効とされるか」第2, 7節］, *L.*21 § 3 *C. de testamentis* (6. 23.)［勅法彙纂第6巻第23章「遺言について，およびどのように遺言が作成されるべきか」第21法文第3節］.

（o） これらの表現の不確かさは，その争いが保たれたことにも力を貸した。なぜならば，そのうちのどれにも，やはりすべてがかかっている一方性の要素は必ずしも含まれていないからである。そのようにして，たとえば，*L.* 29 *C. de pactis* (2. 3.)［勅法彙纂第2巻第3章「約束について」第29法文］は，古い法規によれば各人は自分の権利を断念する［entsagen］（renunciare［放棄する］）ことができるという。しかし，同時に，その個所全体は，契約による断念［Entsagung］についてのみ述べており，このような契約の拘束力を疑いなくさせるためにこういう法規をも挙げるにすぎない。

（p） 数ある中で，Fritz の独特の論文 Archiv für civilist. Praxis B. 8 Num. XV. 参照。

に本当は二つのまったく異なる問題が含まれていることによって，不当に長くなったのであって，その二つの問題の精確な分離だけが確実な決定に至りうるのである。すなわち，まず第一に，権利者に全然だれも個々人が対立していないか（所有権におけるように），あるいはまたそのような現実に存在する個々人（たとえば債権債務関係における債務者）がその表示をまだ知らない，あるいは反対陳述によってそれについて意見を述べることをしていないという場合が可能である。すべてのこれらの場合において，そういう一方的表示が，それをした権利者にとって拘束力があるか，意思を変えた場合に権利者がそれをまたやめることができるかという問題が生じる。承諾の必要を問題にするとき，通常念頭に置かれるのは，この場合である。その問題は，ここでは，形式的な性質を有する。なぜならば，ある行為が，法律関係における真の変更を生じさせるのに適しているのは，この形式においてか，もう一つの形式においてかが問題であるからである。——しかし，第二に，ある法律関係の中にいる者がこれを解消しようとし，一方，もう一人がこの解消に反対するという場合も可能である。この場合には，個々人の権利が，この争いを前提として，どこまで進むかという問題が生じる。それは，一方的な意思の力［Macht］についての完全に実質的な問題である。

　a）　一方的な意思表示が拘束するか，再び撤回されうるかという形式的な問題は，以下の区別をもって答えられなければならない。故人の遺産からわれわれに，取得するよう提供されて（deferirt）いる権利は，われわれの一方的な意思表示（repudiatio［レプディアーティオー。拒否］）により，変更できないように拒否される。このことは，いずれにしても承諾できるような者が存在しない hereditas［相続］および bonorum possessio［相続財産占有］についてあてはまるのみならず，もちろん相続人の承諾の必要が考えられるであろう遺贈においても[q]あてはまる。——これに反

　　（q）　*L.* 38 §1 *L.* 44 §1 *L.* 86 §2 *de leg.* 1 (30. un.)　［学説彙纂第30巻単章「遺贈と信託遺贈について　1」第38法文第1節（ポンポーニウス），第44法文第1節（ウルピアーヌス），

し，すべてのその他の場合においては，一方的な断念［Entsagung］は，それだけではまったく効力がなく，したがって常に撤回されえ，それにより，もう一人の承諾による可能な確認を免れうる。したがって，このことは，とりわけ，われわれが自分の表示によってすでに取得した hereditas［相続］，bonorum possessio［相続財産占有］および遺贈についてあてはまる。さらに，決して意思だけによってではなくて，同時に占有の放棄（放棄［Dereliction］）によってのみ失われる所有権においてあてはまる。所有者が契約によってのみ免れ，占有者の一方的な表示によっては免れない jus in re［ユース・イン・レー。他物権］においても同様である。最後に，債権においてもそうである。これは，免除契約によって常に廃止され，第三者によってなされた債務引受［Expromission］によっても同様であるが[r]，しかし，債権者の一方的表示は，この第三者を拘束しない。

b) 権利者が，自分の一方的意思によって法律関係から脱することを，妨げられうるかどうかという実質的な問題においては，常に，権利者に対立している個々人が付け加えて考えられなければならない。なぜならば，所有権の放棄に対する異議は，決して考えられないからである。そのことは，まず jus in re［他物権］において問題になりうる。用益権者は，用益権を常に返還することができる[s]。というのは，用益権とは積極的な義務も結び付けられているのではあるが[t]，こういう義務は，やはり受用の条件および制限としかみることができず，したがって，その法律関係から脱

第86法文第2節（ユーリアーヌス）］, *L.* 59 *de leg.* 2 (31. un.)［学説彙纂第31巻単章「遺贈と信託遺贈について　2」第59法文（テレンティウス・クレーメンス）］.

（r）*L.* 91 *de solut.* (46. 3.)［学説彙纂第46巻第3章「支払と免責について」第91法文（ラベオ）］.

（s）*L.* 64 *de usufructu* (7. 1.)［学説彙纂第7巻第1章「用益権について，およびどのようにしてだれが使用し収益するか」第64法文（ウルピアーヌス）］.

（t）*L.* 13 §2 *L.* 66 *de usufructu* (7. 1.)［学説彙纂第7巻第1章「用益権について，およびどのようにしてだれが使用し収益するか」第13法文第2節（ウルピアーヌス），第66法文（パウルス）］.

することを妨げないからである。もちろん、用益権が売買または用益賃貸借契約から一定の期限付きで生じているときは(u)、用益権者は、これらの契約に基づく自分の（用益権自体とは無関係の）反対給付を一方的に免れることはできず、その結果、用益権者は、所有者が契約により無料にするのでなければ、売買代金または賃料を常に支払わなければならない。——ここから、同時に、なぜ永代借地人［Emphyteuta］または地上権者［Superficiar］が自分の法律関係から任意に脱しえないかが、説明される。というのは、それと並んで存する積極的給付への義務は、用益権においては偶然的で異質のものであったが、これらの権利においては、法律関係自体の本質的な構成部分であるからである。——地役権および質権においては、類似の考慮は入らず、その結果、ここでは、一方的な離脱が常に許されている。動産質［Faustpfand］においては、たとえば質物の保管が占有者にとって費用または危険と結び付けられているとき、一方的な離脱につき利益が存しうる。

債権においては、だれも、債務者に一方的な解除を許すことを考えないであろう。債権者においては、この権限は、たとえば寛容さまたは思いやりの競い合いの場合に、あるいは高慢から、債権者が債務を免除しようとし、債務者がこの贈り物を受け取ろうとしないというような希な場合にのみ、話題になるであろう。この場合には、債権者は、疑いなく、第三者が債務を引き受け、それからこの者に契約により債務を免除することによって、目的を達成することができる(v)。債権者は、単に債務の受領を拒むことによって、なおもっと簡単に目的を達成することができる。なぜならば、債務者は、確かに金銭を供託することはできるが、しかし債権者にそれを取りに行くよう強制することはできないからである。——もっと重要

(u) *L.* 10 *C. de usufructu* (3. 33.) ［勅法彙纂第3巻第33章「用益権と居住権と奴隷の奉仕への権利について」第10法文］.

(v) *L.* 91 *de solut.* (46. 3.) ［学説彙纂第46巻第3章「支払と免責について」第91法文（ラベオ）］.

なのは，組合，委任，使用賃貸借におけるように，複雑な性質を有するいくつかの債権において，一方的な解約告知による将来についての解消が許されていることである。けれども，こういう場合の特性およびこの解約告知の特別の効力は，債権法の関連においてはじめて明確にされうる。

§203
VI. 法律事実の無効（つづき）
[Ungültigkeit der juristischen Tatsachen (Fortsetzung)]

さて，なお，法律行為の絶対的無効に関する若干の個々の問題が強調されるべきである。

原始の絶対的無効の理由には，二とおりの種類がある。すなわち，それは，第一に，必要な条件の欠如に，したがって必要な人的特性か行為の本質の欠如に存することがありえ，その条件に属するのは，とくに，意思の存在ならびに規定された形式である。それは，しかし第二に，その法律行為を禁止している実定法に含まれていることもありうる。

そもそも，ある法律が，ある法律行為に予防的に反対作用をしようという意図を有するところでは，このことは，種々の手段によってなされうる。まず第一に，加重的形式によってなされる。おそらく，このことが imperfecta Lex［インペルフェクタ・レークス。不完全法］の意義であった。それから，罰による威嚇によってなされ，一方，その行為自体は有効のままであるべきであるというやり方である。このことは，minus quam perfecta Lex［ミヌス・クァム・ペルフェクタ・レークス。未完全法］と呼ばれた。さらに，なんらかの不完全な無効の定め，とくに抗弁の定めによってなされる。Sc. Macedonianum［セナートゥースコーンスルトゥム・マケドニアーヌム。マケドー元老院議決］および Sc. Vellejanum［セナートゥースコーンスルトゥム・ウェルレヤーヌム。ウェルレヤーヌス元老院議決］がこれに属する。最後に，最も完全かつ単純に，その行為の絶対的無効の規定によってなされ

る。このことが perfecta Lex［ペルフェクタ・レークス。完全法］の意義である(a)。ところで，ある法律が，違反の結果を明確に言い表わすことなしに，ある法律行為を禁止するとき，この結果について疑問が生じうる。とくに，絶対的無効という厳しい結果は，それが法律においてはっきり規定されているところでのみ認められうると主張されるかもしれない。これについて，われわれは，テオドシウス二世の一つの一般的な解釈的法律を有するのであって，そこでは，どの法律上の禁止からも，禁止された行為の絶対的無効が，おのずから結果として生じ，この結果がその法律において言い表わされているかどうかを問わないと定められる(b)。たった今説明された用語によれば，この規定は，こう表現される：禁止法律はすべて，常に perfecta Lex［完全法］とみられるべきである。――なお，法律において言葉どおりでは禁止されている行為を隠すために，単にみせかけでなされている行為も絶対的無効とされることが，付け加えられる。けれども，この付加には，なんら新しい定めはなく，仮装［Simulation］の一般的性質のこの特別の場合への適用があるにすぎない（§134［本書第三巻235頁以下］）。

しかし，禁止法律自体が，絶対的無効とは別の結果を，しかも絶対的無効と相容れない結果をはっきり規定するときは，この一見まったく一般的な規定に，やはり当然の例外を付け加えて考えなければならない(c)。それ

───────────

（a）　ULPIAN. tit. de Legibus § 1. 2, 大半は欠落がある。

（b）　*L. 5 C. de legibus* (1. 14.)［勅法彙纂第1巻第14章「法律と勅法と告示について」第5法文］，これは，Nov. Theod. tit. 4［テオドシウス帝の新勅法第4章］に，もっと完全に保存されている。その法律のこのもとの形の中で保存されている極めて特殊な動機は，他人の財産の procuratio［管理］を市参事会員に禁止したが，この者によりその財産の conductio［賃借］によってくぐられるのが常であった，もっと古い規定であった。この動機は，ユスティーニアーヌス帝の勅法彙纂において落とされており，今は，すでにそういうもとの形の中にも存在したその法律の一般的内容が，なおもっとはっきり現われる。

（c）　つぎのものを参照。VINNIUS quaest. selectae Lib. 1 C. 1. W e b e r natürliche Verbindlichkeit § 74.

§203 法律事実の無効（つづき）——*483*

に属するのは，Sc. Macedonianum［マケドー元老院議決］であって，これには，だから，そういう新たな法律のために強化された効力が付されることは，決してない。というのは，非常にきっちり限界づけられた効力をもった exceptio Sc. Macedoniani［エクスケプティオー・セナートゥースコーンスルティー・マケドーニアーニー。マケドー元老院議決の抗弁］は，実際には，消費貸借の絶対的無効と相容れないからである。Sc. Vellejanum［ウェルレヤーヌス元老院議決］も，それがなお不変のまま適用されるべき場合に，同様である(d)。さらに，寡婦により喪の年の内に締結された婚姻がそうである。
552 というのは，この婚姻の法律上の罰は，真の嫁資の存在を，したがってまた有効な婚姻の存在を，明らかに前提とするからである(e)。したがって，この婚姻障害は，近時の法律家たちの用語によれば，impediens［インペディエーンス。阻止的］なものであって，dirimens［ディーリメーンス。解消的］なものではない(f)。——これに反し，絶対的無効について述べることなしに，罰で威嚇するあらゆる禁止法律において，このような例外を認めることは，まったく間違いであろう。というのは，罰と絶対的無効それ自体が

（d）すなわち，たいていの場合について，ユスティーニアーヌス帝は，いずれにしてもすでに保証の絶対的無効をはっきり規定しており，そこでは，抗弁をもった元老院議決はもはや全然適用されない。しかし，そもそもこれがまだ適用されるところでは，それは，絶対的無効と相容れない。

（e）上述付録 VII 第 III 号［本書第二巻441頁以下］参照。このような婚姻のこの他と異なった取扱の理由は，明らかである。言明された絶対的無効は，なんら助けにならなかったであろう。なぜならば，一部には，それが，真の危険，すなわち seminis turbatio［血統の混乱］をやはり阻止しなかったであろうからであり，一部には，その夫婦が，いかなる場合にも，喪の年の経過後に，したがって非常に短期間の後に新たな婚姻を締結することを妨げられえなかったからである。したがって，そういう取扱における意図は，寛大と思いやりに向けられていたのではなくて，それの現実の手痛さが，禁止された行為をより有効に予防できたような威嚇の選択に向けられていた。

（f）このような場合は，そもそもローマ法においては希であり，近時の地方法においてもっとしばしばある。たとえば，免じうる親等において，父の同意の欠如において，そうである。それで，このような場合はすべて，L. 5 C. de LL.［勅法彙纂第1巻第14章「法律と勅法と告示について」第5法文］の規則の例外に入る。

両立できるので，こういう場合には，上掲の一般的法律の適用を排除する十分な理由を欠くからである。

———

ある法律行為が完全に有効な仕方で締結されたが，その後同じ行為が今はもはや可能でないであろうというような事情の変更が生じるとき，この変更が以前の締結に対して，これまで有効な行為が今は無効にされるというように，反対作用をするかどうかが，問題になる。幾人かのローマの法律家は，この無効を規則として承認したのであり，この承認が学説彙纂の中に移った[g]。しかし，この承認は，ローマの法律家たちの間で一般的ではなかった[h]。また，それと並んで，そういう規則を無条件に認めることを戒め[i]，したがって多数の重要な例外を指し示す別の個所がある。

(g) *L.* 3 § 2 *de his quae pro non scriptis* (34. 8.). „ ..Nam quae in eam causam pervenerunt, a qua incipere non poterant, pro non scriptis habentur." [学説彙纂第34巻第8章「文書で示されないとみなされるものについて」第3法文第2節（マルキアーヌス）：「..なぜならば，そこでそれらが起こることができなかったような状態に陥ったことどもは，書かれなかったものとみなされるからである。」] *L.* 16 *ad L. Aquil.* (9. 2.) [学説彙纂第9巻第2章「アクィーリウス法註解」第16法文（マルキアーヌス）] 参照。

(h) *L.* 98 *pr. de V. O.* (45. 1.). „ ..et *maxime secundum illorum opinionem*, qui etiam ea, quae recte constituerunt, *resolvi putant*, cum in eum casum reciderunt, a quo non potuissent consistere." [学説彙纂第45巻第1章「言葉による債務関係について」第98法文前文（マルケルルス）：「..そしてことに，有効に起こったことどもさえも，そこで起こることができなかったような状態に陥ったときは，解消されると考える人たちの意見に従って。」]

(i) *L.* 85 § 1 *de R. J.* (50. 17.). „ *Non est novum*, ut, quae semel utiliter constituta sunt, durent, licet ille casus exstiterit, a quo initium capere non potuerunt." [学説彙纂第50巻第17章「古い法の種々の規則について」第85法文第1節（パウルス）：「一度有効に確立されたことどもが，そこで開始できなかったような状態が生じたとしても，存続することは，特別のことではない。」] *L.* 140 § 2 *de V. O.* (45. 1.). „ Etsi placeat, exstingui obligationem, si in eum casum inciderit, a quo incipere non potest : *non tamen hoc in omnibus verum est.*" [学説彙纂第45巻第1章「言葉による債務関係について」第140法文第2節（パウルス）：「たとえ，そこでそれが始まることができない状態に陥ったならば，債務が消滅することが気に入るとしても，それにもかかわらず，そのことは，すべてのものにおいて真実であるわけではない。」] § 14 *J. deleg.* (2. 20.) [法学提要第2巻第20章「遺贈について」

われわれは，この点で個々の法律関係を考察するとき，そういう規則といわれるものの適用の多くの重要な場合をも，それと並んで主張される例外をもみいだす。有効に締結された婚姻は，夫が後に市民身分または自由を失うことによって，無効とされた。これに反し，後の精神錯乱は，有効性の継続を妨げない。しかし，両者の事情は，婚姻締結の時に存在していたならば，婚姻の成立を不可能にしていたであろう。まったく同じように，遺言も，遺言者が市民身分または自由を失うときは無効であり，遺言者が精神錯乱になるときはそうでない。

近時の著述家たちは，その規則または例外が適用される条件を厳密に立てようと試みた。しかし，その人たちは，その場合，非常に多くの微妙なことと恣意にまきこまれたので，疑わしい場合の決定は，それによってまったくなんら促進されない(k)。それゆえに，挙げられた問題に関する一般的な定式を立てることをまったく断念し，そういう問題が現われるであろう個々の場合の判断で満足するのが，最も得策であると思われる。ここでは，各法律関係の特有の性質が，わが法源に含まれた個々の決定の類推と並んで，立てられるべきなんらかの定式ができるよりももっと確実性を与えるであろう。

逆に，ある試みられた法律行為が一つの障害によって無効であるが，この障害が後に脱落するとき，今はその行為が遡って有効となり，それによってすべてのことが，まず始めにその障害が存在しなかったかのような状態になるかどうかという問題が，生じる。事情の変更のこのような有利な遡及効は，<u>追完</u> [Convalescenz] と呼ばれ，それゆえに，提起された問題は，つぎのようにも表現される：無効な法律行為において追完は許されて

第14節]．

（k）とくに，この判定は，J. GOTHOFRED. in tit. de R. J., L. 85 §1 にあてはまる。もう少し良いのは，AVERANIUS interpret. Lib. 4 C. 24-26 であるが，彼によっても確実な結果はあまり増やされない。

いるか[(1)]。

　ローマ法のまったく一般的な表現の個所に従えば，追完は絶対にしりぞけられなければならないであろう[(m)]。この規則は，なお遺言一般について確認され[(n)]，遺贈においては，古い regula Catoniana ［レーグラ・カトーニアーナ。カトーの法範］は，本当はそれの繰り返しにすぎない[(o)]。確かに，この規則と並んでも例外があり，とくに regula Catoniana ［カトーの法範］の報告のところでさっそく，それをあまりにも一般的に適用することに対し戒められる（註 o）。こういう例外が，前に説明された反対の規則におけるように多様で多数であるならば，ここでも，そんなに危険な規則をむしろまったく断念する方が得策であろう。しかし，実際にはそうではなく，たいていの例外と思い込まれているものは，そのものとして承認できず，それゆえに，われわれは，その規則を確かに正しいものとして認めなければならないが，しかし，それと並んで，わが法源においてはっきり述べられる個々の例外を承認しなければならない。

　私は，まず第一に，その規則の例外が誤って認められるのが常であるような場合について述べよう。婚姻の締結の際に夫がまだ未熟者であると

　（1）　AVERANIUS interpret. Lib. 4 C. 22参照。

　(m)　*L.* 29 *de R. J.* (50. 17.). „ Quod initio vitiosum est, non potest tractu temporis convalescere." ［学説彙纂第50巻第17章「古い法の種々の規則について」第29法文（パウルス）：「初めに瑕疵のあるものは，時の経過により追完できない。」］

　(n)　*L.* 201 *de R. J.* (50. 17.). „ Omnia, quae ex testamento proficiscuntur, ita statum eventus capiunt, si initium quoque sine vitio ceperint." ［学説彙纂第50巻第17章「古い法の種々の規則について」第201法文（ヤーウォレーヌス）：「遺言から発するすべてのことは，始まるのも瑕疵なしであったときは，所定の結果を得る。」］

　(o)　*L.*1 *pr. de reg. Catoniana* (34. 7.). „ Regula Catoniana sic definit : quod si testamenti facti tempore decessisset testator, inutile foret, id legatum, quandocunque decesserit, non valere. *Quae definitio in quibusdam falsa est.*" ［学説彙纂第34巻第7章「カトーの法範について」第1法文前文（ケルスス）：「カトーの法範は，つぎのように定義づける：もし遺言作成の時に遺言者が死亡していたならば無効であっただろうその遺贈は，その者が死亡していた時は常に有効でない，と。その定義は，若干の場合には間違っている。」］

§203 法律事実の無効（つづき）——*487*

き，成熟年に達するとともに追完が生じるといわれる[p]。被解放女奴隷と無効な婚姻を締結した元老院議員が，後に元老院から追い出されたとき[q]，あるいは，ローマの属州役人が属州の女性を妻にしたが，それから辞任したとき[r]も同様である。父が，先行することの必要な婚姻の承認[s]を与えなかったが，後に承認し[t]，あるいはまた後に死亡する[u]とき，同じである。けれども，これらの場合に無効な婚姻の追完を主張することは，まったく間違っている。ローマ法によれば，婚姻は，真の婚姻に向けられた意図をもってする事実上の共同生活によって締結される。そのうえに特別の形式は，まったく必要でない。したがって，未熟の女子が妻として夫の家に連れて行かれていて，この家で成熟年に達するとき，この瞬間に，婚姻のすべての条件が存在しているから，新たな真の婚姻が成立する。先行の絶対的無効の関係は，追完されているのではないが，有効な婚姻の現在の成立の障害でもない。そういうことで，そうみえるだけだということは，ここに挙げられたすべての場合において例外なくそうであり，さらにそのうちのいくつかにおいては，はっきり述べられる。すなわち，属州役人が事実上存する婚姻中に辞任するとき，それ以前に作られた子

（p） *L. 4 de ritu nupt.* (23.2.) ［学説彙纂第23巻第2章「婚姻の方式について」第4法文（ポンポーニウス）］.

（q） *L. 27 de ritu nupt.* (23.2.) ［学説彙纂第23巻第2章「婚姻の方式について」第27法文（ウルピアーヌス）］.

（r） *L. 65 §1 de ritu nupt.* (23.2.) ［学説彙纂第23巻第2章「婚姻の方式について」第65法文第1節（パウルス）］.

（s） *pr. J. de nupt.* (1.10). „ in tatum, ut jussus parentum *praecedere* debeat." ［法学提要第1巻第10章「婚姻について」前文：「親の是認が<u>先行し</u>なければならないというほどに。」］

（t） *L. 68 de j. dot.* (23.3.) ［学説彙纂第23巻第3章「嫁資の法について」第68法文（パーピニアーヌス）］.

（u） *L. 11 de statu hom.* (1.5.) ［学説彙纂第1巻第5章「人間の状態について」第11法文（パウルス）］.

488―― 第二編　法律関係　第三章　発生と消滅

は，非嫡出のままである(v)。夫の父が承認しなかった婚姻中に作られている子も，この父が後に死亡しても，同様である(w)。妻がその父の承認前に姦通を犯したとき，夫は，起訴において，夫の特権を有しない(x)。したがって，以前の無効な関係の追完は，全然生じないで，どこでも，新たな婚姻が生じ，ただこれが先行のことによって妨げられない。――父権の中にいる息子または奴隷または流刑者が信託遺贈を設定したが，それから父権免除され，解放され，市民身分を回復され，今は証明できるように，この信託遺贈が存在するという意図が継続するとき，信託遺贈は確かに有効であるが，しかし，そこには，以前の行為の追完が存するのではなくて，以前のものと内容において一致する新たな信託遺贈が存するのであって，信託遺贈は，とにかく比較的古い法によれば，どの無形式の意思によっても設定されうる(y)。――regula Catoniana［カトーの法範］と並んで主張され

（v）　*L.* 65 §1 *de ritu nupt.* (23. 2.). „ ..post depositum officium, si in eadem voluntate perseverat, justas nuptias *effici* : et ideo *postea liberos natos* ex justo matrimonio, legitimos esse."［学説彙纂第23巻第 2 章「婚姻の方式について」第65法文第 1 節（パウルス）：「..職務を退いた後，同じ意思であり続ける時は，適法な婚姻が実現され，それゆえに，婚姻からその後に生まれた子が，嫡出である。」］

（w）　*L.* 11 *de statu hom.* (1. 5.). „ Paulus respondit, eum qui vivente patre et ignorante de conjunctione filiae conceptus est, licet post mortem avi natus sit, *justum filium ei, ex quo conceptus est, esse non videri.*"［学説彙纂第 1 巻第 5 章「人間の状態について」第11法文（パウルス）：「パウルスは，こう解答した。娘の父が生きていて娘の結合を知らずに娘により妊娠された者は，祖父の死後に生まれたとしても，妊娠した者の嫡出の息子であるとはみなされない，と。」］

（x）　*L.* 13 §6 *ad L. J. de adult.* (48. 5.)［学説彙纂第48巻第 5 章「罰せられるべき姦通についてのユーリウス法の註解」第13法文第 6 節（ウルピアーヌス）］。

（y）　*L.* 1 §1 *de leg. III.* (32. un.). „ ...fideicommissum relictum videri *quasi nunc datum*, cum mors ei contingit, videlicet *si duraverit voluntas* post manumissionem."［学説彙纂第32巻単章「遺贈と信託遺贈について　3 」第 1 法文第 1 節（ウルピアーヌス）：「...遺された信託遺贈は，あたかも，死がその者を襲う今，すなわち解放後意思がなお存在した今，贈られたかのようにみなされれる。」］――*L.* 1 § 5 *eod.* ..si modo in eadem voluntate duravit."［同所第 1 法文第 1 節（ウルピアーヌス）：「..同じ意思のままであったのでさえあれば。」］

る例外，ならびにhereditas［相続］および新たな民会決議へのそれの適用の排除[z]は，各個の遺言のそれ自体あいまいな性質から説明される。なぜならば，そこにある行為は，遺言作成の時になされたかのようにみられることがありえ，あるいはまた死亡の時になされたかのようにみられることがありうるからである。――委託なしに他人の名において契約が締結されたが，それからその他人により追認されるとき，この追認は，確かに遡及効を有するが[aa]，それでもやはり，これは，真の追完とみられるべきではなくて，追認者は，その契約を，すべての部分において自分のものにしたのであり，それが効力を生じるよう定められていた時に関してもそうであった。追認は，中間時の全効力をとり入れる新たな契約のように作用する。――強迫または詐欺が原因で生じた契約が，後になって任意に追認されるとき，それは，確かに，それによって遡って完全に有効となった。しかしながら，この契約は，どの時にも絶対的無効ではなかったのであり，したがってこれまで取り扱われた問題の範囲の中には全然入らない。

　これに反し，もちろん，真の追完のつぎの諸場合が承認されるべきであり，それらは，それゆえに，上述のところで立てられた規則の例外を成す。夫が嫁資土地を譲渡するとき，これは絶対的無効の行為である。しかし，後に嫁資全体がその者に帰属するとき，その行為はおのずから追完され，したがって，以前の引渡が繰り返されることを要しない[bb]。所有者

　(z)　*L.*1-5 *de reg. Catoniana* (34. 7.)［学説彙纂第34巻第7章「カトーの法範について」第1法文（ケルスス），第2法文（パウルス），第3法文（パーピニアーヌス），第4，5法文（ウルピアーヌス）］.

　(aa)　*L.* 7 *pr. C. ad Sc. Maced.* (4. 28.)［勅法彙纂第4巻第28章「マケドー元老院議決註解」第7法文前文］.　（訳註41）

　(bb)　*L.* 42 *de usurp.* (41. 3.)［学説彙纂第41巻第3章「中断的使用と使用取得について」第42法文（パーピニアーヌス）］. ここでは，venditio［売却］がalienatio［譲渡］の代わりになっており，confirmari［確認される］は，まず第一に使用取得権原の有効性に関するが，この有効性は，この適用においては比較的古い法においてのみ問題になりえた。しかし，それと並んで，またとくにユスティーニアーヌス帝の法において，confirmari［確認される］の中には，譲渡の直接的追完も，したがってなんら使用取得なしに，所有者

でない者がある物を譲渡するが，後に所有権を取得するとき，同様にその譲渡は追完され，買主は，今，新たな引渡なしにでも，おのずから所有者になる(cc)。

　この問題全体は，これまで，絶対的無効の法律行為に関してのみ研究されてきた。取り消しうる法律行為においては，以前に瑕疵のある法律行為の補足が常に可能であることは，まったく疑われえない。というのは，取消可能性においては，障害は，特定の人の自分の権利という独立の性質を有するので，この権利は，廃止することもでき，それによって，そのとき，もとの法律行為が障害のない完全な有効性という状態におのずから入るからである（§202）。それに属するのは，強迫された者または欺かれた者が，自分の意思へのこれらの影響から自由になった後，その契約を追認するという，たった今述べられた場合である。これを契約の追完と表現するのは，正確でないであろう。なぜならば，それはむしろ，それまで認められている抗弁（metus［メトゥース。強迫の］または doli［詐欺の］）の廃止にすぎないからである。

権の直接的追完も存する。

　(cc)　*L.* 42 *de usurp.* (41. 3.) ［学説彙纂第41巻第3章「中断的使用と使用取得について」第42法文（パーピニアーヌス）］，その個所の終わりに。それの説明については，註 bb 参照。——*L.*4 § 32 *de doli exc.* (44. 4.).『...ac per hoc intelligeret, eum fundum rursum vendidisse, *quem in bonis non haberet.*"［学説彙纂第44巻第4章「悪意のおよび強迫の抗弁について」第4法文第32節（ウルピアーヌス）：「...そして，これによって，<u>財産中に有しなかった土地を再び売ったと理解すべきであった。</u>」］——この重要で複雑な問題のもっと綿密な詳述は，所有権の理論の関連においてのみ可能である。

付録　IX

[Beylage IX]

単なる不作為による贈与
[Schenkung durch bloße Unterlassungen]

(§ 144について [Zu § 144])

I.

　一般に，表題において示された贈与の可能性は，否定されなければならない。贈与の法的本質を成す実定的諸制限は，その性質上，法律行為に関するが，この法律行為の概念には，単なる不作為は，あてはめられえない。贈与の実定法において非常に重要な地位を占める握取行為および登録という形式は，不作為においてはまったく考えられない。

　けれども，不作為が贈与の性質を帯びうる二とおりの事情が存在する。第一に，その際隠れた行為が基礎にあり，これがそのとき本当は贈与を成すときである。第二に，もっぱら不作為だけによって確実な利得が生じさせられ，この場合にその利得が間接的なまたは隠れた金銭贈与とみられうるときである。

　この原理を，今から，一連の事例によって展開しよう。その際，その研究をもっと分かりやすくするために，まず第一に，夫婦間の贈与の禁止を考えに入れよう。登録および撤回への適用は，それから容易に付け加えることができるであろう。

II.

　一つの場合を先頭に置こう。これは，それの性質の単純さによって，並びに，それについてわが法源の中で得られる疑う余地のない決定によっ

て，他の不作為の中で際立っているものである。夫が，妻の物に対し地役権を有していて，これを故意に不使用［Nichtgebrauch］によって喪失するとき，妻は，その地役権の価値全体だけより豊かになるのであり，このことは，単にその不作為の結果として生じている。なぜならば，法定期間の満了の少し前にその地役権を一回だけ行使すれば，夫の財産からのこの喪失が避けられたであろうことは，疑いをいれないからである。今，上掲の不作為が法律行為と同じように取り扱われるべきであるとすれば，それは絶対的無効でなければならないであろう，すなわち，地役権の喪失は起こらないままでなければならないであろうし，地役権は継続しなければならないであろう。けれども，そうではなくて，むしろ，地役権は，実際には，他人間におけるとまったく同様に，失われる。しかし，妻は，利得しており，この利得の原因は，はっきり，またもっぱら，夫の気前のよさに存するから，夫は，妻に対し，condictio［不当利得返還請求訴権］を有しており，それの対象は，疑いなく，地役権の回復または地役権の金銭価値の支払である[a]。

まったく同じ場合が，Pauliana actio［パウルスの訴権］において現われる。支払不能の債務者が地役権を故意に喪失するとき，これは，所有権者への譲渡であり，債権者は，所有権者に対し，たった今挙げられた訴権を有する[b]。ここでは，そのうえ，その訴権についての，夫の贈与における

（a） *L.* 5 § 6 *de don. int. vir.* (24. 1.)．„Si donationis causa vir vel uxor servitute non utatur, puto amitti servitutem : verum post divortium condici posse."［学説彙纂第24巻第1章「夫と妻の間の贈与について」第5法文第6節（ウルピアーヌス）：「贈与のために夫または妻が役権を行使しないとき，役権は喪失されるが，しかし離婚後は不当利得返還請求されうると，私は信じる。」］——post divortium［離婚後］という言葉は，言明的［enunciativ］にすぎず，了承が続いている場合には返還請求がそもそも現われること希であろうということに関連がある。返還請求についての権利は，婚姻中も常に存在する。

（b） *L.* 3 § 1 *L.* 4 *quae in fraudem* (42. 8.)．［債権者を欺くためになされたことが回復されるように」第3法文第1節（ウルピアーヌス），第4法文（パウルス）］。

よりもなおもっと有力な理由が存在する。すなわち，譲渡する債務者の不誠実な意図である。

これらの場合のことを考えて，一般に，不使用による地役権の喪失は譲渡とみられるべきであるという命題が立てられる[c]。

III.

その問題は，使用取得 [Usucapion] に関して提起されるが，はるかにこみ入っている。使用取得を阻止できるであろう所有権者の側からの使用取得の許容は，いったい贈与とみられるべきか。この問題は，使用取得の許容がそもそも譲渡であるかどうかという，もっと一般的な問題と関連がある。このことを，まず，もう一つの，しかし親近の法律関係への適用において考察しよう。

夫は，嫁資不動産を譲渡すべきではなく，それを試みるときは，その行為は絶対的無効であるべきである。さて，夫に嫁資として与えられた家屋が倒壊寸前となり，隣人が倒壊についての担保を要求し，夫がこの担保を拒むと仮定しよう。ここでは，他の場合には，隣人は，まず第一に，missio in possessionem [ミッシオー・イン・ポッセッシオーネム。占有委付] をもらうが，拒絶が継続するときは，法務官の第二の判定により隣人に possessio [占有] が認められる。しかし，この占有は，おびやかされている隣人への所有権の即時の移転と解されていた[a]。けれども，それは，法務官がこの所有権を与ええた限りにおいてのみ，すなわち，in bonis [財産の中に，法務官法上の所有権] のみであり，その結果，完全な所有権 (ex jure quiritium [エクス・ユーレ・クィリーティウム。古ローマ市民法に基づく]) に移

(c) *L.* 28 *pr. de V. S.* (50. 16.). „..Eum quoque alienare dicitur, qui non utendo amisit servitutes." [学説彙纂第50巻第16章「言葉の意義について」第28法文前文（パウルス）:「..不使用により役権を喪失する者も，譲渡するといわれる。」]

(a) *L.* 15 § 23 *de damno inf.* (39. 2.) [学説彙纂第39巻第2章「未発生損害について，および庇と軒について」第15法文第23節（ウルピアーヌス）].

行するためには，さらになお使用取得を要した[b]。この経過を，担保を拒んでいる夫に適用するとき，ここでは所有権の移転は嫁資不動産の譲渡禁止によって妨げられると思われるかもしれない。というのは，夫は，なお第二の判定前に，要求された担保を供しさえすれば，この移転をきっぱり阻止できたので，この移転は，夫の意思によってのみ生じさせられたことが明白であるからである。それにもかかわらず，その場合に隣人が現実に倒壊寸前の家屋の所有権を取得すると，はっきり言明される[c]。そこには，しかし，譲渡および使用取得を単に阻止しないことは，譲渡禁止の違反とみられえないという確かな言明が存する。

　　（b）　*L. 5 pr., L. 18 § 15, L. 12, L. 15 § 16, L. 44 § 1 de damno inf.* (39. 2.)［学説彙纂第39巻第2章「未発生損害について，および庇と軒について」第5法文前文，第18法文第15節，第12法文（パウルス），第15法文第16節（ウルピアーヌス），第44法文第1節（アフリカーヌス）］。──これらの個所は，たった今説明したもとの意味においてはもはやユスティーニアーヌス帝の法に適合しない。ユスティーニアーヌス帝の法は，法務官法上の［bonitarisch］所有権と市民法上の［quiritarisch］所有権の区別を知らず，その支配の下では当局の第二の判定がすぐ直接に全所有権を移転する。したがって，それらの個所は，ここでは，担保を拒んでいる占有者は所有者ではないという前提の下で理解されなければならず，その場合には，もちろん，隣人は，第二の判定によっても b. f. possessio［善意占有］を手に入れるにすぎず，所有権を使用取得によってはじめて取得しなければならない。

　　（c）　*L. 1 pr. de fundo dot.* (23. 5.).　„Interdum lex Julia de fundo dotali cessat, si ob id, quod maritus damni infecti non cavebat, missus sit vicinus in possessionem dotalis praedii, deinde jussus sit possidere : hic enim dominus vicinus fit, *quia haec alienatio non est voluntaria.*"［学説彙纂第23巻第5章「嫁資不動産について」第1法文前文（パウルス）：「時には，嫁資不動産に関するユーリウス法は中止になる。夫が予期される損害を理由に担保を与えることをしていなかったことのために，隣人が嫁資不動産の占有を委付され，次いで占有するよう命ぜられたようなとき，そうである。すなわち，ここでは，隣人が所有者になる。というのは，この譲渡が任意のものではないからである。」］この最後の言葉は，夫の意思が喪失の発生になんら影響を有しなかった（このことは誤りであろう）といおうとするのではなくて，夫が積極的な行為によって喪失を生じさせたのではないといおうとする。

IV．

　まったく同じ決定は，つぎの親近の場合に現われる。古い法の時代に，妻が，ちょうど他人によって占有された自分の農場を夫に嫁資として持って来たとき，このことは占有が欠けていても握取行為により完全に生じさせられえたのであるが(a)，そのとき，夫は，その第三占有者にその農場の返還請求をする権利を，そして同時に義務を有していた。夫がこれを怠り，その結果その占有者の使用取得により所有権を失ったとき，握取行為後すぐに使用取得が完成したので，返還請求をしないことが怠慢と評価されえなかったというのでなければ，夫は妻に対しこの喪失について責任があった。譲渡禁止は使用取得による喪失をも包括するから，この喪失は不可能であったと反対されるかもしれない。しかしながら，このことは，使用取得がすでに嫁資の設定前に開始しており，その結果夫は不作為によって使用取得に協力したにすぎない上掲の場合については，誤りである(b)。

　（a）ULPIAN. XIX. §6, ここでは，不動産が，不在中でも，したがって所有者の現在の占有を顧慮しないででも，握取されえたことが，承認されている。
　（b）ここで本文において展開された考えは，非常に争われている *L. 16 de fundo dot.* (23. 5.) ［学説彙纂第23巻第５章「嫁資不動産について」第16法文（トリュポニーヌス）］についての説明として役立つべきである。つまり，比較的古い法については，この個所は，なんら困難を生じない。しかしながら，ユスティーニアーヌス帝の法においては，もちろん，それらの場合は，同じ仕方ではもはや現われえない。というのは，ここでは，不動産は，引渡によってのみ嫁資となり（*L. 5 sol. matr.* ［学説彙纂第24巻第３章「どのようにして婚姻解消後に嫁資が請求されるか」第５法文（ウルピアーヌス）］，これは明らかに改変されている），その結果，第三者により占有されている不動産は，さしあたり決して嫁資とされえない。しかしながら，ここで古い法からとってこられた説明は（すぐに示されるであろうように）その個所の積極的実際的内容にはまったく関しないで，反論とそれの排除にのみ，したがって単に証明［Deduction］に関するから，おそらく，古い法の適用は，その個所の説明について決して疑わしいと認められえない。——積極的実際的内容は，返還請求を怠ったことについての夫の責任だけである。しかし，これは，最も新しい法においてもなお，つぎの仕方で考えられる。妻が，他人の使用取得占有にある自分の不動産を，夫に嫁資として約束し，同時に自分の返還請求権を夫に譲渡するとき，確かにその不動産は未だ嫁資ではなく，その場合譲渡禁止は未だまったく

569 それは，夫が嫁資不動産をみずから譲渡した場合についてのみ真実である。この場合には，夫の握取行為は，古ローマ市民法上の所有権の直接的移転として無効であるべきであったのみならず，引渡も，他の場合におけるように使用取得の効力を有するということは，あるべきではなかった。なぜならば，そうでなければ，その禁止全体が甚だ容易に迂回されえたからである(c)。したがって，この最後の場合には，使用取得が（禁止された）譲渡になるのは，阻止がなされないことによってではなくて，その基礎を置いた夫の自身の積極的な行為によってである(d)。

パウルスが L. 28 pr. de V. S. (50. 16.)［学説彙纂第50巻第16章「言葉の意義について」第28法文（パウルス）］においてつぎのようにいうとき，それはこの意味において解されるべきである：,,Alienationis verbum etiam usucapionem continet: vix est enim ut non videatur alienare, qui patitur usucapi."［「譲渡という言葉は，使用取得さえも包含する。というのは，使用取得されることを耐える者は譲渡するとみられないということは，ほとんどないからである。」］この個所を，その言葉が確かに受け取りやすい絶対的な一般性に570 おいて解しようとすれば，それは，上掲のはっきりした言説と矛盾するであ

問題になりえない。それにもかかわらず，夫は，返還請求訴権を適時に用いることに責任があり，夫が怠慢により使用取得を満了させるとき，夫は，失われた不動産の価値を賠償しなければならない。

（c）夫が嫁資不動産を売るとき，その売却は無効である（L. 42 de usurp. 41. 3. ,,venditio non valet"［学説彙纂第41巻第 3 章「中断的使用と使用取得について」第42法文（パーピニアーヌス）：「売却は有効でない」］）。それゆえに，その引渡は justa causa［正当な原因］がなく，使用取得を生じさせることすらできない。

（d）別の目的のためにではあるが，同じ意味で，L. 33 de m. c. don. (39. 6.)［学説彙纂第39巻第 6 章「死因贈与と死因取得について」第33法文（パウルス）］は，つぎのようにいう。mortis causa［死因で］贈与を受ける者が使用取得するとき，その者の取得（capere［取得すること］）は，これまでの所有権者から導き出されるべきではなくて，,,sed ab eo qui occasionem usucapionis praestitisset［使用取得の機会を与えた者から］"導き出されるべきである，と。ここで問題にしている場合においても，全体が譲渡になるのは，occasio praestita［与えられた機会］によってであって，不作為によってではない。

ろう。したがって，それは，こう付け加えて考えられなければならない：その者自身がこの使用取得の基礎を置いたとき。このような制限的な説明は，学説彙纂の最後の2章の非常に多くの個所において，必然的に，また常に用いられてきているので，この一つの場合に特別の正当づけを要しない。

V.

　以上のことすべては，妻に自分の物を使用取得させる夫が，それによって，禁じられた贈与をするかどうかというわれわれの本来の問いに，準備として役立つにすぎないであろう。したがって，その場合は，ある他人が，その物を占有していて，売却の結果としてであれ贈与の結果としてであれ，それを妻に引き渡すというように考えられなければならない。ここでは，夫は，妻に対し返還請求をすることができるであろうが，しかしそれをせず，使用取得期間が満了する。今，そこに，禁止された，したがって無効な夫婦間の贈与が存するか。これが，多く論評される $L.\ 44\ de\ don.\ int.\ vir.\ (24.\ 1.)$ ［学説彙纂第24巻第1章「夫と妻の間の贈与について」第44法文（ネラティウス）］において判断される場合である[a]。その場合は，一番目に，まったく疑う余地のない形で考えられ，その個所の最初の部分はこれについて述べる。すなわち，使用取得の完成まで双方とも夫の所有権についてなにも知らないとき，まったく確実に，贈与は存在しない。その場合のこの形を差し引くとき，判断についてなおつぎの三つの可能性が残っている。すなわち，夫だけがその所有権に気づく，あるいは妻だけがこれに気づく，あるいは最後に，両方がいっしょにこれに気づく。一般的な場合

　（a）　この個所を，私は，以前に，Zeitschrift für geschichtl. Rechtswissensch. B. 1 S. 270. 421において説明しようと試みた。私は，だいたい，今なおこの説明を真実と考えており，若干の副次的な点だけをここで訂正してみたい。もっと古い諸意見は，上掲の論文において集成されている。Heidelberger Jahrb cher 1816 S. 107-111においてある批評家が私の説明に反対の意見を述べている。この意見をここで顧慮したいと思う。

が現われうるこれら三つの形を，今からひとつひとつ吟味しよう。しかも，上掲の個所の説明に道を拓くべき一般的理由に向かってである。

VI.

1) 夫だけが，自分が所有権者であることに気づくが，妻にはそれを黙っていて，妻に利得させるために使用取得の期間を満了させる。それが真の贈与であるか，したがって，このやり方の通常の結果が，このような贈与の禁止によって阻止されるか。

まず第一に，贈与は契約なしには考えられないが，ここでは，妻の不知のために契約は不可能であるという理由から，贈与の存在が否定されるかもしれない(a)。しかしながら，与える者の一方的行為もそれに役立つことは，贈与論において示されており（§160），したがって，この理由は，決定的とみられえない。

上掲の場合において，禁止された贈与を認めようとすると，それは二とおりの意味で考えられる。第一に，今そもそも使用取得が生じないというように，直接的に。第二に，確かに使用取得はその通常の効力を現わすが，しかし後に夫が，失われたその物の価値を不当利得返還請求訴権によって返還請求できることによって，間接的に。

しかし，第一のことは，完全に不可能である。というのは，贈与の禁止は，どの場合にも，贈与とみられる事実の逆が起こったであろうときよりも大きな効力を生じえないからである。そういうことで，たとえば，握取行為による贈与においては，すべては，全然握取行為がなされなかったかのように取り扱われる。したがって，ここで問題にしている場合には，禁止された夫の不作為からは，せいぜい，その者がなにもしないのではなくて，行為をしたとすれば結果として出てくるであろうことが，出てくることができるであろう。さて，この行為はどこに存しえたか。剥奪［Dejec-

---

(a) 私は，この理由を，Zeitschrift a. a. O., S. 276において主張していたが，現在はこれを断念する。

tion]は禁止されており，したがって，夫は，妻に対し返還請求をしなければならなかった。しかしながら，返還請求は，以前に開始した使用取得期間の満了を決して阻止しないで，原告に，裁判官がその訴えに理由ありと認めるとき，一時現実に失われた所有権の返還を請求する権利を与えるにすぎない[b]。今，なされた返還請求そのもの[c]が生じさせえないことは，返還請求がなされないことによって生じさせられることはやはり不可能であろう。地役権の不使用においては，まったく異なっていた。そこでは，不作為の逆によって，すなわち期間の満了前のただ一回の行使によってすでに，喪失は確実に阻止されたであろうが，それでもなお，懈怠は，喪失を防ぐべきではなかった。使用取得において懈怠がこれをなしうるであろうということは，いかにはるかに少ないことか。

　さて，禁止された贈与の第二の（間接的な）効力，すなわち使用取得された物の不当利得返還請求訴権による返還請求に関しては，これは，行使を怠ることにより失われる地役権の同じ類推により主張されなければならないようである（第II号）。それでもやはり，私は，これをも疑わしいと考える。すなわち，本質的な相違は，地役権においては喪失が懈怠の必然的でもっぱらの結果であり，使用取得においてはそうでないことにある。

　（b）　L. 18 *de rei vind.* (6. 1.). „Si post acceptum judicium possessor usu hominem cepit, debet eum tradere, eoque nomine de dolo cavere : periculum est enim, ne eum vel pigneraverit vel manumiserit."［学説彙纂第6巻第1章「所有物返還請求訴訟について」第18法文（ガーイウス）:「審判手続受諾後，占有者が奴隷を使用取得したとき，占有者はこれを引き渡さなければならず，そしてそれゆえに，悪意のために保証しなければならない。なぜならば，これを，あるいは質入し，あるいは解放したのではないかという危険があるからである。」］したがって，原告は，単に，争点決定に基づき債権的請求権を有するにすぎない。占有者が奴隷を使用取得期間の満了後有効に質入できたとき，それどころか解放さえできたとき，その者は確かに真の所有権を取得しているに違いなかった。――その個所を書いた人は，tradere［引き渡すこと］の代わりに mancipare［握取行為で譲渡すること］と書いたこともありうるであろう。

　（c）　すなわち，ひょっとするとあとに続く有責判決と執行は別として。しかし，これは，一部には不確実であり，一部には夫の意思から独立している。

というのは，地役権においては，行使がなされないとき，所有権者がその物を占有すべきでなかったときでさえ，喪失が間違いなく起こり(d)，逆に，喪失は，どの行使によっても，同じように間違いなく阻止されるからである。これと反対に，使用取得は，懈怠を顧慮せずに，すなわち妻が偶然に占有を失うとき，阻止されうる。逆に，喪失の危険は，夫の注意によって必ずしも防止されない。というのは，夫は，返還請求をしても，それでもなお，証明手段を欠くことにより，また裁判官の誤りまたは悪意により敗訴することがありうるからである。したがって，夫のこの不作為は，地役権の不使用のように財産的利益の確実な出捐ではなく，したがって不当利得返還請求についての理由も存在しない(e)。

VII.

2) 第二の可能性は，妻だけ（使用取得する占有者）が夫の所有権に気づくことに存する。

ここで贈与が妨げにならないということは，まったく疑いをいれない。なぜならば，すべての贈与の基本条件である与える者の意識が完全に欠けているからである。ローマ法によれば，この場合には，そもそもなにも使

　　（d）　servitutes praediorum urbanorum［建物用地役権］においてのみ，このことは異なる。なぜならば，それの喪失のためには，nonusus［不使用］のほかに，なお特別のlibertatis usucapio［役権負担のない状態の使用取得］も要求されるからである。L. 32 § 1 de serv. praed. urb. (8. 2.)［学説彙纂第8巻第2章「建物用地役権について」第32法文第1節（ユーリアーヌス）］。

　　（e）　L. 16 de fundo dot. (23. 5.)［学説彙纂第23巻第5章「嫁資不動産について」第16法文（トリュポニーヌス）］によれば，夫は，dotis actio［嫁資の訴権］をもって，返還請求をしないことにつき責任を負わされる（rem periculi sui fecit［そのことを自己の危険でなした］，上述第IV号をみよ）という反対がなされるかもしれない。しかしながら，この義務負担は，過失に基づいており，それの判定においては常に結果の蓋然性が問題になる。これに反し，贈与の法的本質は，利得が与える者の作為または不作為から必然的にまたもっぱら結果として出てきて，その結果，それは，逆のやり方を前提とすれば間違いなく起こらなかったであろうというところでのみ，認められうる。

用取得の妨げにならないであろう。しかしながら，妻の占有は，他人の所有権に気づくことによって，不誠実なものとなる。そして，教会法は，ローマ法と異なって，占有の始めについてのみならず占有の期間全体について占有者の誠実な意識を要求するから，そのように気づくことによって，使用取得の可能性はまったく排除され，したがって，この排除は，贈与の禁止となんら関係を有しない。

VIII.

3) 最後になお，夫と妻が同時に夫の所有権を知り，そして占有と使用取得の継続について了解したという場合の考察が残っている。

ここでも，妻は他人の所有権を知らされるから，まず第一に，再び，妻の不誠実な意識が念頭に置かれるかもしれない。しかしながら，この事情だけでは，妻にとって妨げにならないであろう。なぜならば，所有権者が占有の継続に同意するからである。それとは逆に，この場合には実際に，禁止された贈与が障害として現われ，これにより使用取得が排除される。

すなわち，その法律関係は，完全につぎのように考えられるべきである。当事者双方が夫の所有権を確信しており，その結果，占有をただちに取り戻すことは，夫の意思にのみかかっているであろうのに，夫がこの可能性を任意で利用しないことによって，そこには真の贈与が存する。ここでは，妻がその物を夫に返し，ただちに夫の手から再び受け取ったかのようにみられるべきである。完全に同じ経過は，別の事情の下でも疑いなく現われる。私の物が他人の占有にあり，私がその占有者を（売買または贈与の結果として）所有権者にしようとするとき，その者は，目に見えるように現われる行為なしに，ただちにそうなる[a]。これは，いわゆるcons-

---

（a） L. 21 § 1 *de adqu. rer. dom.* (41. 1.) „Si rem meam possideas, et eam velim tuam esse: fiet tua, quamvis possessio apud me non fuerit." ［学説彙纂第41巻第1章「物の所有権を取得することについて」第21法文第1節（ポンポーニウス）:「君が私の物を占有していて，それが君の物であることを私が欲するとき，それは，たとえ占有が私のもとになか

titutum possessorium［占有改定］とそれにすぐ続く brevi manu traditio ［簡易引渡］によってなされる。したがって，このような場合には，私が自分の債務者に，私に支払おうとする金銭を第三者に払うよう委任するという場合について，ウルピアーヌスが述べることを，いうことができる。すなわち，その金銭がまず債務者から私に，それから，私から第三者に渡されたかのようにみられるべきである。„nam celeritate conjungendarum inter se actionum unam actionem occultari"［「なぜならば，各行為相互の結合によって一つの行為が隠されるからである」］(b)。

したがって，ここで問題にしている場合においても，妻が，夫の所有権を認めていて，その物を夫に現実に返還し，夫の手から贈り物として再び受け取ったかのようにみられるべきである。その返還によって，これまで進行している使用取得は中断されており，新たな受領とともに，もしこの贈与が絶対的無効の行為として justa causa［正当な原因］(訳註43)にまったく不向きであるということがなければ，新たな pro donato usucapio［プロー・ドーナート・ウースーカピオー。贈与されたものとしての使用取得］が始まるであろう。そういうことで，したがってこの場合には，妻の使用取得は，不可能とならざるをえない。

今，ひと目見て，少なくともこの場合には夫の単なる不作為が贈与とみなされると思われるかもしれない。しかし，実際には，ここで贈与になるのは，夫の単に隠れた積極的行為である。

その決定の上掲の理由は，同時に，第一の場合の逆の決定（第 VI 号）についての確認として役立ちうる。というのは，夫の一方的な知および意欲にどんな力を付しようとも，やはりだれもが，それによって妻の占有が

ったとしても，君の物になる。」］同様に L. 46 de rei vind. „dominium statim ad possessorem pertinet."［学説彙纂第 6 巻第 1 章「所有物返還請求訴訟について」第46法文（パウルス）：「所有権はただちに占有者に達する。」］

　(b)　L. 3 § 12 de don. int. vir. (24. 1.)［学説彙纂第24巻第 1 章「夫と妻の間の贈与について」第 3 法文第12節（ウルピアーヌス）］。

廃止されないことを認めるであろう。しかし，まさに妻の占有がこのように廃止されることに，これまで進行している使用取得の継続と完成が第三の場合に不可能になる理由がある。

IX.

今，個々の場合が一般的な観点から考察された後に，上掲の個所（*L. 44 de don. int. vir. et ux.*〔学説彙纂第24巻第1章「夫と妻の間の贈与について」第44法文（ネラティウス）〕）における，なされた主張の確認を実証しよう。その個所の第一の部分は，どちらの側にも夫の所有権が知られないとき，妻の使用取得は疑いないという，いずれにしても疑う余地のない命題を含む。これに，（私の区分と説明によれば）たった今判断された三つの場合のうちの後の二つが，しかもまず第一に第三の場合が，それから第二の場合が続く。第一の場合はまったく言及されない。第三の場合は，つぎの言葉の中に含まれている：

> Sed si vir rescierit suam rem esse priusquam ucsucapiatur, vindicareque eam poterit nec volet, et hoc et mulier noverit, interrumpetur possessio, quia transiit in causam ab eo factae donationis. 〔しかし，夫が，使用取得される前に，それが自分の物であることを知り，それを返還請求できたであろうのに，それを欲せず，そして妻もそのことを知ったであろうとき，占有は中断される。というのは，それからなされた贈与の関係に移ったからである。〕

これらの言葉の中に，私は，たった今（第 VIII 号）説明された法的な経過の完全な確認をみいだす。そのとき，妻が夫にその占有を返還し，夫から再び受け取ったかのようにみられるべきであるから，妻のこれまでの占有は，実際に中断されている（interrumpetur possessio〔占有が中断される〕）。したがって，妻のこれまでの causa possidendi〔カウサ・ポッシデンディー。占有することの原因〕（許されている第三者の贈与）は，効果をもつことをやめており，新たな causa〔原因〕をもった新たな占有，すなわち禁

止されている夫婦間の贈与がこれに代わったのであって，これには使用取得は基づきえない（*transiit* in causam ab eo factae donationis［それからなされた贈与の関係に移った］）。

これに，第二の場合（第 VII 号）の考察が，つぎの言葉で続く：

Ipsius mulieris scientia propius est, ut nullum adquisitioni dominii ejus adferat impedimentum: non enim omnimodo uxores ex bonis virorum, sed ex causa donationis ab ipsis factae, adquirere prohibitae sunt.［妻だけの知はそれの所有権の取得の障害を決して与えないということは，もっと理解が容易である。というのは，妻が夫の財産から取得することはまったく禁止されていなくて，それからなされた贈与の原因に基づいて取得することが禁止されているからである。］]

すなわち，夫の所有権が夫婦の双方にではなくて，妻にだけ知られるとき(a)，そのことは使用取得を害しない。なぜならば，妻に禁止されているのは，夫の財産からのすべての取得ではなくて，夫の贈与に基づく取得だけであるが，しかしこの贈与は，夫の不知のために，ここではまったく考えられないからである。

第一の場合（夫だけが所有権について知っている場合）は，その個所では言及されない。しかし，ネラティウスがこの場合において，最後に述べられている第二の場合におけると同様に使用取得を許そうとすることは，おそらく認めることができる。そうでなければ，彼は，妻もともに知っていることをはっきり使用取得排除の条件と称すること（et hoc et mulier noverit［そして妻もそのことを知ったであろう］，このことは，ともかく反対の

（a）　したがって，ipsius［それ自身の］は，ここでは solius［単独の］の代わりに，したがって utriusque［両方の］の逆として存する。ipse［それ自身］のこの意味は，別の個所によれば疑う余地がない。つぎの個所を参照。L. 17 § 2 *de praescr. verb.* (19. 5.)［学説彙纂第19巻第5章「前置文による訴権および事実訴権について」第17法文第2節（ウルピアーヌス）］，L. 21 *de damno infecto* (39. 2.)［学説彙纂第39巻第2章「未発生損害について，および庇と軒について」第21法文（ウルピアーヌス）］，Gajus I. § 190, Ulpian. XIX. § 7.

意見を前提とすれば、まったくどうでもよかったであろう）は、ほとんどなかったであろう。

X.

その個所の通常の句読法は、ここで認めたものとつぎの仕方で異なる： quia transiit in causam ab eo factae donationis ipsius mulieris scientia. Propius est ut nullum ..adferat impedimentum.［というのは、妻だけの知が、それからなされた贈与の関係に移ったからである。それが決して ..障害を与えないということは、もっと理解が容易である。］

これによれば、その個所全体の後半は、私が認めるように二つの場合を対象とするのではなくて、双方が知っている場合だけを対象とするであろう。だが、この句読法によれば、interrumpetur possessio［占有が中断される］と nullum ..adferat impedimentum［それが決して ..障害を与えない］という言葉の間に矛盾が生じるであろうから、たいていの人は、ずっと前から、mulieris scientia［妻の知］の後で点を疑問符に変えることによって切り抜けようとした。それによって、interrumpetur possessio［占有が中断される］という言葉は、単なる問いになり、それに続く言葉は否定の答えを含み、そのことによって確かに矛盾が排除されるが、その個所の結果は、私が認めたものと正反対である。しかし、こういう句読法に基づいて、満足の行く説明がこれまでいかに成功しそうになかったかを、私は、以前の論文（第V号a）で示そうと試みた。

ところで、近ごろ、私の論文のハイデルベルクの批評家が同じ句読法に賛成の意見を述べており、その説明が今なお検討されるべきである。その批評家は、つぎのように想定する。すなわち、第三者の贈与は常にずっと効力をもち続け、それに基づく使用の取得は、妻に現実に所有権を与える。しかし、それと並んで、夫の現実の贈与も存し[a]、これによって、使

（a）その批評家も、夫の現実の贈与を認めざるをえないと思っている（S. 108.

用取得は確かに設定されないが、妨げられもしない、という。——私は、二つの理由から、この説明を許されると考えることができない。第一に、それは、transiit［移った］という表現と矛盾している。この表現は、一つの関係が消滅し、もう一つの関係がこれに代わるところでのみ用いられえ、両者が併存するときは用いられえない。そういうことで、たとえば、一つの債務について、更改においては transit in expromissorem［債務引受人に移る］ということができるが、保証においては transit in fidejussorem［保証人に移る］ということができないこと確実である。第二に、この想定によれば、夫の贈与によって結局どんな利得が生じさせられるべきなのか、よく分からない。妻は、第三者の贈与によりb. f. possessio［善意占有］を手に入れており、使用取得は同じくそれの結果であるべきであって、したがって、妻が夫の気前のよさに感謝しなければならないようなこと、そして、やはりここで定評どおりネラティウスによってなされるように、われわれに夫の贈与を主張させうるようなことは、まったくなにも残っていない。妻は、そういう説明によれば手に入れるすべてのものを、夫が自分の所有権に気づかなかったときでも、手に入れるであろう。

XI.

夫が妻に利得させうるもう一つの不作為は、<u>訴権消滅時効</u>［Klagverjährung］である。つまり、夫が妻に対し債務訴権を有し、それの消滅時効をわざと満了させるとき、そこに、ひょっとすると、禁止されている贈与が存するか。

これについてのわが法源のはっきりした説明を、われわれはみいださない。われわれは、単に使用取得の類推に頼るならば、まず、消滅時効の満

109）。しかも、quia transiit［というのは、移った］という言葉を理由としてである。この言葉は、（quasi transeat［あたかも移ったかのように］といわれているかのように）不確かに表現されているのではなくて、断定的に表現されており、したがって疑問とされている文章の一部を成しえない。

了はそれ自体妨げられず、したがって実際に債務者には temporalis prae-scriptio［期間の抗弁］が取得されるといわなければならない。また，われわれは，そこには間接的な，まったく確実な利得すら存しないということも，付け加えなければならない。なぜならば，ここでは，使用取得におけると同様に，たとえ実際に訴えがなされたとしても，それでもやはりそれの結果は不確実なままであったからである。それどころか，訴権消滅時効においては，占有の中断によってこれまで進行した使用取得を実際に妨げえた場合（第VIII号）すら現われえない。この考えを支持するために，なお，つぎの理由をも挙げることができる。贈与論において，naturalis obligatio［自然債務］の支払または債務引受が贈与とみなされないことが，明らかにされた（§149. a. i）。今，訴権消滅時効によって civilis obligatio［市民法上の債務］が naturalis［自然（債務）］に変えられるにすぎないから，こういう逆の変更も贈与とみられてはならないようにみえる[(a)]。

けれども，以下のような反対が試みられるかもしれない。支払不能の債務者が，自分に属する訴権をわざと消滅時効により喪失するとき，確かに，免れた被告に対し，Paulianaactio［パウルスの訴権］が行われうる。
（訳註44）
Fabiana［ファビウスの（訴権）］についても事情は同じである[(b)]。したがっ

(a) しかしながら，この理由は，まったく決定的であるとみられてはならないであろう。naturalis obligatio［自然債務］は，その拠り所を，偶然的な強制手段は別として，債務者の法的心情に有しており，主としてそれゆえに，ここでは，任意の支払または債務引受は，贈与とみなされるのではなくて，通常の債務支払とみなされる。しかし，債権者が訴権消滅時効をわざと満了させるとき，それは免除の一形式にすぎないのであるが，債権者の意思により，債務者において，そういう動機（任意の義務履行の）が廃止される。

(b) L. 3 §1 quae in fraud. (42. 8.). „vel a debitore non petit, ut tempore liberetur." ［学説彙纂第42巻第8章「債権者を欺くためになされることが回復されるように」第3法文第1節（ウルピアーヌス）：「あるいは，債務者が期間満了により免れるように，債権者に対して訴求しない。」］L. 1 §7. 8 si quid in fraud. (38. 5.) ［学説彙纂第38巻第5章「あることが保護者を欺くためになされた場合」第1法文第7，8節（ウルピアーヌス）］. §145. u 参照。

て、ここでは、このようなやり方は、実際には、真の譲渡と認められているようにみえる。しかしながら、この類推は、決定的ではない。なぜならば、上述の両訴権においては、より大きい厳格さが、債務者または被解放奴隷の不誠実によって十分に正当づけられうるからである。

584

XII.

訴権消滅時効によるのと類似の仕方で、比較的古い訴訟手続において、訴権者は、<u>訴訟消滅時効</u>［Prozeßverjährung］によって訴権を喪失し、あるいは法廷に出頭しないことによって訴えの棄却を生じさせたとき、自分の請求権を無効にすることができた[a]。私は、この不作為が、妨げられなかった訴権消滅時効と同じ理由から、贈与とみなされえなかったと思う。

XIII.

これに反して、原告が自分の訴権を故意に被告の抗弁によって無効にさせるとき、すなわち、その抗弁に対して、実際に理由のある防御を持ち出すことをしないことによって無効にさせるとき、それは、まったく別の性質を有する。これは、真の贈与であり、それゆえに、夫婦間では不当利得返還請求訴権による返還請求を理由づける[a]。同様に、被告が自分に属する抗弁を提出せず、それによって有責判決を生じさせるとき、事情は裏返しでなければならない。これは、相手方を利得させるために任意に債務関係に入る間接的な仕方である（§ 157. o. p 参照）。

(a) これらの場合は、パウルスの訴権のところで言及される。*L*. 3 §1 *quae in fraud*. (42. 8.). „...si forte data opera ad judicium non adfuit, vel litem mori patiatur."［学説彙纂第42巻第8章「債権者を欺くためになされたことが回復されるように」第3法文第1節（ウルピアーヌス）：「..たまたま意図的に法廷に出頭せず、あるいは訴訟が消滅するのを許すとき。」］litem mori［訴訟が消滅すること］については、GAJUS IV. § 105. 106参照。

(a) *L*. 5 §7 *de don. int. vir*. (24. 1.)［学説彙纂第24巻第1章「夫と妻の間の贈与について」第5法文第7節（ウルピアーヌス）］. § 158. k. 1 参照。すなわち、それは、債務の免除についての一形式にすぎない。

585 　すると，これらの場合と，妨げられない訴権消滅時効との相違は，つぎのことにある。訴訟追行全体は，一つの不可分の全体とみられなければならず，作為と不作為を分離して考察することができない。したがって，最後に述べられた諸場合においては常に，一方の当事者がその訴訟追行のやり方によって，つまり積極的活動によって敗訴を故意に生じさせたことが認められるべきである。

XIV.

　特別の考察に値するのは，なお，保証人 [Sponsor] および信約人 [Fidepromissor] に対する債権者の請求権が2年しか続かず，したがってこの期間の満了によって ipso jure [法律上当然に] 喪失されるべきであるという，比較的古い法の規則である(a)。今，夫が妻のもとにこれらの形式で第三者のための保証をしていて，妻が2年を訴えなしに故意に満了させたとき，これは，保証の免除と同様であり，それゆえに贈与とみられるかもしれない。実際に，この場合は，同じく ipso jure [法律上当然に] 生じ，本当にそこに贈与が認められる，不使用による地役権の喪失と大きな類似性を有する（第II号）。それにもかかわらず，この場合には，贈与は認められない。なぜならば，そもそも，保証人に与えられるその者の義務の免除は真の贈与ではないからである（§ 158）。

586
XV.

　これまで夫婦への適用における単なる不作為の贈与性について論じられたすべてのことは，今，贈与の登録と撤回にも同じように適用されなければならない。したがって，ここでも，たいていの場合において，単なる不作為に贈与の存在が否定されなければならないであろう。しかし，夫婦間で贈与が認められた場合には，それは，これらの適用においてもあてはま

　(a) GAJUS III. § 121.

510——付録 X

らなければならない。したがって，地役権が占有者の故意の不使用によって喪失されるとき，そこではもちろん登録はまったく考えられない。しかしそれの価値は，500ドゥカーテンを越える限り，贈与が無効であるとして返還請求されうる。同様に，占有者は，自分の意思によって使えなくしたこの地役権を，贈与された所有権者の忘恩を理由に返還請求することができる。――同じことは，使用取得の進行中に所有権者と占有者が真の法律関係を知り，使用取得占有の継続と完成について了解したときにも，あてはまる。ここでは常に，忘恩を理由に撤回されうるし，その物の価値が500 ドゥカーテンを越えるときは，贈与は部分的に絶対的無効である。

付録　X

[Beylage X.]

贈与の第三者への影響

[Einfluß der Schenkung auf dritte Personen]

(§ 157, 158, 163, 167, 169について [Zu § 157. 158. 163. 167. 169.])

I.

Etiam per interpositam personam donatio consummari potest ［中間者によってさえ，贈与は完成されうる］と，パウルスは，*L. 4 de donat.* (39. 5.)［学説彙纂第39巻第5章「贈与について」第4法文（パウルス）］においていう。言葉から判断するならば，これは，たとえば贈り物が与える者の使者によって持参され，あるいは受領者の使者によって取りに来られることによって，他人が単に実行の道具として用いられるような場合に関係づけられる

かもしれない。しかし，そこではむしろ，第三者と締結される真の法律行為を手段として贈与が生じさせられるべき場合が，考えられなければならない。今，このようなやり方が，まさにこの贈与を制限する法規と出会うとき，たとえば夫の利得が狙われているとき，この法規がそういう第三者との法律行為にも反作用を及ぼすか，それともその法律行為はこの法規によって触れられないままであるかという問題が生じる。私は，まず，この問題についてわが法源の中に直接に存在するものをまとめて並べ，それから，そこで触れられていない適用を別個に研究しようと思う。

588
II.

夫婦間の贈与においては，まず第一に，このような場合には第三者と締結された法律行為も完全に絶対的無効であるという一般的原理が述べられる(a)。

この原理の最も単純な適用は，つぎのものである。夫が，妻のために妻の債権者に対し債務引受をすることによって，免除［Liberation］により妻に贈与する。ここでは，その債権者に対する夫の義務も，妻の免除も，すべてが絶対的無効であり，すべてが以前の状態のままである(b)。――禁止

（a） *L.* 5 § 2 *de don. int. vir.* (24. 1,). „Generaliter tenendum est, quod inter ipsos, aut qui ad eos pertinent, *aut per interpositas personas donationis causa agatur,* non valere." ［学説彙纂第24巻第1章「夫と妻の間の贈与について」第5法文第2節（ウルピアーヌス）:「夫婦自身の間で，または夫婦に属する者自身の間で，または中間者によって贈与のためになされることは有効でないと，一般に解されるべきである。」］――この適用を扱うのは，HELDEWIER de donatione inter conjuges per alium facta prohibita Lugd. Bat. 1777. 4 である。けれども，彼は，その問題をあまりにも一面的に理解しすぎる。

（b） *L.* 5 § 4 *de don. int. vir.* (24. 1.). „Si uxor viri creditori donationis causa promiserit et fidejussorem dederit, neque virum liberari, neque mulierem obligari vel fidejussorem ejus, Julianus ait : perindeque haberi, ac si nihil promisisset." ［学説彙纂第24巻第1章「夫と妻の間の贈与について」第5法文第4節（ウルピアーヌス）:「妻が夫の債権者に贈与のために約束して，保証人を立てたとき，夫も免除されず，妻あるいはその保

の維持のためにこの取扱が絶対に必要であったわけではない。というのは，義務および免除を認めて，ただ夫に，妻に現金を贈与したかのように，妻に対する不当利得返還請求訴権を与えることもできたからである。しかしながら，上述の取扱の方が，確かにもっと確実に効果的であった。なぜならば，そうすれば，禁止が偶然の事情によって，たとえば妻の支払無能力によって無効とされることがありえなかったからである。

589

III.

贈り物が債権を得させてやることに存するとき，すなわち，夫が自分の債務者に，妻に対して債務引受をするよう委託するとき，事情はまったく同じである。ここでも，また，その債務者が，夫に対して免除されもせず，妻に対して義務を負うこともないことによって，すべては絶対的無効である(a)。

ここでなお注目に値するのは，このような法律行為のその後の展開である。絶対的無効の行為の他の場合において誤って支払われるとき，その支払それ自体は有効であり，金銭の所有権は移転し，支払った者は同額の返

証人も義務を負わされず，まったく約束しなかったのと同じにみられると，ユーリアーヌスはいう。」]

　(a)　*L.* 5 § 3 *de don. int. vir.* (24. 1.). „Si debitor viri pecuniam, jussu mariti, uxori promiserit, nihil agitur." [学説彙纂第24巻第1章「夫と妻の間の贈与について」第5法文第3節（ウルピアーヌス）：「夫の債務者が夫の指図で金銭を妻に約束したとき，なにもなされない。」] *L.* 39 *eod.* „ ...Respondi, inanem fuisse eam stipulationem." [同所第39法文（ユーリアーヌス）：「... その問答契約は無効であったと，私は解答した。」]——弁済指図を受けた者が与える者の従来の債務者ではなくて，与える者の委託で受領者に対し約束するにすぎず，それによって与える者がその者に mandati actio [委任訴権] をもって義務づけられるときも，同様である。この場合は，*L.* 52 § 1 *eod.* [同所第52法文（パーピニアーヌス）] において（ただ，同時に mortis causa donatio [死因贈与] であることによって，かなり複雑であるが）現われる。„...defuncto viro viva muliere, stipulatio solvitur ...nam quo casu inter exteros condictio nascitur, *inter maritos nihil agitur*". [「夫が死に，妻が生きているとき，問答契約は解消される。... なぜならば，たまたま他人間で不当利得返還請求権が生じるところで，夫婦間ではなにも生じないからである。」] § 157. s¹,

還への indebiti condictio ［インデービティー・コンディクティオー。非債の不当利得返還請求訴権］を有するだけである(b)。ここでは異なる。弁済指図された夫の債務者が妻に支払うとき，この支払も絶対的無効である。債務者は，支払われた金銭を，それがたくわえられている限り，返還請求でき，消費後は，不当利得の返還請求ができる。夫に対しては，債務者は，この支払によって，前に債務引受によってそうであったのと同様，ipso jure ［法律上当然には］免責されない。しかし，債務者は，夫の意思に従って支払ったのだから，夫の債務訴訟に対して doli exceptio ［悪意の抗弁］によって保護されるが，その場合，たくわえられている金銭の返還請求権を夫に譲渡しなければならない。不当利得返還請求訴権については，譲渡の必要すらない。というのは，妻は消費された（決して浪費されたのではない）金銭だけ，夫の仲介によって豊かになったので，夫は，妻に対しすでに直接に不当利得返還請求訴権を有するからである(c)。——ここで，引受が絶対的無効である債務に基づく支払の特別の結果としていわれたことは，贈与が妻の免除によって生じさせられるべきであったという前述の場合にも同様にあてはまらなければならない（第II号）。

IV.

次に，同じことが，夫が自分の債務者に，債務を妻に支払うよう委託し，妻がそれによって贈与されるべきときにもあてはまらなければならないようにみえる。債務者は，義務を負ったままであって，支払われた金銭を返還請求により妻に返還を要求しなければならないようである。けれど

---

§171. m 参照。

（b）　*L. 23 pr.* §1. 2, *L. 41 de cond. indeb.* (12. 6.) ［学説彙纂第12巻第6章「非債の不当利得返還請求訴権について」第23法文前文，第1，2節（ウルピアーヌス），第41法文（ネラティウス）］。

（c）　これは，ユーリアーヌスから出ている注目すべき *L. 39 de don. int. vir.* (24. 1.) ［学説彙纂第24巻第1章「夫と妻の間の贈与について」第39法文（ユーリアーヌス）］の内容であって，それの最初の部分は，すでに註 a で利用された。

も，ここでは，占有論において生じたもっと自由な発展の結果，異なる。
すなわち，その金銭は，債務者から夫へ，夫から妻へ与えられたかのようにみられる。それゆえに，債務者は免責され，夫は妻に対し通常の法的手段を有する[(a)]。夫が妻への支払を，自分の債務者に委託するのではなくて，夫に贈与しようとする人に委託するとき，まったく同じことがあてはまる。夫が所有権者となり，妻にその物の返還請求をする[(b)]。第三者が，債務を支払うためでもなく，夫に贈与するためでもなて，単に夫の委任の結果，妻に引き渡すときも，同様である[(c)]。

しかし，夫が，妻の債権者に現金の支払を給付することによって，妻に贈与しようとするときも，事情は同じである。比較的古い法の厳格さに従

（a） L. 3 §12 *de don. int. vir.* (24. 1.) ［学説彙纂第24巻第1章「夫と妻の間の贈与について」第3法文第12節（ウルピアーヌス）］，これはウルピアーヌスからのものであるが，ウルピアーヌスは（若い方の）ケルススの証言を援用する。同じ場合について，L. 26 *pr. eod.* ［同所第26法文（パウルス）］は，妻が市民法上の占有を（したがってなおさら所有権を）取得しないとだけいう。それではだれが所有権を有するかは，述べられない。——債務者がその金銭の所有権者のままであるべきだという L. 39 *eod.* ［同所第39法文（ユーリアーヌス）］（第III号）は，矛盾しているとみられるかもしれない。しかしながら，この者は，夫の委託でではなくて，有効に引き受けたと考えた自分自身の債務を弁済するために支払った。したがって，その者は，夫をその金銭の占有者および所有権者にする意図をまったく有していなかった。このことは，やはり，あらゆる constituti possessorii ［占有改定の］基礎でなければならない。

（b） L. 3 §13 *de don. int. vir.* (24. 1.) ［学説彙纂第24巻第1章「夫と妻の間の贈与について」第3法文第13節（ウルピアーヌス）］，これはウルピアーヌスからのものであるが，ウルピアーヌスはユーリアーヌスの権威を援用する。同じことを，L. 4 *eod.* ［同所第4法文（ユーリアーヌス）］において，ユーリアーヌス自身が，第三者が夫に mortis causa ［死因で］贈与しようとする場合についていう。この後者の場合は，なお，L. 56 *eod.* ［同所第56法文（スカエウォラ）］においても現われるけれども，ここでは，スカエウォラは，妻への引渡の無効のみを述べ，所有権の運命を詳細に決定することをしない。

（c） L. 52 §1 *de don. int. vir.* (24. 1.) . „, ..ut traditio, quae mandante uxore mortis causa facta est." ［学説彙纂第24巻第1章「夫と妻の間の贈与について」第52法文第1節（パーピニアーヌス）：「妻の委任により死因でなされた引渡のように。」］第III号a，および §157. s¹ 参照。

えば，ここではまったくなにも生じていず，妻は債務者のままであり，夫は，その金銭の返還を請求できるか，それが支出されているときは，不当利得の返還を請求できるであろう。たった今述べたもっと自由な取扱に従えば，その金銭が夫から妻へ，妻から債権者へ与えられているかのようである。したがって，妻は，金銭の占有を取得したが，所有権を取得していない。つまり，妻は，自分の債権者に他人の金銭で支払ったのであり，その支払はさしあたっては無効であるが，消費によって有効になる[d]。それゆえに，夫は，債権者がその金銭を別にしてたくわえている限り，その金銭の返還を請求することができる。それが支出されているときは，妻は債務を免れ，今度は夫が妻に対し，他のどの利得に基づいてもそうであるように，通常の不当利得返還請求訴権を有する。この場合が前の場合のようにわが法源において言及されなかったことは，まったく偶然である。

V.

けれども，たった今説明した諸規則と，アフリカーヌスのつぎの個所が矛盾しているようにみえる：

L. 38 §1 *de solut.* (46. 3.) ［学説彙纂第46巻第3章「弁済と債務免除について」第38法文第1節（アフリカーヌス）］.

Si debitorem meum jusserim Titio solvere, deinde Titium vetuerim accipere, et debitor ignorans solverit: ita eum liberari existimavit, si non ea mente Titius numos acceperit, ut eos lucretur: alioquin, quoniam furtum eorum sit facturus, mansuros eos debitoris: et ideo liberationem quidem ipso jure non posse contingere debitori, exceptione tamen eum succurri aequum esse, si paratus sit condictionem furtivam, quam adversus Titium habet, mihi praestare:

（d） *L. 17 de solut.* (46. 3.) ［学説彙纂第46巻第3章「支払と免責について」第17法文（ポンポーニウス）］, *L. 19 §1 de reb. cred.* (12. 1.) ［学説彙纂第12巻第1章「確定物が請求さ

[彼はこう考えた。私が私の債務者に，ティティウスウに支払うよう命じ，次いでティティウスに受け取ることを禁じ，そして債務者がこれを知らずに支払ったとき，債務者は，ティティウスがそれで利益を得ようという意識でその金銭を受け取ったのでなければ，そのようにして免除される。そうでなければ，ティティウスはその金銭の窃盗を犯そうとするのであるから，その金銭は債務者のもののままであろう。そして，それゆえに，免除は，確かに，法律上当然に債務者に与えられることはできないが，しかし，債務者がティティウスに対して有する窃盗に関する不当利得返還請求訴権を私に与えようとするならば，債務者が助けられるのが公正である。]

(sicuti servatur, cum maritus uxori donaturus, debitorem suum jubeat solvere. Nam ibi quoque, quia numi mulieris non fiunt, debitorem non liberari: sed exceptione eum adversus maritum tuendum esse, si condicionem, quam adversus mulierem habet, praestet) [(夫が妻に贈与しようとして，自分の債務者に支払を命じるとき，保護されるように。なぜならば，その際にも，その金銭は妻のものになっていないので，債務者は免除されないからである。しかし，債務者は，妻に対して有する不当利得返還請求訴権を与えるならば，抗弁によって夫に対し保護されるべきである])[(a)].

Furti tamen actionem in proposito[(b)] mihi post divortium[(c)] com-

---

れた場合の貸された物について，および不当利得返還請求訴権について」第19法文第1節（ユーリアーヌス）].

(a) 最後の言葉 (si condicionem ...praestet [不当利得返還請求権を... 与えるならば]) は，不当にゲッティンゲン版ならびに近時の版において抗弁の定式として掲げられている。抗弁は，GAJUS IV. §119 が一般的にいうように，否定的に表現されたのであり，学説彙纂における多くの例がそのことと一致する。抗弁は，ここでは doli exceptio [悪意の抗弁] にほかならない。

(b) in proposito [主題においては] は，すなわち，その個所全体が真に扱う法律事件においてであり，そこでは，夫婦間の贈与の場合は，単に対比のために挿入されていたにすぎない。

(c) post divortium [離婚後] という言葉は，その個所をまったく無意味にする。

petituram, quando mea intersit interceptos numos non esse. [それにもかかわらず，主題においては[b]，窃盗の訴権は，離婚後[c]私に帰属するであろう。なぜならば，その金銭が横領されないことが，私には重要であるからである。]

594　その法律家は，その個所の始めと終わりにおいて，われわれの当面する問題にまったく触れない事例について述べる。単に対比のためにのみ，彼は，夫婦間の贈与の場合をひっぱってくるのであって，これは，ここでの掲載においては，行の頭が引っ込まされている。さて，彼は，それについてつぎのようにいう。夫の委託で妻に支払う夫の債務者は，それによって夫に対して免責されないで，妻に対してのみ不当利得返還請求訴権を有し[d]，夫へのこの訴権の譲渡によってのみ，その者は，夫に対しても，したがって per exceptionem［抗弁によって］のみ，免責される，と。

　この言説は，支払う債務者は目に見えない仕方で金銭の占有と所有権を夫にもたらし，それによってただちに完全にすべての法律関係から脱退するというケルスス，ユーリアーヌスおよびウルピアーヌスの想定と明らかに矛盾している。ここから，アフリカーヌスが constitutum possessorium［占有改定］に，上述の他の法学者ほどには広くない影響を持たせるということが，明らかである。しかし，まさにこのアフリカーヌスの見解は，他の注目すべき法律問題からもすでに，われわれに知れている。ある

第一の場合には，そこでは婚姻がなんら問題になっていなかったから，それは適合しない。第二の場合には，そこでは窃盗の可能性がまったく存在しないから，それは適合しない。疑いなく，それらは，不手際な改変に基づいており，それによって，急ぎすぎてその個所の最後に挿入された事例に関係させた編纂者は，その個所を変更しようとしたよりはむしろ，婚姻中 furti actio［窃盗の訴権］が適用されないことを読者にしっかり教え込もうとした。その言葉は，もちろん改変のことを考えない註釈によっても，そのように理解される。——ついでにいうと，この説明全体は，私から出ているのではなくて，Ant. Faber conjectur. III. 19 から出ている。

　（d）すなわち，その金銭が支出されていることを前提として。たくわえられている金銭に対しては，疑いなく，アフリカーヌスは，その債務者に返還請求権を与えたであろう。

人が自分の債務者に，第三者に支払うよう委託し，この第三者がその金銭を貸付金として有すべきとき，それによって実際に消費貸借が成立する。しかし，ある人が自分の委託事務管理人［Procurator］に，委任に基づき返金されるべき金銭を貸付金として保有してよいと宣言するときも同様である。さて，アフリカーヌスは，これらの命題のうちの第一のものを benigne receptum［ベニーグネー・レケプトゥム。好意で承認されたこと］として認め，第二のものを否定した(e)。ウルピアーヌスは，債権者が，目に見える行為なしに，自分に対立している二人によって生じさせうることを，一人によっても生じさせるのが首尾一貫しているという理由で，第二のものをも認める(f)。——したがって，両方の法律問題において，他の法律行為へのそれの影響の中でした constituti possessorii［占有改定の］徐々の発展が，われわれの眼前にある。しかし，その法律制度の最も新しく最も自由な発展が真の結果と，したがって立法全体の最後の言説とみられるべきことは，あいまいでありえない(g)。たとえ，古くて狭い方の意見を取り入れ

（e） L. 34 pr. mandati（17.1.）［学説彙纂第17巻第1章「委任訴権または反対訴権」第34法文前文（アフリカーヌス）］。

（f） L. 15 de reb. cred.（12.1.）［学説彙纂第12巻第1章「確定物が請求された場合の貸された物について，および不当利得返還請求訴権について」第15法文（ウルピアーヌス）］。上述§44. s［本書第一巻255頁］参照。——消費貸借において，自由な方の取扱を信奉していることを，つぎの各個所も表明する。L. 11 pr. de reb. cred.（12.1.）［学説彙纂第12巻第1章「確定物が請求された場合の貸された物について，および不当利得返還請求訴権について」第11法文前文（ウルピアーヌス）］，L. 3 § 3 ad Sc. Maced.（14.6.）［学説彙纂第14巻第6章「マケドー元老院議決について」第3法文第3節（ウルピアーヌス）］，L. 8 C. si certum pet.（4.2.）［勅法彙纂第4巻第2章「確定物が請求されるとき」第8法文］，これらの個所はすべて，消費貸借が金銭でない（受領者によって売られるべき）物によっても締結されうることを認め，この想定によって同じように L. 34 pr. mandati（17.1.）［学説彙纂第17巻第1章「委任訴権または反対訴権」第34法文前文（アフリカーヌス）］と矛盾する。

（g） 自由な方の考えを信奉していることを表明したカルススおよびユーリアーヌスは，アフリカーヌスよりもやや古いと反対されるかもしれない。しかしながら，諸意見の進歩においては，確たる時間的境界は，その前と後ですべての意見が互いに一致しているのでなければならないという仕方では決して認められない。自由な方の意見が，始

596 たことが，編纂者の手落ちから出たのであろうと，内的法史の一部を述べようとするはっきりした意図から出たのであろうと，そうである。

VI.

今，贈与のもう一つの結果に移ろう。そのような約束をし，履行を訴求される者は，この訴えに対して一つの doli exceptio［悪意の抗弁］を有し，それによっていわゆる beneficium competentiae［生活必需品差押控除の利益］を主張することができる（§157.1）。だが，その者が直接に受領者に約束するのではなくて，受領者から第三者へ，たとえば受領者の債権者へ，あるいは受領者がまた贈与しようとする者へ弁済指図されるということも行われうる。それで，これらの第三者によって，贈与者が，これらの第三者と締結された契約に基づいて訴えられるとき，贈与者は，この訴えに対して上述の抗弁を有しない[a]。したがって，贈与関係は，第三者との法律行為が中間に入るやいなや，上述の固有の効力を失う。

VII.

比較的古い法の時代に，Lex Cincia［キンキウス法］の限度を越える贈与を約束した者は，受領者の訴えに対し抗弁により保護されていた（§165）。しかし，受領者がその約束を直接に受け入れたのではなくて，
597 弁済指図により贈与を生じさせたときは，債務引受に基づく訴えに対して，そういう抗弁は効力を認められるべきではなかった。したがって，こ

めは弁護され論難され，最後に一般的承認を得ることによって，しばしばかなり長い時間を要する。

（a）　*L.* 41 *pr. de re jud.* (42.1.)［学説彙纂第42巻第1章「既判物について，および判決の効果について，および中間判決について」第41法文前文（パウルス）］，*L.* 33 *pr. de don.* (39.5.)［学説彙纂第39巻第5章「贈与について」第33法文前文（ヘルモゲニアーヌス）］，*L.* 33 *de novat.* (46.2.)［学説彙纂第46巻第2章「更改と弁済指図について」第33法文（トリュポニーヌス）］.――上述§157. s. w および§158. q 参照。

520 —— 付録 Ⅹ

のことは，つぎの両方の場合に生じた：

1) 与える者が受領者の債権者に対し債務引受をしたとき。受領者は，その債権者の訴えに対し抗弁を有しなかったが，しかし，与える者が自分に債務の免除を得させ，またはすでに支払われた金銭を返還するように，与える者に対し不当利得返還請求訴権を有した[a]。

2) 与える者が自分の債務者を受領者に弁済指図したとき。債務者は抗弁を有しなかったが，与える者は，支払前には債務者に対し取消の訴えを起こすことができたし，支払後は受領者に対し金銭の返還を訴求することができた[b]。

上掲の各個所に従い優位を獲得したと思われるサビーヌス派の法学者たちの意見によれば，そうであった。これに反し，プロクルス派の法学者たちは，その抗弁を popularis exceptio ［ポプラーリス・エクスケプティオー。民衆的抗弁］のように取り扱い，それゆえにそれを上掲の各場合において被告にもちろん容認しようとした[c]。

Ⅷ.

これまで論じた個々の場合から，つぎの規則が出てくるようである。

598　贈与の制限が ipso jure ［法律上当然に］，すなわちまったくの絶対的無効によって生じさせられるという場合には，この絶対的無効は，他人と締結

（a）　L. 5 § 5 de doli exc. (44. 4.) ［学説彙纂第44巻第4章「悪意および強迫の抗弁について」第5法文第5節（パウルス）］。

（b）　L. 21 § 1 de donat. (39. 5.) ［学説彙纂第39巻第5章「贈与について」第21法文第1節（ケルスス）］。

（c）　Fragm. Vatic. § 266 „..nam semper exceptione Cinciae uti potuit non solum ipse, verum, ut Proculiani contra tabulas (*Sabinianos ?*) putant, etiam quivis, quasi popularis sit haec exceptio." ［ヴァティカンの断片第266節：「..なぜならば，常に，キンキウス法の抗弁を，みずから利用できるのみならず，プロクルス派の法学者たちが諸写本（サビーヌス派の法学者たち？）に反対して信じるように，あたかもこの抗弁が民衆的であるかのように，どんな人でも利用できる。」］

された，贈与を生じさせる手段としてのみ役立つべき法律行為においても現われる（第 II，III 号）。この規則の例外（第 IV 号）は，見せかけにすぎない。それは，constitutum possessorium［占有改定］に基づいており，占有における単なる変更は，そもそも贈与の積極的制限によって触れられない（§ 149. c¹）。

これに反し，制限が抗弁を手段としてのみ実行されるところでは，この制限は，贈与の目的で第三者と締結された法律行為に及ばない（第 VI，VII 号）。この規則についても，与える者が，間違って自分の債務者と考える者を受領者に弁済指図するとき，見せかけだけの例外が存在する。ここでは，弁済指図された者は，与える者に対する債務引受の場合に与える者に対しても有したであろう同じ doli exceptio［悪意の抗弁］を，受領者に対して有する[a]。私は，この例外を単に見せかけだという。なぜならば，それは，贈与の固有の性質に基づくのではなくて，もっとはるかに一般的な一つの対立に基づくのであって，この対立は，とりわけ贈与において現われるにすぎず，贈与と並んでまったく別の場合にも現われるからである[b]。

　(a)　*L.* 2 § 3 *de donat.* (39. 5.)［学説彙纂第39巻第 5 章「贈与について」第 2 法文第 3 節（ユーリアーヌス）］，*L.* 7 *pr. de doli exc.* (44. 4.)［学説彙纂第44巻第 4 章「悪意のおよび強迫の抗弁について」第 7 法文前文（ウルピアーヌス）］．

　(b)　一般的な原理は，弁済指図された者が，その弁済指図のためになにも犠牲にしなかった限り，抗弁を甘受しなければならないということにある．*L.* 4 § 31 *de doli exc.* (44. 4.)［学説彙纂第44巻第 4 章「悪意のおよび強迫の抗弁について」第 4 法文第31節（ウルピアーヌス）］．今，その者に弁済指図が贈与された場合は，もちろんそうである．しかし，弁済指図がその者に支払として与えられたが，それが，間違ってそう考えられたが，実際には設定されていない，指図者に対する債権についての支払として与えられたときも，同じである．*L.* 2 § 4 *de don.* (39. 5.)［学説彙纂第39巻第 5 章「贈与について」第 2 法文第 4 節（ユーリアーヌス）］，*L.* 7 § 1 *de doli exc.* (44. 4.)［学説彙纂第44巻第 4 章「悪意のおよび強迫の抗弁について」第 7 法文第 1 節（ウルピアーヌス）］．そのことが真の債権についてなされたときは，抗弁は認められない．*L.* 12. 13 *de novat.* (46. 2.)［学説彙纂第46巻第 2 章「更改と弁済指図について」第12法文（パウルス），第13法文（ウルピアーヌス）］．

IX.

今度は，他人との法律関係への影響がわが法源において言及されないような，贈与の制限に移ろう。

登録なしに1500ドゥカーテンの贈与が，与える者がこの金額について受領者の債権者のもとで債務引受をするか，自分自身の債務者を受領者に弁済指図することによって生じさせられるべきとき，今，1000ドゥカーテンについて規定された絶対的無効は，新たな法律関係に一緒に移り，その結果，500ドゥカーテンだけが訴求されうるか，それとも，この法律行為はそれによって触れられないままであり，その結果，1500ドゥカーテン全部が支払われなければならないが，与える者は受領者に1000ドゥカーテンの返還を請求できるか。その相違は，たとえば受領者が弁済指図後まもなく支払不能になるとき，実際上重要になりうる。一目見て，immodica donatio［インモディカ・ドーナーティオー。過度の贈与］における弁済指図に関する上掲（第VII号）の学説彙纂の諸個所によりすべてのことがはっきりしていると思われるであろう。なぜならば，それらの個所は，実際に，一方で与える者または受領者と，他方で第三者との間で，immodica donatio［過度の贈与］はなんら効力を有すべきでないと定めるからである。しかしながら，これらの個所は，まったくはっきりと，抗弁の許容性についてのみ述べる。確かに，このことは，Lex Cincia［キンキウス法］という古い法においてとくに問題になった。しかし，ユスティーニアーヌス帝の法は，登録の懈怠から完全な絶対的無効という結果を生じさせ，したがってそれを，禁止された夫婦間の贈与と完全に同列に置く（§167）。したがって，われわれは，この問題のところで立法の内的首尾一貫性を完全に放棄しようとするのでなければ，ローマ法において夫婦間の贈与のところで実施されている規則（第II, III号）を適用しなければならず，上掲の学説彙纂の諸個所を，比較的古い法の関連からの，適用できない証言とみなければならないのであって，これらの個所は，かなり多くの他の個所と同じく，受け入れられない方がよかったであろう。それらの個所の文字どお

りの適用は、いずれにせよ不可能である。なぜならば、それらは、抗弁の許容性についてのみ述べるが、このことは、登録の懈怠のところでは、最近の法においてはまったく問題になりえないからである。

したがって、この、もちろん疑わしい問題においては、重要なのは、われわれが、わが立法の首尾一貫性の結果として出てくることの方に高い価値を置くか、むしろ、上掲の学説彙纂の諸個所の（今もなお強く修正されている）適用可能性の救済の方に価値を置くかである。

X.

最後に、贈与の撤回、とくに忘恩の場合におけるそれに関しては、そこではわれわれの問題についてほとんど疑問は生じえない。というのは、ここでは、まず始めにすべては有効であり、後にはじめて受領者に対する新たな請求権が生じるからである。したがって、贈与が弁済指図によって生じさせられたとき、第三者と締結された法律行為は、まったく触れられないままである。

付録 XI

[Beylage XI.]

時期の表示における序数

[Ordinalzahlen in der Bezeichnung von Zeiträumen]

(§ 182について [Zu § 182])

I.

　ある一定の時期ともう一つの同種の一定の時期の間隔を考えるに当たり、その間隔を言い表わしたいとき、これは、最も単純にまた最も普通には、それらの時期の間にある同種の時期に関する序数によってなされる。つまり、今日の後第3日、あるいは一定の出来事の年の後第5年という言葉を用いて、その日が今日から幾日隔たっているか、この年がその出来事からどれだけ隔たっているかが示される。とりわけ、これは、二つの個々の時期が互いに対比されるのみならず、同種の時期のずっと続く周期的反復が問題であるところでもなされ、この場合について、ローマ人は、tertio *quoque* die［テルティオー・クォークェ・ディエー。三日目ごとに］、quartus *quisque* annus［クァールトゥス・クィスクェ・アンヌス。4年ごと］という表現を用いる。しかし、同じ種類の表示は、時期においてのみならず、連続の列にある同質のものと考えられる他の対象においてもみられる。たとえば、あるラントの次々に続く幾人かの領主の間で、一人の領主のもう一人の領主からの隔たりが、領主の順番全体の中で示されるべきとき、そうである。さて、すべてのこのような場合について、表示として用いられている序数がどう解されるべきか、すなわち、数える出発点となる時期、人などが算入されるべきかどうかという問題が生じる。これについて、ある民族の用語によって確たる規則が認められており、これによってそのときそ

の表示のすべてのあいまいさは排除されているであろうということが，考えられるであろう。しかし，ローマ人においてはそうではなくて，むしろ，ローマ人は，まったく異なった仕方で，あるいは算入し，あるいはまた算入していないのであって，そのために，このような計算が現われるどの個所においても，真の意味に関する疑問が生じ，そのために，それの使用において大きな注意が必要となる(a)。この主張を，今から，ローマの著述家たちの個所の挙示によって実証しなければならない。

II.

私は，まず，第1日，第1年などがはっきり算入[mitzählen]されるような個所および慣用句を挙げようと思う。

それに属するのは，まず第一に，一般的に用いられる暦の用語[Kalendersprache] の多くの表現である。dies tertius Kalendarum Jan. [1月朔日の第3日] あるいは ante Kalendas Jan. [1月朔日前（第3日）] は，ご存じのように12月30日を意味し，この表示は，Kalendae [朔日] が第1日として，pridie Kal. [朔日の前日に] が第2日として数えられることからのみ説明される。それに続くすべての数においても同様であり，Idus [イードゥース。月の中日] と Nonae [ノーナエ。月の中日の前第9日] においても同様である。──さらに，Nonae [ノーナエ] は，言葉の上では (Idus [月の中日] の前) 第9日を意味する。だが，両日の間には，中間に7日しかなかったから，Nonae [ノーナエ] を第9日と称しうるためには，必然的に，Idus [月の中日] を算入しなければならなかった(a)。──（novendinae [ノウェンディナエ。9日の] に代わる) Nundinae [ヌーンディナエ。市日] も同様であ

（a） 私がその用語のこの二義性をはっきり挙げていると認める唯一の著述家は，Unterholzner Verjährungslehre I. S. 310 である。しかし，彼は，それを証明もしていないし，それがまったく重要であることを承認もしていないで，一つの個所の説明に用いているだけである。

（a） Ideler II. 129.

る。これは8日間の週の最後の日であり、したがって、その名称は、同じ数え方に基づく[b]。──最後に、2ローマ週である Trinundinum［トリヌーンディヌム。3週間の法的猶予期間］も同じやり方によるのであって、そこでは同じように最初の Nundinae［市日］が算入されている[c]。──なお、perendie［ペレンディエー。明後日に］または perendinus dies［ペレンディヌス・ディエース。明後日］、すなわち明後日もそれに入れることができる。その日は dies tertius［ディエース・テルティウス。第3日］とも呼ばれるが、これは明らかに、数える出発点であるべき今日を第1日とみ、したがってこれを算入することによってのみそうなる[d]。

同様にはっきりしているのは、つぎの個々の個所である：

VARRO de re rustica Lib. 2 prooem. „Itaque annum ita diviserunt ut *nonis* modo diebus urbanas res usurparent, *reliquis septem* ut rura colerent." ［ウァルロ　農業論第2巻序言：「それゆえに、彼らは、ただ第9日に都市の事を行い、残った7日に田畑を耕すというように、1年を区分した。」］中間に7日あり、しかも次の日が第9日と表示されるとき、前にある日が算入されていなければならない[e]。

CICERO in Verrem II. 56: „Quinto quoque anno Sicilia tota censetur. Erat censa praetore Peducaeo, quintus annus cum te (Verre) praetore incidisset, censa denuo est. Postero anno L. Metellus mentionem tui census fieri vetat, Peducaeanum censum observari jubet." ［キケロ　ウェルレースに対して II. 56：「5年目ごとに、シシリー島全部が戸口調査される。法務官ペドゥーカエウスにより戸口調査されて、第5年が汝（ウェルレース）の下で生じ、もう

　　（b）　Ｉｄｅｌｅｒ II. 136および同所に挙げられている著述家たち。
　　（c）　Ｉｄｅｌｅｒ II. 137.
　　（d）　CICERO pro Murena C. 12. GELLIUS X. 24.
　　（e）　ここでもまた、Nundinae［市日］が問題になっているが（註b）、ただ、それをこの通常の名称で呼ぶことなく、基礎にある考えが諸要素に分けられることによってである。

一度戸口調査された。次の年に L. メテルルスは，汝の戸口調査の記載がなされるのを禁じ，ペドゥーカエウスの戸口調査が尊重されることを命じる。」]──ペドゥーカエウスの１年の法務官任期に，サケルドスの１年の法務官任期が，それからウエルレースの３年の法務官任期が続き，これにメテルルスの３年の法務官任期が続いた。最後の戸口調査は，ウェルレースの第３年に当たった。なぜならば，次の年にすぐメテルルスがそれを無効にしたからである。したがって，この戸口調査と先行の戸口調査の間には，空いた３年があった。しかも，キケロは，この反復を quinto quoqueanno [5年目ごとに] と称する。

VIRGIL. ecl. V. 49. „*Alter* ab illo" [ウィルギリウス　選詩 V. 49.:「そこから二つのうちもう一つのもの」]これは，その後の第一のものの代わりである。つまり，それを第二のものにするために，先行のものを算入することによってである。

HORAT. Serm. II. 3. 193. „Ajax heros ab Achille *secundus* ;" [ホラーティウス　談話 II. 3. 193:「アキルレースから第二の英雄アーヤークス。」] 前の個所におけると同様である。

LIVIUS VII. 1„ dignusque habitus, quem *secundum* a Romulo conditorem urbis Romanae ferrent." [リーウィウス VII. 1:「適当で堂々たる者，ロームルスから第二のその者をローマ市の建設者と呼ぶべきであった。」]

CENSORINUS C. 18 [ケンソーリーヌス　第18章] は，オリンピック競技は *quinto* quoqueanno redeunte [クィントー・クォークエ・アンノー・レデウンテ。5年目ごとに回帰して] 催されてきたと語る。これは，周知のように４年の周期で行われたのであり，その結果常に，競技の二つの年の中間に空いた３年が存していた。

GELLIUS IX. 4. „Item esse compertum et creditum, Sauromatas ... cibum capere semper *diebus tertiis, medio abstinere*." [ゲルリウス IX. 4:「サルマティア人が ...常に3日目に食物をとり，中間の日にはこれを禁じることも，確実であり，信じられる。」] つまり，彼らは１日ごとに食事と断食を交替させ

るのであり，食事日が tertii［テルティイー。第三の（日）（複数）］と称せられることによって，それぞれ前の食事日が算入されていなければならない。

　GELLIUS XVII. 12 „quum febrim *quartis diebus* recurrentem laudavit ... haec *biduo medio* intervallata febris".... ［ゲルリウス XVII. 12：「それが 4 日目に回帰性の熱を示したとき... この断絶した熱は，中間の 2 日間には」... 。］

　CELSUS de medicina III. 3. „Et quartanae quidem simpliciores sunt .. finitaque febre *biduum integrum* est : ita *quarto die* revertitur ...Tertianarum vero duo genera sunt : alterum ..*unum diem* praestat integrum, *tertio* redit"... ［ケルスス　医術論 III. 3：「そして，確かに 4 日間欠熱は，もっと単純である。..すなわち，限られた熱により 2 日間は害されない。このようにして，4 日目に回帰する。... しかし，3 日間欠熱の二つの種類がある。その一つは .. 害されない 1 日を与え，3 日目に回帰する」..。］

　L. 233 § 1 *de V. S.* (50. 16.) (Gajus). „Post Kalendas Januarias *die tertio* pro salute principis vota suscipiuntur." ［学説彙纂第50巻第16章「言葉の意義について」第233法文第1節（ガーイウス）：「1月朔日後 3 日目に君主の安全のために祈願が行われる。」］だが，われわれは，他の情報から，これが ante diem III. Nonas Jan.［1月の中日の前第9日（＝第5日）の前第3日］すなわち 1 月 3 日になされたことを知っており[f]，したがって，ここでは，dies Kalendarum［ディエース・カレンダールム。朔日の日］は，通常の暦の表示 *ante* Kalendas［アンテ・カレンダース。朔日の前］におけると同じように，第1日として算入される[g]。

　(f)　本体系§180. f 参照。
　(g)　私は，*L.* 1 *de glande leg.* (43. 28.)［学説彙纂第43巻第28章「拾集されるべきどんぐりについて」第1法文（ウルピアーヌス）］，*L.* 9 § 1 *ad exhib.* (10. 4.)［学説彙纂第10巻第4章「提示訴権」第9法文第1節（ウルピアーヌス）］，*L.* 1 § 22 *de aqua quot.* (43. 20.)［学説彙纂第43巻第20章「日常のおよび夏の水について」第1法文第22節（ウルピアーヌス）］のように，tertio quoque die［3 日目ごとに］が現われるが，それについて算入が直接には証明されないような個所を，ここに置かない。確かに，私は，これらの個所においても，それらがその表現を同じ意味で用いており，したがって alternis diebus［1 日交替で］

607 　*L.* 1 *quando appellandum*（49. 4.）(Ulpian.) ［学説彙纂第49巻第 4 章「いつ，どのような期間内に上訴されるべきか」第 1 法文（ウルピアーヌス）］. ここでは，まず，§ 5 ［第 5 節］においてこういわれる：„Biduum vel triduum appellationis *ex die sententiae latae* computandum erit,"［「上訴の 2 日間または 3 日間は，下された判決の日から計算されるべきであろう，」］すなわち，上訴しようとする者は，そのために時には 2 日，時には 3 日を（§ 11. 12 ［第11, 12節］参照），しかも判決の日が算入されるというように，有する。しかし，その者が欠席していたときは，(§ 15 ［第15節］)：„biduum vel triduum *ex quo quis scit* computandum est,"［「2 日間または 3 日間は，その者が知る日から計算されるべきである，」］すなわち，その者が判決を知った日が算入されるというようにである。それで，同じ期間が，altera vel tertia die ［アルテラ・ウェル・テルティア・ディエー。二つのうちもう一方のまたは第三の日に］という表現によって，交替して表示される（§ 6. 12. 13. ［第 6，12，13節］）。

　これは，われわれが，前週に起こった，しかもちょうど今日と同じ週日に起こった出来事について話すときに表明する同じ見方である。すなわち，われわれは，8 日前にというが，その場合，われわれは，今日の日を算入して，過去の出来事の日を 8 日と考える。まったく同じように，フランス人は，huit jours ［8日］という表現を用いる。しかし，フランス人は，われわれが14日といい，したがってその場合今日の日が算入されない 2 週間の隔たりをも，quinze jours ［15日］によって言い表わすことによって，われわれよりも首尾一貫している。もちろん，これらの言い回しの中608 には序数は含まれていないが，しかし，考え方の相違は，ここで序数のところで示されるのと同じである。

の代わりに用いていることを疑わないが，しかし，そのことは，それら自体からは説明されない。上掲の個所の最後のものにおいては，確かに，alternis diebus ［1 日交替で］も現われるが，しかし，この表現が，前に tertio quoque die ［3 日目ごとに］によって言い表わされた場合に向けられているべきかどうかは，必ずしも明らかでない。

530 —— 付録 XI

同じ意味で、キリストの復活（日曜日）は、磔刑（金曜日）後第三日に置かれる。そして、この表示は、各言語の区別なしにキリスト教の信条の中にある。

III.

今度は、算入されないとする個所および言い回しを次いで述べよう。

まず、暦の用語から一つの表現がそれに数えられるかもしれない。すなわち、pridie［前日に］であって、これは primo die［プリモー・ディエー。第一の日に］の短縮であるようにみえる。しかしながら、こういうことは、直接それと境を接している tertio die［第三の日に］と対比して、明らかな矛盾に基づくであろうから、pridie［前日に］を priore die［プリオーレ・ディエー。さらに以前の日に］または pristino die［プリースティノー・ディエー。以前の日に］(a) ととり、その結果、先行という概念だけがその中に含まれており、したがってそもそも数は含まれていないとすることによって、その矛盾を除去しようとされるかもしれない。しかし、まったく決定的なのは、つぎの各個所である。

VARRO de lingua lat. Lib. 6 §11 (ed. Müller). „Lustrum ..tempus quinquennale ...quod *quinto quoque anno* vectigalia ..persolvebantur.“ ［ウァルロ　ラテン語論第 6 巻　§11（ミュラー版）：「租税会計年度 ..5 年の期間 ...なぜならば、5 年目ごとに租税が支払われていたからである。」］前号で述べた用語に従えば、sexto quoque anno［セクストー・クォークェ・アンノー。6 年目ごとに］といわれなければならなかった。

CICERO in Pisonem C. 5 „quam potestatem minuere, quo minus de moribus nostris *quinto quoque anno* judicaretur, nemo ..conatus est.“ ［キケロ　ピーソに対して　第 5 章：「われわれの死亡について 5 年目ごとに評価されることが一層少ないように、どれほど機会を減らすかを、だれも .. 試みなかった。」］こ

(a) そういうことで、実際に、この言葉は、GELLIUS X. 24 から導き出される。

こでは，前の個所におけると同様，常に5年後に繰り返される戸口調査が問題である。

CICERO acad. quaest. II. 6 „a Carneade, qui est *quartus ab Arcesila*: audivit enim Egesinum, qui Evandrum audierat, Lacydis discipulum, cum Arcesilae Lacydes fuisset." ［キケロ　アカデミア研究II. 6：「カルネアデースからであるが，カルネアデースは，アルケシラースから第4番目である。なぜならば，彼は，ラーキーデースの弟子エウァンデルの教えを受けたエゲシーヌスの教えを受けたのであって，ラーキーデースがアルケシラースの弟子であったからである。」］ここでは，アルケシラースは算入されないで，ラーキーデースが第1番目，エウァンデルが第2番目，エゲシーヌスが第3番目，カルネラデースが第4番目である。

CICERO ad Atticum VI. 1. „Ei (Pompejo) tamen sic nunc solvitur, *tricesimo quoque die* talenta Attica XXXIII., et hoc ex tributis, nec id satis efficitur *ad usuram menstruam*." ［キケロ　アッティクス宛ての手紙VI. I：「しかし，その人に（ポンペイウスに）今，30日目ごとに33アッティカ・タレントというように支払われる。そして，この貢納によって，それは，1カ月の期間に比して十分にされることはない。」］明らかに，彼は，ここで，毎月の貢納と30日の期間で給付された支払とを比較する。この後者においては，二つの支払日の間に空いた29日があり，したがって，次の支払日がtricesimus［トリーケーシムス。30番目の］と言い表わされるとき，前の支払日は算入されていない。

CAESAR de bello Gallico V. 52. „Cognoscit, non *decimum quemque* esse relictum militem sine vulnere." ［カエサル　ガリア戦記V. 52：「10番目ごとの戦士が傷がなくて放棄されなかったことを，彼は知る。］ここでvix［かろうじて］からすでに明らかになるように厳格な正確さが問題になりえないこのような一般的な見積もりにおいては，常に端数のない数が用いられる。したがって，カエサルは，10人の軍人の中でやっと1人が傷ついていなかったといおうとする。彼は，今，続いてのどの傷ついていない者をもdecimum quemque［デキムム・クェムクェ。10番目ごとの（男性対格）］と称することによって，その前の者を算入しないに違いない。

　COLUMELLA V. 8 „nam quamvis *non continuis* annis, sed fere *altero quoque* fructum efferat".. ［コルメルラ V. 8：「なぜならば，たとえ，連続している年々にではなくて，通常，二つのうちもう一方ごとに果実を産み出すとしても」…］ここでは，altero quoque［アルテロー・クォークェ。二つのうちもう一方ごとに］は，毎年繰り返されるものに対する反対を成すから，それは，果実収益と実りのないこととの間の年ごとの交替のみを言い表わすことができ，その結果，ここでは，それは，前に説明された用語に従えば *tertio* quoque anno［テルティオー・クォークェ・アンノー。3年目ごとに］というのと同じ意味を有する。

　STATIUS Theb. IV. 841 „ab Jove *primus* honos"［スターティウス　テーバェ物語 IV. 841：「ユーピテルから第一の名誉」］，上述ウィルギリウスのところで *alter* ab illo［そこから二つのうちもう一方のもの］といわれたのとまったく同じ意味で。

　CELSUS de medicina III. 13. 21. 23. ［ケルスス　医術論 III. 13. 21. 23.］ IV. 12 では，彼自身が上掲の一つの個所において *tertius* dies［第3日］と称したものについて，altero quoque die［二つのうちもう一方の日ごとに］が四度現われる。というのは，彼がこのことを考えなかったとすれば，彼は確実に quotidie［クォティーディエー。毎日］といったであろうからである。また，彼は，それらの個所のうちの一つ，III. 21 においてこういう，„utilis quotidianus *aut altero quoque die* post cibum vomitus est,"［「有益なものが毎日あるいは二つのうちもう一方の日ごとに食後吐かれた,」］そこでは altero quoque die［二つのうちもう一方の日ごとに］は，quotidianus［クォティーディアーヌス。毎日の］の正反対を言い表わす。

　MACROBIUS Saturn. I. 13. ［マクロビウス　サートゥルヌスの祭典 I. 13.］彼は，ギリシア人が8年ごとの閏の時期を有し，この時期に8回11と4分の1日を，つまり90日を挿入したのであり，それによって彼らの354日の1年を

365と4分の1日という正しい基準に導いた，という。このことを，彼はこう表現する：ut *octavo quoque anno* nonaginta dies ...interkalarent, ［彼らは，8年目ごとに90日を... 挿入するから，］ここで，彼は，以前に説明された用語に従えば，中間に空いた7年があったのだから，*nono quoque anno*［ノーノー・クォークェ・アンノー。9年目ごとに］といわなければならなかったであろう。彼は，引き続いてつぎのようにいう。ローマ人は，それを模倣したが，しかも，ローマ人の1年は354日ではなくて355日であったから，へたに模倣した：*octavo quoque anno*（nono quoqueの代わりに）interkalantes octo affluebant dies.［8年目ごとに（9年目ごとにの代わりに）挿入する9日が流れ込んでいた。］この誤りを，ローマ人は，後に，24年後ごとに24日を落とすことによって修正した：*tertio quoque octennio* ita interkalandos dispensabant dies, ut non XC. sed LXVI. interkalarent；［彼らは，三度目の8年の期間ごとに，90日ではなくて66日を挿入するというように，挿入されるべき日を分配していた。］ここでもまたもや，以前に説明された用語に従えば，*quarto* quoque octennio［クァルトー・クォークェ・オクテンニオー。四度目の8年の期間ごとに］といわれなければならなかった。

———————

さて，すでに上述のところで述べたドイツ語，すなわち，現在にきっちり2週間遅れているものを言い表わすための14日前も，ちょうどこの言い回しに属する。

IV.

これまで個々の個所により実証された二とおりの用語は，この相違がローマ人自身において重要な誤りを生じさせ，そのためにローマ人のもとで意識されるに至ったいくつかの場合によって，なおもっと分かりやすくなる。

この種の最も注目すべき場合は，そんなに疑う余地のない仕方で証言されていることがないとすれば，ほとんど信じられないと思われるであろう

612 ものであるが，それはつぎの場合である。シーザーは，彼が365と4分の1日で考えた太陽年と365日の歴年との調整のために，4年の期間それぞれが1日の閏日を付加としてもつべきであるという命令を，彼の暦の採用の際に発した[a]。この処置は，彼の告示において，つぎの言葉で表現された：ut *quarto quoque anno* ..unum interkalarent diem［4年目ごとに..1日を挿入するように］[b]；つまり，その場合には，たった今説明された第二の用語が基礎にあったのであり，これに従えば，前の閏年は，次の閏年の位置を示す場合に算入されない。しかし，法律により存在する暦をずっと続けて実施することを任務とする司教たちは，その告示を，上述のところで説明された第一の用語に従って理解したのであって，そのために，quarto quoque anno［クァルトー・クォークェ・アンノー。4年目ごとに］から3年の閏の挿入期間が生じ，そこでは，二つの閏年の間に二つの平年しか存しなかった。この信じられないような誤解が，36年の間気付かれないままであった。その結果，この時期に，9回しか閏日が入れられるべきではなかったであろうのに，12回閏日が入れられていた。ついにそれが発見されたとき，アウグストゥスは，その次の三つの閏日挿入期間について閏日を入れるのをまったく禁じ，同時にまた将来についてユリウス暦の閏の真の意味を確定することによって，犯された誤りを訂正した[c]。

613 三頭執政官オクタウィアーヌス，アントーニウスおよびレピドゥスによる四つの植民市の建設の際に，土地測量技師［Agrimensoren］に与えられた規定（lex［法律］）の中に，つぎのような個所があった：Qui conduxerit ...a decumano et cardine *quintum quemque* (limitem) facito pedes

---

（a） 本体系§179におけるもっと詳細な叙述を参照。

（b） Macrob. Satern. I. 14, Sueton. Julius C. 40.

（c） Macrob. Saturn. I. 14, 彼は，そのことをつぎのように表現する。間違って，quarto anno *incipiente*［始まりつつある4年目に］，*confecto*［経過した（4年目に）］の代わりに，閏日が入れられた。アウグストゥスは，今後は *quinto* quoque *incipiente* anno［始まりつつある5年目ごとに］それがなされるべきことを命じた。Ｉｄｅｌｅｒ II. 131 をも参照。

XII., ceteros limites subruncivos［10分の1と境界線から5番目の（道）ごとに行為により12歩尺を… いっしょにして，その他の道が取り去られるように］[d]．そこでは，10分の1［Decumanus］は算入されていなかった。その結果，これと，もっと大きな広さで定められた道［Limes］の間には，真ん中に5区画［Centurien］があるべきであった。しかし，土地測量技師は，しばしばそれを誤解していて，それゆえに，その法律においては10分の1が算入されていると信じたことによって，もっと広い道を1区画だけ10分の1へ近寄せすぎていた。ヒギーヌス［Hyginus］は，この誤解をつぎの言葉でとがめる[e]: Multos limitum constitutiones in errorem deducunt ... Sic et de limitibus quintariis, quintum quemque quintarium volunt. Porro autem inter quintum et quintarium interest aliquid. Quintus est, qui quinto loco numeratur : quintarius *qui quinque centurias cludit.* Hunc volunt esse quintum, *qui est sextus*（すなわち，通常の第一の表現方法によれば。これにおいては10分の1が算入される）. Nam et legum latoribus (1. latores) .. sic caverunt, ut a Decumano maximo *quintus quisque* spatio itineris ampliaretur. *E r a t   s a n e   i n t e r p r e t a t i o   l e - g i s   h u j u s   a m b i g u a ,* nisi eorum temporum formae（そういう legumlatores［立法者たち］の時代から残っている図面）*sextum quemque limitem* latiorem haberent .... Quum decumanus erat positus, positi sunt deinde *quinque limites,* quorum novissimus factus est latior : his cum decumanus accessit,. *sex fiunt.*［勅法は，多くの道を誤りに陥らせる。… そういうことで，5を含んでいる道についても，5番目ごとというのは，5を含んでいるを意味する。他方しかし，5番目と5を含んでいるとの間では，多少異なっている。5番目は，第五の位置で数えられるものであり，5を含んでいるは，5番目の区画を含むものである。これが5番目であることは，6番目であるものを意味する（す

　（d）　F<small>RONTINUS</small> de coloniis bey G o e s i u s p. 111. 133.
　（e）　H<small>YGINUS</small> de limitibus constituendis bey G o e s i u s p. 158. 159.

なわち，通常の第一の表現方法によれば。ここでは10分の1が算入される）。なぜならば，立法者たちにも（立法者たちも）..10分の1から5番目ごとに道の最大の広さで拡大されるべきであるように配慮するからである。もしこの時代の方式（そういう立法者たちの時代から残っている図面）がもっと広い6番目の道ごとを含んでいたのでなければ，確かにこの法律の解釈は二つの意味があった…。10分の1が数え入れられていて，さらに5番目の道が数え入れられているとき，それの最後の結果はもっと広い。すなわち，これに10分の1が付け加わったとき,. 6になる。]

　ここでいっしょに並べた両場合は，公の文書が，ある行為の実行を託された人たちによって誤解されたが，その理由は，単に，その人たちが，作成者によって述べられた序数を，作成者自身がこの中に置こうとしたのとは別の意味に理解したからにすぎないという点で，一致している。しかし，ローマ人が実際にそういう数を二つの異なった仕方で用いたことについて，それ以上適切な証明は存しえない。

V.

　この不安定な用語が期間においてのみならず，他の数えられる対象においても現われることが，示された。しかし，もちろん，期間の独特の性質の中に，そのことのまったく特別の原因があった。ある占有が1月1日の正午に始まり，そこから365暦日が数えられるべきとき，1月1日が算入されるべきかどうかの問題は，とくにこの1月1日が一部はその占有期間の中にあり，一部はその外にあることによって，不確かになる。ひょっとすると，この事情が，上述の不安定がまず最初に期間の計算において生じたことへの機会を与えたのであり，そこから次いで，そういう独特の理由が生じない他の対象の計算への道をもみつけたのかもしれない。

VI.

　ここでローマ人の用語において実証された二つの異なった数え方は，互いに決して，一方が支配的な規則を成し，もう一方が希な言い回しに，ひ

ょっとすると，あまり名声をもたない個々の著述家の文書に基づいたにすぎないというような関係にあるのではない。むしろ，両方とも，一流の著述家たちによって用いられ，それどころかさらに，両方とも，同一の著述家，とくにキケロ，ウァルロおよび医師ケルススによって用いられる。この相違が，まったく無秩序な，常に気まぐれと恣意によってのみ生じさせられたものとみられるべきではなくて，そこに一定の関係が認められるべきであるとすれば，たとえばつぎのことが，ややありそうに主張される。第一の方法（そこでは算入される）は，より古く，日常生活においてより普通と思われる。個々の著述家のよりも確実にもっと一般的に普及していた暦の用語におけるそれの使用が，そのことについて証明するようである。第二の方法は，より優雅で，より精確とみられたかもしれない。そのことについて，一部はキケロにおいてこれの方が頻繁に使用されていることが，一部は公の文書における使用が，証明するようである。この関係の前提から，どうしてこういう文書が実施において誤解されたかが説明される。それは，起草者がその表現をとくに選択して述べようとしたが，他の人たちが日常生活において身につけた自分たちの慣習をそういう文書の解釈に移したことによって，生じた。

　われわれは，今，ある古い法律家のなんらかの個所において序数が用いられているのをみいだすとき，ここで出された諸見解により，説明に際して，その一方またはもう一方の数え方を自由に選択して前提することができるのであって，別の理由からどちらの方がありそうだと考えるにしてもそうである。その場合，われわれが，とくに，初日などが算入されていると認めるときは，この数え方の方が普通に行われてきたようだから，この考えは，特別の裏付けを一番必要としない。これに反し，われわれが，反対の考えをとって，起草者に，このあまりしばしば行われない数え方をまさに所与の場合に用いるよう決心させえた特別の理由を挙げることができるとき，それによって，われわれの解釈は，かなり確たる基礎を得るであろう。

訳　註

(1) ［11頁註 e（12頁）］原文には *L. 8 ad L. Jul. repet.* とあるが，*L. 8 de L. Jul. repet.* が正しいであろう。

(2) ［15頁註 e（16頁）］原文には *L.* 54 §1［第54法文第1節］とあるが，*L.* 54［第54法文（ウルピアーヌス）］は，短くて節分けがなく，内容的にも適合しない。*L.* 56 §1［第56法文第1節（ガーイウス）］が正しいのではないかと思う。

(3) ［16頁註 g］原文には *L.* 108 §6［第108法文第6節］とあるが，§6［第6節］には該当する部分がないようである。*L.* 108 §4［第108法文第4節］が正しいのではないかと思う。

(4) ［28頁］原文には Faviana とあるが，Fabiana が正しいであろう。28頁註 e（29頁）に引用されている学説彙纂第38巻第5章第3法文第2節には，Fabiana とある。もっとも，この個所の独訳では，Favianisch, Faviana となっている。

(5) ［28頁註 e（29頁）］訳註(4)参照。

(6) ［29頁註 g］訳註(4)参照。

(7) ［30頁］容仮占有。precarium［プレカーリウム］．所有者がその所有地を仮の許容によって他人に使用収益させるもの。

(8) ［31頁］訳註(4)参照。

(9) ［32頁］訳註(4)参照。

(10) ［34頁註 t］訳註(4)参照。

(11) ［34頁註 u（35頁）］訳註(4)参照。

(12) ［44頁］ドゥカーテン［Dukaten］：ヨーロッパで13-14世紀に通用した金貨。

(13) ［55頁註 g］原文には *cui non est in locus in pignore liberando* とあるが，*locus* の前の *in* は不要であろう。

(14) ［115頁註 p］訳註(4)参照。

(15) ［121頁註 e］原文には *L.* 52 §26［第52法文第26節］とあるが，*L.* 53 §26［第53法文第26節］が正しいであろう。

(16) ［156頁註 g］原文には（24. 1.）［第24巻第1章］とあるが，（5. 16.）［第5巻第16章］が正しいであろう。ここでは勅法彙纂の個所が引用さ

れているのに，(24. 1.) は夫婦間の贈与に関する学説彙纂の巻・章であるし，その L. 7 [第7法文] はここに適合しない。

(17) ［167頁註 c］原文には (24. 1.) [第24巻第1章] とあるが，(5. 16) [第5巻第16章] が正しいであろう。訳註(16)参照。

(18) ［177頁註 y］この L. 76 [第76法文] は，Krüger校閲の CORPUS JURIS CIVILIS では77 (76)，独訳本では78となっている。

(19) ［182頁］特示命令の占有 [Interdictenbesitz] は，possessio ad interdicta [特示命令の保護を受ける占有]。

(20) ［203頁註 g］原文には Nov. 127 C. 1 [新勅法第127号第1節] とあるが，C. 2 [第2節] が正しいであろう。

(21) ［205頁註 a］原文には C. がないので，学説彙纂の個所ということになるが，それでは適合しないので，C. [勅法彙纂] を挿入すべきであろう。

(22) ［205頁］ここでは，Widerruf をすべて撤回と訳している。第三者が行使するような場合は取消と訳する方が適当であろうが，場合によって訳語を変えるのが煩雑なので，撤回に統一している。

(23) ［207頁註 d］訳註(4)参照。

(24) ［234頁註 g］原文には (29. 6.) [第29巻第6章] とあるが，(39. 6.) [第39巻第6章] が正しいであろう。

(25) ［248頁］訳註(4)参照。

(26) ［292頁］ラテン語ではそれぞれ Kalendae [カレンダエ。朔日 (ついたち)]，Nonae [ノーナエ。第9日]，Idus [イードゥース。中日] である。Idus は，月の中日であって，3月・5月・7月・10月では15日，その他の月では13日である。Nonae は，中日から逆算して第9日であって，3月・5月・7月・10月では7日，その他の月では5日である。

(27) ［310頁註 b］この §33 が §33, 33a, 33b, 33c, 33d, 33e に分けられているテキストが多い。こういうテキストでは，ここの内容は §33c に含まれている。

(28) ［331頁註 s］原文には §6 [第6節] とあるが，§7 [第7節] が正しいであろう。

(29) ［339頁］古代ローマにおける法律行為の一つの方式である銅と秤による

行為は，ローマ市民の成熟者5名以上の証人の立会と，これと同一の資格を有する1名の秤もち（libripens ［リーブリペーンス］）の立会の下に，一方が銅片で秤もちのもつ秤を押し下げ，行為の原因を示す特定の式語を言明することによって成立する（船田享二著・ローマ法第二巻［岩波書店］240頁による）。この方式による遺言は，家産の形式的な買主が遺言者の委託を受けて財産を保管することを宣言し，その後遺言者が遺言を言明するという手続によった（前掲書274頁以下）。

(30) ［367頁註o］原文には（5.6.）［第5巻第6章］とあるが，(5.60.)［第5巻第60章］が正しいであろう。

(31) ［371頁註b（372頁）］原文には（8.15.）［第8巻第15章］とあるが，（38.15.）［第38巻第15章］が正しいであろう。第8巻は第6章までしかない。

(32) ［372頁註c］原文には（8.15.）［第8巻第15章］とあるが，（38.15.）［第38巻第15章］が正しいであろう。訳註(31)参照。

(33) ［375頁註l］原文には§6［第6節］とあるが，§7［第7節］が正しいであろう。

(34) ［377頁註w］原文には（2.58.）［第2巻第58章］とあるが，（4.58.）［第4巻第58章］が正しいであろう。

(35) ［379頁註bb］原文には§6［第6節］とあるが，§7［第7節］が正しいであろう。訳註(33)参照。

(36) ［412頁註f］原文にはIV.とあるが，III.が正しいであろう。

(37) ［436頁註g］原文には *si serv.* とあるが，*de serv.* が正しいであろう。

(38) ［437頁註h］原文には *L.* 2［第2法文］とあるが，内容が適合しない。*L.* 9［第9法文］が正しいのではないかと思うので，そのように訂正しておいた。

(39) ［444頁註y］lex fugitiva［逃亡した法律］とは，ある個所が誤って，または外見上の親近性だけから，まったく不適切な章に入れられている場合である。本書第一巻234頁参照。

(40) ［471頁］現在一般に用いられているよりも広い意味になる。

(41) ［489頁註aa］原文には *L. 7 pr. ad Sc. Maced.* (4.28.) とあるが，これは勅法彙纂の個所なので，*L. 7 pr. C. ad Sc. Maced.* (4.28.) が正

しいであろう。

(42)　［497頁］原文には *L. 44 pr. de don. int. vir.* (24. 1.)［学説彙纂第24巻第1章「夫と妻の間の贈与について」第41法文前文］とあるが，この個所は前文と節に分かれていないようで，*pr.*［前文］は不要であろう。503頁における同じ個所の引用参照。

(43)　［502頁］原文には pro donatio uscapio とあるが，pro donato usucapio が正しいであろう。

(44)　［507頁］訳註(4)参照。

(45)　［515頁］原文では債務者となっているが，債権者が正しいであろう。

(46)　［529頁］原文には§9［第9節］とあるが，§5［第5節］が正しいであろう。

あ と が き

　本書は，サヴィニー著「現代ローマ法体系」第四巻（1841年）(Savigny, System des heutigen Römischen Rechts, Bd. 4, 1841) の全訳である。

　この翻訳に当たっての訳者の思いは，前三巻の場合と同じである。ここに，第二巻・第三巻でもしたように，第一巻に付した訳者の「あとがき」の該当部分を再録しておく。

　「訳者は，商法解釈学に携わってきた者であって，ローマ法や法思想史についての知識に乏しいし，翻訳の経験もないので，本訳業に不適任であることはみずから熟知している。ただ，訳者は，原著を私法解釈学の原点と考えているのであるが，わが国において原著が必ずしも多く読まれていないように思うので，いささかでも原著への橋渡しになればと願い，拙訳を顧みず刊行する決心をした次第である。気品溢れる原著の趣を伝える能力などまったくもたない。せめて逐語訳に徹したつもりであるが，それでも誤りが多いと思う。お許しいただきたい。」

　原著第三巻・第四巻には，本体系「第二編　法律関係」のうち「第三章　法律関係の発生と消滅について」が収められている。サヴィニーは，法律関係の始まりまたは終わりを生じさせる出来事を法律事実と呼んでおり［本書第三巻7頁参照］，したがって，「法律関係の発生と消滅について」は，法律事実に関する考察を内容とすることになる。サヴィニーは，第一に，法律事実の最も重要な各場合として，I. 承継　II. 自由な行為　III. 意思表示　IV. 契約（以上第三巻）V. 贈与　VI. 期間を論じ，第二に，法律事実の無効について述べる（以上第四巻）［本書第三巻10頁参照］。

　ここに訳出した第四巻では，本論として，贈与，期間，法律事実が述べ

られ、これに付録 IX, X, XI が付されている。つぎのとおりである。

1) V. 贈与。 法律事実の最も重要な場合の一つとして、贈与が述べられる。本巻のほぼ前半を占める詳細な叙述である。ここで総論的に取り扱われる贈与は、売買、交換などと同じ一つの法律行為ではなくて、贈与者の好意に基づく法律行為により受贈者に利得が生じる場合を包括している。ローマ法においては、贈与について、夫婦間の贈与の禁止、登録の必要、忘恩を理由とする撤回という制約がある。このような制約をこうむるかどうかを決定するために、贈与の範囲を明確にすることが必要になり、詳細な検討がなされることになる。

2) VI. 期間。 法律事実の最も重要な場合の最後として、時の定めにかかる事実があり、それの共通的構成部分としての期間が述べられる。その叙述も、本巻の後半の大部分を占める詳細なものである。ここでは、ローマの暦の変遷から説き起こし、これと関連させつつ、ローマ法における時間の法的取扱を詳論している。

3) 法律事実の無効。 法律事実の無効の種類について論じている。

4) 付録。 付録は、全巻通し番号になっていて、第一巻に付録 I, II が、第二巻に付録 III, IV, V, VI, VII が、第三巻に付録 VIII が収められている。本巻には、付録 IX, X, XI が付されている。付録 IX は、単なる不作為による贈与がありうるかどうかを論じ、付録 X は、贈与の第三者への影響の有無を、各場合について考察する。付録 XI は、時期の表示における序数と題し、たとえば今日の後第3日、ある出来事の後第5年という場合、数える出発点となる時期が算入されるかどうかにつき、ローマ法において必ずしも統一した取扱がなされたわけではないことを述べ、興味ある事例を挙げている。

総じて、贈与や期間というテーマは、われわれの法律学においては、中心的な問題ではなく、これまでに得られた結論で事足りるであろう。しかし、その結論がローマ法学の厳しい努力に基づいていることを、本巻においても教えられる。

本巻の訳出に当たっても，諸家の著書・論文から多大の教示を得た。一々の掲記の省略をお許し願いたい。ただ，本巻でも，ラテン語の法律用語の訳語について，柴田光蔵著「法律ラテン語辞典」を極めて有益に利用させていただいたことを，感謝の念をもって付記しておく。

　本巻の刊行についても，前三巻の場合と同様，株式会社成文堂社長阿部耕一氏，同編集長土子三男氏にご尽力をいただき，今回は同編集部石川真貴氏にもお世話になった。心からお礼を申しあげる。

　　2000年12月10日

　　　　　　　　　　　　　　　　　　　　　　　　小　橋　一　郎

訳者紹介

小 橋 一 郎（こばし・いちろう）
　1923年　京都市に生まれる
　1945年　立命館大学法文学部卒業
　現　在　同志社大学名誉教授，法学博士

主要著書
　手形行為論（1964年　有信堂）
　有価証券法の基礎理論（1982年　日本評論社）
　新版手形法小切手法講義（1982年　有信堂）
　商法論集Ⅰ～Ⅴ（1983年～1986年　成文堂）
　商法総則（1985年　成文堂）
　会社法（1987年　成文堂）
　手形・小切手法の基礎（1990年　成文堂）
　手形・小切手法（1995年　成文堂）
　サヴィニー現代ローマ法体系第1巻～第4巻
　（翻訳）（成文堂）

サヴィニー
現代ローマ法体系
第四巻

2001年1月10日　初版第1刷発行

訳　者
小　橋　一　郎

発行者
阿　部　耕　一

発行所
株式会社　成　文　堂
〒162-0041 東京都新宿区早稲田鶴巻町514番地
電話03(3203)9201　FAX03(3203)9206

製版・印刷　㈱シナノ　製本　佐抜製本
©2001　I. Kobashi　Printed in Japan

ISBN4-7923-0323-0 C3032

定価（本体11,000円＋税）

◆不朽の名著の翻訳◆

小橋一郎訳
『サヴィニー 現代ローマ法体系』（全八巻）

第一巻（A5判／382頁）　　定価（本体9000円＋税）

ドイツ法学界の泰斗サヴィニーによって書かれた不朽の名著『現代ローマ法体系』（全八巻。1840年—1849年）第一巻（1840年）の全訳。かなり長文の序言に続き，法源論，法律解釈論，法律関係の本質と種類を主要な内容とする。私法解釈学の原点を成す著作といえる。

第二巻（A5判／482頁）　　定価（本体9000円＋税）

サヴィニー『現代ローマ法体系』（全八巻）の第二巻（1840年）の全訳。「第二編 法律関係」のうち「第二章 法律関係の担い手としての人」を内容とし，権利能力を扱う。

第三巻（A5判／430頁）　　定価（本体9000円＋税）

サヴィニー『現代ローマ法体系』（全八巻）の第三巻（1840年）の全訳。「第二編 法律関係」のうち「第三章 法律関係の発生と消滅について」の前半を内容とし，行為能力，意思表示，条件，契約概念を扱う。本巻の三分の一を占める付録では，錯誤論が展開される。

第四巻（A5判／548頁）　　定価（本体11,000円＋税）

サヴィニー『現代ローマ法体系』（全八巻）の第四巻（1841年）の全訳。「第二編 法律関係」のうち「第三章 法律関係の発生と消滅について」の後半を内容とし，贈与，期間，法律事実の無効を扱う。

以下続刊